FEDERALISMO FISCAL E POLÍTICAS PÚBLICAS

FABRÍCIO MOTTA
LEONARDO BUÍSSA
LUCAS BEVILACQUA
Coordenadores

Prefácio
Fernando Facury Scaff

FEDERALISMO FISCAL E POLÍTICAS PÚBLICAS

Belo Horizonte
FORUM
CONHECIMENTO JURÍDICO
2024

FÓRUM
CONHECIMENTO JURÍDICO

Luís Cláudio Rodrigues Ferreira
Presidente e Editor

Coordenação editorial: Leonardo Eustáquio Siqueira Araújo
Aline Sobreira de Oliveira

Rua Paulo Ribeiro Bastos, 211 – Jardim Atlântico – CEP 31710-430
Belo Horizonte – Minas Gerais – Tel.: (31) 99412.0131
www.editoraforum.com.br – editoraforum@editoraforum.com.br

Técnica. Empenho. Zelo. Esses foram alguns dos cuidados aplicados na edição desta obra. No entanto, podem ocorrer erros de impressão, digitação ou mesmo restar alguma dúvida conceitual. Caso se constate algo assim, solicitamos a gentileza de nos comunicar através do *e-mail* editorial@editoraforum.com.br para que possamos esclarecer, no que couber. A sua contribuição é muito importante para mantermos a excelência editorial. A Editora Fórum agradece a sua contribuição.

Dados Internacionais de Catalogação na Publicação (CIP) de acordo com ISBD

F293 Federalismo fiscal e políticas públicas / coordenado por Fabrício Motta, Leonardo Buíssa, Lucas Bevilacqua. - Belo Horizonte : Fórum, 2024.

509 p. ; 14,5x21,5cm
ISBN: 978-65-5518-529-4

1. Direito. 2. Direito Financeiro. 3. Federalismo Fiscal. 4. Orçamento e Políticas Públicas. I. Motta, Fabrício. II. Buíssa, Leonardo. III. Bevilacqua, Lucas. IV. Título.

2023-720

CDD 343.8103
CDU 351.72

Elaborado por Vagner Rodolfo da Silva - CRB-8/9410

Informação bibliográfica deste livro, conforme a NBR 6023:2018 da Associação Brasileira de Normas Técnicas (ABNT):

MOTTA, Fabrício; BUÍSSA, Leonardo; BEVILACQUA, Lucas (coord.). *Federalismo fiscal e políticas públicas*. Belo Horizonte: Fórum, 2024. 509 p. ISBN 978-65-5518-529-4.

Aos mestres de ontem, hoje e amanhã do PPGDP/UFG.

SUMÁRIO

PROTAGONISMO JUDICIAL, JUDICIALIZAÇÃO E ATIVISMO JUDICIAL NO DIREITO BRASILEIRO CONTEMPORÂNEO

O DIREITO FINANCEIRO E A ORDENAÇÃO CONSTITUCIONAL DA CULTURA

O CERRADO E O DIREITO DE ACESSO À ÁGUA. A MACROLITIGÂNCIA AMBIENTAL E O ACORDO DE PARIS. O FINANCIAMENTO CLIMÁTICO NO BRASIL

PREFÁCIO

Cara leitora e leitor,

Existem obras que revelam ousadia, e esta é uma delas, pois decorre do casamento de relevantes temas entrecruzados.

Falar em *direito financeiro* é, intrinsecamente, tratar de políticas públicas, pois, sem dinheiro para seu financiamento, qualquer direito se constituirá apenas em palavras lançadas sobre uma folha de papel. Assim, a lógica de um *direito financeiro substantivo* é vinculada à concretização de direitos. Existe também um *direito financeiro formal*, que se caracteriza *apenas* pelo estudo dos institutos relacionados à matéria, sem lhes dar a devida dinamicidade. É a diferença entre a análise das *regras do jogo* e a análise do *jogo jogado*. Esta obra trata de direitos substanciais, e não meramente formais; *analisa* o jogo e não apenas *descreve* suas regras.

Como se trata de uma obra organizada por eméritos professores da Universidade Federal de Goiás, no seio da produção acadêmica de seu Programa de Pós-Graduação em Direito, composta por docentes e discentes do próprio programa e de outras instituições, como o professor Onofre Batista, da Universidade Federal de Minas Gerais, não poderia faltar o componente *federativo*, o qual não revela apenas uma forma de organizar a estrutura do Estado, mas uma forma de controlar o poder político através de sua subdivisão vertical. Ao lado da tradicional divisão *horizontal* de poderes, o federalismo instaura uma forma *vertical* de divisão do poder político.

Dessa forma, a ousadia mencionada decorre desse entrecruzamento de várias vertentes importantes: a do direito financeiro, como uma expressão das políticas públicas, e do federalismo, como forma de contenção do poder político.

Vê-se tal afirmativa em muitos dos textos da obra, por exemplo, ao tratar do combate à COVID-19, que marcou o mundo e com nefasta condução pelo governo central de nosso país, que enfoca aspectos federativos envolvendo políticas públicas. Existem também textos como o que trata de meio ambiente vinculado ao uso da água no cerrado brasileiro e o Acordo de Paris, que demonstram a necessidade de políticas públicas dirigidas a finalidades específicas, com o devido financiamento, em um bioma que se espalha além das fronteiras federativas dos Estados.

Esta obra, portanto, embora seja uma produção acadêmica, não é destinada a preencher prateleiras e cumprir requisitos de produtividade universitária. Ao invés, é uma ousadia bem-sucedida, que merece a atenção de todos aqueles que se interessam por análises interdisciplinares em busca de soluções para os ingentes problemas de nosso país, que envolvem o financiamento de políticas públicas, sob um prisma federativo.

Recomendo a obra por conter estudos relevantes, realizados por acadêmicos de relevo, que em muito contribuem para o efetivo debate jurídico atual.

São Paulo, novembro de 2022.

Fernando Facury Scaff
Professor Titular de Direito Financeiro da Universidade de São Paulo. Advogado.

APRESENTAÇÃO

A obra coletiva *Federalismo fiscal e políticas públicas* traz textos que objetivam explorar e consolidar uma análise crítica do custeio e execução de políticas públicas no federalismo brasileiro.

Composta por 16 artigos, a obra é subdividida em duas partes: a primeira, constituída por textos relacionados ao federalismo fiscal e tributação. No primeiro deles, intitulado *Reconstrução do federalismo financeiro brasileiro através de um senado verdadeiramente "federal"*, o Prof. Dr. Onofre Batista Júnior e Reinaldo Belli discutem o papel e a importância do Senado Federal frente à centralização de recursos tributários à União, expressando que tal cenário denota um grave risco à democracia e expõe a necessidade de que o Senado promova o equilíbrio federativo.

Já na contribuição dos Profs. Drs. Leonardo Buíssa e Lucas Bevilacqua, *Atividade financeira do Estado, transferências intergovernamentais e políticas públicas no federalismo fiscal brasileiro*, discorre-se como o direito financeiro possui papel basilar na atuação sobre os direitos humanos em razão da qualidade e alcance de políticas públicas eficientes se encontrarem intrinsecamente coligados à atividade financeira no modelo federal de Estado adotado no país, além de analisar os contornos de tal federalismo fiscal, sobretudo quanto às transferências intergovernamentais como meio de estreitamento das discrepâncias sociais e regionais entre os estados para a consolidação dos direitos humanos.

Sob análise bibliográfica e jurisprudencial, João Paulo Landin Macedo, ao tratar de *Federalismo fiscal cooperativo ou friccionado? A (des)lealdade federativa sob a ótica de decisões do Supremo Tribunal Federal*, faz análise meticulosa de julgados do Supremo Tribunal Federal e questiona hipótese de deslealdade federativa no Brasil. Conforme a visão do autor, na Constituição Federal, o modelo federalista busca estabilidade nos ditames pactuados, e o texto questiona se as diretivas previstas no pacto pela lealdade federativa têm sido observadas na sistemática contemporânea brasileira.

Em *Limitação do ICMS sobre combustíveis, federalismo fiscal e orçamento responsável*, Mateus Rocha de Lisbôa, ao verificar a consecução de políticas públicas mediante o orçamento público, faz uma análise de como a legislação ocorrida pela Lei Complementar nº 194/2022, que limitou a incidência de ICMS sobre os combustíveis, se torna relevante no tocante ao orçamento, sobretudo no aspecto de responsabilidade tributária e observâncias ao federalismo cooperativo previsto na Constituição Federal.

Também sob o prisma de análise do ICMS, Renata Figuerêdo trata de como o estado de Minas Gerais, à luz da Resolução Normativa ANEEL de nº 482/2012 e do Convênio CONFAZ ICMS nº 15/16, impactou, do ponto de vista ambiental e fiscal, a área de micro e minigeração energética distribuída na região, sobretudo no quesito incentivador da energia solar fotovoltaica em *Minigeração distribuída de fonte solar fotovoltaica: a (não) tributação de minas gerais e suas decorrências*.

Em *O federalismo cooperativo, o federalismo de preservação de mercado e o desenvolvimento econômico*, Muryel Hey trata sobre o modelo e o contexto em que se insere o federalismo brasileiro. Hey avalia quesitos como o conceito de federalismo cooperativo, a forma com que ocorre no quesito fiscal a divisão de recursos, bem como a correlação entre desenvolvimento econômico e o panorama federalista e mercadológico do Brasil.

Por outro lado, em *Transparência e controle da atividade financeira dos estados e do Distrito Federal em tempos da pandemia de COVID-19*, Prof. Dr. Lucas Bevilacqua e Paulo Martins discorrem como, no contexto pandêmico ocasionado pela COVID-19, o direito financeiro foi basilar para sustentação e minimização de impactos, em que as políticas públicas, já intrinsecamente ligadas à questão financeira e orçamentária, se viram frente a situações extraordinárias, requerendo adequações imediatas.

Concluindo a primeira parte da obra, sob a perspectiva da administração pública e do processo civil pátrio, Verônica Issy Bastos busca situar o papel da advocacia pública no refinamento da atuação pública no contexto democrático, isso sob a análise da investidura de precedentes judiciais tributários nos recentes casos a serem apreciados pelos órgãos jurisdicionais, em busca da máxima eficiência e coerência dos entes administrativos no artigo *A advocacia pública no contexto do Estado contemporâneo: uma visão sobre as relações interinstitucionais na aplicação dos precedentes judiciais tributários.*

Inaugurando a segunda parte da obra, que trata de diversas políticas setoriais, na escrita *Tribunais de contas e suas funções: um novo olhar sobre a fiscalização de políticas públicas*, Fabrício Motta e Heloísa Helena Godinho exploram como a adaptabilidade e o controle de políticas públicas têm se destacado ante os tribunais de contas e como, diante de novas perspectivas e desafios, há necessidade de uma atuação dinâmica e moldada à situação fática pelos órgãos de controle.

Guilherme Schuster, em seu artigo *Contratações de professores temporários: a necessidade de observar as consequências da decisão*, discorre acerca da qualidade das políticas públicas educacionais, avaliando e questionando modalidades de contratação de servidores, efetivos ou por contratos temporários. O artigo busca enfatizar como uma atenção à qualidade de ensino é importante para que a Constituição Federal não passe a ter teor meramente literário na seara educativa.

Por conseguinte, Paulo Hurbano, no intuito de destrinchar as alterações promovidas pelas Emendas Constitucionais nº 113 e 114, que tratam sobre o regime de pagamento de precatórios e o novo regime fiscal, questiona se as recentes mudanças, embora necessárias, foram de fato elaboradas com fito a auxiliar os mais hipossuficientes em sua produção "*O novo regime de pagamento de precatórios e a viabilização de programa de transferência de renda: deficiência no planejamento como regra na formulação de políticas públicas no Brasil*".

Já na colaboração *Protagonismo judicial, judicialização e ativismo judicial no direito brasileiro contemporâneo*, do Prof. Lucas Bevilacqua e Victor Rodrigues da Silva, a questão do protagonismo judicial exacerbado é levantada. Os autores buscam explorar os limites de atuação do Poder Judiciário, bem como as possíveis causas e repercussões da ultrapassagem das barreiras previstas no ordenamento pátrio, questionando-se, ainda, se, na história recente dos decisórios, a atuação dos magistrados foi ocasionada por omissão externa aos órgãos jurisdicionais.

O direito financeiro e a ordenação constitucional de cultura, do ministro Reynaldo Soares da Fonseca e do Prof. Dr. Rafael Soares da Fonseca, esclarece que, dentre as escolhas do Constituinte, o financiamento das políticas públicas de cultura se mostrou pauta condicionada ao orçamento previsto pelo Poder Legislativo, bem como goza de certa progressividade, avaliando respectivas limitações de financiamento em seu quesito com base no previsto à Carta Magna.

Em seguida, sob análise ambiental e internacional, o Prof. Dr. Leonardo Buíssa e Márcia Mota, em *O cerrado e o direito de acesso à água. A macrolitigância ambiental e o Acordo de Paris. O financiamento climático no Brasil*, discutem a importância do bioma cerrado, bem como seu diretamente ligado acesso à água potável, além do dever de proteção deles sob pena de violação do previsto à Carta Cidadã. Para tal, o artigo avalia textos normativos, nacionais e internacionais, que passam a prescrever a importância da consecução de políticas públicas na área, bem como a necessidade de amadurecimento da coalizão entre os entes federativos pátrios e organismos internacionais para tal.

Ainda no quesito de análise da consecução de políticas públicas, na escrita *Financiamento do sistema público de saúde no constitucionalismo democrático brasileiro*, Júlia Tomás, em atenção ao plano constitucional fixado para a saúde, expõe o ponto de destaque que a saúde ocupa como garantia fundamental dos cidadãos. Nesse sentido, a fixação do piso à saúde tem sido tida como temerária, visto que, entre outras razões, a demanda por serviços públicos de saúde tende a crescer em decorrência do aumento e envelhecimento da população brasileira, tópico que será mais bem tratado no artigo.

No mesmo diapasão, os Profs. Drs. Leonardo Buíssa e Lucas Bevilacqua, em *Evolução do custeio da saúde*, questionam a sistemática conferida a esta no direito brasileiro contemporâneo, que vê a efetividade das políticas sociais, incluindo a saúde, como ferramenta de desenvolvimento e diminuição das desigualdades, em que o federalismo fiscal pátrio figura como medida basilar para a continuidade dos serviços públicos de saúde.

A propósito da garantia de direitos sociais, o Procurador do Estado do Rio Grande do Sul, Dr. Guilherme do Valle Brum, procede detida análise de regimes especiais de fiscalização tributária na jurisprudência do Supremo Tribunal Federal; o que tem vínculo imediato ao custeio de políticas públicas, considerando ser o tributo principal fonte de receita para a garantia de direitos sociais, a exemplo do Direito à Saúde.

A política pública de saúde foi posta a toda a prova com a pandemia de COVID-19, revelando-se a força da federação. Em seu ensaio, o Prof. José Arthur Castilho de Macedo discorre com segurança acerca das *Transformações do federalismo brasileiro: descentralização, centralização e descoordenação*, contemplando, inclusive, a posição do Tribunal da Federação (STF) na preservação do federalismo como forma de Estado adequada para a boa execução das políticas públicas.

Muito embora os constantes desafios de custeio e articulação interfederativa, constata-se que dificuldade maior para uma boa execução das políticas públicas no Brasil é ainda a falta de planejamento. O Prof. Cleuler Barbosa das Neves e Nathália Tozetto discorrem sobre políticas públicas (PP) e planejamento governamental. Para tanto, bem situam política pública no contexto dos elementos do Estado, para em seguida conceituá-la sob a ótica da ciência política e da abordagem Direito e Políticas Públicas (DPP), pontuando convergências, diferenciações, de modo a aclarar as contribuições da abordagem DPP no tratamento de políticas públicas no campo jurídico.

Para arrematar a obra com "chave de ouro", a Profa. Élida Graziane Pinto é implacável no artigo *Planejamento à frente do orçamento: um resgate em prol do devido processo de ordenação legítima de prioridades*, quando denuncia que é inaceitável, diante do devido processo de escolhas fiscais lastreado na Constituição de 1988 em prioridades eleitas pelo planejamento econômico, regional, nacional, setorial e orçamentário, haver uma postura sectarista e mitigatória por diferentes agentes.

Os Coordenadores

PARTE I

FEDERALISMO FISCAL E TRIBUTAÇÃO

RECONSTRUÇÃO DO FEDERALISMO FINANCEIRO BRASILEIRO ATRAVÉS DE UM SENADO VERDADEIRAMENTE "FEDERAL"

ONOFRE ALVES BATISTA JÚNIOR
REINALDO BELLI

1 Liberdade como autonomia

Como afirma Joseph Raz,[1] o ideal de autonomia se constitui na visão das pessoas como "autoras de suas próprias vidas" em oposição à ideia de "vida de escolhas forçadas". A ideia de autonomia pressupõe a capacidade de se efetuarem escolhas livres, em que existam opções adequadas disponíveis. A coerção e a manipulação impedem escolhas livres e afastam a possibilidade da autonomia. O autor ensina que a ideia de liberdade pressupõe a de *autonomia*. Ninguém que não desfrute de autonomia pode jamais ser livre.

Tal linha de pensamento se harmoniza com a proposta de Fernando Scaff,[2] para quem o atendimento ao princípio da igualdade, mediante deferimento de direitos a todos de forma juridicamente *igual* (ou seja, condições para exercício da autonomia), é imprescindível para o pleno exercício da liberdade, trilhando um caminho "igualdade à liberdade", e não o inverso.

Por outro giro, como já apontava Sócrates, nada mais infeliz do que uma *tirania*.[3] A questão é que, salvo se Constituição da *polis*

---

1 Cf. RAZ, Joseph. *A moralidade da liberdade*. Trad. Henrique Blecher, Leonardo Rosa. Rio de Janeiro: Elsevier, 2011. p. 346-356.

2 Cf. SCAFF, Fernando Facury. *Da igualdade à liberdade*: considerações sobre o princípio jurídico da igualdade. Belo Horizonte; São Paulo: D'Plácido, 2022. p. 87.

3 Cf. PLATÃO. *A república*. São Paulo: Martin Claret, 2000. p. 275. Nas palavras de Sócrates: "O que é então sob o ponto de vista da virtude uma tirania em relação à realeza, tal como a definimos no princípio? São exatamente o contrário uma da outra, pois uma é a melhor, a outra a pior. [...] É evidente para qualquer pessoa que não há nada mais desgraçado do que a tirania, e nada mais feliz do que a realeza".

estabelecer mecanismos que evitem a degeneração dos regimes, inexoravelmente, todo regime termina por se degradar em uma tirania.[4]

Não é por outra razão que, há muito tempo, a civilização ocidental descobriu que *apenas o poder é capaz de conter o poder*. Sem mecanismos de contenção, todo o poder tende a se acumular nas mãos do tirano.[5] Foi por isso que Montesquieu imaginou a necessidade de se firmar a *separação dos poderes*.[6] No Estado de Direito contemporâneo, nenhuma democracia moderna pode ser pensada sem separação de poderes. Por outro giro, não existem "poderes separados" que não sejam autônomos; instituições dependentes jamais serão capazes de deter "poderes". Assim, a ideia de separação de poderes reclama *instituições autônomas* que, à toda evidência, precisam de *autonomia financeira*. Um legislativo ou um judiciário que dependa da aquiescência do executivo para o recebimento de suas rendas não pode jamais cumprir seu papel.

Não é por outra razão que cada um dos poderes constituídos conta com orçamentos próprios e rege seus recursos, independentemente dos chefes dos outros poderes. É isso que vem expresso na Constituição da República Federativa do Brasil de 1988 (CRFB/1988), que, no art. 90, determina, por exemplo, que "[a]o Poder Judiciário é assegurada autonomia administrativa e financeira".

Superando a simples repartição da autonomia financeira entre os poderes, a CRFB/1988 também a deferiu ao Ministério Público e, ainda, para a Defensoria Pública,[7] e nem assim a autonomia

---

[4] Cf. PLATÃO. *A república, cit.*, p. 193. Na lição de Sócrates: "Nenhum, mas queixo-me disso mesmo, de que nenhum dos atuais sistemas de governo é merecedor do caráter de um filósofo. Por esse motivo é que ele se altera e deteriora; [...]" (*sic*).

[5] Como afirma Simone Goyard-Fabre (*O que é democracia?* São Paulo: Martins Fontes, 2003, p. 19), foi o receio da tirania, que é anomia, que fez com que os governantes de Atenas, a partir de Sólon, buscassem compartilhar o poder ao invés de concentrá-lo em suas mãos.

[6] Como afirma Nelson Saldanha (Estado Liberal. *In*: TRAVESSONI, Alexandre (Coord.). *Dicionário de teoria e filosofia do direito*. São Paulo: LTr, 2011. p. 178), a temática da "separação dos poderes" apareceu em estudos que anteciparam a Revolução Francesa, sobretudo na obra de Montesquieu (*O espírito das leis*), que buscou limitar o poder do Estado fragmentando-o (*le pouvoir arrêté le pouvoir*: o poder detém o poder). Para o autor, esse foi um dos pontos mais delicados: manter a ideia de nação, com sua essencial indivisibilidade, e estabelecer três *puissances*, sendo que em cada um deles deveria se encontrar a soberania nacional em sua integridade. A valorização da liberdade, aliada ao medo de eventuais retornos ao autoritarismo, permeia toda essa construção jurídico-política.

[7] Ao Ministério Público, por exemplo, além de a CRFB/1988 assegurar prerrogativas para seus membros, firmou, no art. 127, §2º, o seguinte: "Ao Ministério Público é assegurada autonomia funcional e administrativa, podendo, observado o disposto no art. 169, propor

dessas instituições ficou perfeita, porque o procurador-geral da República, por exemplo, é escolhido pelo presidente da República.[8] Se, por um lado, buscou-se, assim, evitar uma espécie de "captura corporativa", por outro, corre-se o risco de o Estado contar com um *fidèles de gouvernement*.

A separação de poderes foi aperfeiçoada no texto constitucional. Além de Executivo, Legislativo, Judiciário, tribunais de contas, Ministério Público e defensorias públicas, algumas instituições aparecem reforçadas e constitucionalmente protegidas. Basta ver que os advogados públicos e privados têm suas prerrogativas asseguradas para bem desempenharem suas funções tão essenciais ao Estado de Direito (artigos 131, 132 e 133 da CRFB/1988), e a Ordem dos Advogados do Brasil (OAB) tem um tributo próprio para garantir sua autonomia financeira. Da mesma forma, a imprensa vem com uma série de garantias para que a informação necessária para o debate democrático seja a mais fidedigna e livre possível.

Enfim, no plano horizontal, uma tipologia de desconcentração do poder foi projetada pela CRFB/1988 com garantias constitucionais para diversas instituições, tudo isso para que os poderes não se concentrem nas mãos de nenhum chefe do Executivo. Toda a modelagem institucional constitucionalmente alinhavada foi pensada para evitar a concentração de poder tendente à tirania.

2 A separação vertical dos poderes

Para além de uma separação horizontal dos poderes, em um país de dimensões constitucionais, com mais de 200 milhões de habitantes, o governo democrático não pode centralizar todo o comando no Planalto Central. O "governo do povo" e "para o povo" deve ser exercido "pelo povo", à luz do debate e das deliberações desse povo. A proximidade do centro decisório do

---

ao Poder Legislativo a criação e extinção de seus cargos e serviços auxiliares, provendo-os por concurso público de provas ou de provas e títulos, a política remuneratória e os planos de carreira; a lei disporá sobre sua organização e funcionamento".

[8] Art. 128. [...]. § 1º. O Ministério Público da União tem por chefe o Procurador-Geral da República, nomeado pelo Presidente da República dentre integrantes da carreira, maiores de trinta e cinco anos, após a aprovação de seu nome pela maioria absoluta dos membros do Senado Federal, para mandato de dois anos, permitida a recondução.

povo é fundamental e, sem isso, não pode existir democracia. É por isso que a *"separação vertical de poderes"* é um fundamental complemento para o Estado Democrático de Direito. O *federalismo* é uma "forma de Estado" que possibilita a aproximação do governo do povo, sobretudo naqueles países com grandes populações (e/ou diversidades culturais).

Apresenta-se como justificativa para a adoção do regime federativo de Estado a aproximação entre os cidadãos e seus governantes, permitindo a potencialização da participação popular nas escolhas públicas, a partir de um modelo representativo, notadamente nos países de grande extensão territorial e elevado número de habitantes,[9] como é o caso do Brasil.

Por essa razão, rico em simbolismo, o *art. 1º da CRFB/1988* proclama que "[A] República *Federativa* do Brasil, formada pela *união* indissolúvel dos Estados e Municípios e do Distrito Federal, constitui-se em *Estado Democrático de Direito*". O *ideal federativo* já aparece no nome de "batismo" da jovem república que nasce com a CRFB/1988 e, também rico em significados, o vocábulo "união" vem escrito com letras minúsculas. A "União", constitucionalmente, deve ser modelada tão somente como a "união" de estados, Distrito Federal (DF) e municípios, jamais como um centro autorreferente de poder.

O *federalismo* é o mais firme desenho institucional que possibilita a separação dos poderes, na medida em que os chefes do Executivo dos entes subnacionais são eleitos independentemente de quem seja o chefe do Executivo da União. Cada ente deve ser autônomo, administrativamente, politicamente e financeiramente. O poder, assim, se espraia pelo Estado nacional, e as decisões são tomadas mais próximas do povo. Pode-se mesmo dizer que essa é a forma de Estado mais compatível com o projeto constituinte de se modelar um Estado de Direito verdadeiramente democrático, em um país de dimensões continentais.

---

9 Cf. BALEEIRO, Aliomar. *Limitações Constitucionais ao Poder de Tributar*. Atualizadora: Misabel Abreu Machado Derzi. 7ª edição. Rio de Janeiro: Forense, 2006. p. 292; ANASTASIA, Fátima. Federação e relações intergovernamentais. *In*: AVELAR, Lúcia; CINTRA, Antônio Octávio. *Sistema Político Brasileiro*: uma introdução. Rio de Janeiro: Konrad Adenauer Stiftung; São Paulo: Editora Unesp, 2015. p. 144.

Para garantir a descentralização dos poderes e propiciar a prestação dos serviços públicos essenciais, as unidades subnacionais devem possuir recursos suficientes e orçamento próprio para traçar seus próprios planos de governo. Nesse desiderato, a CRFB/1988, após um longo período de poder exageradamente centralizado, em um desenho que, por si só, já trazia severos prejuízos para a democracia, veio para firmar um verdadeiro *Estado Democrático de Direito*. O projeto constituinte de 1988 se apoia em dois pilares fulcrais que devem ser incessantemente buscados: (1) firmar um verdadeiro Estado democrático (*democracia*) e (2) proclamar e efetivar *direitos fundamentais*.

A Carta de 1988 veio para modelar um Estado que buscasse incansavelmente proporcionar aos brasileiros liberdade e direitos fundamentais; democracia e justiça social. Não existe *liberdade* sem *autonomia*; portanto, o ideal democrático (democracia) pressupõe a autonomia, sem a qual nenhum brasileiro seria livre. Por outro lado, não se efetivam direitos fundamentais sem justiça social.[10] Não é por outra razão que o art. 3º da CRFB/1988 firma como "objetivo fundamental da República" assegurar a construção de "uma sociedade livre, justa e solidária".

Essa mistura de democracia, liberdade, autonomia e direitos fundamentais deve ser assegurada inexoravelmente por Estados Democráticos de Direito, a partir de um modelo constitucional. Como há muito leciona David Hume, é um absurdo que um governo livre e republicano não possua controles providos pela Constituição que influenciem os governantes a agir pelo interesse público.[11] Na realidade, o governo autoritário e tirânico, este sim, depende diretamente do humor e da vontade pessoal dos membros do Poder, mas não a República democrática, em que a Constituição possui um plano cujo cumprimento é juridicamente exigível e para cujo desvio o próprio sistema oferta resposta.

---

[10] Nesse sentido, TÁCITO, Caio. O poder de polícia e seus limites. *Revista de Direito Administrativo*, Rio de Janeiro, n. 27, p. 2, 57, jan./mar. 1952. Como ressalta o autor, "a todos, sem distinção, o Estado Liberal assegurava a plenitude de agir segundo o juízo próprio de conveniência. Conforme a sátira famosa de Anatole France, a lei garantia igualmente ao rico e ao pobre o direito de dormir debaixo da ponte".

[11] Cf. HUME, David. Essay two: That politics may be reduced to a science. *In*: *Political essays*. Bristol Selected Pamphlets, University of Bristol Library, 1862, p. 5.

A "forma de Estado" e o desenho institucional constitucionalmente determinado é o "federal", e isso foi feito para se edificar um Estado de Direito verdadeiramente democrático.

Kelsen já ensinava que a democracia é uma progressão rumo à liberdade.[12] Realmente, a democracia é a única alternativa para uma sociedade que pretenda ser livre, justa e solidária. Apenas consagrando e efetivando direitos fundamentais, é possível proporcionar liberdade para o povo. Não basta proclamar direitos fundamentais, mas o Estado precisa assegurá-los e efetivá-los. O cidadão autônomo, portanto, livre, depende de a ele serem garantidos direitos fundamentais, e apenas um Estado com poderes autônomos e separados em uma "constelação de poderes" pode proporcionar democracia.

O projeto constituinte se harmoniza com as aspirações democráticas e trouxe um desenho institucional viável para a consolidação de um verdadeiro Estado Democrático de Direito. Entretanto, é consabido que o poder tende a se centralizar, porque o detentor do poder sempre reclama mais poder. Para isso, é necessário *mecanismos que evitem a centralização de poderes* e deve-se, inevitavelmente, garantir a autonomia dos entes federados.

O *princípio federativo*, consagrado pela CRFB/1988, ilumina a interpretação das normas e serve de limite tendencial a modificações que se pretendam fazer no arcabouço legislativo, sobretudo por meio de emendas constitucionais. Não se admitem, assim, interpretações de leis que favoreçam a centralização dos poderes, porque o princípio federativo tem "eficácia irradiante". Da mesma forma, normas que promovam a centralização de poderes na União são inconstitucionais, porque contrariam o princípio federativo.

É verdade que o termo "federalismo" admite vários modelos, mas o princípio federativo, cláusula pétrea, impõe um vetor limite para a centralização de poderes. Isso porque o vetor constitucional é posto para assegurar, pelo menos, o desenho constitucional das instituições e a separação dos poderes, que tendem a se centralizar, e para, assim, proporcionar democracia. O valor subjacente ao princípio federativo é a ideia de democracia;

[12] Cf. KELSEN, Hans. *A democracia*. São Paulo: Martins Fontes, 2000.

portanto, no Estado Democrático de Direito, não se pode desprezá-lo ou minimizá-lo.[13]

3 O federalismo cooperativo e a autonomia financeira

Como ensina Paulo Bonavides,[14] o federalismo é caracterizado por duas ideias centrais: *participação* e *autonomia*. A participação significa que cada um dos entes subnacionais deve necessariamente participar do processo político decisório que envolva toda a federação. Autonomia quer dizer que os membros da federação têm o poder de legislar, de estatuir ordens constitucionais próprias e de exercer os poderes que habitualmente modelam o Estado (Executivo, Legislativo e Judiciário), em harmonia com a Constituição Federal.

No desenho da federação brasileira, a participação é exercida, sobretudo, no Congresso Nacional. Como ressabido, a Câmara dos Deputados congrega os representantes do povo, lideranças locais que devem zelar pelo interesse da população; por outro giro, no *Senado Federal*, estão os *representantes dos estados e do DF*, os quais devem tomar suas decisões tomando em consideração os *interesses dos governos estaduais*.

Além das mencionadas (duas) ideias basilares do princípio federativo (participação e autonomia),[15] o núcleo central do princípio federativo é também densificado pelo subprincípio da *subsidiariedade*.[16] O subprincípio requer que todas as tarefas públicas

---

[13] Na lição de Dalmo de Abreu Dallari (Implicações do pacto federativo. *Direito Público: Revista da Procuradoria Geral do Estado de Minas Gerais*, v. 1, n. 1, p. 77-82, 1999, p. 78): "O respeito ao Federalismo como princípio deve condicionar a legislação, as iniciativas e ações dos governos e, também, as decisões judiciais. Todo ato com implicações jurídicas que for antifederativo será, por isso mesmo, inconstitucional".

[14] Cf. BONAVIDES, Paulo. *Ciência Política*. 17. ed. São Paulo: Malheiros, 2010. p. 195.

[15] O subprincípio da participação, similar ao que expõe Paulo Bonavides, impõe que os entes menores participem das decisões e da administração em âmbito nacional e regional; está relacionado com a promoção da democracia e a aproximação dos cidadãos de seus governantes. Nesse sentido, vale consultar DERZI, Misabel de Abreu Machado; BUSTAMANTE, Thomas da Rosa de. O princípio federativo e a igualdade: uma perspectiva crítica para o sistema jurídico brasileiro a partir da análise do modelo alemão. *In*: DERZI *et al*. (Org.). *Estado federal e guerra fiscal no direito comparado*. Belo Horizonte: Arraes Editores, 2015 (Coleção federalismo e tributação, v. 2). p. 467-495.

[16] Cf. José Alfredo De Oliveira Baracho: "A definição da subsidiariedade tem apresentado diversos alcances e conteúdos. Conceitua-se subsidiariedade como princípio, pelo qual as decisões, legislativas ou administrativas devem ser tomadas no nível político mais

sejam cumpridas pelas esferas locais de governo, devendo a unidade central atuar tão somente subsidiariamente, quando necessário.[17] Nesse compasso, é patente que o princípio federativo é arranhado quando recursos são concentrados na União Federal, em especial porque as tarefas essenciais do Estado (educação, saúde e segurança) são desempenhadas pelos estados e municípios.

Em verdade, a subsidiariedade é um produto do princípio da autonomia federativa e nota distintiva do federalismo brasileiro,[18] entendida tal característica não apenas como descentralização administrativa, mas uma limitação do poder central à assunção de responsabilidades que podem ser executadas por unidades mais restritas[19] em nome da maior capacidade de participação política do

baixo possível, isto é, por aquelas que estão o mais próximo possível das decisões que são definidas, efetuadas e executadas. Está assim o princípio de subsidiariedade relacionado com a situação constitucional definida nas competências dos entes que compõem o tipo de Estado consagrado (Unitário, Autonômico, Regional ou Federal) e o processo de descentralização política e administrativa. Em decorrência dessas circunstâncias a aplicação do princípio de subsidiariedade assume certas particularidades". BARACHO, José Alfredo de Oliveira. O princípio de subsidiariedade: conceito e revolução. *Revista de Direito Administrativo*, n. 200, p. 21-54, 1995, p. 52.

17 Não se pode afastar, entretanto, que a utilização de instrumento como as transferências intergovernamentais ainda mantém o ente menor sob o jugo do ente maior, já que não há autonomia sobre a determinação dos critérios de apuração, de repasse das verbas e, muitas vezes, nem mesmo sobre a forma de utilizar os recursos. Cf. Clèmerson Merlin Clève e Marcela Moraes Peixoto: "Os insuficientes recursos financeiros deixados aos Estados pelo Constituinte serão compensados por um sistema de transferência constitucional de rendas, que a pretexto de subsidiar um federalismo cooperativo através do qual as regiões mais ricas financiam o crescimento das regiões mais pobres, acaba por institucionalizar de vez, como na Carta revogada, a supremacia política do Governo federal sobre os governadores estaduais. A autonomia financeira dos Estados se vê restringida por dois fatores: (i) insuficiência dos tributos de sua competência impositiva; (ii) subordinação desta capacidade impositiva à legislação federal. Não há dúvida, porém, que a nova Constituição ampliou as possibilidades financeiras das coletividades locais". CLÈVE, Clèmerson Merlin; PEIXOTO, Marcela Moraes. O Estado brasileiro: algumas linhas sobre a divisão de poderes na federação brasileira à luz da Constituição de 1988. *Revista de Informação Legislativa: RIL*, v. 104, n. out./dez., p. 21-42, 1989, p. 38.

18 Em sentido convergente: BATISTA JÚNIOR, Onofre Alves; OLIVEIRA, Ludmila Mara Monteiro; MAGALHÃES, Tarcísio Diniz. Que pacto federativo? Em busca de uma teoria normativa adequada ao federalismo fiscal brasileiro. *In*: DERZI, Misabel Abreu Machado; BATISTA JÚNIOR, Onofre Alves; MOREIRA, André Mendes (Coords.). *Estado Federal e Tributação*: das origens à crise atual. v. 1. Belo Horizonte: Arraes Editores Ltda., 2015. p. 13-14.

19 Cf. BATISTA JÚNIOR, Onofre Alves; OLIVEIRA, Ludmila Mara Monteiro; MAGALHÃES, Tarcísio Diniz. Que pacto federativo? Em busca de uma teoria normativa adequada ao federalismo fiscal brasileiro. *In*: DERZI, Misabel Abreu Machado; BATISTA JÚNIOR, Onofre Alves; MOREIRA, André Mendes (Coords.). *Estado Federal e Tributação*: das origens à crise atual. v. 1. Belo Horizonte: Arraes Editores Ltda., 2015. p. 13-14.

cidadão, o que também é uma vertente do exercício da vida digna, com a capacidade de autodeterminação do indivíduo.

Quando os entes federados menores são privados dos recursos necessários para fazer frente à missão constitucional de cada um porque esses recursos foram centralizados na União, ocorre ofensa cabal ao princípio federativo. Para que exista autonomia política, sobretudo para que ela seja materialmente exercida, como menciona Bonavides, é essencial que exista *autonomia financeira*. Em outras palavras, o princípio federativo exige autonomia política e financeira do ente federado.[20]

Se o princípio federativo deve funcionar como um anteparo à centralização dos poderes, sobretudo em um regime presidencialista, a CRFB/1988 buscou dotar os entes federados de *autonomia financeira*. Nesse compasso, o texto constitucional estabeleceu, exaustivamente, as competências de cada um dos entes federados, bem como as fontes de receitas necessárias (tributos e transferências). Em outras palavras, o pacto federativo idealizado pela Assembleia Nacional Constituinte, com evidente intuito democrático-descentralizador, pretendeu outorgar autonomia política e financeira aos estados, ao Distrito Federal e aos municípios, delimitando-lhes competências materiais e tributárias de forma a propiciar o convívio harmônico entre os diversos entes federados. Foi nesse compasso que o texto constitucional estabeleceu, exaustivamente, as *competências de cada um dos entes*, bem como as *fontes de receitas necessárias* (tributos e transferências), pretendendo, portanto, um *federalismo de viés cooperativo*, assentado, sobretudo, na ideia de solidariedade e na igualdade entre os entes.

De tal forma se construiu o federalismo como limitação do poder central, que se pode dizer que, muito além da regra atinente à

---

[20] Apenas é possível se falar em autogoverno, auto-organização e autoadministração se houver recursos disponíveis para exercê-los. Como explica Abner Youssif Mota: "O orçamento dos entes federados e a aplicação das receitas que lhes competem são questões diretamente ligadas ao desempenho da autonomia de cada um deles e de suas prerrogativas atribuídas pelo regime federativo. Pode-se dizer, portanto, que a definição dos bens e receitas públicos, bem as questões financeiro-orçamentárias a ela vinculadas, constitui traço fundamental à realização e concretização de uma federação como a brasileira". ARABI, Abhner Youssif Mota. Desdobramentos financeiros do federalismo fiscal: participação no resultado da exploração de petróleo e o bônus de assinatura. *In*: GOMES, Marcus Lívio; ALVES, Raquel de Andrade Vieira; ARABI, Abhner Youssif Mota. *Direito financeiro e jurisdição constitucional*. Curitiba: Juruá, 2016. p. 13-14.

imunidade recíproca tributária (art. 150, VI, "a", CRFB/88), há uma verdadeira *imunidade recíproca financeira*,[21] espécie mais ampla que envolve receitas, despesas e liberdade de alocação orçamentária a regular as relações interfederativas, deferindo-se aos entes estaduais e municipais um núcleo mínimo de autonomia e liberdade decisória em sua atividade financeira que não pode ser atingido pela União Federal, sob pena de subverter a própria lógica federativa.

O federalismo constitucionalmente esboçado não reclama uma ação independente e desarticulada dos entes federados. Ao contrário, o "*federalismo cooperativo*" pressupõe o papel articulador da União e, sobretudo, que os objetivos fundamentais da República (art. 3º) sejam alcançados por meio de uma ação cooperativa e solidária dos entes federados. O desenvolvimento da União (conjunto de estados e municípios) é o desenvolvimento de todas as unidades federadas; a missão da "união" é cumprida pelos entes federados atuando de forma articulada e cooperativa.

É por isso que se pode afirmar que, na modernidade líquida, se a União tem a competência para dirimir conflitos de competência entre os entes federados (art. 146, I, da CRFB/88), as guerras fiscais ocorrem, em larga razão, em virtude da omissão do ente federado maior. Entretanto, os órgãos burocráticos da União se voltam quase que exclusivamente para seus tributos e para suas questões, em uma visão autorreferente e contrária à ideia de federalismo cooperativo. A tecnoburocracia da União, autorreferenciada e distante do cidadão, atua buscando centralizar o poder, receitas e competências, deixando de lado sua função precípua em matéria tributária, que é a de promover a harmonização e eliminar conflitos de competência e as impensáveis guerras fiscais.[22]

A CRFB/88 modificou a estrutura do sistema tributário nacional e ampliou os repasses constitucionais da receita de tributos

---

[21] Cf. BELLI, Reinaldo. *Gastos públicos e imunidade recíproca financeira na Federação brasileira.* Belo Horizonte: Letramento, Casa do Direito, 2022. p. 260.

[22] A União Europeia disciplina seus tributos próprios (montante de receita pequeno e destinado a suprir, sobretudo, o pagamento de sua mínima burocracia) e atua em prol da harmonização tributária entre os Estados-Membros, que detêm a competência para instituir os tributos. Os Estados-Membros detêm a competência tributária e ficam com o volume maior da receita tributária. A União se volta para atender aos Estados, e não o inverso. Isso traduz a ideia de federalismo e subsidiariedade.

instituídos pelos entes maiores para entes menores. O relator da Comissão do Sistema Tributário, Orçamento e Finanças, José Serra, deixou claro como a organização financeira constitucional pretendeu fortalecer a descentralização da federação:[23]

> O esforço para a descentralização e o fortalecimento dos Estados e Municípios evidencia-se principalmente pela ampliação da base do ICM e pela maior liberdade na fixação de suas alíquotas; [...], ao mesmo tempo em que se ampliam, significativamente, o FPE e o FPM. No mesmo sentido, embora com menor significado, situam-se a partilha da fração do IPI com estados e municípios [...]. Veda-se a vinculação dos recursos transferidos a aplicações pré-determinadas e criam-se mecanismos de participação de representantes dos estados e dos municípios, para fins de acompanhamento dos cálculos e das liberações dos recursos transferidos, e do processo de descentralização de funções e de atividades. Elimina-se a faculdade de a União conceder isenções de impostos estaduais e municipais. Cria-se um fundo de descentralização, cuja principal fonte é o FINSOCIAL. Desnecessário dizer que essa descentralização é essencial para viabilizar o equilíbrio financeiro básico que deve existir entre as três esferas do governo na federação.[24]

O alargamento da base tributável pelo ICMS e a absorção de 5 (cinco) impostos que anteriormente eram de competência exclusiva da União Federal promoveram uma significativa descentralização financeira no Brasil (foram absorvidos os impostos sobre combustíveis e lubrificantes; energia elétrica; mineração; comunicações; e transportes). Nesse mesmo compasso, foram ampliadas as transferências de receita de tributos instituídos pelos entes maiores para os entes menores. Tudo isso, em conformidade com o princípio federativo, visou dotar estados, DF e municípios de autonomia. Assim foi firmado o pacto federativo e, nesses termos, foi estabelecido o equilíbrio federativo.

---

[23] BRASIL. Assembleia Nacional Constituinte. Comissão do Sistema Tributário, Orçamento e Finanças. *Relatório e Anteprojeto da Comissão*. Brasília: Centro Gráfico do Senado Federal, 1988. p. 3.

[24] Em outro trecho do relatório, o Constituinte apresenta suas percepções a respeito dos trabalhos realizados: "[C]omo é amplamente reconhecido, entre a segunda metade dos anos sessenta e meados da década passada houve uma excessiva centralização de recursos e competências tributários em mãos da União, em detrimento dos Estados e Municípios, criando-se um forte desequilíbrio da Federação. A nova Constituição deve reverter esse processo – e é essencial que o faça – mas seria um equívoco reproduzir o desequilíbrio com sinal trocado" (BRASIL, *op. cit.*, p. 4).

Os estados e municípios possuem, assim, segundo a CRFB/1988, duas formas principais de obtenção de recursos, consistentes no exercício das respectivas *competências tributárias* (artigos 155 e 156) e nas *transferências de receitas* dos entes maiores aos menores (artigos 157 a 159). Em relação à competência tributária, inexiste previsão de empréstimos compulsórios estaduais e, no campo das contribuições sociais, só há possibilidade de cobrança de exações cuja receita seja inteiramente vinculada, a saber, às contribuições previdenciárias de seus respectivos servidores (art. 149, §1º).

Estados e municípios não são capazes de, com base exclusivamente na arrecadação dos tributos de suas competências, fazer frente aos custos decorrentes das competências materiais a eles cometidas, comprometendo-se a sua capacidade de autofinanciamento e a própria prestação dos serviços públicos de sua responsabilidade.[25] Assim é que se afiguram imprescindíveis à autonomia financeira dos entes federativos menores as receitas oriundas das transferências verticais previstas constitucionalmente.

Transferências intergovernamentais não significam favor constitucional aos entes menores, mas traduzem a complementação dos recursos necessários para que os entes federados cumpram sua missão. A CRFB/88 firmou a missão que cabe a cada um dos entes federados, desenhando o rol de competências dos estados e municípios e, de forma responsável, para fazer frente a essa missão, buscou proporcionar aos entes federados os recursos necessários para o cumprimento do papel constitucional atribuído. A ideia foi exatamente dotar estados e municípios de autonomia financeira, possibilitando que eles funcionassem sem depender dos favores do ente maior.

A CRFB/88 estabeleceu, nos artigos 157 e 158,[26] que parcela do valor arrecadado pelos entes maiores pertence aos entes menores

---

[25] Cf. IBRAHIM, Fábio Zambitte; SCHWARTZ, Gustavo Carvalho Gomes. *As contribuições sociais como instrumento de fraude ao pacto federativo*. Disponível em: http://publicacoes.udf.edu.br/index.php/exemplo1/article/view/Zambitte%20Ibrahim%3B%20Schwartz. Acesso em: 14 de setembro de 2017.

[26] Art. 157. Pertencem aos Estados e ao Distrito Federal:
I - O produto da arrecadação do imposto da União sobre renda e proventos de qualquer natureza, incidente na fonte, sobre rendimentos pagos, a qualquer título, por eles, suas autarquias e pelas fundações que instituírem e mantiverem;
II - Vinte por cento do produto da arrecadação do imposto que a União instituir no exercício da competência que lhe é atribuída pelo art. 154, I.

desde o momento da arrecadação e, no art. 159,[27] a entrega de recursos, seguindo a mesma lógica. Especificamente quanto aos

---

Art. 158. Pertencem aos Municípios:
I - O produto da arrecadação do imposto da União sobre renda e proventos de qualquer natureza, incidente na fonte, sobre rendimentos pagos, a qualquer título, por eles, suas autarquias e pelas fundações que instituírem e mantiverem;
II - Cinquenta por cento do produto da arrecadação do imposto da União sobre a propriedade territorial rural, relativamente aos imóveis neles situados, cabendo a totalidade na hipótese da opção a que se refere o art. 153, § 4º, III;
III - Cinquenta por cento do produto da arrecadação do imposto do Estado sobre a propriedade de veículos automotores licenciados em seus territórios;
IV - Vinte e cinco por cento do produto da arrecadação do imposto do Estado sobre operações relativas à circulação de mercadorias e sobre prestações de serviços de transporte interestadual e intermunicipal e de comunicação.
Parágrafo único. As parcelas de receita pertencentes aos Municípios, mencionadas no inciso IV, serão creditadas conforme os seguintes critérios:
I - Três quartos, no mínimo, na proporção do valor adicionado nas operações relativas à circulação de mercadorias e nas prestações de serviços, realizadas em seus territórios;
II - Até um quarto, de acordo com o que dispuser lei estadual ou, no caso dos Territórios, lei federal.

27 Art. 159. A União entregará:
I - Do produto da arrecadação dos impostos sobre renda e proventos de qualquer natureza e sobre produtos industrializados, 49% (quarenta e nove por cento), na seguinte forma:
a) vinte e um inteiros e cinco décimos por cento ao Fundo de Participação dos Estados e do Distrito Federal;
b) vinte e dois inteiros e cinco décimos por cento ao Fundo de Participação dos Municípios;
c) três por cento, para aplicação em programas de financiamento ao setor produtivo das Regiões Norte, Nordeste e Centro-Oeste, através de suas instituições financeiras de caráter regional, de acordo com os planos regionais de desenvolvimento, ficando assegurada ao semiárido do Nordeste a metade dos recursos destinados à Região, na forma que a lei estabelecer;
d) um por cento ao Fundo de Participação dos Municípios, que será entregue no primeiro decêndio do mês de dezembro de cada ano;
e) 1% (um por cento) ao Fundo de Participação dos Municípios, que será entregue no primeiro decêndio do mês de julho de cada ano;
II - Do produto da arrecadação do imposto sobre produtos industrializados, dez por cento aos Estados e ao Distrito Federal, proporcionalmente ao valor das respectivas exportações de produtos industrializados.
III - Do produto da arrecadação da contribuição de intervenção no domínio econômico prevista no art. 177, § 4º, 29% (vinte e nove por cento) para os Estados e o Distrito Federal, distribuídos na forma da lei, observada a destinação a que se refere o inciso II, c, do referido parágrafo.
§ 1º. Para efeito de cálculo da entrega a ser efetuada de acordo com o previsto no inciso I, excluir-se-á a parcela da arrecadação do imposto de renda e proventos de qualquer natureza pertencente aos Estados, ao Distrito Federal e aos Municípios, nos termos do disposto nos arts. 157, I, e 158, I.
§ 2º. A nenhuma unidade federada poderá ser destinada parcela superior a vinte por cento do montante a que se refere o inciso II, devendo o eventual excedente ser distribuído entre os demais participantes, mantido, em relação a esses, o critério de partilha nele estabelecido.
§ 3º. Os Estados entregarão aos respectivos Municípios vinte e cinco por cento dos recursos que receberem nos termos do inciso II, observados os critérios estabelecidos no art. 158, parágrafo único, I e II.
§ 4º. Do montante de recursos de que trata o inciso III que cabe a cada Estado, vinte e cinco por cento serão destinados aos seus Municípios, na forma da lei a que se refere o mencionado inciso.

tributos federais, a CRFB/88 prevê a partilha do Imposto sobre a Renda e Proventos de Qualquer Natureza (IR), do Imposto sobre Produtos Industrializados (IPI), do Imposto sobre Operações de Crédito, Câmbio, Seguro, ou Relativas a Títulos ou Valores Mobiliários (IOF)[28] e do Imposto sobre a Propriedade Territorial Rural (ITR). Apenas não são repartidos os impostos com finalidade claramente extrafiscal.

A possibilidade de repartição de receitas transferidas entre entes federados independentemente de onde a riqueza foi produzida, como previsto no art. 159, I, "c", ou no art. 158, parágrafo único, II, permite que os fundos de participação favoreçam o *federalismo cooperativo*, funcionando como mecanismo financeiro para minimização da desigualdade regional.

Em síntese, dentre os tributos da União que são partilhados com os estados e municípios, destacam-se o Imposto de Renda (49% – art. 159, I), o Imposto sobre Produtos Industrializados (10% – art. 159, II) e os impostos residuais (20% – art. 157, II); entre as contribuições especiais, somente a CIDE combustível (29% – art. 159, III). Verifica-se, portanto, que, com exceção da CIDE combustível, as contribuições especiais não são objeto da distribuição vertical de receitas, sendo, pois, receita exclusiva da União.

Cada um dos entes federados deveria ter os recursos que lhes coubessem sem ter de se submeter aos caprichos e favores da União. A CRFB/1988, então, garante o "equilíbrio federativo", evitando a submissão dos entes federados ao poder central pelo viés financeiro. Até mesmo para as despesas adicionais necessárias ao desenvolvimento do Estado, a CRFB/1988 estabeleceu os mecanismos próprios, em absoluta sintonia com o princípio federativo (cláusula pétrea), determinando que os impostos residuais fossem também partilhados com os estados.

Nessa toada, o art. 157, inc. II, estabeleceu que pertencem aos estados e ao DF 20% (vinte por cento) do produto da

---

[28] Art. 153, §5º: "O ouro, quando definido em lei como ativo financeiro ou instrumento cambial, sujeita-se exclusivamente à incidência do imposto de que trata o inciso V do 'caput' deste artigo, devido na operação de origem; a alíquota mínima será de um por cento, assegurada a transferência do montante da arrecadação nos seguintes termos:
I - Trinta por cento para o Estado, o Distrito Federal ou o Território, conforme a origem;
II - Setenta por cento para o Município de origem".

arrecadação com o "imposto residual" que a União instituir no exercício da competência que lhe é atribuída pelo art. 154, I.[29] Trata-se de disposição originária da CRFB/88, claramente posta para impedir que o ente maior ampliasse a sua dominação sobre os entes menores por meio da concentração de recursos financeiros, desequilibrando o pacto federativo. O constituinte originário buscou impedir que a União Federal priorizasse a sua arrecadação em imposto novo, que não fosse afetado pelas transferências intergovernamentais.

A CRFB/88 previu a possibilidade de instituição de impostos residuais como alternativa para eventual necessidade de aumento da receita tributária. Firmou mecanismo para evitar que a União Federal ampliasse sua arrecadação com base em impostos não compartilhados (sem repartição), portanto, para que não houvesse desigualdade nas relações intergovernamentais. A concentração de recursos financeiros no ente central atenta, ainda, contra o princípio democrático, uma vez que repasses financeiros passam a ocorrer por meio de "transferências voluntárias", promovendo a conhecida "política dos pires nas mãos". Por meio dessa, os governadores são subjugados e precisam se submeter aos desmandos do Executivo central para terem acesso aos recursos necessários para que seu estado realize obras, investimentos ou mesmo para que possa cumprir sua missão constitucionalmente posta.

Enfim, o mecanismo constitucional previsto para eventual necessidade de incremento de receitas é o imposto residual (compartilhado). Em outras palavras, conforme o modelo tributário constitucionalmente estabelecido, ou bem a União deve se valer dos tributos previstos pela CRFB/88 (alargando a esfera de incidência; aumento das alíquotas etc.), ou bem deve instituir impostos residuais (que não são meros "enfeites constitucionais"). Assim, a CRFB/88 modelou o sistema tributário em sintonia com os mandamentos do federalismo para evitar o desequilíbrio no pacto federativo.

---

[29] Art. 154. A União poderá instituir:
I - Mediante lei complementar, impostos não previstos no artigo anterior, desde que sejam não-cumulativos e não tenham fato gerador ou base de cálculo próprios dos discriminados nesta Constituição.

Vigente a Constituição de 1988, sob sua égide começam a funcionar as pessoas políticas. Estabelecidas as atribuições e firmadas as fontes de recursos necessários, poderia, finalmente, o Brasil ser uma federação e um Estado Democrático de Direito! Assim foi firmado o pacto federativo. Embora a CRFB/1988 tenha firmado o democrático intuito de romper com a histórica tendência centralizadora dos poderes, a realidade das relações institucionais no país não deixa dúvidas quanto ao desequilíbrio de forças entre a União e os demais entes da federação. Pouco a pouco, a União foi promovendo uma centralização de poderes, em flagrante ofensa aos mandamentos fulcrais da CRFB/1988. Fraudando o princípio federativo e deturpando o sistema constitucional tributário, tornando-o disfuncional, complexo e ineficiente, a União Federal, ao longo dos anos, vem subvertendo o modelo previsto na CRFB/1988, seja com artifícios como a DRU (Desvinculação da Receita da União), seja com a proliferação desregrada de contribuições especiais não compartilhadas.

4 Da criação de um sistema paralelo das contribuições, passando pela Lei Kandir, até a limitação do ICMS dos combustíveis: uma fraude ao sistema tributário nacional

Menos de oito anos depois da promulgação da CRFB/1988, o pacto constitucional começou a ser violado. A nova Carta previu mecanismos que garantissem uma sociedade democrática, e *o princípio federativo deveria garantir o intento democrático-descentralizador da Constituição de 1988*. Entretanto, a erosão do modelo foi sendo promovida lentamente, em um verdadeiro movimento de "*fraude à Constituição*", que não foi obstado firmemente pelo Supremo Tribunal Federal (STF), apesar do esforço de alguns de seus integrantes. E essa degradação lenta, sistemática e sorrateira, que não foi devidamente enfrentada pela Corte Maior, foi desmontando o modelo federal e promovendo o desgaste do Estado Democrático de nossos dias. Assim, o poder, ao longo dos anos, foi se concentrando na União, deixando que as bases da democracia brasileira fossem corroídas.

Segundo dispõe o art. 149 da CRFB/1988, a União, de maneira exclusiva, pode instituir três espécies de contribuições especiais, quais sejam: (a) as contribuições sociais; (b) as contribuições de intervenção no domínio econômico (CIDE); e (c) as contribuições corporativas. A exceção fica por conta do §1º, segundo o qual os demais entes federativos instituirão contribuição previdenciária de seus servidores. O caráter distintivo das contribuições especiais em relação às demais espécies tributárias é o fato de elas terem os produtos de suas arrecadações vinculados a determinada finalidade. Realmente, ao contrário dos impostos, as contribuições especiais possuem, por imposição constitucional, a sua destinação vinculada a atividades estatais específicas, não podendo ser aplicadas livremente pelo Executivo.[30]

Ocorre que têm se tornado cada vez mais comuns a instituição e a majoração de contribuições sociais pela União, sob a justificativa de que estaria financiando algum serviço ligado à área social, quando, na verdade, o produto arrecadado tem sido destinado a outras finalidades, como, por exemplo, redução do déficit público. A título de exemplo, esse é o caso do Decreto nº 9.101, de 20 de julho de 2017, que aumentou as alíquotas do PIS e da Cofins incidentes sobre a importação e a comercialização de gasolina, óleo diesel, gás liquefeito de petróleo (GLP), querosene de aviação e álcool.

Na verdade, são dois os motivos pelos quais a União costumeiramente passou a lançar mão das contribuições sociais: (1) em função da sua não submissão à sistemática de repartição de receitas prevista nos artigos 157 a 159 da CRFB/1988; e (2) em função da sistemática da DRU, que possibilitava o desvirtuamento do caráter finalístico das contribuições.

Em relação ao primeiro motivo, a desnecessidade de repartição dos recursos recolhidos gerou, na União, a preferência por incrementar a arrecadação tributária por meio das contribuições especiais ao invés de fazê-lo por meio dos impostos, cuja arrecadação é, em regra, partilhada com estados e municípios.[31] Como bem observa

---

[30] Cf. VIEIRA ALVES, Raquel de Andrade. *A expansão das contribuições e o pacto federativo no contexto da crise fiscal*. Disponível em: http://www.conjur.com.br/2017-ago-23/raquel-alves-expansao-contribuicoes-pacto-federativo. Acesso em: 16 set. 2017.

[31] Essa verdadeira motivação do governo central não passou despercebida pela doutrina brasileira, tendo Valter de Souza Lobato, em trabalho específico sobre as contribuições sociais, destacado que "o cenário atual é bem nefasto, pois com a necessidade de

Raquel de Andrade Vieira Alves,[32] todo esse contexto tem causado um desequilíbrio no sistema de repartição na arrecadação tributária, "não só porque a União passou a ter uma forte arrecadação com a instituição de tributos não partilháveis, como porque isso possibilita a ela uma significativa redução nos impostos federais partilhados com os estados e municípios, através das políticas desonerativas". Como bem afirmam Fernando Rezende e outros, a União reverteu o ideal federativo buscado pela CRFB/1998, em nítido prejuízo das unidades subnacionais, configurando uma espécie de "sistema tributário dual".[33]

O fato é que, além das respectivas receitas tributárias, estados e municípios dependem sobremaneira das transferências verticais de receitas para a execução de políticas públicas e, a partir do momento em que a União promove desonerações e deduções dos tributos partilhados para, concomitantemente, criar e aumentar tributos não partilhados, a saúde financeira dos entes federativos menores fica substancialmente afetada.

O segundo motivo que justificava o uso cada vez maior das contribuições especiais pela União dizia respeito à possibilidade de, por meio da sistemática da DRU, desvincular relevante percentual da sua arrecadação para outras finalidades que não aquelas constitucionalmente previstas. Essa sistemática ignora os elementos

---

arrecadação – municípios e estados se digladiam (guerra fiscal) e União Federal invade competências que não lhe pertenciam, para suprir a ausência de arrecadação, sem repasses aos demais entes da Federação" (Cf. LOBATO, Valter de Souza. *O regime jurídico-constitucional das contribuições destinadas ao custeio da seguridade social*: a importância basilar e estruturante da finalidade e os demais limites ao poder de tributar. Belo Horizonte: 2014. Tese (Doutorado em Direito) – Programa de Pós-Graduação em Direito da Faculdade de Direito, Universidade Federal de Minas Gerais, 2014).

[32] Cf. VIEIRA ALVES, Raquel de Andrade. *A expansão das contribuições e o pacto federativo no contexto da crise fiscal*. Disponível em: http://www.conjur.com.br/2017-ago-23/raquel-alves-expansao-contribuicoes-pacto-federativo. Acesso em: 16 set. 2017.

[33] Rezende e outros chamam de "regime tributário dual" a técnica utilizada pela CRFB de estabelecer regimes distintos para figuras idênticas, quais sejam, os impostos tradicionais e as contribuições sociais. Os regimes seriam diferentes porque os impostos tradicionais devem respeitar aos princípios da legalidade e da anualidade, não se vinculam a despesas específicas, não são cumulativos e sua receita é repartida com outras esferas de poder político. Já as contribuições também devem respeitar o princípio da legalidade, mas não à anualidade (apenas ao princípio da antecedência nonagesimal), vinculam-se a despesas específicas, podem ser cumulativos e o produto de sua arrecadação não é repartido (REZENDE, Fernando; OLIVEIRA, Fabrício; ARAUJO, Erika. *O dilema fiscal*: remendar ou reformar. Rio de Janeiro: Editora FGV, 2007. p. 90).

essenciais que distinguem as contribuições especiais das demais espécies tributárias, que são justamente a destinação específica e a referibilidade a determinado grupo, desconstruindo, pois, a ideia original posta na Constituição de 1988. O que se percebe é que, por meio da sistemática da DRU, a União instituía e majorava contribuições com o desiderato de aumentar de maneira exclusiva suas receitas sem que os recursos obtidos tivessem a destinação específica prevista constitucionalmente.[34]

Como se pode verificar, o claro objetivo do incremento do uso das contribuições não tem sido finalístico, mas eminentemente arrecadatório. Como se não bastasse, a desvinculação de receitas das contribuições sociais para que deixem de ser aplicadas na área social prejudicava os próprios direitos fundamentais dos cidadãos, que perdiam importante fonte de financiamento.

Interessante notar que a Constituição de 1988, por meio do art. 154, I, outorgou exclusivamente à União a possibilidade de instituir impostos não previstos no texto constitucional, desde que sejam não cumulativos e não tenham fato gerador ou base de cálculo dos demais impostos descritos na Carta Magna. No entanto, a União, ao invés de fazer uso de sua competência para instituir os chamados impostos residuais, prefere criar ou majorar as contribuições especiais, tendo em vista o fato de que a receita dessa espécie tributária não é objeto de partilha, ao passo que 20% (vinte por cento) da receita dos impostos residuais devem ser partilhados com os demais entes federativos (art. 157, II).

Dessa forma, o que mais contribuiu para o desequilíbrio das finanças dos estados e municípios foi a opção política feita pela União de se autofinanciar por meio da instituição ou majoração de contribuições especiais, tributo não sujeito à distribuição vertical

---

[34] A União abandonou parcialmente o antifederativo mecanismo da DRU com a Emenda Constitucional nº 93, de 2016, que retirou do seu bojo as rentáveis contribuições sociais destinadas ao custeio da seguridade social (contribuições previdenciárias patronais e do segurado, PIS/Cofins, CSLL). O dispositivo da ADCT/CRFB/1988 ficou assim plasmado: "Art. 76. São desvinculados de órgão, fundo ou despesa, até 31 de dezembro de 2023, 30% (trinta por cento) da arrecadação da União relativa às contribuições sociais, sem prejuízo do pagamento das despesas do Regime Geral da Previdência Social, às contribuições de intervenção no domínio econômico e às taxas, já instituídas ou que vierem a ser criadas até a referida data. [...] § 4º. A desvinculação de que trata o caput não se aplica às receitas das contribuições sociais destinadas ao custeio da seguridade social".

de receitas. Assim é que se defende que a repartição de recursos provenientes da arrecadação das contribuições especiais promoveria maior equilíbrio na divisão das rendas tributárias entre os entes federados, resgatando a ideia de pacto federativo cooperativo originalmente colocada na CRFB/1988.[35]

O fato é que a política arrecadatória que vem sendo adotada pelo governo federal, em total descompasso com a ideia de federalismo cooperativo, além de descaracterizar por completo a natureza constitucionalmente prevista das contribuições especiais, está também alterando o equilíbrio federativo e reduzindo substancialmente a autonomia financeira dos estados e municípios em prejuízo de seus cidadãos, que deixam de receber serviços públicos de qualidade, em especial aqueles ligados à educação, saúde e segurança. A postura da União de, sistematicamente, centralizar receitas e descentralizar despesas torna letra-morta a ideia de federação colocada na Constituição, razão pela qual se deve prestigiar propostas legislativas que visam reparar adequadamente as perdas de arrecadação sofridas pelos estados e municípios.

Assim, proliferam-se atos normativos do Congresso Nacional (emendas à constituição, leis complementares ou leis ordinárias) que são pródigos em fixar obrigações aos entes estaduais e municipais, mas silentes sobre a participação federal no financiamento de tais políticas de gastos (tributários ou não), viciando tais diplomas de

---

[35] Nesse contexto, merecem destaque os projetos legislativos apresentados ao Congresso Nacional objetivando justamente a repartição do produto das contribuições sociais com os demais entes federativos, tal como a Proposta de Emenda à Constituição nº 12/2013, que altera o artigo 159 da constituição para incluir o produto da arrecadação de algumas contribuições sociais no compartilhamento com Estados, Distrito Federal e municípios. Na justificativa da proposta do senador Flexa Ribeiro consta a seguinte passagem: "No entanto, a cada ano os Estados vêm sofrendo perdas significativas em suas transferências constitucionais obrigatórias, haja vista a migração da arrecadação federal para os tributos não compartilhados. Com essa inversão, o Governo Federal diminuiu a participação daqueles entes na partilha de sua arrecadação. *Em 1988, ano da promulgação da CF, a arrecadação oriunda do IR e do IPI somava 76,2% do total da arrecadação da União, e as contribuições e outras receitas administradas pela RFB somavam 23.8%. Já em 2010, o IR e o IPI representavam apenas 45,5% enquanto as contribuições, somadas a outras receitas administradas, alcançaram 54,5% do total da arrecadação federal*". Os números são expressivos! Na verdade, as receitas decorrentes das contribuições especiais representam, já há alguns anos, a maior fonte de arrecadação da União. Vale a pena conferir: https://www.portaldatransparencia.gov.br/receitas/consulta.asp?idHierarquiaOrganizacao=1&idHierarquiaDetalhe=0&idDirecao=1&idHierarquiaOrganizacao0=1&idHierarquiaDetalhe0=0&Exercicio=2017&ordenarPor=ano&direcao=desc. Acesso em: 1º ago. 2022.

desequilíbrio normativo na regulação de obrigações recíprocas, nitidamente atingido o equilíbrio constitucionalmente adotado em 1988.[36]

Outro forte golpe à arquitetura financeira constitucional foi dado pela Lei Kandir (LC nº 87/1996). Originalmente, a CRFB/1988 estabelecia em seu art. 155, §2º, X, "a", que o ICMS não deveria incidir "sobre operações que destinem ao exterior produtos industrializados, excluídos os semielaborados definidos em Lei Complementar". No pacto constitucional firmado, assim, os estados deveriam contar, para fazer frente às suas atribuições, com o ICMS incidente sobre produtos importados, bem como com o imposto incidente sobre os produtos primários e semielaborados que fossem exportados. Entretanto, a LC nº 87/1996, flagrantemente projetada pela tecnoburocracia da União, determinou a desoneração das exportações de forma ampla. O incentivo dado ocorreu às custas da arrecadação estadual. A União, para não desvalorizar o real e reverter a queda das exportações, empurrou a conta para os estados, retirando dos entes parcela da arrecadação tributária. Foi por isso que os legisladores buscaram resguardar as perdas (que acabaram acontecendo).

A justificativa para a proposição do Projeto de Lei Complementar nº 95/1996, que resultou na chamada Lei Kandir, objetivava "compensar" as perdas de arrecadação. A propósito, foi a previsão das transferências e os potenciais benefícios aos estados o argumento usado para convencer os governadores a apoiarem a aprovação da lei. Por isso, o art. 19 original previa expressamente que "a União compensará financeiramente os Estados e o Distrito Federal pela perda de arrecadação do imposto sobre circulação de mercadorias e serviços decorrente da revogação da LC 65/91" – e aqui se tem mais um grave exemplo de desequilíbrio normativo: o mesmo diploma que concede a exoneração imediata promete que, no futuro (sempre incerto), será realizada a compensação. Sob pressão da União, a votação ocorreu a toque de caixa.[37]

A nova regra buscou incentivar as exportações; entretanto, além de provocar o fenômeno da "desindustrialização", decotou

---

36 Cf. BELLI, Reinaldo. *Gastos públicos e imunidade recíproca financeira na Federação brasileira.* Belo Horizonte: Letramento, Casa do Direito, 2022. p. 201.

37 Desde a publicação da matéria na Câmara dos Deputados até a sanção, decorreram três meses.

visceralmente a fonte de recursos dos estados que se dedicam à atividade de exportação de produtos primários. O governo federal tinha duas opções: alargar a esfera de incidência do imposto estadual sobre o consumo (compensando as perdas de arrecadação) ou transferir recursos da União.[38] A Lei Kandir, em seu art. 31, optou por criar um sistema de entrega de recursos financeiros da União para os estados e municípios. Porém, a confusa sistemática de repasses proposta não compensou efetivamente os valores que os estados deixaram de arrecadar nem durante o período de vigência da LC nº 87/96 (até 2000, por superveniência da LC nº 102/2000). De acordo com os cálculos do Confaz, em 1997, as transferências realizadas pela União cobriram apenas 37,3% das perdas; em 1998, somente 40,8%; e, em 1999, 55,4%.[39]

Por isso, foram os estados que pagaram a conta do Plano Real. Porém, a União alargou a incidência dos impostos sobre o consumo quando criou contribuições especiais (não compartilhadas) e instituiu um verdadeiro ICMS federal (PIS e Cofins). Se não compensou os estados, por outro giro, avançou sobre a base de consumo (da competência estadual – ICMS e municipal-ISS), por meio de uma confusa tributação sobre a receita que, na verdade, pretende funcionar como uma espécie de tributo disfarçado sobre o consumo. Foi assim que a segunda metade da década de 1990 inaugurou uma nova fase do federalismo fiscal brasileiro, com o "fortalecimento do poder central".[40]

No caso da PIS/Cofins, para exemplificar, a União conseguiu ampliar a base de cálculo do imposto estadual deixando para si o produto da nova arrecadação; entretanto, desvinculou parcela dessa arrecadação. Em 2015, a arrecadação tributária nacional correspondeu a 32,42% do PIB. Destes, 68,39% corresponderam à

---

38 Nesse sentido, PELLEGRINI, Josué Alfredo. *Dez anos da compensação prevista na Lei Kandir*: conflito insolúvel entre os entes federados? Brasília: ESAF, 2006, Monografia premiada em 1º lugar no XI Prêmio Tesouro Nacional – 2006, Brasília. p. 21.

39 Segundo estudo feito pela COTEPE (Comissão Técnica Permanente do Conselho de Política Fazendária do Ministério da Economia), considerando os valores do imposto que deixou de ser cobrado nas exportações de produtos primários e semielaborados, bem como a parcela do ICMS que deixou de ser cobrada nas operações com ativo permanente, descontada dos valores repassados pela União a título de ressarcimento ou de auxílio às exportações.

40 Nesse sentido, PELLEGRINI, Josué Alfredo. *Dez anos...*, *cit*. p. 9-10.

arrecadação da União; 25,40%, à estadual; e 6,21%, à municipal.[41] O ICMS respondeu por 6,76% do PIB, e o PIS/Cofins, a 4,33%. Detalhe importante é que a arrecadação total dos estados foi de 8,23% do PIB, o que demonstra a enorme dependência do ICMS.

Na Ação Direta de Inconstitucionalidade por Omissão nº 25 (ADO 25), que questionava a falta de compensação dos estados e municípios em razão das perdas de arrecadação da Lei Kandir, o julgamento do STF pautou-se pela necessidade de se prestar a devida reverência ao princípio federativo. Foram reconhecidos os prejuízos que os estados exportadores tiveram, não apenas financeiros, mas também ambientais; o desequilíbrio federativo causado pela desoneração da exportação de produtos primários e semielaborados foi apontado, bem como o consequente prejuízo à autonomia financeira dos estados e do DF. O julgado deixou patente que a norma constitucional existe para que se proceda à justa compensação dos estados e do DF.

O voto do ministro relator Gilmar Mendes bem registra que a CRFB/1988 foi modelada para atender a dois intentos basilares: por um lado, pelo desejo dos entes políticos menores de ampliarem a sua autonomia e, por outro, pelas lutas em prol da ampliação do rol de direitos fundamentais. Nesse compasso, é patente que o atendimento às demandas sociais da coletividade não pode ocorrer sem os recursos financeiros necessários. Sobre a questão, é precisa a análise do ministro Gilmar Mendes:

> Observa-se, então, que, se, de um lado, o constituinte desenhou um quadro fiscal fortemente descentralizado quanto aos impostos; de outro, deixou nas mãos da União, livres de qualquer partilha de arrecadação, outra espécie tributária: as contribuições, especialmente as sociais. Progressivamente, o governo federal viu-se induzido a lançar mão dessa espécie tributária, quer pelas facilidades de seu regime de instituição, livre da aplicação de boa parte dos princípios tributários, quer pela não obrigatoriedade de partilha das receitas geradas, ao contrário do que ocorre com os impostos.
>
> Essa tendência, no entanto, trouxe efeitos perversos. *No plano econômico e fiscal, a ampliação do financiamento do setor público brasileiro, por meio de*

---

41 Cf. CARGA TRIBUTÁRIA NO BRASIL 2015. *Análise por tributos e bases de incidência.* Receita Federal. Ministério da Fazenda. CETAD – Centro de Estudos Tributários e Aduaneiros. Setembro de 2016.

> *contribuições, pode ter sido responsável por efeitos perversos, como o ganho de complexidade do sistema tributário, a centralização fiscal e a elevação da carga tributária.*
> Faço esse breve panorama da evolução do quadro de partilha dos recursos tributários no Brasil apenas para que possamos ampliar um pouco o espectro do problema ora examinado e ver a questão constitucional no contexto em que, de fato, se inclui.
> Os estados, por sua vez, não podem lançar mão desses tributos - as contribuições -, dado que esta faculdade não lhes é conferida pelo art. 149 da Constituição, exceto aquelas destinadas ao custeio do regime próprio de previdência de seus servidores (art. 149, § 1º).
> Viram-se, portanto, privados do recebimento de qualquer parcela deste bolo cada vez mais amplo de receitas de contribuições arrecadadas pela União. Daí a gravidade de temas como estes de que tratamos na presente ação, controvérsias constitucionais que afetam sensivelmente as receitas e a arrecadação dos estados.[42] (g.n.)

Como bem afirma o relator, a União abusou do mecanismo constitucional que possibilita a criação de contribuições e deu causa, assim, a um severo desequilíbrio no pacto federativo, agravando, ainda, a carga tributária brasileira. Por outro giro, ao suprimir a competência constitucionalmente assegurada aos entes federados de tributar as exportações de produtos primários e semielaborados, prejudicou significativamente a autonomia financeira dos estados, do DF e dos municípios. Mais uma vez, valendo-nos das palavras do ministro relator Gilmar Mendes:

> A inclusão da norma do art. 91 do ADCT veio, portanto, claramente no sentido de oferecer uma medida compensatória em face das perdas experimentadas de maneira especialmente gravosa pelos estados

[42] BRASIL. Supremo Tribunal Federal. *Inteiro teor do julgamento da Ação Direta de Inconstitucionalidade por Omissão n. 25*: "Ação Direta de Inconstitucionalidade por Omissão. 2. Federalismo fiscal e partilha de recursos. 3. Desoneração das exportações e a Emenda Constitucional 42/2003. Medidas compensatórias. 4. Omissão inconstitucional. Violação do art. 91 do Ato das Disposições Constitucionais Transitórias (ADCT). Edição de lei complementar. 5.Ação julgada procedente para declarar a mora do Congresso Nacional quanto à edição da Lei Complementar prevista no art. 91 do ADCT, fixando o prazo de 12 meses para que seja sanada a omissão. Após esse prazo, caberá ao Tribunal de Contas da União, enquanto não for editada a lei complementar: a) fixar o valor do montante total a ser transferido anualmente aos Estados-membros e ao Distrito Federal, considerando os critérios dispostos no art. 91 do ADCT; b) calcular o valor das quotas a que cada um deles fará jus, considerando os entendimentos entre os Estados-membros e o Distrito Federal realizados no âmbito do Conselho Nacional de Política Fazendária - CONFAZ" (Relator Ministro Gilmar Mendes. DJ, 30 nov. 2016. *Diário da Justiça Eletrônico*, 18 ago. 2017, p. 18).

> exportadores em prol de um objetivo nacional: o favorecimento das exportações.
> De um lado, há razões para crer que a desoneração veio a bem do desenvolvimento nacional e pôs em prática o princípio que coíbe a exportação de impostos. De outro, não tenho dúvidas em afirmar que a supressão de competência tributária pode afetar, em certa medida, a autonomia financeira dos entes subnacionais, notadamente aqueles em cujo território se desenvolve com mais ênfase a atividade de exportação de produtos primários e semielaborados.
> Por isso, o mecanismo de transferência de recursos, em tese, poderia representar um importante instrumento de federalismo cooperativo, de sorte a atenuar os impactos financeiros decorrentes da desoneração promovida pela EC 42/2003 nas contas estaduais.[43]

A omissão do Congresso Nacional em afronta ao princípio federativo também foi destacada pelo ministro Edson Fachin ao afirmar que "a atual metodologia de cálculo [art. 31 da LC 87/1996] revela-se inerentemente danosa ao pacto federativo e atenta diretamente contra os objetivos republicanos encartados no art. 3º do Texto Constitucional".[44] Por certo, a expressão usada pelo ministro Teori Zavascki bem retrata a grave situação da centrípeta república brasileira: "Esfrangalhado federalismo fiscal".[45]

O ministro Luís Roberto Barroso bem lembrou que a crise pela qual passam estados e municípios não foi causada exclusivamente pela má gestão de governadores e prefeitos, mas foi decisivamente influenciada pela União, que estabeleceu políticas tributárias que privilegiaram as contribuições especiais em detrimento dos impostos (que seriam partilhados); que concedeu desonerações em impostos cuja receita seria partilhada com os entes menores; e que, ainda, se omitiu com relação às devidas compensações decorrentes da Lei Kandir.[46]

O STF deixou evidenciado que o pacto federativo foi ferido; que a federação foi desequilibrada; que a omissão do Congresso Nacional foi lesiva ao interesse dos entes federados; e que os

---

[43] *Idem*, p. 33.

[44] *Idem*, p. 70.

[45] *Idem*, p. 79.

[46] *Idem*, p. 75.

estados, DF e municípios precisavam ser compensados pelas perdas sofridas.[47] Entretanto, apesar dos esforços do relator ministro Gilmar Mendes, a solução para a questão em sede de ação direta de inconstitucionalidade por omissão (ADO nº 25) não foi capaz de restaurar o equilíbrio federativo. Apesar de não ter havido modulação dos efeitos do julgamento, o resultado não retroagiu. Em outras palavras: *as perdas pretéritas não foram compensadas*. A omissão legislativa não foi suprida, mas, ao contrário, foi convalidada, porque o acordo resultou no sepultamento da possibilidade de compensações justas das perdas da Lei Kandir. Estados exportadores de *commodities*, como Minas Gerais, Mato Grosso e Pará, cujas economias são voltadas para exportação e, assim, promovem a entrada de bilhões de dólares no país, seguirão sem seu principal tributo (ICMS) e não terão mais compensação adequada pelas perdas geradas pela desoneração das exportações.

O que se seguiu ao julgamento do STF foi um *acordo político* que sequer considerou as perdas (pretéritas e futuras) e que não se pautou pelos cálculos apresentados pelos estados, DF e municípios.[48] O único vínculo da transação levada a efeito com a ADO nº 25 foi a certeza de que existiam valores a serem pagos. Um montante ínfimo foi firmado perante o Judiciário, em uma solução acordada (conciliação) pelos representantes da União e dos estados-membros, independentemente daquilo que a própria Constituição prevê, literalmente, como obrigação.

A *ADO nº 25 não alcançou seus objetivos*. Nas palavras do ministro relator, na ação foi inaugurado o pensamento de um "possível federalismo cooperativo".[49] Entretanto, depois de tantos

---

47 Para restaurar as ofensas patentes ao princípio federativo, o STF deu o prazo de 1 ano a contar da publicação da ata do julgamento (ou seja, até 01.12.2017). A Corte Superior reconheceu que o art. 91 do ADCT fornece os parâmetros necessários e suficientes para que seja calculada a compensação devida aos entes subnacionais, razão pela qual determinou que, caso não fosse elaborada a lei complementar pelo Congresso Nacional, caberia ao TCU calcular as compensações devidas.

48 Curioso notar que os trâmites de acordo correram via *grupo de WhatsApp*, sob condução do bem-intencionado e competente juiz-auxiliar convocado para atuar no gabinete do ministro Gilmar Mendes que pouco ou nada podia fazer quanto aos montantes, uma vez que ali estavam os representantes dos Executivos federal e estadual.

49 O "possível" foi destacado pelo ministro Gilmar Mendes em diversas passagens do acórdão. A omissão constitucional não encontra na ação direta de inconstitucionalidade por omissão um remédio eficaz na CRFB/1988. Mesmo o Supremo Tribunal Federal tem

anos de embate entre uma União Federal poderosa (que centraliza 68% do total de tributos e que pode emitir moeda) e os entes subnacionais em situação de calamidade financeira, o "possível" foi tão somente uma ideia singela e acanhada de "federalismo de cooperação". Sem uma incisiva ação da representação dos estados no Congresso Nacional (Senado Federal), o desarticulado Executivo dos estados-membros pouco conseguiu.

É preciso reconhecer que o direito pátrio e a doutrina não permitem saídas muito diferentes daquela concebida e arduamente levada a cabo pelo ministro Gilmar Mendes, que merece todos os encômios pela tentativa de deslinde da questão. O resumo inicial efetuado pelo ministro relator é preciso e merece ser verificado:

> [...] considero essa questão de ordem de extrema urgência e importância para o Federalismo brasileiro, não só pela densidade apta a abalar o pacto federativo, mas também em decorrência da instabilidade político-jurídica que o tema suscita há mais de duas décadas, com posições antagônicas, e principalmente pelo fato de que houve acordo transacionado no âmbito desta Corte, cujos termos e deliberações merecem debates no Congresso Nacional, após homologação do Plenário.

De fato, as questões postas na ADO nº 25 apontam as fraturas profundas do federalismo brasileiro, que permanecem mesmo após a solução da lide. Como narrado pelo ministro relator, o direito à justa compensação enfrentou o silêncio legislativo, a dificuldade na harmonização dos interesses de todos os estados e DF, assim como dos seus municípios, e a insistência da União Federal em encerrar ações relacionadas à Lei Kandir por vias oblíquas, como a restrição à adesão a planos de refinanciamento de dívidas, a instabilidade dos repasses de recursos pela União ao longo dos anos e a influência do Poder Executivo Federal sobre o Tribunal de Contas da União. A luta dos estados esbarrou no poder concentrado na União Federal.

---

seus limites de atuação. Afinal, pode o Judiciário calcular a compensação a ser paga aos estados-membros? Pode a corte estabelecer um prazo para o Congresso Nacional legislar? Qual deve ser o prazo adequado? O Judiciário tem o poder de estabelecer sanções caso o Congresso Nacional não legisle? Qualquer legislação serve para determinar as compensações? É possível ignorar o período pretérito da omissão?

As perdas dos entes subnacionais, como ressabido, ultrapassavam, seja lá pelo critério que se quiser calcular, a cifra de seiscentos bilhões de reais. Nesse sentido, o temido "tombo federativo" ocorreu.[50] A União, constantemente, centraliza receitas tributárias, sobretudo por meio do "Sistema Tributário Paralelo das Contribuições" não partilhadas com os entes subnacionais. Basta ver os constantes aumentos da CSLL, que nada mais é do que uma espécie de "imposto de rendas paralelo" não compartilhado com os estados (uma fraude ao Sistema Tributário Nacional). Por outro giro, descentraliza despesas, como se pode confirmar com a constante redução do percentual de participação federal no montante das verbas destinadas ao SUS.

No entanto, o que se tem percebido é que a União nunca absorveu os mandamentos democrático-decentralizadores da Constituição de 1988 e se ressentiu da lógica federalista de descentralização do poder. De fato, o governo federal vem cometendo inúmeros abusos atentatórios ao federalismo cooperativo e à ideia de solidariedade, o que vem agravando o quadro de deterioração financeira estadual e municipal. É o que se verifica nas diversas renúncias a tributos cuja arrecadação deve ser compartilhada com os estados e municípios (exonerações do IPI e deduções no IR); na desoneração das exportações de produtos primários e semielaborados; na histórica e inconstitucional mora na compensação dos estados pelo déficit gerado pelas desonerações concedidas ao ICMS (defasagens da lei Kandir); na tentativa frustrada da União de se apropriar integralmente dos recursos obtidos com a "multa de regularização" da lei de repatriação; nos índices exorbitantes de correção da dívida dos estados com a União (Selic capitalizada); entre outros.

Com isso, os recursos foram se concentrando no ente federativo maior, em claro movimento centrípeto, contrário à tendência centrífuga idealizada pela Constituinte de 1988. A autonomia financeira dos estados e municípios, fundamental

---

[50] Cf. BATISTA JÚNIOR, Onofre Alves. A Lei Kandir e o risco de um "tombo federativo". *Revista Consultor Jurídico*, 3 mar. 2017. Disponível em: https://www2.camara.leg.br/atividade-legislativa/comissoes/comissoes-temporarias/especiais/55a-legislatura/plp-221-98-altera-a-lei-kandir/documentos/audiencias-publicas/ConJurALeiKandireoriscodeum_tombofederativo_.pdf. Acesso em: 09 jun. 2021.

para uma federação, nessa toada, vem sendo constantemente comprometida, o que acaba por afetar diretamente os cidadãos, tendo em vista que são justamente os entes menores que possuem como atividade finalística educação, saúde e segurança. Assim, o que vem ocorrendo na prática, a partir de iniciativas na própria União, é a destruição do aparato vocacionado ao atendimento das necessidades mais essenciais da população. Entretanto, a União segue capturando os estados com a cobrança da tão denunciada (e inexistente) dívida destes para com a União.[51] Entretanto, quando deve assumir suas dívidas para com os estados, usa de seu poder e se furta de efetuar os devidos pagamentos.

Se o federalismo (e, por consequência, a separação vertical dos poderes e, portanto, o ideal democrático) foi sendo "esfrangalhado", pouco a pouco, em ofensas ao princípio federativo, em um movimento de "fraude à Constituição", os ataques atuais também são incisivos. Basta ver a recente *crise dos combustíveis* e a solução dada sob o consentimento do Senado Federal.

Com as bênçãos e a própria iniciativa do Senado Federal, que deveria ser o baluarte e guardião do federalismo brasileiro, o inconstitucional PLP nº 18/2022, que se converteu na Lei Complementar nº 194/2022, retirou, de forma abrupta, quase 25% do principal imposto dos estados e, por consequência, trouxe prejuízos diretos à segurança pública, educação e saúde públicas, bem como aos municípios brasileiros.[52]

Mais do que mais uma medida populista, a norma fez uma verdadeira retaliação aos estados, que haviam apresentado alguma resistência com relação ao art. 7º da Lei Complementar nº 192, de 2022 (LC nº 192/2022), que determinava que, enquanto não fosse disciplinada a incidência do ICMS, ou seja, enquanto não fosse estabelecida a chamada alíquota *ad rem* para o diesel, deveria a

---

[51] Cf. CASAROTTO, João Pedro; SPADA, Rodrigo Keidel. Mecanismos legislativos desconstituintes da federação brasileira. *In*: BATISTA JÚNIOR, Onofre Alves; DERZI, Misabel Abreu Machado; SCAFF, Fernando Facury; TORRES, Heleno Taveira. *A crise do federalismo em estado de pandemia*. v. 2. Belo Horizonte: Letramento, 2021. p. 100-126.

[52] Nesse sentido, PACOBAHYBA, Fernanda Mara Macedo. Juízo final: a LC 194/2022 e o maior golpe na federação brasileira. *Revista Consultor Jurídico*, 29 jun. 2022. Disponível em: https://www.conjur.com.br/2022-jun-29/fernanda-pacobahyba-maior-golpe-federacao-brasileira. Acesso em: 01 ago. 2022.

base de cálculo do ICMS, até 31 de dezembro de 2022, ser calculada com base na média móvel dos preços praticados ao consumidor final dos últimos 60 meses. O Convênio ICMS nº 16/22, celebrado no âmbito do Confaz e revogado posteriormente pelo mesmo colegiado, utilizando-se de permissão para conceder "incentivos fiscais" contida na própria LC nº 192/22 (art. 6º, §2º), criou o fator de equalização que foi suspenso cautelarmente na ADI nº 7164.[53] Após essa decisão, em pedido adicional, a União estendeu o pedido de suspensão para atingir a base de cálculo de todos os demais combustíveis, por analogia ao disposto no art. 7º.

A questão assombra, sobretudo porque se trata de concessão de benefício, por analogia, no direito tributário! Como bem afirma Fernanda Pacobahyba,[54] "[a]tribuir por lei complementar ou por interpretação analógica de outro artigo legal a fixação de base outra que não essa, culmina em violação grave à Constituição e, neste caso em especial, afronta à federação". Para agravar o quadro antifederalista, o governo federal impôs vetos ao PLP nº 18/2022 na sanção da LC nº 194/2022 ao restringir a possibilidade de compensação.

Apenas bem recentemente, parece que o STF vem percebendo o grave problema. Diversos estados conseguiram obter liminares do STF permitindo a compensação imediata das perdas do ICMS com a redução das alíquotas de combustíveis, energia elétrica e comunicações por meio do abatimento do pagamento das prestações das dívidas com a União. A redução do ICMS com a fixação de um teto entre 17% e 18% para as alíquotas foi aprovada pelo Congresso Nacional, mas a lei fala em compensar as perdas que excederem 5% (calculadas mês a mês). A lei aprovada fala de dedução das perdas de arrecadação dos estados ou do Distrito Federal ocorridas no exercício de 2022 decorrentes da redução da arrecadação do ICMS que exceda ao percentual de 5% em relação à arrecadação desse

---

[53] Nesse sentido, PACOBAHYBA, Fernanda Mara Macedo. *Juízo final..., cit.*

[54] Cf. PACOBAHYBA, Fernanda Mara Macedo. *Juízo final..., cit.* Em seu desabafo, afirma a autora: "A quem interessa os Estados quebrarem? Quanto menos Brasil, mais Brasília, o que representa exatamente o oposto do que se espera de um federalismo cooperativo, e aprofunda o comportamento já há muito conhecido por todos do velho 'pires nas mãos'. Corre-se de um lado para outro, mas o velho autoritarismo sempre dá as caras nesse país...".

tributo no ano de 2021.[55] A lei complementar previa a compensação e, agora, ela está sendo judicialmente viabilizada. Efetivamente, as leis complementares editadas em flagrante ofensa ao princípio federativo comprometeram estruturalmente o equilíbrio financeiro dos estados.

5 Em linha de conclusão: o necessário redesenho do senado federal

Como determina o art. 46 da Carta Magna brasileira, "[o] *Senado Federal* compõe-se de representantes dos Estados e do Distrito Federal, eleitos segundo o princípio majoritário". Nesse sentido, espera-se que a Câmara Alta cumpra seu papel e garanta o equilíbrio federativo. Tecnicamente, essa seria uma mudança institucional que poderia resgatar o federalismo brasileiro e colocar o Brasil no caminho de se tornar uma verdadeira democracia.

Se algo não for feito, nossa federação chegará à exaustão. Em verdade, desde a Constituição de 1988, contrariamente ao seu intento democrático-descentralizador, caminha-se e sempre se andou para a supressão da autonomia dos estados frente ao poderio autoritário da União. Uma grave crise fiscal revelou o fato de que os entes menores estão à mercê de um poder central que não tem interesse em promover a coesão interfederativa. Ao quebrar os estados, a União cria relações de dependência e preserva sua posição de supremacia. Aos entes subnacionais resta nada mais do que, de pires na mão, se socorrerem nos braços da "mãe-madrasta".

Esse quadro se agrava porque os serviços essenciais (saúde, segurança e educação) são os mais dispendiosos e ficam, em grande parte, a cargo dos estados e municípios. Há ainda dívidas financeiras que se arrastam de um governo a outro. Se mesmo em tempos de alta das *commodities* ficaram obrigações pendentes do governo anterior, o que dizer do atual cenário?

Honrando nossa tradição centralizadora, o governo central repassa a conta da crise econômica mundial e da pandemia aos

---

[55] A lei aprovada fala de dedução das perdas de arrecadação dos estados ou do Distrito Federal ocorridas no exercício de 2022 decorrentes da redução da arrecadação do ICMS que exceda ao percentual de 5% em relação à arrecadação desse tributo no ano de 2021.

estados. Basta ver que a União concedeu inúmeros benefícios fiscais, promovendo drástica redução das receitas estaduais, considerando os percentuais de participação dos entes federados na receita tributária total. É patente a situação de risco à democracia proporcionada pela centralização de recursos tributários na União. Por outro lado, os entes subnacionais encontram-se obrigados a obedecer a limites fiscais rígidos e prestar serviços fulcrais à comunidade; entretanto, estão impossibilitados de gerar novas fontes de receita, tendo suas verbas constantemente diminuídas pela União.

Em todo esse cenário, o papel do Senado Federal no equilíbrio federativo requer que seja repensada aquela estrutura de provimento dos próprios cargos de senador. Há, no mínimo, cinco motivos pelos quais o modelo atual não supre a necessidade de representação efetivamente federativa (o que é distinto de representação popular), a saber: em primeiro plano, o Poder Legislativo Federal concentra grande parte do espaço de normatividade do sistema que deveria ser reservado aos entes subnacionais, em razão do reiterado comportamento configurador do fenômeno *federal preemption*,[56] lamentavelmente não contido pelo Poder Judiciário satisfatoriamente. O resultado dessa cooptação da competência normativa dos estados e municípios é impedir a primazia da subsidiariedade, em prejuízo ao atendimento das necessidades públicas locais e regionais com mais especificidades, o que acaba por gerar dissensos.

Em segundo plano, a forma de provimento eleitoral independente dos senadores os compromete politicamente *aos seus eleitores*, legitimamente ávidos por mais direitos (que requerem mais gastos públicos) e menor carga tributária (o que enseja menor receita). Acontece que o comprometimento político diretamente com o eleitorado popular do Estado não significa comprometimento político com o Poder Executivo do estado (ainda não se está sequer tratando dos municípios), que é aquele que tem a *responsabilidade*

[56] SILVA, Ricardo Almeida Ribeiro da. Federalismo fiscal, eficiência e legitimidade: o jurídico para além do formalismo constitucional. *In*: DERZI, Misabel Abreu Machado; BATISTA JÚNIOR, Onofre Alves; MOREIRA, André Mendes (Coords). *Estado Federal e Tributação*: das origens à crise atual. v. 1. Belo Horizonte: Arraes Editores Ltda., 2015. p. 72.

orçamentária e deve observância ao princípio do equilíbrio das contas públicas, constantemente pressionado em razão da deficiente arrecadação e da necessidade de corte de gastos. Portanto, padecem o modelo do Senado Federal brasileiro de falta de *conectividade legislativa* (*Gesetzgebungskonnexität*),[57]-[58] o que é imperativamente necessário em um país com tão amplas competências reservadas ao Poder Legislativo da União, e a tendência centralizadora de um Estado Nacional desenvolvimentista.[59] A falta da conectividade legislativa pode ser também expressada por fraqueza da Lei da Participação no federalismo brasileiro ao não se atribuírem adequadamente aos entes subnacionais meios próprios para a participação na formação da vontade federal.

Em terceiro plano, exatamente por se tratar do Poder Legislativo, a aptidão para ampla inovação no sistema jurídico lhe é reservada, notadamente em matéria financeira, o que demonstra mais aguda concentração do poder financeiro nesse órgão estatal. Por compor o Congresso Nacional, o Senado Federal possui competência para interferir com mais profundidade na atividade financeira dos entes subnacionais, exerça ela ou não, inclusive mediante reforma da própria Constituição.

Em quarto plano, o funcionamento interno atual da Câmara Alta do Parlamento brasileiro consagra igualmente a lógica partidária, organizando-se por bancadas e lideranças conforme as agremiações, elemento notável da composição da Câmara dos Deputados, mas que não deveria ser central no âmbito do Senado Federal, pois nem sempre são coincidentes os interesses dos entes subnacionais e dos partidos políticos, que obrigatoriamente possuem abrangência nacional. Mais do que isso, Jeremy Waldron leciona que o fundamento do bicameralismo é permitir que o

---

[57] Cf. FISCHER, Thomas; HIRSCHER, Gerhard; MARGEDANT, Udo; SCHICK, Gehard; WERNER, Horst. *Föderalismusreform in Deutschland – Ein Leitfaden zur aktuellen Diskussion und zur Arbeit der Bundesstaatskommission.* Berlin: Konrad-Adenauer-Stiftung, 2004. p. 8-15.

[58] Outro tipo de conectividade relevante em federalismos de cooperação é a conectividade administrativa, tão necessária ao Brasil, notadamente para concretização do equilíbrio no Sistema Único de Saúde. Na Alemanha, denominam esse princípio federativo de *Verwaltungskonnexität.*

[59] Sobre a tendência centralizadora de políticas intervencionistas e desenvolvimentistas, ver: TORRES, Ricardo Lobo. *Curso de Direito Financeiro e Tributário.* Rio de Janeiro: Renovar, 2013. p. 105.

controle do Poder Executivo seja realizado de maneira diferente por dois coletivos de funcionamentos distintos, que exerçam uma relação de poder de maneira diferente para com o governo central,[60] o que acaba não acontecendo no Brasil atual, em que as bancadas partidárias possuem comportamentos similares[61] em ambas as Casas do Congresso. Então, o principal fundamento do bicameralismo, que lhe constitui o substrato justificador democrático, consubstanciado nas diferentes formas de se relacionar com o Poder Executivo no processo legislativo,[62] reconhecido até mesmo por James Madison no clássico *O federalista*, nº 62,[63] acaba caindo por terra.

Em quinto plano, o Senado Federal assumidamente representa os estados-membros e o Distrito Federal, e não os municípios, o que invariavelmente redunda em atritos entre os interesses locais e as deliberações nacionais. Na realidade, pelo sistema eleitoral atual, muitas vezes os deputados federais exercem representação dos municípios que lhe compõem a base eleitoral com muito mais avidez do que os senadores, embora isso remonte à formação oligárquica do sistema político há muito explicada por Nunes Leal.[64]

Por todos esses motivos, ao contrário do que comumente se trabalha na dogmática jurídica nacional, como uma verdadeira "traição" do Senado Federal aos interesses federalistas, da forma

---

[60] WALDRON, Jeremy. *Political Political Theory*. Cambridge: Harvard University Press, 2016. p. 74.

[61] ARRETCHE, Marta. *Democracia, federalismo e centralização no Brasil*. Rio de Janeiro: Editora FGV; Editora Fio Cruz, 2012, p. 107.

[62] WALDRON, Jeremy. *Political Political Theory*. Cambridge: Harvard University Press, 2016. p. 81.

[63] MADISON, James. Concerning the constitution of the senate, with regard to the qualifications of the members; the manner of appointing them; the equality of representation; the number of the senators, and the duration of their appointments. *In*: CAREY, George W.; MCCLELLAN, James. *The federalist*: a collection / by Alexander Hamilton, John Jay and James Madison. Indianapolis: Liberty Fund, 2001. p. 320. *In verbis*: *"It is equally unnecessary to dilate on the appointment of senators by the state legislatures. Among the various modes which might have been devised for constituting this branch of the government, that which has been proposed by the convention is probably the most congenial with the public opinion. It is recommended by the double advantage of favouring a select appointment, and of giving to the state governments such an agency in the formation of the federal government, as must secure the authority of the former, and may form a convenient link between the two systems"*.

[64] A relação entre os deputados federais e o municipalismo guarda referência histórica na célebre obra de Victor Nunes (*Coronelismo, enxada e voto*: o município e o regime representativo no Brasil. 7. ed. São Paulo: Companhia das Letras, 2012) e pode ser atribuída contemporaneamente ao instituto das emendas parlamentares – principalmente em tempos de *orçamento secreto*.

como desenhada sua arquitetura constitucional essa conduta é natural e esperada, e só será revertida se alterada a *forma de desconcentração do poder financeiro* e, igualmente, *o sistema de controle recíproco transversal do exercício do poder financeiro*, mediante o estabelecimento de *mecanismos institucionais de comunicação política entre os Executivos subnacionais e o Legislativo Federal.*

Como defende Jeremy Waldron,[65] a teoria política contemporânea deve se dedicar a estudar os modelos de instituições públicas de poder, e ratifica o entendimento de David Hume e Charles Montesquieu, segundo os quais governos absolutos, autoritários e antidemocráticos não ensejam um sistema jurídico complexo,[66] já que, em um governo despótico, "tudo deve girar em torno de duas ou três ideias; portanto, não se precisa de ideias novas".[67]

As regras que atribuem competência também possuem fundamentos teleológicos e, em federações complexas como a brasileira, suas estruturas devem guardar relação com os objetivos constitucionais do Estado. Jeremy Waldron trabalha a noção de incorporação, pelo Direito, dos valores normativos escolhidos, por meio da modelagem das instituições.[68]

Uma alternativa está na constituição e institucionalização de um "colégio de governadores"[69] para que os estados possam dirimir suas diferenças e se articularem politicamente para fazer frente ao imenso poder federal. Da mesma forma, o Brasil precisa se inspirar no modelo de senado da Alemanha (*Bundesrat*), calcado na ideia de "condomínio cooperativo".

---

65 WALDRON, Jeremy. *Political Political Theory.* Cambridge: Harvard University Press, 2016. p. 1-22.

66 WALDRON, Jeremy. *Political Political Theory.* Cambridge: Harvard University Press, 2016. p. 1-22.

67 MONTESQUIEU, Charles de Secondat Baron de. 1689-1755. *O espírito das Leis*. Tradução: Cristina Murachco.São Paulo: Martins Fontes, 1996. p. 69.

68 Sobre essa linha de raciocínio, em análise similar: BATISTA JÚNIOR, Onofre Alves; BELLI, Reinaldo. O conselho de gestão fiscal previsto no artigo 67 da LRF: origens, inércia legislativa e potencialidades. *In*: SCAFF, Fernando Facury; SILVA, Maria Stela Campos da; SCAFF, Luma Cavaleiro de Macêdo (Org.). *A trajetória de 20 anos da Lei de Responsabilidade Fiscal.* Belo Horizonte: D'Plácido, 2020.

69 Vale conferir BATISTA JÚNIOR, Onofre Alves. Por um colégio de Governadores. *Folha de São Paulo*. Disponível em: https://m.folha.uol.com.br/opiniao/2017/02/1860873-por-um-colegio-de-governadores.shtml. Acesso em: 01 ago. 2022.

A doutrina alemã[70] oferta três justificativas para o modelo germânico do *Bundesrat*, câmara do Parlamento Federal composta por delegados enviados pelos governos dos *Länder*: (i) legitimação federativa (*Föderale Legitimation*), evidente por proporcionar a participação direta na formação da vontade federal; (ii) legitimação do Estado de Direito (*Rechtsstaatliche Legitimation*), como forma de contenção da arbitrariedade contra os direitos fundamentais; e justamente a (iii) legitimação democrática (*Democratische Legitimation*), que assim justificam os germânicos:

> Essa legitimidade federal é complementada pela legitimidade democrática do *Bundesrat*. Realmente decorre de uma visivelmente mais longa cadeia de legitimação dos membros nomeados do *Bundesrat* sobre o respectivo governo estadual e o Parlamento do Estado frente ao seu povo, em comparação com os membros do *Bundestag*[71], eleitos diretamente pelo povo da Federação. Embora constitua uma legitimidade democrática indireta, não há qualquer déficit de legitimidade do *Bundesrat* em comparação ao *Bundestag*. Pelo contrário, a Lei Fundamental pressupõe que o princípio da democracia já é satisfeito pelo fato de a escolha de governadores [autoridade que nomeia os delegados ao *Bundesrat*] se dever a um ato volitivo do povo estatal.[72]

Não é automática a participação do *Bundesrat* no processo legislativo federal para toda e qualquer matéria. Reserva-se sua atuação àquelas que diretamente se relacionem com os interesses

---

[70] SCHMIDT, Thorsten Ingo. §22 Der Bundesrat. Geschichte, Struktur, Funktion. *In*: Ines Härtel (Hrsg.) *Handbuch Föderalismus – Föderalismus als demokratische Rechtsordnung und Rechtskultur in Deutschland, Europa und der Welt*. Bd. I, Heidelberg und Berlin: Springer-Verlag, 2012, p. 662/663.

[71] Câmara popular do Parlamento alemão, composto por membros eleitos diretamente pelo voto, homólogo à Câmara dos Deputados do Brasil.

[72] Tradução livre de "*Zu dieser föderalen Legitimation tritt die demokratische Legitimation des Bundesrates hinzu. Zwar verläuft eine wesentlich längere Legitimationskette von den entsandten Bundesratsmitgliedern über die jeweilige Landesregierung und das Landesparlament zu dem Landesstaatsvolk als von den direkt gewählten Bundestagsabgeordneten zu dem Bundesstaatsvolk. Doch stellt diese nur* mittelbare demokratische Legitimation *kein Legitimationsdefizit des Bundesrates im Vergleich zum Bundestag dar. Das Grundgesetz geht vielmehr davon aus, dass dem Demokratieprinzip bereits dadurch genüge getan wird, dass die Bestellung von Organwaltern überhaupt auf einenWillensakt des Staatsvolkes zurückzuführen ist*". *In*: SCHMIDT, Thorsten Ingo. *§22 Der Bundesrat. Geschichte, Struktur, Funktion. In:* Ines Härtel (Hrsg.) *Handbuch Föderalismus – Föderalismus als demokratische Rechtsordnung und Rechtskultur in Deutschland, Europa und der Welt*. Bd. I, Heidelberg und Berlin: Springer-Verlag, 2012, p. 663.

regionais, com exceção do processo de emenda à Constituição (artigo 79, item 2, da Lei Fundamental),[73] [74] que sempre requererá a aprovação do Conselho Federal.

Não se pretende simplesmente importar o modelo alemão – outras hipóteses existem para a adequação da singular estrutura federal brasileira[75] –, mas essencialmente os senadores precisam, sob pena de se colocarem em risco o federalismo e a democracia, de efetivamente se posicionarem como representantes dos estados, e não como componentes de mais um órgão legislativo da União Federal. Eleitos em chapa composta por governador e vice-governador,[76] os senadores devem assumir preocupações com os entes federados (subnacionais) e compor o corpo dirigente dos estados, defendendo os interesses dos entes menores na feitura das leis nacionais e federais, em Brasília. É preciso que o Senado Federal deixe de ser um apêndice do governo federal para assumir sua vocação *federativa*.

O Brasil precisa de soluções inovadoras, e o ideal democrático e solidário do federalismo cooperativo reclama mudanças. É urgente uma reforma política do Senado Federal que possibilite um mecanismo de contenção das forças centrípetas do federalismo, mas, no fundo da Caixa de Pandora, ainda resta a esperança.

Referências

ALVES, Raquel de Andrade Vieira. *A expansão das contribuições e o pacto federativo no contexto da crise fiscal*. Disponível em: http://www.conjur.com.br/2017-ago-23/raquel-alves-expansao-contribuicoes-pacto-federativo. Acesso em: 16 set. 2017.

ANASTASIA, Fátima. Federação e relações intergovernamentais. *In*: AVELAR, Lúcia; CINTRA, Antônio Octávio. *Sistema Político Brasileiro*: uma introdução. Rio de Janeiro: Konrad Adenauer Stiftung; São Paulo: Editora Unesp, 2015.

---

[73] As citações ao texto da Lei Fundamental da Alemanha são extraídas da tradução oficial disponível no sítio eletrônico do *Bundestag*: https://www.bundestag.de/resource/blob/638342/a25ee86d71b2f5b9d9e7f59bcd400dfe/flyer-data.pdf.

[74] Art. 79, (2). Uma lei desse teor exige a aprovação de dois terços dos membros do Parlamento Federal e de dois terços dos votos do Conselho Federal.

[75] Mesmo entre os autores deste artigo há sugestões distintas. A título do segundo autor, vide *solução política* proposta em BELLI, Reinaldo. *Gastos públicos e imunidade recíproca financeira na Federação brasileira*. Belo Horizonte: Letramento; Casa do Direito, 2022. p. 240.

[76] Proposta do primeiro autor deste artigo.

ARABI, Abhner Youssif Mota. Desdobramentos financeiros do federalismo fiscal: participação no resultado da exploração de petróleo e o bônus de assinatura. *In*: GOMES, Marcus Lívio; ALVES, Raquel de Andrade Vieira; ARABI, Abhner Youssif Mota. *Direito financeiro e jurisdição constitucional*. Curitiba: Juruá, 2016.

ARRETCHE, Marta. *Democracia, federalismo e centralização no Brasil*. Rio de Janeiro: Editora FGV; Editora Fio Cruz, 2012.

BALEEIRO, Aliomar. *Limitações Constitucionais ao Poder de Tributar*. Atualizadora: Misabel Abreu Machado Derzi. 7. ed. Rio de Janeiro: Forense, 2006.

BARACHO, José Alfredo de Oliveira. O princípio de subsidiariedade: conceito e revolução. *Revista de Direito Administrativo*, n. 200, p. 21-54, 1995.

BATISTA JÚNIOR, Onofre Alves. A Lei Kandir e o risco de um "tombo federativo". *Revista Consultor Jurídico*, 3 mar. 2017. Disponível em: https://www2.camara.leg.br/atividade-legislativa/comissoes/comissoes-temporarias/especiais/55a-legislatura/plp-221-98-altera-a-lei-kandir/documentos/audiencias-publicas/ConJurALeiKandireoriscodeum_tombofederativo_.pdf. Acesso em: 09 jun. 2021.

BELLI, Reinaldo. *Gastos públicos e imunidade recíproca financeira na Federação brasileira*. Belo Horizonte: Letramento; Casa do Direito, 2022.

BONAVIDES, Paulo. *Ciência política*. 17. ed. São Paulo: Malheiros, 2010.

BRASIL. Assembleia Nacional Constituinte. Comissão do Sistema Tributário, Orçamento e Finanças. *Relatório e Anteprojeto da Comissão*. Brasília: Centro Gráfico do Senado Federal, 1988.

CASAROTTO, João Pedro; SPADA, Rodrigo Keidel. Mecanismos legislativos desconstituintes da federação brasileira. *In*: BATISTA JÚNIOR, Onofre Alves; DERZI, Misabel Abreu Machado; SCAFF, Fernando Facury; TORRES, Heleno Taveira. *A crise do federalismo em estado de pandemia*. v. 2. Belo Horizonte: Letramento, 2021. p. 100-126.

CLÈVE, Clèmerson Merlin; PEIXOTO, Marcela Moraes. O Estado brasileiro: algumas linhas sobre a divisão de poderes na federação brasileira à luz da Constituição de 1988. *Revista de Informação Legislativa – RIL*, v. 104, out./dez. 1989, p. 21-42.

DALLARI, Dalmo de Abreu. Implicações do pacto federativo. *Direito Público: Revista da Procuradoria Geral do Estado de Minas Gerais*, v. 1, n. 1, p. 77-82, 1999.

DERZI, Misabel de Abreu Machado; BUSTAMANTE, Thomas da Rosa de. O princípio federativo e a igualdade: uma perspectiva crítica para o sistema jurídico brasileiro a partir da análise do modelo alemão. *In*: DERZI *et al*. (Org.). *Estado federal e guerra fiscal no direito comparado*. Belo Horizonte: Arraes Editores, 2015 (Coleção federalismo e tributação, v. 2). p. 467-495.

FISCHER, Thomas; HIRSCHER, Gerhard; MARGEDANT, Udo; SCHICK, Gehard; WERNER, Horst. Föderalismusreform in Deutschland – *Ein Leitfaden zur aktuellen Diskussion und zur Arbeit der Bundesstaatskommission*. Berlin: Konrad-Adenauer-Stiftung, 2004.

GOYARD-FABRE, Simone. *O que é democracia?* São Paulo: Martins Fontes, 2003.

HUME, David. Essay two: That politics may be reduced to a science. *In*: *Political essays*. Bristol Selected Pamphlets, University of Bristol Library, 1862.

IBRAHIM, Fábio Zambitte; SCHWARTZ, Gustavo Carvalho Gomes. *As contribuições sociais como instrumento de fraude ao pacto federativo*. Disponível em: http://publicacoes.udf.edu.br/index.php/exemplo1/article/view/Zambitte%20Ibrahim%3B%20Schwartz. Acesso em: 14 set. 2017.

KELSEN, Hans. *A democracia*. São Paulo: Martins Fontes, 2000.

LEAL, Victor Nunes. *Coronelismo, enxada e voto*: o município e o regime representativo no Brasil. 7. ed. São Paulo: Companhia das Letras, 2012.

LOBATO, Valter de Souza. *O regime jurídico-constitucional das contribuições destinadas ao custeio da seguridade social*: a importância basilar e estruturante da finalidade e os demais limites ao poder de tributar. Belo Horizonte: 2014. Tese (Doutorado em Direito) – Programa de Pós-Graduação em Direito da Faculdade de Direito, Universidade Federal de Minas Gerais, 2014.

MADISON, James. Concerning the constitution of the senate, with regard to the qualifications of the members; the manner of appointing them; the equality of representation; the number of the senators, and the duration of their appointments. *In*: CAREY, George W.; MCCLELLAN, James. *The federalist:* a collection / by Alexander Hamilton, John Jay and James Madison. Indianapolis: Liberty Fund, 2001.

MINISTÉRIO DA FAZENDA. *Carga tributária no Brasil 2015. Análise por tributos e bases de incidência.* Receita Federal. Ministério da Fazenda. CETAD – Centro de Estudos Tributários e Aduaneiros. Setembro de 2016.

PACOBAHYBA, Fernanda Mara Macedo. Juízo final: a LC 194/2022 e o maior golpe na federação brasileira. *Revista Consultor Jurídico*, 29 jun. 2022. Disponível em: https://www.conjur.com.br/2022-jun-29/fernanda-pacobahyba-maior-golpe-federacao-brasileira. Acesso em: 01 ago. 2022.

PELLEGRINI, Josué Alfredo. *Dez anos da compensação prevista na Lei Kandir*: conflito insolúvel entre os entes federados? Brasília: ESAF, 2006, Monografia premiada em 1º lugar no XI Prêmio Tesouro Nacional – 2006, Brasília.

PLATÃO. *A república*. São Paulo: Martin Claret, 2000.

RAZ, Joseph. *A moralidade da liberdade*. Trad. Henrique Blecher, Leonardo Rosa. Rio de Janeiro: Elsevier, 2011.

REZENDE, Fernando; OLIVEIRA, Fabrício; ARAUJO, Erika. *O dilema fiscal*: remendar ou reformar. Rio de Janeiro: Editora FGV, 2007.

SALDANHA, Nelson. Estado Liberal. *In*: TRAVESSONI, Alexandre (Coord.). *Dicionário de teoria e filosofia do direito*. São Paulo: LTr, 2011.

SCAFF, Fernando Facury. *Da igualdade à liberdade*: considerações sobre o princípio jurídico da igualdade. Belo Horizonte; São Paulo: D'Plácido, 2022.

SCHMIDT, Thorsten Ingo. *§22 Der Bundesrat. Geschichte, Struktur, Funktion. In:* Ines Härtel (Hrsg.) Handbuch Föderalismus – Föderalismus als demokratische Rechtsordnung und Rechtskultur in Deutschland, Europa und der Welt. Bd. I, Heidelberg und Berlin: Springer-Verlag, 2012.

TÁCITO, Caio. O poder de polícia e seus limites. *Revista de Direito Administrativo*, Rio de Janeiro, n. 27, p. 2, 57, jan./mar. 1952.

WALDRON, Jeremy. *Political Political Theory*. Cambridge: Harvard University Press, 2016.

Informação bibliográfica deste texto, conforme a NBR 6023:2018 da Associação Brasileira de Normas Técnicas (ABNT):

BATISTA JÚNIOR, Onofre Alves; BELLI, Reinaldo. Reconstrução do federalismo financeiro brasileiro através de um senado verdadeiramente "federal". *In*: MOTTA, Fabrício; BUÍSSA, Leonardo; BEVILACQUA, Lucas (coord.). *Federalismo fiscal e políticas públicas*. Belo Horizonte: Fórum, 2023. p. 27-65. ISBN 978-65-5518-529-4.

ATIVIDADE FINANCEIRA DO ESTADO, TRANSFERÊNCIAS INTERGOVERNAMENTAIS E POLÍTICAS PÚBLICAS NO FEDERALISMO FISCAL BRASILEIRO

LEONARDO BUÍSSA FREITAS
LUCAS BEVILACQUA

1 Introdução

O presente estudo objetiva demonstrar que a equilibrada e responsável atividade financeira no modelo federal de Estado é instrumento imprescindível para a consecução das políticas públicas de proteção aos direitos humanos.

A proposta do trabalho é evidenciar o indispensável diálogo entre o direito financeiro e os direitos humanos, considerando que, sem uma atuação de qualidade na obtenção, gestão e aplicação dos recursos financeiros, as ações governamentais de proteção aos direitos fundamentais, mormente os sociais, restam prejudicadas, quer pela escassez dos recursos, quer pela má aplicação dos mesmos, ainda que existentes em abundância. Assim, as políticas públicas necessitam, para a sua efetiva implementação, do planejamento arquitetado dentro da seara do direito orçamentário.

Ademais, no Estado federal, o financiamento das políticas públicas de tutela dos direitos humanos apresenta séria dificuldade decorrente da partilha de competências materiais e legislativas entre os entes federados, existindo, não raras vezes, um desequilíbrio entre encargos e recursos, o que prejudica sobremodo as ações governamentais.

Cumpre esclarecer que o trabalho está centrado nos conceitos, institutos, princípios e normas de direito financeiro, abordando a questão das políticas públicas e dos direitos humanos no contexto da atividade financeira do Estado, especificamente no modelo federal de Estado. Insta, pois, observar que o financiamento das políticas públicas surge como uma forma contemporânea de adimplemento das chamadas necessidades públicas, que historicamente constituem o principal escopo da atividade estatal, eis que esta visa, em síntese, ao alcance do bem comum.

Releva assinalar, ademais, que a terminologia quanto aos direitos humanos não pretende ser rígida, exata, impecável. São utilizados no bojo do trabalho termos e expressões que traduzem os chamados direitos humanos. A propósito, André de Carvalho Ramos indica vários termos utilizados na doutrina e no direito positivo, tais como direitos fundamentais, liberdades públicas, direitos da pessoa humana, direitos do homem, direitos individuais e direitos públicos subjetivos.[1] Vale ainda alertar que as chamadas liberdades públicas, constante presença no estudo a ser realizado, mormente quanto ao federalismo fiscal, devem ser consideradas como função dos direitos fundamentais por excelência.[2]

Enfim, a questão apresentada por Fernando Facury Scaff sobre como a sociedade financia o Estado para a implementação dos direitos humanos[3] permeia o presente trabalho. Para tentar respondê-la, serão abordados aspectos da atividade financeira do Estado e do federalismo fiscal, com a respectiva partilha de competências tributárias e com as transferências intergovernamentais, no afã de se estabelecer um planejamento que é absolutamente necessário para a promoção do desenvolvimento.[4]

2 O indispensável diálogo entre direito financeiro e as políticas públicas

Consoante relatado na parte introdutória, o presente trabalho almeja indicar que, para a efetivação dos direitos humanos

---

1 RAMOS, André de Carvalho. *Teoria Geral dos Direitos Humanos na Ordem Internacional*. 3. ed. São Paulo: Saraiva, 2013. p. 34.

2 SILVA, Virgílio Afonso da. A constitucionalização do direito: os direitos fundamentais nas relações entre particulares. 1. ed. 3. tiragem. São Paulo: Malheiros, 2011. p. 137.

3 SCAFF, Fernando Facury. Como a sociedade financia o estado para a implementação dos direitos humanos no Brasil. *In*: SCAFF, Fernando Facury (Org.). *Constitucionalismo, tributação e direitos humanos*. Rio de Janeiro: Renovar, 2007. p. 1-35.

4 BERCOVICI, Gilberto. *Desigualdades regionais, Estado e Constituição*. São Paulo: Max Limonad, 2003. p. 191.

por intermédio de políticas públicas, é necessário que a atividade financeira do Estado seja exercida de forma legal, impessoal, moral, econômica e transparente, com colaboração dos entes políticos que integram a federação, notadamente por meio de transferências intergovernamentais, obrigatórias ou voluntárias, diretas ou indiretas, verticais ou horizontais, como será desenvolvido adiante.

Nessa perspectiva, impende analisar a importância da atividade financeira do Estado para o financiamento de políticas públicas. Em primeiro lugar, cumpre assinalar que o tema de políticas públicas vem ganhando gradualmente um maior espaço na seara jurídica, inclusive e especialmente pela judicialização de questões ligadas às políticas públicas da saúde, da educação, de proteção à criança, ao adolescente, ao idoso, às comunidades indígenas, enfim de uma série de ações governamentais que visam à proteção dos direitos fundamentais.[5]

Outrossim, Maria Paula Dallari Bucci indica serem as políticas públicas um problema de direito público, em sentido lato,[6] havendo irretorquível liame entre estas e ramos do direito ontologicamente públicos, tais como o constitucional, o administrativo, o financeiro e o tributário, conforme apontado neste estudo.

Tal relação decorre do próprio sentido da expressão políticas públicas, entendidas como programas de ação governamental visando coordenar os meios à disposição do Estado e as atividades privadas para a realização de objetivos socialmente relevantes e politicamente determinados.[7]

Não se pode, ademais, olvidar que os direitos têm custos, sendo que a liberdade depende diretamente da receita pública obtida, especialmente da receita tributária, como preconizam Stephen Holmes e Cass Sunstein.[8] Ainda quanto à receita derivada decorrente

---

5 PIOVESAN, Flávia. Justiciabilidade dos direitos sociais e econômicos: desafios e perspectivas. *In*: CANOTILHO, J. J. Gomes; CORREIA, Marcus Orione Gonçalves; CORREIA, Érica Paula Barcha (Coord.). *Direitos Fundamentais Sociais*. São Paulo: Saraiva, 2010. p. 53-69.

6 BUCCI, Maria Paula Dallari. *Direito Administrativo e Políticas Públicas*. São Paulo: Saraiva, 2002. p. 241.

7 *Idem*, p. 241.

8 HOLMES, Stephen; SUNSTEIN, Cass R. *The Cost of Rights*. Why Liberty Depends on Taxes. New York: Norton, 2000.

de tributo, calha lembrar aqui da festejada lição de Ricardo Lobo Torres, para quem o tributo é o preço da liberdade, servindo de instrumento para distanciar o homem do Estado, permitindo-lhe desenvolver plenamente as suas potencialidades no espaço público, sem necessidade de entregar qualquer prestação permanente de serviço ao Leviatã.[9]

Fernando Facury Scaff, ao discorrer sobre a "igualdade republicana", aponta no sentido da ligação entre direito financeiro e direitos humanos ao aduzir que o gasto público se encontra diretamente vinculado ao exercício dos direitos fundamentais, quaisquer que sejam as suas dimensões.[10] No mesmo diapasão, Maria Paula Dallari Bucci apresenta a proximidade entre as noções de política pública e de planos governamentais, tais como o Plano Nacional de Saúde, o Plano Nacional de Educação, etc., sustentando que, para a compreensão das políticas públicas, é essencial a compreensão do regime das finanças públicas.[11]

Por estas primeiras linhas deste estudo, é possível se escutar o sonoro e indispensável diálogo entre a atividade financeira do Estado e a consecução das políticas públicas de proteção aos direitos fundamentais sociais. Ora, sem uma atuação de qualidade na obtenção, gestão e gasto dos recursos, as ações governamentais de tutela de direitos humanos perdem eficiência e eficácia, passando a ser tão somente objeto de discursos vazios e de viés nitidamente populista.

Com efeito, estabelecidas estas premissas acerca do indispensável liame entre direito financeiro e políticas públicas, cabe aprofundar no estudo de temas específicos e relevantes das finanças públicas para a consolidação do Estado Democrático de Direito, iniciando tal incursão pela análise da atividade financeira do Estado.

---

9 TORRES, Ricardo Lobo. *Tratado de direito constitucional, financeiro e tributário*: os direitos humanos e a tributação: imunidade e isonomia. 3. ed. revista e atualizada. Rio de Janeiro: Renovar, 2005. p. 4.

10 SCAFF, Fernando Facury. República, Tributação, Finanças. *Revista do Instituto de Hermenêutica Jurídica*, 2008, v. 1, p. 83.

11 BUCCI, Maria Paula Dallari. *Direito administrativo e políticas públicas*. São Paulo: Saraiva, 2002. p. 257-258.

3 A atividade financeira do Estado: obtenção, gestão e aplicação de recursos

O chamado Estado moderno assume uma série de atividades, tendo desenvolvido uma flexibilidade notável, modificando-se conforme as necessidades políticas, adaptando-se às exigências sociais, econômicas e culturais.[12]

Como será analisado no próximo tópico, existe, inclusive, a necessidade de se realizarem escolhas políticas sobre quais atividades assumir e como financiar essas ações governamentais escolhidas. Tal decisão política se dá, em regra, no chamado direito orçamentário, ou seja, nos instrumentos normativos que compõem o orçamento.

Assim sendo, observa-se que, concomitantemente às atividades políticas, econômicas, sociais, educacionais, culturais e políticas, há a atividade financeira do Estado como setor imprescindível ao seu funcionamento. Fala-se, então, em Estado financeiro, que se desenvolve desde o fenecimento do feudalismo até os nossos dias, exibindo um contorno diferente em suas várias fases: Estado patrimonial, Estado de polícia, Estado fiscal, Estado social fiscal e Estado socialista.[13] No mesmo sentido, sustenta José Casalta Nabais que a consolidação do Estado moderno passa pela construção de um Estado fiscal.[14]

Apresentadas estas considerações iniciais sobre as atividades exercidas pelo Estado moderno, cumpre apresentar os contornos fundamentais da atividade financeira do Estado. Giuliani Fonrouge informa que constituem manifestações fundamentais da atividade financeira os ingressos, os gastos e a conservação dos bens ou a gestão dos dinheiros públicos.[15] Na mesma vertente, Gustavo Ingrosso define que a atividade financeira se apresenta em três

---

[12] RANIERI, Nina Beatriz Stocco. Conceitos de Estado. *In*: CASELLA, Paulo Borba; CELLI JÚNIOR, Umberto; MEIRELLES, Elizabeth de Almeida; POLIDO, Fabrício Bertini Pasquot (Org.). *Direito Internacional*: Humanismo e Globalidade – Guido Fernando Silva Soares – Amicorum Discipulorum Liber. São Paulo: Atlas, 2008. p. 480.

[13] TORRES, Ricardo Lobo. *Curso de Direito Financeiro e Tributário*. 10. ed. Rio de Janeiro: Renovar, 2003. p. 8.

[14] NABAIS, José Casalta. *O dever fundamental de pagar impostos*. Coimbra: Almedina, 1998. p. 191-203.

[15] FONROUGE, Carlos M. Giuliani. *Derecho Financiero*. 2ª edición, ampliada y actualizada. Volumen I. Buenos Aires: Ediciones Depalma, 1970. p. 4.

grupos de funções: aquisição, conservação e emprego dos bens para o adimplemento das funções públicas.[16]

A doutrina pátria segue na mesma trilha ao estabelecer que a atividade financeira do Estado consiste na obtenção, gestão e aplicação de recursos para a consecução dos fins colimados pelo Estado, basicamente a realização do bem comum.[17] Nesse diapasão, leciona Aliomar Baleeiro que a atividade financeira consiste em obter, gerir e despender o dinheiro indispensável às necessidades cuja satisfação o Estado assumiu.[18] Igualmente, apresentando a atividade financeira do Estado em três campos, é a lição de Rubens Gomes de Sousa quando elenca receita, gestão e despesa como meios patrimoniais que possibilitem o desempenho pelo Estado de atividades que se referem à realização dos seus fins.[19]

Na esteira das sábias lições doutrinárias apresentadas, releva salientar que a obtenção do dinheiro pelo Estado, dentro da sua atividade financeira, se dá não somente pela forma da receita tributária, apesar de esta ser a mais utilizada nos Estados contemporâneos, mas também pelas receitas originárias, patrimoniais, que têm assumido relevante papel nas últimas décadas, mormente com o processo de privatização ocorrido em diversos países. Ademais, o ingresso público também é composto pelo crédito público, advindo do empréstimo público e gerador da dívida pública.

A gestão, por seu turno, é feita, na seara do direito financeiro, pelo chamado direito orçamentário, que envolve, no sistema jurídico pátrio, instrumentos normativos com diferentes objetivos: o plano plurianual, a Lei de Diretrizes Orçamentárias e a Lei Orçamentária Anual.

O plano plurianual assume singular importância na efetivação do princípio orçamentário da programação,[20] estabelecendo as

---

16 INGROSSO, Gustavo. *Istituzioni di Diritto Finanziario*. Volume I. Bilancio-Contratti-Patrimonio Dello Stato. Napoli: Dott. Eugenio Jovene – Editore, p. 1 e 5.

17 HARADA, Kiyoshi. *Direito Financeiro e Tributário*. 16. ed. São Paulo: Atlas, 2007. p. 35-36.

18 BALEEIRO, Aliomar. *Uma introdução à ciência das finanças*. 14. ed. Rio de Janeiro: Forense, 1994. p. 2.

19 SOUSA, Rubens Gomes de. *Compêndio de Legislação Tributária*. 2. ed. Rio de Janeiro: Edições Financeiras S/A, [s.d.], §2º, p. 4-5.

20 SILVA, José Afonso da. *Orçamento-Programa no Brasil*. São Paulo: Revista dos Tribunais, 1973. p. 111-123.

diretrizes, objetivos e metas da administração pública federal para as despesas de capital e outras delas decorrentes e para as relativas aos programas de duração continuada (artigo 165, §1º, CF). Por força do art. 35, §2º, I, do ADCT, o plano plurianual vai do segundo ano de um mandato ao primeiro do subsequente. Como os mandatos do Poder Executivo atualmente são de quatro anos, o plano plurianual é também de quatro anos.

A Lei de Diretrizes Orçamentárias, por sua vez, é uma novidade da Constituição de 1988, prevista no §2º do art. 165. É uma lei anual e tem de ser apreciada e votada antes da Lei Orçamentária, como estipula o art. 35, §2º, II, do ADCT. Tecnicamente, então, a LDO deve ser aprovada no primeiro semestre da sessão legislativa, ficando a lei orçamentária anual para o segundo semestre.

Releva notar que a Lei de Responsabilidade Fiscal (LC nº 101/2000) exige que três anexos acompanhem a LDO: a) Anexo de Metas Fiscais (art. 4º, §1º); b) Anexo de Riscos Fiscais (art. 4º, §3º); c) Anexo Específico da União (art. 4º, §4º). Esse instrumento normativo termina, então, por ser o coração da gestão fiscal de qualidade. Resta patente, portanto, que, além do princípio orçamentário da programação, a sistemática da Lei de Diretrizes Orçamentárias atende ao moderno princípio financeiro da responsabilidade fiscal.[21]

Por último e não menos importante é a Lei Orçamentária Anual (art. 165, III e §§5º, 6º, 7º, 8º, CF; art. 35, §2º, III, ADCT), cuja execução marca a boa ou má gestão fiscal, guardando estreita relação com as ações governamentais para a tutela de direitos fundamentais, ou seja, com as políticas públicas de efetivação dos direitos humanos, objeto deste estudo.

Neste ponto, importa observar que o orçamento é considerado, numa acepção clássica, como lei somente no sentido formal, não tendo o condão de criar direitos subjetivos. É somente uma previsão de receita e fixação de despesas para dado período – no caso, um exercício financeiro –, que, se não cumprida inteiramente, não enseja nulidade ou ilicitude do ato administrativo. A simples previsão orçamentária não dá direito a determinado órgão de exigir o recebimento da verba pública.

---

[21] TORRES, Ricardo Lobo. *Curso de Direito Financeiro e Tributário*. 10. ed. Rio de Janeiro: Renovar, 2003. p. 122-123.

Todavia, para o tema que ora se aborda, da estreita ligação entre a atividade financeira e as políticas públicas de concretização dos direitos fundamentais sociais, essa concepção merece ser repensada, conforme defende Raquel Cavalcanti Ramos Machado ao afirmar que a ordem das despesas orçamentárias pode criar e afetar direitos subjetivos, sobretudo, considerando o constante conflito entre a concretização de direitos sociais e a reserva do possível.[22]

Como terceiro campo da atividade financeira, tem-se a aplicação do dinheiro arrecadado e gerido, vale dizer, a despesa pública. Aliomar Baleeiro ensina que a despesa pública é a aplicação de certa quantia, em dinheiro, por parte da autoridade ou agente público competente, dentro de uma autorização legislativa, para execução de fim a cargo do governo.[23] Seguindo tal conceito, vê-se que a despesa pública, como componente da atividade financeira do Estado, tem que ser em dinheiro, autorizado por lei, executado por agente público dotado de competência administrativa para tanto e cuja execução tenha um escopo público, alcançando os objetivos das políticas públicas programadas pelo Estado.

A propósito, vale assinalar a preocupação hodierna com a saúde das contas públicas, em todos os seus três aspectos, como se infere do artigo 1º, §1º, da Lei de Responsabilidade Fiscal.[24] Tecendo lúcido comentário sobre a Lei de Responsabilidade Fiscal e o planejamento da ação governamental, José Maurício Conti indica que somente por meio da ação governamental coordenada e planejada é possível seguir um rumo e otimizar

---

22 MACHADO, Raquel Cavalcanti Ramos. Mudança do paradigma orçamentário: do controle do Estado para a implementação de políticas públicas. A função da receita no Estado Democrático e Social de Direito. *In*: CONTI, José Maurício; SCAFF, Fernando Facury (Coord.). *Orçamentos Públicos e direito financeiro*. São Paulo: Revista dos Tribunais, 2011. p. 1061.

23 BALEEIRO, Aliomar. *Uma introdução à ciência das finanças*. 14. ed. Rio de Janeiro: Forense, 1994. p. 65.

24 Lei Complementar nº 101, de 4 de maio de 2000, artigo 1º, §1º: "A responsabilidade na gestão fiscal pressupõe a ação planejada e transparente, em que se previnem riscos e corrigem desvios capazes de afetar o equilíbrio das contas públicas, mediante o cumprimento de metas de resultados entre receitas e despesas e a obediência a limites e condições no que tange a renúncia de receita, geração de despesas com pessoal, da seguridade social e outras, dívidas consolidada e mobiliária, operações de crédito, inclusive por antecipação de receita, concessão de garantia e inscrição em restos a pagar".

a aplicação dos recursos humanos e materiais para atingir os objetivos almejados.[25]

Percebe-se, portanto, que a responsabilidade na gestão fiscal, propiciando uma atividade financeira do Estado equilibrada e republicana (vocábulo usado como adjetivo, conforme lição de Scaff),[26] é importante não somente para as contas públicas em si mesmas, mas para o conjunto da sociedade, destinatário das ações governamentais que concretizam políticas públicas, as quais necessitam do amparo financeiro para a sua consecução.

4 A atividade financeira como decisão política do Estado na consecução das políticas públicas

Conforme já salientado, a atividade financeira do Estado visa precipuamente dotar o ente estatal de condições para suprir as necessidades coletivas, alcançando o bem comum. Na verdade, a escolha de como realizar a atividade financeira é política, eis que delineia o próprio perfil do Estado; como e de quem arrecada e como e onde se gasta confere a dado governo a sua real fisionomia. Assim, o juiz da necessidade a ser satisfeita é o Estado, que termina por escolher algumas prioridades a serem alcançadas, num constante e perene diálogo entre direito financeiro e políticas públicas.

Neste tema específico, a concepção que se tem do papel do Estado é de suma importância. No Estado mínimo, preconizado pelo liberalismo nos séculos XVIII e XIX, a atividade financeira do Estado era mínima e não se preocupava com a intervenção estatal por meio de instrumentos financeiros, como a receita, a despesa e o orçamento. O tributo apresentava função meramente fiscal, objetivando arrecadar tão somente o suficiente ao adimplemento das despesas. A despesa era um mal necessário e deveria, portanto, ser mínima, apenas nas áreas essenciais, como segurança (interna e externa), justiça, parlamento, diplomacia, enfim, somente em setores

---

[25] CONTI, José Maurício. Planejamento e Responsabilidade Fiscal. *In*: SCAFF, Fernando Facury; CONTI José Maurício (Org.). *Lei de Responsabilidade Fiscal – 10 anos de Vigência – Questões Atuais*. Florianópolis: Conceito Editorial, 2010. p. 41.

[26] SCAFF, Fernando Facury. República, Tributação, Finanças. *Revista do Instituto de Hermenêutica Jurídica*, 2008, v. 1, p. 81.

de atividade estatal típica. Por fim, o orçamento era considerado uma peça técnico-contábil com previsão de receita e fixação de despesa, tendo como dogma o equilíbrio.

Já com o advento do Estado intervencionista, do chamado *welfare state*, principalmente após a Segunda Grande Guerra, a atividade financeira, acompanhando inclusive o tamanho da influência do Estado na economia, tende a crescer. Passa-se a utilizar o tributo não somente com função fiscal, mas também extrafiscal, colimando intervir na economia, estimulando setores e regiões, desestimulando vícios, tais como a bebida, o tabaco, redistribuindo a renda, entre outras funções. As despesas públicas, antes vistas apenas como um mal necessário, improdutivas e que, portanto, deveriam ser combatidas, passam a ser visualizadas como elemento de fomento do desenvolvimento; o Estado efetuando despesas para fazer crescer a economia, criar empregos (teoria do pleno emprego, de Keynes), conceder benefícios sociais diversos, tais como os das áreas da saúde, da assistência e da previdência social, enfim o gasto público como mola propulsora das políticas públicas de garantia dos direitos fundamentais. O orçamento clássico, que era somente uma operação técnica, contábil e que tinha como dogma o equilíbrio, passa a ser visto como orçamento-programa,[27] uma espécie de plano de governo, cujas metas deveriam ser alcançadas.

Ainda que, atualmente, tais posições históricas e ideológicas não estejam materializadas com nitidez em polos distintos, uma vez que é bastante comum que governos rotulados de direita aumentem significativamente a atividade financeira, inclusive a despesa pública, e que governos tidos como de esquerda implementem

---

[27] SILVA, José Afonso da. *Curso de Direito Constitucional Positivo*. 6. ed. 2. tiragem. São Paulo: Revista dos Tribunais, 1990. p. 613-614, assim leciona: "A Constituição institui um sistema orçamentário efetivamente moderno. Abre amplas possibilidades à implantação de um sistema integrado de planejamento-orçamento- programa, de sorte que o orçamento fiscal, os orçamentos de investimento das empresas e o orçamento de seguridade social passam a constituir etapas do planejamento de desenvolvimento econômico e social, ou, se quiser, conteúdo dos planos e programas nacionais, regionais e setoriais, na medida em que estes têm que compatibilizar-se com o plano plurianual que é o instrumento que estabelece as diretrizes, objetivos e metas da Administração Pública federal para as despesas de capital e outras dela decorrentes e para as relativas aos programas de duração continuada, que integrarão o orçamento anual, em cada ano, e por ele executadas anualmente".

medidas de austeridade, o relato pretérito serve para indicar a essência política do fenômeno financeiro.[28]

Tal decisão de cunho eminentemente político consubstanciada em como, onde e quanto arrecadar, como, onde e quanto gastar tem como escopo precípuo a consecução dos fins do Estado. Como é cediço, a doutrina tem apresentado diversas finalidades para a existência do Estado.[29] Na questão específica da atividade financeira, coloca-se como fim do Estado o atendimento das necessidades públicas.

A lição clássica de Alberto Deodato resume o conceito de atividade financeira do Estado à procura de meios para satisfazer às necessidades públicas, informando serem estas infinitas, apontando ser o Estado o maior criador e consumidor de riquezas.[30] Souto Maior Borges, em igual sentido, estabelece indissolúvel vínculo entre atividade financeira e necessidade pública ao asseverar que "a atividade financeira, nela incluída como parte integrante a atividade tributária, é atividade orientada a obter os meios necessários para suprir as necessidades públicas".[31]

O problema é saber quais são efetivamente as necessidades públicas. Como alertou Alberto Deodato, as necessidades são infinitas.[32] No mesmo sentido, Fernando Facury Scaff sentencia que as necessidades humanas são infinitas e os recursos financeiros para atendê-las são escassos, atentando, ademais, para o crescente desenvolvimento tecnológico a ensejar novas necessidades para o seu atendimento.[33]

---

28 BALEEIRO, Aliomar. *Uma introdução à ciência das finanças*. 14. ed. Rio de Janeiro: Forense, 1994. p. 3-4.

29 RANIERI, Nina Beatriz Stocco. Conceitos de Estado. *In*: CASELLA, Paulo Borba; CELLI JÚNIOR Umberto; MEIRELLES, Elizabeth de Almeida; POLIDO, Fabrício Bertini Pasquot (Org.). *Direito Internacional*: Humanismo e Globalidade – Guido Fernando Silva Soares – Amicorum Discipulorum Liber. São Paulo: Atlas, 2008. p. 481.

30 DEODATO, Alberto. *Manual de ciência das finanças*. 21. ed. São Paulo: Saraiva, 1987. p. 6.

31 BORGES, José Souto Maior. *Iniciação ao Direito Financeiro*. Recife: Imprensa Universitária, 1966. p. 22.

32 DEODATO, Alberto. *Manual de ciência das finanças*. 21. ed. São Paulo: Saraiva, 1987. p. 6.

33 SCAFF, Fernando Facury. Reserva do possível, mínimo existencial e direitos humanos. *In*: PIRES, Adilson Rodrigues; TORRES, Heleno Taveira (Org.). *Princípios de Direito Financeiro e Tributário*: Estudos em homenagem ao Professor Ricardo Lobo Torres. Rio de Janeiro; São Paulo; Recife: Renovar, 2006. p. 118.

Sobre esse assunto, comenta Régis Fernandes de Oliveira que, "com o agigantamento do Estado e sua intervenção em quase todas as atividades humanas, cresce de importância o estudo das necessidades públicas. Cuida-se, antes de mais nada, de uma decisão política. O Estado é quem vai dizer, para usar verbo vicário, no texto constitucional e nas leis posteriores, quais as necessidades vai encampar como públicas".[34] Na mesma vertente, Baleeiro entende que é a intervenção do Estado para provê-la que dá o colorido de pública a uma necessidade; a necessidade torna-se pública por uma decisão dos órgãos políticos.[35]

Em complemento a essas judiciosas ponderações, calha ainda invocar a abalizada lição de Louis Trotabas quando afirma que, se o Estado deve assumir todas as atividades que lhe incumbem, ele não deve assumir mais que estas. Sustenta o afamado financista francês que o problema não é mais o que o Estado pode fazer, mas, sim, o que ele deve fazer, sendo a gestão das finanças públicas dominada pelo reconhecimento de tais atividades assumidas. Conclui então que a questão é elencar quais atividades e quais meios possui o Estado para realizá-las, e isto é objeto do orçamento.[36]

Na mesma vertente, indicando a importância do orçamento para a escolha de meios – daí o nome Lei de Meios para a Peça Orçamentária – para a satisfação das necessidade públicas, Antônio Luciano de Sousa Franco aduz que, "em termos políticos, nos sistemas democráticos, é sobretudo pela aprovação (em regra parlamentar) do orçamento – com as respectivas prioridades de despesas e o montante dos impostos – que as decisões financeiras são formuladas anualmente".[37]

Pelo exposto, observa-se nitidamente a essência política do fenômeno financeiro. Com isso, há de se realizar escolhas. As escolhas, ainda que sejam influenciadas por pressões sociais e econômicas, visam, em última instância, suprir as necessidades públicas. Estas,

---

[34] OLIVEIRA, Régis Fernandes de; HORVATH, Estevão. *Manual de Direito Financeiro*. 6. ed. São Paulo: Revista dos Tribunais, 2003. p. 19.

[35] *Cf.* BALEEIRO, Aliomar. *Uma introdução à ciência das finanças*. 14. ed. Rio de Janeiro: Forense, 1994. p. 2.

[36] TROTABAS, Louis. *Finances Publiques*. Paris: Précis Dalloz, 1964. p. 17.

[37] FRANCO, Antônio Luciano de Sousa. *Manual de Finanças Públicas e Direito Financeiro*. v. 1. Lisboa: Manuais da Faculdade de Direito de Lisboa, 1974. p. 171.

porém, são infinitas, o que determina ser imprescindível a prévia decisão acerca das ações governamentais relevantes e os meios para implementá-las, o que se dá na seara do orçamento.

5 O federalismo fiscal e as políticas públicas

Historicamente, o modelo federal de Estado é uma experiência assaz recente. Embora alguns autores apontem a Confederação Helvética, surgida em 1291, como o primeiro exemplo de aliança federativa, reconhece-se que o Estado federal moderno nasceu apenas em 1787, com o surgimento dos Estados Unidos da América.[38]

Origina-se, então, a federação de movimentos populares, revolucionários, ocorridos nos Estados Unidos da América, como forma de se opor ao poder do Reino Unido. Assim, as ex-colônias britânicas, que declararam sua independência em 1776, num primeiro momento, adotaram a forma de confederação, mantendo suas soberanias. Posteriormente, entenderam ser mais adequada a construção de um Estado federal, conferindo aos estados-membros autonomia, reservando à União o poder soberano. Fortalece-se então a figura da União como forma, inclusive, de alicerçar a nova República então em surgimento.[39]

Impende notar que o ideal federativo trazido pelos revolucionários estadunidenses traz consigo a verdadeira acepção do termo federação. Esse termo é oriundo do latim *foedus*, cujo significado é pacto ou aliança.[40] Assim, deve-se analisar a opção pela federação sob o prisma do pacto, da aliança, da junção permanente de estados autônomos, fundamentados numa ordem jurídica única, refletida, em regra, na Lei Maior.[41]

---

[38] PORFÍRIO JÚNIOR, Nélson de Freitas. Federalismo, tipos de estado e conceito de estado federal. *In*: CONTI, José Maurício (Org.). *Federalismo Fiscal*. Barueri: Manole, 2004. p. 4-5.

[39] ELALI, André. *O federalismo fiscal brasileiro e o sistema tributário nacional*. São Paulo: MP Editora, 2005. p. 26.

[40] CONTI, José Maurício. Considerações sobre o Federalismo Fiscal Brasileiro em uma perspectiva comparada. *In*: CONTI, José Maurício; SCAFF, Fernando Facury; BRAGA, Carlos Eduardo Faraco (Org.). *Federalismo fiscal*: questões contemporâneas. Florianópolis: Conceito Editorial, 2010. p. 16.

[41] SILVA, José Afonso da. *Curso de Direito Constitucional Positivo*. 6. ed. 2. tiragem. São Paulo: Revista dos Tribunais, 1990.p. 88.

Calha observar, outrossim, que a opção constitucional pelo federalismo tem uma sólida ligação com o Estado de Direito ou Estado Democrático de Direito, eis que "nasceu de um sonho, um sonho do pensamento político moderno, é verdade, mas um ideal para conduzir o Estado de forma descentralizadora".[42] Inegável, portanto, o liame entre federalismo e democracia, em que as liberdades devem ser conservadas, ampliadas e defendidas, apresentando um modelo de descentralização política, administrativa e financeira que evite o surgimento de modelos totalitários de Estado. A primeira forma de Estado federal no Brasil surgiu em 1889. Porém, vale observar que relevantes aspectos da essência desse modelo não estiveram presentes em todo o período. O ideal do *foedus*, ou seja, da aliança entre entes autônomos, não aparece de forma nítida na federação brasileira. Desde o início, há sinais de preferências e discriminações que vulneram o ideal democrático, igualitário, descentralizado, pactual do federalismo.

Objetivando tutelar a aliança, o pacto, ínsito ao federalismo, o legislador constituinte originário erigiu a forma federativa de Estado como cláusula pétrea (art. 60, §4º, I), inadmitindo que a aliança estabelecida de maneira indissolúvel seja afrontada na sua essência. Nesse tema, José Marcos Domingues de Oliveira assinala que, sendo o federalismo fiscal uma técnica de garantia dos direitos fundamentais, deve se submeter aos limites do poder de emenda deferido ao constituinte derivado pelo constituinte originário,[43] ou seja, emendas constitucionais tendentes a adulterar o pacto federativo com a respectiva autonomia financeira dos entes federados não devem ser toleradas, eis que eivadas de inconstitucionalidade material.

Ademais, o aspecto da descentralização, tão caro ao Estado federal, foi bastante vilipendiado em diversas fases do período republicano no Brasil, chegando ao ponto de José Afonso da Silva

---

[42] ELALI, André. *O federalismo fiscal brasileiro e o sistema tributário nacional*. São Paulo: MP Editora, 2005. p. 24.

[43] OLIVEIRA, José Marcos Domingues de. Direitos fundamentais, federalismo fiscal e emendas constitucionais tributárias. *In*: PIRES, Adilson Rodrigues; TORRES, Heleno Taveira (Org.). *Princípios de direito financeiro e tributário*: estudos em homenagem ao Professor Ricardo Lobo Torres. Rio de Janeiro, São Paulo e Recife: Renovar, 2006. p. 63.

apontar que o federalismo da Constituição de 1967 e de sua Emenda nº 1/69 tenha sido apenas nominal.[44]

Não se pode perder de mira, contudo, que a Constituição Federal de 1988 trouxe instrumentos efetivamente potentes objetivando conferir efetividade à opção política fundamental de ser um Estado federal. A respeito, comenta Teresa Ter-Minassian que, enquanto no período denominado como ditadura militar ocorreu uma concentração de poderes na entidade federativa central, a partir da redemocratização expressada pela nova Constituição em 1988, o país apresentou grande avanço no que se refere à descentralização de recursos.[45]

De fato, a Constituição atual buscou fortalecer o espírito do federalismo, especialmente do federalismo fiscal, promovendo a descentralização tanto no campo da competência arrecadatória quanto na distribuição das receitas auferidas, ou seja, nas transferências intergovernamentais, de modo a propiciar a autonomia mais efetiva dos entes federados, mesmo porque não há autonomia administrativa sem a imprescindível autonomia financeira.

Uma ácida crítica que é feita à sistemática preconizada pela Carta de 1988 é que foi realizada a descentralização das receitas, porém não dos encargos, ficando estes sob a responsabilidade da União, o que ocasionou séria dificuldade ao ente central, que, para equilibrar suas contas, tem lançado mão da criação das contribuições sociais,[46] prática que, além de ter aumentado a carga tributária, tem promovido o retorno à centralização financeira, com a concentração das rendas nos cofres federais.

De toda forma, não se pode perder de mira que a Constituição Cidadã de 1988 trouxe consigo um inegável desejo de descentralização administrativa, almejando que as políticas públicas fossem executadas com maior proximidade da vida do indivíduo, de modo

---

[44] SILVA, José Afonso da. *Curso de Direito Constitucional Positivo*. 6. ed. 2. tiragem. São Paulo: Revista dos Tribunais, 1990. p. 88.

[45] TER-MINASSIAN, Teresa. *Fiscal Federalism in Theory and Practice*. Washington DC: Teresa Ter-Minassian Editor/International Monetary Fund, 1997. p. 438.

[46] CARVALHO, José Augusto Moreira de. Federalismo e descentralização: características do federalismo fiscal brasileiro e seus problemas. *In*: CONTI, José Maurício; SCAFF, Fernando Facury; BRAGA, Carlos Eduardo Faraco (Org.). *Federalismo fiscal*: questões contemporâneas. Florianópolis: Conceito Editorial, 2010. p. 70.

que este tivesse um acesso mais facilitado para a supressão de suas necessidades, especialmente no relativo aos direitos fundamentais sociais, como a saúde, a educação e a assistência social.

Para tanto, foi arquitetado um sistema com a partilha das competências tributárias entre os entes federados, de um lado, e a distribuição das receitas auferidas, vale dizer, a sistemática de transferências intergovernamentais, de outro. O objetivo é propiciar uma efetiva autonomia aos entes políticos, conferindo-lhes meios equânimes e razoáveis de financiamento das tarefas finalisticamente assinadas aos entes da federação nos três respectivos níveis de governo.[47] A autonomia financeira é o elemento fundamental para assegurar a autonomia das entidades subnacionais, garantindo a sobrevivência da própria federação,[48] de modo que cada ente federado possa ter recursos suficientes para os encargos que possui, especialmente para a implementação de políticas públicas de tutela dos direitos fundamentais.

Apreciada essa vontade explícita de descentralização administrativa e financeira, de efetiva autonomia dos entes federados e de consolidação do federalismo fiscal, passa-se a abordar finalmente a questão das transferências intergovernamentais e sua relação com o financiamento das políticas públicas.

6 Federalismo fiscal e transferências intergovernamentais: a redução das desigualdades sociais e regionais e a efetivação de políticas públicas

Como já indicado, o presente estudo objetiva demonstrar que a equilibrada e responsável atividade financeira no modelo federal de Estado tem o condão de influenciar sobremaneira na consecução

---

[47] OLIVEIRA, José Marcos Domingues de. Direitos fundamentais, federalismo fiscal e emendas constitucionais tributárias. *In*: PIRES, Adilson Rodrigues; TORRES, Heleno Taveira (Org.). *Princípios de direito financeiro e tributário*: estudos em homenagem ao Professor Ricardo Lobo Torres. Rio de Janeiro, São Paulo e Recife: Renovar, 2006. p. 64.

[48] CONTI, José Mauricio. *Federalismo Fiscal e Fundos de Participação*. São Paulo: Juarez de Oliveira, 2001.

das políticas públicas de efetivação dos direitos humanos. Nessa perspectiva, passa-se neste ponto do trabalho à análise dos aspectos precípuos das transferências intergovernamentais, instrumento imprescindível para a autonomia financeira dos entes federados, conferindo efetividade à descentralização preconizada pelo federalismo, proporcionando a imperiosa diminuição nas desigualdades regionais e sociais, promovendo, assim, o desenvolvimento socioeconômico idealizado pelo Texto Constitucional de 1988.

Com efeito, entes políticos dotados de autonomia, bem exercendo competências materiais e legislativas específicas, executando a contento políticas públicas de tutela dos direitos fundamentais, mormente dos sociais, colaboram sobremodo para o desenvolvimento nacional, objetivo da República Federativa do Brasil, plasmado no art. 3º, II, da Constituição. Além do objetivo de alcançar o desenvolvimento nacional, o constituinte estipulou o objetivo de diminuir as desigualdades, regionais e sociais, consoante se lê no inciso III do artigo 3º da Lei Maior. Tais objetivos não são excludentes, mas complementares. Só se atinge o desenvolvimento nacional reduzindo as desigualdades regionais e sociais e, por outro lado, não há como reduzir tais desigualdades sem a busca do desenvolvimento socioeconômico da nação como um todo.

Nesse tema, André Elali percebe a relação entre federalismo e a busca do desenvolvimento nacional, apontando que, num país de grande extensão territorial, com enormes diferenças entre as regiões, sejam elas culturais, econômicas ou sociais, o federalismo é uma ferramenta bastante útil na busca da ordem econômica e social, tratando-se de um movimento baseado na tendência de harmonização, no pluralismo e na solidariedade.[49]

Ainda no que tange à ligação federalismo, desenvolvimento socioeconômico e políticas públicas visando à diminuição de desigualdades, impende observar que o instrumento financeiro mais adequado ao objetivo de diminuição das desigualdades regionais não é o da atribuição de competências tributárias por si

[49] ELALI, André. *Tributação e regulação econômica*: um exame da tributação como instrumento de regulação econômica na busca da redução das desigualdades regionais. São Paulo: MP Editora, 2007. p. 33.

só. A repartição das receitas tributárias feita adequadamente tem o condão de fomentar o desenvolvimento nacional e regional, nos termos do desejado pelo legislador constituinte.

A distribuição obrigatória, fundada na Constituição e na lei, assimétrica, alocando mais recursos nos estados menos desenvolvidos e com algumas vinculações em setores essenciais, como educação, saúde e assistência social, em sentido lato, surge, portanto, como uma solução viável para a consecução dos objetivos da República Federativa do Brasil. Nesse diapasão, sustenta José Marcos Domingues de Almeida que, numa federação composta por estados heterogêneos, não é suficiente a mera atribuição de competência tributária aos entes federados, mas, "por princípio de solidariedade, especialmente num país de fortes contrastes, como o Brasil, impõe-se a redistribuição da riqueza nacional, não apenas no plano individual pela tributação progressiva, mercê da aplicação do princípio da capacidade contributiva, mas também no plano sócio-político, através das transferências financeiras".[50]

Observa-se, portanto, que as transferências intergovernamentais são instrumentos essenciais para a boa qualidade da atividade financeira do Estado federal, objetivando atender as necessidades públicas, conforme as escolhas políticas, distribuindo recursos para os entes federados que se encontram mais próximos das comunidades a serem atendidas, principalmente nas ações governamentais que assegurem os direitos fundamentais sociais, tais como a educação e a saúde.

Dentro dessa quadra, releva identificar, ainda que superficialmente, algumas categorias de transferências intergovernamentais a fim de melhor compreendê-las. Em primeiro lugar, insta observar que há duas formas de participação de uma pessoa política no produto da arrecadação de outra: a direta e a indireta. A primeira ocorre como, por exemplo, no caso da partilha do IPVA e do ICMS. A segunda põe uma formulação complexa: são

---

[50] ALMEIDA, José Marcos Domingues de. Direitos fundamentais, federalismo fiscal e emendas constitucionais tributárias. *In*: PIRES, Adilson Rodrigues; TORRES, Heleno Taveira (Org.). *Princípios de direito financeiro e tributário*: estudos em homenagem ao Professor Ricardo Lobo Torres. Rio de Janeiro, São Paulo e Recife: Renovar, 2006. p. 65.

formados fundos aos quais afluem parcelas de receitas de dados impostos[51] – aqui, a presença, por exemplo, dos fundos de participação (FPE, FPM).

Essas transferências com participação direta ou indireta são obrigatórias, decorrentes da Constituição Federal ou da lei. Sobre tal questão, José Maurício Conti leciona que tais transferências são automáticas quando a distribuição dos recursos do ente que os detém é encaminhada ao ente beneficiário em decorrência de dispositivo legal que é cumprido sem interferência de decisões submetidas ao crivo discricionário de uma autoridade,[52] contrastando com as transferências voluntárias, previstas no art. 25 da Lei Complementar nº 101/2000.

As chamadas transferências voluntárias são instrumentos de descentralização negociada de recursos e encargos entre os entes federados,[53] ficando sujeita a regras não rígidas, operacionalizadas com a intermediação de autoridade que exerce poderes discricionários.[54] Cumpre lembrar que não são transferências voluntárias as chamadas transferências legais para o Sistema Único de Saúde (SUS) e para o Fundo Nacional de Desenvolvimento da Educação (FNDE), eis que estão excluídas do conceito legal fixado no artigo 25 da Lei de Responsabilidade Fiscal.[55]

Outra classificação importante diz respeito à vinculação dos recursos a determinadas despesas públicas.[56] A transferência então pode ser vinculada, quando já endereçada ao financiamento de alguma ação governamental específica ou não vinculada, quando

---

[51] COÊLHO, Sacha Calmon Navarro. *Comentários à Constituição de 1988*: sistema tributário. 4. ed. Rio de Janeiro: Forense, 1992. p. 410.

[52] CONTI, José Maurício. Considerações sobre o Federalismo Fiscal Brasileiro em uma perspectiva comparada. *In*: CONTI, José Maurício; SCAFF, Fernando Facury; BRAGA, Carlos Eduardo Faraco (Org.). *Federalismo fiscal*: questões contemporâneas. Florianópolis: Conceito Editorial, 2010. p. 26-27.

[53] GOMES, Emerson César da Silva. A disciplina jurídica das transferências voluntárias. *In*: CONTI, José Maurício; SCAFF, Fernando Facury (Coord.). *Orçamentos públicos e direito financeiro*. São Paulo: Revista dos Tribunais, 2011. p. 804.

[54] CONTI, José Maurício. *Federalismo fiscal e fundos de participação*. São Paulo: Juarez de Oliveira, 2001. p. 39.

[55] GOMES, Emerson César da Silva. A disciplina jurídica das transferências voluntárias. *In*: CONTI, José Maurício; SCAFF, Fernando Facury (Coord.). *Orçamentos públicos e direito financeiro*. São Paulo: Revista dos Tribunais, 2011. p. 810.

[56] CARVALHO, André Castro. *Vinculação de receitas públicas*. São Paulo: Quartier Latin, 2010.

o recurso transferido pode ser livremente gasto pelo ente federado que o recebe naquilo que entender mais conveniente.

Como não é o ponto nodal deste trabalho, não serão elencados os prós e os contras de cada uma dessas espécies de transferência. Contudo, qualquer das modalidades de transferência intergovernamental se apresenta relevante para a descentralização das ações governamentais e, de conseguinte, para a execução das políticas públicas ligadas aos direitos humanos.

Assim, a transferência voluntária é bastante utilizada para a consecução de programas governamentais, com maior liberalidade e discricionariedade. Entretanto, como depende de decisão política, muitas vezes o ente subnacional fica a depender do interesse do governante do outro ente, titular da competência arrecadatória, interesse que, por vezes, não guarda consonância com o interesse público, o que pode gerar negociações pouco republicanas.

Ademais, as transferências voluntárias sofrem uma série de restrições na Lei de Responsabilidade Fiscal como forma de compelir os entes federados a cumprirem as regras de gestão fiscal ali preconizadas. Assim, é vedada a realização de transferências voluntárias para o ente que não institua e arrecade impostos de sua competência tributária (art. 11, parágrafo único). O artigo 23 prevê as medidas a serem tomadas caso a despesa total com pessoal ultrapassar os limites definidos no art. 20 na referida lei complementar, sendo que o excedente deve ser eliminado nos dois quadrimestres seguintes. O §3º desse artigo estatui que, se não for alcançada a redução no prazo estabelecido e enquanto perdurar o excesso, o ente não poderá: I – receber transferências voluntárias. Por fim, o art. 31 da LRF estipula que, se a dívida consolidada de um ente da federação ultrapassar o respectivo limite ao final de um quadrimestre, deverá ser a ele reconduzida até o término dos três subsequentes, reduzido o excedente em pelo menos 25% no primeiro. O §2º indica que, vencido o prazo para retorno da dívida ao limite e enquanto perdurar o excesso, fica o ente impedido de receber transferências voluntárias da União ou do estado. Observa-se então que o ente político não pode confiar no recebimento de transferências voluntárias para a consecução de políticas públicas, eis que incertas e precárias.

Por outro lado, as transferências obrigatórias, decorrentes da Constituição e da lei, têm como grande trunfo a impessoalidade e a perenidade de sua percepção, eis que independem da boa vontade do ente detentor dos recursos e não podem, em regra, sofrer retenção, nos termos do estabelecido no artigo 160 da Constituição Federal.

As transferências vinculadas, por seu turno, possuem a vantagem de já serem direcionadas a determinados fins, o que retira a possibilidade de serem os recursos desviados pelos administradores locais para outros objetivos. Por outro lado, as não vinculadas permitiriam o uso do recurso naquilo que a comunidade mais necessitasse, sendo que a escolha política seria efetuada por quem está mais próximo e conhece das necessidades públicas existentes.

A prática de vinculação das receitas tributárias para determinados fins tem sido muito utilizada, no pressuposto de que as transferências de recursos "carimbados" atendem melhor às ações governamentais e a um planejamento estratégico nacional, em áreas como saúde, educação e assistência social.

7 Conclusão

Pelo relatado neste estudo, o tema das políticas públicas vem gradualmente ganhando maior espaço na seara jurídica, apresentando-se como um problema de direito público em sentido lato, havendo irretorquível liame entre tais ações governamentais e ramos do direito, como o constitucional, o administrativo, o financeiro e o tributário.

Além disso, os direitos têm custos. Tais custos são arcados pelo conjunto da sociedade. Por conseguinte, para financiar as políticas públicas de tutela dos direitos da pessoa humana, é imprescindível a equilibrada e responsável atividade financeira do Estado, numa interdependência entre direito financeiro e direitos humanos.

Vislumbra-se, ademais, que, no modelo federal de Estado, a atividade financeira se apresenta com características próprias, decorrentes da partilha de encargos e de recursos entre os entes da federação, o que, pelo advento da descentralização e da autonomia dos entes subnacionais, pode conferir maior efetividade às ações governamentais concernentes aos direitos fundamentais sociais, pela proximidade com as comunidades a serem assistidas por tais políticas públicas.

Enfim, pode-se resumir que, no silêncio da pesquisa, reflexão e elaboração do presente estudo, escuta-se nitidamente o diálogo sonoro e franco entre a atividade financeira e as políticas públicas de proteção aos direitos humanos, dentro da descentralização administrativa e financeira colimada pelo modelo federal de Estado.

Referências

BALEEIRO, Aliomar. *Uma introdução à ciência das finanças*. 14. ed. Rio de Janeiro: Forense, 1994.

BERCOVICI, Gilberto. *Desigualdades Regionais, Estado e Constituição*. São Paulo: Max Limonad, 2003.

BORGES, José Souto Maior. *Iniciação ao direito financeiro*. Recife: Imprensa Universitária, 1966.

BUCCI, Maria Paula Dallari. *Direito administrativo e políticas públicas*. São Paulo: Saraiva, 2002.

CARVALHO, André Castro. *Vinculação de receitas públicas*. São Paulo: Quartier Latin, 2010.

CARVALHO, José Augusto Moreira de. Federalismo e descentralização: características do federalismo fiscal brasileiro e seus problemas. *In*: CONTI, José Maurício; SCAFF, Fernando Facury; BRAGA, Carlos Eduardo Faraco (Org.). *Federalismo fiscal*: questões contemporâneas. Florianópolis: Conceito Editorial, 2010.

COÊLHO, Sacha Calmon Navarro. *Comentários à Constituição de 1988*: Sistema Tributário. 4. ed. Rio de Janeiro: Forense, 1992.

CONTI, José Mauricio. *Federalismo fiscal e fundos de participação*. São Paulo: Juarez de Oliveira, 2001.

CONTI, José Mauricio. Considerações sobre o federalismo fiscal brasileiro em uma perspectiva comparada. *In*: CONTI, José Maurício; SCAFF, Fernando Facury; BRAGA, Carlos Eduardo Faraco (Org.). *Federalismo fiscal*: questões contemporâneas. Florianópolis: Conceito Editorial, 2010.

CONTI, José Mauricio. Planejamento e responsabilidade fiscal. *In*: SCAFF, Fernando Facury; CONTI, José Maurício (Org.). *Lei de Responsabilidade Fiscal – 10 anos de Vigência – Questões Atuais*. Florianópolis: Conceito Editorial, 2010.

DEODATO, Alberto. *Manual de ciência das finanças*. 21. ed. São Paulo: Saraiva, 1987.

ELALI, André. *O federalismo fiscal brasileiro e o sistema tributário nacional*. São Paulo: MP Editora, 2005.

ELALI, André. *Tributação e regulação econômica*: um exame da tributação como instrumento de regulação econômica na busca da redução das desigualdades regionais. São Paulo: MP Editora, 2007.

FONROUGE, Carlos M. Giuliani. *Derecho Financiero*. 2ª edición, ampliada y actualizada. Volumen I. Buenos Aires: Ediciones Depalma, 1970.

FRANCO, Antônio L. de Sousa. *Manual de finanças públicas e direito financeiro*. v. I. Lisboa: Manuais da Faculdade de Direito de Lisboa, 1974.

GOMES, Emerson César da Silva. A disciplina jurídica das transferências voluntárias. *In*: CONTI, José Maurício; SCAFF, Fernando Facury (Coord.). *Orçamentos públicos e direito financeiro*. São Paulo: Revista dos Tribunais, 2011.

HARADA, Kiyoshi. *Direito financeiro e tributário*. 16. ed. São Paulo: Atlas, 2007.

HOLMES, Stephen; SUNSTEIN, Cass R. *The Cost of Rights*. Why Liberty Depends on Taxes. New York: Norton, 2000.

INGROSSO, Gustavo. *Istituzioni di Diritto Finanziario*. Volume I. Bilancio-Contratti-Patrimonio Dello Stato. Napoli: Dott. Eugenio Jovene – Editore.

MACHADO, Raquel Cavalcanti Ramos. Mudança do paradigma orçamentário: do controle do Estado para a implementação de políticas públicas. A função da receita no Estado Democrático e Social de Direito. *In*: CONTI, José Maurício; SCAFF, Fernando Facury (Coord.). *Orçamentos públicos e direito financeiro*. São Paulo: Revista dos Tribunais, 2011.

NABAIS, José Casalta. *O dever fundamental de pagar impostos*. Coimbra: Almedina, 1998.

OLIVEIRA, José Marcos Domingues de. Direitos fundamentais, federalismo fiscal e emendas constitucionais tributárias. *In*: PIRES, Adilson Rodrigues; TORRES, Heleno Taveira (Org.). *Princípios de direito financeiro e tributário*: estudos em homenagem ao Professor Ricardo Lobo Torres. Rio de Janeiro, São Paulo e Recife: Renovar, 2006.

OLIVEIRA, Regis Fernandes de; HORVATH, Estevão. *Manual de Direito Financeiro*. 6. ed. São Paulo: RT, 2003.

PIOVESAN, Flávia. Justiciabilidade dos direitos sociais e econômicos: desafios e perspectivas. *In*: CANOTILHO, J. J. Gomes; CORREIA, Marcus Orione Gonçalves; CORREIA, Érica Paula Barcha (Coord.). *Direitos Fundamentais Sociais*. São Paulo: Saraiva, 2010.

PORFÍRIO JÚNIOR, Nélson de Freitas. Federalismo, Tipos de Estado e Conceito de Estado Federal. *In*: CONTI, José Maurício (Org.). *Federalismo Fiscal*. Barueri: Manole, 2004.

RAMOS, André de Carvalho. *Teoria Geral dos Direitos Humanos na Ordem Internacional*. 3. ed. São Paulo: Saraiva, 2013.

RANIERI, Nina Beatriz Stocco. Conceitos de Estado. *In*: CASELLA, Paulo Borba; CELLI JÚNIOR, Umberto; MEIRELLES, Elizabeth de Almeida; POLIDO, Fabrício Bertini Pasquot (Org.). *Direito Internacional*: Humanismo e Globalidade – Guido Fernando Silva Soares – Amicorum Discipulorum Liber. São Paulo: Atlas, 2008.

SCAFF, Fernando Facury. Como a sociedade financia o Estado para a implementação dos direitos humanos no Brasil. *In*: SCAFF, Fernando Facury (Org.). *Constitucionalismo, Tributação e Direitos Humanos*. Rio de Janeiro: Renovar, 2007.

SCAFF, Fernando Facury. Reserva do possível, mínimo existencial e direitos humanos. *In*: PIRES, Adilson Rodrigues; TORRES, Heleno Taveira (Org.). *Princípios de direito financeiro e tributário*: estudos em homenagem ao Professor Ricardo Lobo Torres. Rio de Janeiro/São Paulo/Recife: Renovar, 2006.

SCAFF, Fernando Facury. República, Tributação, Finanças. *Revista do Instituto de Hermenêutica Jurídica*, 2008.

SILVA, José Afonso da. *Curso de Direito Constitucional Positivo*. 6. ed. 2. tiragem. São Paulo: Revista dos Tribunais, 1990.

SILVA, José Afonso da. *Orçamento-Programa no Brasil*. São Paulo: Revista dos Tribunais, 1973.

SILVA, Virgílio Afonso da Silva. *A constitucionalização do direito*: os direitos fundamentais nas relações entre particulares. 1. ed. 3. tiragem. São Paulo: Malheiros, 2011.

SOUSA, Rubens Gomes de. *Compêndio de Legislação Tributária*. 2. ed. Rio de Janeiro: Edições Financeiras S/A, [s.d.].

TER-MINASSIAN, Teresa. *Fiscal Federalism in Theory and Practice*. Washington DC: Teresa Ter-Minassian Editor/International Monetary Fund, 1997.

TORRES, Ricardo Lobo. *Tratado de direito constitucional, financeiro e tributário*: os direitos humanos e a tributação: imunidade e isonomia. 3. ed. revista e atualizada. v. III. Rio de Janeiro: Renovar, 2005.

TORRES, Ricardo Lobo. *Curso de Direito Financeiro e Tributário*. 10. ed. Rio de Janeiro: Renovar, 2003.

TROTABAS, Louis. *Finances Publiques*. Paris: Précis Dalloz, 1964.

Informação bibliográfica deste texto, conforme a NBR 6023:2018 da Associação Brasileira de Normas Técnicas (ABNT):

FREITAS, Leonardo Buíssa; BEVILACQUA, Lucas. Atividade financeira do Estado, transferências intergovernamentais e políticas públicas no federalismo fiscal brasileiro. *In*: MOTTA, Fabrício; BUÍSSA, Leonardo; BEVILACQUA, Lucas (coord.). *Federalismo fiscal e políticas públicas*. Belo Horizonte: Fórum, 2023. p. 67-90. ISBN 978-65-5518-529-4.

FEDERALISMO FISCAL COOPERATIVO OU FRICCIONADO? A (DES)LEALDADE FEDERATIVA SOB A ÓTICA DE DECISÕES DO SUPREMO TRIBUNAL FEDERAL

JOÃO PAULO LANDIN MACEDO

1 Introdução

O federalismo traduz, em sua essência, modelo organizativo a serviço dos fins comuns do Estado Democrático de Direito. Posto na Constituição sob tutela normativa reforçada, impermeável a mudanças que atinjam seu âmago (cf. art. 60, §4º, inciso I), o princípio federativo desperta uma rica diversidade de implicações juspolíticas que qualificam o Estado e dão a ele os meios necessários para o atingimento eficiente dos objetivos constitucionais.

O estudo da federação, todavia, não prescinde da incursão sobre determinados postulados que asseguram o funcionamento adequado da ordenação plural (centro e periferias) que a partir dela se constitui, dentre os quais cabe destaque, para os fins do trabalho que ora se apresenta, o da lealdade federativa ou conduta federativa amistosa, de gênese alemã, cujo conteúdo informa as relações jurídico-políticas entabuladas entre as unidades componentes do Estado federal. Dentre as ramificações que se permite recolher da aplicação desse postulado, assoma em importância a análise daquelas que operam no âmbito do federalismo fiscal, a envolver a dinâmica financeira entre as esferas governamentais autônomas e o ente central, à luz das distorções empíricas que ocorrem no cenário institucional brasileiro.

Assentado nestas ponderações iniciais, o presente artigo se estrutura em cinco segmentos, além desta introdução: no primeiro, apuram-se os pressupostos teóricos do federalismo enquanto forma de Estado, bem assim o delineamento constitucional inscrito na Carta Política de 1988, com o fim de entender a conformação desse modelo organizacional na realidade institucional brasileira. No segundo, desloca-se o olhar à dimensão financeira do federalismo, procedendo à análise dos mecanismos constitucionais estruturantes do federalismo fiscal cooperativo instituído em 1988. No terceiro, são apresentadas as bases conceituais e implicações normativas do princípio da lealdade federativa, mormente no contexto do ordenamento constitucional alemão, matriz a partir da qual esse princípio encontra desenvolvimento teórico e empírico, máxime pelos aportes jurisprudenciais emanados do Tribunal Constitucional Federal Alemão (TCF); ainda nessa etapa do trabalho, explora-se a possível recepção da lealdade federativa e suas irradiações no sistema jurídico brasileiro como paradigma de referência ao modelo cooperativo adotado na CF/88. No quarto segmento, à luz das diretrizes que perfazem a noção de uma conduta federativa amistosa e apoiado em estratégia analítica de pesquisa documental empreendida em decisões temáticas do Supremo Tribunal Federal, perquire-se acerca da subsistência, na realidade brasileira, do ponto de vista fiscal-financeiro, de uma "deslealdade federativa" por parte da União em relação aos estados e municípios, em prejuízo à autonomia e suficiência financeira dos entes parciais. Assim, visa descortinar e qualificar a problemática de fricção do pacto federativo – já documentada em suas variações, tal como a guerra fiscal – em termos de um padrão de conduta caracterizador da confiança ou fidelidade com a forma de Estado. Por fim, constituem o último segmento deste artigo as considerações finais, com as principais conclusões recolhidas do estudo.

2 Forma federativa de Estado: pressupostos teóricos e delineamento constitucional

Uma das mais nucleares decisões do constituinte originário consiste em definir a forma de Estado, é dizer, o modo como o poder político é organizado e exercido no espaço geográfico de determinado país.[1] Com a proclamação da República Federativa do

[1] O Estado unitário e a confederação constituem outras configurações representativas dessa tipologia política (forma de Estado). Consoante averba Horta, a confederação é,

Brasil, em 1889, foram definidas as principais escolhas institucionais do constitucionalismo brasileiro, que perduram até hoje. O artigo inaugural da Constituição de 1988 (CRFB/88), simplesmente ao expressar o nome oficial do Estado – República Federativa do Brasil –, já anuncia duas daquelas herdadas da Carta de 1891: a forma republicana de governo e a forma federativa de Estado. Os contornos dessa última são mais bem delineados no que vem logo em seguida, na mesma inteligência do art. 1º, ao estabelecer que a federação brasileira "é formada pela união indissolúvel dos Estados e Municípios e do Distrito Federal", constitutiva, pois, de um Estado Democrático de Direito. Nessa passagem, com efeito, já se permite extrair duas características básicas da federação brasileira: a inclusão do Distrito Federal (com feição híbrida, conquanto mais próxima a dos estados-membros) e a qualificação dos municípios como entes federados, deixando reluzente a "dimensão trilateral"[2] do novo modelo introduzido por obra da Carta de 1988.[3]

Conquanto tenha buscado inspiração no arquétipo norte-americano, plasmado na Constituição da Filadélfia, de 1787, o federalismo brasileiro exprime singularidades que o apartam do modelo anglófono, mormente quanto à sua gênese formadora, vez que não adveio o Estado federal da primeira República a partir da agregação de Estados soberanos em prol da concepção de um

---

atualmente, uma referência histórica, visto já ter encerrado sua trajetória no domínio da organização político-administrativa de Estados; o Estado unitário, a seu turno, acha-se submetido a um processo de renovação estrutural que provém da ampliação do grau de descentralização, visando alcançar as formas mais avançadas de regionalismo (HORTA, Raul Machado. Organização constitucional do federalismo. *Revista da Faculdade de Direito,* UFMG, n. 28-29, 1986, p. 9).

2 BONAVIDES, Paulo. *Curso de direito constitucional.* 15. ed. São Paulo: Malheiros, 2004. p. 344.

3 Ao longo de todo o Império (1822-1889), o Brasil acolheu a forma unitária de organização do Estado, caracterizada pela unicidade do polo de irradiação do poder político, sem divisões políticas e administrativas autônomas. O modelo unitário, todavia, numa perspectiva global, não se revela necessariamente ultrapassado ou anacrônico, visto ser adotado por diferentes Estados nacionais, embora com variados níveis de descentralização administrativa-financeira, a exemplo do que sucede na França, com a instituição das comunas. Sobreleva destacar, a esse respeito, que o esquema organizacional de um Estado não se reduz ao formato federal, podendo apresentar configurações diferentes, a depender das condições históricas e sociais de cada nação. Sobre a inexistência de padrão comum ou monolítico a todas as federações, ver: BALEEIRO, Aliomar. A crise financeira do federalismo. *Revista Brasileira de Estudos Políticos,* Belo Horizonte: UFMG, n. 28, 1970, p. 79; HESSE, Konrad. *Elementos de direito constitucional da República Federal da Alemanha.* 20. ed. Trad. Luís Afonso Heck. Porto Alegre: Sérgio Antônio Fabris, 1998. p. 180; HORTA, Raul Machado. *Direito constitucional.* 2. ed. Belo Horizonte, 1999. p. 480-481.

ente central, coordenador das vontades parciais, senão que de um movimento centrífugo, que redundou na transformação em Estado das antigas províncias, bem assim do antigo município neutro, que se convolou no Distrito Federal.[4] Dessa diferença (quanto à origem) resulta a distinção no que toca à técnica organizacional de repartição das competências entre as unidades integrantes da federação. No caso norte-americano, sobrelevaram-se as atribuições estaduais, cujo espaço de atuação normativa e administrativa fez-se amplo e indefinido – mediante o emprego do método residual pela Emenda X, de 1789[5] –, enquanto à União reservaram-se tarefas restritas e bem definidas, nada obstante se tenha verificado, no curso das décadas seguintes, a expansão dos poderes federais, com recurso à tese dos *implied powers*, assentada pela Suprema Corte em 1819, no caso *McCulloch v. Maryland*. Em relação ao Brasil, embora tenha albergado, de início, semelhante esquema de distribuição competencial, atribuindo papel residual aos (agora) estados-membros, a prática institucional revelou, com o tempo, um matiz concentrador, fruto das raízes unitárias da formação do Estado.

Em essência, a despeito das idiossincrasias de cada modelo, o princípio federativo erige uma *pluralidade de ordens jurídicas autônomas*, que, todavia, convivem com uma diretriz de unidade assentada no ordenamento constitucional. O federalismo, assim, se caracteriza pela descentralização jurídico-política operada por uma constituição soberana,[6] sem prejuízo da manutenção de um centro ordenador (e coordenador), na figura do qual se concentra o dever de garantir a harmonização dos interesses nacionais e a preservação

---

4 Em posição diversa, Heleno Torres assinala que a formação do Estado federal brasileiro, com o advento da República, não se deu por "agregação", já que os entes parciais não existiam como "estatalidades", tampouco por segregação, mas por simples "conversão" *ex lege* das províncias em Estados federados, como um federalismo normativo, a teor do art. 2º do Decreto nº 1/1889. (TORRES, Heleno Taveira. *Direito constitucional financeiro*: teoria da constituição financeira. São Paulo: Editora Revista dos Tribunais, 2014. p. 330).

5 Cuja previsão entoava que "os poderes não delegados aos Estados Unidos pela Constituição, nem proibidos por ela aos Estados, são reservados, respectivamente, aos Estados, ou ao povo".

6 Karl Loewenstein é categórico ao assentar que o federalismo só se mostra factível quando estabelecido por constituições escritas, as quais dispõem acerca da repartição de competências (LOEWENSTEIN, Karl. *Teoría de la Constitución*. Trad. Alfredo Gallego Anabitarte. Barcelona: Editorial Ariel, 1979. p. 353).

das autonomias – a União. Daí mostrar-se pertinente a alegação de Raul Machado Horta, de que "[n]o Estado Federal, com maior ou menor intensidade, atuam duas tendências: a tendência à unidade e a tendência à diversidade".[7]

Nesses termos, a configuração jurídico-institucional do Estado federal conjuga duas linhagens normativas: o ordenamento da federação, cuja incidência se estende por toda a nação, de modo a atingir o Estado federal no seu conjunto; e os ordenamentos parciais (plurais), que dispõem de incidência territorialmente limitada às circunscrições dos respectivos estados-membros. Na federação, consoante advertem Onofre Alves Batista Júnior e Marina Soares Marinho, de modo semelhante ao ente central, as demais unidades constituem pessoas políticas dotadas de autonomia (política e financeira), que recebem poderes diretamente da CRFB/88, inexistindo, destarte, relação subordinativa entre eles.[8]

Enquanto modelo de organização político-administrativa que qualifica o Estado Democrático de Direito, uma vez que proporciona a sua estrutura de atuação na persecução dos objetivos fundamentais inscritos na Constituição da República, a federação foi alçada à condição de cláusula pétrea, impermeável às tendências abolitivas decorrentes do Poder Constituinte Derivado Reformador, a teor do disposto no art. 60, §4º, inciso I, da CF/88, e caracteriza-se pela presença dos seguintes elementos, extraídos sobremodo dos marcos teóricos assentados por Raul Machado Horta:[9] (a) a estrutura plural do exercício do poder político, com a atribuição aos estados-membros do poder de auto-organização com o fim de exercer a *autonomia constitucional*, da qual se irradiam as autonomias administrativa, política, judiciária, legislativa e financeira; (b) a indissolubilidade do *vínculo federativo*, traduzido esse vínculo na relação jurídico-política que decorre da própria lógica normativa que orienta a forma federativa de Estado e de cuja axiologia se retira a necessidade de prover harmonização entre os interesses dos

---

[7] HORTA, Raul Machado. *Direito constitucional*. 2. ed. Belo Horizonte, 1999. p. 480.

[8] BATISTA JÚNIOR, Onofre Alves; MARINHO, Marina Soares. Do federalismo de cooperação ao federalismo canibal: a Lei Kandir e o desequilíbrio do pacto federativo. *Revista de Informação Legislativa*, a. 55, n. 217, jan./mar. 2018, p. 159.

[9] Cf. HORTA, Raul Machado. *Direito constitucional*. 2. ed. Belo Horizonte, 1999. p. 480; HORTA, Raul Machado. Organização constitucional do federalismo. *Revista da Faculdade de Direito*, UFMG, n. 28-29, 1986, p. 13.

pactuantes;[10] (c) a repartição de competências[11] como técnica central de organização federal que possibilita demarcar o domínio legislativo, administrativo e tributário de cada unidade federada. Com efeito, a decisão a respeito da distribuição de encargos condiciona a fisionomia do Estado federal para determinar o grau de descentralização do poder, constituindo, na intelecção de Karl Loewenstein, a "chave da estrutura do poder federal";[12] (d) a organização bicameral do Poder Legislativo, assegurada a existência de órgão representativo da vontade dos entes parciais na formação da vontade central (*v.g.*, o Senado Federal); (e) o Poder Judiciário da União, com a inclusão neste poder de um Supremo Tribunal, com o propósito de exercer a guarda da Constituição Federal e arbitrar os conflitos federativos; (f) o Poder Judiciário Estadual, distinto, na sua organização e competência, do Poder Judiciário Federal; (g) a intervenção federal nos estados; e (h) a outorga de competência tributária da União e dos estados, observada a particularização dos tributos de cada ente.

Desde uma perspectiva funcionalista, o federalismo se apresenta como um arranjo alocativo e organizacional que promove a obtenção de ganhos de escala no fornecimento de bens e na prestação de serviços pelo Estado. É na dimensão descentralizadora em que se operam a pactuação de responsabilidades e a alocação de recursos públicos que se busca a escala adequada dos serviços públicos, atendendo ao planejamento setorial das políticas públicas para cuja realização a Constituição incumbe o Estado.

---

[10] Alude ao vínculo federativo do emanado a vedação à indissolubilidade da asserção de Geraldo Ataliba, no sentido de que a federação consubstancia uma pessoa coletiva complexa (*Gesammtpersönlichkeit*), composta não apenas pelo Estado federal e pelos estados-membros, senão também pela simbiose política destes e daqueles num sistema orgânico, harmonioso e metódico, que compreende uns e outros (BALEEIRO, Aliomar. A crise financeira do federalismo. *Revista Brasileira de Estudos Políticos*, Belo Horizonte: UFMG, n. 28, 1970, p. 81).

[11] Oportuna a lição de Virgílio Afonso da Silva, no sentido de que o termo "competência", em matéria de federalismo, quer dizer simplesmente "ter o poder de tomar certas decisões" e que isso pode significar, em suma, duas coisas: (i) ter a faculdade de agir em determinado âmbito; ou (ii) ter o dever de agir em determinado âmbito (SILVA, Virgílio Afonso da. *Direito constitucional brasileiro*. São Paulo: Editora da Universidade de São Paulo, 2021. p. 359).

[12] No original, em tradução livre: "Não há nada mais delicado na técnica constitucional do que a assinalação originária das tarefas estatais aos dois campos de competências constituídos pelo Estado central e pelos Estados-membros. Na distribuição das competências jaz a chave da estrutura do poder federal (LOEWENSTEIN, Karl. *Teoría de la Constitución*. Trad. Alfredo Gallego Anabitarte. Barcelona: Editorial Ariel, 1979. p. 356).

Segundo Virgílio Afonso da Silva, nada obstante ter gozado do *status* de cláusula pétrea em quase todas as cartas constitucionais brasileiras, a forma federativa do Estado foi a variável institucional mais impactada pelos sobressaltos políticos, institucionais e constitucionais do século XX no Brasil.[13] De efeito, a definição estaque de competências, típica do federalismo dual ou dualista que deu os contornos da organização político-administrativa da República no âmbito das Constituições de 1891 e 1934, bem assim o alcance meramente semântico que teve o Estado federal na vigência da Constituição de 1937 e da Emenda Constituição nº 1, outorgada em 1969, representativas dos períodos autoritários da história brasileira, cedeu passo, na Carta de 1988, à configuração do modelo cooperativo, assentado no vetor de integração colaborativa e coordenado entre o ente central e as unidades parciais, para além da definição de competências isoladas, de exercício exclusivo ou privativo, com vistas ao alcance eficiente dos objetivos expressos na Constituição. Assim, de forma inovadora e calcada na experiência alemã, a CRFB/88 consignou vários espaços de interseção legítima e compartilhamento funcional entre os membros da federação através de competências comuns (art. 23) e concorrentes (art. 24), políticas intersetoriais (arts. 196, 198, 204, 205, 208, 211, 215, *caput* e §3º, 217, 218 e 219-A), estruturação de organismos regionais (art. 43) e outros instrumentos de cooperação interfederativa, a exemplo dos consórcios públicos (art. 241), sem prejuízo do dever da União, em articulação com estados e municípios, de promover o "equilíbrio do desenvolvimento e do bem-estar em âmbito nacional" (art. 23, parágrafo único).

Nessa acepção, anota Horta, almeja-se modelar o esquema federal pelo equilíbrio entre as forças contraditórias da unidade e da diversidade, do localismo e do centralismo, conduzindo a um

---

13 O autor traça instigante panorama acerca da experiência nacional ao aduzir que o federalismo brasileiro já foi dual, é dizer, caracterizado pela repartição estática e rígida de competências entre os seus membros, sem previsão de cooperação entre eles; apenas nominal durante os períodos mais autoritários; potencialmente cooperativo, em outras ocasiões, eis que baseado num modelo que visa, ao menos em tese, fomentar a cooperação entre os entes; às vezes descentralizador, mas, na maior parte do tempo, com uma clara tendência à centralização (SILVA, Virgílio Afonso da. *Direito constitucional brasileiro*. São Paulo: Editora da Universidade de São Paulo, 2021. p. 85).

razoável campo para o desenvolvimento das relações de cooperação,[14] naquilo que Torres designa como "federalismo de equilíbrio", que se consubstancia na equalização entre o fortalecimento da União para planejamento e ordenação das políticas públicas e o aprimoramento das entidades periféricas, nada obstante reconheça o autor que a realidade institucional brasileira apresenta entraves à plena materialização desse paradigma, mormente no que toca ao financiamento estatal.[15]

3 Dimensão financeira da forma de Estado: o federalismo fiscal cooperativo

De pouco ou nada adianta providenciar a partilha adequada de responsabilidades e atribuições constitucionais entre os componentes da federação se essa partilha não se faz acompanhar da repartição de recursos próprios e suficientes para ocorrer às variadas tarefas que lhes forem cometidas pelo Poder Constituinte. Em outros termos, as competências constitucionais restam em boa medida esvaziadas sem as condições materiais de sua realização.

Daí por que o equilíbrio da federação reside na independência recíproca dos entes parciais e da União, o que não se obtém simplesmente através da garantia de autonomia política, pois esta deixa de subsistir quando desencontrada com a autonomia financeira, assegurada mediante a divisão de competências tributárias próprias e a partilha do produto da arrecadação entre governos. A lógica do argumento ora delineado é bem resumida por Dalmo Dallari: dependência financeira gera fatalmente dependência econômica.[16]

Assim, o estudo do federalismo, do ponto de vista fiscal, compreende a abordagem sobre a maneira por meio da qual as

---

[14] HORTA, Raul Machado. Organização constitucional do federalismo. *Revista da Faculdade de Direito*, UFMG, n. 28-29, 1986, p. 11.

[15] Referido autor alude, à guisa de ilustração do argumento final, à problemática da "guerra fiscal" entre os estados-membros e aos modelos desatualizados dos critérios definidores dos índices de distribuição dos fundos de participação dos estados (FPE) e dos municípios (FPM) (TORRES, Heleno Taveira. *Direito constitucional financeiro*: teoria da constituição financeira. São Paulo: Editora Revista dos Tribunais, 2014. p. 326).

[16] DALLARI, Dalmo de Abreu. O estado federal. São Paulo: Ática, 1986, p. 20

esferas de governo se articulam desde a perspectiva financeira.[17] No intercruzamento com a dimensão cooperativa do federalismo brasileiro, o federalismo fiscal cooperativo traduz a expressão financeira da organização político-administrativa dos entes na consecução dos objetivos públicos através do entrelaçamento de competências governamentais, aliado à distribuição de recursos financeiros.

Com efeito, para além da fixação dos domínios funcionais (exclusivos ou não) da União, dos estados e dos municípios, consistentes nos encargos e responsabilidades que lhes são cominados, a Constituição Federal delimita a órbita material do federalismo fiscal cooperativo, dotando os entes políticos de competências impositivas próprias, delineadas nos artigos 153 (impostos da União), 155 (impostos dos estados e do Distrito Federal) e 156 (impostos dos municípios), e cuidando da repartição intergovernamental do produto de arrecadação dos tributos, seja de forma direta, conforme percentuais preestabelecidos na própria Lei Fundamental, seja de forma indireta, através da instituição de fundos, cuja distribuição se dá conforme critérios determinados em lei complementar, na forma dos arts. 157 a 159 da CRFB/88, além da modalidade de transferência voluntária de receitas, visando à redução das desigualdades sociais, econômicas e inter-regionais,[18] objetivo para realização do qual a Constituição reservou comandos normativos tanto no art. 3º, em seu inciso III, ao versar sobre os objetivos fundamentais da República, quanto no inciso VII do art. 170, ao cuidar dos princípios da ordem econômica.

Nesse cenário, as transferências intergovernamentais assumem destaque como um mecanismo de concreção da autonomia financeira das unidades periféricas, dotando-as dos meios necessários para a realização dos encargos pactuados constitucionalmente. No que

---

17 CONTI, José Maurício. Federalismo Fiscal e fundos de participação. São Paulo: Editora Juarez de Oliveira, 2001, p. 24

18 Toma-se em perspectiva, tal como procede Luiz Navarro de Britto, que as desigualdades socioeconômicas e os desequilíbrios regionais constituem aspectos de um mesmo fenômeno, sendo o segundo apenas a expressão territorial do primeiro e que representam, de certa forma, quando verificados na realidade, a degeneração da forma federativa (BRITTO, Luiz Navarro de. Um estudo sobre a federação brasileira. *Revista de Direito Público e Ciência Política*, Rio de Janeiro, v. 7, n. 3, 1964, p. 44).

concerne à estruturação do edifício financeiro levada a cabo na Constituição de 1988, sobressai o esforço do legislador constituinte no sentido de conceber um desenho normativo que logre elevar o patamar de autonomia fiscal e suficiência financeira dos entes periféricos,[19] máxime ao incrementar o percentual de recursos arrecadados pela União com o Imposto de Renda (IR) e o Imposto sobre Produtos Industrializados (IPI) a serem repassados aos fundos de participação dos estados (FPE) e dos municípios (FPM), na ordem de 21,5% e 22,5%, respectivamente, do montante carreado aos cofres federais, além de 1% a ser transferido, via FPM, aos municípios, nos primeiros decêndios dos meses de julho, setembro e dezembro de cada ano, por força das Emendas Constitucionais nº 55/2007, 84/2014 e 112/2021, e dos 3% destinados à aplicação em programas de financiamento ao setor produtivo das Regiões Norte, Nordeste e Centro-Oeste, de acordo com os planos regionais de desenvolvimento.[20]

Bem de ver, como rememora Gilberto Bercovici, não se tratar as transferências interfederativas de caridade dos entes mais abastados para os mais pobres, senão de um verdadeiro instrumento de redistribuição de renda, fundado nos preceitos de solidariedade e de igualdade.[21] Constituem, nessa medida, condições de atual federal autônoma relativa aos entes subnacionais. Nas precisas palavras de Marta Arretche:

> Estados e Municípios, por sua vez, contam com recursos garantidos, independentemente tanto da lealdade política ou adesão a políticas federais quanto de seu esforço tributário. (...). Além disso, a autoridade do governo federal para induzir as decisões dos governos locais, no sentido de que estas

[19] Neste sentido, anotou Ricardo Lobo Torres que a "CF 88 ampliou e refinou o sistema de repartição de receitas tributárias", aduzindo ainda que "a nova disciplina assegura aos Estados e Municípios volume maior de recursos" (TORRES, Ricardo Lobo. *Curso de direito tributário e financeiro*. 19. ed. Rio de Janeiro: Renovar, 2013. p. 411).

[20] A esse propósito, Heleno Torres observa que os fundos públicos, de transferências indiretas, constituem a forma mais característica da constituição financeira cooperativa, ao servirem como instrumentos de financiamento de fins constitucionais previamente definidos, voltados a conferir identidade ao Estado social. Alude o autor ao federalismo cooperativo caracterizado pelo financiamento centrífugo em favor das autonomias de menor capacidade financeira (TORRES, Heleno Taveira. *Direito constitucional financeiro*: teoria da constituição financeira. São Paulo: Editora Revista dos Tribunais, 2014. p. 322).

[21] BERCOVICI, Gilberto. *Desigualdades regionais, Estado e Constituição*. São Paulo: Max Limonad, 2003. p. 157-158.

> venham coincidir com as suas próprias prioridades, permanece limitada, uma vez que estes detêm autonomia fiscal e política, tendo, portanto, condições institucionais para não aderir às políticas federais.[22]

Convém anotar, com esteio da lição de Heleno Torres, que a dimensão financeira do federalismo cooperativo não se esgota com a realização do eixo vertical de distribuição de rendas dos tributos, ou seja, da União para os estados, e destes para os municípios, de modo que, entre as próprias unidades parciais, a CF/88 admite "diferenciações funcionais de financiamento, segundo os princípios de desenvolvimento equilibrado e redução das desigualdades locais e regionais", em exceção ao princípio isonômico. Desponta, destarte, a importância do que denomina de federalismo cooperativo horizontal, do qual é exemplo, no caso dos municípios, a forma de participação no valor adicionado do ICMS; e, no caso dos estados, as diferentes alíquotas nas operações interestaduais desse mesmo imposto, a depender do destino das mercadorias.[23]

Não se deve descurar, todavia, dos riscos subjacentes à implementação do modelo federal baseado na partilha de recursos da União às entidades subnacionais. Loewenstein, ao dissertar sobre as mutações constitucionais operadas no contexto norte-americano, já aludia ao exemplo da "erosão do federalismo" em sua estrutura jurídico-constitucional, operada através das subvenções federais aos estados, que terminam por se converter em verdadeiros "pensionistas da federação".[24] Torres, por igual, não olvida da consumação do perigo de "agigantamento do papel da União, com subordinação consensual dos demais entes federativos, alimentados por transferências de recursos e guiados apenas pelo dirigismo da União, com perda parcial da autonomia, progressivamente".[25]

---

22 ARRETCHE, Marta. Federalismo e políticas sociais no Brasil: problemas de coordenação e autonomia. *São Paulo em Perspectiva*, v. 18, n. 2, p. 17-26, 2004, p. 19.

23 Na oportuna averbação do autor: "As virtudes desse constitucionalismo financeiro cooperativo de equilíbrio estão justamente na manutenção das competências com um sistema justo de distribuição de rendas entre as unidades federadas" (TORRES, Heleno Taveira. *Direito constitucional financeiro*: teoria da constituição financeira. São Paulo: Editora Revista dos Tribunais. 2014. p. 322).

24 LOEWENSTEIN, Karl. *Teoría de la Constitución*. Trad. Alfredo Gallego Anabitarte. Barcelona: Editorial Ariel, 1979. p. 168.

25 Esclarece o autor que a Constituição Federal de 1988 traz regras específicas cuja finalidade é prevenir a realização desse cenário de dependência financeira, dentre as quais se

4 Princípio da lealdade federativa (*Bundestreue*): aporte teórico e os contornos fixados na jurisprudência do Tribunal Constitucional Federal alemão

Para além da estruturação jurídica (demarcação de limites), a construção normativa do Estado federal pressupõe a adoção de certos princípios, que visam reger as relações jurídico-políticas que se estabelecem e dimanam do vínculo federativo. Nesse particular, desponta o princípio da lealdade federativa, cujas raízes teoréticas remontam ao sistema constitucional alemão, embora a sua expressão na doutrina jurídica brasileira não seja de todo desconhecida, ainda que sob terminologias distintas. A esse respeito, pode-se apontar a referência, por José Afonso da Silva, ao "princípio da paridade entre as entidades da Federação"[26] ou, ainda, a alusão de Heleno Torres ao "princípio da solidariedade que acompanha os laços federativos" e que legitima o federalismo cooperativo de equilíbrio,[27] pensamento que encontra eco na doutrina de Gilberto Bercovici, ao posicionar a solidariedade como elemento de legitimação político-constitucional do federalismo.[28] Dirk Brand,[29] a propósito, associa a solidariedade ao princípio da lealdade federativa ("*solidarity is a key element of Bundestreue*").[30]

---

destacam a vedação à delegação de competências legislativas, a garantia de uniformidade de tratamento da União sobre os entes parciais, o impedimento de limitação de tráfego em operações interestaduais e intermunicipais e a restrição às hipóteses de tratamento diferenciado aos casos motivados por incentivos destinados a reduzir as desigualdades regionais (TORRES, Heleno Taveira. *Direito constitucional financeiro*: teoria da constituição financeira. São Paulo: Editora Revista dos Tribunais, 2014. p. 344).

26 SILVA, José Afonso da. *Curso de direito constitucional positivo*. 23. ed. São Paulo: Malheiros, 2004. p. 474.

27 TORRES, Heleno Taveira. *Direito constitucional financeiro*: teoria da constituição financeira. São Paulo: Editora Revista dos Tribunais, 2014. p. 327.

28 BERCOVICI, Gilberto. *Desigualdades regionais, Estado e Constituição*. São Paulo: Max Limonad, 2003. p. 169

29 BRAND, Dirk. *Financial constitucional law*: *A comparison between Germany and South Africa*. Konrad Adenauer Stiftung, Johannesburg, November 2006, p. 47.

30 Convém acrescentar, para efeito de reforço associativo, a referência de Luiz Navarro de Britto à obra de Gaston Berger, que igualmente aponta para o "propósito operacional de uma solidariedade intersubjetiva" como aspecto do qual se ressente a federação brasileira (BRITTO, Luiz Navarro de. Um estudo sobre a federação brasileira. *Revista de Direito Público e Ciência Política*, Rio de Janeiro, v. 7, n. 3, 1964, p. 44).

Igualmente pertinente se apresenta a abordagem de Alessandra Silveira acerca do compromisso de cooperação em Estados compostos, perspectiva aplicável às federações, a partir do qual se poderia extrair diretrizes normativas específicas, que se desdobram em duas dimensões particulares: uma ativa, segundo a qual referido compromisso implicaria "atores políticos decididamente empenhados em ações concertadas na prestação conjunta de serviços"; e uma passiva, que se consubstancia na "moderação recíproca, a abstenção do exercício de competências formalmente acometidas (quando tal comprometa o sucesso sistêmico) e a proibição da omissão de auxílio", com o propósito de lograr a "fidelização sistêmica e impedir que os distintos poderes públicos frustrem a prossecução de interesses alheios ou se recusem a ajudar",[31] vertente que, segundo Maria Augusta dos Santos Zago, estaria subjacente a institutos específicos como a lealdade federativa.[32]

Sem embargo da ressonância inconsistente na literatura jurídica brasileira sobre o Estado federal, o princípio da lealdade federativa ganhou feição explícita em julgamentos recentes do Supremo Tribunal Federal como vetor axiológico empregado na solução de conflitos federativos, a exemplo do que sucedeu por ocasião do referendo à tutela cautelar deferida no âmbito da ADI nº 6.341/DF, quando, ao proferir seu voto, aderente à corrente majoritária já formada, o ministro Gilmar Mendes lançou os argumentos adiante transcritos:

> (...) se tiver de regulamentar direito federal em matéria de competência legislativa concorrente, o Presidente da República tenha que auscultar os órgãos representativos de estados e municípios que cuidam da saúde. É preciso entender o federalismo cooperativo nessa dimensão.
> Aqui, Presidente, há duas lealdades que precisam ser explicitadas. Os órgãos constitucionais têm de atuar de forma leal, fiel, ao Texto Constitucional e devem, reciprocamente, lealdade federativa. O Presidente não pode atropelar competências federativas, assim como os estados e

---

31 SILVEIRA, Alessandra. *Cooperação e compromisso constitucional nos Estados Compostos*: estudo sobre a teoria do federalismo e a organização jurídica dos sistemas federativos. Coimbra: Almedina, 2007.

32 ZAGO, Maria Augusta dos Santos. *Federalismo no Brasil e na Alemanha*: estudo comparativo da repartição de competências legislativas e de execução. Tese (Doutorado – Programa de Pós-Graduação em Direito do Estado) – Faculdade de Direito, Universidade de São Paulo, 2016.

> municípios não podem atropelar as competências da União. É preciso que sejamos construtivos. Os alemães cunharam a expressão *Bundestreue*, lealdade federativa. É preciso entender no sentido de um dever recíproco.[33]

Não é despropositado, desta feita, apontar o interesse despertado em compreender a eventual recepção de tal princípio no ordenamento jurídico brasileiro, bem assim as suas possíveis implicações para a dinâmica federativa nacional, tendo em perspectiva a prática institucionalizada da União e dos entes subnacionais. Convém, assim, nada obstante sem a pretensão de apresentar uma revisão sistemática de literatura comparada a respeito do tema, identificar os aspectos conceituais conformadores da lealdade federativa, em sua gênese alemã, para então buscar encontrar os reflexos de sua incorporação no Brasil, segundo as decisões do STF.

Também denominado de "princípio da conduta amistosa federativa" ou de "dever de se comportar de maneira amigável" (*Bundesfreundliches Verhalten*), referido princípio da lealdade federativa é acolhido, ao menos desde a Constituição do Império Germânico de 1871 (Segundo *Reich*), como princípio de direito constitucional não escrito, dedutível do conteúdo normativo atinente à ordem estatal-federal disposta na Lei Fundamental de Bonn, de 23 de maio de 1949,[34] e de cuja essência se permite extrair deveres

---

[33] O caso apreciado pela Suprema Corte na ADI nº 6.341 versava sobre controvérsia particularmente sensível à federação, consistente na possibilidade de estados e municípios disciplinarem acerca de medidas restritivas dispostas na Lei nº 13.979/2020, que trouxe regras excepcionais aplicáveis no período de estado de calamidade pública decorrente da pandemia de COVID-19. Destarte, conferiu-se interpretação conforme ao §9º do art. 3º da Lei nº 13.979/2020, com o fim de explicitar que a regulamentação, via decreto presidencial, dos serviços públicos e atividades essenciais, para efeito de definição do alcance das restrições epidemiológicas, não prejudica a competência legislativa dos demais entes federados para tratar da matéria.

[34] Conquanto não constitua o escopo do presente artigo explorar a estrutura federativa alemã desde uma perspectiva comparada, convém traçar alguns delineamentos básicos acerca da configuração do Estado federal disciplinado na Lei Fundamental de 1949, com vistas a auxiliar na compreensão do panorama subjacente à incidência da lealdade federativa. De efeito, adota-se a descrição elucidativa de Dirk Brand a esse respeito, nos termos da qual se esclarece que, a teor do previsto no art. 20 (1) da Lei Fundamental de Bonn, a República Federal da Alemanha constitui um Estado federal (*ein Bundesstaat*), cuja conformação não pode ser emendada, eis que revestida de normatividade reforçada como cláusula pétrea da Constituição. A estrutura federal alemã desdobra-se na existência de *Länders* (estados-membros) e do *Bund* (Estado central ou nacional). O princípio federal inclui a

prescritivos, que reconduzem à obrigação de adotar condutas positivas favoráveis ao matiz integrativo e cooperativo da federação e deveres proscritivos, funcionando, desta feita, como elemento limitador do exercício de competências pelas unidades federadas.

Não obstante o federalismo, em sua essência, já exija certa harmonização entre os entes, mormente no que tange à observância recíproca dos limites competenciais fixados na Constituição e das regras de preservação da forma de Estado (*v.g.*, não secessão), a noção de lealdade federal busca imprimir concretude à integração ética entre os interesses da diversidade em prol do conjunto. Transcende, nessa medida, conforme alude Rovira, a mera obediência formal às regras constitucionais sobre a federação, eis que fomenta uma relação construtiva, amistosa e colaborativa, dando lugar a uma ética institucional objetiva, de caráter jurídico, não apenas político e moral.[35] No mesmo sentido, aduz Hesse que "[a] Constituição pede do estado-total e estados-membros não só correção exterior no cumprimento de seus deveres jurídico-estatais, mas também a procura constante e a produção de uma conduta boa, amistosa federativa".[36]

Em estudo focado na ordem estatal-federal alemã, constitutivo de sua tese doutoral defendida junto à Universidade de São Paulo, Maria Augusta dos Santos Zago, recorrendo às lições de Hartmut Bauer, assinala a multiplicidade de fundamentações teóricas jurídicas que amparam (ou pretendem) a ideia de lealdade federativa, em prejuízo à força analítica do instituto, de tal sorte que se revela oportuna a sua fiação a um fundamento inequívoco, que, na acepção do autor alemão, se encontra atrelado à ideia de boa-fé objetiva (*treu und glauben*), que, sem embargo da previsão no

divisão constitucional de competências entre as unidades (artigos 70-82), que adota um critério predominantemente funcional, apresentando viés cooperativo, ao consignar zonas de interseção através da previsão de competências comuns ou concorrentes (art. 72-1 até 11). Um elemento proeminente do federalismo alemão diz respeito à existência da repartição constitucional de poderes e funções financeiras entre o *Bund* e os *Länders*, conforme se extrai do disposto nos artigos 104-115 (BRAND, Dirk. *Financial constitucional law*: a comparison between Germany and South Africa. Konrad Adenauer Stiftung, Johannesburg, November 2006, p. 47-48).

[35] ROVIRA, Ennoch Alberti. *Federalismo y cooperacion en la Republica Federal Alemana*. Madrid: Centro de Estudios Constitucionales, 1986. p. 247.

[36] HESSE, Konrad. *Elementos de direito constitucional da República Federal da Alemanha*. 20. ed. Trad. Luís Afonso Heck. Porto Alegre: Sérgio Antônio Fabris, 1998. p. 212.

§242 do Código Civil alemão, apresenta feição de principio geral do direito (dentro da noção de ordem objetiva de valores), estendendo sua incidência às raias do direito público, a cujos postulados se apresenta de toda forma compatível.[37] Para Zago, o posicionamento da lealdade federal como uma aplicação da boa-fé objetiva permite atribuir conteúdo específico ao princípio em referência como:

> (...) [u]m dever genérico imposto aos entes federativos de proceder com lealdade em relação aos demais componentes da federação e buscar entendimento mútuo, e cujo desdobramento abrange inclusive o dever de levar em consideração o interesse dos outros entes federativos no momento de exercer os seus próprios direitos e deveres.[38]

A conduta federativa amistosa, portanto, como mandamento geral de colaboração imanente à estrutural federal, radica na necessidade de organização harmônica das ordens parciais em relação à unidade nacional, bem assim impõe aos entes que, nas relações entre si, guardem respeito e consideração aos interesses e direitos uns dos outros. Combina-se, portanto, com a diretriz de cooperação do federalismo de equilíbrio, embora com ela não se confunda, já que a lealdade está vinculada mais a pautas comportamentais, enquanto a cooperação se manifesta na estruturação constitucional (via repartição de competências e partilha de recursos) das relações federativas. Assim, para além da obediência às balizas que disciplinam as relações intergovernamentais, o sistema federal deve operar segundo a lógica do comportamento fiel ou leal entre os seus componentes.

Mormente em face da natureza implícita em que acolhido o princípio no sistema constitucional alemão, tratou o Tribunal

---

[37] Registra a autora, com efeito, que parte da doutrina alemã não aponta a correlação lógica entre o princípio da boa-fé objetiva e lealdade federativa, apreendendo esta como emanação própria do Estado federal, decorrente da relação jurídico-política que se estabelece com a formação do vínculo federativo (ZAGO, Maria Augusta dos Santos. *Federalismo no Brasil e na Alemanha*: estudo comparativo da repartição de competências legislativas e de execução. Tese (Doutorado – Programa de Pós-Graduação em Direito do Estado) – Faculdade de Direito, Universidade de São Paulo, 2016. p. 452).

[38] ZAGO, Maria Augusta dos Santos. *Federalismo no Brasil e na Alemanha*: estudo comparativo da repartição de competências legislativas e de execução. Tese (Doutorado – Programa de Pós-Graduação em Direito do Estado) – Faculdade de Direito, Universidade de São Paulo, 2016. p. 453.

Constitucional Federal de traçar os contornos de sua incidência, mediante a análise de questões concretas, atentando para a ampla gama de hipóteses que se abrem à aplicação do dever de conduta amigável entre os entes. Destarte, na atividade jurisprudencial desenvolvida pelo TCF alemão, o princípio da lealdade ganha um papel como critério decisório para resolução de tensões federais, conforme se nota a partir dos precedentes firmados em BVerfGE 12, 205 (255, ff.) e BVerfGE 6, 309.[39] Da interpretação contextualizada a casos reais, a corte desenvolveu uma série de obrigações concretas (positivas e negativas) decorrentes do dever de lealdade e aplicáveis às relações interfederativas.

Uma boa sistematização de concretizações essenciais do princípio em referência é retirada do retrocitado estudo de Maria Augusta dos Santos Zago, também recobrando, neste ponto, a obra de Hartmut Bauer, que agrupou esses possíveis desdobramentos em três grupos. O primeiro grupo é formado por concretizações impositivas de deveres aos entes federados, decompondo-se em deveres de cinco tipos: (i) *deveres de ajuda e de apoio* (tal como as prestações positivas no campo da constituição financeira, dos entes federativos mais ricos para as unidades mais pobres); (ii) *deveres de informação e consulta* (ciência recíproca sobre propósitos e decisões que afetem outros parceiros federais e um dever de consultação prévia antes de decisões que podem repercutir sobre a atuação do parceiro); (iii) *deveres de coordenação e colaboração* (obtenção de soluções consensuadas para problemas e que tenha em conta os interesses de todos os participantes); (iv) *deveres de procedimento* (proceder de determinado modo durante negociações com outros entes da federação); (v) *outros deveres de conduta*, a exemplo do dever de a União salvaguardar os estados nas relações com outros Estados nacionais. O segundo grupo de concreções é composto por limitações

[39] A tal respeito, Hesse aduz que o emprego da lealdade federativa como critério de decisão de conflitos judicializados deve ser excepcional, pois uma vez que os conflitos estatal-federais possam ser solvidos mediante a interpretação de princípios constitucionais escritos – já positivados no texto da Lei Fundamental – o recurso irrestrito ao princípio implícito da conduta amistosa federativa é não apenas supérfluo, mas também inadmissível, porquanto infringe a primazia, decorrente da clareza jurídica, do preceito jurídico expresso na formação da decisão judicial. (HESSE, Konrad. Elementos de direito constitucional da República Federal da Alemanha. 20. Ed. Trad. Luís Afonso Heck. Porto Alegre: Sérgio Antônio Fabris, 1998, p. 212).

ao exercício de direitos e pode se apresentar, de modo geral, de duas formas: (i) a lealdade pode ensejar limitações ao exercício de direitos, atuando como barreira ao desempenho abusivo de competências (*Kompetenzausübungsschranke*), em ordem a que sejam exercidas em consideração aos interesses dos demais participantes; (ii) desdobra-se também na proibição de comportamento contraditório. Por fim, o terceiro grupo de manifestações da conduta federativa amistosa incluiria regras adicionais para a celebração de "contratos federativos", albergando, nesse segmento, as diretrizes de *pacta sunt servanta* e *rebus sic stantibus*.[40]

Dada a exiguidade do espaço para a menção mais extensiva de julgados da Corte Constitucional que referenciam os deveres adicionais que exsurgem da aplicação concreta da lealdade federal, confere-se enfoque ao campo temático que aparenta ser predominante nas análises levadas a efeito pelo TCF, qual seja, o das competências legislativas. Sob tal perspectiva, o pronunciamento da corte no caso *BVerfGE 4, 115 – Besoldungsgesetz von Nordrhein-Westfalen*, que envolveu a política remuneratória dos servidores do Estado da Renânia do Norte-Vestfália, e cuja ementa bem exprime a lógica empregada pelo tribunal na utilização do princípio implícito da lealdade federativa como critério de resolução e de controle de conflitos, funcionando, no caso, como dever de ordem negativa direcionado à contenção de abusos legislativos:

> 1. A moldura regulamentar do governo federal, na acepção do artigo 75 da Lei Básica, devem, se não em todas as disposições individuais, como um todo, poder ser preenchidos pela legislação estadual e precisam ser concebidos para serem preenchidos desta forma. Eles devem deixar ao legislativo estadual espaço para decisões de sua própria vontade na estrutura jurídica substantiva e não devem restringi-la a apenas escolher entre determinadas opções legais.
> 2. As disposições estatutárias federais que fixam os salários máximos dos funcionários públicos estaduais com referência a um sistema salarial federal completo e vinculativo excedem os limites dos poderes legislativos-quadro do governo federal, nos termos do artigo 75 da Lei Básica.

[40] ZAGO, Maria Augusta dos Santos. *Federalismo no Brasil e na Alemanha*: estudo comparativo da repartição de competências legislativas e de execução. Tese (Doutorado – Programa de Pós-Graduação em Direito do Estado) – Faculdade de Direito, Universidade de São Paulo, 2016. p. 454.

> (...).
> 4. a) a *barreira legal para o poder legislativo no estado federal* – para os governos federal e estaduais – *decorre do princípio constitucional tácito da lealdade federal*; b) *se os efeitos de uma norma legal não se limitarem à área do estado, o legislativo estadual deve levar em conta os interesses do governo federal e dos demais estados*; c) uma lei estadual só pode ser julgada inconstitucional por violar os limites a serem derivados do princípio da lealdade federal se o legislador estadual tiver manifestamente abusado de sua liberdade.
> 5. Ao determinar o salário de seus servidores públicos, os estados federais devem, portanto, considerar que, apesar da gestão orçamentária independente dos governos federal e estaduais garantida no artigo 109 da Lei Básica, o sistema financeiro no estado federal representa uma estrutura global. Como o governo federal e os demais estados também possuem servidores públicos, os estados federais devem, de acordo com o princípio da lealdade ao governo federal, levar em conta a situação salarial dos governos federal e estaduais ao regular os salários de seus funcionários civis, a fim de evitar a desorganização de toda a estrutura financeira dos governos federal e estadual. (Destaque e tradução nossa)[41]

Assim como na Alemanha, não se encontra referência explícita a um princípio de conduta federativa amigável no texto da Constituição Federal brasileira de 1988; todavia, também como na Alemanha, surge possível – e oportuno – extraí-lo dos fundamentos que embasam a ordem estatal federativa estabelecida na CRFB/88, mormente quando se nota o desenho normativo carregado de preceitos que exortam à copartipação e o coexercício entre a União, os estados, o Distrito Federal e os municípios, outrora mencionados neste trabalho.

---

41 Na decisão consubstanciada no caso BVerfGE 34, 9, o Tribunal Constitucional Federal se debruçou sobre controvérsia semelhante, atinente ao Estado de Hesse, dando contornos mais nítidos à aplicação do princípio à hipótese, nos seguintes termos: "O princípio da lealdade ao Estado federal também teria sido violado pelas disposições da lei estadual em questão porque [o Estado de] Hesse não levou em consideração os interesses comuns de todos os empregadores federais e estaduais sob sua regulamentação. Se todos os estados se comprometerem a alterar sua lei sobre salários dos servidores públicos de forma semelhante, isso deve levar a uma maior fragmentação dessa área do direito e, dificultar, se não impossibilitar, o trabalho legislativo federal e, em última análise, colocar em risco os orçamentos estaduais e federais, e abalar toda a estrutura família". Ademais, na seara das competências legislativas ora examinada, em caso recente, no âmbito do BVerfGE, BvL 2/15, de 7 de dezembro de 2021, a corte formulou a seguinte proposição: "Uma lei estadual, portanto, só pode ser rejeitada por violar o princípio da lealdade federativa se o legislativo estadual abusar de sua competência legislativa" (tradução nossa).

Aliás, tendo em mira que o constituinte brasileiro de 1987-1988, em matéria de modulação do esquema federativo do Estado pós-ditadura e repartição de competências, buscou inequívoca inspiração no arquétipo erigido pela Lei Fundamental alemã de 1949, conforme atesta Carlos Horbach, não se mostra impertinente ou irrazoável postular a extensão da mesma base principiológica verificada no contexto normativo alemão, o que inclui o princípio constitucional imanente da lealdade federativa.[42]

Ademais e com maior ênfase, crê-se não se afigurar problemática a transposição do aludido princípio ao sistema constitucional brasileiro por duas ordens de razão: a uma, porque entre nós também o princípio da boa-fé objetiva, que serve de fundamento jurídico à lealdade federativa na doutrina germânica, tem alcançado envergadura de princípio não exclusivo da esfera privada, ditando as relações jurídicas em geral, como meta-norma de interpretação e criadora de deveres à Administração Pública; a duas, em razão da própria irradiação axiológica do vínculo federativo[43] como aspecto normativo que visa assegurar comportamentos voltados à tutela e ao aprimoramento dos laços federativos. Assim, esse compromisso com a consideração recíproca, com as soluções coordenadas e não egoístas entre os entes, é inferível da teleologia que informa a organização do Estado por meio da descentralização do poder político, pois, para que tal arranjo funcione adequadamente, os governos devem se abster de medidas que minem a estabilidade do pacto federativo e que ponham em risco o alcance dos objetivos constitucionais. Essa linha de compreensão, vale dizer, encontra respaldo em precedentes do Supremo Tribunal Federal, a exemplo daquele retirado da Ação Cível Originária nº 1.522/RO, julgada em 12.11.2019, oportunidade em que o relator, ministro Gilmar Mendes, ao tratar sobre os procedimentos de demarcação de terras indígenas, fez constar a asserção de que toda a competência estabelecida pela constituição tem que se exercida em conformidade com o "princípio

[42] HORBACH, Carlos Bastide. Forma de Estado: Federalismo e repartição de competências. Revista Brasileira de Políticas Públicas (UNICEUB), Vol. 3, n. 2, 2013, p. 3.

[43] Veja, a esse respeito, a própria etimologia do termo de origem latina *foederatio*, derivado do vocábulo *foedus*, significando "pacto, tratado", que, por sua vez, se liga a ideia de *fides*, relacionado à "fé, confiança".

da fidelidade à federação", cuja expressão decorreria logicamente do princípio federativo; o mesmo restou consignado na Ação Cível Originária nº 3.333/GO, no âmbito do qual se examinou o ingresso do estado de Goiás no plano de recuperação fiscal, quando, também pela pena do ministro Gilmar, restou assentado que o princípio da lealdade à federação "é extraído da própria existência do Estado Federal e do princípio federativo".[44]

5 Deslealdade federativa? O esgarçamento do pacto federal sob a ótica de decisões do Supremo Tribunal Federal

Demarcados os aspectos conceituais gerais, as implicações jurídicas básicas, bem assim a possível recepção do princípio da lealdade federativa no Brasil, importa responder a questão quanto à existência de práticas institucionais desleais à federação no cenário institucional brasileiro. Em outros termos, propõe-se analisar se, tendo em perspectiva os parâmetros que dão forma ao mandamento geral de conduta amistosa e leal entre os entes federativos, pode-se extrair da realidade nacional um panorama que se revela contrário a tais parâmetros, máxime sob o viés da União em relação aos estados e municípios,[45] tendo como prisma de análise a dimensão financeira (fiscal) do federalismo.

Para tanto, tomam-se como referencial analítico julgados do Supremo Tribunal que apreciaram controvérsias sensíveis ao federalismo financeiro e de cujos fundamentos se permite retirar exames abrangentes sobre a aderência (ou não) da União às diretrizes

---

[44] David Curre reforça o ponto ao assinalar que, na acepção do próprio TCF, a simples existência de um sistema federal implica um dever de lealdade ao princípio federativo, o que conduz à obrigação dos entes que, no exercício de suas competências, respeitem os interesses uns dos outros (CURRIE, David. *The Constitution of the Federal Republic of Germany*. The University of Chicago Press: Chicago and London, 1994. p. 77).

[45] Por isso, embora igualmente constitua modalidade conformadora de uma conduta desleal à federação, não se examina nesta oportunidade a diversidade de medidas que encerram a chamada "guerra fiscal", praticada entre as unidades periféricas do federalismo brasileiro e que se consubstancia, *grosso modo*, na atuação fiscal e tributária competitiva entre os entes, visando incrementar a arrecadação própria, a partir, por exemplo, da instalação de empresas em seus territórios; procede-se, assim, mediante a concessão de incentivos e subvenções fiscais predatórias.

de conduta que conformam a lealdade federativa em sua relação com os entes subnacionais. Assim, constituem objeto de exame a Ação Cível Originária nº 3.329/DF, a Ação Direta de Inconstitucionalidade por Omissão nº 25 e o Recurso Extraordinário nº 705.423, sobre o teor dos quais se procederá análise documental, com o fim de endereçar a questão acima apresentada, valendo-se do raciocínio hipotético-dedutivo.

Antes, porém, de avançar ao estudo das sobreditas decisões, convém tratar, como aspecto introdutório de ordem fática, da tendência centralizadora que permeia não apenas o federalismo brasileiro, mas assume cariz internacional. Nesse diapasão, Loewenstein identifica no acúmulo de tendências concentradoras de poderes na figura do ente central uma "erosão do federalismo", que radicaria, entre outras razões apontadas pelo autor, na ascensão política do chefe do Poder Executivo em regimes presidencialistas, na perda de representatividade estadual do Senado, que se tornou órgão sujeito à vontade dos partidos políticos nacionais, e na dependência crescente dos entes subnacionais pela carência de recursos próprios, abrindo ensejo à necessidade de suprir essa deficiência pela fonte das subvenções federais.[46] No Brasil, em particular, nada obstante o desenho cooperativo entabulado na Carta de 1988, a prática real do federalismo doméstico denota, nas palavras de Virgílio Afonso da Silva, uma "tendência de centralização de poderes nas mãos da União, o que em grande medida corrói o caráter cooperativo do federalismo brasileiro".[47]

Vale notar que essa tendência se manifesta com maior claridade e intensidade nos domínios financeiros intergovernamentais, em um movimento de supremacia financeira da União. Marta Arretche é assertiva ao aduzir que a maioria dos estudiosos da federação brasileira corrobora o panorama de *recentralização* havido a partir dos anos 1990, com as transformações operadas

[46] Com efeito, ao tratar das mutações constitucionais operadas no contexto norte-americano, o autor em referência aponta para a erosão federativa consubstanciada na conversão dos estados em verdadeiros "pensionistas da federação", devido à dependência das subvenções federais (cf. LOEWENSTEIN, Karl. *Teoría de la Constitución*. Trad. Alfredo Gallego Anabitarte. Barcelona: Editorial Ariel, 1979. p. 356).

[47] SILVA, Virgílio Afonso da. *Direito constitucional brasileiro*. São Paulo: Editora da Universidade de São Paulo, 2021. p. 354.

no marco normativo da Constituição Federal, que terminaram por reduzir a autonomia financeira dos entes parciais, incrementando o poderio fiscal da União, em prejuízo à condução das políticas intersetoriais e dos encargos cometidos aos estados e municípios pela Lei Fundamental.[48]

Descrição que confere substância ao cenário antes referido encontra-se na obra de Regis Fernandes de Oliveira, para quem:

> No Brasil, hoje, o pacto fiscal está torto. Há manifesto desequilíbrio em favor da União. A esta devem ser atribuídos recursos suficientes e necessários para atender a suas finalidades precípuas, quais sejam, segurança externa do país, representação diplomática, Justiça Federal, manutenção da estrutura burocrática dos Ministérios e da Administração Direta, recursos instrumentos para pagamento de seus servidores e da manutenção de seus equipamentos, prédios, etc. O mais deve ser repassado a Estados e Municípios, uma vez que destes é a dívida maior. Caso tivessem maiores recursos, desnecessário seria a assunção de suas dívidas pela União ou o repasse anual de fundos perdidos ou de ajuda para obras de saneamento básico, veículos, etc. Meros convênios resolveriam o problema da União. Esta deve ter estrutura mínima de subsistência e para garantir o pagamento do endividamento externo, oportunidade em que se instituiria mecanismo para retenção de recursos de Estados e Municípios, para honrar dívidas externas e internas.[49]

A propósito, se observada a divisão federativa de gastos sociais referentes ao ano de 2019, com base nas despesas empenhadas dos entes subnacionais (Siconfi) e da União (SIOP), vê-se claramente a sobrecarga imposta aos estados e municípios no que diz com as políticas sociais de maior relevo ao

48 Bem de ver que a autora insere nesse contexto a emergência de instrumentos jurídicos como o Fundo Social de Emergência (FSE), através da Emenda Constitucional de Revisão nº 1, em 1994, que se converteria mais tarde no Fundo de Estabilização Fiscal (FEF), pela Emenda nº 10/96 e, após, na famigerada Desvinculação das Receitas da União (DRU), através da Emenda Constitucional nº 27/2000, bem assim a Lei Complementar nº 86/1997, conhecida como Lei Kandir. Tais redesenhos favoráveis à concentração de poderes fiscais na União tiveram como anteparo a correção de desequilíbrios econômicos, como a elevada dívida pública dos estados, que os impeliu a renegociar os seus termos com a União, submetendo-se a requisitos unilateralmente impostos por esta, e a concentração da política monetária no ente central (cf. ARRETCHE, Marta. *Democracia, federalismo e centralização no Brasil*. Rio de Janeiro. Editora FGV, 2012. p. 34).

49 OLIVEIRA, Régis Fernandes de. *Curso de direito financeiro*. 6. ed. rev., atual. e ampl. São Paulo: Revista dos Tribunais, 2014. p. 248.

atendimento dos objetivos fundamentais. Na saúde, por exemplo, a participação da União, que apresenta redução gradual, alcançou naquele exercício financeiro 32,2%; na educação, a porção de gastos federais equivaleu a 28,1%; em matéria de segurança pública, estados e municípios responsabilizaram-se por 88,7% das despesas. É sob tais lentes que se deve apreender os precedentes adiante analisados.

Na ACO nº 3.329/DF, de relatoria da ministra Rosa Weber, ajuizada por todos os estados-membros e pelo DF, em face da União, o Plenário da Suprema Corte se debruçou acerca da validade do contingenciamento dos recursos do Fundo Nacional de Segurança Pública (FNSP), regulado pela Lei nº 13.756/2018, promovido pela Lei Orçamentária de 2019 (Lei nº 13.808/2019). Na ocasião, os autores aduziram a inconstitucionalidade da limitação de empenho frente ao princípio da lealdade federativa, mormente diante da face multifederativa da política de segurança pública. Em seu voto, acolhido por unanimidade pelos demais componentes do pleno, a ministra relatora averbou que segurança pública constitui programa nobre do pacto federativo, retirando-se da lei que disciplina o FNSP vedação explícita de limitação do empenho no concernente aos recursos objeto de partilha com os demais entes federados, independentemente da forma de transferência de recursos (cf. art. 5º, §2º, da Lei nº 13.756/2018).[50] Reconheceu, destarte, que o contingenciamento do fundo (via reserva de contingência prevista na LOA de 2019) "repuxa a eficiência constitucionalmente exigida dos entes federados sobre as atividades de segurança pública" e, como consequência, "fricciona o pacto federativo". Assim, ao contingenciar verbas legalmente "incontingenciáveis", o governo federal, nos termos do voto condutor do acórdão, "desencontra-se desse projeto constitucional de cooperação federativa (...)", de modo que "resta induvidosa a deslealdade federativa operada pela ré [União]". Cumpre destacar a utilização inovadora, em termos

[50] Nos termos da Lei nº 13.756/2018, os recursos do Fundo Nacional de Segurança Pública podem ser aplicados diretamente pela União ou transferidos aos estados e ao Distrito Federal. É mandatório que a União transfira, no mínimo, 50% dos recursos do FNSP arrecadados com a exploração de loterias para fundos criados pelos estados e Distrito Federal (transferência fundo a fundo), enquanto a outra metade deve ser transferida mediante convênio, contrato de repasse ou instrumento congênere (art. 7º, I e II, da Lei nº 13.756/2018).

jurisprudenciais – conforme busca efetivada junto à plataforma eletrônica de pesquisa do STF –, da cláusula "deslealdade federativa" para qualificar a conduta da União no caso concreto, razão por que mereceu alusão neste trabalho.

Com efeito, restou decidido que o contingenciamento dos recursos do FNSP, a par de contrário ao texto expresso de lei (art. 5º, §2º, da Lei nº 13.756/2018), "viola o princípio da lealdade federativa (art. 1º, 18 e 60, §4º, inciso I, da CF), o modelo de federalismo de cooperação (art. 3º, I, II e III, e 241, CF) e afronta o dever de segurança pública",[51] eis porque obrigou a União a descontingenciar os recursos do fundo, adotando providências a fim de disponibilizar os recursos "bloqueados", bem assim determinou que se abstivesse de realizar novas contenções.[52]

Na ADO nº 25/DF, de relatoria do ministro Gilmar Mendes, julgada em novembro de 2016, o Supremo Tribunal Federal, ao fundamentar a inconstitucionalidade da omissão da União em editar a lei complementar visando compensar financeiramente os estados pelas perdas financeiras decorrentes da desoneração tributária de ICMS sobre exportações de produtos primários e semielaborados, promovida pela Lei Complementar nº 87/1996 (Lei Kandir) e pela Emenda Constitucional nº 42/2003,[53] delineou um quadro fático revelador de desequilíbrio federativo acarretado pelo viés concentrador de receitas da União (no que se incluem as medidas implementadas através da Lei Kandir), através do emprego

---

[51] Interessa notar que o relator alude, como fundamento normativo-constitucional do princípio da lealdade federativa, aos dispositivos que cuidam da forma federativa na Carta Magna, do que se retira o reforço à tese – ora encampada – de que tal princípio busca justificação no próprio vínculo federativo.

[52] Em outro caso paradigmático, consubstanciado na ADPF nº 347/DF, Pleno, Rel. Min. Marco Aurélio, em sede cautelar, o Supremo Tribunal Federal, a par de reconhecer o "estado de coisas inconstitucional" no sistema penitenciário brasileiro, em vista do quadro de violação massiva e persistente de direitos fundamentais presente na situação carcerária, determinou a liberação do saldo constante do Fundo Penitenciário Nacional (FUNPEN), bem assim se abstivesse a União de promover novos contingenciamentos de recursos do fundo.

[53] A própria omissão que constituiu objeto do controle abstrato de constitucionalidade por omissão, na dicção de Onofre Batista Alves Júnior e Marina Soares Marinho, é indicativa da tendência da União de sistematicamente reduzir a autonomia das unidades subnacionais, em nítida ofensa ao pacto federativo firmado na Constituição de 1988 (BATISTA JÚNIOR, Onofre Alves; MARINHO, Marina Soares. Do federalismo de cooperação ao federalismo canibal: a Lei Kandir e o desequilíbrio do pacto federativo. *Revista de Informação Legislativa*, a. 55, n. 217 jan./mar. 2018, p. 158).

crescente das contribuições sociais, espécie de tributo cuja criação é facilitada pela Constituição e não ingressa na conta dos recursos sujeitos ao compartilhamento com as outras esferas políticas. Transcreve-se, por oportuno, o excerto do voto:

> Observa-se, então, que, se, de um lado, o constituinte desenhou um quadro fiscal fortemente descentralizado quanto aos impostos, de outro, deixou nas mãos da União, livres de qualquer partilha de arrecadação, outra espécie tributária: as contribuições, especialmente as sociais. Progressivamente, o governo federal viu-se induzido a lançar mão dessa espécie tributária, quer pelas facilidades de seu regime de instituição, livre da aplicação de boa parte dos princípios tributários, quer pela não obrigatoriedade de partilha das receitas geradas, ao contrário do que ocorre com os impostos.
> Essa tendência, no entanto, trouxe efeitos perversos. No plano econômico e fiscal, a ampliação do financiamento do setor público brasileiro, por meio de contribuições, pode ter sido responsável por efeitos perversos, como o ganho de complexidade do sistema tributário, a centralização fiscal e a elevação da carga tributária.
> Os estados, por sua vez, não podem lançar mão desses tributos – as contribuições –, dado que esta faculdade não lhes é conferida pelo art. 149 da Constituição, exceto aquelas destinadas ao custeio do regime próprio de previdência de seus servidores (art. 149, § 1º).
> Viram-se, portanto, privados do recebimento de qualquer parcela deste bolo cada vez mais amplo de receitas de contribuições arrecadadas pela União. Daí a gravidade de temas como estes de que tratamos na presente ação, controvérsias constitucionais que afetam sensivelmente as receitas e a arrecadação dos estados.[54]

Em que pese não tenha feito referência explícita à mesma categoria empregada no âmbito da ACO nº 3.329 ("deslealdade

[54] A mesma moldura fática foi reafirmada pelo ministro Gilmar Mendes em decisão monocrática proferida no âmbito dos autos da ADPF nº 984/DF, em 1º de julho de 2022, que versa sobre as alíquotas praticadas pelos estados do ICMS sobre operações com combustíveis. Nessa ocasião, coube destaque, pelo ministro, ao contraste entre o arranjo federativo erigido a partir da Constituição de 1988 e a prática institucional levada a termo desde a sua promulgação, afirmando que, "apesar dos esforços constitucionais, no sentido de promover descentralização de receitas na redação originária da Constituição Federal de 1988, nos anos seguintes, a União, por meio das contribuições – cuja receita não é partilhada com os demais entes – conseguiu reverter o quadro constitucional de partilha de receitas, concentrando em seu poder a maior parte dos recursos tributários arrecadados". À vista disso, asseverou, em termos enfáticos, que a "União não pode fazer uso de seu poder legislativo e esvaziar o poder tributário dos Estados fora das hipóteses previstas na Constituição, tomando medidas que afetem a efetividade da existência do próprio federalismo cooperativo".

federativa"), a matéria que subjaz a decisão vertida na ADO nº 25 bem denota os contornos de uma sistemática oposição do ente federal aos postulados que alicerçam a boa-fé objetiva no âmbito das relações federativas. Mormente ao reconhecer no mecanismo de transferência (via fundo orçamentário) aos estados – que resulta da tentativa de compensação financeira aos entes estaduais, nos moldes do art. 91 do ADCT, introduzido pela EC nº 42/2003 – um importante instrumento de federalismo cooperativo (assim, expressão da lealdade federativa), extrai-se da compreensão firmada pela Suprema Corte que a omissão prolongada na sua implementação, pela União, traduz inequívoca conduta desleal à federação, pois que afetou uma fonte de recursos dos estados com consequências severas sobre a autonomia financeira destes.[55]

A esse respeito, não retrata exagero argumentar que a ausência da compensação, no caso das perdas ocasionadas pela desoneração das exportações, ao subtrair parcela da arrecadação dos estados, intensificou a procura por empréstimos e subvenções federais, o que, sem dúvida, acarreta o aumento da dependência financeira (via encargos da dívida) intergovernamental. Recolhe-se, a propósito, dos termos do voto prolatado pelo ministro Roberto Barroso, a asserção no sentido de que, malgrado não se possa demitir os gestores públicos da responsabilidade pela crise fiscal enfrentada por estados e municípios, pode-se dizer que esta foi "decisivamente influenciada pela União, que estabeleceu políticas tributárias que privilegiaram as contribuições em detrimento dos impostos; que

[55] Em conclusão ao julgamento, o STF fixou o prazo de 12 (doze) meses para que fosse sanada a omissão legislativa declarada inconstitucional e, no uso de técnica decisória inovadora no âmbito do controle abstrato de inconstitucionalidade por omissão, decidiu que a persistência da omissão, após o transcurso do referido prazo, transferiria a competência, provisoriamente (enquanto não editada a lei complementar), ao Tribunal de Contas da União para promover a fixação do valor a ser transferido anualmente aos entes estaduais e o cálculo das quotas. Exaurido o lapso e após o deferimento de prorrogação postulada pela União, o entrave persistiu, conduzindo à articulação de uma comissão especial, no âmbito do STF, com vistas a promover debater e propor soluções, tendo resultado no encaminhamento dos valores e do projeto de lei complementar ao Congresso Nacional, visando à regulamentação do art. 91 do ADCT. Em maio de 2020, o Plenário da Corte referendou, por maioria, as prorrogações do prazo e realizou a homologação dos termos do acordo firmado entre a União, os estados e o Distrito Federal. Uma vez apresentado o projeto, sob a numeração PLP nº 133/2020, este foi aprovado e promulgado, dando ensejo à Lei Complementar nº 176/2020.

concedeu desonerações em impostos cuja receita seria partilhada com os entes menores".

No último exemplo trazido pelo ministro, aliás, que se concentra a temática objeto do último julgado ora examinado, qual seja, o RE nº 705.423-RG, de relatoria do ministro Edson Fachin, que, em sede de repercussão geral, resultou na prolação da seguinte tese, objeto do Tema nº 653: "É constitucional a concessão regular de incentivos, benefícios e isenções fiscais relativos ao Imposto de Renda e Imposto sobre Produtos Industrializados por parte da União em relação ao Fundo de Participação de Municípios e respectivas quotas devidas às Municipalidades".

No precedente, malgrado a maioria do colegiado tenha entendido que a autonomia financeira dos entes municipais não infirma a competência tributária da União, mormente para concessão de incentivos fiscais relativos a impostos que são objeto de partilha através de fundo público, a maior parte dos ministros, incluindo o relator, conferiu sobrelevo às distorções subsistentes no federalismo fiscal. Senão vejamos o teor dos excertos seguintes, extraídos dos votos proferidos no âmbito do julgado acima citado:

> Ademais, reafirma-se a esperança na correção de distorções empíricas no federalismo fiscal brasileiro por meio de políticas ordinárias ou constitucionais propositivas, (...). Assinala-se aqui menção ao necessário diálogo interinstitucional subjacente à resolução dos dilemas do federalismo fiscal brasileiro. (Min. Edson Fachin, relator).
>
> (...) existe algum grau de injustiça fiscal no modelo que temos adotado. Eu tenho a expectativa de que a crise do federalismo brasileiro, que entrou em pauta, seja capaz de gerar alguma reflexão e algum tipo de solução para um desequilíbrio que se revelou muito evidente, muito manifesto, de uma certa insolvabilidade dos Estados e Municípios de uma maneira geral.
>
> (...)
>
> Assim sendo, a crise, a meu ver, decorre do momento econômico, decorre de uma certa irresponsabilidade fiscal, mas acho também que a crise dos Estados e dos Municípios decorre de um tipo de política de concentração de arrecadação na União que desfavorece gravemente Estados e Municípios. (...). Ou seja, nós temos um modelo de grande assimetria que, em parte, explica a crise dos Estados, não os absolve pela gestão, a meu ver, fiscal desleixada, mas a verdade é que o modelo se tornou progressivamente concentrador na União (Min. Roberto Barroso).

Bem de ver, a teor das considerações levantadas nos julgados ora apresentados, que a tendência de concentração de poder fiscal na figura da União antagoniza com os valores subjacentes à lealdade federativa e se materializa, entre outros, na opção da União pelo incremento de receitas via contribuições sociais e parafiscais, ao revés dos impostos cuja renda é partilhada aos demais entes; na omissão relativa à regulamentação das perdas financeiras suportadas pelos estados decorrentes da desoneração de exportações da Lei Kandir; no contingenciamento de fundos públicos cuja receita é objeto de transferências para financiamento de políticas públicas intersetoriais (FNSP, FUNPEM); na política de desonerações adotada pelo governo federal e que impacta sobremaneira a arrecadação dos estados e municípios, que não dispõem de semelhantes instrumentos monetários e fiscais (a exemplo da impressão de moeda e emissão de títulos de dívida).

Tais casos ilustram bem o contraste entre a compreensão que se deve ter a respeito do federalismo cooperativo, particularmente no que tange à conduta leal que deve pautar as relações interestatais (dever-ser), e a situação real de contínuo esgarçamento do pacto na sua dimensão fiscal pelo acirramento dos conflitos por recursos públicos e aumento das discrepâncias regionais (ser).

6 Considerações finais

Se é certo que o desdobramento espacial do poder político na sociedade, por um processo de descentralização, visa, sobremodo, à prossecução de uma melhor eficiência organizativa no desempenho das atividades públicas – em particular aquelas de caráter social prestacional –, não é menos certo que referido arranjo pressupõe que as estruturas conformadas a partir da ideia federalista procedam com suporte em postulados que não apenas evitem conflitos degenerativos do pacto federal, mas, também, que fomentem a lealdade e a boa-fé objetiva entre os entes participantes. Tal é a razão subjacente à defesa do princípio da lealdade federativa e de sua aplicação ao sistema jurídico brasileiro.

De efeito, a gênese constitucional alemã, como visto, não embaraça o acolhimento de tal princípio na ordem brasileira, mercê da estrutura cooperativa em que entabulado o vínculo federativo previsto no art. 1º da CRFB/88, do qual se dessume, como decorrência lógica, a necessidade de favorecimento da integração e harmonização dos diversos entes em prol da unidade, de sorte que a ação das esferas federativas seja conduzida de modo a sempre considerar os interesses dos demais integrantes e do bem comum, prevenindo, destarte, providências egoísticas ou que arrisquem o alcance dos objetivos do Estado Democrático de Direito.

Na seara financeira, a leitura da realidade brasileira sob as lentes normativas desse princípio permite antever distorções relacionadas à tendência concentradora ou centrípeta da União, em contraste ao intento constitucional de fortalecer a autonomia financeira dos entes menores, no que se afigura possível registrar uma sorte de institucionalização (pois não se reduz a competências normativas específicas) da "deslealdade federativa", por via, dentre os exemplos aqui referenciados a partir dos julgados analisados, da majoração da arrecadação através de contribuições sociais, em detrimento de impostos tradicionalmente compartilháveis, do contingenciamento de fundos orçamentários objeto de transferências intergovernamentais com o fim de obter superávit financeiro e da política de desoneração que desconsidera a base de cálculo que suporta a repartição de recursos através do FPE e FPM.

Referências

ARRETCHE, Marta. Federalismo e políticas sociais no Brasil: problemas de coordenação e autonomia. *São Paulo em Perspectiva*, v. 18, n. 2, p. 17-26, 2004.

ARRETCHE, Marta. *Democracia, federalismo e centralização no Brasil*. Rio de Janeiro: Editora FGV, 2012.

BALEEIRO, Aliomar. A crise financeira do federalismo. *Revista Brasileira de Estudos Políticos*, Belo Horizonte: UFMG, n. 28, 1970.

BATISTA JÚNIOR, Onofre Alves; MARINHO, Marina Soares. Do federalismo de cooperação ao federalismo canibal: a Lei Kandir e o desequilíbrio do pacto federativo. *Revista de Informação Legislativa*, a. 55, n. 217 jan./mar. 2018.

BERCOVICI, Gilberto. *Desigualdades regionais, Estado e Constituição*. São Paulo: Max Limonad, 2003.

BONAVIDES, Paulo. *Curso de direito constitucional*. 15. ed. São Paulo: Malheiros, 2004.

BRAND, Dirk. *Financial constitucional law*: A comparison between Germany and South Africa. Konrad Adenauer Stiftung, Johannesburg, November 2006.

BRASIL. Supremo Tribunal Federal. Ação Direta de Inconstitucionalidade por Omissão nº 25. Relator: Ministro Gilmar Mendes. Plenário. Julgado em 30 de novembro de 2016. Disponível em: https://redir.stf.jus.br/paginadorpub/paginador.jsp?docTP=TP&docID=13385039. Acesso em: 15 jul. 2022.

BRASIL. Supremo Tribunal Federal. Ação Direta de Inconstitucionalidade nº 6.341/DF, Relator: Ministro Marco Aurélio. Ministro Redator do Acórdão: Edson Fachin. Plenário. Julgado em 15 de abril de 2020. Disponível em: https://portal.stf.jus.br/processos/downloadPeca.asp?id=15344964720&ext=.pdf. Acesso em: 11 jul. 2022.

BRASIL. Supremo Tribunal Federal. Ação Cível Originária nº 3.329/DF. Relatora: Ministra Rosa Weber. Plenário. Julgado em 18 de dezembro de 2021. Disponível em: https://portal.stf.jus.br/processos/downloadPeca.asp?id=15349443393&ext=.pdf. Acesso em: 18 jul. 2022.

BRASIL. Supremo Tribunal Federal. Recurso Extraordinário nº 705.423/SE. Relator: Ministro Edson Fachin. Plenário. Julgado em 23 de novembro de 2016. Disponível em: https://portal.stf.jus.br/processos/downloadPeca.asp?id=313617432&ext=.pdf. Acesso em: 19 nov. 2022.

BRITTO, Luiz Navarro de. Um estudo sobre a federação brasileira. *Revista de Direito Público e Ciência Política,* Rio de Janeiro, v. 7, n. 3, 1964.

CONTI, José Maurício. *Federalismo fiscal e fundos de participação.* São Paulo: Editora Juarez de Oliveira, 2001.

CURRIE, David. *The Constitution of the Federal Republic of Germany.* The University of Chicago Press: Chicago and London, 1994.

DALLARI, Dalmo de Abreu. *O estado federal.* São Paulo: Ática, 1986. p. 20.

HESSE, Konrad. *Elementos de direito constitucional da República Federal da Alemanha.* 20. ed. Trad. Luís Afonso Heck. Porto Alegre: Sérgio Antônio Fabris, 1998.

HORBACH, Carlos Bastide. Forma de Estado: Federalismo e repartição de competências. *Revista Brasileira de Políticas Públicas (UNICEUB),* v. 3, n. 2, 2013.

HORTA, Raul Machado. *Direito constitucional.* 2. ed. Belo Horizonte, 1999. p. 480-481.

HORTA, Raul Machado. Organização constitucional do federalismo. *Revista da Faculdade de Direito,* UFMG, n. 28-29, 1986.

LOEWENSTEIN, Karl. *Teoría de la Constitución.* Trad. Alfredo Gallego Anabitarte. Barcelona: Editorial Ariel, 1979.

OLIVEIRA, Régis Fernandes de. Curso de direito financeiro. 6. ed. rev., atual. e ampl. São Paulo: Revista dos Tribunais, 2014.

ROVIRA, Ennoch Alberti. *Federalismo y cooperacion en la Republica Federal Alemana.* Madrid: Centro de Estudios Constitucionales, 1986. p. 247.

SILVA, Virgílio Afonso da. *Direito constitucional brasileiro.* São Paulo: Editora da Universidade de São Paulo, 2021.

SILVEIRA, Alessandra. *Cooperação e compromisso constitucional nos Estados Compostos*: estudo sobre a teoria do federalismo e a organização jurídica dos sistemas federativos. Coimbra: Almedina, 2007.

TORRES, Heleno Taveira. *Direito constitucional financeiro*: teoria da constituição financeira. São Paulo: Editora Revista dos Tribunais, 2014.

TORRES, Ricardo Lobo. *Curso de direito tributário e financeiro*. 19. ed. Rio de Janeiro: Renovar, 2013.

ZAGO, Maria Augusta dos Santos. *Federalismo no Brasil e na Alemanha*: estudo comparativo da repartição de competências legislativas e de execução. Tese (Doutorado – Programa de Pós-Graduação em Direito do Estado) – Faculdade de Direito, Universidade de São Paulo, 2016.

Informação bibliográfica deste texto, conforme a NBR 6023:2018 da Associação Brasileira de Normas Técnicas (ABNT):

MACEDO, João Paulo Landin. Federalismo fiscal cooperativo ou friccionado? A (des)lealdade federativa sob a ótica de decisões do Supremo Tribunal Federal. *In*: MOTTA, Fabrício; BUÍSSA, Leonardo; BEVILACQUA, Lucas (coord.). *Federalismo fiscal e políticas públicas*. Belo Horizonte: Fórum, 2023. p. 91-122. ISBN 978-65-5518-529-4.

LIMITAÇÃO DO ICMS SOBRE COMBUSTÍVEIS, FEDERALISMO FISCAL E ORÇAMENTO RESPONSÁVEL

MATEUS ROCHA DE LISBÔA

Considerações iniciais

Questão tormentosa que se estabeleceu no cenário político, econômico e jurídico brasileiro nos últimos anos é o preço que os combustíveis vêm apresentando, potencializada tal discussão com a crise advinda da pandemia de COVID-19, a desvalorização do real enquanto moeda e a tributação incidente sobre a referida matéria-prima.

Todo esse contexto corroborou para a sensível elevação do preço dos combustíveis no Brasil ao longo dos últimos anos (NOGUEIRA, 2021), alcançando patamares inéditos no país e onerando, excessivamente, toda a cadeia de consumidores existente no mercado nacional.

Diante desse cenário, acaloradas discussões foram realizadas no país no momento presente, emergindo como medida política de resposta a alteração na legislação tributária nacional (federal e estadual) mediante a promulgação das Leis Complementares nº 192/2022 e 194/2022, editadas com intuito de desoneração fiscal no tocante aos tributos incidentes sobre as operações envolvendo combustíveis.

Dentre todas as alterações promovidas na legislação tributária nacional, a de maior destaque (e maior celeuma) remonta à limitação imposta às alíquotas de Imposto sobre Operações relativas à Circulação de Mercadorias e sobre Prestações de Serviços de Transporte Interestadual e Intermunicipal e de Comunicação (ICMS).

A discussão referente a tal limitação remonta ao fato, prioritariamente, dos reflexos impositivos sobre os orçamentos dos estados-membros e Distrito Federal, em decorrência do fato de que a essas entidades federadas que compete instituir e cobrar o mencionado imposto.

Nesse diapasão, a presente pesquisa busca compreender como a limitação do ICMS sobre combustíveis afeta a questão do federalismo fiscal brasileiro, em especial sob a ótica da responsabilidade orçamentária.

Dessa maneira, o estudo empreenderá, primeiramente, análise a respeito das mencionadas alterações legislativas no contexto tributário, expondo o mecanismo fiscal atinente à incidência do ICMS e como a limitação em comento se manifesta.

Além disso, torna-se necessário compreender como a figura do orçamento se estrutura no contexto de Estado Democrático de Direito, em especial no cenário brasileiro, notoriamente marcado pelo federalismo cooperativo que o sustenta. Nesse aspecto, questões sobre orçamento responsável e captura política do orçamento serão objeto de pesquisa.

Por fim, empreender-se-á análise estatístico-descritiva dos possíveis efeitos da limitação do ICMS sobre combustíveis para o estado de Goiás, de modo a corroborar com os efeitos financeiros sobre o orçamento apontados alhures.

Assim sendo, a presente pesquisa assenta-se em método hipotético-dedutivo, expondo as considerações gerais da figura orçamentária no contexto do Estado Democrático de Direito para que se possa compreender como o objeto de estudo, qual seja, as alterações na legislação tributária sobre combustíveis, é afetado. Como metodologia, esta pesquisa assenta-se na revisão de literatura, de modo que se torne possível compreender o atual estado da arte dessa temática, bem como em breves análises estatístico-descritivas referentes ao problema.

Desse modo, sem pretensão de esgotar toda a complexa temática que envolve a matéria, este estudo busca esclarecer os reflexos que medidas de considerável (ou mesmo exclusivo) caráter político podem apresentar.

1 Aspectos tributários da alteração legislativa

Para a adequada compreensão da problemática que envolve a presente pesquisa, torna-se necessário investigar como se processa a tributação dos combustíveis no país, em especial no que se refere ao ICMS, o imposto estadual que incide sobre o mencionado produto.

De antemão, imperioso esclarecer a composição do preço dos combustíveis no Brasil, conforme a política de preços adotada pela Petróleo Brasileiro S.A. (Petrobras). Assim sendo, a composição dos referidos valores remonta aos seguintes elementos: realização da Petrobras, distribuição e revenda, custo do etanol anidro e tributos (ICMS, Cide, PIS/COFINS).

Dentre os tributos incidentes, o imposto de competência estadual acaba sendo o de maior relevância, responsável por cerca de um quarto do valor do combustível revendido para os consumidores finais (PETROBRAS, 2022).

No entanto, importante salientar que o aumento do preço dos combustíveis no país não apresenta como causa a tributação mencionada. Isso porque, ainda que alta e representando grande parte do preço final, a elevação de tais valores decorre do aumento do petróleo no mercado externo, somado à desvalorização do real nos últimos anos (NOGUEIRA, 2021). Consequentemente, elevando-se os custos de produção (realização da Petrobras), a base de cálculo dos tributos incidentes igualmente eleva-se, provocando a maior incidência tributária, em que pese inexistir aumento do percentual da alíquota desses tributos.

Em síntese: o que se elevou nos últimos anos foram o preço do petróleo no mercado externo e o valor do dólar, gerando maiores gastos para a Petrobras na aquisição do produto mediante importação. Consequentemente, vivencia-se elevação do montante relativo à realização da Petrobras, um dos componentes da base de cálculo dos tributos incidentes, os quais permaneceram estanques (leia-se: no mesmo percentual de alíquota) nos últimos anos.

Em decorrência desses fatores, em especial a elevada influência do ICMS sobre o preço final do combustível, restou promulgada pelo governo federal a Lei Complementar nº 194/2022, a qual impôs, mediante alteração da Lei Complementar nº 87/1996 (Lei Kandir), limite à alíquota de ICMS incidente sobre as operações envolvendo o referido produto.

A razão dessa iniciativa decorre do fato de o imposto de competência estadual corresponder a elevado montante do preço final do produto. Isso porque, de maneira geral, as alíquotas de

ICMS incidentes variavam, em cada estado e Distrito Federal, na margem de 25% a 30% (vinte e cinco a trinta por cento), de acordo com a competência tributária de cada ente.

Dessa maneira, a Lei Complementar nº 194/2022 trouxe como novidade a imposição de limite para tal alíquota, estabelecendo o percentual máximo da alíquota modal estabelecida por cada unidade federada, a qual varia entre 17% e 18% (dezessete e dezoito por cento).[1]

O fundamento jurídico para tal alteração assentou-se no fato de o ICMS ser regido, entre outros, pela seletividade, a qual preceitua, ainda que de modo facultativo para os estados e Distrito Federal, que o imposto será estabelecido conforme a essencialidade das mercadorias e serviços, de modo que, quanto mais relevante para a sociedade e para a cadeia produtiva, menor deverá ser sua alíquota.

Nesse ponto, importante pontuar que as normas jurídicas podem ser compreendidas como gênero composto por duas espécies prioritárias: regras e princípios (ÁVILA, 2016, p. 131). Nesse sentido, o que diferencia ambas as classes é o grau de imediatidade e concreção para incidência. Dessa maneira, enquanto as regras preveem deveres imediatos fundamentados em finalidades principiológicas subjacentes, os princípios manifestam-se como normas voltadas para promoção de um estado ideal de coisas (ALHO NETO, 2018, p. 210).

Nos termos do que esclarece a doutrina, aponta-se que a seletividade deve ser compreendida como regra, na medida em que estabelece uma obrigação, e não um ideal a ser alcançado (ALHO NETO, 2018, p. 211). Ademais, a seletividade encontra-se vinculada e fundamentada em outros princípios, em especial o da igualdade tributária. Ainda, compreende-se tratar de norma abrangente e definida o suficiente para sua incidência, dispensando maiores complementações, como é o caso dos princípios em geral.

De fato, o percentual de ICMS próximo a 30% (trinta por cento) sobre combustíveis viola, diretamente, o princípio da seletividade, visto que tal mercadoria apresenta notória essencialidade para a sociedade hodierna (ALHO NETO, 2018, p. 209).

---

[1] BRASIL, 1996 (Lei Kandir): Art. 32-A. As operações relativas aos combustíveis, ao gás natural, à energia elétrica, às comunicações e ao transporte coletivo, para fins de incidência de imposto de que trata esta Lei Complementar, são consideradas operações de bens e serviços essenciais e indispensáveis, que não podem ser tratados como supérfluos.

Dessa maneira, sob a ótica tributária, a alteração legislativa em análise corrobora com os mandamentos constitucionais (BRASIL, 1988) acerca do ICMS, em especial a efetividade que proporciona à regra da seletividade.

2 O orçamento no Estado Democrático de Direito

Em que pese no aspecto tributário a alteração legislativa ora em estudo ter se procedido sem maiores divergências, manifestando-se dentro da esfera de competências da União para legislar, mediante lei complementar, sobre normas gerais de ICMS, na seara do direito financeiro e orçamentário a análise torna-se mais tormentosa e complexa.

Nesse sentido, primordial a compreensão do orçamento público no contexto do atual Estado Democrático de Direito.

Em seus primórdios, o Estado de Direito, sob o viés liberal, consolidou-se, acima de tudo, como mecanismo de limitação do poder do soberano, bem como instrumento para a divisão dos Poderes constituídos (CHEVALLIER, 2009, p. 50). De fato, a experiência vivenciada ao longo dos séculos XVIII e XIX não poderia ser distinta, tendo em vista o contexto de consolidação da classe burguesa como categoria dominante, trazendo consigo os ideais de liberdade econômica e política.

Nesse diapasão, a relação existente entre contribuinte e Estado era notoriamente conflituosa (SCHOUERI, 2005, p. 169), especialmente se analisado o contexto do período: ao longo de vários séculos, o Estado absolutista utilizou-se da tributação como mecanismo de manutenção dos cofres públicos sem qualquer submissão a direitos dos contribuintes, tampouco limites ao poder arrecadatório. Além disso, inexistia no período necessária correlação entre a tributação e a prestação de serviços públicos *lato sensu* para a sociedade, de modo que a pretensão fiscal manifestava-se, assim, como mero poder ilimitado de imposição do Estado absoluto sobre os cidadãos.

Justamente nesse cenário que as revoluções burguesas e o Estado de Direito emergiram, sendo primordial, assim, a necessidade de busca por limitação do poder estatal.

No entanto, alguns séculos já se passaram dessa experiência inicial do Estado de Direito em sua fase liberal. Hodiernamente, vivenciando-se o estágio do Estado Democrático de Direito, a relação existente entre contribuinte e Estado apresenta contornos notoriamente distintos, não mais de conflito e oposição, mas, sim, de dependência e cooperação.

Nessa perspectiva, ao mesmo tempo em que submetido às normas tributárias do ente estatal, devendo recolher os tributos que lhe são exigidos, o contribuinte apresenta, também, posição de titular de direitos frente ao Estado, o qual, por sua vez, se submete aos deveres de fornecer serviços e fortalecer a prosperidade socioeconômica da sociedade (ALMEIDA; BEVILACQUA, 2018, p. 31):

> Ocorre, em dias atuais, uma relação de dependência entre ambos em que ao primeiro compete o dever de lealdade para com o Estado e a este último, cabe fortalecer, assegurar a prosperidade da sociedade. Daí decorre o duplo dividendo do tributo, pois este pode ser utilizado tanto para fim arrecadatório como para alavancar a prosperidade econômica.

A relação entre contribuinte e poder público no contexto do Estado contemporâneo manifesta-se também mediante a figura do mínimo existencial. Ricardo Lobo Torres (1989, p. 40), precursor dos estudos relacionando a tributação e a garantia ao mínimo existencial, define essa categoria como condição da liberdade inata a todos os cidadãos, intrinsecamente ligada a direitos humanos e fundamentais e relacionada com as condições mínimas de existência humana digna.

Dessa maneira, o mínimo existencial apresenta dupla polaridade (TORRES, 1989, p. 35), porquanto direito protegido negativamente contra a intervenção estatal (*status* negativo) e, ao mesmo tempo, garantia positiva no tocante às prestações públicas do Estado (*status* positivo), de modo que ambos os polos não se apresentam de maneira antagônica, mas, sim, complementar e de *co-incidência*, compondo a proteção constitucional conferida a todos os cidadãos.

Assim sendo, em seu *status* negativo, o mínimo existencial protege os cidadãos da tributação sobre elementos essenciais à própria liberdade, concretizada mediante imunidades e princípios tributários previstos no texto constitucional, estabelecendo campo em que não haverá a cobrança de tributos frente ao cidadão.

Por outro lado, o mínimo existencial em sua faceta positiva impõe ao poder público obrigações de prestação, manifestada mediante garantias aos cidadãos, os quais poderão exigir que o Estado realize os serviços públicos em sentido lato necessários para a preservação da existência digna de cada um.

Percebe-se, assim, que a relação existente entre Estado e contribuinte no constitucionalismo contemporâneo apresenta características próprias notoriamente distintas das fases pretéritas, justamente em decorrência do fato de não mais se tratar de relação exclusivamente de força e poder, mas, sim, de cooperação, limitação e prestação.

No aspecto do *status* positivo mínimo existencial acima mencionado, isto é, das prestações assumidas pelo Estado frente aos seus cidadãos, o orçamento apresenta ligação direta com as políticas públicas enquanto categoria multidisciplinar e autônoma de concreção das finalidades estatais.

Dessa maneira, em que pese a multiplicidade de definições e acepções desenvolvidas para o estudo das políticas públicas, pode-se conceituá-la como "coordenação dos meios à disposição do Estado, harmonizando as atividades estatais e privadas para a realização de objetivos socialmente relevantes e politicamente determinados" (BUCCI, 2002, p. 241).

Fernando Aith (2006, p. 232), por sua vez, conceitua políticas públicas como "a atividade estatal de elaboração, planejamento, execução e financiamento de ações voltadas à consolidação do Estado Democrático de direito e à promoção e proteção dos direitos humanos".

Trata-se, portanto, de atos políticos coordenados pelo poder público voltados para o planejamento, elaboração, controle e legitimação das atividades prestadas pelo Estado para efetivar direitos inseridos em programas constitucionais a que se submete.

Percebe-se, portanto, que as políticas públicas apresentam como essência o caráter pragmático, no sentido de mecanismo para concretização de direitos e garantias asseguradas no ordenamento, e público, já que o Estado é o elemento central e disciplinador dessa matéria, sem prejuízo da atuação conjunta da iniciativa privada quando necessário.

Nesse cenário, as políticas públicas, a despeito de possuírem natureza eminentemente multidisciplinar, envolvendo compreensões oriundas do direito, da economia, das ciências sociais e da Administração Pública, tornaram-se categoria central dos debates envolvendo o direito público na atualidade.

A relevância do estudo das políticas públicas é corroborada, inclusive, quando se observa que, independentemente do viés político-econômico vivenciado em determinado Estado, a preocupação e o desenvolvimento de tal categoria se manifestam presentes. Assim, conforme aponta a literatura especializada (COELHO; LOLLI; BITENCOURT, 2022, p. 5), enquanto em países de estrutura constitucional mais alinhada ao neoliberalismo e à austeridade fiscal as políticas públicas apresentam relevante importância como mecanismo de controle de gastos e eficiência econômica, em nações com viés mais social, as políticas públicas se tornam elemento central para efetividade de direitos e legitimidade democrática da arrecadação fiscal por parte do Estado.

Como se nota, as políticas públicas possuem posição de destaque na seara do direito financeiro e orçamentário hodierno, na medida em que, independentemente do viés constitucional e político do momento, necessitará dos conceitos e abordagens desenvolvidos no contexto das políticas públicas.

Importante destacar neste ponto que as políticas públicas podem ser analisadas através do estudo de seus ciclos. Tal perspectiva "tenta explicar a interação entre intenções e ações, ao mesmo tempo em que busca desvendar a relação entre o ambiente social, político e econômico, de um lado, e o governo, de outro" (PINTO, 2008, p. 28).

Consequentemente, os principais benefícios advindos da teoria dos ciclos das políticas públicas consistem na possibilidade de atribuições de responsabilidade, seleção dos assuntos de maior relevância para a política implementada, alternativas passíveis de adoção, avaliação de necessidades e determinação do público-alvo (PINTO, 2008, p. 29).

Conforme aponta a literatura, o ciclo das políticas públicas fundamenta-se nas seguintes etapas (PINTO, 2008, p. 29): (i) determinação da agenda (definição do problema); (ii) formulação e legitimação da política (seleção de proposta, construção de apoio político e promulgação da lei); (iii) implementação de políticas (operacionalização e execução dos programas); e (iv) avaliação de políticas, englobando desde a coleta dos resultados até a avaliação dos impactos e indicação de mudanças.

Nesse diapasão, a relação que o orçamento apresentará com as políticas públicas se manifestará, especialmente, no âmbito da formulação das políticas públicas, pois é justamente nessa fase em que os programas de governo e de Estado serão inseridos no orçamento para a execução nos exercícios seguintes. No entanto, relaciona-se também com a fase posterior, de implementação de políticas, pois estas somente podem ser concretizadas através da execução orçamentária (plano plurianual, Lei de Diretrizes Orçamentárias e Lei Orçamentária Anual).

Ainda, a quarta e última fase, de avaliação de políticas, também apresenta intrínseca relação com o orçamento, na medida em que este se torna passível de controle pelos órgãos competentes, prioritariamente no que diz respeito à sua execução.

Portanto, o orçamento se tornou figura de destaque no atual estágio do Estado Democrático de Direito, porquanto elemento central e necessário para a materialização dos programas estatais criados, no contexto das políticas públicas, para a efetividade dos direitos e garantias a que se submete o Estado perante seus cidadãos.

A adequada compreensão da figura do orçamento em contexto de Estado Democrático de Direito e do império das políticas públicas torna-se primordial para a exata acepção dos graves e tormentosos contornos que apresenta a limitação do ICMS sobre combustíveis.

2.1 Federalismo fiscal

As problemáticas envolvendo a limitação do ICMS sobre combustíveis não se limitam aos aspectos da funcionalidade do orçamento público no contexto de constitucionalismo contemporâneo e prevalência das políticas públicas. Outras três searas são igualmente afetadas pela alteração legislativa em estudo.

Neste ponto, cabe destacar os efeitos que as mudanças advindas da Lei Complementar nº 194/2022 provocaram no federalismo fiscal brasileiro. Este consiste em uma das facetas da forma federativa de Estado, a qual se fundamenta em três aspectos prioritários: pluralismo, tendência à harmonização e princípio regulador da solidariedade (ELALI, 2005, p. 17).

Em síntese, a forma federativa de Estado representa escolha política com fulcro na distribuição de competências entre os entes da federação, garantindo a autonomia dos entes subnacionais, sem prejuízo da soberania nacional. Nesse aspecto, a Constituição de 1988 estabeleceu a forma federal de Estado à categoria de cláusula pétrea (ELALI, 2005, p. 65), restando impassível de reforma e assegurando a coexistência autônoma da União, dos estados, do Distrito Federal e dos municípios no seio da soberana República Federativa do Brasil.

No caso específico do Estado brasileiro, o federalismo apresenta contornos particulares (BERCOVICI, 2003, p. 83), em especial em decorrência da questão da desigualdade regional, a qual nunca fora tratada de maneira satisfatória, restando relegada para plano secundário, complementar e compensatório.

No presente momento, a questão é tratada mediante a política pública de desenvolvimento regional (artigos 3º, III, e 170, VII, da Constituição Federal), a qual assume diversas frentes, apresentando mecanismos com previsão constitucional (criação de fundos de participação estadual e municipal, por exemplo) e legal.

Dentre tais mecanismos, não se pode afastar, justamente, o federalismo brasileiro, com o advento da Constituição de 1988 e a consolidação do federalismo cooperativo, caracterizada pelos estados-membros assumindo funções de maior protagonismo, com possibilidade de modelar e elaborar suas próprias políticas públicas desenvolvimentistas.

De acordo com André Elali (2007, p. 73), o federalismo tem como pressuposto a harmonização social, norteando todas as políticas públicas elaboradas pelo Estado brasileiro, conferindo destaque à autonomia dos entes subnacionais de modo que estes possam atuar de maneira efetiva na consecução dos objetivos fundamentais presentes na Constituição.

Dessa maneira, o federalismo cooperativo na ordem constitucional vigente pode ser compreendido como a "atribuição (de funções) a todas as ordens jurídicas de competência para tratamento da mesma matéria (competência comum ou concorrente), gerando uma necessária intervenção e cooperação entre os entes da federação, inclusive com a repartição vertical das receitas tributárias" (MOREIRA, 2016, p. 64).

Por outro lado, o federalismo fiscal brasileiro é compreendido como cooperativo em decorrência da necessidade de repartição do produto da arrecadação e do sistema de transferências intergovernamentais (CONTI, 2010, p. 22), fruto da incapacidade de as atribuições de competência tributária servirem, isoladamente, para o sustento de todos os entes federados. Dessa forma, percebe-se que o fundamento do federalismo cooperativo é justamente o princípio da solidariedade e a garantia do bem-estar (TORRES, 2014, p. 41), valores centrais do Estado Social Democrático de Direito vigente.

Assim sendo, conforme acima exposto, a mera arrecadação dos tributos estabelecidos no texto constitucional como de competência de cada ente subnacional mostra-se insuficiente para que estados-membros, Distrito Federal e municípios consigam lograr êxito na execução de suas políticas públicas, de modo que a estruturação do federalismo fiscal estabelece mecanismos para que tal insuficiência prejudique a consecução e a efetividade de direitos.

Constatada a insuficiência dos meros recursos previstos na Constituição a que fazem jus os entes subnacionais, apreende-se que qualquer alteração de maior relevo nessas receitas ordinárias apresentará graves consequências às finanças públicas dos entes federados.

A alteração legislativa proporcionada pela Lei Complementar nº 194/2022 começa a se tornar tormentosa nessa perspectiva, na medida em que estabelece limite ao ICMS sobre combustíveis. Tendo vigência imediata, afeta-se diretamente a arrecadação dos estados-membros e do Distrito Federal, os quais, no momento de elaboração e aprovação do orçamento atualmente vigente, consideraram outras cifras, mais elevadas, para a execução de suas despesas.

Desse modo, a limitação do ICMS sobre combustíveis imposta pela esfera federal no exercício de sua competência, ainda que adequada e pertinente no aspecto tributário, apresenta grave e irreparável inconsistência orçamentário-financeira.

Medidas editadas pela União federal que afetam os demais entes federados, especialmente no que tange às finanças públicas, devem ser amplamente debatidas e coordenadas, sob pena de grave violação ao federalismo fiscal pátrio, notoriamente marcado pela maior necessidade arrecadatória dos entes subnacionais para a consecução de suas obrigações constitucionais.

Intensificando a problemática, a limitação do ICMS sobre combustíveis afeta não apenas os estados e o Distrito Federal, entes competentes para instituição e cobrança do mencionado imposto, como também todos os municípios brasileiros. Isso porque, mais uma vez no contexto do federalismo fiscal, a Constituição Federal[2] prevê o repasse de vinte e cinco por cento do produto da arrecadação do ICMS para os entes municipais.

Dessa maneira, diminuindo sensivelmente a arrecadação do ICMS, diminui-se, igualmente, o montante a ser repassado para os municípios, atingindo, por conseguinte e diretamente, a arrecadação prevista por esses entes subnacionais.

Assim sendo, percebe-se que a federação brasileira se assentou sob perspectiva de desigualdade na distribuição de competências tributárias, de modo que à União competem os maiores impostos, possuindo, desse modo, maior capacidade econômica, proporcionalmente, frente aos demais entes federados.

Em decorrência disso, no contexto daquilo que se intitula de federalismo fiscal, sistemas de repasses foram estabelecidos, de modo que nenhum ente federado fique prejudicado na execução de seu orçamento.

Claramente, assim, afrontosa ao federalismo fiscal brasileiro a limitação do ICMS sobre combustíveis, imposta de maneira impositiva e com vigência imediata em todo o país.

2.2 Orçamento responsável

O segundo aspecto controverso da limitação do ICMS sobre combustíveis apresenta-se na questão do orçamento responsável. Conforme demonstrado acima, o orçamento público se tornou

---

[2] BRASIL, 1988 (Constituição Federal): Art. 158. Pertencem aos Municípios: (...) IV - vinte e cinco por cento do produto da arrecadação do imposto do Estado sobre operações relativas à circulação de mercadorias e sobre prestações de serviços de transporte interestadual e intermunicipal e de comunicação.

elemento central e de suma importância para o funcionamento do Estado Democrático de Direito.

Dessa maneira, para a regular e efetiva atuação do Estado no exercício de suas competências, o orçamento deve operar de maneira eficiente e efetiva, realizando-se as previsões de receitas nele englobadas, bem como adimplindo as despesas nele previstas, garantindo, assim, o acesso dos cidadãos aos serviços públicos devidos e adequados.

Importante pontuar que a mera previsão de direitos não satisfaz aos interesses legítimos dos cidadãos: é preciso efetivá-los. Para tanto, por um lado, é necessário observar o montante de recursos financeiros que, de fato, estão disponíveis para o ente estatal (SCAFF, 2016, p. 225). Por outro e justamente por isso, as receitas devem ser respeitadas, sob pena de grave comprometimento na efetivação dos direitos.

Nesse contexto, emerge a ideia do orçamento responsável como sendo aquele que busca efetivar o máximo de direitos possíveis sem comprometer a saúde financeira do Estado, utilizando-se, para tanto, das normas gerais previstas na Lei de Responsabilidade Fiscal e das regras estabelecidas nas três leis orçamentárias existentes (plano plurianual, Lei de Diretrizes Orçamentárias e Lei Orçamentária Anual) (CONTI, 2010, p. 42):

> Estas três leis de natureza orçamentária, em seu conjunto, obrigam o Estado a manter uma política de gestão de recursos públicos planejada, haja vista que cada ação governamental é precedida de previsão nos respectivos diplomas legais, de modo a se ter um direcionamento previamente definido da política de governo.

Percebe-se, desse modo, que a ideia de orçamento responsável implica, necessariamente, a ideia de planejamento. Conforme discorre Bercovici (2006, p. 145), o planejamento busca coordenar, racionalizar e dar unidade de fins à atuação estatal, diferenciando-se, assim, de ações meramente casuísticas ou conjunturais. Por outro lado, o plano corresponderá aos valores políticos estabelecidos na Constituição, direcionando a atuação governamental de acordo com os valores previstos no ordenamento.

O planejamento apresenta-se como elemento central para o orçamento responsável, sob pena de se restarem configuradas duas principais consequências: o não atingimento dos objetivos e o gasto de má qualidade (ALMEIDA; BEVILACQUA, 2018, p. 35). Portanto, tanto os objetivos devem ser reais, concretos e atingíveis, não devendo se manifestar como promessas vazias, como também devem se pautar sempre na eficiência, buscando a otimização de recursos para o máximo de efetividade possível.

A preocupação com aspectos da eficiência e economicidade do orçamento público levou à construção da ideia de orçamento por resultados (*performance budget*) (NÓBREGA, 2011, p. 718). Segundo tal teoria, pugna-se pela análise economicista da execução orçamentária, pautada em análise de custo-benefício e na mensuração de resultados.

Todo esse cenário reforça a consolidação do orçamento responsável no Brasil, exigindo-se o adequado planejamento e execução.

Retomando a questão atinente aos ciclos da política pública, no que se refere à etapa de controle, o orçamento apresenta, mais uma vez, papel central, porquanto será por meio dele que os órgãos competentes poderão realizar a conferência da eficiência, economicidade, efetividade e adequação da realização de receitas e despesas.

No caso em apreço, o controle adequado do orçamento público no corrente ano apresenta considerável risco de comprometimento. Isso porque as receitas previstas pelos entes subnacionais restarão notoriamente comprometidas em sua realização, colocando em xeque a consecução de diversos programas políticos assumidos por tais unidades federadas.

Além do comprometimento dos serviços públicos assumidos pelo Estado, a medida analisada sujeita também os bons gestores da Administração Pública, os quais poderão se tornar reféns do controle (MARQUES NETO; PALMA, 2017, p. 31), a despeito de sua boa-fé, na medida em que, entre outras consequências, suas próprias contas poderão não ser aprovadas ao final do exercício.

Cabe destacar também o lapso temporal ânuo do orçamento público, de acordo com o princípio da anualidade orçamentária. Segundo o referido princípio, as autorizações de despesa valem para um período limitado, sendo para a LOA o exercício financeiro, coincidente com o ano civil,[3] enquanto, para os créditos adicionais abertos, é o prazo final do exercício financeiro.

---

[3] Lei Federal nº 4.320/1964: Art. 34. O exercício financeiro coincidirá com o ano civil.

Em decorrência disso, toda a estrutura conferida às questões financeiras públicas seguirá a lógica da anualidade do orçamento. Nesse sentido, pode-se citar a sistemática normativa conferida à renúncia de receita mediante benefício fiscal (artigo 14, LRF[4] e artigo 113, ADCT),[5] a qual somente poderá ser efetivada caso a redução da arrecadação já conste do orçamento em vigência ou se estabeleçam medidas compensatórias, sob pena de somente vir a ser efetivada no exercício seguinte.

Do mesmo modo, conforme entendimento firmado pelo Superior Tribunal de Justiça (EREsp nº 1.749.966/PR, Rel. Ministro Francisco Falcão, primeira seção, julgado em 27.10.2021, DJe 05.11.2021), sob pena de afronta ao princípio da anualidade, a aplicação imediata, em meio ao exercício financeiro, de novos coeficientes individuais de participação no Fundo de Participação dos Municípios não é válida.

Portanto, a limitação do ICMS sobre combustíveis, medida de tamanha gravidade aos orçamentos estaduais, distrital e municipais, não poderia entrar em vigência imediata, sob pena de flagrante afronta ao princípio da anualidade, prejudicando a efetividade da execução do orçamento de maneira responsável, exceto no caso em que medidas compensatórias e cooperativas fossem previstas e igualmente instituídas, repartindo, assim, o ônus de suportar a crise econômica vivenciada em todo o país.

2.3 A captura política do orçamento

Complementando a análise financeiro-orçamentária da limitação do ICMS sobre combustíveis ora em estudo, cabe apontar o último

---

[4] BRASIL, 2000 (LRF): Art. 14. A concessão ou ampliação de incentivo ou benefício de natureza tributária da qual decorra renúncia de receita deverá estar acompanhada de estimativa do impacto orçamentário-financeiro no exercício em que deva iniciar sua vigência e nos dois seguintes, atender ao disposto na lei de diretrizes orçamentárias e a pelo menos uma das seguintes condições:
I - demonstração pelo proponente de que a renúncia foi considerada na estimativa de receita da lei orçamentária, na forma do art. 12, e de que não afetará as metas de resultados fiscais previstas no anexo próprio da lei de diretrizes orçamentárias;
II - estar acompanhada de medidas de compensação, no período mencionado no caput, por meio do aumento de receita, proveniente da elevação de alíquotas, ampliação da base de cálculo, majoração ou criação de tributo ou contribuição.

[5] BRASIL, 1988 (Constituição Federal): Art. 113. A proposição legislativa que crie ou altere despesa obrigatória ou renúncia de receita deverá ser acompanhada da estimativa do seu impacto orçamentário e financeiro.

aspecto de maior controvérsia sobre a questão, no caso, a manifesta captura política do orçamento para fins notoriamente eleitoreiros.

De imediato, cabe apontar que, no âmbito da literatura acerca das políticas públicas, criou-se a tipologia que a divide em dois grupos principais, quais sejam, as políticas públicas de Estado e as políticas públicas de governo.

A referida classificação parte do pressuposto de que a titularidade das políticas públicas cabe ao Estado, enquanto agente que as elabora e executa. Contudo, não se dispensa a possibilidade de atuação de agentes privados no contexto das políticas públicas, devendo essa participação, todavia, ocorrer dentro de limites predefinidos.

Assim sendo, a distinção entre política pública de Estado e de governo assentar-se-á em três critérios prioritários (AITH, 2006, p. 235), quais sejam, (i) objetivos da política pública; (ii) forma de elaboração, planejamento e execução; e (iii) forma de financiamento.

No tocante aos objetivos, as políticas públicas de Estado voltam-se para consolidação institucional do ente estatal enquanto organização política, através da efetividade do Estado Democrático de Direito e garantia da soberania nacional. Em termos práticos, serão as políticas públicas voltadas para o estabelecimento das condições mínimas e essenciais para a promoção e proteção dos direitos humanos (AITH, 2006, p. 235).

Por outro lado, as políticas públicas de governo apresentam como objetivo a promoção de ações pontuais de proteção a direitos humanos específicos prevista no texto constitucional, caracterizando-se, assim, por sua menor abrangência e maior flexibilidade.

No aspecto atinente à forma de elaboração, planejamento e execução (AITH, 2006, p. 237), a distinção entre políticas públicas de Estado e de governo remonta ao modo de execução exclusiva pelo Estado, impassível de delegação e sem quebra de continuidade na primeira categoria, ao contrário da segunda, na qual se torna possível a atuação de agentes privados e de haver a quebra de continuidade de sua execução.

Por fim, quanto ao modo de financiamento (AITH, 2006, p. 238), enquanto as políticas públicas de Estado são necessariamente financiadas pelos recursos públicos oriundos da arrecadação fiscal estatal, as políticas públicas de governo podem ser executadas também com recursos privados, sem prejuízo da necessária regulação estatal.

Percebe-se, dessa forma, que a repartição de competências tributárias analisada no contexto do federalismo fiscal constitui, também, em um dos mecanismos de efetividade da política pública (de Estado) de desenvolvimento regional brasileiro, através da maior autonomia dos entes federados para seu adequado desenvolvimento. Dessa forma, a referida política pública apresenta perspectiva de longo prazo, impassível de delegação e voltada eminentemente para a consolidação da organização política do Estado brasileiro.

Ocorre que a limitação do ICMS sobre combustíveis afeta, diretamente, a efetividade da política pública de desenvolvimento regional a que se submete o país.

Em um momento em que os estados-membros vivenciam graves crises fiscais,[6] elevado endividamento público e pouca possibilidade de investimentos para superação de suas dificuldades, a alternativa exigível para o adequado tratamento ao problema assentar-se-ia na maior destinação de recursos, na elaboração de melhores tratativas para execução do orçamento estadual ou na cooperação relativamente aos deveres constitucionais prestacionais de incumbência dos estados.

Entretanto, a alternativa escolhida pela esfera federal caminhou no sentido diametralmente oposto. Em atitude notoriamente insensibilizada às dificuldades dos estados-membros (que são, proporcionalmente, consideravelmente mais graves que os da União federal) e descompromissada com a política pública de desenvolvimento regional, optou-se pelo caminho mais simplório e menos cooperativo de todos: a solução mágica de um problema econômico momentâneo (elevado preço dos combustíveis) através da responsabilização, exclusiva, pelos estados-membros e Distrito Federal, os quais arcarão com a redução dos preços à medida que terão reduzidas suas respectivas arrecadações tributárias previamente previstas pelo orçamento atualmente vigente.

[6] A questão fiscal dos estados-membros brasileiros apresenta-se notoriamente em dificuldades, sendo diversos os entes que se encontram sujeitos a regimes de recuperação fiscal ou na iminência de submissão. Nesse contexto, foram promulgadas as Leis Complementares nº 159/2017 e 178/2021, voltadas justamente para a superação das dificuldades financeiras dos estados federados a partir do estabelecimento de maiores critérios e limites às despesas públicas e à execução orçamentária.

Evidentemente, não se pode negar que a alteração legislativa em comento também incluiu tributos federais no incentivo concedido. No caso, as alíquotas de PIS e Cofins e CIDE Combustíveis foram zeradas.[7] [8] No entanto, a desproporcionalidade persiste, porquanto o ICMS compõe, de longe, a maior parcela da arrecadação fiscal dos estados, enquanto a União possui outras fontes de receita igualmente relevantes. Além disso, os tributos federais em comento serão zerados apenas até 31 de dezembro de 2022, enquanto a limitação do ICMS será permanente.

Ademais, à União incumbe, em situações de crise como a que se vivencia, coordenar, planejar e executar as medidas econômicas necessárias para seu enfrentamento. Desse modo, não consiste em boa vontade da esfera federal, mas, sim, em dever constitucional liderar e guiar o planejamento econômico em períodos tais.

Em suma, a política pública de desenvolvimento regional adotada na Constituição Federal escolheu, de antemão, a possibilidade de sua execução mediante atuação conjunta da União, estados, Distrito Federal e municípios, em um contexto de federalismo cooperativo.

Por evidência, existia, para o poder constituinte originário, a possibilidade de centralização de tal política nas mãos da União federal, o que, todavia, de fato não foi feito pelo texto constitucional. Ao contrário, esta privilegia as entidades subnacionais na consecução do desenvolvimento regional, em rica escolha em prol da autonomia e descentralização, marcas do federalismo enquanto forma de Estado.

Isso é altamente positivo, porquanto cada ente subnacional sabe melhor de suas realidades e dificuldades, sem prejuízo da coordenação geral a cargo da União federal.

---

[7] BRASIL, 2022 (LC nº 192/2022): Art. 9º As alíquotas da Contribuição para os Programas de Integração Social e de Formação do Patrimônio do Servidor Público - Contribuição para o PIS/Pasep e da Contribuição para o Financiamento da Seguridade Social - Cofins de que tratam os incisos II e III do caput do art. 4º da Lei nº 9.718, de 27 de novembro de 1998, o art. 2º da Lei nº 10.560, de 13 de novembro de 2002, os incisos II a IV do caput do art. 23 da Lei nº 10.865, de 30 de abril de 2004, e os art. 3º e art. 4º da Lei nº 11.116, de 18 de maio de 2005, ficam reduzidas a zero até 31 de dezembro de 2022. (Redação dada pela Medida Provisória nº 1.118, de 2022)

[8] BRASIL, 2022 (LC nº 194/2022): Art. 9º-A As alíquotas da Contribuição para o PIS/Pasep, da Cofins e da Contribuição de Intervenção no Domínio Econômico (Cide) incidentes sobre as operações que envolvam gasolina e suas correntes, exceto de aviação, de que tratam o inciso I do caput do art. 4º da Lei nº 9.718, de 27 de novembro de 1998, o inciso I do caput do art. 5º e o art. 9º da Lei nº 10.336, de 19 de dezembro de 2001, e o inciso I do caput do art. 23 da Lei nº 10.865, de 30 de abril de 2004, ficam reduzidas a 0 (zero) até 31 de dezembro de 2022.

Portanto, deve ser respeitada a escolha consagrada no texto constitucional, não como uma dádiva concedida pela União aos estados, Distrito Federal e municípios, mas, sim, como instrumento necessário de suma importância para o próprio desenvolvimento do país. Não existe possibilidade de superação das desigualdades nacionais sem atuação efetiva dos estados, Distrito Federal e municípios, tampouco o desenvolvimento desconsiderando suas respectivas autonomias, fiscais e financeiro-orçamentárias.

Dessa maneira, a "benesse" realizada pela União federal, em sua esfera legislativa, ao limitar o ICMS sobre combustíveis consiste em notória cortesia com chapéu alheio, impondo os maiores custos, proporcionalmente e em números absolutos, aos estados, Distrito Federal e municípios, ficando, no entanto, com os louvores da medida adotada.

Todo esse cenário se insere em contexto de ano eleitoral, influindo, notoriamente, nas medidas que foram adotadas. Nesse ponto, urge esclarecer que o constitucionalismo contemporâneo se manifesta como evolução ou nova experiência do Estado de Direito, compreendido também como Estado ético ou Estado mediatizado pelo direito.

O elemento central desse modelo organizativo de Estado consiste, justamente, na questão da legitimidade (SALGADO, 1998, p. 5), manifestado por sua origem (origem legítima consistente na vontade do povo, por meio do consentimento), pela técnica como se exerce o poder (através de regras de decisão da maioria e respeito à minoria) e por sua finalidade (realização do direito e concretização de direitos fundamentais).

De tal acepção, constata-se a presença de três legitimidades distintas (SALGADO, 1998, p. 5): a ontológica, relacionada com a relação do poder com o povo; a lógica, caracterizada pela legalidade enquanto relação do poder com o direito; e a teleológica, marcada pela relação do poder com o indivíduo, na concretização de sua liberdade e autodeterminação.

Tal compreensão manifesta-se também por meio dos estudos das transformações do conceito de interesse público, o qual passa a ser analisado, no constitucionalismo contemporâneo, sob perspectiva ética (JUSTEN FILHO, 1999, p. 124): o interesse é público, e não individual, pois não se admite sua não realização ou sua disponibilidade, tendo em vista os valores fundamentais consagrados pelo ordenamento jurídico.

O constitucionalismo contemporâneo, dessa maneira, manifesta-se, sobretudo, através do destaque prioritário e essencial que se confere aos direitos fundamentais. A construção e a concepção do Estado na contemporaneidade nada mais são que a teorização de estruturas que busquem efetivar e concretizar tais direitos através de uma perspectiva ética, na qual o Estado se utiliza do direito para efetivação de valores fundamentais.

No caso em apreço, nota-se que o caráter ético do Estado perde espaço para a consecução de interesses notoriamente distintos, prevalecendo a feição política em detrimento da efetividade dos direitos fundamentais e do desenvolvimento regional.

A literatura desenvolvida acerca das agências reguladoras elaborou a teoria da captura (JUSTEN FILHO, 2002, p. 369) para referir-se às situações nas quais a agência se transforma em instrumento de realização de interesses diversos daquele que norteou sua criação.

No caso, a captura pode se manifestar pelo mercado, hipótese na qual o setor econômico regulado passa a ditar ou influenciar em demasia as decisões exaradas pela agência, ou pela política, quando o órgão regulador se transforma em veículo de satisfação dos interesses do governo momentâneo, em detrimento da tecnicidade necessária para tais agências.

A despeito de não se tratar, nesse caso, de regulação ou atuação de agências reguladoras, observa-se que a medida limitativa do ICMS sobre combustíveis foi tomada sob forte apelo político. Diante da inflação vivenciada no país e do elevado preço que vinha alcançando tal produto, o governo federal, no exercício da competência legislativa tributária da União para editar normas gerais de ICMS, capturado pelos interesses eleitorais, optou pela alternativa menos equânime e mais fácil de ser tomada, repassando para os estados, Distrito Federal e municípios a conta da glória advinda da redução do preço dos combustíveis.

Dessa maneira, notória a captura política que o orçamento de todos os entes subnacionais, a duras penas, arcará com as medidas eleitoreiras tomadas pelo Executivo e Legislativo federal.

3 Os reflexos da limitação do ICMS sobre combustíveis no estado de Goiás

A limitação do ICMS sobre combustíveis, conforme exposto, apresenta graves inconsistências com relação ao aspecto financeiro-orçamentário, ao desenvolvimento regional e ao federalismo fiscal brasileiro. Dessa maneira, cabe observar os efeitos específicos estimados para o estado de Goiás.

Nesse sentido, importante analisar a relevância que o ICMS possui para os estados-membros, tendo em vista que consiste, de longe, a principal fonte de receita dessas unidades federadas. Somente ao longo dos seis primeiros meses do ano de 2022, o ICMS representou, para o estado de Goiás, o percentual de 82,52% (oitenta e dois inteiros e cinquenta e dois centésimos por cento) de toda a arrecadação estadual no ano:

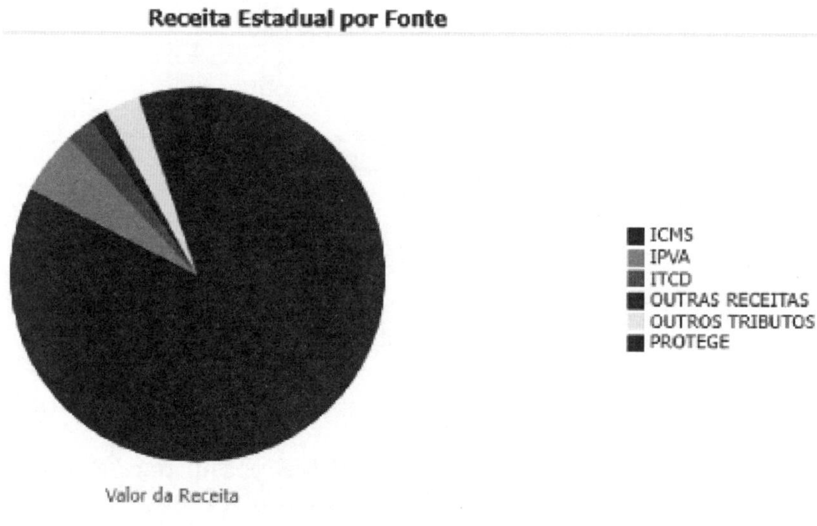

Fonte: Portal da Transparência do Estado de Goiás.

Em números absolutos, o ICMS representou R$12.589.222.447,57 (doze bilhões, quinhentos e oitenta e nove milhões, duzentos e vinte e dois mil, quatrocentos e quarenta e sete reais e cinquenta e sete centavos), enquanto a arrecadação total foi de R$15.256.518.758,52 (quinze bilhões, duzentos e cinquenta e seis milhões, quinhentos e dezoito mil, setecentos e cinquenta e oito reais e cinquenta e dois centavos):

	Valor da Receita					
Fontes de Receita	ICMS	IPVA	ITCD	OUTRAS RECEITAS	OUTROS TRIBUTOS	PROTEGE
202206	R$ 2.186.086.296,01	R$ 166.968.315,90	R$ 91.702.506,33	R$ 36.394.610,41	R$ 81.779.297,67	R$ 147.381.544,20
202205	R$ 2.192.191.727,73	R$ 169.087.596,77	R$ 58.391.080,82	R$ 46.971.064,73	R$ 81.027.741,58	R$ 138.304.053,68
202204	R$ 2.153.165.458,29	R$ 130.674.500,09	R$ 67.926.847,39	R$ 32.529.210,05	R$ 81.192.470,22	R$ 141.746.495,27
202203	R$ 2.044.988.457,01	R$ 138.411.195,30	R$ 61.877.496,83	R$ 30.262.317,14	R$ 72.842.335,01	R$ 112.864.974,75
202202	R$ 1.942.140.082,91	R$ 112.813.639,10	R$ 42.820.483,01	R$ 50.845.509,27	R$ 67.366.633,40	R$ 109.550.691,80
202201	R$ 2.070.650.425,62	R$ 112.195.697,45	R$ 56.515.584,58	R$ 26.893.548,76	R$ 74.705.740,98	R$ 125.253.128,46
Total Geral	**R$ 12.589.222.447,57**	**R$ 830.150.944,61**	**R$ 379.233.998,96**	**R$ 223.896.260,36**	**R$ 458.914.218,86**	**R$ 775.100.888,16**

Fonte: Portal da Transparência do Estado de Goiás.

Nesse contexto, o incremento da arrecadação de ICMS no estado de Goiás, ao longo dos últimos dez anos, evolui de pouco mais de onze bilhões de reais no ano de 2012 para 23,37 bilhões de reais no ano de 2021.

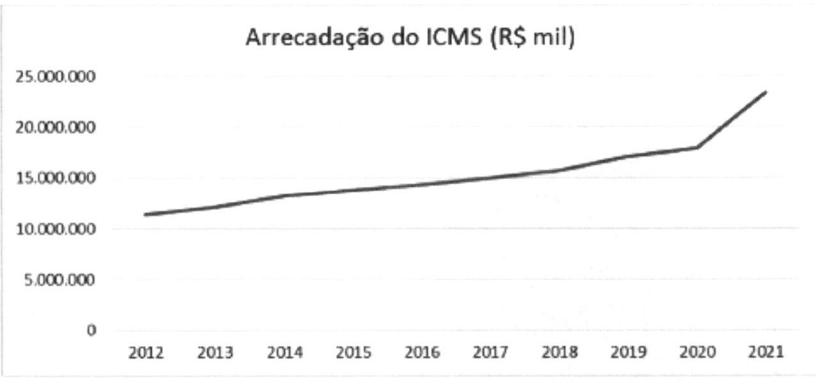

Fonte: Instituto Mauro Borges.

Constatada a relevância que o ICMS possui para a receita estadual, importante destacar que, dentre as searas de arrecadação desse imposto, o setor de combustíveis apresenta considerável destaque na composição do total arrecadado do ICMS:

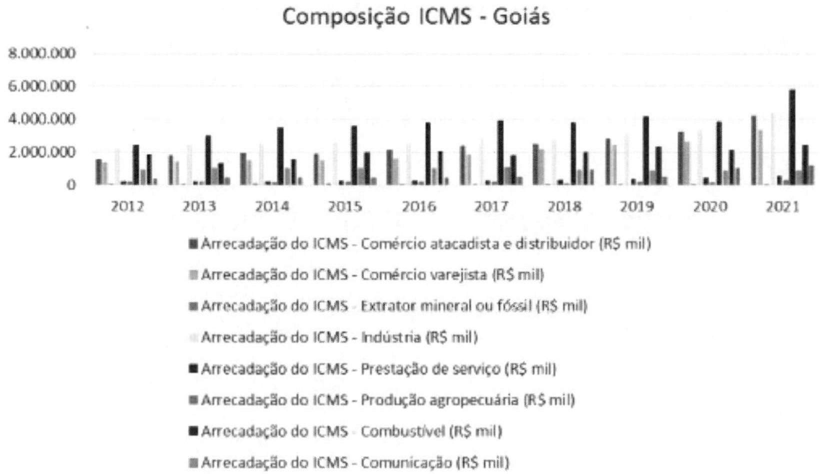

Fonte: Instituto Mauro Borges.

Relativamente ao ICMS total arrecadado, o ICMS sobre combustíveis apresenta-se como parcela considerável da arrecadação, saltando de 2,46 bilhões de reais em 2012 para 5,82 bilhões de reais em 2021:

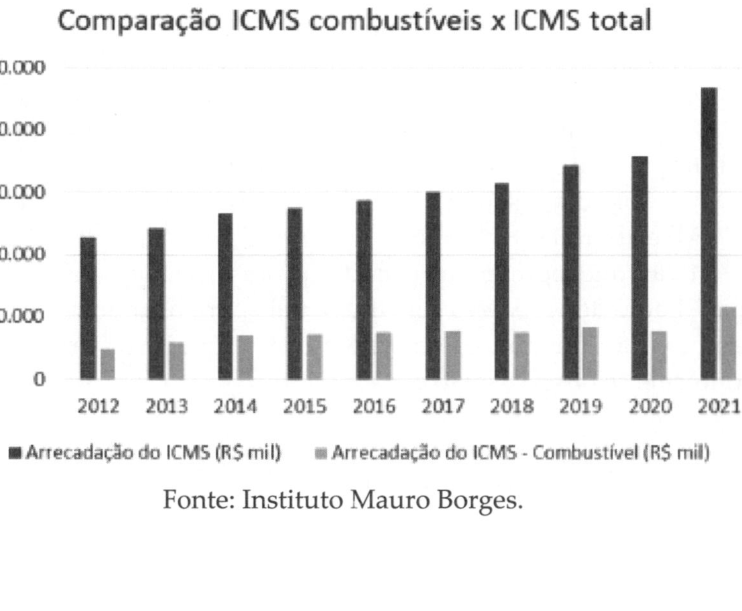

Fonte: Instituto Mauro Borges.

Em termos percentuais, o ICMS sobre combustíveis variou na faixa de 21,62% (vinte e um inteiros e sessenta e dois centésimos por cento) no ano de 2020 a 26,55% (vinte e seis inteiros e cinquenta e cinco centésimos por cento) no ano de 2016:

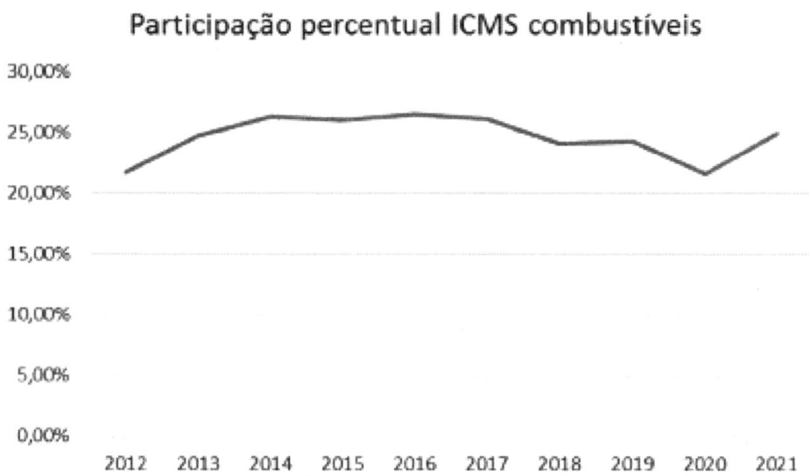

Fonte: Instituto Mauro Borges.

Observa-se dessa forma que, ao mesmo tempo em que o ICMS corresponde a mais de oitenta por cento da receita estadual, o ICMS sobre combustíveis compõe mais de um quinto da arrecadação total do referido imposto. Evidente, portanto, o peso que possui a tributação sobre combustíveis para as finanças públicas do estado.

Nesse diapasão, a Confederação Nacional de Municípios (CNM) elaborou estudo apontando a perda estimada de ICMS para os estados que representará a limitação ora em estudo. Cabe pontuar que, diante dos repasses constitucionais para os municípios, estes também são diretamente afetados com a queda da arrecadação, conforme se observa abaixo:

UF	Perda Estimada decorrente do PLP 18/2022	Cota-parte para os Municípios
AC	-0,19	-0,05
AL	-0,67	-0,17
AP	-0,21	-0,05
AM	-0,86	-0,21
BA	-3,59	-0,90
CE	-2,38	-0,59
DF	-1,32	-0,33
ES	-1,58	-0,40
GO	-3,11	-0,78
MA	-1,27	-0,32
MT	-1,76	-0,44
MS	-0,79	-0,20
MG	-6,65	-1,66
PA	-1,98	-0,49

UF	Perda Estimada decorrente do PLP 18/2022	Cota-parte para os Municípios
PB	-0,96	-0.24
PR	-4,97	-1,24
PE	-2,65	-0,66
PI	-0,80	-0.20
RJ*	-8,15	-1,06
RN	-0,92	-0.23
RS	-4,20	-1,05
RO	-0,41	-0,10
RR	-0,16	-1,04
SC	-3,09	-0.77
SP	-11,88	-2,97
SE	-0,53	-0,13
TO	-0,59	-0,15
Brasil	-65,67	-15,44

Fonte: Confederação Nacional de Municípios.

Dessa maneira, os efeitos orçamentários da limitação do ICMS sobre combustíveis serão claramente excessivos para as contas públicas estaduais e municipais.

No contexto do constitucionalismo contemporâneo, o orçamento, conforme demonstrado, possui importância central, mediatizando a efetividade de direitos através da destinação de recursos para as políticas públicas a serem executadas pelo poder público. Dessa maneira, não se trata de interesse patrimonial do Estado enquanto pessoa jurídica (interesse público secundário), mas, sim, a garantia direta e efetiva dos direitos fundamentais a cargo dos entes subnacionais (interesse público primário).

Portanto, graves serão as consequências para o estado de Goiás com a referida medida considerando o atual orçamento vigente.

Conclusão

A evolução do Estado de Direito, partindo do estágio liberal e alcançando o atual momento democrático, possibilitou a releitura da relação existente entre Estado e cidadão na esfera fiscal: de uma relação impositiva e de oposição para a construção relacional dialógica, cooperativa e garantística.

Nesse percurso, o orçamento público tornou-se elemento de destaque, na medida em que ele possui o papel de mediatizar a consecução dos gastos estatais voltados para o cumprimento das políticas públicas a que se submete.

Concomitantemente, o Estado brasileiro, federal desde a proclamação da República e em constante evolução e aprimoramento, consolidou-se na atual ordem constitucional sobre o federalismo fiscal cooperativo, compreendendo os gargalos que cada ente federado possui e elaborando mecanismos de diálogo, complementaridade e atuação conjunta para a efetividade das políticas públicas nacionais.

O desenvolvimento regional enquanto política pública de Estado, dessa maneira, compreende a realidade de desigualdade entre as regiões do país e confere autonomia e possibilidades para que as unidades federadas possam agir na busca do maior desenvolvimento nacional como um todo e regional em específico, já que ambos se coimplicam.

Diante desse cenário, as medidas que afetem a arrecadação dos entes subnacionais, especialmente quando tomadas de maneira unilateral pelo ente federal, merecem profundos debates e a construção de medidas cooperativas.

Conforme dito, a limitação do ICMS sobre combustíveis demonstra-se, do ponto de vista tributário, extremamente válida e adequada, contribuindo para maior efetividade da seletividade do ICMS e desonerando o preço de matéria essencial para a cadeia produtiva.

No entanto, tal limitação não pode se dar de qualquer modo e todo custo. Os entes subnacionais possuem orçamento em vigência, os quais foram elaborados, discutidos e aprovados no ano pretérito, considerando a estimativa cheia no tocante ao ICMS sobre combustíveis. Do lado oposto do orçamento, diversas despesas e gastos públicos estão estabelecidos, considerando a arrecadação do ICMS para concretização.

Nos termos apontados alhures, medidas financeiras imediatas, especialmente quando envolvem valores consideráveis do orçamento, não devem ser tomadas para o exercício em vigor, sob pena de grave comprometimento da prestação dos serviços públicos *lato sensu*.

Caso, todavia, considerada a urgência da questão, se optasse pela limitação do ICMS sobre combustíveis de imediato, entrando em vigor já neste exercício financeiro, que se elaborassem medidas compensatórias, ainda que não integrais, mas que amenizassem os deletérios efeitos sobre os orçamentos públicos estaduais e municipais.

A adoção de alternativas que prezam pelo diálogo e cooperação entre as unidades federadas corrobora com o federalismo cooperativo (ainda) em vigor no país. De todo modo, orçamento público deve ser levado a sério, e não violado por meros interesses políticos de reeleição daqueles que ostentam mandatos eletivos na esfera federal.

Referências

AITH, Fernando. Políticas públicas de Estado e de governo: instrumentos de consolidação do Estado Democrático de Direito e de promoção e proteção dos direitos humanos. *In*: BUCCI, Maria Paula Dallari (Org.). *Políticas públicas*: reflexões sobre o conceito jurídico. São Paulo: Saraiva, 2006. p. 217-245.

ALHO NETO, João de Souza. Seletividade em função da essencialidade: ICMS e energia elétrica. *Revista Direito Tributário Atual*, n. 39, p. 208-232, 2018.

ALMEIDA, Carlos Otávio Ferreira de; BEVILACQUA, Lucas. O planejamento financeiro responsável: boa governança e desenvolvimento nos 30 anos da Constituição Federal. *In*: BUÍSSA, Leonardo; REIMANN, Simon; MARTINS, Rafael (Orgs.). *Direito e finanças públicas nos 30 anos da Constituição*: experiências e desafios nos campos do direito tributário e Financeiro. Florianópolis: Tirant Blanch, 2018. p. 29-53.

ÁVILA, Humberto. *Teoria dos princípios*: da definição à aplicação dos princípios jurídicos. 17. ed. São Paulo: Malheiros, 2016.

BERCOVICI, Gilberto. Constituição e superação das desigualdades regionais. *In*: GRAU, Eros; GUERRA FILHO, Willis Santiago (Orgs.). *Direito constitucional*: estudos em homenagem a Paulo Bonavides. 1. ed. 2. tiragem. São Paulo: Malheiros, 2003. p. 74-107.

BERCOVICI, Gilberto. Planejamento e políticas públicas: por uma nova compreensão do papel do Estado. *In*: BUCCI, Maria Paula Dallari (Org.). *Políticas públicas*: reflexões sobre o conceito jurídico. São Paulo: Saraiva, 2006. p. 143-161.

BEVILACQUA, Lucas. *Incentivos fiscais de ICMS e desenvolvimento regional*. São Paulo: Quartier Latin, 2013. p. 161-212.

BRASIL. Constituição da República Federativa do Brasil de 1988, de 05 de outubro de 1988. *Diário Oficial da República Federativa do Brasil*, 05 out. 1988.

BRASIL. Lei Complementar n. 87, de 13 de setembro de 1996. *Diário Oficial da República Federativa do Brasil*, 16 set. 1996.

BRASIL. Lei Complementar n. 101, de 4 de maio de 2000. *Diário Oficial da República Federativa do Brasil*, 05 maio 2000.

BRASIL. Lei Complementar n. 192, de 11 de março de 2022. *Diário Oficial da República Federativa do Brasil*, 11 mar. 2022.

BRASIL. Lei Complementar n. 194, de 23 de junho de 2022. *Diário Oficial da República Federativa do Brasil*, 23 jun. 2022.

BUCCI, Maria Paula Dallari. *Direito administrativo e políticas públicas*. São Paulo: Saraiva, 2002.

BUCCI, Maria Paula Dallari. O conceito de política pública em direito. *In*: BUCCI, Maria Paula Dallari (Org.). *Políticas públicas*: reflexões sobre o conceito jurídico. São Paulo: Saraiva, 2006. p. 1-50.

CALIENDO, Paulo. Reserva do possível, direitos fundamentais e tributação. *In*: SARLET, Ingo Wolfgang; TIMM, Luciano Benetti. *Direitos fundamentais*: orçamento e "reserva do possível". Porto Alegre: Livraria do Advogado Editora, 2008. p. 195-208.

CHEVALLIER, Jacques. *O Estado Pós-Moderno*. Trad. Marçal Justen Filho. Belo Horizonte: Fórum, 2009. p. 59-98.

COELHO, Saulo de Oliveira Pinto; LOLLI, Eduardo Henrique; BITENCOURT, Caroline Muller. *Políticas públicas e constitucionalismo contemporâneo crítico*: sistematizações para subsidiar análises em Direito e políticas públicas. Seqüência: Estudos jurídicos e políticos. Universidade Federal de Santa Catarina. Programa de Pós-Graduação em Direito. n. 1, 2022.

COELHO, Saulo; PEDRA, Caio. Direitos humanos entre discursos e ideologias: a plurivocidade semântica dos direitos humanos, a necessidade de crítica democrática permanente e o permanente risco de reviravolta autoritária. *In*: *Direitos Fundamentais e Democracia*. 1. ed. v. I. Florianópolis: Funjab, 2013. p. 173-192.

CONFEDERAÇÃO NACIONAL DE MUNICÍPIOS. *CNM alerta para perdas de R$ 15,4 bilhões para os Municípios em projeto que altera ICMS*. 20 maio 2022. Disponível em: https://www.cnm.org.br/comunicacao/noticias/cnm-alerta-para-perdas-de-r-15-4-bilhoes-para-os-municipios-em-projeto-que-altera-icms. Acesso em: 13 jul. 2022.

CONTI, José Maurício. Considerações sobre o Federalismo Fiscal brasileiro em uma perspectiva comparada. *In*: CONTI, José Maurício; SCAFF, Fernando Facury; BRAGA, Carlos Eduardo Faraco (Org.). *Federalismo fiscal*: questões contemporâneas. Florianópolis: Conceito Editorial, 2010. p. 15-34.

CONTI, José Maurício. Planejamento e responsabilidade fiscal. *In*: SCAFF, Fernando Facury; CONTI, José Maurício (Orgs.). *Lei de Responsabilidade Fiscal – 10 anos de Vigência – Questões Atuais*. Florianópolis: Conceito Editorial, 2010. p. 39-56.

ELALI, André. *O federalismo fiscal brasileiro e o sistema tributário nacional*. 1. ed. São Paulo: MP Editora, 2005.

ELALI, André. *Tributação e regulação econômica*: um exame da tributação como instrumento de regulação econômica na busca da redução das desigualdades regionais. São Paulo: MP Editora, 2007.

GOMES, Emerson César da Silva. A disciplina jurídica das transferências voluntárias. *In*: CONTI, José Maurício; SCAFF, Fernando Facury (Coords.). *Orçamentos públicos e direito financeiro*. São Paulo: Editora Revista dos Tribunais, 2011. p. 803-820.

GURGEL DE FARIA, Luís Alberto. *A extrafiscalidade e a concretização do princípio da redução das desigualdades regionais*. São Paulo: Quartier Latin, 2010. p. 154-187.

JUSTEN FILHO, Marçal. O direito das agências reguladoras independentes. São Paulo: Dialética, 2002.

MARQUES NETO, Floriano de Azevedo. Os grandes desafios do controle da Administração Pública. *Fórum de Contratação e Gestão de Pessoas*, Belo Horizonte, ano 9, n. 100, abr. 2010.

MARQUES NETO, Floriano de Azevedo; PALMA, Juliana Bonacorsi de. Os sete impasses do controle da Administração Pública no Brasil. *In*: PEREZ, Marcos Augusto; SOUZA, Rodrigo Pagani de. *Controle da Administração Pública*. Belo Horizonte: Fórum, 2017. p. 21-38.

MOREIRA, André Mendes. Repartição das receitas tributárias e autonomia federativa. *In*: GOMES, Marcus Lívio; ABRAHAM, Marcos; TORRES, Heleno Taveira. *Direito financeiro na jurisprudência do Supremo Tribunal Federal*: homenagem ao Ministro Marco Aurélio. Curitiba: Juruá, 2016. p. 61-87.

MOREIRA NETO, Diogo de Figueiredo. O novo papel do Estado na economia. *Revista de Direito Público da Economia – RDPE*, Belo Horizonte, n. 11, ano 3, jul./set. 2005.

NÓBREGA, Marcos. Orçamento, eficiência e performance budget. *In*: CONTI, José Maurício; SCAFF, Fernando Facury (Coords.). *Orçamentos públicos e direito financeiro*. São Paulo: Editora Revista dos Tribunais, 2011. p. 693-728.

NOGUEIRA, Tatiana. Por que o preço da gasolina está tão alto? *ExpertXP*, São Paulo, 20 set. 2021. Disponível em: https://conteudos.xpi.com.br/economia/por-que-o-preco-da-gasolina-esta-tao-alto/. Acesso em: 11 jul. 2022.

PETROBRAS. *Composição de Preços de Venda ao Consumidor*. 2022. Disponível em: https://petrobras.com.br/pt/nossas-atividades/composicao-de-precos-de-venda-ao-consumidor/. Acesso em: 11 jul. 2022.

PINTO, Isabela. Mudanças nas políticas públicas: a perspectiva do ciclo de política. *Revista Políticas Públicas*, v. 12, nº 1, 2008, p. 27-36.

SALGADO, Joaquim Carlos. O Estado Ético e o Estado Poiético. *Revista do Tribunal de Contas do Estado de Minas Gerais*, Belo Horizonte, v. 27, n. 2, p. 37-68, abr./jun. 1998.

SANTOS FILHO, Sírio Vieira dos. A eficiência sob a perspectiva da análise econômica do direito. *Revista Justiça do Direito*, v. 30, n. 2, p. 210-226, maio/ago. 2016.

SCAFF, Fernando Facury. O orçamento mínimo social garante a execução de políticas públicas. *Crônicas de Direito Financeiro – Tributação, Guerra Fiscal e Políticas Públicas*, São Paulo: CONJUR Editorial, 2016, p. 225-228.

SCAFF, Fernando Facury. *Orçamento republicano e liberdade igual*. Belo Horizonte: Fórum, 2018.

SCHOUERI, Luís Eduardo. *Normas tributárias indutoras e intervenção econômica*. Rio de Janeiro: Forense, 2005.

TORRES, Heleno Taveira. Constituição financeira e o federalismo financeiro cooperativo equilibrado brasileiro. *Revista Fórum de Direito Financeiro e Econômico*, n. 5, mar./ago. 2014, p. 25-54.

TORRES, Ricardo Lobo. O mínimo existencial e os direitos fundamentais. *Revista de Direito Administrativo*, n. 177, jul/set. 1989, p. 29-49.

VALLE, Vanice Regina Lírio do. Réquiem para ação administrativa planejada: a rutura entre as dimensões executiva e orçamentária. *In*: BUÍSSA, Leonardo; REIMANN, Simon; MARTINS, Rafael (Orgs.). *Direito e finanças públicas nos 30 anos da Constituição*: experiências e desafios nos campos do direito tributário e financeiro. Florianópolis: Tirant Blanch, 2018. p. 319-340.

Informação bibliográfica deste texto, conforme a NBR 6023:2018 da Associação Brasileira de Normas Técnicas (ABNT):

LISBÔA, Mateus Rocha de. Limitação do ICMS sobre combustíveis, federalismo fiscal e orçamento responsável. *In*: MOTTA, Fabrício; BUÍSSA, Leonardo; BEVILACQUA, Lucas (coord.). *Federalismo fiscal e políticas públicas*. Belo Horizonte: Fórum, 2023. p. 123-152. ISBN 978-65-5518-529-4..

MINIGERAÇÃO DISTRIBUÍDA DE FONTE SOLAR FOTOVOLTAICA: A (NÃO) TRIBUTAÇÃO DE MINAS GERAIS E SUAS DECORRÊNCIAS

RENATA GUIMARÃES FIGUERÊDO

1 Introdução

O desafio de produzir e distribuir energia elétrica, de forma eficiente e acessível, é antigo. O inventor americano Thomas Edison (1847-1931), um dos precursores da mudança da era do vapor para a era da eletricidade, certa vez fez a seguinte declaração: "Eu apostaria meu dinheiro no sol e na energia solar. Que fonte de energia! Espero que não precisemos esperar até que o petróleo e o carvão acabem para então resolvermos isso"[1] (ROGERS, 2007, tradução nossa). Um século depois, o caminho a ser percorrido em direção a uma nova transição energética, agora com o intuito de descarbonização da economia e do planeta, ainda é longo e requer consciência, vontade, comprometimento e responsabilidade socioambiental e política, como também políticas públicas de planejamento, gestão e incentivo.

Para tanto, é necessária a redução significativa, a nível mundial, das emissões de carbono, diminuindo a participação de fontes fósseis não renováveis e poluidoras nas matrizes energéticas de cada país; em contrapartida, o incremento substancial de fontes renováveis e limpas para atender ao comumente e considerável aumento da demanda global por energia elétrica. Esse processo de transição energética vem introduzindo uma gama de inovações, oportunidades, desafios e soluções para garantir a geração e o fornecimento de energia, recurso indispensável à vida moderna.

---

1 *"I'd put my money on the sun and solar energy. What a source of power! I hope we don't have to wait until oil and coal run out before we tackle that."*

Nesse contexto, um dos 17 Objetivos de Desenvolvimento Sustentável (ODS) da Agenda 2030 da Organização das Nações Unidas (ONU), o ODS nº 7, destina-se precisamente à questão da energia limpa e acessível. E é com as implicações da geração e distribuição de energia limpa, em específico, da micro e minigeração distribuída (MMGD) de fonte solar fotovoltaica, que se relaciona o presente trabalho. A abordagem deste estudo passa por aspectos voltados à sustentabilidade, ao direito constitucional ao meio ambiente ecologicamente equilibrado e à tributação da geração distribuída (GD) de micro e minissistemas.

Segundo o Anuário Estatístico de Energia Elétrica 2022 (ano-base 2021) elaborado pela Empresa de Pesquisa Energética (EPE) do Ministério de Minas e Energia, na matriz energética brasileira, a participação na geração de energia elétrica das fontes limpas renováveis (hídrica, biomassa, eólica e solar) representou mais de 75% do total gerado em 2021. Dessas, a hídrica ainda é a de maior representatividade, correspondendo a 55,3% do total gerado; a biomassa respondeu a 7,9%; já a eólica foi responsável por 11% da geração; enquanto a solar, que teve grande evolução nos últimos cinco anos, representou 2,6% da geração total de energia elétrica nacional em 2021 (EPE, 2022).

Conforme dados do Anuário (EPE, 2022), nota-se que, entre 2012 e 2021, houve um decréscimo significativo da participação da geração elétrica de base hídrica de quase 20%, visto que, em 2012, sua representação na geração elétrica nacional correspondia a 75,2% do total gerado, enquanto, em 2021, passou a ser de 55,3%. Vale ressaltar ainda que, entre 2020 e 2021, devido, em parte, à forte crise hídrica do ano de 2021, houve um aumento de geração elétrica a partir de fontes não renováveis e poluidoras, desfavorável, portanto, à descarbonização da matriz. Com relação a essas fontes, a do carvão registrou um aumento de 47%, enquanto a do gás natural teve um acréscimo de 62%. Os aumentos na geração de energia elétrica proveniente do carvão e do gás natural ficaram mais expressivos em decorrência da queda dos números destes entre 2019 e 2020 devido à pandemia de COVID-19, que acarretou a desaceleração da indústria nacional no ano de 2020.

Já o crescimento na geração elétrica advinda de derivados do petróleo foi de 113,2% entre 2020 e 2021 devido à maior necessidade de acionamento de termelétricas no período da crise hídrica de 2021. Nessa circunstância extrema de escassez de chuva e água, essa foi a saída para se manterem a segurança energética e o equilíbrio da relação entre oferta e demanda por energia elétrica. Por essa razão, ocorreu também, nesse mesmo período, uma queda de 8,5% da geração hidrelétrica. Assim, com a severa crise hídrica de 2021, criou-se uma tarifa extraordinária nas contas de energia, mais elevada que a tarifa da bandeira vermelha, denominada bandeira tarifária da escassez hídrica, que saiu cara não apenas para os titulares das mais de 85 milhões de unidades consumidoras de energia elétrica no Brasil, mas também para a economia, o meio ambiente e a saúde humana.

Visto isso, vale apontar que o texto constitucional de 1988, em seu art. 225, impôs ao Estado e à própria coletividade a especial incumbência de defender e preservar o meio ambiente para as presentes e futuras gerações, de forma a garantir a todos "o direito ao meio ambiente ecologicamente equilibrado, bem de uso comum do povo e essencial à sadia qualidade de vida". A maior complexidade da sociedade moderna, com a globalização não só econômica, mas também ecológico-ambiental e tecnológico-científica, imprimiu novas demandas sociais que ampliaram a necessidade de atuação do Estado em áreas como meio ambiente, com uma agenda política não propriamente local, mas mundial e universal.

Além disso, as dimensões dos direitos se estenderam, com a concepção de direitos de terceira dimensão, por exemplo. Essa nova geração de direitos visa ao coletivo, progresso e desenvolvimento, incluindo nesta o direito transindividual e fundamental à integridade do meio ambiente. Nessa condição, os objetivos da Política Nacional sobre Mudança do Clima, estabelecidos no parágrafo único, art. 3º, da Lei nº 12.187/2009, devem "estar em consonância com o desenvolvimento sustentável a fim de buscar o crescimento econômico, a erradicação da pobreza e a redução das desigualdades sociais".

Foi na década de 1970 que os conceitos de desenvolvimento sustentável e de sustentabilidade começaram a ser delineados com a realização da primeira grande reunião internacional da ONU sobre o meio ambiente, ocorrida na Suécia em 1972, denominada Conferência de Estocolmo. No entanto, somente após a publicação, em 1987, do documento intitulado *Nosso Futuro Comum* (*Our Common Future*), conhecido como Relatório Brundtland,[2] que esses conceitos se estabeleceram. O relatório trouxe de forma expressa a definição de desenvolvimento sustentável como sendo aquele que atende a demandas do presente sem comprometer a possibilidade de gerações futuras atenderem às suas necessidades (ONU, 2020).

Na atualidade, há críticos questionamentos sobre o apropriado entendimento da expressão desenvolvimento sustentável, argumentado pela ambiguidade gerada pelo próprio termo, que o associou, em muitas vezes, a uma busca da conservação e proteção ambiental atrelada condicionalmente a um desenvolvimento econômico. Sobre a questão, o professor Juarez Freitas, em sua obra *Sustentabilidade, direito ao futuro*, premiada com a medalha Pontes de Miranda, da Academia Brasileira de Letras Jurídicas, expõe a seguinte definição:

> [...] a sustentabilidade consiste em assegurar, hoje, o bem-estar material e imaterial, sem inviabilizar o bem-estar, próprio e alheio, no futuro. Desse modo, quando autores, como Anthony Giddens, opõem (até certo ponto, compreensíveis) reservas à expressão desenvolvimento sustentável, vendo-a como oximoro (contradição em termos), estão a cogitar de acepção demasiadamente convencional do desenvolvimento, isto é, aquela que o embaralha com o crescimento econômico e se exprime no velho PIB (FREITAS, 2019).

Para Juarez Freitas (2019), por efeito da Constituição de 1988, a sustentabilidade é um valor fundamental, vital, constitucional e supremo. Merece ser acolhida, portanto, como princípio jurídico, constitucional, não abstrato, de natureza vinculante, de eficácia direta e imediata, promotor de direito subjetivo e gerador de obrigações e responsabilidades. Para ele, deve-se adotar a diretriz da sustentabilidade em conjunto com os princípios que determinam o respeito do direito ao bem-estar (individual e coletivo) e a proteção do direito ao futuro, no intuito de promover a restauração e preservação do meio ambiente para as atuais e subsequentes gerações.

---

[2] O título faz referência à médica e ex-primeira-ministra da Noruega, Gro Harlem Brundtland, que à época presidia a Comissão Mundial sobre o Meio Ambiente e Desenvolvimento da ONU.

A sustentabilidade apresentada por Freitas é pluridimensional, englobando as dimensões social, ética, jurídico-política, econômica e ambiental. Devido a ela, os aspectos econômicos não devem se sobrepor ao desenvolvimento sustentável numa aplicação direta, sem atualização interpretativa das leis e ponderação legítima dos custos e benefícios (diretos e indiretos, imediatos e a longo prazo), tendo a proteção ambiental como guia dessa equação de balanceamento. Dessa forma, a sustentabilidade é, portanto, elemento determinante dos atos e ações públicas, que se reflete na concepção de políticas públicas e na busca de um Estado sustentável. Para tanto, o autor enfoca na necessidade de uma mudança de padrão para um novo paradigma principiológico da sustentabilidade, que supere a visão de mundo mecanicista e a lógica progressista de desenvolvimento (econômico e não necessariamente sustentável).

Nessa mesma linha de pensamento, tem-se o livro *A revolução ecojurídica: o direito sistêmico em sintonia com a natureza e a comunidade*, do físico austríaco Fritjof Capra, em parceria com o jurista italiano Ugo Mattei. Capra ficou conhecido a partir da década de 1980 com o livro *O ponto de mutação*. O pensamento sistêmico da vida, já expresso nessa obra principiante, percorre toda a sua produção.

Em *A revolução ecojurídica*, Capra e Mattei (2019) realizam uma análise crítica, por meio de uma abordagem conceitual, prática e histórica da modificação do pensamento científico e jurídico, da antiguidade à atualidade. Consuma-se com a necessidade imperativa de uma transformação efetiva da ordem jurídica. Para os autores, essa mudança, denominada no texto como revolução ecojurídica, deve conduzir à superação do velho paradigma mecanicista para uma visão sistêmica no direito, compatível com os princípios ecológicos da sustentação da vida e do bem comum da humanidade. De acordo com eles:

> O conceito de sustentabilidade tem sido frequentemente deturpado, usurpado e, inclusive, banalizado devido a seu uso desassociado do contexto ecológico que lhe confere seu verdadeiro significado. O que é sustentado numa comunidade sustentável não é o desenvolvimento econômico, a vantagem competitiva ou qualquer outro critério usado pelos economistas, mas a totalidade de rede da vida da qual nossa sobrevivência depende a longo prazo. O primeiro passo para a criação de uma comunidade sustentável deve ser, naturalmente, compreender como a natureza sustenta a vida. Isso implica um novo entendimento

ecológico da existência, ou "ecoalfabetização", bem como um novo tipo de pensamento "sistêmico" – aquele que se dá em termos de relações, padrões e contexto (CAPRA; MATTEI, 2019).

Nota-se que a abordagem de Freitas (2019) possui muitos pontos análogos à obra de Capra e Mattei (2019). Ambas abordam a questão da corrompida ideia de desenvolvimento sustentável e da inadequada análise e utilização do PIB como indicador de desenvolvimento, como também da iminente necessidade de uma mudança de paradigma que acolhe uma visão sistêmica, superando a visão mecanicista da modernidade.

2 Breve abordagem sobre o direito ao meio ambiente como direito fundamental humano e a relação dos direitos com finanças públicas

Além do direito ao meio ambiente ecologicamente equilibrado, expressamente destacado no art. 225, a Constituição Federal de 1988, em seu art. 5º, §2º, traz que os direitos e garantias expressos na Constituição "não excluem outros decorrentes do regime e dos princípios por ela adotados, ou dos tratados internacionais em que República Federativa do Brasil seja parte". Assim, cabe ao poder público cumprir as metas e compromissos estabelecidos e ratificados pelo Estado brasileiro em conferências, acordos ou tratados internacionais. Dentre estes, têm-se as Conferências das Partes (COP), que são encontros da Convenção-Quadro das Nações Unidas sobre Mudança do Clima (UNFCCC), com o objetivo de debater e encontrar soluções para os problemas ambientais que afetam o planeta, em específico, reduzir as emissões de gases para 2030 de forma a neutralizar a emissão destes, limitando o aquecimento global a 1,5 °C acima das temperaturas da era pré-industrial e ampliando o financiamento de ações de efeitos climáticos positivos (ONU, 2021).

Somando-se a isso, o texto constitucional, em seu art. 218, traz que o Estado deverá promover e incentivar o desenvolvimento científico, a pesquisa e a inovação. Dessa forma, o fomento da geração de energia limpa solar fotovoltaica, elemento a ser analisado neste trabalho, é legítimo, necessário e urgente, indo ao encontro de preceitos constitucionais e internacionais que visam à mitigação das alterações climáticas e à proteção do meio ambiente.

No âmbito da Organização dos Estados Americanos (OEA), a Opinião Consultiva (OC) nº 23/2017, sobre o meio ambiente e direitos humanos, deixou evidente que os efeitos adversos da mudança climática prejudicam não apenas o meio ambiente, mas o desfrute efetivo dos direitos humanos. Essa OC foi solicitada pela República da Colômbia, como prerrogativa de Estado-Membro da OEA, à Corte Interamericana de Direitos Humanos (CoIDH), em 2016. Nela, ficou reconhecida a relação intrínseca, indissociável e interdependente entre a proteção do meio ambiente, o desenvolvimento sustentável e os direitos humanos. Dentre os vários direitos abordados na OC que estão sujeitos a serem violados por causa de danos ambientais, está, além do próprio direito ao meio ambiente saudável, o direito à vida, à moradia e à saúde, por exemplo.

Como parte de sua função consultiva, a CoIDH tem a atribuição para interpretar a Convenção Americana sobre Direitos Humanos (CADH) – Pacto de São José da Costa Rica –, bem como outros tratados interamericanos relacionados ao tema. Dessa forma, os pareceres consultivos são instrumentos de interpretação da própria CADH que esclarecem o conteúdo dos direitos e obrigações dos Estados para que estes adequem suas leis, práticas e políticas públicas de acordo com os parâmetros do Sistema Interamericano de Proteção dos Direitos Humanos (SIDH).

O direito ao meio ambiente é tido como um espécime de direito de terceira geração e, talvez por essa razão, não elencado expressamente no art. 6º da Constituição de 1988, no rol dos direitos sociais, tidos pela Teoria Geracional de Karel Vasak como de segunda geração. No art. 6º, são listados, como direitos sociais, na forma da Constituição, os direitos à saúde e à moradia, por exemplo. Todavia, uma Proposta de Emenda à Constituição, a PEC nº 16, de 2012, objetivou alterar a redação desse artigo para acrescentar "o meio ambiente saudável" ao rol dos direitos sociais explicitados nesse dispositivo da Carta Magna. Em 2017, a PEC chegou a receber parecer favorável à matéria no relatório legislativo da Comissão de Constituição, Justiça e Cidadania (CCJ) do Senado Federal. Contudo, foi arquivada em dezembro de 2018, ao final da 55ª Legislatura, por força do §1º do art. 332 do Regimento Interno do Senado Federal.

Tal situação pode até incitar debates, mas, de fato, o que poderia ser impróprio seria o não reconhecimento do direito ao meio ambiente ecologicamente equilibrado como direito fundamental da pessoa humana, de caráter transindividual e intergeracional.

Ademais, o texto de Ingo Sarlet e Tiago Fensterseifer traz uma abordagem sobre o direito fundamental ao meio ambiente como cláusula pétrea do sistema constitucional brasileiro. Conforme eles:

> No plano material, houve uma decisão tomada pelo constituinte brasileiro ao consolidar o direito subjetivo dos indivíduos e da coletividade a viverem em um meio ambiente ecologicamente equilibrado, considerando ser o mesmo "essencial à sadia qualidade de vida" (art. 225, caput, da CF/1988). Ao reconhecer a qualidade e integridade ecológica como essencial a uma vida humana saudável (e também digna), o constituinte consignou no pacto constitucional sua escolha de incluir a proteção ambiental entre os valores permanentes e fundamentais do Estado de Direito e da República brasileira (SARLET; FENSTERSEIFER, 2020).

Por fim, a efetivação dos direitos, incluindo aqui o direito ao meio ambiente saudável, implica custos, demandando gastos e alocação de recursos públicos na programação orçamentária estatal. Virgílio Afonso da Silva (2008) sustenta que "a realização e a proteção de direitos sempre custam dinheiro", requerendo uma atuação positiva e efetiva do Estado por meio do planejamento, formulação e implementação de políticas públicas, em regra, financiadas com recursos públicos oriundos da arrecadação de tributos pelo Estado. Para tanto, é necessária ainda a promoção e manutenção das instituições públicas, as quais igualmente acarretam despesas públicas que se somam aos custos dos direitos.

Essa questão do custo dos direitos conduz a vários outros aspectos voltados não apenas ao quanto realmente custam os direitos, mas também à sua viabilização financeira, que evidencia a questão da demanda e dependência estatal de arrecadação, cobrança e pagamento de tributos, ou seja, da geração legal de obrigações fiscais para propiciar receitas públicas. Cabe destacar ainda os aspectos voltados à responsabilidade fiscal e obrigação de prestação de contas dos que regulam e executam as despesas públicas e decidem como aplicar os escassos recursos na proteção de quais direitos.

Assim, na atualidade, diante de um cenário de escassos recursos públicos, fica inconcebível pleitear uma possibilidade de renúncia de receita estatal como política de incentivo que concede isenção de ICMS (imposto sobre operações relativas à circulação de mercadorias e sobre prestações de serviços de transporte interestadual, intermunicipal e de comunicação) sem justificação plausível e necessário estudo prévio de impacto financeiro, lembrando que nem todo incentivo fiscal gera queda de receita, bem como de estudo de impacto social e/ou ambiental, dependendo da situação. Os exemplos a serem analisados neste trabalho se enquadram em tal caso, de caráter extrafiscal, que tem, noutro norte, o contrapeso justificativo da busca de cumprimento de ditame constitucional voltado à promoção e proteção do direito fundamental ao meio ambiente ecologicamente equilibrado, de interesse comum, de forma a estimular condutas com o fomento da micro e minigeração distribuída de energia solar fotovoltaica, limpa e renovável.

Em conclusão, a valoração e a ponderação do efetivo custo-benefício de uma ação que terá repercussão (direta ou indireta) nas finanças e orçamento público devem, acima de tudo, buscar uma relação adequada entre a tributação e a realização dos direitos fundamentais, mantendo o equilíbrio das contas públicas e o gerenciamento dos recursos públicos da melhor forma possível, de maneira legal, justa, eficiente, pautada no interesse público e nos objetivos constitucionais, em um verdadeiro Estado Social de Direito.

3 A questão do ICMS na micro e minigeração distribuída (MMGD) e o caso peculiar do estado de Minas Gerais

Com o objetivo de estabelecer as condições gerais para o acesso de micro e minigeração distribuída aos sistemas de distribuição de energia elétrica, a Agência Nacional de Energia Elétrica (ANEEL) publicou a Resolução Normativa nº 482, de 17 de abril de 2012. Essa resolução trouxe a possibilidade da conexão direta desses sistemas de geração distribuída (GD) ao sistema público de distribuição de energia elétrica mediante o sistema de compensação de energia elétrica (SCEE), no qual a energia ativa injetada por essas unidades de micro ou minigeração é cedida à distribuidora local e posteriormente compensada com o consumo de energia elétrica ativa. Essa alternativa é válida para sistemas de geração de fontes renováveis, como a solar, eólica e hídrica.

A análise realizada neste estudo se concentra na questão específica do diferencial do limite da potência instalada de minigeração distribuída solar fotovoltaica para se aplicar a isenção de ICMS ou não, bem como em suas decorrências, no caso de Minas Gerais, nos números de unidades geradoras e na potência instalada da minigeração distribuída de fonte solar neste estado. Não se adentra, portanto, em questões específicas voltadas à titularidade; modalidade (autoconsumo remoto, própria, múltiplas ou compartilhada); admissíveis isenções legais de outros tributos, como as contribuições para o PIS e Cofins; entre outros pontos técnicos, tributários e legais.

À vista disso, o texto original da Resolução nº 482/2012, em seu art. 2º, incisos I e II, trazia, sob o aspecto específico da potência, os seguintes patamares para micro e minigeração distribuída: microgeração distribuída como a central geradora de energia elétrica com potência instalada menor ou igual a 100 kW; e minigeração distribuída como a potência instalada superior a 100 kW e menor ou igual a 1 MW. Em ambos os casos, para fontes hidráulica, solar, eólica e biomassa.

No entanto, com a Resolução Normativa nº 687, de 24 de novembro de 2015, que deu nova redação a dispositivos da Resolução nº 482/2012, dentre eles, o referido inciso II do art. 2º, ocorreu uma alteração na especificação da minigeração, passando a ser definida nesta como a central geradora de energia elétrica com potência instalada superior a 75 kW e menor ou igual a 5 MW para a cogeração qualificada e fontes renováveis, exceto a hídrica, que passou a ter o limite de 3 MW. Já em 2017, com a Resolução Normativa nº 786, de 17 de outubro de 2017, unificaram-se os limites de potência da minigeração para até 5 MW para todas as fontes renováveis e cogeração qualificada. Dessa forma, mudanças no texto da Resolução nº 482/2012 alteraram a caracterização da minigeração distribuída, elevando o limite da potência instalada da minigeração distribuída, estabelecido, originalmente, de 1 MW para 5 MW.

Nesse ínterim de tempo, o Conselho Nacional de Política Fazendária (CONFAZ) celebrou o Convênio ICMS nº 16, de 22 de abril de 2015, abarcando os estados de Goiás, Pernambuco e São Paulo inicialmente. Esse instrumento autorizou os estados conveniados a conceder isenção do ICMS incidente sobre a energia elétrica fornecida pela distribuidora à unidade consumidora, na quantidade correspondente à soma da energia elétrica injetada na rede de distribuição pela mesma unidade consumidora com os créditos de energia ativa originados na própria unidade consumidora no mesmo mês, em meses anteriores ou em outra unidade consumidora do mesmo titular, nos termos do Sistema de Compensação de Energia Elétrica (SCEE), estabelecido pela Resolução nº 482/2012.

No decorrer de 2015 até meados de 2018, todos os estados e o Distrito Federal aderiram ao Convênio ICMS nº 16/15. Em condições diferenciadas, por meio de alteração acordada pelo Convênio ICMS nº 130/15, os estados do Paraná e de Santa Catarina concedem a isenção do ICMS por um prazo máximo de 48 meses, na forma da legislação estadual específica. Em decorrência, têm-se a Lei nº 19.595, de 12 de julho de 2018, do estado do Paraná, e a Lei nº 17.762, de 7 de agosto de 2019, do estado de Santa Catarina.

Cabe destacar que o texto original do Convênio ICMS nº 16/15 traz, em seu inciso I, §1º, da cláusula primeira, que o benefício previsto de isenção de ICMS aplica-se somente à compensação de energia elétrica produzida por micro e minigeração, conforme definido na Resolução nº 482/2012, sem colocar expressamente as especificações de potência instalada para cada uma dessas. No entanto, sete meses depois da publicação do convênio, a Resolução nº 687/2015 trouxe modificações à Resolução nº 482/2012, passando o limite da potência instalada da minigeração distribuída de 1 MW para 5 MW, no caso de fonte solar. Tal alteração nunca foi vinculada ao texto do convênio, o qual sofreu mudanças posteriores, inclusive nesse mesmo referido dispositivo, por força do Convênio ICMS nº 18/18, que deu uma nova redação a este, trazendo agora explicitamente os valores da potência instalada da micro e minigeração distribuída ali referidas, como sendo menor ou igual a 75 kW para microgeração, e superior a 75 kW e menor ou igual a 1 MW para minigeração distribuída.

Assim, somente em 2018, com a mudança do texto do Convênio ICMS nº 16/15, acarretada pela edição do Convênio ICMS nº 18/18, é que foram sanadas algumas dúvidas e discussões geradas pelas diferenças em relação ao texto da Resolução nº 482/2012, deixando claro que o benefício disposto no Convênio ICMS nº 16/15 se aplica, no caso de minigeração distribuída, a sistemas de até 1 MW de potência instalada. E respeitando esse limite de 1 MW, os estados e o DF editaram suas legislações específicas para regulamentar a isenção do ICMS a nível estadual, exceto Minas Gerais, que editou a Lei nº 22.543, de 30 de junho de 2017, a qual, entre outras providências, isenta a minigeração distribuída de central geradora de energia elétrica solar fotovoltaica com potência instalada de até 5 MW. Observa-se que a lei mineira é de junho de 2017, posterior, portanto, à Resolução nº 687/2015, que alterou o limite inicial de 1 MW para 5 MW da minigeração distribuída solar fotovoltaica no texto da Resolução nº 482/2012, e anterior ao Convênio ICMS nº 18/18, que alterou o texto do Convênio ICMS nº 16/15, incluindo de forma explícita os valores de potência instalada correspondentes à micro e minigeração distribuída ali referidos.

Mais recentemente, na mesma vertente de Minas Gerais, buscando ampliar a isenção da minigeração distribuída solar fotovoltaica para centrais de até 5 MW, os estados do Rio de Janeiro e do Espírito Santo aprovaram, respectivamente, a Lei nº 8.922, de 30 de junho de 2020, e a Lei nº 11.253, de 8 de abril de 2021. Minas Gerais também editou uma nova lei, antevendo o prazo de vigência estabelecido para a devida isenção do ICMS no estado, que finda em 31 de dezembro deste ano. Essa última, a Lei nº 23.762, de 6 de janeiro de 2021, deve ser igualmente validada "desde que haja autorização em convênio celebrado e ratificado pelos Estados e pelo Distrito Federal, nos termos da Lei Complementar Federal nº 24, de 7 de janeiro de 1975". Mais uma vez, a lei mineira traz uma particular inovação ao estender o incentivo para as demais fontes renováveis, a saber, eólica, biomassa e hidráulica, não limitando a isenção do ICMS à micro e minigeração distribuída de fonte solar fotovoltaica unicamente.

De forma resumida, Minas Gerais, desde meados de 2017, vem concedendo isenção de ICMS à minigeração distribuída de fonte solar fotovoltaica com potência instalada de até 5 MW, nos termos das normativas aprovadas e acordadas pelo estado. Rio de Janeiro e Espírito Santo fizeram o mesmo e estão fruindo de similar condição, com suas devidas particularidades, desde 2020 e 2021, nessa ordem. Os demais estados concedem a isenção a sistemas de minigeração distribuída de até 1 MW de potência instalada, limitando a 48 meses de isenção os estados do Paraná e de Santa Catarina.

No próximo tópico, são apresentados dados da minigeração distribuída solar fotovoltaica disponibilizados no Painel de Dados de Micro e Minigeração Distribuída (MMGD), disponível no *site* da Empresa de Pesquisa Energética (EPE), vinculada ao Ministério de Minas e Energia. O Painel permite baixar os dados em arquivo de formato de planilha do Excel. Seguidamente, têm-se análise e discussão dos números levantados.

4 Dados e discussões

A partir dos dados da micro e minigeração distribuída (MMGD), disponibilizados pela Empresa de Pesquisa Energética (EPE), que traz os valores iniciais da MMGD no Brasil desde 2013 até 2021, a fonte fotovoltaica (FV) corresponde a quase 98% (8.771 MW) da capacidade total instalada (8.965 MW) em sistemas de MMGD estabelecidos até 2021. A microgeração (menor ou igual a 75 kW), englobando todas as fontes, representa 82,8% (7.423 MW) da capacidade instalada, e a minigeração (superior a 75 kW e menor ou igual a 5 MW), a 17,2% (1.542 MW) do total (Figura 1).

Figura 1. MMGD todas as fontes

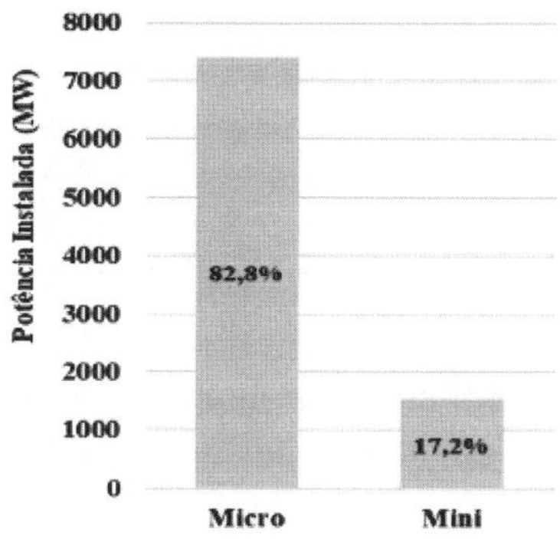

Figura 2. MMGD fonte fotovoltaica

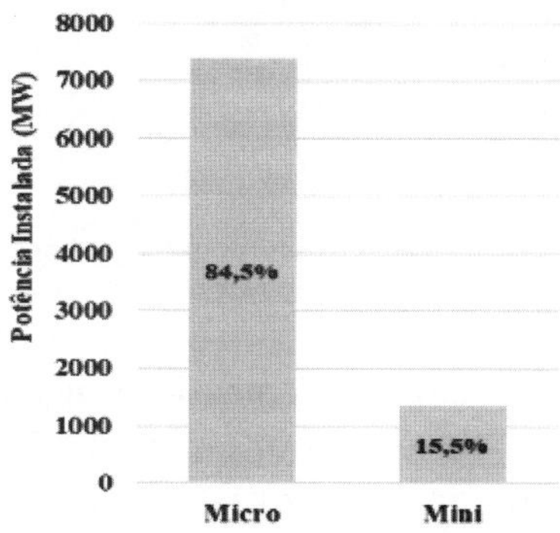

Com base apenas na fonte solar fotovoltaica, a microgeração equivale a 84,5% (7.410 MW) da capacidade instalada, e a minigeração, a 15,5% (1.362MW), apesar desta última representar apenas 0,6% do número total dos sistemas de minigeração (Figura 2). Já com relação unicamente à minigeração distribuída de fonte fotovoltaica de potência instalada superior a 1 MW e menor ou igual a 5 MW – foco de interesse deste estudo, pois é nessa faixa que Minas Gerais, diferentemente dos outros estados, concede isenção de ICMS desde 2017 –, essa faixa corresponde a 23,8% (323,6 MW) do total da capacidade instalada na minigeração distribuída fotovoltaica brasileira (Figura 3). Os estados do Rio de Janeiro e do Espírito Santo também começaram a conceder o mesmo benefício nessas condições, em 2020 e 2021, respectivamente.

Examinando por classe, nota-se que a classe predominante da microgeração fotovoltaica é a residencial, equivalendo a 52% (3.854 MW) da capacidade total instalada nos sistemas de potência menor ou igual a 75 kW, seguida pela classe comercial, que responde a 29% (2.147 MW), e a rural, representando 13% (973 MW). Na minigeração, que requer um investimento muito mais alto, essa relação se modifica. Nessa situação, a classe comercial passa a representar 57% (769 MW) do total da capacidade instalada em sistemas de minigeração FV de potência superior a 75 kW e inferior ou igual a 5 MW.

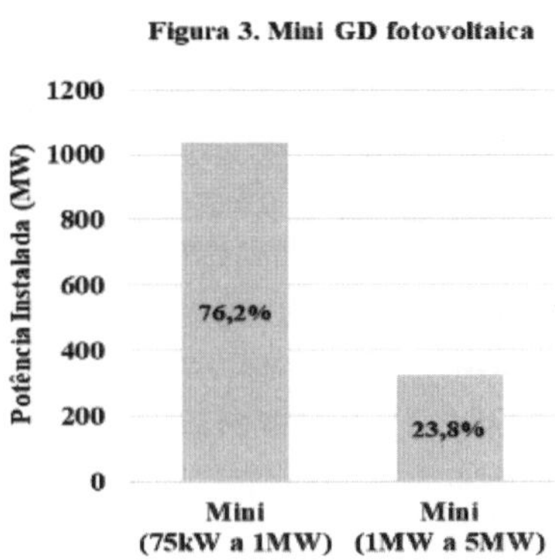

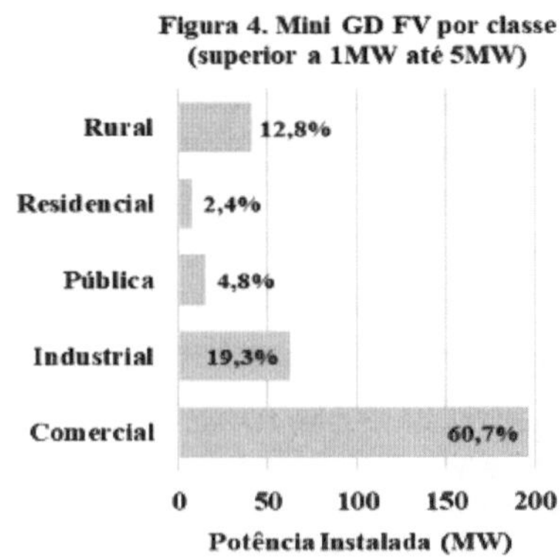

Já em sistemas de minigeração fotovoltaica de potência superior a 1 MW e inferior ou igual a 5 MW, a classe comercial se intensifica ainda mais, equivalendo a 60,7% (197 MW) do total da capacidade instalada nessa faixa, seguida pela classe industrial, que representa 19,3% (62 MW). Nesse contexto, a classe residencial é a de menor representatividade, correspondendo a 2,4% (8 MW) da capacidade instalada (Figura 4). Assim, tem-se que a microgeração se volta mais a unidades residenciais, enquanto a minigeração, a unidades comerciais.

Quando se avalia, por unidade da federação, a minigeração distribuída fotovoltaica, na faixa de interesse, de potência instalada superior a 1 MW e inferior ou igual a 5 MW, o estado de Minas Gerais se destaca muito. Ele sozinho representa 53,6% (173 MW) da capacidade instalada nacional nesta faixa (Figura 5). Notabiliza-se ainda que oito estados não possuem registros de sistemas nessa específica faixa da minigeração distribuída, segundo os dados da Empresa de Pesquisa Energética. São estes: Acre, Amapá, Pará, Paraíba, Paraná, Rondônia, Santa Catarina e Sergipe.

Figura 5. Mini GD FV com potência superior a 1MW e inferior ou igual a 5MW Potência Instalada (MW) por Estado (2021)

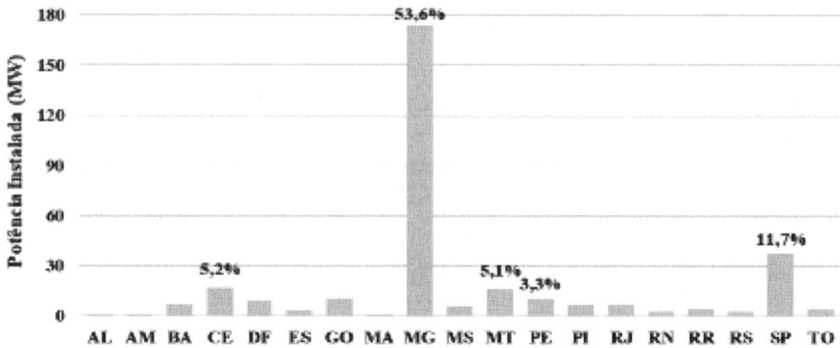

Ao se fazer essa mesma verificação, levando-se em conta a micro e minigeração distribuída fotovoltaica como um todo, constata-se uma relação bem mais equilibrada entre os entes federativos. Nesse contexto, Minas Gerais também é líder, representando, no entanto, 17,1% (1.505 MW) do total da capacidade instalada, seguido por São Paulo, que corresponde a 13% (1.139 MW) desse total, e Rio Grande do Sul, a 11,8% (1.040 MW) (Figura 6). Aliás, Minas é líder no setor de MMGD desde 2016, mas, como demonstrado, na faixa específica da minigeração fotovoltaica (potência superior a 1 MW e inferior ou igual a 5 MW), o estado mantém uma relação muito mais produtiva e diferenciada em comparação aos demais estados, estando São Paulo em segunda posição, correspondendo a 11,7% (37 MW) do total da capacidade instalada nessa faixa (Figura 5). Os valores de Minas Gerais, em potência (MW), nessa faixa estipulada são quase cinco vezes maiores que os de São Paulo, que se encontra na segunda posição. Vale mencionar que não significa que as unidades mineiras contidas nessa faixa são necessariamente beneficiadas com a isenção do ICMS, pois isso está atrelado a um conjunto de especificações e condições.

Figura 6. Micro e MiniGeração Distribuída (MMGD) fotovoltaica Potência Instalda (MW) por Estado (ano base 2021)

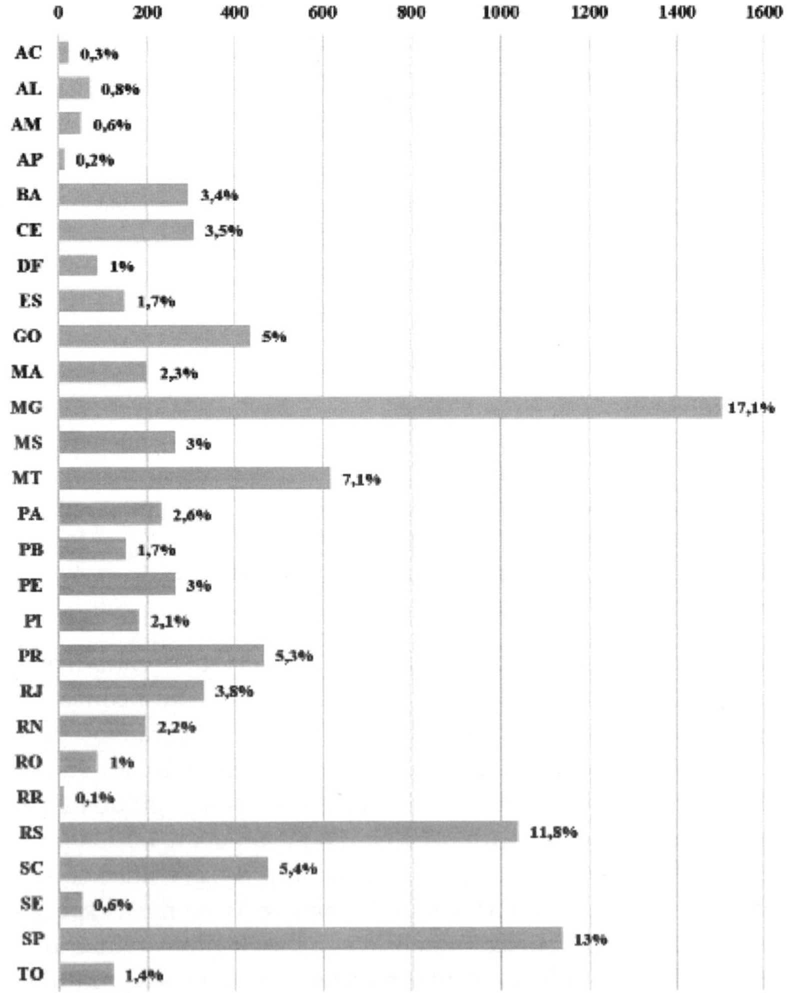

Visto isso, fica o questionamento se esse avantajado desempenho, nessa específica faixa, é fruto da política tributária adotada pelo estado, que concede isenção do ICMS à minigeração distribuída fotovoltaica com limite de potência igual a 5 MW ao invés de 1 MW, como ocorre na grande maioria dos demais estados.

A diferença em números de potência instalada, como também de quantidade de sistemas de minigeração distribuída fotovoltaica em Minas Gerais, na particular faixa caracterizada, de potência superior a 1 MW e inferior ou igual a 5 MW, é expressiva e distinta, mas cabe ressaltar outros pontos favoráveis, além da particular questão vinculada à isenção do ICMS, como, por exemplo, possíveis específicas linhas de financiamento na área e isenção de tributo destinada não apenas à geração e distribuição de energia, como também a equipamentos fotovoltaicos, entre outros.

Antes mesmo da edição da Lei Estadual nº 22.543/2017, Minas Gerais já era líder no setor, registrando crescimento contínuo e considerável, talvez devido ao expressivo potencial que o estado dispõe para geração de energia elétrica a partir de fonte solar fotovoltaica. Ampla área do estado se encontra no denominado "cinturão solar" apresentado no Atlas Brasileiro de Energia Solar (INPE, 2017), que é a faixa de maior potencial para a produção de energia fotovoltaica no país, a qual atravessa o sertão do Nordeste e se estende até o Pantanal passando por Goiás, incluindo grande parte dos estados de Minas Gerais e São Paulo (Figura 7).

Figura 7 – "Cinturão solar" – mapa com a média anual do total diário da irradiação: no plano inclinado na latitude; direta normal; e global horizontal

Outro aspecto a ser evidenciado é que o estado de Minas Gerais é o segundo maior consumidor de energia elétrica do país pelo menos há uma década, ficando atrás apenas de São Paulo, segundo dados do Anuário Estatístico de Energia Elétrica 2022, que traz dados de 2012 a 2021. É também o segundo estado com o maior número de unidades consumidoras de energia elétrica no país (EPE, 2022). Nessa mesma relação, é o segundo estado mais populoso do país, com mais de 20 milhões de habitantes, segundo estimativa do IBGE (2021). Dessa forma, a posição de destaque do estado de Minas Gerais na área da geração distribuída se deve a um composto de fatores e variáveis, mas decerto, um tanto, por sua inovadora e ousada política de tributação na área da GD.

5 Conclusão

O contínuo e acentuado desenvolvimento da geração distribuída fotovoltaica no estado de Minas Gerais é comprovado pelos dados regularmente apresentados pela Empresa de Pesquisa Energética (EPE). É fato que o fomento da geração de energia elétrica a partir de fonte fotovoltaica favorece a indústria e o comércio voltado a essa área, mas beneficia também a economia, o social, a geração de emprego e, em especial, por se tratar de uma fonte limpa e renovável, atende concomitantemente à proteção ambiental, favorecendo as presentes e futuras gerações.

Vale salientar que o ano de 2021 foi marcado por uma forte crise hídrica, que afetou o volume d'água dos reservatórios das hidrelétricas nacionais, levando à necessidade de um maior acionamento de termelétricas para compensar a redução na geração de energia elétrica de fonte hidráulica. As termoelétricas são usinas poluentes e onerosas, que geram energia por meio da queima de gás natural, carvão ou óleo combustível. Os impactos ambientais de soluções como essa são variados e significantes na crise e mudança climática do planeta. Em outro norte, a energia elétrica proveniente de fontes renováveis, como a eólica e a solar, é de importante préstimo para a segurança energética nacional em períodos de grande seca, como os ocorridos nos anos de 2001, 2014, 2021 e, presumivelmente, neste ano de 2022 mais uma vez.

Finalizando, é notório, no entanto, que, por meio do presente trabalho, não se pretende chegar a conclusões determinantes e categóricas. O intuito do estudo é apresentar uma discussão sobre a questão energética, sustentabilidade e relevância de uma política pública eficiente, tributária ou não, na indução de comportamento individual, coletivo e do próprio mercado, para se buscarem soluções em áreas fundamentais e emergenciais como a do meio ambiente. Para tanto, o planejamento dessas políticas deve estar em consonância com os princípios, obrigações e finalidades da Constituição e do Estado Social de Direito, de forma a garantir o bem-estar da população e a proteção dos direitos.

Referências

ANEEL – AGÊNCIA NACIONAL DE ENERGIA ELÉTRICA. *Resolução Normativa nº 482, de 17 de abril de 2012*. Disponível em: http://www2.aneel.gov.br/cedoc/ren2012482.pdf. Acesso em: 20 jul. 2022.

ANEEL – AGÊNCIA NACIONAL DE ENERGIA ELÉTRICA. *Resolução Normativa nº 687, de 24 de novembro de 2015*. Disponível em: http://www2.aneel.gov.br/cedoc/ren2015687.pdf. Acesso em: 20 jul. 2022.

ANEEL – AGÊNCIA NACIONAL DE ENERGIA ELÉTRICA. *Resolução Normativa nº 786, de 17 de outubro de 2017*. Disponível em: http://www2.aneel.gov.br/cedoc/ren2017786.pdf. Acesso em: 20 jul. 2022.

CAPRA, Fritjof; MATTEI, Ugo. *A revolução ecojurídica*: o direito sistêmico em sintonia com a natureza e a comunidade. São Paulo: Editora Cultrix, 2019.

CONFAZ – CONSELHO NACIONAL DE POLÍTICA FAZENDÁRIA. *Convênio ICMS 16/15*. Brasília, 2015. Disponível em: https://www.confaz.fazenda.gov.br/legislacao/convenios/2015/CV016_15. Acesso em: 22 jul. 2022.

COSTA RICA. Corte Interamericana de Derechos Humanos. *Opinion consultiva OC-23/17, de 15 de noviembre de 2017*. Disponível em: http://www.corteidh.or.cr/docs/opiniones/seriea_23_esp.pdf. Acesso em: 26 jul. 2022.

EPE – EMPRESA DE PESQUISA ENERGÉTICA. Anuário Estatístico de Energia Elétrica 2022 (ano-base 2021) Workbook. Disponível em: https://www.epe.gov.br/pt/publicacoes-dados-abertos/publicacoes/anuario-estatistico-de-energia-eletrica. Acesso em: 18 jul. 2022.

EPE – EMPRESA DE PESQUISA ENERGÉTICA. *Painel de Dados de Micro e Minigeração Distribuída*. Disponível em: http://shinyepe.brazilsouth.cloudapp.azure.com:3838/pdgd. Acesso em: 18 jul. 2022.

FREITAS, Juarez. *Sustentabilidade*: Direito ao Futuro. Edição do Kindle. 4. ed. Belo Horizonte: Fórum, 2019.

IBGE – INSTITUTO BRASILEIRO DE GEOGRAFIA E ESTATÍSTICA. *Estimativa da população residente no Brasil e Unidades da Federação com data de referência de 1º de julho de 2021*. Disponível em: https://ftp.ibge.gov.br/Estimativas_de_Populacao/Estimativas_2021/estimativa_dou_2021.pdf. Acesso em: 30 jul. 2022.

INPE – INSTITUTO NACIONAL DE PESQUISAS ESPACIAIS. *Atlas Brasileiro de Energia Solar*. E-book. 2. ed. São José dos Campos: INPE, 2017. Disponível em: https://cenariossolar.editorabrasilenergia.com.br/wp-content/uploads/sites/8/2020/11/Atlas_Brasileiro_Energia_Solar_2a_Edicao_compressed.pdf. Acesso em: 26 jul. 2022.

ONU – ORGANIZAÇÃO DAS NAÇÕES UNIDAS. ONU Brasil. *A ONU e o meio ambiente*. 16 set. 2020. Disponível em: https://brasil.un.org/pt-br/91223-onu-e-o-meio-ambiente. Acesso em: 25 jul. 2022.

ONU – ORGANIZAÇÃO DAS NAÇÕES UNIDAS. ONU Brasil. *Guia para a COP26*: O que é preciso saber sobre o maior evento climático do mundo. 1 nov. 2021. Disponível em: https://brasil.un.org/pt-br/156377-guia-para-cop26-o-que-e-preciso-saber-sobre-o-maior-evento-climatico-do-mundo. Acesso em: 25 jul. 2022.

ROGERS, Heather. Current Thinking. *The New York Times Magazine*, 3 jun. 2007. Disponível em: https://www.nytimes.com/2007/06/03/magazine/03wwln-essay-t.html. Acesso em: 26 jul. 2022.

SARLET, Ingo Wolfgang; FENSTERSEIFER, Tiago. O direito fundamental ao meio ambiente como cláusula pétrea do sistema constitucional brasileiro. *Blog GEN Jurídico*, 25 ago. 2020. Disponível em: http://genjuridico.com.br/2020/08/25/direito-fundamental-ao-meio-ambiente/. Acesso em: 25 jul. 2022.

SILVA, Virgílio Afonso da. O Judiciário e as políticas públicas: entre transformação social e obstáculo à realização dos direitos sociais. *In*: SOUZA NETO, Cláudio Pereira de; SARMENTO, Daniel. *Direito sociais*: fundamentação, judicialização e direitos sociais em espécies. Rio de Janeiro: Lumen Juris, 2008.

Informação bibliográfica deste texto, conforme a NBR 6023:2018 da Associação Brasileira de Normas Técnicas (ABNT):

FIGUERÊDO, Renata Guimarães. Minigeração distribuída de fonte solar fotovoltaica: a (não) tributação de Minas Gerais e suas decorrências. *In*: MOTTA, Fabrício; BUÍSSA, Leonardo; BEVILACQUA, Lucas (coord.). *Federalismo fiscal e políticas públicas*. Belo Horizonte: Fórum, 2023. p. 153-172. ISBN 978-65-5518-529-4.

O FEDERALISMO COOPERATIVO, O FEDERALISMO DE PRESERVAÇÃO DE MERCADO E O DESENVOLVIMENTO ECONÔMICO

MURYEL HEY

1 Introdução

O objetivo deste breve estudo é apresentar as noções básicas sobre o funcionamento do federalismo no que diz respeito ao modelo e suas características. Busca apresentar algumas classificações doutrinárias que visam agrupar características similares a fim de conhecer melhor a complexa formação dos Estados federais e suas peculiaridades. Pretende também conceituar a teoria do federalismo de preservação de mercado como proposta mais atual nos contextos federais.

A promulgação da Constituição de 1988 foi um marco no processo de descentralização do sistema federativo brasileiro. Historicamente marcados por passagens de maior ou menor centralização política e pelo seu forte desequilíbrio no sistema federativo, os entes subnacionais, que eram tradicionalmente vistos como simples instâncias administrativas do poder central, passaram a ter maior autonomia e importância política (ARRETCHE, 2002).

O atual sistema brasileiro considera que todos os entes federativos (União, estados, Distrito Federal e municípios) são dotados de autonomia, manifestada pela capacidade de auto-organização, autogoverno e autoadministração, inserida nesta última a necessária autonomia financeira.

A autonomia financeira diz respeito à capacidade de os entes federativos adquirirem receitas para implementarem suas políticas públicas, seja essa obtenção de recursos originada por intermédio do exercício da competência tributária própria do ente, seja por meio de transferências intergovernamentais, constitucional ou legalmente desenhadas, ou pelas transferências voluntárias realizadas entre os entes.

A complexidade dessas relações da federação – notadamente as interestatais, entre os entes do federalismo – e daquelas com os particulares, em conjunto, demanda, por parte da Constituição, a realização de funções estruturantes fundamentais para gerar capacidade de autonomia com suficiência financeira e segurança jurídica interestatal e, para os particulares, eficiência de gastos, continuidade do Estado e integração, segundo os fins e valores do Estado Democrático de Direito. Essas são as mais auspiciosas expectativas sobre o federalismo no que diz respeito à autonomia financeira (TORRES, 2014).

Vários trabalhos têm abordado o tema da descentralização e do federalismo fiscal no Brasil nos últimos anos, mas não sob a perspectiva da teoria do Federalismo de Manutenção de Mercado (FMP) (WEINGAST, 2005), principalmente no que tange ao arranjo institucional normativo.

O objetivo é verificar se o arcabouço normativo e o desenho institucional da federação brasileira atendem aos critérios definidos pela teoria que foi proposta como forma de desenvolver a teoria das finanças públicas na busca de desenvolvimento econômico.

O estudo justifica-se pela necessidade de verificar se o processo de descentralização e autonomia dos entes subnacionais, iniciado no fim da década de 1980, está sendo concretizado, tornando os entes realmente independentes, financeiramente, do poder central.

A seguir, serão apresentados os aspectos relacionados ao conceito de federalismo e suas formas, o federalismo cooperativo adotado pelo Estado brasileiro, a forma como os entes se financiam com foco no federalismo fiscal e como funciona o sistema de repartição das competências entre os entes. Segue-se com a apresentação das teorias acerca das receitas e dos mecanismos de transferência da arrecadação, e a descrição do método e da metodologia a serem utilizados.

2 Federalismo

Federalismo é o sistema de organização territorial de dado Estado soberano e, por esse motivo, tem enorme impacto na organização dos governos e na maneira como se relacionam com sua população, isso porque o processo de decisão e sua base de legitimação são distintos do outro modelo clássico de nação, o Estado unitário (REZENDE, 2010).

Segundo Abrucio (2010), enquanto no Estado unitário o governo central é anterior e superior às instâncias locais, e as relações de poder obedecem a uma lógica hierárquica e piramidal, nas federações vigoram os princípios de autonomia dos governos subnacionais e de compartilhamento da legitimidade e do processo decisório entre os entes federativos.

Desse modo, é possível ter mais de um agente governamental legítimo na definição e elaboração das políticas públicas, além de ser necessária, em maior ou menor medida, a ação conjunta e/ou a negociação entre os níveis de governo em questões condicionadas à interdependência entre eles.

Não há consenso na doutrina de quais seriam as características que o Estado deveria ter para ser considerado uma federação. Segundo Conti (2010), algumas características seriam fundamentais:

a) existência de ao menos duas esferas de governo;
b) autonomia das entidades descentralizadas, compreendendo a autonomia política administrativa e a financeira;
c) organização do Estado expressa em uma constituição;
d) repartição de competências entre as unidades descentralizadas;
e) participação das entidades descentralizadas na formação da vontade nacional;
f) indissolubilidade.

A organização do Estado como federação decorre de inúmeros fatores, podendo ser econômicos, culturais, históricos, geográficos, políticos, religiosos, entre outros, que conduzem a formação diversificada de federações que procuram responder aos anseios desses grupos.

A inexistência de critérios rígidos para diferenciar as várias possibilidades de unidades autônomas de caráter subnacional permite conceber a existência de uma multiplicidade de classificações dos Estados, havendo referência, inclusive, às figuras do federalismo tetradimensional e pentadimensional (CONTI, 2010).

O Brasil seguiu a tendência internacional de adoção do federalismo, adaptando-o à sua realidade. O Brasil adotou a forma federal, em 1889, com a proclamação da República, e esse modelo foi mantido nas constituições posteriores, inclusive no atual sistema constitucional, que desenha um modelo de repartição de competências entre os diversos entes subnacionais.

A federação brasileira é formada basicamente por três esferas de governo: o central, representado pela União; o regional, composto pelos estados-membros; e o local, que abrange os municípios. Atualmente, a federação brasileira é composta pela União, 26 estados-membros, Distrito Federal e 5.568 municípios.

Para efetivação desse sistema, a Constituição Federal adotou como diretriz para a repartição de competência o princípio da predominância do interesse. A competência para tratar de assuntos de interesse nacional foi atribuída à União. É o caso, por exemplo, da competência para legislar sobre diretrizes da Política Nacional de Transportes (CF, art. 22, IX); emigração e imigração (CF, art. 22, XV); emissão de moeda (CF, art. 21, VII), entre outras.

Para os estados, foram atribuídas as competências residuais, ou seja, aquelas não inclusas na competência da União ou dos municípios. Como exemplo, podemos citar a competência para explorar, diretamente ou mediante concessão, os serviços locais de gás canalizado (CF, art. 25 §2º) e a competência para instituir regiões metropolitanas, aglomerações urbanas e microrregiões (CF, art. 25 §3º).

Já a competência para tratar de assuntos de interesse predominantemente local foi atribuída aos municípios, conforme se verifica do art. 30 da Constituição Federal. Essa configuração aproxima o poder das comunidades, mas também exige capacidades específicas de gestão aos representantes do administrativo em face da forte desigualdade com a qual se deparam, acarretando a necessidade de um planejamento regional eficiente, tendo em vista a grande dependência dos municípios, principalmente os pequenos, pelas transferências intergovernamentais (SILVA, 2005).

3 Federalismo competitivo e cooperativo

No estudo sobre federalismo, uma importante discussão se dá acerca do modelo adotado. Abrucio e Franzese (2007) discutiram em seu trabalho sobre os modelos cooperativo e competitivo e suas características.

Modelo competitivo é aquele cujas competências são claramente separadas entre os níveis de governo. Essa divisão se dá por área de política pública, ficando bem claras as responsabilidades de cada ente. Dessa forma, as áreas de atuação das esferas de governo ficam claramente delimitadas e se preserva a autonomia de cada ente político na produção de políticas. Da mesma forma, o poder de tributação também é dividido, possibilitando-se a fixação de valores diferenciados entres as unidades políticas. Trata-se de um modelo descentralizado, que estimula a competição entre as unidades federativas.

O modelo de federalismo cooperativo é definido por Abrucio e Franzese (2007) como aquele em que:

> As instituições políticas incentivam os atores territoriais a colaborarem, dividindo os poderes entre eles funcionalmente e prevendo tarefas a serem executadas conjuntamente. Ao contrário da competição tributária, tem-se um sistema de taxação conjunta e equalização fiscal vertical e horizontal.

O federalismo cooperativo surgiu no Brasil pós-revolucionário da década de 1930, resultante de acordos intergovernamentais para aplicação de programas, financiamentos, subvenções e auxílios conjuntos, e tem sido a forma mais dominante nas organizações estatais federativas, tendo como objetivo a livre cooperação entre os entes da federação.

As relações federativas de cooperação podem ser visualizadas nos artigos 23 e 24 da Constituição Federal de 1988, que tratam das competências comuns e concorrentes entre os entes federados, cujas matérias ali elencadas serão objeto da elaboração e implantação das políticas públicas de competência da federação.

De acordo com Conti (2004), o federalismo cooperativo enfatiza a necessidade de os estados trabalharem harmonicamente em conjunto com o governo central para resolver os problemas do país. Estão presentes as noções de união, aliança, cooperação e solidariedade, e são frequentes as concessões de ajudas federais aos estados-membros.

4 Federalismo fiscal

O federalismo fiscal pressupõe a distribuição de competências constitucionais fiscais entre os diferentes entes federativos para que cada um, de modo autônomo e na medida de suas competências e capacidade de financiamento, possa desenvolver suas atividades institucionais de maneira a disciplinar os procedimentos de contribuição e gestão tributária, transferências fiscais, composição e dimensão da despesa (SILVA, 2005)

Define-se federalismo fiscal como o conjunto de providências constitucionais, legais e administrativas orientado ao financiamento dos diversos entes federados, seus órgãos, serviços e políticas públicas tendentes à satisfação das necessidades públicas nas respectivas esferas de competência (DOMINGUES, 2007).

Para Rezende (2010), uma das questões centrais em qualquer regime federativo relata como os recursos fiscais são repartidos entre os entes federados de modo que todos disponham de uma capacidade de financiamento compatível com as respectivas responsabilidades. Disso trata o federalismo fiscal.

A literatura aponta que, em um sistema caracterizado por uma forte descentralização das funções fiscais, bem como das responsabilidades de provisão e arrecadação tributária, a tendência é de se obterem maiores benefícios sociais, pois esse processo descentralizante possibilita uma melhor aplicação das políticas econômicas, mostrando, assim, a importância dos níveis de governo na provisão de bens públicos e de arrecadação tributária (MUSGRAVE; MUSGRAVE, 1980).

Assim, para a consecução dessa distribuição financeira entre os entes, a Constituição Federal de 1988 atribuiu aos entes federados a competência de instituir certos tributos, inclusive indicando a base de cálculo de alguns. Assim, temos a seguinte divisão:

- A União pode instituir os seguintes tributos: Imposto de Renda (IR); Imposto sobre Produtos Industrializados (IPI); Imposto sobre Grandes Fortunas (IGF); Imposto Territorial Rural (ITR); Imposto de Exportação (IE); Imposto de Importação (II); Imposto sobre Operações de Crédito, Câmbio e Seguro (IOF); impostos residuais; impostos extraordinários; taxas; contribuições de melhoria; contribuições sociais; contribuições de intervenção sobre o domínio econômico (CIDE); e contribuições de interesse de categorias profissionais.
- Os estados e o DF podem instituir os seguintes tributos: Imposto sobre Transmissão *Causa Mortis* e Doação (ITCD);

Imposto sobre a Circulação de Mercadorias e Serviços de Transporte e Comunicações (ICMS); Imposto sobre a Propriedade de Veículos Automotores (IPVA); taxas; contribuições de melhoria; e contribuição previdenciária de seus servidores.

- Os municípios e o DF podem instituir os seguintes tributos: Imposto sobre Propriedade Predial e Territorial Urbana (IPTU); Imposto sobre Transmissão Inter Vivos de Imóveis (ITBI); Imposto sobre Serviços de Qualquer Natureza (ISSQN); contribuição previdenciária de seus servidores; taxas; contribuições de melhoria; e contribuição de iluminação pública (CIP).

Como visto acima, o atual modelo federativo brasileiro, ao mesmo tempo em que busca consagrar uma tendência descentralizadora, impõe-se, na prática, pela discrepância de capacidade legislativa para instituir tributos, já que a União tem competência para instituir tributos, numericamente, muito superior aos estados e municípios. Assim, a capacidade financeira entre os entes federativos tem uma tendência fortemente centralizadora em benefício da União, em especial em razão da possibilidade da instituição de contribuições sociais que não são repartidas com os demais entes da federação.

Em referência ao tema, o legislador constituinte reconheceu o desequilíbrio na repartição de competência que fizera, pois há uma inegável concentração de renda nos cofres públicos da União em detrimento dos estados e dos municípios, estando estes últimos em situação mais complicada. Portanto, decidiu-se por determinar que os entes maiores entregassem parte da receita arrecadada aos entes menores.

Nesse sistema, a União (ente maior) entrega parcela de sua arrecadação para estados, DF e municípios, não recebendo repasses constitucionais de nenhum deles. Os estados repartem parcela de suas receitas com os municípios situados em seu território, não recebendo deles qualquer repasse. Já os municípios não fazem qualquer repasse constitucional, uma vez que são os menores dentre os entes federados.

Surge, então, a partir desse paradigma de hipossuficiência dos entes subnacionais, o complexo sistema de transferências e repasses financeiros entre os três níveis de governo, sejam eles de origem constitucional, legal ou voluntária.

Após a Constituição de 1998, tem-se assistido a um crescente aumento dessas transferências em detrimento de receitas próprias. Esse movimento tem marcado o desenvolvimento do federalismo fiscal brasileiro (REZENDE, 2010).

5 Transferências intergovernamentais

Os mecanismos intergovernamentais de transferências de receitas têm fundamento no federalismo de cooperação e são instrumentos para a viabilidade da autonomia fiscal dos entes subnacionais.

As transferências intergovernamentais são utilizadas com grande intensidade no Brasil, constituindo um elemento central no sistema de relações federativas e um item fundamental de receita para a grande maioria dos governos subnacionais: estados e municípios (MENDES, 2008).

Assim, o estudo da repartição do produto da arrecadação possibilita verificar a dimensão da autonomia que os entes federados efetivamente possuem. Afinal, como já mencionado, é impensável falar-se em autonomia financeira, administrativa, legislativa e política se não houver suficiência de recursos para sustentá-la.

As transferências buscam permitir que as diversas instâncias de governo exerçam adequadamente os encargos sob sua responsabilidade. Cada ente federativo possui uma estrutura produtiva e, por conseguinte, de arrecadação diferente. As potencialidades de recurso próprio implicam distintas necessidades de gastos públicos. Nas regiões menos desenvolvidas economicamente, a capacidade entre arrecadação e gastos é mais desequilibrada, gerando desequilíbrio regional. A redução dessas desigualdades exige uma repartição do *quantum* tributário, capaz de produzir mais equilíbrio social e econômico entre as unidades da federação.

Os artigos 153, §5º, I; 157, I, II; e 159, II e III, da Constituição de 1988 definem que pertencem aos estados e ao Distrito Federal:

a) 30% da arrecadação do IOF incidente na origem sobre o ouro, quando este for ativo financeiro ou instrumento cambial;

b) a totalidade do IRRF incidente na fonte sobre rendimentos pagos, a qualquer título, pelos estados, suas autarquias e pelas fundações que instituírem e mantiverem;
c) 20% do produto da arrecadação do imposto que a União instituir no exercício da competência residual;
d) 10% do IPI arrecadado pela União, proporcionalmente ao valor das exportações de produtos industrializados realizadas em cada estado; e
e) 29% da CIDE-combustíveis arrecadada pela União, partilhada na forma da lei federal.

Os artigos 153, §5º, II, e 158 da Constituição definem que pertencem aos municípios:

a) 70% da arrecadação do IOF incidente na origem sobre o ouro, quando este for ativo financeiro ou instrumento cambial;
b) a totalidade do IRRF incidente na fonte sobre rendimentos pagos, a qualquer título, por eles, suas autarquias e pelas fundações que instituírem e mantiverem;
c) 50% do produto da arrecadação do ITR relativamente aos imóveis neles situados. Admite-se a delegação da capacidade tributária aos municípios, na forma do art. 153, §4º, III, caso em que lhes caberá a totalidade do valor arrecadado;
d) 25% do IPI recebido pelos estados da União na proporção de suas exportações de produtos industrializados;
e) 50% do IPVA relativo aos veículos licenciados nos respectivos territórios;
f) 25% do ICMS – a participação nesse caso é regulada no art. 158, IV e parágrafo único, pelo qual 65% do valor total arrecadado são reservados e repassados na proporção do valor adicionado nas operações realizadas nos respectivos territórios, e até 35% na forma prevista pela legislação estadual (ou federal, no caso dos territórios) que venha a dispor sobre o assunto;
g) 25% do montante da CIDE-combustíveis destinado aos estados, partilhado na forma da lei federal.

Além da repartição direta de tributos, a Constituição Federal também redistribui os recursos indiretamente por meio de fundos, conforme disposto no art. 159. Os principais fundos são os de

Participação dos Estados e Distrito Federal (FPE) e de Participação dos Municípios (FPM), tratando ainda dos Fundos de Financiamento da Região Norte (FNO), Nordeste (FNE) e Centro-Oeste (FCO).

Segundo Conti (2010), as transferências intergovernamentais são instrumentos essenciais para o sucesso de um estado federado que tenha como objetivo atender as necessidades públicas, promovendo o bem de todos e reduzindo as desigualdades sociais e regionais, como expressamente consta da Constituição brasileira (art. 3º).

Dessa forma, para a obtenção de recursos para a implementação das políticas públicas, é necessário um desenvolvimento econômico que permita que o estado se aproprie de parte da riqueza gerada pelos indivíduos (físicas e jurídicas) e distribua de maneira mais equânime possível, dentro das linhas traçadas pela Constituição do estado.

O pacto federativo formado entre os entes tem por objetivo a cooperação de todos nesse desenvolvimento das regiões e, por conseguinte, que a redistribuição de recursos seja capaz de reduzir as desigualdades existentes.

6 Federalismo e desenvolvimento econômico

Segundo Qian e Weingast (1997), há duas gerações de teorias que tratam do federalismo fiscal: a primeira geração é desenvolvida a partir da teoria neoclássica de finanças públicas; a segunda, pelo neoinstitucionalismo econômico. As teorias do federalismo fiscal foram desenvolvidas para explicar os problemas que surgiram nas relações entre o Estado e o mercado, a partir da grande depressão dos anos 1930, na perspectiva das relações federalistas.

O federalismo fiscal neoclássico teoriza uma distribuição ideal de encargos e competências, em termos fiscais, entre os diferentes entes. Contudo, considera externos à teoria os elementos políticos, jurídicos, culturais e sociais. Gama Neto (2007) afirma que "a falha mais clara da teoria neoclássica do federalismo é imaginar a política como um elemento externo nas relações fiscais, e não como parte integrante do processo".

A teoria da *public choice*, também considerada de primeira geração, tenta ultrapassar as fronteiras entre a economia e a ciência política, incorporando explicações políticas e institucionais no contexto específico do fenômeno das relações entre o mercado e o Estado (GAMA NETO, 2007).

Para Buchanan e Tullock (1962), o instrumental analítico da economia neoclássica é insuficiente para uma crítica mais consistente sobre a expansão do papel do Estado na economia. A teoria da escolha pública parte do princípio de que agentes privados e públicos são regidos pelas mesmas regras de comportamento, pelo autointeresse individual, em que todos são motivados pela maximização de utilidade esperada, alguma forma de ganho, consumo, lucro, voto ou poder. A premissa de que o comportamento dos atores é de maximização de suas preferências permite considerar a política como mercado.

Para Weingast (1995), o federalismo ou descentralização da atividade estatal poderá favorecer iniciativas individuais e servir como um dispositivo de preservação de mercado. De forma a compreender os benefícios do federalismo para a estabilidade política e econômica de um país, Weingast (1995) apresenta uma relação entre federalismo e desenvolvimento econômico, chamada de "*market-preserving federalism*" ou federalismo de preservação de mercado. Para isso, elencou cinco critérios que classificam uma estrutura de governo como federalismo de preservação de mercado. Eles são os seguintes:

a) Hierarquia de governos constituída por, pelo menos, dois níveis de governo que regem as mesmas terras e os respectivos cidadãos, e cada autoridade deve ter um objetivo bem delineado para que cada nível de governo seja autônomo na sua própria esfera;
b) a autonomia de cada governo deve ser institucionalizada de forma a reforçar, *self-enforcing*, o federalismo;
c) os governos subnacionais têm a responsabilidade primária sobre a regulamentação da economia;
d) um mercado comum é assegurado, evitando os governos menores (regionais) de usarem sua autoridade reguladora para erguer barreiras comerciais contra os bens e serviços das outras unidades políticas;
e) os governos de nível inferior enfrentam uma forte restrição orçamental, ou seja, eles não possuem nem capacidade de imprimir dinheiro, nem acesso a crédito ilimitado.

Uma das principais consequências descritas por Weingast (1995) quando da verificação de todas essas condições é a criação de concorrência entre os níveis inferiores de autoridade. Assim, segundo o autor, devido às condições estabelecidas a partir do federalismo de preservação do mercado, "*political competition implies that jurisdictions must compete for capital, labor, and economic activity by offering menus of public policies (e.g., levels of taxation, security of private rights, social amenities, and public goods*".

Assim, cada agente econômico poderá escolher o menu que mais eficazmente irá satisfazer suas necessidades. Segundo Qian e Weingast (1997), contribuintes e empresas podem se mover em todas as linhas jurisdicionais para escapar à tributação e regulação, um processo conhecido como "arbitragem jurisdicional".

Tiebout (1956) apresenta um modelo em que o consumidor/eleitor é quem escolhe a estrutura orçamental através do voto político, definindo, implicitamente, a distribuição de seis encargos e competências entre os níveis de governo e promovendo, ao mesmo tempo, a descentralização e a eficiência econômica.

Segundo Tiebout (1956), a concorrência fiscal leva a uma oferta eficiente de bens e serviços públicos. Por outro lado, essa interpretação tem sido amplamente criticada na literatura sobre concorrência fiscal por outros economistas, como Gordon (1983), por razões de alocação e de redistribuição. Segundo o autor, a tomada de decisão de forma descentralizada pode levar a ineficiências, uma vez que um governo local ignorará os efeitos das suas decisões sobre os níveis de utilidade dos não residentes.

Nazareth e outros (2019) trataram do tema testando empiricamente a validade da teoria do federalismo de preservação de mercado para o Brasil, verificando se, atendidas determinadas condições no sistema federativo, haveria ganhos econômicos para a nação. Para tal, foram conduzidos diversos experimentos em um modelo de equilíbrio geral computável, que buscaram captar as principais características desse tipo de federalismo. Os autores concluíram que:

> De maneira geral, os resultados confirmaram a hipótese do FMP: a concessão de maior autonomia tributária aos governos regionais, acompanhada ou disciplinada por imposição de restrição orçamentária rígida e mobilidade de fatores inter-regional, aumenta o PIB e o bem-estar, embora em nível

regional os resultados tenham sido desiguais e em direções diferentes. As regiões Norte e Nordeste obtiveram perdas maiores no PIB em função da migração de fatores e descentralização fiscal, ainda que, em termos de bem-estar, a restrição orçamentária rígida garanta bom desempenho para todas as regiões indistintamente.

O resultado do trabalho aponta no sentido de que o federalismo de preservação de mercado responde positivamente ao desenvolvimento econômico, porém encontra obstáculo no desenvolvimento regional.

Bercovici (2003) dispõe que a Constituição de 1988 destaca-se pela importância dada à "questão regional" em seu texto, seja pelos dispositivos especificamente de interesse regional, seja pela instituição definitiva do federalismo cooperativo como forma do federalismo brasileiro. O modelo cooperativo de organização federal é erigido sobre o fundamento básico da cooperação entre as unidades federadas, tendo por finalidade o objetivo nacional do desenvolvimento equilibrado.

Bevilacqua (2013) destaca que a preeminência das competências legislativas da União em matéria de comércio interestadual (art. 22, VIII, CF) e do mercado interno como patrimônio nacional (art. 219, CF) não afasta, todavia, a legitimidade dos estados no fomento da atividade econômica com vistas ao desenvolvimento regional, desde que observadas as regras de equilíbrio federativo. É justamente na imperatividade da observância das regras de equilíbrio da federação e da preservação do mercado interno que se encontra a problemática maior das políticas estaduais de desenvolvimento regional.

7 Conclusões

O federalismo fiscal é um tema complexo e em constante evolução, o que dificulta conclusões concretas acerca do seu estudo. Verificamos neste texto que o federalismo conhecido como de primeira geração já não atende mais as relações do Estado e seus entes e o mercado, no contexto do federalismo.

A segunda geração do federalismo fiscal, apresentada por alguns autores como federalismo de preservação de mercado, apresenta características novas à sua definição, o que necessita de mais estudo e análise acerca dos objetivos previstos e alcançados nas diversas configurações dos estados federados.

Verificou-se no texto de Weingast (2005) a análise do federalismo de preservação de mercado na Inglaterra do século XIX, nos Estados Unidos nos séculos XIX e XX, e na China no final do século XX e início do século XXI, apontando desenvolvimento econômico considerável dessas nações. Entretanto, poucos trabalhos foram replicados em nações em desenvolvimento, tão pouco discutindo o seu desenho institucional em outros Estados.

Dos critérios apresentados pela teoria do federalismo de preservação de mercado, podemos encontrar alguns entraves de ordem constitucional e legal de sua aplicação no Brasil. O conceito de federalismo cooperativo tripartite é adequado para a concorrência entre os entes estaduais e municipais? Estados e municípios são realmente independentes em relação ao poder central para se regularem economicamente? Outros questionamentos são necessários à análise da teoria e desenvolvimento do tema.

A escolha do legislador constitucional em atribuir aos estados brasileiros a competência para instituir o Imposto sobre a Circulação de Mercadoria e Prestação de Serviço (ICMS), que, por suas características, deveria ser de competência nacional, poderia caracterizar a intenção de que houvesse concorrência entre os entes federativos via incentivos fiscais; entretanto, a própria Constituição estabelece um regime jurídico específico aos incentivos fiscais de ICMS, de modo que os estados não dispõem de plena autonomia na concessão de quaisquer desonerações tributárias, o que se mostra contraditório à teoria analisada neste texto e sobre o qual cabe um aprofundamento.

O estudo buscou ampliar o debate acerca do federalismo fiscal e da relação entre Estado e mercado e, dada a complexidade e interdisciplinaridade do tema, provocar a reflexão sobre o federalismo nas suas mais diversas frentes e contribuir para o desenvolvimento do tema e na busca da superação das desigualdades regionais e um provimento mais equânime dos recursos da sociedade.

Referências

ABRUCIO, F. L. Para além da descentralização: os desafios da coordenação federativa no Brasil. *In*: FLEURY, S. (Org.). *Democracia, descentralização e desenvolvimento*: Brasil e Espanha. Rio de Janeiro: FGV, 2010.

ABRUCIO, F. L.; FRANZESE, C. Federalismo e políticas públicas: o impacto das relações intergovernamentais no Brasil. *Tópicos de economia paulista para gestores públicos*, n. 1, p. 13-31, 2007.

ARRETCHE, M. Federalismo e relações intergovernamentais no Brasil: a reforma de programas sociais. *Revista de Ciências Sociais*, Rio de Janeiro, v. 45, n. 3, 2002, p. 431-458.

BERCOVICI, G. Constituição e superação das desigualdades regionais. *In*: GRAU, Eros; GUERRA FILHO, Willis Santiago (Orgs.). *Direito Constitucional*: estudos em homenagem a Paulo Bonavides. 1. ed. 2. tiragem. São Paulo: Malheiros, 2003. p. 74-107.

BEVILACQUA, Lucas. *IBDT – Série Doutrina Tributária*. v. IX. São Paulo: Quartier Latin, 2013. p. 56-58.

BUCHANAN, J.; GORDON, T. The Calculus of Consent: logical foundations of constitutional democracy. *Ann Arbor*, University of Michigan Press, 1962.

CAMARGO, A. B. A. Atualidade do federalismo: tendências internacionais e a experiência brasileira. *In*: VERGARA, Sylvia C.; CORRÊA, Vera L. A. (Org.). *Propostas para uma gestão pública municipal efetiva*. 2. ed. Rio de Janeiro: Fundação Getulio Vargas, 2004. p. 39-47.

CONTI, J. M. (Org.). *Federalismo fiscal*. Barueri, SP: Manole, 2004.

CONTI, J. M. Considerações sobre o federalismo fiscal brasileiro em uma perspectiva comparada. *In*: CONTI, José Maurício; SCAFF, Fernando Facury; BRAGA, Carlos Eduardo Faraco (Org.). *Federalismo fiscal*: questões contemporâneas. Florianópolis: Conceito Editorial, 2010. p. 15-34.

DOMINGUES, J. M. Federalismo fiscal brasileiro. *Revista Nomos*, Fortaleza, Universidade Federal do Ceará, v. 26, jan./jun. 2007, p. 137-143.

GAMA NETO, R. B. Federalismo e mercado. Textos e Debates. *Revista de Filosofia e Ciências Humanas da Universidade Federal de Roraima*, v. 1, n. 13, p. 164-175, 2007.

MENDES, M. J. *Transferências intergovernamentais no Brasil*: diagnóstico e proposta de reforma, 2008.

MUSGRAVE, R. A.; MUSGRAVE, P. B. *Finanças públicas*: teoria e prática. Rio de Janeiro: Campus, 1980.

NAZARETH, P. Descentralização fiscal e autonomia municipal: elementos para o debate. *Revista Paranaense de Desenvolvimento*, Curitiba, v. 36, n. 128, p. 117-132, 2015.

NAZARETH, M. S.; GURGEL, A. C.; VIEIRA, W. D. C. Federalismo fiscal market-preserving: uma análise de equilíbrio geral computável para o Brasil. *Estudos Econômicos*, São Paulo, n. 49, p. 265-304, 2019.

QIAN, Y.; BARRY, W. Federalism as a Commitment to Preserving Market Incentives. *Journal of Economic Perspectives*, v.11, n. 04, 1997, p. 83-92.

REZENDE, F. Federalismo fiscal: em busca de um novo modelo. *In*: OLIVEIRA, R. P. (Org.). *Educação e federalismo no Brasil*: combater as desigualdades, garantir a diversidade. 2010.

SILVA, M. S. Teoria do federalismo fiscal: notas sobre as contribuições de Oates, Musgrave Shah e Ter-Minassian. *Revista do Departamento de Ciências Econômicas da UFMG*, v. 15, n. 1, 2005.

TORRES, H. T. Constituição financeira e o federalismo financeiro cooperativo equilibrado brasileiro. *Revista Fórum de Direito Financeiro e Econômico*, n. 5, mar./ago. 2014, p. 25-54.

TIEBOUT, C. M. A pure theory of local expenditures. *Journal of Political Economy*, v. 64, n. 5, p. 416-424, 1956.

WEINGAST, B. The Economic Role of Political Institutions: Market-Preserving Federalism and Economic Growth. *Journal of Law, Economics and Organization*, n. 11, 1995, p. 1-31.

Informação bibliográfica deste texto, conforme a NBR 6023:2018 da Associação Brasileira de Normas Técnicas (ABNT):

HEY, Muryel. O federalismo cooperativo, o federalismo de preservação de mercado e o desenvolvimento econômico. *In*: MOTTA, Fabrício; BUÍSSA, Leonardo; BEVILACQUA, Lucas (coord.). *Federalismo fiscal e políticas públicas*. Belo Horizonte: Fórum, 2023. p. 173-188. ISBN 978-65-5518-529-4.

TRANSPARÊNCIA E CONTROLE DA ATIVIDADE FINANCEIRA DOS ESTADOS E DISTRITO FEDERAL EM TEMPOS DE PANDEMIA DE COVID-19

LUCAS BEVILACQUA
PAULO MARTINS

Introdução

A eclosão de mais uma pandemia com a COVID-19, a partir de um novo sorotipo coronavírus, no mês de março de 2020 foi apta para evidenciar um Sistema Único de Saúde (SUS) muito bem concebido, a permitir protagonismo das Secretarias de Saúde dos Estados (SES), porém, muito mal organizado e controlado, o que trouxe uma série de lições éticas, sociais e fiscal-financeiras.

O início da COVID-19 na China e sua rápida disseminação na Europa e América revelaram que medidas antiquadas podem tornar a ser o mais eficaz instrumento de contenção e controle da disseminação do vírus, a exemplo da própria quarentena, sobretudo em economias mundiais ineficientes na testagem, seja em função de ausência de recursos para aquisição, seja diante de falhas de mercados ou mesmo ambos.

No Brasil, o histórico subinvestimento público em saúde, oficializado com o que é conhecido de "novo regime fiscal", consolidou um sucateamento do SUS atestado pelas ausências (i) de um controle efetivo de arrecadação e aplicação de recursos em ações e serviços públicos de saúde (ASPS), (ii) do cargo de médico como carreira pública de Estado e (iii) de uma política governamental eficiente de compras públicas de medicamentos.

Cada uma dessas ausências de respostas eficazes durante a COVID-19 encontra vínculo imediato com o regime fiscal imposto pela Lei de Responsabilidade Fiscal (LRF) e expedientes (i)legítimos empreendidos pelos gestores do SUS para atender as prescrições legais no direito constitucional financeiro com vistas a uma atividade financeira do Estado dotada, simultaneamente, de controle e equilíbrio no federalismo fiscal brasileiro.

1 A atividade financeira do Estado no direito constitucional financeiro

As constituições brasileiras, desde a Carta Magna de 1934, têm dado destaque à matéria econômico-financeira. A Constituição de 1967 contemplou a matéria em mais de 5 (cinco) mil palavras, cerca de 20% de todo o seu texto, o que representa uma grande ênfase.

A Constituição Federal de 1988 dá ainda mais importância à temática do que a sua antecessora, dedicando um capítulo inteiro para o desenho da ordem econômico-financeira do Estado. Vários são os dispositivos que tratam de matéria orçamentária.

Assim, para se estudar com propriedade o direito financeiro, tem-se que estudar necessariamente o direito constitucional pátrio. Por conseguinte, a Constituição Cidadã faz distinção entre serviços públicos e atividades da iniciativa privada, autorizando, inclusive, que o Estado venha a intervir de forma indireta, substituindo a iniciativa privada quando atividades próprias não estejam sendo realizadas ou não estejam sendo realizadas a contento.

O orçamento público é o cerne do direito financeiro, sendo formado por receitas e despesas, cristalizadas em forma de lei, estimando ordinariamente a arrecadação e fixando as despesas que poderão ocorrer ao longo do exercício de referência.

Outra característica das necessidades públicas é que estas são concorrentes entre si e complementares no sentido de que determinadas necessidades desencadeiam novas necessidades, o que representa enorme desafio em matéria de custeio de políticas públicas de saúde.[1]

Para cumprir essa missão e satisfazer essas necessidades, o Estado faz a provisão dos serviços públicos, e é a atividade financeira que viabiliza o atendimento dessas necessidades.

---

[1] Cf. FREITAS, Leonardo Buíssa; BEVILACQUA, Lucas. Evolução da tributação e o custeio de políticas públicas de saúde no Brasil. *Interesse Público* [recurso eletrônico], Belo Horizonte, v. 20, n. 112, nov./dez. 2018.

O controle dessas despesas públicas é um processo que merece especial atenção, considerando a sua complexidade. Há, entretanto, uma diferença grande no que diz respeito às despesas públicas em relação à concepção clássica e concepção moderna. De acordo com a visão clássica da ciência das finanças, as despesas visavam tão somente cobrir os gastos essenciais. A intervenção do Estado, nesse contexto, deveria ser a menor possível. As despesas deveriam cobrir os gastos absolutamente essenciais do Estado.

Por outro lado, de acordo com a concepção moderna, é a necessidade pública que faz a despesa. Ainda que receitas não tenham sido previstas na Lei Orçamentária, as despesas devem ser realizadas no curso da realização orçamentária. Créditos adicionais e especiais serviriam para cobrir despesas não previstas inicialmente na lei, além dos créditos suplementares e extraordinários, cada qual com a sua finalidade.

Esse elemento político da despesa pública também é essencial, pois se refere à tomada de decisão sobre quais despesas devem ser previstas e realizadas, que necessidades devem ser atendidas em detrimento de outras. É o processo que normalmente se denomina como "escolhas trágicas".

2 Requisitos de validade da despesa pública

Para uma despesa pública ser considerada válida, deve ser realizada análise sobre sua legalidade e legitimidade. Nesse contexto, a licitação surge como um importantíssimo instrumento para execução de boa parte dessas despesas, na medida em que escolhe as propostas consideradas mais vantajosas para a Administração. A licitação não seria, portanto, um mero requisito de validade da despesa pública.

O requisito da legalidade é fundamental, e sua origem é muito remota. Esse princípio, assim considerado, tem sua origem na Carta Magna Inglesa de 1215. Os cidadãos britânicos não consideravam suficiente a aprovação das encíclicas, pois eles queriam interferir na decisão das despesas, daí surgindo o orçamento.

Outro requisito importante é a legitimidade, o qual pode se considerar atendido quando a despesa é útil (atendendo às verdadeiras necessidades públicas) e oportuna. Deve-se verificar se a despesa deve realmente ser realizada em determinado período de tempo ou se é melhor ser realizada em outro.

Examinar o requisito de validade é fácil, mas é difícil analisar se a despesa atende ao requisito de legitimidade, dado o seu alto grau de abstração e indeterminação. O que é útil e oportuno para alguns pode não ser para outros.

Ainda, é possível que o Legislativo não aprove as contas do Executivo. Assim procedendo, o Executivo responderá pelas despesas consideradas ilegítimas. A aprovação e a apreciação são feitas sob o ponto de vista político, e não meramente contábil.

Quanto à legalidade, a própria Constituição Federal estabelece regramento minudente em prol da transparência e equilíbrio fiscal orçamentário no federalismo fiscal brasileiro.[2]

---

2 Art. 167. São vedados: I - o início de programas ou projetos não incluídos na lei orçamentária anual; II - a realização de despesas ou a assunção de obrigações diretas que excedam os créditos orçamentários ou adicionais; III - a realização de operações de créditos que excedam o montante das despesas de capital, ressalvadas as autorizadas mediante créditos suplementares ou especiais com finalidade precisa, aprovados pelo Poder Legislativo por maioria absoluta; IV - a vinculação de receita de impostos a órgão, fundo ou despesa, ressalvadas a repartição do produto da arrecadação dos impostos a que se referem os arts. 158 e 159, a destinação de recursos para as ações e serviços públicos de saúde, para manutenção e desenvolvimento do ensino e para realização de atividades da administração tributária, como determinado, respectivamente, pelos arts. 198, § 2º, 212 e 37, XXII, e a prestação de garantias às operações de crédito por antecipação de receita, previstas no art. 165, § 8º, bem como o disposto no § 4º deste artigo; V - a abertura de crédito suplementar ou especial sem prévia autorização legislativa e sem indicação dos recursos correspondentes; VI - a transposição, o remanejamento ou a transferência de recursos de uma categoria de programação para outra ou de um órgão para outro, sem prévia autorização legislativa; VII - a concessão ou utilização de créditos ilimitados; VIII - a utilização, sem autorização legislativa específica, de recursos dos orçamentos fiscal e da seguridade social para suprir necessidade ou cobrir déficit de empresas, fundações e fundos, inclusive dos mencionados no art. 165, § 5º; IX - a instituição de fundos de qualquer natureza, sem prévia autorização legislativa. X - a transferência voluntária de recursos e a concessão de empréstimos, inclusive por antecipação de receita, pelos Governos Federal e Estaduais e suas instituições financeiras, para pagamento de despesas com pessoal ativo, inativo e pensionista, dos Estados, do Distrito Federal e dos Municípios XI - a utilização dos recursos provenientes das contribuições sociais de que trata o art. 195, I, a, e II, para a realização de despesas distintas do pagamento de benefícios do regime geral de previdência social de que trata o art. 201. XII - na forma estabelecida na lei complementar de que trata o § 22 do art. 40, a utilização de recursos de regime próprio de previdência social, incluídos os valores integrantes dos fundos previstos no art. 249, para a realização de despesas distintas do pagamento dos benefícios previdenciários do respectivo fundo vinculado àquele regime e das despesas necessárias à sua organização e ao seu funcionamento, XIII - a transferência voluntária de recursos, a concessão de avais, as garantias e as subvenções pela União e a concessão de empréstimos e de financiamentos por instituições financeiras federais aos Estados, ao Distrito Federal e aos Municípios na

Observa-se que o Poder Legislativo passou a ter uma competência muito maior a partir da Constituição de 1988, fato que foi impulsionado pela criação da Lei de Responsabilidade Fiscal (LRF), marco do direito financeiro pátrio.

Após praticamente duas décadas de vigência, apenas em 2020, o Supremo Tribunal Federal (STF) concluiu o julgamento da ADI nº 2.238/DF para reconhecer a constitucionalidade da Lei de Responsabilidade Fiscal.

No julgamento de medida cautelar da referida ação, o eminente ministro Néri da Silveira acentuou que "a Lei de Responsabilidade Fiscal é diploma da maior importância para a vida da Nação, e veio, exatamente, expressar o progresso institucional que o país experimenta, o qual há de nos dar fé exatamente na consolidação do regime democrático, no funcionamento dos Poderes".

Naquela assentada, o ministro Luís Edson Fachin assentou que "houve verdadeiro e necessário amadurecimento fiscal do Estado, o qual, por sua vez, com responsabilidade democrática, superou a cultura do desaviso e do improviso nas finanças públicas" para reconhecer, ao final, os papéis essenciais tanto da Lei de Responsabilidade Fiscal quanto da Lei de Diretrizes Orçamentárias.

A discussão torna-se ainda mais tormentosa quando referente às limitações no tocante à geração de despesas públicas de caráter continuado, haja vista que o federalismo fiscal exige atribuição de liberdade alocativa dos recursos públicos pelos entes autônomos, como própria razão de ser da descentralização de competências e responsabilidades nos diversos níveis de governo, discussão essa relativa aos arts. 17 e 24 da LRF.

Como consequência, consignou-se que a proposição legislativa que crie ou altere despesa obrigatória deverá ser acompanhada de estimativa do seu impacto orçamentário e financeiro. Normas que assegurem tal estimativa, ao revés de violar a autonomia política dos entes da federação, concretizam e salvaguardam os princípios

hipótese de descumprimento das regras gerais de organização e de funcionamento de regime próprio de previdência social. XIV - a criação de fundo público, quando seus objetivos puderem ser alcançados mediante a vinculação de receitas orçamentárias específicas ou mediante a execução direta por programação orçamentária e financeira de órgão ou entidade da administração pública.

democráticos e da sustentabilidade financeira, ambos de índole constitucional e intimamente associados nessa questão.

Logo, a LRF prevê planejamento orçamentário, transparência, formas de controle e acompanhamento sob um processo mais rigoroso, atendendo a confiança e os direitos da população.

Foi justamente ao entender pela constitucionalidade dos dispositivos mencionados que, reconhecido, em contexto republicano, se torna imperativo que o Estado seja juridicamente estruturado para permitir que o governo aja em prol do *bem comum*, notadamente em prol da efetivação dos *direitos fundamentais*.

O controle do cumprimento dos limites das despesas com pessoal, previsto no art. 169 da LRF, é um bom exemplo disso. Apenas depois de 20 anos de vigência da LRF, o Pleno do Supremo Tribunal Federal (STF) concluiu o julgamento da Ação Direta de Inconstitucionalidade nº 2.238, relator ministro Alexandre de Moraes, referendando medidas cautelares pela inconstitucionalidade da limitação de empenho (art. 9º, §3º), e confirmou vedação da redução de vencimentos quando da redução de jornadas com vistas a promover adequação das despesas com pessoal (art. 23).

Toda essa evolução normativo-jurisprudencial e de competências administrativas dos órgãos de controle interno e externo é reflexo de um movimento que se iniciou a partir do final do século XIX e que repercutiu no Estado brasileiro.

Após a Grande Depressão e, principalmente, com a Segunda Guerra Mundial, o Estado observou com mais cuidado essa necessidade. A pressão fiscal é a porcentagem que o Estado retira de tudo o que é produzido.

Essa pressão foi aumentando ao longo dos anos e, consequentemente, o Estado foi assumindo novas atribuições, novas necessidades coletivas e, obviamente, tendo que aumentar a receita para fazer face a essas novas funções e competências.

O volume da despesa pública passou a crescer com tanta intensidade que, na década de 1970, alguns estados passaram a ter um coeficiente fiscal superior a 50%.

Nesse contexto, a Constituição de 1988 foi criada em uma época em que essa questão era muito discutida e estabeleceu em quais serviços públicos e atividades o Estado poderia intervir. Ele interviria em atividades que não suscitassem interesse por parte da iniciativa privada ou que não fossem realizadas a contento pela iniciativa privada.

Assim, dentre as causas de aumento da despesa pública, podemos listar o incremento da capacidade econômica do homem e a melhoria do nível político, cultural e moral da sociedade, que se torna mais exigente a cada dia.

3 A crise jurídico-institucional advinda com a pandemia de COVID-19

Justamente no ano em que estávamos a celebrar os 20 anos da LRF ante a pandemia instaurada, o presidente da República ajuizou ação direta de inconstitucionalidade com pedido de medida cautelar para interpretação conforme a Constituição aos artigos 14, 16, 17 e 24 da LRF, bem como as disposições do artigo 114, *caput, in fine,* e §14 da Lei de Diretrizes Orçamentárias de 2020.

Sustentava, em suma, que a pandemia de COVID-19 gera uma conjuntura de colapso generalizado, atingindo todas as atividades produtivas e criando uma situação excepcional. Assim, há necessidade de destinação de políticas sociais à prevenção da disseminação do vírus e à proteção da população atingida, o que não pode ser compensado devidamente por meio do aumento da arrecadação, segundo o previsto pelos dispositivos impugnados.

Em decisão monocrática de 29 de março de 2020, o e. relator ministro Alexandre de Moraes concedeu medida cautelar, *ad referendum,* para conceder interpretação conforme a CRFB/88 aos dispositivos impugnados para, "durante a emergência em Saúde Pública de importância nacional e o estado de calamidade pública decorrente de COVID-19, afastar a exigência de demonstração de adequação e compensação orçamentárias em relação à criação/expansão de programas públicos destinados ao enfrentamento do contexto de calamidade gerado pela disseminação de COVID-19".

Igualmente, isso é, em razão da proteção dos direitos da população, constata-se que o surgimento da pandemia de COVID-19 corresponde a uma condição superveniente absolutamente imprevisível à execução do orçamento planejado, o que exige atuação coordenada e urgente de todas as autoridades do país.

Nesse cenário, o Plenário do STF referendou a medida cautelar concedida para afastar da incidência dos dispositivos impugnados durante o estado de calamidade pública e para fins exclusivos de combate integral da pandemia de COVID-19 a fim de evitar contingenciamento de recursos e afastar sanções pelo descumprimento de limite de gastos com pessoal para, ato seguinte, reconhecer a perda do objeto da ação ante a edição da Emenda Constitucional nº 106, conhecida como "orçamento de guerra".

O regime de calamidade e de emergência de saúde pública instaurado pela COVID-19, o qual não encontra precedentes desde a Constituição Federal de 1988, impôs aos gestores públicos um verdadeiro choque de realidade, obrigando a rápida adequação da legislação interna a fim de atender a urgência que a situação requer, sem abrir mão do pilar democrático fundamental, que é a prestação de contas por meio da transparência dos gastos públicos.

É fato que as alterações na legislação buscaram flexibilizar requisitos para contratações públicas, de modo a assegurar a atuação do Estado diante da crise. Tais alterações também resultaram na criação de um regime extraordinário fiscal e financeiro para atender às necessidades decorrentes do combate à pandemia. No entanto, conforme dispõe a Emenda Constitucional nº 106, de 7 de maio de 2020, esse regime extraordinário somente se aplica quando a urgência for incompatível com o regime regular.

Nesse sentido, os órgãos de controle assumem um papel de fundamental relevância, pois cabe a estes a fiscalização da regular aplicação dos recursos públicos, dentro das suas esferas de competência, bem como o estímulo e acompanhamento da transparência dos atos governamentais.

Destarte, o pacto federativo estabelecido pela Carta Magna também tem sido colocado em xeque, na medida em que o contexto exige planejamento e ação coordenada de cada um dos entes federados, como nunca antes exigido.

Assim, o mandamento constitucional impõe uma ação organizada entre União, estados-membros, Distrito Federal e municípios a fim de construírem soluções de maneira conjunta, garantindo a efetividade das políticas públicas imprescindíveis para o enfrentamento do momento.

4 Aspectos federativos e a atuação do Distrito Federal

O pacto federativo estabelecido pela Constituição Federal de 1988 pode ser conceituado como um conjunto de regras que disciplina campos de atuação, limites e obrigações para cada um dos três níveis de governo, preservando a autonomia de cada um dos entes federados em suas respectivas esferas de competência, inexistindo subordinação entre eles.

A fim de estabelecer e organizar o papel de cada ente, a Carta Magna distribuiu competências para que cada um destes desempenhasse suas funções (privativas ou comuns). Essa repartição de atribuições priorizou a predominância do interesse tutelado, de forma que assuntos de natureza nacional pudessem ser tratados de maneira uniforme, e assuntos de natureza regional ou local pudessem ser tratados de acordo com a especialidade.

Com isso, a Constituição de 1988 não adotou o modelo hierárquico e centralizador, bem como não acatou o modelo americano estadualista-dualista de federalismo. A arquitetura de formação da federação brasileira, portanto, prioriza a ação cooperativa entre seus componentes.

Destarte, o texto da Lei Maior prescreve, em seu art. 21, um grande rol de competências administrativas de caráter exclusivo da União, sendo que o seu art. 22 trata de forma igualmente extensa as competências legislativas privativas do ente federal.

Se é fato que essa constatação demonstra o prestígio e papel central da União na coordenação das políticas públicas, não se pode deixar de lado que o art. 23 do texto define competências comuns em diversas matérias, incluindo saúde, meio ambiente, cultura e políticas educacionais. O parágrafo único do referido artigo deixa claro que o exercício dessas competências se norteia pela cooperação, com vistas ao equilíbrio do desenvolvimento e do bem-estar em âmbito nacional.

O art. 24 da Carta Constitucional, por sua vez, também celebra a perspectiva de atuação integrada entre a União e os demais entes federados, ao dispor a competência concorrente destes em matérias de elevada relevância. Nesse contexto, cabe ao ente nacional a previsão de regras gerais e, aos entes estaduais, a definição de normas complementares. Em caso de omissão destes e daquele, incumbe aos municípios o poder de regulamentação da matéria.

Com relação às ações para o combate da pandemia causada pela COVID-19, merece destaque a previsão constante do inciso II do art. 23, o qual prevê a competência comum entre os entes para cuidar da saúde e assistência pública, bem como a previsão do inciso XII do artigo 24, que dispõe sobre a possibilidade de legislação concorrente sobre proteção e defesa da saúde.

Não é preciso justificar, portanto, que o melhor enfrentamento da situação de urgência demanda uma atuação coordenada de todos esses entes federados, a fim de construírem estratégias conjuntas e alcançarem melhor êxito nas políticas públicas idealizadas para o momento.

Sobre esse prisma, durante a pandemia, inúmeras medidas adotadas pelos entes subnacionais foram objeto de questionamento junto ao Supremo Tribunal Federal.

Instada a se manifestar, em sede de liminar na ADI nº 6.341, a Corte Suprema fixou o entendimento de que os demais entes federados podem adotar medidas mais restritivas que as estabelecidas pela União em se tratando de saúde pública, desde que amparadas em recomendações da Organização Mundial da Saúde (OMS) e em evidências científicas.

Se, por um lado, o contexto geral do federalismo brasileiro impõe desafios, como já abordado, por outro, a especificidade regional também se faz presente, aumentando ainda mais a complexidade do planejamento das políticas públicas de enfrentamento à doença.

É o caso da realidade do Distrito Federal e sua formatação *sui generis* perante a República. A forma híbrida do referido ente federado, ao mesclar competências estaduais e municipais em uma única figura, demanda uma atuação especial entre os órgãos que o integram, de maneira a promover a racionalização das ações conjuntas.

Não obstante, especificamente quanto à transparência dos gastos públicos relacionados à pandemia, o Distrito Federal não se atentou apenas a seguir o que a legislação federal impõe, mas foi precursor de um movimento de mudança e de ampliação da abertura dos dados governamentais, sendo que tal resultado fora reconhecido por diversas avaliações de entidades especializadas no assunto.

Nesse contexto, a atuação coordenada dos órgãos distritais possibilita um melhor arcabouço de trabalho a fim de ampliar a divulgação dos recursos públicos aplicados.

5 Adaptações legislativas em virtude da pandemia

Em um Estado Democrático de Direito, como a República Federativa do Brasil, a submissão à lei e aos princípios de direito é questão basilar inegociável, ainda que se esteja diante de uma conjuntura crítica.

Logo, em uma situação de calamidade pública ou de extrema emergência, como a instalada pela pandemia de COVID-19, a legislação interna precisa se adaptar a fim de permitir aos gestores públicos a flexibilidade necessária para responder à situação, obviamente sem deixar de lado os parâmetros constitucionais.[3]

Um dos primeiros atos editados em âmbito nacional foi a Lei nº 13.979/2020, que dispõe, entre outros assuntos, sobre medidas sanitárias para enfrentamento da situação, bem como flexibiliza temporariamente regras para contratações públicas destinadas ao enfrentamento da doença.

No entanto, se, por um lado, a legislação abrandou regras para aquisição de bens, serviços e insumos relacionados ao combate à COVID-19, é certo que tal permissão não significou um "cheque em branco" a fim de permitir contratações sem qualquer critério ou divulgação.

Ao contrário, a própria legislação específica trouxe a previsão de alguns parâmetros específicos que devem (ou deveriam) ser seguidos pelos gestores públicos na instrução de tais procedimentos. Além disso, os estados e o Distrito Federal permaneceram com a possibilidade de editar normas de caráter suplementar.

Assim sendo, no caso do Distrito Federal, por exemplo, a Procuradoria-Geral do Distrito Federal (PGDF), ao analisar o âmbito de aplicação da aludida lei, editou o Parecer Referencial nº 002/2020 – PGCONS/PGDF, por meio do qual se buscou delimitar os contornos da norma, bem como orientar os gestores distritais que se submetem ao regramento.

---

[3] Cf. FONSECA, Leonardo; FONSECA, Reynaldo; FONSECA, Rafael. Regime de contratações públicas e o estado de calamidade pública em âmbito financeiro. *In*: FONSECA, Reynaldo; COSTA, Daniel. *Direito regulatório*: desafios e perspectivas para a Administração Pública. Belo Horizonte: Fórum, 2019. p. 19-35.

É certo que inúmeros outros atos normativos foram editados com fundamento na situação de pandemia, como, por exemplo, a Emenda Constitucional nº 106/2020, a qual institui um regime extraordinário fiscal, financeiro e de contratações; a Lei Complementar nº 173/2020, que estabelece o Programa Federativo de Enfrentamento ao Coronavírus; e a Lei nº 13.982/2020, que estabelece o auxílio emergencial no valor de R$600,00.

Ao lado das alterações normativas, não se pode deixar de lado os entendimentos adotados pelo Supremo Tribunal Federal sobre a referida situação de emergência. Destaca-se, por oportuno, a decisão da corte, no âmbito da ADI nº 6.357, no sentido de flexibilizar as exigências previstas na Lei de Responsabilidade Fiscal (LRF) e na Lei de Diretrizes Orçamentárias (LDO) durante o período de pandemia.

Todas essas mudanças e decisões, aprovadas em sessões históricas e virtuais (tanto no Parlamento quanto na Corte Suprema), exigiram, ao contrário do que possam parecer, uma maior atenção aos gestores públicos.

É que a flexibilização, como já dito, não representa uma autorização irrestrita. As presunções admitidas pela nova legislação são apenas relativas, admitem prova em contrário, e todos os atos administrativos praticados, com exceção dos sigilosos, devem ser submetidos à apreciação da sociedade por meio da transparência.

6 Atuação dos órgãos de controle para a transparência dos gastos públicos

Tem-se que a crise imposta pela COVID-19 é um dos maiores desafios à sociedade moderna. O seu impacto não seria diferente para os órgãos de controle.

Sessões virtuais, que se tornaram parte da rotina dos tribunais de contas, e o teletrabalho, que se tornou a regra para a maioria dos trabalhadores do serviço público, são apenas exemplos de como a maneira de trabalhar (e de fiscalizar) foi impactada pela pandemia.

Alguns ensaios arriscam dizer que a produtividade de alguns órgãos de controle aumentou com o isolamento. Não obstante, é certo que os trabalhos de fiscalização não foram paralisados, e cada órgão continuou a exercer a sua função, na difícil (porém nobre) missão de resguardar a correta aplicação dos recursos públicos.

No âmbito do Distrito Federal, por exemplo, o Ministério Público do Distrito Federal e Territórios (MPDFT) decidiu criar, por meio da Portaria PGJ nº 220/20201, uma força-tarefa específica sobre a COVID-19, com o objetivo de coordenar a atuação ministerial referente ao tema, bem como fiscalizar as ações de combate e prevenção da doença no Distrito Federal.

A Controladoria-Geral do Distrito Federal, além das fiscalizações e ações de controle específicas relacionadas à COVID-19, também ficou responsável pela coordenação do "Portal COVID-19", com o objetivo de sistematizar as informações oficiais do Governo do Distrito Federal, bem como atender aos preceitos da Lei nº 13.979/2020.

Por meio do Decreto Distrital nº 40.584/2020, o Governo do Distrito Federal instituiu medidas de transparência e prioridade aos processos relativos à referida situação de emergência.

Tais ações permitiram que o Distrito Federal, primeiro ente da federação a decretar regras de isolamento, também fosse destaque em transparência de suas ações relacionadas à COVID-19, ocupando o primeiro lugar, segundo a ONG Open Knowledge Brasil (OKBR), e o segundo lugar entre os demais entes, segundo a ONG Transparência Internacional.

Além da atuação conjunta entre os órgãos de controle do Distrito Federal, merece destaque a atuação com os órgãos de controle dos demais entes da federação. Exemplo disso é a atuação conjunta entre o MPDFT e o Ministério Público de Goiás (MPGO), bem como a atuação entre a CGDF e a Controladoria-Geral da União (CGU).[4]

Trabalho conjunto realizado pelas duas controladorias, cite-se, identificou que um benefício assistencial criado pelo Distrito Federal havia sido pago irregularmente a mais de 46% dos beneficiados. Graças à atuação integrada entre os órgãos, foi possível evitar pagamentos de parcelas seguintes do referido benefício, o que evitou um prejuízo real da ordem de 2 milhões de reais.

Esses são apenas exemplos de como uma situação de contingência como a imposta pela COVID-19, apesar de impor uma

---

[4] Disponível em: https://www.mpdft.mp.br/portal/pdf/forca-tarefa_covid/portaria_pgj_2020_0212.pdf. Acesso em: 02 fev. 2022.

sistemática adversa de trabalho, pode também afetar positivamente a atuação dos órgãos de controle e aprimorar as medidas para transparência dos gastos públicos.

7 Considerações finais

Do até aqui exposto se constata que a pandemia do COVID-19 foi apta para denunciar a fragilidade dos sistemas de controle veio à tona com a prática de (des)equilíbrios fiscais-orçamentários.

Tais ocorrências evidenciam a importância do planejamento econômico e orçamentário ser observado à risca pelos gestores governamentais, bem como do aperfeiçoamento da atuação estatal.

Por fim, a pandemia de COVID-19 tem por virtude evidenciar, também, a importância dos órgãos de controle se atentarem para íntima relação do direito e da economia na medida em que algumas situações excepcionais são aptas para promover alteração profunda nas normas jurídicas.

Para tanto, a transparência das ações governamentais virou tema de destaque, seja pela previsão expressa nas legislações especiais criadas, seja pelo aumento do uso das tecnologias em decorrência da necessidade de isolamento social.

Assim, o que se percebeu foi um aumento da busca por informações públicas e consequente aumento do controle social, o que deve ficar como legado para a era que se iniciará após a pandemia se encerrar em definitivo.

Referências

ÁVILA, Humberto. *Teoria dos princípios*: da definição à aplicação dos princípios jurídicos. 4. ed. 3. tir. São Paulo: Editora Malheiros, 2005.

BANDEIRA DE MELLO, Celso Antônio. *Curso de direito administrativo*. 34. ed. São Paulo: Editora Malheiros, 2019.

BEVILACQUA, L.; SOARES, F. F.; SANTOS, J. M. T. Novo regime fiscal frente à garantia constitucional de financiamento adequado das políticas públicas de saúde. *Cadernos Ibero-Americanos de Direito Sanitário*, abr./jun. 2020, v. 9, n. 2, p. 74-98.

CAMARGO, Aspásia. Do federalismo oligárquico ao federalismo democrático. *In*: PANDOLFI, Dulce (Org.). *Repensando o Estado Novo*. Rio de Janeiro: Ed. Fundação Getúlio Vargas, 1999.

CANOTILHO, José Joaquim Gomes. *Direito Constitucional e Teoria da Constituição*. 3. ed. Ed. Almedina, 1999.

CRETELLA JR., José. *Comentários à Constituição Brasileira de 1988*. v. 2. Rio de Janeiro: Forense Universitária, 1991.

DI PIETRO, Maria Sylvia Zanella. *Direito Administrativo*. 33. ed. Editora Forense, 2020.

FONSECA, Leonardo; FONSECA, Reynaldo; FONSECA, Rafael. Regime de contratações públicas e o estado de calamidade pública em âmbito financeiro. *In*: FONSECA, Reynaldo; COSTA, Daniel. *Direito regulatório*: desafios e perspectivas para a Administração Pública. Belo Horizonte: Fórum, 2019. p. 19-35.

FREITAS, Leonardo Buíssa; BEVILACQUA, Lucas. Evolução da tributação e o custeio de políticas públicas de saúde no Brasil. *Interesse Público* [recurso eletrônico], Belo Horizonte, v. 20, n. 112, nov./dez. 2018.

GOMES, Emerson César da Silva. *O direito dos gastos públicos no Brasil*. São Paulo: Almedina, 2013. p. 81-106.

HACHEM, Daniel Wunder. *Princípio constitucional da supremacia do interesse público*. Belo Horizonte, 2011.

MOREIRA, João Batista Gomes. *Direito administrativo*: da rigidez autoritária à flexibilidade democrática. 3. ed. rev. atual. e ampl. Belo Horizonte: Fórum, 2015.

PINTO, Élida Graziane. Instrumentalidade da Responsabilidade Fiscal em prol do custeio constitucionalmente adequado dos direitos fundamentais. *In*: BUÍSSA, Leonardo; REIMANN, Simon; MARTINS, Rafael (Orgs.). Direito e finanças públicas nos 30 anos da Constituição: experiências e desafios nos campos do direito tributário e financeiro. Florianópolis: Tirant Blanch, 2018. p. 55-84.

SCAFF, Fernando Facury; GUIMARÃES, Raquel Lamboglia. Impactos da COVID na Lei de Responsabilidade Fiscal. *In*: SCAFF, Fernando Facury; SILVA, Maria Stela Campos da; SCAFF, Luma Cavaleiro de Macêdo (Orgs.). *A trajetória de 20 anos da Lei de Responsabilidade Fiscal*. Belo Horizonte: Editora D'Plácido, 2020.

SCAFF, Fernando Facury. O Estado de emergência financeira e o orçamento de guerra. *Revista do Advogado*, n. 148, dez. 2020, AASP Editora, p. 93-107.

VIEIRA, Fabíola Sulpino; BENEVIDES, Rodrigo Pucci de Sá e. *Os impactos do Novo Regime Fiscal para o financiamento do Sistema Único de Saúde e para a efetivação do direito à saúde no Brasil*. IPEA: Nota técnica n. 28. Brasília, set. 2016.

Informação bibliográfica deste texto, conforme a NBR 6023:2018 da Associação Brasileira de Normas Técnicas (ABNT):

BEVILACQUA, Lucas; MARTINS Paulo. Transparência e controle da atividade financeira dos estados e Distrito Federal em tempos de pandemia de COVID-19. *In*: MOTTA, Fabrício; BUÍSSA, Leonardo; BEVILACQUA, Lucas (coord.). *Federalismo fiscal e políticas públicas*. Belo Horizonte: Fórum, 2023. p. 189-203. ISBN 978-65-5518-529-4.

A ADVOCACIA PÚBLICA NO CONTEXTO DO ESTADO CONTEMPORÂNEO: UMA VISÃO SOBRE AS RELAÇÕES INTERINSTITUCIONAIS NA APLICAÇÃO DOS PRECEDENTES JUDICIAIS TRIBUTÁRIOS

VERÔNICA ISSI SIMÕES BASTOS

Introdução

O Código de Processo Civil de 2015 (CPC/2015), vigente há mais de cinco anos, ainda impõe desafios às instituições quanto à sua plena aplicação. Sem afastar a regência das condutas humanas na legislação, os precedentes e a jurisprudência, como pontua Mitidiero, revelam "dois caminhos distintos que foram paulatinamente trilhados e posteriormente amalgamados pelo direito brasileiro",[1] com o fim de propiciar uma *jurisdição reconstrutiva da ordem jurídica*. O escopo visado com os precedentes foi conferir racionalidade ao sistema jurídico e propiciar tutela jurisdicional igualitária e imparcial, tornando a atividade jurisdicional portadora de atributos de legitimidade democrática.[2]

Porém, subsistem disfuncionalidades na Administração Pública quanto à aplicação do instituto, resultado de uma visão que não as enxerga como parâmetros normativos. Muito embora a Constituição Federal de 1988 (CF/88) tenha promovido a reconstrução de bases teóricas e dogmáticas do direito administrativo, fundando novos contornos para o desenvolvimento das atividades das instituições públicas, ainda persiste um modelo tradicional apegado à

---

1 MITIDIERO, D. *Precedentes*: da persuasão à vinculação. 3. ed. rev. atual. e ampl. São Paulo: Thomson Reuters Brasil, 2018. p. 74.

2 ARENHART, S. C.; PESSOA, P. P. *Precedentes e casos repetitivos:* por que não pode confundir precedentes com as técnicas do CPC para solução da litigância de massa? São Paulo: Malheiros, 2021. p. 1.193.

legalidade estrita e à rígida e hermética divisão de competências. Trilha-se um caminho antagônico à racionalidade e à coerência no desenvolvimento das atividades estatais, o que tem favorecido atuações anti-isonômicas em relação aos administrados e prejudiciais à segurança jurídica.

Essa realidade impõe desafios à Advocacia Pública. Como instituição responsável pela representação judicial, consultoria e assessoramento jurídicos do Estado (artigos 131 e 132, CF/88), compete-lhe zelar pela coerência no exercício das atividades estatais, com especial apreço à "necessidade de proteção da esfera jurídica do particular, nas relações com o Poder Público"[3] e, para isso, a aplicação responsável dos precedentes judiciais é essencial. Então, a Advocacia Pública convive com um duplo desafio diante dos precedentes judiciais: além da necessidade de reconfigurar as suas atividades internas, no sentido de organizar a representação judicial, a Instituição deve investir na orientação das posturas administrativas em relação a eles.

Na seara tributária, o agir estatal é impositivo e atinge com maior veemência a esfera jurídica dos contribuintes. Além disso, do ponto de vista estrutural, há um campo amplo em que devem permear os precedentes judiciais, pois coexistem na Administração Tributária o órgão fazendário e o tribunal administrativo, ambos encarregados de proferir decisões em face de pretensões deduzidas pelos contribuintes. Nesse contexto, não se vislumbra adequada coerência estatal senão a partir de atuação cooperativa entre esses órgãos e a Advocacia Pública, cujo fim seja convergir os misteres de inscrição, administração e cobrança de créditos tributários e as postulações feitas em juízo, objetivando-se atingir o ideal de coerência que prestigie os precedentes judiciais.

Desse modo, é objetivo do presente trabalho explorar as virtualidades das relações interinstitucionais como via adequada para se operar em um sistema jurídico em que, gradualmente, os precedentes judiciais ganham protagonismo. Para esse fim, explorar-se-ão, no primeiro tópico, inovações que incidiram sobre o processo civil e, seguidamente, o aporte teórico que concilia os precedentes

---

[3] OLIVEIRA, R. C. R. *Precedentes no direito administrativo*. Rio de Janeiro: Forense, 2018. p. 66.

judiciais ao Estado Democrático de Direito. No segundo item, aprofundar-se-ão os planos e as diretrizes constitucionais para o direito administrativo, defendendo-se o incremento das posturas dialógicas na Administração Pública, com realce para aspectos da área tributária. Após expostos esses antecedentes, o percurso será finalizado, abordando-se a Advocacia Pública e seus diálogos institucionais possíveis para que os precedentes judiciais estejam presentes nas atividades da Administração Pública.

1 Notas sobre o processo civil e o sistema de precedentes no direito brasileiro

O CPC/2015 incorpora princípios constitucionais e confere maior expressividade à dupla função da jurisdição, que é: promover a resolução de litígios, realizando direitos subjetivos; e, noutro vértice, conferir unidades ao direito, formando os precedentes judiciais mediante atividade de interpretação e aplicação do direito.[4] Assim, primeiro se exploram alguns aspectos gerais do processo civil e dos precedentes judiciais para, na sequência, trazer notas sobre a feição democrática desse instituto.

1.1 O processo judicial e os precedentes judiciais como direito posto no CPC/2015

Como instrumento normativo concebido na vigência da Constituição Federal de 1988, o CPC/2015 estruturou o sistema processual brasileiro em uma perspectiva constitucional, incorporando em seus dispositivos valores e normas constitucionais fundamentais (artigo 1º, CPC/2015), expondo um modelo democrático de processo.[5] Já em seu capítulo introdutório, o CPC/2015 trouxe disposições com alta carga principiológica, consagrando a efetividade e a tempestividade da tutela jurisdicional (artigo 4º), a proteção à boa-fé no processo

---

[4] MITIDIERO, D. *Cortes superiores e cortes supremas*: do controle à interpretação, da jurisprudência ao precedente. 3. ed. rev. atual. e ampl. São Paulo: Revista dos Tribunais, 2017. p. 38.

[5] MITIDIERO, D. *Processo civil*. 1. ed. São Paulo: Thomson Reuters Brasil, 2021. p. 51.

civil (artigo 5º), a paridade de armas (artigo 7º) e a bilateralidade de audiência (artigo 9º). Impôs-se que a aplicação do ordenamento jurídico considere a dignidade da pessoa humana e atenda aos fins sociais e às exigências do bem comum (artigo 8º).

Além disso, o modelo colaborativo de processo restou plasmado no artigo 6º do CPC/2015. Com ele, rechaça-se um modelo unilateral de jurisdição, elegendo-se a "concepção mais pluralista e consentânea à feição democrática ínsita ao Estado Constitucional".[6] Esse modelo é também um princípio, e seu escopo é perseguir o ideal da tutela justa e efetiva e viável a partir de um processo que zela por posições jurídicas equilibradas e que preserva a higidez da divisão dos trabalhos argumentativos das partes e do juiz.[7]

No CPC/2015, a cooperação vai além da dinâmica interna processual e "serve como fundamento normativo para a construção de técnicas adequadas à concretização de um processo efetivo, com duração razoável e que produza resultados justos".[8] Por isso, o espírito do CPC/2015 é expandir esse regime colaborativo em desenhos que não fiquem alijados apenas aos órgãos do Poder Judiciário, mas que se atinjam outros órgãos ligados à administração da justiça, dentre os quais a Advocacia Pública. É o que se extrai dos artigos 67 a 69 e 75, §4º, do CPC/2015.

Esses dispositivos que inauguram o CPC/2015 revelam o apreço pelos direitos fundamentais processuais e congregam na norma infraconstitucional os princípios constitucionais da igualdade, da liberdade e da segurança jurídica (artigo 5º, CF/88) e a dignidade da pessoa humana, que é fundamento do Estado Constitucional (artigo 1º, inciso III, CF/88). Com essas linhas introdutórias, é importante realçar: a segurança em um ambiente jurídico é atingida quando a ordem for cognoscível, confiável e efetiva e observe a igualdade entre os cidadãos; com esses atributos, confere-se liberdade e autodeterminação ao

---

[6] MARINONI, L. G.; ARENHART, S. C.; MITIDIERO, D. *Novo Código de Processo Civil comentado*. 3. ed. rev., atual. e ampl. São Paulo: Editora Revista dos Tribunais, 2017. p. 163.

[7] MARINONI, L. G.; ARENHART, S. C.; MITIDIERO, D. *Novo Código de Processo Civil comentado*. 3. ed. rev., atual. e ampl. São Paulo: Editora Revista dos Tribunais, 2017. p. 166.

[8] DIDIER JR., Fredie. *Cooperação Judiciária Nacional*: esboço de uma teoria para o Direito Brasileiro (arts. 67-69). 2. ed. rev., atual. e ampl. Salvador: JusPodivm. p. 52.

cidadão, permitindo-lhe a realização de escolhas juridicamente orientadas.[9]

Refinados os contornos iniciais de um processo civil constitucional democrático, deve-se mencionar que o CPC/2015 trouxe a valorização dos precedentes judiciais para o ordenamento jurídico brasileiro. O artigo 926 do CPC/2015 consagrou a regra de matriz principiológica[10] com o vetor aos tribunais de uniformizar a jurisprudência e mantê-la íntegra, estável e coerente. O dispositivo seguinte (artigo 927) ordenou um rol de provimentos jurisdicionais, impondo a sua observância obrigatória aos juízes e tribunais. Retendo a expressão *livre convencimento motivado*, o CPC/2015 buscou afastar a discricionariedade das decisões judiciais, visando empreender a compreensão de que "a aplicação do Direito depende de um processo interpretativo lógico-argumentativo racionalmente estruturado".[11] Assim, deixa-se claro que é necessário justificar a não aderência à súmula, à jurisprudência ou a precedente invocado pela parte do caso em julgamento (artigo 489, inciso VI, CPC/2015).

Os dispositivos ora mencionados fornecem a dimensão de que o CPC/2015 incorporou os precedentes judiciais ao ordenamento jurídico brasileiro.[12] Essa nova sistemática não é infensa a debates e críticas doutrinárias. Critica-se o rol heterogêneo de provimentos jurisdicionais do artigo 927 em razão de não serem todos que se enquadram, tecnicamente, no conceito de precedente judicial. Com esses instrumentos, "nota-se que a verdadeira intenção do legislador foi cindir a competência para o julgamento de casos repetitivos",

---

9 MITIDIERO, D. *Precedentes*: da persuasão à vinculação. 3. ed. rev. atual. e ampl. São Paulo: Thomson Reuters Brasil, 2018. p. 25.

10 ALVIM, Teresa Arruda. Reflexões a respeito do tema precedentes no Brasil do século 21. *Revista de Doutrina da 4ª Região*, Porto Alegre, n. 78, jun. 2017. Disponível em: https://revistadoutrina.trf4.jus.br/artigos/edicao078/Teresa_Arruda_Alvim.html. Acesso em: 27 out. 2021.

11 MARINONI, L. G.; ARENHART, S. C.; MITIDIERO, D. *Novo Código de Processo Civil comentado*. 3. ed. rev., atual. e ampl. São Paulo: Editora Revista dos Tribunais, 2017. p. 169.

12 Com essa afirmação, não se ignora que a CF/88 – inclusive valendo-se de experiências constitucionais pretéritas – constituiu o mais importante marco de incorporação da teoria dos precedentes judiciais no ordenamento brasileiro vigente, com atribuição de funções especiais às cortes supremas e, após a Emenda Constitucional nº 45, de 30 de dezembro de 2004, com a previsão da súmula vinculante e da repercussão geral.

o que lhes afasta da lógica genuína da teoria dos precedentes.[13] Colhe-se, ainda, a percepção de que o código traz disposições legais em que decisões judiciais, em determinados contextos, já nasçam com a força de precedente judicial.[14] A visão de que o sistema de precedentes foi concebido como mecanismo destinado a afastar óbice à eficaz administração da justiça é compartilhada por Marinoni:

> Toda confusão situa-se na falsa suposição de que o precedente serve para facilitar a administração dos casos judiciais, como se fosse um antídoto contra a necessidade de processamento e de julgamento dos inúmeros casos que, versando sobre a mesma questão, podem se repetir, enquanto a sua verdadeira função é a de, diante da resolução de uma questão federal infraconstitucional ou constitucional relevantes, expressar o direito que deve orientar a sociedade e regular os casos concretos, favorecendo a segurança jurídica.[15]

As críticas são relevantes porque revelam um viés no sistema processual brasileiro que necessita ser enfrentado. Isso é possível a partir de acomodações feitas no próprio Poder Judiciário, bem como com a intervenção de outros atores que, de algum modo, estejam envolvidos na formação do precedente ou que colherão as consequências de sua aplicação. Como expressou Zaneti Jr., "[...] com o novo modelo de precedentes, teremos que repensar a metodologia de trabalho dos juízes, advogados, professores e de todos aqueles que escrevem e pensam o Direito – a comunidade de trabalho dos juristas".[16]

Vislumbrando-se nova metodologia de trabalho para operar no sistema jurídico permeado por precedentes judiciais e jurisprudência uniforme de diversas origens, é preciso que esse trabalho contenha certa carga colaborativa dos sujeitos processuais e de

---

[13] ARENHART, S. C.; PESSOA, P. P. *Precedentes e casos repetitivos*: por que não pode confundir precedentes com as técnicas do CPC para solução da litigância de massa? São Paulo: Malheiros, 2021. p. 1.202.

[14] ALVIM, Teresa Arruda. Reflexões a respeito do tema precedentes no Brasil do século 21. *Revista de Doutrina da 4ª Região,* Porto Alegre, n. 78, jun. 2017. Disponível em: https://revistadoutrina.trf4.jus.br/artigos/edicao078/Teresa_Arruda_Alvim.html. Acesso em: 27 out. 2021.

[15] MARINONI, L. G. *Processo Constitucional e democracia*. São Paulo: Thomson Reuters Brasil, 2021. p. 493.

[16] ZANETI JÚNIOR, H. Precedentes normativos formalmente vinculantes: a formalização das fontes jurisprudenciais. *Ius trib.*, año 1, n. 1, 2015, p. 31-49.

outros partícipes que, de algum modo, venham a contribuir para a formação e a aplicação dos precedentes judiciais. Nesse campo, realça-se a importância das funções atribuídas à Advocacia Pública. Para auxiliar esse novo modelo em construção, visualiza-se nas teorias dos diálogos institucionais recurso que auxilia a compreensão e o enfrentamento da legitimidade democrática na formação dos precedentes judiciais. Comenta-se melhor sobre o tema no próximo tópico.

Antes de finalizar esta sessão, deve-se conferir atenção aos precedentes judiciais tributários. Reserva-se especial apreço ao tema porque, nesse campo, é comum haver a repetição de questões jurídicas postuladas por contribuintes que perfilham situações similares, o que termina por gerar expectativas legítimas por soluções similares e, mais que isso, soluções que reflitam os posicionamentos jurídicos firmados nos precedentes judiciais.[17]

Além disso, há outra característica que é própria à seara tributária: as lides deduzidas no Poder Judiciário refletem as contendas que se originaram na seara administrativa. Nessa seara, há diferentes órgãos envolvidos no julgamento das impugnações e dos recursos administrativos: os órgãos julgadores de 1ª instância que fazem parte da composição administrativa dos órgãos fazendários; e os tribunais administrativos, cuja composição mista costuma ostentar certa independência administrativa e jurisdicional em relação à Administração Pública.

Entremeando essa complexa relação, encontra-se a Advocacia Pública. Seu papel, definido constitucionalmente (artigos 131 e 132, CF/88), é promover a representação judicial, a consultoria e o assessoramento jurídicos ao Estado, orientando-o na atuação. A Advocacia Pública tem sido desafiada a romper não apenas os seus tradicionais modos de atuação estatal, mas principalmente o agir da Administração Pública, ainda fortemente pautado em uma concepção de legalidade estrita e sem a cultura de observância de precedentes.

---

[17] ARAÚJO, J. F. C.; DOMENE, V. P. R. 319 trabalhos destacados de discentes titulados em 2019. *In*: PINTO JUNIOR, Mario Engler (Org.). *Aderência dos precedentes judiciais no Processo Administrativo Tributário*. 1. ed. Rio de Janeiro: Synergia, 2021. p. 319-348.

Para a transformação do cenário estatal vigente, muito além de estar atento às inovações empreendidas no processo civil brasileiro, é preciso lançar-se sobre o direito administrativo contemporâneo, que, além de redefinir alguns dogmas que vigeram por longa data, reescreve o capítulo sobre os modos de interação estatal, fornecendo ferramentas que auxiliam a produção de respostas estatais coerentes e adequadas aos anseios da população. A atuação estatal, nesse novo cenário jurídico que se firmou com a CF/88 e com o CPC/2015, exige que se invista nas relações interinstitucionais e em mecanismos horizontais de cooperação, sendo o que se pretende explorar nas próximas linhas.

1.2 O processo civil e os precedentes judiciais com predicados de legitimidade democrática

Já se destacou que os precedentes judiciais, como um mecanismo de *fechamento normativo*, cumprem os anseios da regra de universalização, trazendo, como consequências colaterais, igualdade e segurança jurídica no ordenamento jurídico brasileiro.[18] Certa é a importância de se dedicar aos aspectos técnicos procedimentais que envolvem esse instituto à luz da teoria geral dos precedentes judiciais e da teoria da interpretação, uma vez que estes desvelam aspectos operativos e práticos concernentes aos precedentes judiciais nos ordenamentos jurídicos.

No entanto, é preciso ter em vista que a ordem jurídica brasileira é complexa. Normas constitucionais e legais convivem com os precedentes judiciais, e estes, em muitos casos, apropriam-se de um espaço regulatório que ultrapassa os limites legais. Inclusive, é comum, nos precedentes que abordam as relações jurídicas tributárias, afastar-se a literalidade de disposições legais em prestígio à Constituição.

Diante dessa realidade, mesmo acatando o papel de cortes supremas atribuído ao Supremo Tribunal Federal (STF) e ao Superior Tribunal de Justiça (STJ), encarregadas de tutelar a ordem jurídica

---

[18] ZANETI JÚNIOR, H. Precedentes normativos formalmente vinculantes: a formalização das fontes jurisprudenciais. *Ius trib.*, año 1, n. 1, 2015, p. 34.

e de trazer unidade ao direito,[19] é preciso também cuidar dos predicados de legitimidade democrática dessas decisões estatais.[20] Como destacam os autores,[21] a "produção de sentido da Constituição é tarefa que envolve a colaboração de outros agentes políticos além do Poder Judiciário". Enxerga-se dessa forma porque:

> Não obstante, mesmo que a eficácia obrigatória dos precedentes constitucionais não tenha, em termos teóricos, a consequência de impedir o povo e as instituições públicas de questionar a interpretação do Supremo Tribunal Federal, há um problema quando se admite a eficácia vinculante dos precedentes perante os Juízes e os órgãos da Administração Pública.
> [...]
> Mesmo que o povo, o Executivo e o Legislativo sempre possam questionar e propor a modificação da interpretação constitucional da Corte, os Juízes e os órgãos da Administração estão a ela vinculados. Isso quer dizer que toda e qualquer pessoa é sujeita a interpretação do Supremo Tribunal Federal quando Juiz ou órgão administrativo decide. Ou seja, embora os precedentes não retirem das pessoas, do Executivo e do Legislativo o poder de discutir a interpretação da Constituição, eles dificultam e desestimulam o prosseguimento da deliberação.[22]

Desse modo, para que o Poder Judiciário não ofusque o papel dos demais Poderes – notadamente o Poder Legislativo, fazendo-lhe as vezes –, preconiza-se a teorização dos diálogos institucionais, centrando-se nas competências e nas prerrogativas das instituições republicanas. Ainda que não seja objetivo do presente ensaio tecer a minúcias as discussões que engendram as teorias dos diálogos institucionais, é importante registrar que a proposta de estruturação de diálogos visou trazer um equilíbrio entre a guarda da Constituição e das decisões majoritárias, firmada a partir dos questionamentos

---

19 MITIDIERO, D. *Cortes superiores e cortes supremas*: do controle à interpretação, da jurisprudência ao precedente. 3. ed. rev. atual. e ampl. São Paulo: Revista dos Tribunais, 2017.

20 CLÈVE, C. M.; LORENZETTO, B. M. Diálogos institucionais: estrutura e legitimidade. *Revista de Investigações Constitucionais*, Curitiba, v. 2, n. 3, p. 183-206, set./dez. 2015. p. 184. DOI: http:// dx.doi.org/10.5380/rinc.v2i3.44534.

21 LORENZETTO, Bruno Meneses. Diálogos institucionais: estrutura e legitimidade. *Revista de Investigações Constitucionais*, Curitiba, v. 2, n. 3, set./dez. 2015, p. 197. DOI: http:// dx.doi.org/10.5380/rinc.v2i3.44534.

22 MARINONI, L. G. *Processo constitucional e democracia*. São Paulo: Thomson Reuters Brasil, 2021. p. 182.

acerca do monopólio do Poder Judiciário na interpretação e na definição do direito. Sobre esse aspecto:

> A ideia de que a discussão sobre o significado da Constituição deve ficar restrita aos Juízes é consequência da não percepção de que a Constituição não é um mero documento jurídico que deve ser interpretado para a solução de casos judiciais, mas uma Carta que determina o modo de vida da sociedade e a forma como as instituições públicas devem se comportar para que o homem possa se desenvolver de forma livre, autônoma e digna no Estado de Direito.[23]

Essa visão, que afasta o monopólio do Poder Judiciário em relação aos juízos interpretativos, aliada à ascensão dos precedentes judiciais no direito brasileiro, revela a essencialidade de se reafirmarem algumas premissas e conceber novos formatos ao trabalho desenvolvido pela Advocacia Pública. O diálogo é a via que melhor expressa os anseios democráticos plasmados na CF/88. Em relação às atribuições do advogado público, discorre Luiz Cláudio Martins de Araújo:

> Sob esse prisma, a atuação da Advocacia Pública deve ser desenvolvida a partir de um procedimento democrático de decisão compatível com as diferentes concepções de uma sociedade pluralista (SUNSTEIN; VERMEULE, 2002 e WALDRON, 1993, p. 18-51), transformando o discurso dos direitos constitucionais de um monólogo em um rico e mais equilibrado diálogo interinstitucional, que reduz, se não elimina, a tensão entre a proteção administrativa dos direitos fundamentais e a tomada de decisão democrática (DIXON, 2011).
>
> Logo, a integração estável das instituições no plano cooperativo deve ser o resultado da atividade constitucional-democrática nas sociedades atuais, e, dessa forma, o contínuo diálogo permite a participação das instituições na determinação do equilíbrio apropriado (TREMBLAY, 2005, p. 617-648 e LECLAIR, 2003), em que a proteção de direitos deve envolver a atuação conjunta de todas as instituições, especialmente da Advocacia Pública, a partir da percepção de que todas são responsáveis por uma dimensão da tarefa de guarda da Constituição, sobretudo no contexto de sociedades marcadas por desacordos persistentes a respeito das mais variadas questões.
>
> Neste sentido, a Advocacia Pública deve atuar dialogicamente, buscando alcançar uma deliberação que atenda aos interesses e valores da

---

[23] *Ibid.*, p. 331.

coletividade, resultados de uma prática discursiva racional e verificando o respeito empenhado aos fundamentos constitucionais e da razão pública (SUNSTEIN; VERMEULE, 2002).[24]

Em complemento, Clève e Lorenzetto enunciam a importância de interação entre os tribunais de cúpula e o povo por intermédio de mecanismos como a audiência pública e o *amicus curiae*, postulando que estes:

> Mecanismos abrem o STF para aportes diretos de partes interessadas nos casos em discussão, as quais podem conferir maior realidade na produção das decisões, pois, os casos passam a ganhar rostos e narrativas reais, e isso, apesar de não ser a pedra angular das decisões, é fundamental para o seu enriquecimento epistêmico.[25]

Portanto, é com esse ideário participativo que a Advocacia Pública deverá construir, gradualmente, uma nova metodologia de desenvolvimento de suas atribuições, mais participativa e interativa, fazendo valer a construção de juízos efetivamente democráticos a partir dos precedentes judiciais.

2 As relações interinstitucionais no direito administrativo contemporâneo: uma nova dinâmica de atuação das instituições estatais

Como bem preconiza Hachem,[26] há uma relação direta entre os contornos do direito administrativo ao modelo de Estado. Dessa forma, os ordenamentos jurídico-administrativos tendem a acompanhar as feições assumidas pelo Estado em que

---

[24] ARAÚJO, L. C. M. Horizontalidade estatal e neodiscricionariedade administrativa: redefinições da parametricidade da Advocacia Pública na sindicabilidade democrática. *Revista de Estudos Institucionais*, Rio de Janeiro, v. 5, n. 2, p. 350, maio/ago. 2019. Disponível em: https://www.estudosinstitucionais.com/REI/article/view/390. Acesso em: 24 jan. 2022.

[25] CLÈVE, Clèmerson Merlin; LORENZETTO, Bruno Meneses. Diálogos institucionais: estrutura e legitimidade. *Revista de Investigações Constitucionais*, Curitiba, v. 2, n. 3, set./dez. 2015, p. 201. DOI: http:// dx.doi.org/10.5380/rinc.v2i3.44534.

[26] HACHEM, D. W. A maximização dos direitos fundamentais econômicos e sociais pela via administrativa e a promoção do desenvolvimento. *Revista Direitos Fundamentais & Democracia* (UniBrasil), v. 13, n. 13, Curitiba, UniBrasil, jan./jul. 2013.

se inserem. Situando-se a realidade brasileira antes da CF/88, o direito administrativo e, por conseguinte, a Administração Pública encontravam-se insertos em uma realidade de autoritarismo, sem o reconhecimento da força normativa do direito constitucional, funcionando sob a ótica restritiva da legalidade estrita e sob a concepção de um direito constitucional formalista. Com o apelo à superioridade da lei formal como fundamento da Administração, não se admitia atuação administrativa *praeter legem*, ainda que fundada diretamente no texto constitucional.[27]

Esse cenário foi construído sem o reconhecimento da importância dos precedentes judiciais na seara administrativa. A postura administrativa formal, pautada em estrita separação de Poderes, é remodelada com a CF/88, redimensionando-se a relação da Administração Pública com os seus administrados não mais desenvolvida sob a égide de parâmetros tradicionais de verticalidade.

Binenbojm[28] acentua a existência de quatro paradigmas clássicos do direito administrativo brasileiro que, na atualidade, encontram-se em xeque: (i) o princípio da supremacia do interesse público sobre o interesse privado, legitimador de uma série de privilégios estatais como cerne do regime jurídico-administrativo; (ii) a legalidade administrativa, tida como a submissão do agir administrativo à vontade positiva da lei emanada pelo Poder Legislativo; (iii) a impossibilidade de exercício de controle sobre o mérito administrativo; e (iv) a prevalência de relações hierárquicas formais no âmbito da burocracia.

Numa perspectiva contemporânea, o princípio da supremacia do interesse público (i) necessitou ser compreendido em uma nova dimensão, sem a sua identificação ao interesse do Estado ou do aparato administrativo, refletindo a visão de que "nenhum interesse público se configura como conveniência egoística da Administração Pública".[29] Segundo o autor, no Estado de

---

[27] HACHEM, D. W. A maximização dos direitos fundamentais econômicos e sociais pela via administrativa e a promoção do desenvolvimento. *Revista Direitos Fundamentais & Democracia* (UniBrasil), v. 13, n. 13, Curitiba, UniBrasil, jan./jul. 2013.

[28] BINENBOJM, G. *Uma teoria do direito administrativo*: direitos fundamentais, democracia e constitucionalização. Rio de Janeiro: Renovar, 2014.

[29] JUSTEN FILHO, M. Conceito de interesse público e a personalização do Direito Administrativo. *Revista Trimestral de Direito Público*, n. 26, São Paulo: Malheiros, 1999, p. 116.

Direito fundado sob o princípio republicano, o interesse público identifica-se ao princípio da dignidade da pessoa humana. Assim, restou afastado do núcleo do direito administrativo o dogma do exercício do poder *per si*, quando seu fim não seja a afirmação da supremacia da dignidade da pessoa humana na exata dimensão da relevância desse valor. Com essas afirmações, não são mais aceitáveis posturas estatais resistentes à aplicação como medida de economia aos cofres públicos.

Outro aspecto superado é a concepção tradicional de que a atuação estatal deveria vincular-se apenas à lei positiva emanada pelo Poder Legislativo (ii). Sublinhe-se que, tradicionalmente, as instituições públicas, construídas sobre as bases da burocracia weberiana e com forte elo ao positivismo jurídico, concebiam como legítimas as atividades estatais pautadas na estrita observância do direito formal. Para explicar a superação desse paradigma, Binenbojm refere-se à vigência atual do *bloco de legalidade* ou da juridicidade, termos que traduzem o ordenamento jurídico como um todo sistêmico, em que ressai "a importância de princípios e regras constitucionais na densificação do ambiente decisório do administrador e amenização dos riscos próprios da normatização burocrática".[30] Com a passagem de uma legalidade estrita a uma legalidade ampla, além da obediência à lei, exige-se a observância de regras e princípios constitucionais, bem como dos precedentes judiciais.

Ainda quanto à observância da juridicidade, não mais se admite a tradicional dicotomia dos atos administrativos (iii) em vinculados e discricionários e a impossibilidade de controle do mérito administrativo. Defende-se, hodiernamente, o desenvolvimento de um controle funcional adequado de atos administrativos que traga conformidade ao Estado Democrático de Direito.[31]

Com último redimensionamento proposto (iv), busca-se afastar a conformação das unidades administrativas do Poder Executivo em estruturas burocráticas rígidas, o que demarca a passagem "de um desenho piramidal para uma configuração

---

[30] BINENBOJM, G. *Uma teoria do direito administrativo*: direitos fundamentais, democracia e constitucionalização. Rio de Janeiro: Renovar, 2014. p. 38.

[31] *Ibid.*, p. 38.

policêntrica".[32] A forma tradicional de se enxergar a Administração Pública piramidal obscureceu a compreensão de sua complexidade interna. Como assinala Bitencourt Neto, é preciso ter a clareza de que:

> A Administração contemporânea não se caracteriza por um conjunto de intervenções tópicas e de efeitos individuais, mas atua cada vez mais de modo genérico, tutelando múltiplos interesses públicos e privados. E, mesmo nas relações com pessoas determinadas, muitas vezes suas decisões são poligonais ou multipolares, gerando efeitos para um rol de pessoas que não compõem a relação administrativa principal.[33]

No cenário contemporâneo, há o reconhecimento do pluralismo e da transversalidade das competências dos órgãos administrativos, o que afasta a impermeabilidade interna da atividade administrativa. Como novo modo de administrar, admite-se a possibilidade de relações jurídicas entre órgãos pautadas em participação e consenso. Admite-se a articulação por meio de diversos modos de cooperação e coordenação administrativa. Assinala-se que:

> [...] Administração concertada alcança três campos de incidência: a) a concertação com particulares, que, em geral, conduzem a uma Administração contratual; b) a concertação entre entidades públicas, seja no âmbito de relações federativas, seja no campo da coordenação de entidades instrumentais; c) a concertação interorgânica, envolvendo ajustes entre órgãos despersonalizados.[34]

Esses modos de articulação contribuem para coerência administrativa e são úteis aos propósitos da autovinculação e da heterovinculação administrativas. Ressalta-se, nesse aspecto, a imprescindibilidade da observância de precedentes administrativos e judiciais como postura que visa à coerência e à estabilidade na ordem jurídica, tornando-a racional e eficiente. Assim, pode a Administração Pública abdicar de parcela de sua margem decisória mediante a celebração de pactos de autocontenção voluntária,

---

[32] *Ibid.*, p. 43.

[33] BITENCOURT NETO, E. *Concertação administrativa interorgânica*: direito administrativo e organização no século XXI. Lisboa: Almedina, 2017.

[34] BITENCOURT NETO, E. *Concertação administrativa interorgânica*: direito administrativo e organização no século XXI. Lisboa: Almedina, 2017. p. 29-30.

definindo diretrizes de aplicação de normas. Nesse caso, o conteúdo do pacto será a predeterminação de critérios decisórios, tendo-se como parâmetro os precedentes, o que limitará o espectro de possibilidades de solução dos casos concretos.[35]

Como ressalta Modesto,[36] em uma realidade legislativa como a brasileira, com complexo e fragmentário quadro de infração legislativa – o que, aliás, é muito comum no direito tributário –, é salutar a elaboração de instrumentos que promovam coerência no ambiente estatal. Esses instrumentos têm aptidão de revelar um panorama referencial aos administrados em relação às normas vigentes, além de fixar os parâmetros para o exercício das competências administrativas.[37]

Esses pactos oferecem inúmeras vantagens: celeridade de resposta às demandas repetitivas; redução da litigiosidade; maior certeza, previsibilidade e segurança; maior aceitação dos particulares às decisões; aumento da legitimidade da atuação administrativa; contribuição para a simplificação administrativa.[38] Além disso, sua incidência restringe o espaço de discricionariedade do administrador, contendo a adoção de decisões desproporcionais ou ilegítimas que atentem contra os princípios da igualdade, da boa-fé e da segurança jurídica.

Assim, com amplas possibilidades, os instrumentos de pactuação necessitam ser mais disseminados na Administração Pública, porquanto expressam postura conciliatória com vantagens ao administrador público e aos administrados.

3 A Advocacia Pública e o seu papel na adesão administrativa aos precedentes judiciais

A importância da Advocacia Pública na consolidação do Estado Democrático de Direito é ideia que se consolidou após certo período de

---

[35] *Ibid.*, p. 29-30.

[36] MODESTO, P. *A hora e a vez das relações interorgânicas. Direito do Estado* [Internet], 9 nov. 2016, ano 2016, n. 296. Disponível em: http://www.direitodoestado.com.br/colunistas/paulo-modesto/a-hora-e-a-vez-das-relacoes-interorganicas. Acesso em: 5 ago. 2021.

[37] *Ibid.*

[38] OLIVEIRA, R. C. R. O papel da Advocacia Pública no dever de coerência na Administração Pública. *Revista Estudos Institucionais*, Rio de Janeiro, v. 5, n. 2, 2019, p. 382-400.

vigência da CF/88. De acordo com Moreira Neto, é preciso compreender a Advocacia Pública como "o elo operativo que deve existir entre a sociedade e o Estado".[39] Ainda na síntese do autor, mais do que manter incólume a ordem jurídica estatal, é o papel da Advocacia Pública aperfeiçoá-la,[40] de modo que suas intervenções devem servir para melhorar a qualidade da litigância no sistema jurídico brasileiro.

Então, a representação judicial do Estado deve repudiar o *desvio ético de conduta postulatória*, de modo a restaurar confiança legítima do administrado, o que afasta atuação que seja pautada em mero interesse arrecadatório e despida de legitimidade.[41] Complementa-se que "a defesa judicial da presunção de legitimidade dos atos do Poder Público deve ceder diante das situações em que a própria Advocacia Pública entenda que essa presunção foi elidida".[42]

Não se afigura legítima, além de gerar efeito pernicioso ao princípio da isonomia, a postulação em juízo de pretensão contrária a precedente judicial. Nesses casos, as instituições da Advocacia Pública devem implantar políticas que afastem a necessidade de apresentação de impugnações e recursos. Em paralelo, é necessário aperfeiçoar mecanismos de estudo prévio e posterior à edição de precedentes judiciais, no sentido de que as questões jurídicas decididas nos tribunais superiores encontrem enfrentamento maduro no âmbito estatal e, nesses casos, a participação da Administração Pública muito contribui para tornar o debate mais profícuo.

De outra ordem, a função consultiva da Advocacia Pública consubstancia prevenção, e seu fim é evitar o surgimento ou a manutenção de agressão à ordem jurídica.[43] Quanto aos precedentes judiciais, a Advocacia Pública zela para que a Administração Pública "não edite atos contraditórios ou que confiram tratamento desigual às pessoas inseridas em contextos semelhantes".[44] De outro lado, essa

---

[39] MOREIRA NETO, D. F. *Mutações do Direito Público*. Rio de Janeiro: Renovar, 2006. p. 21-64.

[40] *Ibid.*, p. 21-64.

[41] *Ibid.*, p. 21-64.

[42] BINENBOJM, G. A Advocacia Pública e o Estado Democrático de Direito. *Revista Eletrônica de Direito do Estado*, Salvador, n. 31, 2012. Disponível em: http://www.direitodoestado.com.br/codrevista.asp?cod=625. Acesso em: 05 ago. 2021.

[43] MOREIRA NETO, D. F. *Mutações do Direito Público*. Rio de Janeiro: Renovar, 2006. p. 21-64.

[44] OLIVEIRA, R. C. R. O papel da Advocacia Pública no dever de coerência na Administração Pública. *Revista Estudos Institucionais*, Rio de Janeiro, v. 5, n. 2, 2019, p. 382.

interlocução, com destaque para as lides tributárias, tem o condão de capacitar a Advocacia Pública frente a questões de ordem técnicas e que transpõem os limites jurídicos, favorecendo intelectualmente as pretensões estatais em juízo. Nesses casos, o aporte técnico do fisco e a interlocução da Advocacia Pública perante o Poder Judiciário importam no sentido de "filtrar a complexidade característica dos conflitos tributários e a evitar que o Poder Judiciário se veja na contingência de absorver conflitos de altíssima sofisticação fática e normativa para os quais não está suficientemente aparelhados" (PRIA, 2018, p. 621).[45]

Em cenário de macrolitigância, é necessário gerir os acervos, tornando mais eficiente o patrocínio de causas estatais, evitando-se dispêndio de tempo do advogado público em causa com reduzidas chances de êxito. A esse propósito:

> É preciso repensar a gestão de acervos de massa bem como a estratégia em casos relevantes e estratégicos para o interesse público, com a adoção de medidas capazes de otimizar a atuação dos advogados públicos, cabendo destacar, por exemplo: a) utilização de novas tecnologias para administração eficiente do acervo; b) a previsão e a constante verificação de dispensas recursais em casos semelhantes e com teses consolidadas nos tribunais; c) a elaboração de parâmetros normativos para tentativas de acordos em casos repetidos ou estratégicos, inclusive com o fomento à instituição de câmaras de conciliação no âmbito da própria Administração para evitar judicializações desnecessárias.[46]

Portanto, é essencial que a Advocacia Pública amplie a sua capacidade dialógica com o Poder Judiciário e com a Administração Pública. Já é possível coletar instrumentos normativos que prestigiam o diálogo. A Resolução CNJ nº 350, de 27 de outubro de 2020,[47] abriu a via da relação interinstitucional entre o Poder Judiciário e outras entidades pertencentes ou não ao sistema de justiça visando ao aperfeiçoamento da prestação jurisdicional (artigo 16). Em adição a isso, a Lei nº 10.522, de 19 de julho de 2002, a partir da alteração

---

[45] PRIA, R. D. *Direito processual tributário*. 1. ed. São Paulo: Noeses, 2020. p. 621.

[46] OLIVEIRA, R. C. R., *op. cit., loc. cit.*

[47] BRASIL. Conselho Nacional de Justiça. Resolução nº 350 de 27 de outubro de 2020. *Diário de Justiça Eletrônico*. Brasília, 2020. Disponível em: compilado13573620211006615dab50a8169.pdf (cnj.jus.br). Acesso em: 1º fev. 2022.

realizada pela Lei nº 13.874, de 20 de setembro de 2019, passou a prever em seu artigo 19, §12, que:

> § 12. Os órgãos do Poder Judiciário e as unidades da Procuradoria-Geral da Fazenda Nacional poderão, de comum acordo, realizar mutirões para análise do enquadramento de processos ou de recursos nas hipóteses previstas neste artigo e celebrar negócios processuais com fundamento no disposto no art. 190 da Lei nº 13.105 de 16 de março de 2015 (Código de Processo Civil).

À guisa de exemplo, a Procuradoria-Geral da Fazenda Nacional e o Poder Judiciário podem celebrar protocolo com o fim de reduzir processos em tramitação em hipóteses de dispensa de contestação e recurso fixadas no artigo 19, *caput*, da Lei nº 10.522, de 19 de julho de 2002, ou nos atos administrativos editados pelo órgão.[48] Outra novidade da Lei nº 13.874, de 20 de setembro de 2019, foi a inclusão do artigo 18-A na Lei nº 10.522, de 19 de julho de 2002, criando um comitê com integrantes do Conselho Administrativo de Recursos Fiscais, da Secretaria Especial da Receita Federal do Brasil, do Ministério da Economia e da Procuradoria-Geral da Fazenda Nacional, com o fim de editar enunciados de súmula da Administração Tributária Federal.

A institucionalização desse comitê induz a relação entre os órgãos da Administração Tributária Federal e cria importante arena de debates, o que certamente exaltará discussões relacionadas aos precedentes judiciais. De modo geral, os modelos institucionalizados que ora se apresentaram prenunciam a construção de novos formatos de interação em ambiente estatal e visam tornar mais eficientes as instituições.

Conclusão

O presente ensaio apresentou perspectiva teórica no campo da Administração Pública e do processo civil brasileiros, cujo escopo é o aprimoramento das instituições públicas no Estado Democrático de

---

[48] DIDIER JR., Fredie; FERNANDEZ, Leandro. Cooperação judiciária e protocolos institucionais: o caso do ato trabalhista, ou plano especial de pagamento trabalhista, para a centralização de execuções contra entidades desportivas. *Revista de Direito do Trabalho e Seguridade Social*, v. 219, ano 47, São Paulo: Ed. RT, set./out. 2021.

Direito. O destaque à formação e à aplicação de precedentes judiciais tributários resultou da compreensão de que esse instituto passa a compor o ordenamento brasileiro, unindo-se a um quadro normativo complexo, fragmentário, ou seja, que não ostenta atributos de clareza e inteligibilidade. As instituições que operam no sistema de justiça devem cooperar para, progressivamente, eliminar a indeterminação do direito.

Importa reafirmar que, para cumprir esse escopo, não é suficiente às instituições o exercício isolado de seus misteres. Ressaltou-se, então, que a Advocacia Pública colhe muitos benefícios ampliando o seu diálogo com a Administração Pública e com o Poder Judiciário. Algumas iniciativas concretas estão sendo implantadas em prol da eficiência e da coerência administrativas. No entanto, há um longo caminho a seguir.

Por isso, algumas providências, *de lege ferenda*, são possíveis para contornar essa realidade. Uma vez que a cultura relacional ainda é novidade na Administração Pública, bem contribuirá para a alteração desse contexto a edição de atos normativos, como leis ou portarias intersecretariais, que especifiquem como e em que circunstância o diálogo se estabelecerá, procedimentalizando-o.

Revisar as legislações específicas que disciplinam a Administração Tributária, impondo a aplicação dos precedentes judiciais, é medida tão importante quanto dispor sobre o diálogo. Em muitos casos, inclusive, essa regulamentação legal será a força motriz inicial para que a interação entre os órgãos estatais ocorra.

Em matéria de precedentes tributários, a postura dialogal poderia ser adotada tanto de modo prévio quanto posteriormente à sua formação. Essa iniciativa torna-se ainda mais importante em áreas juridicamente sensíveis, como a tributária, em que o intercâmbio de conhecimentos jurídicos e técnicos promove valor à atividade estatal, com aptidão de retornar à sociedade sistema jurídico estável, com menor grau de equivocidade e, por conseguinte, democraticamente legítimo.

Referências

ALVIM, Teresa Arruda. Reflexões a respeito do tema precedentes no Brasil do século 21. *Revista de Doutrina da 4ª Região*, Porto Alegre, n. 78, jun. 2017. Disponível em: https://revistadoutrina.trf4.jus.br/artigos/edicao078/Teresa_Arruda_Alvim.html. Acesso em: 27 out. 2021.

ARAÚJO, J. F. C.; DOMENE, V. P. R. 319 trabalhos destacados de discentes titulados em 2019. In: PINTO JUNIOR, Mario Engler (Org.). *Aderência dos precedentes judiciais no Processo Administrativo Tributário*. 1. ed. Rio de Janeiro: Synergia, 2021. p. 319-348.

ARAÚJO, L. C. M. Horizontalidade estatal e neodiscricionariedade administrativa: redefinições da parametricidade da Advocacia Pública na sindicabilidade democrática. *Revista de Estudos Institucionais*, Rio de Janeiro, v. 5, n. 2, p. 338-360, maio/ago. 2019. Disponível em: https://www.estudosinstitucionais.com/REI/article/view/390. Acesso em: 24 jan. 2022.

ARENHART, S. C.; PESSOA, P. P. *Precedentes e casos repetitivos*: por que não pode confundir precedentes com as técnicas do CPC para solução da litigância de massa? São Paulo: Malheiros, 2021. p. 1.193.

BINENBOJM, G. A Advocacia Pública e o Estado Democrático de Direito. *Revista Eletrônica de Direito do Estado*, Salvador, n. 31, 2012. Disponível em: http://www.direitodoestado.com.br/codrevista.asp?cod=625. Acesso em: 5 ago. 2021.

BINENBOJM, G. *Uma teoria do direito administrativo*: direitos fundamentais, democracia e constitucionalização. Rio de Janeiro: Renovar, 2014. p. 9-79.

BITENCOURT NETO, E. *Concertação administrativa interorgânica*: direito administrativo e organização no século XXI. Lisboa: Almedina, 2017.

BRASIL. Conselho Nacional de Justiça. Resolução nº 350 de 27 de outubro de 2020. *Diário de Justiça Eletrônico*. Brasília, 2020. Disponível em: compilado13573620211006615dab50a8169.pdf (cnj.jus.br). Acesso em: 1º fev. 2022.

CLÈVE, Clèmerson Merlin; LORENZETTO, Bruno Meneses. Diálogos institucionais: estrutura e legitimidade. *Revista de Investigações Constitucionais*, Curitiba, v. 2, n. 3, set./dez. 2015, p. 183-206. DOI: http:// dx.doi.org/10.5380/rinc.v2i3.44534.

DIDIER JR., Fredie. *Cooperação Judiciária Nacional*: esboço de uma teoria para o Direito Brasileiro (arts. 67-69). 2. ed. rev., atual. e ampl. Salvador: JusPodivm. p. 52.

DIDIER JR., Fredie; FERNANDEZ, Leandro. Cooperação judiciária e protocolos institucionais: o caso do ato trabalhista, ou plano especial de pagamento trabalhista, para a centralização de execuções contra entidades desportivas. *Revista de Direito do Trabalho e Seguridade Social*, v. 219, ano 47, São Paulo: Ed. RT, set./out. 2021, p. 204.

HACHEM, D. W. A maximização dos direitos fundamentais econômicos e sociais pela via administrativa e a promoção do desenvolvimento. *Revista Direitos Fundamentais & Democracia* (UniBrasil), v. 13, n. 13, Curitiba, UniBrasil, jan./jul. 2013, p. 340-399.

HACHEM, D. W. Vinculação da Administração Pública aos precedentes administrativos e judiciais: mecanismo de tutela igualitária dos direitos sociais. *A&C – Revista de Direito Administrativo & Constitucional*, Belo Horizonte, ano 15, n. 59, jan./mar. 2015, p. 63-91.

JUSTEN FILHO, M. Conceito de interesse público e a personalização do Direito Administrativo. *Revista Trimestral de Direito Público*, n. 26, São Paulo: Malheiros, 1999.

MARINONI, L. G.; ARENHART, S. C.; MITIDIERO, D. *Novo Código de Processo Civil comentado*. 3. ed. rev., atual. e ampl. São Paulo: Editora Revista dos Tribunais, 2017.

MARINONI, L. G. *Processo constitucional e democracia*. São Paulo: Thomson Reuters Brasil, 2021.

MITIDIERO, D. *Cortes superiores e cortes supremas*: do controle à interpretação, da jurisprudência ao precedente. 3. ed. rev. atual. e ampl. São Paulo: Revista dos Tribunais, 2017.

MITIDIERO, D. *Precedentes*: da persuasão à vinculação. 3. ed. rev. atual. e ampl. São Paulo: Thomson Reuters Brasil, 2018.

MITIDIERO, D. *Processo civil*. 1. ed. São Paulo: Thomson Reuters Brasil, 2021.

MODESTO, P. A hora e a vez das relações interorgânicas. *Direito do Estado* [Internet], 9 nov. 2016, ano 2016, n. 296. Disponível em: http://www.direitodoestado.com.br/colunistas/paulo-modesto/a-hora-e-a-vez-das-relacoes-interorganicas. Acesso em: 5 ago. 2021.

MOREIRA NETO, D. F. *Mutações do direito público*. Rio de Janeiro: Renovar, 2006.

OLIVEIRA, R. C. R. O papel da Advocacia Pública no dever de coerência na Administração Pública. *Revista Estudos Institucionais*, Rio de Janeiro, v. 5, n. 2, 2019, p. 382-400.

OLIVEIRA, R. C. R. *Precedentes no direito administrativo*. Rio de Janeiro: Forense, 2018.

PRIA, R. D. *Direito processual tributário*. 1. ed. São Paulo: Noeses, 2020. p. 621.

ZANETI JÚNIOR, H. *O valor vinculante dos precedentes*: teoria dos precedentes normativos formalmente vinculantes. 2. ed. Salvador: JusPodivm, 2016.

ZANETI JÚNIOR, H. *Precedentes normativos formalmente vinculantes*: a formalização das fontes jurisprudenciais. *Ius trib.*, año 1, n. 1, 2015, p. 31-49.

Informação bibliográfica deste texto, conforme a NBR 6023:2018 da Associação Brasileira de Normas Técnicas (ABNT):

BASTOS, Verônica Issi Simões. A Advocacia Pública no contexto do Estado contemporâneo: uma visão sobre as relações interinstitucionais na aplicação dos precedentes judiciais tributários. *In*: MOTTA, Fabrício; BUÍSSA, Leonardo; BEVILACQUA, Lucas (coord.). *Federalismo fiscal e políticas públicas*. Belo Horizonte: Fórum, 2023. p. 205-225. ISBN 978-65-5518-529-4.

PARTE II

POLÍTICAS PÚBLICAS

TRIBUNAIS DE CONTAS E SUAS FUNÇÕES: UM NOVO OLHAR SOBRE A FISCALIZAÇÃO DE POLÍTICAS PÚBLICAS

FABRÍCIO MOTTA
HELOÍSA HELENA GODINHO

Introdução

O cenário pós-pandêmico tornou mais latente uma habilidade comumente exigida com frequência dos profissionais e das organizações atuais: a *adaptabilidade*. No caso das organizações, adaptabilidade é a capacidade institucional de lidar com situações inéditas, imprevistas ou com mudanças repentinas e adversas, superando dificuldades e ajustando-se ao novo ambiente, com pouco ou nenhum prejuízo às metas originalmente traçadas. Nesse sentido, a adaptabilidade pode ser diferenciada de resiliência – palavra da moda que, em sua acepção oriunda da física, traz significado mais ligado à capacidade de retornar à configuração original, mesmo diante de eventos adversos.

A constatação da importância dessa habilidade para a sobrevivência pessoal, profissional e organizacional não é recente, tampouco ultrapassada. Seja pelas descobertas de Charles Darwin divulgadas em *A origem das espécies* (1859), seja pelas palavras do profeta Zaratustra – criadas pelo brilhante cérebro de Friedrich Nietzsche (1883) –, seja pela memorável atuação de Brad Pitt na versão cinematográfica do livro *Moneyball: the art of winning an unfair game* (2011), ter a capacidade de se adaptar é essencial para existir e se manter ativo. Mais do que isso, trata-se de habilidade que pode proporcionar não somente sobreviver, como também *ressignificar* (outra palavra da moda) a própria existência, saindo diferente – eventualmente, mais forte – de efeitos imprevistos, danosos ou adversos.

1 Controle externo e políticas públicas

A necessidade de conferir plena eficácia a direitos fundamentais sociais, atendidos por intermédio de serviços e políticas públicas, traz a necessidade de enfocar a análise de políticas públicas como um dos instrumentos para a plena eficácia dos direitos fundamentais sociais. Em abordagem predominantemente jurídica, podemos considerar políticas públicas como ações governamentais processualmente estruturadas e juridicamente reguladas, em diversos níveis, com o envolvimento de diversos atores e instituições, por meio da utilização de variados métodos e estratégias. Sob a perspectiva objetiva, políticas públicas podem ser admitidas como um dos instrumentos disponíveis para o exercício das atividades a cargo do Estado-Administração. É possível conceber política pública para fomento a determinado setor social ou econômico, por exemplo, inclusive abrangendo em alguma escala a prestação de serviços públicos.[1]

A realização das diversas atividades a cargo do Estado pressupõe a obtenção, gestão e aplicação de recursos públicos, com a posterior submissão aos mecanismos constitucionais de controle. A abrangência material do controle (ou simplesmente aspectos com relação aos quais podem incidir as diversas ações de fiscalização) é perceptível na redação do artigo 70 da Constituição Federal, sendo possível desde já perceber que as *fiscalizações orçamentária* e *operacional* possuem maior relevância direta no controle de políticas públicas.

O controle incidente sob as leis orçamentárias objetiva fornecer subsídios para a melhor alocação possível dos recursos públicos e para a busca da qualidade do gasto público. O sistema jurídico-constitucional de leis orçamentárias permite compreender a vocação de cada uma delas para o alcance dos objetivos referidos. A fiscalização operacional, por sua vez, objetiva avaliar a economicidade, eficácia, efetividade e eficiência.

No que se refere aos tribunais de contas, a competência constitucional com maior afinidade direta com monitoramento e

---

[1] MOTTA, Fabrício. Ensaio sobre contratos administrativos e políticas públicas. *In*: GOMES, Carla Amado *et al.* (Org.). *Responsabilidade nos contratos públicos*: uma perspectiva comparada luso-brasileira. Lisboa, Portugal: Instituto de Ciências Jurídico-Políticas, 2020. p. 166-182.

avaliação de políticas públicas é a *fiscalização operacional*, realizada por intermédio da auditoria operacional.[2] Importante anotar que normas de entidades internacionais de controle diferenciam auditoria operacional de avaliação de políticas públicas. Com efeito, apesar de ambas as abordagens contemplarem exame da relação causal entre as ações governamentais e seus efeitos:

> A auditoria operacional avalia principalmente a economicidade, a eficiência e a eficácia até o nível do resultado imediato, enquanto que a avaliação se define como o exame de tais resultados com um alcance e âmbito temporal maiores, levando em conta seu impacto geral e socioeconômico. Portanto, a avaliação de políticas públicas se concentre na relevância e na utilidade da política:
> • A relevância da política, a qual é a adequação dos seus objetivos em relação às necessidades sociais, econômicas ou ambientais que a política quer transformar;
> • A utilidade da política lida com a questão de conhecer se a política foi útil, levando em conta, por um lado, todos os seus efeitos diretos (resultados) e indiretos (impactos), inclusive os não-intencionais e os não-esperados; por outro, as necessidades que aquela política pretendia transformar.[3]

Dois outros procedimentos de fiscalização utilizados pelo Tribunal de Contas da União podem cumprir função instrumental com relação ao controle de políticas públicas: levantamento e acompanhamento. De acordo com o Regimento Interno do TCU, o *levantamento* é utilizado para conhecer a organização e o funcionamento dos órgãos e entidades, assim como dos sistemas, programas, projetos e atividades governamentais, identificar objetos e instrumentos de fiscalização e avaliar a viabilidade da realização de fiscalizações (art. 238). Já o *acompanhamento*, por seu turno, é o instrumento de fiscalização utilizado para: "I – examinar, ao longo

---

[2] Economicidade, eficiência, eficácia e efetividade aparecem, no conceito de auditoria operacional, como dimensões do desempenho (TRIBUNAL DE CONTAS DA UNIÃO. *Manual de auditoria operacional*. 4. ed. Brasília: TCU, Secretaria-Geral de Controle Externo (Segecex), 2020).

[3] INSTITUTO RUI BARBOSA. *NBASP 9020 – Avaliação de Políticas Públicas*. Tradução livre de *GUID 9020 – Evaluation of Public Policies* confrontada com *INTOSAI GOV 9400 – Lignes directrices sur l'évaluation des politiques publiques*. Curitiba, 2021. Disponível em: https://irbcontas.org.br/wp-admin/adminajax.php?juwpfisadmin=false&action=wpfd&task=file.download&wpfd_category_i d=94&wpfd_file_id=18546&token=&preview=1. Acesso em: 1 set. 2021. (Tradução nossa).

de um período predeterminado, a legalidade e a legitimidade dos atos de gestão dos responsáveis sujeitos a sua jurisdição, quanto ao aspecto contábil, financeiro, orçamentário e patrimonial; e II – avaliar, ao longo de um período predeterminado, o desempenho dos órgãos e entidades jurisdicionadas, assim como dos sistemas, programas, projetos e atividades governamentais, quanto aos aspectos de economicidade, eficiência e eficácia dos atos praticados" (art. 241). Importante esclarecer, retomando as considerações iniciais deste artigo, que os demais tribunais de contas possuem competência normativa para disciplinar seus instrumentos de fiscalização, nos quadros das leis eventualmente aplicáveis.

Finalmente, invocando a conhecida figura didática do ciclo de políticas públicas, referencial editado pelo TCU estabelece os seguintes *blocos de controle* para posteriormente identificar, com relação a cada qual, boas práticas, critérios de auditoria, questões de auditoria, itens de verificação e matrizes de planejamento: (i) diagnóstico do problema e formação da agenda pública; (ii) análise de alternativas e tomada de decisão; (iii) desenho e institucionalização da política pública; (iv) estruturação da governança e gestão; (v) alocação e gestão de recursos orçamentários e financeiros; (vi) operação e monitoramento; (vii) avaliação.[4]

2 Funções dos tribunais de contas

É possível fazer referência à conhecida classificação doutrinária que divide as funções dos tribunais de contas organizando-as em: fiscalizadora, julgadora, consultiva, sancionadora, corretiva, de ouvidoria;[5] e, ainda, normativa, pedagógica e reintegradora.[6]

A *função fiscalizadora* (art. 71, incisos III, IV e VI, CF) compreende os processos de registro de atos de pessoal; a realização de auditorias e inspeções; análise de denúncias e representações;

[4] TRIBUNAL DE CONTAS DA UNIÃO. Referencial de controle de políticas públicas. Brasília: TCU, Gabinete da Ministra-Corregedora Ana Arraes; Secretaria de Planejamento, Governança e Gestão (Seplan), 2021.

[5] DI PIETRO, Maria Sylvia Zanella. *Direito administrativo*. 30. ed. São Paulo: Forense, 2017.

[6] MOUTINHO, Donato Volkers. *Contas dos governantes*: apreciação das contas dos chefes de Poder Executivo pelos tribunais de contas do Brasil. 1. ed. São Paulo: Blucher Open Access, 2020.

análise de licitações, contratos e instrumentos administrativos em geral; e a verificação da aplicação de quaisquer recursos públicos, inclusive renúncias de receitas. Consiste, basicamente, em capturar dados e informações, analisá-los, produzir um diagnóstico e formar um juízo de valor, que alimentará o processo decisório.

A *função judicante* (art. 71, inciso II, CF), por seu turno, refere-se ao julgamento das contas dos responsáveis por dinheiros, bens e valores públicos, sob a forma de tomada ou prestação de contas, bem como as contas daqueles que derem causa à perda, extravio ou outra irregularidade de que resulte prejuízo ao erário (tomada de contas especial).

A *função consultiva* (art. 71, I, VII e XI, CF) materializa-se principalmente na elaboração de parecer prévio, de caráter essencialmente técnico e informativo, acerca das contas prestadas, anualmente, pelo chefe do Poder Executivo a fim de subsidiar o julgamento a cargo da casa legislativa respectiva. Na mesma função, inclui-se o exame, sempre em tese, de questionamentos realizados por autoridades legitimadas para formulá-los, a respeito de dúvidas na aplicação de dispositivos legais concernentes às matérias de competência dos tribunais de contas. Por fim, a função consultiva engloba a prestação de informações solicitadas pelo Legislativo ou por qualquer das respectivas comissões ao Ministério Público, ao Poder Judiciário e às controladorias internas. Cuida-se de atividade de *relacionamento e interação institucional* de auxílio técnico, sem subordinação.

A *função sancionadora* (art. 71, incisos VIII, IX e X, §§2º e 3º, CF) manifesta-se na aplicação, aos responsáveis, das sanções previstas na legislação, em caso de ilegalidade ou de irregularidade devidamente tipificadas, bem como multa proporcional ao dano causado ao erário.[7] Diferentemente, a *função corretiva* consiste na emissão de *determinação* para cumprimento da lei, devendo ser observado o art. 20 do Decreto-Lei nº 4.657/1942 (LINDB); o exercício do poder geral de cautela, destinado a garantir a efetividade das

---

[7] Sobre esse tema, confira-se artigo publicado neste mesmo espaço: A competência para execução de multas aplicadas pelos Tribunais de Contas. *Conjur*, 16 nov. 2021. Disponível em: https://www.conjur.com.br/2021-set-16/interesse-publico-competencia-execucao-multas-aplicadas-pelos-tcs.

decisões;[8] e a adoção do termo de ajustamento de gestão,[9] mecanismo bastante eficaz de aprimoramento gerencial e de prevenção de irregularidades e danos ao erário.

A *função de ouvidoria*, de cunho relacional/interativo, consiste na possibilidade de os tribunais de contas receberem denúncias e representações relativas a irregularidades ou ilegalidades. Refere-se à fase postulatória do processo de contas. Essa atribuição tem fundamental importância no fortalecimento da cidadania e do controle social.

A *função normativa* decorre do poder normativo conferido aos tribunais de contas pela Constituição Federal, por leis de caráter nacional – como a Lei Complementar nº 101/2000 (Lei de Responsabilidade Fiscal) e, agora, a Lei nº 14.133/2021 (nova Lei de Licitações e Contratos – e pelas respectivas leis orgânicas, que facultam a expedição de instruções e atos normativos, de cumprimento obrigatório pelos fiscalizados, sob pena de responsabilização, acerca de matérias de sua competência e a respeito da organização dos processos que lhes devam ser submetidos. Implicitamente, a função normativa decorre da utilização de conceitos abstratos, de princípios jurídicos ou da necessidade de dispor sobre organização e procedimento, respeitado o campo da reserva legal.[10]

A *função reintegradora*, prevista no art. 71, §3º, da CF, refere-se à competência de imputar débito para fins de ressarcimento ao erário, nos casos de danos constatados e apurados.

A *função pedagógica* consiste na orientação sobre as melhores práticas de gestão, de caráter educativo, mediante a emissão de *recomendação* para adoção de providências; a edição de manuais e publicações; a realização de eventos e reuniões de trabalho, como audiências e mesas técnicas; a expedição de alerta acerca de fatos que

---

[8] BRASIL. Supremo Tribunal Federal (STF). *Mandado de Segurança n. 33.092 – DF*. Disponível em: http://redir.stf.jus.br/paginadorpub/paginador.jsp?docTP=TP&docID=9133937; e *Mandado de Segurança n. 24.510-7 – DF*. Disponível em: http://redir.stf.jus.br/paginadorpub/paginador.jsp?docTP=AC&docID=86146.

[9] Ver sobre o tema: FERRAZ, Luciano. Termo de Ajustamento de Gestão (TAG): do sonho à realidade. *Revista Brasileira de Direito Público*. Belo Horizonte, ano 8, n. 31, out/dez. 2010; FERRAZ, Luciano. *Novos rumos para o controle da Administração Pública*. Tese de Doutoramento, UFMG, 2003.

[10] MOTTA, Fabricio. *Função normativa da Administração Pública*. Belo Horizonte: Fórum, 2007.

possam comprometer a boa gestão fiscal, o atendimento a deveres legais ou riscos às metas planejadas.

3 Modernização do controle: as novas funções

Os tribunais de contas têm na Lei de Responsabilidade Fiscal (Lei Complementar nº 101, de 4 de maio de 2001) importante marco de um processo de modernização[11] e de constantes ajustes positivos como resposta às inovações da sociedade e da Administração Pública. A LRF começou a sinalizar a necessidade de adaptação: manter as funções já conquistadas e exercidas, mas também aproveitando novas oportunidades de atuação. Nesse sentido, as clássicas funções identificadas pela doutrina, extraídas do art. 71, incisos e parágrafos, da Constituição Federal (fixando as competências e poderes-deveres singulares do Tribunal de Contas da União, de observância compulsória pelos estados-membros),[12] merecem, também, atualização. Importante registrar que a expressão *função* é aqui utilizada em sentido impróprio, significando a forma ou meio de exercitar competências estabelecidas pelo ordenamento jurídico constitucional. Nessa acepção, a função é extraída das competências, a partir da interpretação de suas características, limites e possibilidades.

Simultaneamente ao já referido processo de modernização do controle externo, a edição de novos diplomas legislativos – como a LINDB, a Lei nº 14.133/21 e as recentes alterações no regime jurídico da improbidade administrativa – também tem exigido dos tribunais de contas a busca de novas formas de desenvolver suas competências com o foco plenamente centrado em uma nova Administração Pública e em seu dever de priorizar o cidadão. Esse novo perfil de

[11] O processo de reformulação e modernização dos tribunais de contas iniciou-se com o PROMOEX (Programa de Modernização do Controle Externo dos Estados e Municípios Brasileiros), de 2005 a 2013, e continua com o Programa QATC (Qualidade e Agilidade dos Tribunais de Contas) e com o MMD-TC (Marco de Medição do Desempenho), em sua 5ª etapa de execução (Ciclo 2022). Disponível em: http://qatc.atricon.org.br/.

[12] BRASIL. Supremo Tribunal Federal (STF). *Ação Direta de Inconstitucionalidade n. 849-8 – MT*. Disponível em: http://redir.stf.jus.br/paginadorpub/paginador.jsp?docTP=AC&docID=266565; BRASIL. Supremo Tribunal Federal (STF). *Ação Direta de Inconstitucionalidade n. 1.779-1 – PE*. Disponível em: http://redir.stf.jus.br/paginadorpub/paginador.jsp?docTP=AC&docID=266757.

atuação se materializa em novas *funções*, que possuem, em comum, o reconhecimento das *políticas públicas* como instrumentos essenciais da ação estatal:

> Tratam-se de ações governamentais processualmente estruturadas e juridicamente reguladas, em diversos níveis, com o envolvimento de diversos atores e instituições, por meio da utilização de variados métodos e estratégias. Reconhecer a centralidade da categoria políticas públicas implica compromisso com formular e propor soluções que contribuam para a efetividade dos direitos fundamentais e o alcance dos objetivos da República. Dessa forma, o Direito Administrativo passa a agregar também um papel de *coordenador e viabilizador de soluções jurídicas*, nos limites do quadro normativo. Não se trata de superação ou substituição das categorias clássicas (tais como discricionariedade, serviços públicos, poder de polícia etc.) mas, sim, de reconhecer suas limitações e a necessidade de construir novas ferramentas, inclusive com o apoio de outras ciências.[13]

Esse cenário nos impele ao reconhecimento de novas funções atualmente exercidas pelos tribunais de contas: articuladora, indutora, colaborativa e educadora.

A *função articuladora* consiste na coordenação de instâncias interinstitucionais de diálogo e atuação conjunta dos diversos atores envolvidos no ciclo das políticas públicas, com a finalidade de incrementar a eficiência e garantir a atuação coerente e confiável da Administração Pública. A reunião desses diversos atores cria uma agenda comum, que facilita a construção de consensos e a harmonização de entendimentos, com ganho em resolutividade. O foco é não apenas a compreensão do que precisa e está sendo feito, mas também ganhar segurança jurídica por meio do debate institucional qualificado e transparente, envolvendo a pactuação de ações ligadas à atuação de cada um no ciclo das políticas públicas.[14]

A *função indutora*, por seu turno, é verificada quando o Tribunal de Contas promove incentivos à criação de evidências para a melhoria do processo de escolhas públicas (fornece elementos

---

[13] Disponível em: https://www.conjur.com.br/2021-fev-11/interesse-publico-articulacao-instrumento-direito-politicas-publicas.

[14] Disponível em: https://www.conjur.com.br/2021-fev-11/interesse-publico-articulacao-instrumento-direito-politicas-publicas.

para a tomada de decisão) e da eficiência nas entregas (políticas públicas); e ao aprimoramento e difusão de boas práticas, como a implantação e o desenvolvimento da transparência, da governança, do planejamento, da integridade e da gestão de riscos.

A *função colaborativa*, já descrita por Heloísa Godinho, Márcio Marinot e Wesley Vaz,[15] ocorre quando o Tribunal de Contas, "mais do que orientar e informar por meio de decisões em processos de contas e de auditorias", passa "a colaborar com a Administração Pública, em especial com o planejamento e execução das políticas e aquisições públicas, ao reunir, tratar e estruturar os dados e fornecer informações para a tomada de decisão nos mais variados setores governamentais". Trata-se de função com característica *diagnóstica*, ou seja, ligada à produção de dados que colaborem com a Administração. E arrematam os autores no sentido de que "a atuação dos tribunais de contas voltada ao abastecimento de informações destinadas ao controle social, de forma simples e clara, está além das clássicas funções elencadas no art. 71 da CF/88, mas encontra respaldo na Lei n. 14.129/2021, conforme se detecta em seu art. 3º, especialmente nos incisos V a VII (incentivo à participação social no controle e na fiscalização da administração pública; dever do gestor público de prestar contas diretamente à população sobre a gestão dos recursos públicos; uso de linguagem clara e compreensível a qualquer cidadão)".

Por fim, a *função educadora* – não inserida no contexto da função pedagógica, de índole processual – diz respeito à atuação dos tribunais por meio de suas escolas próprias, com vistas a difundir o conhecimento, treinar servidores e profissionalizar a gestão pública, capacitando não apenas agentes do controle, mas também gestores, servidores e cidadãos. Vale mencionar que o treinamento não se enquadrava como obrigação legal, sendo classificado como uma função específica a partir da edição da Lei nº 14.133/2021 (nova Lei de Licitações e Contratos), que, além de prever o controle externo das aquisições, trouxe novos contornos à atuação dos tribunais de contas,

---

[15] GODINHO, Heloísa Helena Antonácio M.; MARINOT, Márcio Batista; VAZ, Wesley. Impactos da Lei do Governo Digital no controle externo. *In*: MOTTA, Fabrício; VALLE, Vanice Regina Lírio do (Coords.). *Governo digital e a busca por inovação na Administração Pública*: a Lei nº 14.129, de 29 de março de 2021. Belo Horizonte: Fórum, 2022. p. 221-238.

positivando o exercício de atribuições especiais já incorporadas ao cotidiano das funções controladoras, como a capacitação de servidores, jurisdicionados e contratantes com a Administração, através das escolas de contas (art. 173).

4 Conclusão

O controle de políticas públicas tem se tornado atividade de crescente importância para os tribunais de contas. Sem olvidar da necessidade e da importância dos mecanismos tradicionais de controle, trata-se do reconhecimento de que a atuação estatal é dinâmica e necessariamente procedimentalizada, demandando atenção para todo o *agir estatal* em sua complexidade, não somente para atos prontos e acabados. As novas funções referidas no texto se consolidaram com amparo implícito no rol de competências do art. 71 da Constituição Federal. Se adaptar, nesse caso, é mais do que meramente sobreviver: é prestar serviços a cada dia mais relevantes e eficientes para tornar realidade as muitas promessas constitucionais.

Referências

DI PIETRO, Maria Sylvia Zanella. *Direito administrativo*. 30. ed. São Paulo: Forense, 2017.

GODINHO, Heloísa Helena Antonácio M.; MARINOT, Márcio Batista; VAZ, Wesley. Impactos da Lei do Governo Digital no controle externo. *In*: MOTTA, Fabrício; VALLE, Vanice Regina Lírio do (Coords.). *Governo digital e a busca por inovação na Administração Pública*: a Lei nº 14.129, de 29 de março de 2021. Belo Horizonte: Fórum, 2022. p. 221-238.

INSTITUTO RUI BARBOSA. *NBASP 9020 – Avaliação de Políticas Públicas*. Tradução livre de *GUID 9020 – Evaluation of Public Policies* confrontada com *INTOSAI GOV 9400 – Lignes directrices sur l'évaluation des politiques publiques*. Curitiba, 2021. Disponível em: https://irbcontas.org.br/wp-admin/adminajax.php?juwpfisadmin=false&action=wpfd&task=file.download&wpfd_category_i d=94&wpfd_file_id=18546&token=&preview=1. Acesso em: 1 set. 2021.

MOTTA, Fabrício. Ensaio sobre contratos administrativos e políticas públicas. *In*: GOMES, Carla Amado (*et al.*) (Org.). *Responsabilidade nos contratos públicos*: uma perspectiva comparada luso-brasileira. Lisboa, Portugal: Instituto de Ciências Jurídico-Políticas, 2020. p. 166-182.

MOTTA, Fabricio. *Função normativa da Administração Pública*. Belo Horizonte: Fórum, 2007.

MOUTINHO, Donato Volkers. *Contas dos governantes*: apreciação das contas dos chefes de Poder Executivo pelos tribunais de contas do Brasil. 1. ed. São Paulo: Blucher Open Access, 2020.

TRIBUNAL DE CONTAS DA UNIÃO. Manual de auditoria operacional. 4. ed. Brasília: TCU, Secretaria-Geral de Controle Externo (Segecex), 2020.

TRIBUNAL DE CONTAS DA UNIÃO. *Referencial de controle de políticas públicas*. Brasília: TCU, Gabinete da Ministra-Corregedora Ana Arraes; Secretaria de Planejamento, Governança e Gestão (Seplan), 2021.

Informação bibliográfica deste texto, conforme a NBR 6023:2018 da Associação Brasileira de Normas Técnicas (ABNT):

MOTTA, Fabrício; GODINHO, Heloísa Helena. Tribunais de contas e suas funções: um novo olhar sobre a fiscalização de políticas públicas. *In*: MOTTA, Fabrício; BUÍSSA, Leonardo; BEVILACQUA, Lucas (coord.). *Federalismo fiscal e políticas públicas*. Belo Horizonte: Fórum, 2023. p. 229-239. ISBN 978-65-5518-529-4.

CONTRATAÇÕES DE PROFESSORES TEMPORÁRIOS: A NECESSIDADE DE OBSERVAR AS CONSEQUÊNCIAS DA DECISÃO

GUILHERME SANINI SCHUSTER

1 Introdução

Trata o presente *artigo* sobre as consequências para a prestação do serviço público educacional e, reflexamente, para a qualidade do ensino prestado, oriundo dos mecanismos de contratação de pessoal pela Administração Pública, em específico a contratação por prazo determinado do artigo 37, inciso X, da CRFB/88.

A relevância do presente estudo se evidencia no fato de que o regramento constitucional de acesso aos cargos e empregos públicos, mediante a regra extraída pela Constituição Federal de 1988, que é o concurso público, se encontra sedimentado após um longo percurso histórico e segue pautado em valores de isonomia, moralidade e eficiência. Contudo, a referida previsão sobre influxos do instrumento excepcional de contratação por tempo determinado na área do magistério, além de não dar efetividade aos comandos constitucionais dos artigos 205[1] e 37, II,[2] pode debilitar e enfraquecer a qualidade do ensino prestado pelo ente público.

Não se desconsidera a necessidade da contratação de professores temporários, haja vista existirem situações que exigem a

---

[1] Art. 205. A educação, direito de todos e dever do Estado e da família, será promovida e incentivada com a colaboração da sociedade, visando ao pleno desenvolvimento da pessoa, seu preparo para o exercício da cidadania e sua qualificação para o trabalho.

[2] Art. 37. A administração pública direta, indireta ou fundacional, de qualquer dos Poderes da União, dos Estados, do Distrito Federal e dos Municípios obedecerá aos princípios de legalidade, impessoalidade, moralidade, publicidade e, também, ao seguinte: II - a investidura em cargo ou emprego público depende de aprovação prévia em concurso público de provas ou de provas e títulos, ressalvadas as nomeações para cargo em comissão declarado em lei de livre nomeação e exoneração.

presença de profissional para ocupação temporária das atividades educacionais. Contudo, a adoção de política pública[3] de os colocar como preferência, sendo estes contratados primordialmente e em caráter antecedente e excludente dos efetivos, para mais de contrariar a regra do concurso, repercute diretamente na prestação do serviço educacional.

Para visualizar melhor o tema, revolver-se-á sobre métodos remotos de contratação de pessoal pela Administração Pública, avançando, com o modelo de gestão burocrática de administração, a figura do concurso público. Visualiza-se também a evolução do tema na educação e as repetidas normativas que intentam trazer mais profissionalismo ao professor, tido como ferramenta essencial para haver educação de qualidade.

Passo seguinte e em paralelo, vislumbra-se como a hipótese de contratação por prazo determinado interfere na efetividade constitucional, notadamente os impactos desse modelo no ensino público, além da sua interpretação pela jurisprudência e doutrina pátrias.

Por último, apregoa-se o uso da gestão estratégica para contratação de pessoal pela Administração Pública, com manifesta inclinação para adoção do consequencialismo – haja vista a inovação presente no artigo 20 da LINDB –, para que ocorram melhores decisões quanto à escolha de qual instrumento se utilizará para recrutamento de pessoal, visando dar maior efetividade ao direito à educação.

2 Do histórico das contratações e do concurso

O tema em apreço passa pelo percurso histórico das contratações de pessoal da Administração Pública.

Hodiernamente, é comum mencionar concurso público como meio regular e próprio de admissão de pessoal pela Administração Pública, até mesmo em ambientes não tão afetos a essa temática.

---

[3] Para Maria Paula Dallari Bucci, políticas públicas são "arranjos institucionais complexos, expressos em estratégias ou programas de ação governamental, que resultam de processos juridicamente regulados, visando adequar meios e fins" (BUCCI, Maria Paula Dallari. Notas para uma metodologia jurídica de análise de políticas públicas. *In*: FORTINI, Cristiana; ESTEVES, Júlio; DIAS, Maria Tereza (Org.). *Políticas públicas*: possibilidade e limites. Belo Horizonte: Fórum, 2008. p. 251).

Contudo, nem sempre foi assim. O que se tem hoje como regra no ordenamento jurídico brasileiro para contratação de pessoal passou por diversas modalidades de instrumentos distintos para seu alcance, conforme se verá.

A contratação/admissão de pessoal não é um tema exclusivo do direito público, pois a iniciativa privada a exerce com habitualidade para os diversos trabalhos privados. Com matriz no sistema capitalista, a iniciativa privada promoveu, ao longo dos tempos, reinvenção e inovação das modalidades e formas de exercer o trabalho, a exemplo, nos dias atuais, da terceirização, pejotização e uberização, sempre com viés de gerar maior lucro e menor gasto, afora a intenção de encontrar mão de obra de trabalho cada vez mais qualificada.

Entrementes, no âmbito de direito público e, precisamente, quanto às contratações de pessoal pela Administração Pública, a mesma lógica assim não segue, por fortes razões históricas e de uma construção e evolução do pensamento sobre o tema. Afinal, não há como achar que a regra do concurso público, externada no artigo 37 da CRFB, foi ali imposta sem nenhum motivo, porquanto imbuída de valor histórico, além de motivação moral, isonômica e pautada na procura por eficiência do setor público.

2.1 Dos instrumentos de contratação e o concurso

Mesmo que, no panorama brasileiro, a figura do concurso seja mais recente, suas origens remontam a tempos antigos. Antes de visualizá-la, primeiramente é importante atentar que existiram modos distintos de contratação de pessoal pelo Estado, tanto em território tupiniquim quanto em países estrangeiros, sendo pertinente aludir, segundo Carvalho,[4] à modalidade do sorteio, sucessão hereditária, arrendamento, compra e venda de cargos, e nomeações absolutas e relativas (ciente de que existiram outras formas, como a própria escravidão, mas que não são objeto específico do presente trabalho).

[4] URBANO DE CARVALHO, 2010, p. 111 *apud* HELENO COSTA, p. 4.

O sorteio consistia no direcionamento do cargo público por sorteamento e, com isso, guardava-se a ideia de uma proteção divina do escolhido, sendo utilizado na antiguidade clássica, especialmente em Esparta e Atenas. As pessoas sorteadas seriam as escolhidas para o preenchimento dos cargos públicos, havendo os sorteios simples e condicionado (que reunia certas condições para sua participação).[5] Não é difícil de perceber que essa modalidade, ainda que apresente certo equilíbrio das chances do sorteio de literalmente "ganhar um cargo", não priorizava a qualidade e, tampouco, a eficiência, logo que pessoas indiferentes à atividade pública poderiam ser contempladas.

Já na Idade Média, principiou-se o sistema de compra e venda dos cargos públicos, primeiramente na França e, depois, alastrado pela Europa, consistindo os cargos em moedas de troca e favores de determinada casta real que alçava ao poder. Nesse formato, as contratações de pessoal pouco almejavam a qualidade do serviço público, tendo em vista que os agentes adquirentes dos cargos delegavam suas atividades a terceiros sem qualquer controle público. Nessa toada, o mesmo autor[6] menciona o surgimento do sistema da transmissão por sucessão hereditária, no qual o cargo passava por linhagem familiar do titular ao seu sucessor (tal como, ainda em tempos atuais, os cartórios extrajudiciais), contudo, este poderia não deter os mesmos atributos de capacidade do antecessor, fato que fragilizaria a atuação estatal.

Situação similar de transformar o cargo público em mercadoria se reviu com o arrendamento, método que consistia na locação de cargos públicos por prazo determinado, sendo que os profissionais que prestavam serviços ao Estado o faziam mediante contrapartida pecuniária.[7] Aqui, os inconvenientes seguem no mesmo sentido da compra e venda, desconsiderando-se atributos de capacidade e habilidade na ocupação dos postos públicos.

Quanto a esses meios de contratação no Brasil, segundo Carvalho,[8] pode-se citar o mecanismo das nomeações absolutas e condicionais, o qual, por fortes razões de subjetivismo, exorta

[5] *Ibidem*, p. 112.
[6] *Ibidem*.
[7] *Ibidem*.
[8] *Ibidem*.

o clientelismo e favoritismo nas indicações aos cargos públicos, submetendo, de uma forma ou de outra, a nomeação ao crivo de autoridade competente. Referido *modus* também não externa aspectos de resultados e atributos referentes à eficiência, prestigiando a predileção de familiares/amigos e apadrinhamentos políticos.

Passadas essas figuras exemplificativas de contratação e admissão de pessoal que existiram pelo setor público, importa verificarmos a modalidade que é regra atual, objeto deste recorte histórico. Conforme Raquel Dias da Silveira,[9] o concurso público remonta à ideia antiga, sendo que assumiu um importante papel de inovação no mundo oriental. Nessa passagem, a autora discorre que o concurso público foi importante instrumento de progresso da nação chinesa, ao embasar a forma de ocupar os cargos públicos pela meritocracia.[10] Veja:

> Numa perspectiva histórica, o recrutamento objetivo e meritório de servidores públicos, substituindo a seleção pela linhagem familiar, entre outros métodos, surgiu no Oriente, anos 818-907 d.C., mais precisamente durante a dinastia Tang, na China. O concurso propiciou a eficiência vivenciada pelo Estado chinês nos séculos X a XIII, período conhecido como a "idade de ouro". O historiador Paul Kennedy mostra que a profissionalização da burocracia chinesa, por meio do concurso, fez com que Marco Polo, ao chegar à China, se surpreendesse com certas invenções, como livros impressos, embarcações bem mais sofisticadas que as mediterrâneas, explosivos, indústria bélica, metalurgia e complexas redes de canais fluviais, além da porcelana e da seda. A construção de um Estado forte chinês com base na meritocracia foi tão clarividente que quando o país foi invadido pelos mongóis, em 1234 – o apogeu do Estado não incluía o desenvolvimento militar-, foram os invasores que acabaram sendo absorvidos e incorporados pela tradição e cultura chinesas (MOTTA; SILVEIRA, 2014, p. 276).

Assimila-se que o concurso público, desde o seu nascedouro, não cobiça somente a pretensão de selecionar e recrutar pessoal

---

[9] SILVEIRA, Raquel Dias da. *Profissionalização da Função Pública*. 1. ed. Belo Horizonte: Fórum, 2009. p. 110.

[10] Silveira, citando o historiador americano Keneddy, em *Ascensão e queda das grandes potências*, menciona que o Estado chinês, derivado dessa profissionalização e do provimento meritório na função pública, construiu um Estado forte e com empresas rígidas, isto no séc. X, cuja produção seria equiparada à da Inglaterra durante o século XVII, após a Revolução Industrial (SILVEIRA, *idem*, p. 111).

para exercer as funções públicas no Estado, mas se revela, também, como procedimento atrelado à eficiência e entrega de resultados pelo setor público.

No Ocidente, ainda conforme Silveira, o recrutamento de pessoal por meio de concurso público somente veio a se realizar no século XVIII, época em que se principiam aspectos do constitucionalismo;[11] entretanto, somente veio a se consolidar com a Declaração Universal dos Direitos do Homem, em 10.12.1948.[12]

2.2 Do breve histórico do concurso no Brasil

No Brasil, a regra do concurso foi gradualmente concebida até chegar nos patamares de hoje, presente na Constituição Federal de 1988, refletindo uma formação histórica do instituto. Para sua visibilidade, vejamos um pouco do caminho trilhado pelas cartas constitucionais conjuntamente com os ideais de gestão da Administração Pública.

A primeira Constituição do Brasil, de 1824 (imperial), parcamente assegurou sobre o tema, pois que, segundo Silveira,[13] o modelo patrimonialista[14] de gestão era o praticado nessa época, não havendo qualquer diferenciação da "coisa pública e da *res principis*, restando favorecidas até os dias atuais, algumas práticas reprováveis, incluindo-se a do nepotismo". Ainda nessa carta, lançou-se[15]

---

[11] Silveira acertadamente adverte que, em que pesem os ideais de igualdade terem origem durante o Estado grego, com Aristóteles, a grande contribuição doutrinária para formação da burocracia profissional se deve com os estudos de Max Weber, no final do séc. XIX (SILVEIRA, *ibidem*).

[12] Art. XXI, item 2: "Todo ser humano tem igual direito de acesso ao serviço público de seu país".

[13] SILVEIRA, *op. cit.*, p. 29.

[14] "Por esse modelo patrimonialista, o aparelho estatal constituía-se propriedade do soberano. O monarca podia dispor livremente das funções públicas, nomeando e demitindo agentes, sem qualquer vinculação legal. Segundo o art. 102 da Constituição de 1824, o imperador – chefe dos poderes executivo e moderador, possuía competência para nomear discricionariamente todos os servidores civis e agentes políticos, inclusive os magistrados. No mesmo sentido, o art. 165 da Constituição de 1824 dispunha que, em cada província, haveria um presidente nomeado e removido segundo livre convencimento do Imperador" (SILVEIRA, *op. cit.*, p. 30).

[15] COSTA, Jorge Heleno. *O processo seletivo simplificado sob a ótica do princípio constitucional do concurso público*. p. 06. Disponível em: http://www.publicadireito.com.br/artigos/?cod=a869ccbcbd956880. Acesso em: 01 jan. 2022.

regramento direcionado à antiga prática de seleção mediante a livre escolha das autoridades públicas.[16]

Nesse período, os cargos públicos eram considerados mercadorias e sinecuras,[17] ou seja, trabalhos com muita renda e pouca ação, caracterizando-se os servidores públicos, nesse tipo de administração, com *status* de nobreza real e dotados de privilégios estamentais, corolário do sistema imperial.

A Constituição de 1891, por sua vez, continuou no mesmo caminho, somente variando quanto à acessibilidade[18] dos cargos a todos os brasileiros, fato que não se mostra tão singelo, haja vista o início de preocupação com o princípio da igualdade. Nessa fase, com afetação do surgimento do capitalismo e faíscas de democracia, Silveira aponta que a Constituição se apresentava como um padrão de transição, representando um passo do modelo patrimonialista de gestão para a Administração burocrática,[19] da era Vargas.[20]

Sobre o nascimento da gestão burocrática e sua importância para as admissões de pessoal, vejamos os dizeres dessa autora:[21]

> A instituição do modelo burocrático também representou uma tentativa de conter a corrupção e o clientelismo nos cargos públicos, problemas culturais, enraizados desde o início da organização administrativa brasileira. Por conseguinte, houve a adoção de princípios rígidos que orientaram e impessoalizaram a relação entre os governantes e o

---

[16] Muito embora tenha o precedente do uso do mérito do Tesouro Público Nacional. Nesse sentido, conferir: SOARES. *A investidura inválida de servidor estatale seus efeitos*, p. 14 *apud* BARBOSA. Meritocracia à brasileira: o que é desempenho no Brasil? *Revista do Serviço Público*, p. 71.

[17] Silveira, *idem*.

[18] Art. 73. Os cargos públicos civis ou militares são acessíveis a todos os brasileiros, observadas as condições de capacidade especial que a lei estatuir, sendo, porém, vedadas as acumulações remuneradas (*Constituição da República dos Estados Unidos do Brasil, de 24 de fevereiro de 1891*. Disponível em: http://www.planalto.gov.br/ccivil_03/constituicao/constituicao91.htm. Acesso em: 17 dez. 2021).

[19] "A administração pública burocrática distinguiu-se no Brasil, assim como na maioria dos demais países, por intensa ampliação do rol de atribuições do Estado, levando ao incremento do aparato administrativo, notadamente para a execução de serviços comerciais e industriais. O Estado Social e a burocracia brasileira – preocupados com a eliminação das desigualdades sociais e com o sistema de privilégios na Administração Patrimonialista – encontraram fundamento na igualdade entre os homens por meio do direito" (SILVEIRA, *op. cit.*, p. 31).

[20] Para rememorar, a era Vargas foi um período de 15 anos da história brasileira, iniciado em 1930 (depois da Revolução de 1930) e finalizado em 1945, com a deposição de Getúlio Vargas.

[21] SILVEIRA, *idem*.

conjunto de servidores vocacionados ao serviço público e a serviço do público, mediante o exercício do poder racional legal.

Foi com a Constituição de 1934, influenciado por esse novo modelo de gestão racional da época, que se exteriorizou pela primeira vez a necessidade de concurso para a primeira investidura dos "funcionários públicos",[22] conforme previsão do seu artigo 170, §2º.[23]

Importante ressaltar que a Administração burocrática não impulsionou somente a previsão constitucional de ingresso do servidor público por meio de concurso público, mas também apresentou como características as ideias de carreira, de impessoalidade entre serviço público e servidores, a fixação de regras objetivas de comportamento e competências, e a estabilidade, todas estas lastreadas no Estado de Direito.[24]

Solidificando esse ideal que prevalecia à época, criou-se o Departamento Administrativo de Serviço Público (DASP),[25] incumbido do estudo das repartições públicas, alocações de pessoal, condições e processos de trabalho, bem como das atividades de seleção dos candidatos aos cargos e funções públicas, ou seja, atribuíram-se a um órgão específico da Administração as tarefas de seleção de pessoal e gestão dos recursos humanos, centralizando essa atividade.

Para conjecturar quanto à exigência do concurso, referida previsão anterior foi seguida na Constituição de 1937, conforme art. 156, "b", e na de 1946, no artigo 186, não alterando as balizas do instituto significativamente (a exemplo de mantê-lo apenas para a primeira investidura). Somente com a Constituição de 1967 é que a expressão "concurso público" surge no ordenamento e não mais restrita à primeira investidura, segundo previsão do seu art. 98, §1º.[26]

---

[22] No §1º do mesmo artigo 170: "1º) O quadro dos funcionários públicos compreenderá todos os que exerçam cargos públicos".

[23] A primeira investidura nos postos de carreira das repartições administrativas e nos demais que a lei determinar efetuar-se-á depois de exame de sanidade e concurso de provas ou títulos (*Constituição da República dos Estados Unidos do Brasil, de 16 de julho de 1934*. Disponível em: http://www.planalto.gov.br/ccivil_03/constituicao/constituicao34.htm. Acesso em: 17 dez. 2021).

[24] SILVEIRA, *op. cit.*, p. 32.

[25] Criado por meio do Decreto-Lei nº 579, de 30.07.1938.

[26] § 1º - A nomeação para cargo público exige aprovação prévia em concurso público de provas ou de provas e títulos (*Constituição da República Federativa do Brasil, de 24 de janeiro de*

Corolário dessas alterações efetivadas pela Carta de 1967, Raquel Dias da Silveira[27] menciona que, citando Hely Lopes Meirelles, somente após essa previsão do instituto na Constituição de 1967 é que o ingresso do serviço público assumiu os princípios e peculiaridades de direito administrativo, com caráter público, objetivo e universal.

Nesse percurso, a Emenda Constitucional nº 01/69 trouxe um revés à evolução do mecanismo, vez que, no seu artigo 97, §1º,[28] regressou a previsão da constituição anterior, tornando obrigatório o concurso apenas para a primeira investidura (o que possibilitaria o instituto da ascensão funcional[29] e transferência de cargos no seio da Administração sem a presença do concurso específico para tanto).

No retorno do regime democrático em 1985 e em explicação dada pelo ministro Bresser Pereira,[30] desfechou-se por lotear os cargos públicos da Administração para os partidos e políticos vitoriosos, gerando um populismo patrimonialista. Nessa linha, o fenômeno do populismo foi buscar seu fundamento na burocracia, representando o retorno do clientelismo e do coronelismo, fato que reclamava uma transformação no sistema de gestão pública.

Diante das inúmeras fraudes que a sistemática acarretava, Magalhães[31] alude que, fazendo referência à Constituição Cidadã, "o constituinte de 1988 insurgiu-se contra os abusos e fraudes ocorridos no passado da Administração Pública Brasileira", de forma a preconizar o concurso público como requisito universal e igualitário para ingresso nos cargos e empregos públicos, equivalendo a uma limitação e controle das práticas ocorridas.

1967. Disponível em: http://www.planalto.gov.br/ccivil_03/constituicao/Constituicao67.htm. Acesso em: 17 dez. 2021).

27 SILVEIRA, *op. cit.*, p. 111.

28 § 1º A primeira investidura em cargo público dependerá de aprovação prévia, em concurso público de provas ou de provas e títulos, salvo os casos indicados em lei.

29 Sobre a diferença entre ascensão o STF assim detém a posição: "(...) Estão, pois, banidas das formas de investidura admitidas pela CF/1988 a ascensão e a transferência, que são formas de ingresso em carreira diversa daquela para a qual o servidor público ingressou por concurso e que não são, por isso mesmo, ínsitas ao sistema de provimento em carreira, ao contrário do que sucede com a promoção, sem a qual obviamente não haverá carreira, mas, sim, uma sucessão ascendente de cargos isolados" (ADI 231, rel. min. Moreira Alves, P, j. 5-8-1992, *DJ* de 13-11-1992).

30 Disponível em: http://www.bresserpereira.org.br. Acesso em: 18 dez. 2021.

31 MAGALHÃES, Gustavo Alexandre. *Contratação temporária por excepcional interesse público*: aspectos polêmicos. São Paulo: LTr, 2005. p. 100.

Importante constatar que, em 1995, se pretendeu elaborar uma reforma gerencial para superar os ideais da Administração burocrática, baseada em conceitos de eficiência e de controle de resultados, impulsionada pela globalização e sua matriz ideológica do neoliberalismo, o que impuseram a redefinição do tamanho do Estado (a exemplo do programa de desestatização).

No que concerne ao objeto deste estudo, a reforma gerencial prometeu[32] reorganizar a estrutura da Administração Pública visando alcançar maior produtividade e qualidade ao serviço público, pois que a burocracia era tida como ineficiente e morosa, criando-se um controle de desempenho[33] dos servidores, modificando a estabilidade[34] do servidor público.

Sob esse paradigma, foi promulgada a Emenda Constitucional nº 19/98, que alterou a CF de 1988, inserindo o princípio da eficiência no *caput* do artigo 37 como norma basilar da Administração Pública e, no que se refere ao concurso público, estabeleceu que este se realizará de acordo com a natureza e a complexidade do cargo ou do emprego a ser provido. Isso porque a carreira pública pressupõe o escalonamento de atribuições e a fixação dos padrões de vencimento conforme a natureza, a responsabilidade e a complexidade dos cargos que a integram, pois que, por mais que a função pública seja una, essa unicidade justifica a necessidade de estabelecer carreiras para atribuições específicas ao regime jurídico de cada uma,[35] respeitando a singularidade.

Tecidos esses aspectos, em que pese a falta de uma identidade da Administração Pública brasileira frente aos modelos tradicionais

---

[32] Isso porque, segundo Silveira, a reforma administrativa de 1998 demonstra a dificuldade do Estado recuperar o sentido de burocracia profissionalizada, especialmente pela valorização do mérito do servidor público e o compromisso de administração eficiente (SILVEIRA, *op. cit.*, p. 43).

[33] A estabilidade do servidor foi alterada para possibilitar a perda do cargo, na forma de lei complementar, em virtude de avaliação de desempenho insatisfatória (art. 41, §1º, III), sendo condição obrigatória para aquisição da estabilidade (art. 41, §4º).

[34] Silveira menciona que o então presidente Fernando Henrique Cardoso, na apresentação do Plano Diretor da Reforma do Estado, assegurou que "a flexibilização da estabilidade não contrariaria o interesse dos servidores. Os bons funcionários nada teriam a perder, pois, ao contrário, pretendia-se a valorização do servidor, propiciando-lhe motivação profissional, remuneração condizente com o mercado de trabalho nacional, além de razoável segurança no emprego. Visava-se, tão somente, a restaurar a criatividade, a responsabilidade e a dignidade do servidor, cuja maior aspiração deveria ser a de servir ao público" (*idem*, p. 39).

[35] *Ibidem*, p. 62.

de administração, nos dias atuais e consoante Moreira,[36] é possível visualizar um clamor pela eficiência e probidade do setor público, conjugações estas que não se afastam, mas, ao revés, se vinculam e revigoram a regra do concurso público.

Denota-se, pelo exposto, que o concurso público foi lapidado ao longo do tempo, sendo que a evolução das constituições e das formas de gestão do Estado demonstra uma busca, primeiramente, por aniquilar afilhadagens na ocupação dos cargos públicos – resquícios do modelo patrimonialista, valorizando o princípio da isonomia e moralidade da forma de recrutamento de pessoal – e, segundamente, emerge-se a busca pela eficiência do setor público – valorizando a meritocracia e a profissionalização dos servidores, fatores que robustecem ainda mais a presença desse instituto no cenário atual, em que pesem as propostas que pretendem alterá-lo e mitigar sua essencialidade.[37]

2.3 Do concurso quanto aos profissionais do magistério e à qualidade da educação

Aproveitando o que já fora exposto nos tópicos antecedentes sobre o concurso público e sua evolução junto ao Estado, quanto aos profissionais do magistério não se revolverá períodos pretéritos além dos abaixo expostos para adequação aos objetivos deste trabalho.

Pois bem, com o processo de urbanização e industrialização, segundo relatos de Paz e Leite[38] – fazendo referência ao Parecer do Conselho Nacional da Educação nº 02/97 –, ocorreu um movimento de pessoas do campo para as cidades, fazendo surgir, por consequência, grande demanda de matrículas em escolas públicas primárias e secundárias, fato este que impactou diretamente a

[36] Moreira afirma a existência de um modelo de Administração Pública, nos dias atuais, que condiz com a complementaridade entre a Administração burocrática e a Administração gerencial (MOREIRA. Princípios constitucionais da legalidade e da eficiência nos concursos públicos. *In*: MOTTA (Coord.). *Concurso público e Constituição*, p. 130).

[37] Tal como a PEC nº 32/2020.

[38] PAZ, Fabio Mariano da; LEITE, Yoshies Ussami Ferrari. *A valorização do Magistério nas novas diretrizes nacionais para os planos de carreira e remuneração dos profissionais da educação básica*: avanços e limites. XI Congresso Nacional de Educação, 2013. p. 341.

área de trabalho dos profissionais do magistério, de forma que o número de professores se mostrou incompatível com a demanda de educandos, ocorrendo a indução de acúmulo de cargos dos profissionais de magistério para seu suprimento, situação esta, inclusive, tida por constitucional pelas CF de 1946, 1967 e 1988.

Importante destacar que, nesse percurso, exsurgiu a reforma Capanema,[39] estabelecida pelas leis orgânicas do ensino, a qual trouxe disposições legais para os sistemas do ensino, para a preparação dos professores, bem como sobre a estruturação da carreira[40] do magistério. Contudo, ainda conforme Paz e Leite,[41] foi na Lei de Diretrizes e Bases da Educação (LDB) nº 4.024/61 que houve a sinalização do concurso como ferramenta de acesso aos cargos públicos do magistério para mais de constatar previsões sobre o aperfeiçoamento profissional e remuneração adequada aos professores.

Referida lei, de acordo com Davies,[42] caracterizou-se por evidenciar uma luta entre interesses privatistas, de um lado, que se opunham à expansão do ensino público e pressionavam por verbas públicas para escolas particulares, bem como participação destas nos conselhos de ensino, e, de outro, os defensores da manutenção e difusão da escola gratuita, laica e pública, reflexo da sociedade e luta ideológica do período.

Nesse caminhar, sobreveio a Lei nº 5.692/71, que, no seu artigo 36,[43] estabeleceu uma descentralização do sistema regulatório das carreiras do magistério, com a determinação de criação de um estatuto em cada sistema de ensino, regulamentando o magistério de 1º e 2º graus no seu âmbito. Essa descentralização, nos dizeres

---

[39] O nome da reforma vem do ministro Gustavo Capanema, da era Vargas (1930-1945).

[40] PAZ; LEITE, *idem*.

[41] *Ibidem*.

[42] "Foi sobretudo uma luta ideológica maior, de concepção de sociedade, de projeto social, entre, de um lado, setores da burguesia (industrial), das camadas médias, do operariado, e de outro, e da oligarquia agrária exportadora, grupos exportadores e importadores, capital estrangeiro e capitais associados ao capital estrangeiro" (DAVIES, 1999, p. 2 *apud* QUEIRÓS, 2013, p. 21.029).

[43] Art. 36. Em cada sistema de ensino, haverá um estatuto que estruture a carreira de magistério de 1º e 2º graus, com acessos graduais e sucessivos, regulamentando as disposições específicas da presente Lei e complementando-as no quadro da organização própria do sistema. Disponível em: https://www2.camara.leg.br/legin/fed/lei/1970-1979/lei-5692-11-agosto-1971-357752-publicacaooriginal-1-pl.html. Acesso em: 22 dez. 2021.

de Bucci e Vilarino,[44] escoa da tônica do regime federal de Estado adotado pelo Brasil, que estabelece a descentralização com a cooperação dos entes federados, mas que, nessa perspectiva, precisava e ainda precisa ser efetivada de forma a garantir a evolução da educação nacional, com efetiva cooperação e equilíbrio entre os entes, existindo a colaboração entre os sistemas de ensino. Exatamente por isso que não se pode olvidar as críticas havidas, desde o período militar, quanto à falta de articulação dos níveis de ensino, conforme palavras do então presidente Médici.[45]

Após a queda do regime militar, o governo federal editou o Decreto nº 91.781, de 15 de outubro de 1985, pressionando os municípios a estabelecerem os estatutos para a carreira de magistério municipal frente à inércia havida. Referido decreto estipulou em seus termos, segundo entendimento de Abreu,[46] uma condicionante para "o recebimento, por parte dos municípios, do salário educação, à aprovação por leis de estatutos de carreira do magistério municipal". Observam-se, pois, frequentes normativas para impulsionar a edição dos estatutos locais quanto à necessidade de regulação das carreiras do magistério.

Já perante a Constituição de 1988, com a concepção da educação como direito e os desdobramentos legais que advieram desse diploma, além da gratuidade do ensino público em todos os níveis, a gestão democrática da escola pública, houve a taxação da necessidade de ingresso exclusivamente por concurso público de provas e títulos e a valorização dos profissionais de ensino, no artigo 206.

---

[44] BUCCI, Maria Paula Dallari; VILARINO, Marisa Alves. *A ordenação federativa da Educação brasileira e seu impacto sobre a formação e o controle das políticas públicas educacionais*. 2013. p. 13.

[45] "A desconexão entre os diversos graus de ensino; a alarmante evasão do ensino primário e, nele, a repetência em taxa muito alta; a falta de planificação da oferta; a seletividade antidemocrática, sobretudo do ensino médio (...) O sistema é tão falho a esse respeito que a sua inadequação se patenteia dramaticamente nos próprios exames de admissão ao curso secundário e de vestibular ao curso superior. Além disso, currículos irrealísticos exigem forte carga horária de informações puramente acadêmicas, sem qualquer preocupação de qualificação gradativa de mão – de - obra nacional ao longo das diversas etapas dos cursos. Com vistas à melhor produtividade do ensino, já está pronto o estudo para a integração do curso primário com o primeiro ciclo do atual ensino médio, de modo a criar-se o conceito de educação fundamental, que virá corrigir os defeitos de desconexão hoje existentes entre os currículos desses graus de ensino" (MÉDICI, 1987, p. 406 *apud* QUEIRÓS, 2013, p. 21.032).

[46] ABREU, D. C. *Carreira e perfil do profissional da educação na rede municipal de ensino de Curitiba*: história e impacto da política brasileira de valorização do magistério. Dissertação (Mestrado em Educação) – Universidade Federal do Paraná, Curitiba, 2008. p. 33.

Com fito de novamente impulsionar a necessidade de fixar os planos de carreira do magistério e os vincular à ferramenta de seleção do concurso público, a LDB nº 9.394/96, no seu artigo 67,[47] reforça a autonomia dessas atribuições para os entes federados, devendo os sistemas de ensino promover a valorização dos profissionais da educação, assegurando piso salarial, aperfeiçoamento profissional, progressão profissional, condições adequadas de trabalho, progressão funcional e, claro, o ingresso por concurso público de provas e títulos.

Neste ínterim, surgiu o FUNDEF pela Lei nº 9.424/96, a qual se fundamenta na EC nº 14/96. O marco mais visível de sua criação, segundo Bucci e Vilarino,[48] é a redivisão das atribuições aos entes federados com base na fase escolar, competindo aos municípios os anos iniciais da escolarização; aos estados, a fase intermediária; e à União, a educação superior. Convém salientar nesse período, também, a regulamentação do Conselho Nacional de Educação (pela Lei nº 9.131/95), incumbindo-se de assegurar maior organicidade das diretrizes para a educação, sendo salutar, para o presente estudo, a Resolução do CNE/CEB nº 03/97, que propaga a necessidade de formulação dos planos de carreira do magistério público.

Referida resolução do CNE sofreu a influência dos ideais fortes da época (1996/97), baseada na reforma gerencial do Estado, a qual objetivava uma racionalização dos recursos e ignorava variáveis que incentivavam a profissionalização, a exemplo do art. 6º, inciso I,[49] da referida resolução. Importante destacar que surgiram diversas propostas nesse período, todas sob o crivo da diminuição do

---

[47] Art. 67. Os sistemas de ensino promoverão a valorização dos profissionais da educação, assegurando-lhes, inclusive nos termos dos estatutos e dos planos de carreira do magistério público:
I - ingresso exclusivamente por concurso público de provas e títulos;
II - aperfeiçoamento profissional continuado, inclusive com licenciamento periódico remunerado para esse fim;
III - piso salarial profissional;
IV - progressão funcional baseada na titulação ou habilitação, e na avaliação do desempenho;
V - período reservado a estudos, planejamento e avaliação, incluído na carga de trabalho;
VI - condições adequadas de trabalho.

[48] BUCCI, *op. cit.*, p. 125.

[49] I - não serão incluídos benefícios que impliquem afastamento da escola, tais como faltas abonadas, justificativas ou licenças, não previstas na Constituição Federal. Disponível em: http://portal.mec.gov.br/cne/arquivos/pdf/CEB0397.pdf. Acesso em: 22 dez. 2021.

tamanho do Estado, mas que, conforme narra o voto do relator dessa resolução, João Antônio Cabral de Monlevade, não preconizavam a valorização do professor. Veja:

> [...] se queremos valorizar o professor do ensino fundamental e dos outros níveis da educação básica – educação infantil e ensino médio – não posso absolutamente concordar com mecanismos que resultem em salários abaixo do potencial e, pior, tão insuficientes e indefinidos que irão forçar o professor à escolha da multi-jornada e do multi-emprego, condições que os Conselheiros desde o princípio da discussão das Diretrizes tinham identificado como fator de desvalorização profissional e desqualificação do ensino público (BRASIL, 1997b).

Fazendo um levantamento sobre as leis pretéritas, sobre a Resolução CNE nº 03/97 e, ainda, quanto à problemática de ingresso nos cargos públicos e à qualidade do serviço público educacional, advertem Paz e Leite[50] que:

> Não bastasse o montante de legislações e, mesmo, a própria Resolução CNE/CEB nº 03/97 ter tentado instituir definitivamente que o ingresso na carreira do magistério público far-se-ia mediante concurso público de provas e títulos, novamente a questão do acesso se coloca como problema ainda não plenamente solucionado. Numa nova ação para reverter esse quadro que ocasiona sérios prejuízos a aprendizagem e desenvolvimento dos alunos, as novas diretrizes para os planos de carreira e remuneração retomam essa exigência em seu texto, amparada justamente em dispositivo já previsto na LDB nº 9394/96, que estabelece em seu artigo 85 que "qualquer cidadão habilitado com a titulação própria poderá exigir a abertura de concurso público de provas e títulos para cargo de docente de instituição pública de ensino que estiver sendo ocupado por professor não concursado, por mais de seis anos".

Não obstante as previsões anteriores, com o advento da EC nº 53/2006, introduziu-se o inciso V[51] no artigo 206 da CF/88, repetindo, mais uma vez, a previsão da necessidade de concurso público para ingresso nos quadros do magistério e de valorização desses profissionais. Sem desconsiderar essa previsão, cumpre mencionar

---

[50] PAZ; LEITE, *op. cit.*, p. 347-348.

[51] V - valorização dos profissionais da educação escolar, garantidos, na forma da lei, planos de carreira, com ingresso exclusivamente por concurso público de provas e títulos, aos das redes públicas.

que referida emenda constitucional lançou as bases do FUNDEB, após extinção do FUNDEF, pautado na justificativa de promover aumento de recursos ao ensino, não somente ao ensino fundamental, como outrora o fazia o FUNDEF, abrangendo agora o ensino básico, além de ter se aprofundado na reorganização federativa e ampliado o direito à educação.[52]

Consecutivo dessas novas orientações, o Conselho Nacional de Educação emitiu outra resolução, a de nº 02/2009, revogando as disposições da resolução anterior e repisando a obrigatoriedade de os municípios adotarem medidas de valorização dos profissionais, inclusive quanto ao piso salarial profissional. Importante debruçar sobre essa resolução e sobre o parecer que a alicerçou, qual seja, o Parecer CNE/CEB nº 09/2009, porquanto, conforme narram Paz e Leite,[53] se demonstra que a atenção exclusiva quanto à universalização do ensino não assegura necessariamente um ensino de qualidade.

Percebe-se, dessa evolução legislativa, a existência de uma preocupação do ordenamento com a valorização do professor, com a necessidade de instituição de plano de carreira e com a forma como o trabalho é prestado, algo que, conforme se vê abaixo, impacta diretamente na qualidade do ensino.

Adentrando-se na esfera da qualidade da educação e, aqui, a sua clara junção ao princípio da eficiência previsto na Constituição de 1988, desta feita, oportuno citar, conforme vislumbrado no Parecer CNE/CEB nº 09/2009, que a qualidade do serviço público educacional não pode ser medida somente de forma quantitativa, no sentido de, quanto mais acolher, mais qualidade haverá, porquanto existe a dimensão pedagógica e educativa no processo de ensino. Sobre isso, importante verificarmos sua justificativa:

> A escola que queremos construir, por outro lado, necessita que a questão da organização do tempo escolar seja tratada não apenas enquanto medida quantitativa, cronológica, e sim como qualidade, ou seja, em sua dimensão pedagógica e educativa.
> Para o sociólogo alemão Norbert Elias, sob o ponto de vista sociológico, o tempo não é apenas algo matemático e quantitativo, mas, sobretudo,

---

[52] BUCCI, *op. cit.*, p. 126.

[53] PAZ; LEITE, *op. cit.*, p. 346.

> alguma coisa que se institui a partir de determinadas exigências que são sociais; ou melhor, essa outra concepção temporal parte do pressuposto de que o tempo é, por princípio, uma instância de regulação social que ordena os próprios acontecimentos sociais. (...) A escola é também uma organização temporal (Parecer CNE/CEB nº 09/2009, *op. cit.*, p. 18).

A positivação do direito à educação não se implica somente no direito de acesso à educação, com oferta de vagas escolares e existência de infraestrutura escolar,[54] mas também na prestação de um serviço que seja capaz de proporcionar o desenvolvimento da pessoa humana, com seu desempenho realizado por profissionais capacitados e sem acarretar a interrupção da sua regular execução.

Importante ilustrar que, segundo Almeida e Basílio,[55] apenas raramente o professor é tomado como unidade de análise quando se fala em qualidade de educação. Contudo, os autores mencionam que análises desse tipo permitem revelar associações entre condições de trabalho dos professores e os resultados escolares, impactando diretamente na educação, sendo salutar o diagnóstico dos efeitos das políticas públicas que dirigem essas escolhas sobre os meios de contratação dos docentes.

Partindo dessa premissa, é apropriada a intenção de ver os professores comprometidos com uma só escola, havendo, inclusive, as críticas ao excesso de jornada e acumulação de cargos[56] permitidos pelas Constituições (como antes visto), de forma que eles possam aderir ao projeto pedagógico, assumindo o papel de coautores e

---

[54] Nesse sentido, veja: "Estender a escolarização não é, por si só, uma garantia de justiça escolar. Na verdade, tudo depende da maneira como a escola se organiza e do que se faz nela" (DUBET, François; DURU-BELLAT, Marie; VERÈTOUT, Antoine. As desigualdades escolares antes e depois da escola: organização escolar e influência dos diplomas. *Sociologias*, v. 14, n. 29, 2012. p. 22-70).

[55] ALMEIDA, Ana Maria Fonseca; BASÍLIO, Juliana Regina. Contratos de trabalho de professores e resultados escolares. *Revista Brasileira de Educação*, v. 23, 2018, p. 3.

[56] "Neste sentido, compartilhamos da intenção de ver todos os professores comprometidos com uma só escola, deixando para trás o expediente a que foram condenados desde a Constituição de 1934, a saber, a possibilidade do 'acúmulo de cargos'. Destinada a prover mestres para uma explosão de demanda de estudantes, este acúmulo propiciou a redução de remunerações e a sobrecarga de trabalho, que prejudicou a saúde dos educadores e a aprendizagem dos alunos. Esperamos que essas Diretrizes contribuam para a superação dessa esdrúxula norma constitucional, que permite até 80 horas de trabalho semanal do magistério e é considerada por tantos como direito, quando, na verdade, é opressão" (Parecer nº 09/2009 do CNE/CNB. p. 17. Disponível em: http://portal.mec.gov.br/dmdocuments/pceb009_09.pdf. Acesso em: 15 dez. 2021).

protagonistas do processo educacional. Para tanto, é impreterível que o sistema educacional lhes oferte essa possibilidade. Nesse sentido, é o parecer do CNE, antes citado:[57]

> De tudo o que foi anteriormente dito, conclui-se que a escola que precisamos construir exige que, ao professor, sejam asseguradas todas as condições necessárias para que ele possa aderir de forma consciente e competente ao projeto político-pedagógico da escola, qualificando-se para ser co-autor e co-gestor deste projeto, assumindo o papel que lhe cabe enquanto protagonista no processo educacional.

Aqui se vincula a qualidade do serviço público educacional às formas de ingresso nos cargos públicos de magistério, pois que, para além do fato de ser uma norma constitucional, legal e infralegal, correspondendo à forma mais justa de ingresso dos trabalhadores no setor público, no caso do magistério o concurso de provas e títulos tem relação direta com a qualidade do ensino,[58] isso porque a escola demanda professores longínquos, de carreira, para que possam ter a chance de concluir o projeto político pedagógico, não sendo afetados pela rotatividade de docentes entre as unidades escolares e pelo próprio contrato determinado no tempo.

Emerge-se, logo, a ferramenta do concurso público para garantir a vinculação do professor ao cargo[59] e a carreira, a garantir eficiência, a priorizar a meritocracia, a evitar abusos e, ao final, buscar ofertar melhor qualidade de ensino pelos professores e, por conseguinte, melhor qualidade da educação.

Conclui-se este tópico com um alento, no sentido de que a presença de opções políticas de contratação de profissionais do magistério, permitidas pelo ordenamento jurídico, não deve prejudicar ou debilitar a prestação do serviço educacional, sob pena de não atender à prospecção de uma educação de qualidade, a qual servirá de apoio futuro a toda a sociedade que contará com aquele educando(a) em seu seio como cidadão.

---

[57] *Idem*, p. 18.

[58] Parecer CNE/CEB nº 09/2009, p. 21.

[59] "Cabe aos entes federados assegurar a vinculação do professor à escola e a forma de fazê-lo é o concurso público vinculado à instituição de mecanismos que assegurem a possibilidade de opção do professor ao regime de dedicação exclusiva, conforme prevê o inciso VII do artigo 4º do Projeto de Resolução anexo" (*idem*, p. 22).

3 Dos contratados por tempo determinado e os efeitos no ensino público

Ciente das exposições anteriores, as quais, resumidamente, rememoraram modelos de contratação de pessoal pela Administração Pública, reviveram os objetivos e o desenvolvimento da regra do concurso público e expuseram a necessidade de professores se vincularem à escola para oferecerem uma educação de qualidade, agora, importante trazer a lume outra possibilidade de contratação de pessoal, permitida pela Constituição Federal, que muito influencia no ensino público. Trata-se da contratação de pessoal por tempo determinado, a qual deita raízes no artigo 37, inciso IX,[60] da CF/88.

No que se refere às contratações por prazo determinado, há mais de três décadas da vigência do texto constitucional ainda pairam divergências acerca da aplicação do dispositivo constitucional autorizativo,[61] fato que leva os gestores públicos, em determinados casos, a adotarem políticas públicas[62] de preenchimento dos quadros de pessoal da Administração Pública com predominância desse modelo, culminando no adágio, segundo afirma Pedro Carlos Bitencourt,[63] de que a exceção se tornou a regra.

Segundo a literalidade da Constituição Federal, esse tipo de contratação não se aproveita para admissões definitivas de pessoal pela Administração Pública quando existe a necessidade permanente sem provisoriedade, mas, ao revés, sendo uma norma excepcional, ajusta-se para hipóteses que se enquadrem no termo "necessidade

---

[60] IX - A lei estabelecerá os casos de contratação por tempo determinado para atender a necessidade temporária de excepcional interesse público.

[61] ARAÚJO, Florivaldo Dutra de. Regime constitucional da contratação temporária de servidores públicos. *In*: FORTINI, Cristiana (Coord.). *Servidor público*: estudos em homenagem ao Professor Pedro Paulo de Almeida Dutra. 2. ed. rev. e atual. Belo Horizonte: Fórum, 2014. p. 109.

[62] Para a professora Maria Paula Dallari Bucci, políticas públicas são "arranjos institucionais complexos, expressos em estratégias ou programas de ação governamental, que resultam de processos juridicamente regulados, visando adquirir meios e fins" (BUCCI, Maria Paula Dallari. Notas para uma metodologia jurídica de análise de políticas públicas. *In*: FORTINI, Cristiana; ESTEVES, Júlio; DIAS, Maria Tereza (Org.). *Políticas públicas*: possibilidade e limites. Belo Horizonte: Fórum, 2008. p. 251).

[63] MARCONDES, Pedro Carlos Bitencourt. *Servidor Público*. Belo Horizonte: Fórum, 2016. p. 73.

temporária de excepcional interesse público". Para ilustrar, Celso Antônio Bandeira de Mello aduz que não há como arrolar ou qualificar as hipóteses, mas o que a Constituição certamente objetivou foi o enfrentamento de situações anômalas e de exceção, com repercussões imprevisíveis,[64] porquanto a regra é o concurso público.

No olhar da jurisprudência, segundo o STF, mesmo que a contratação se destine para atividades consideradas constantes da Administração Pública, deve existir na situação o caráter da temporalidade,[65] isto é, deve ser passageiro e momentâneo, porque a norma excepcional (e, por isso, com interpretação restritiva)[66] é destinada para atender a necessidade temporária, além de subsistir o excepcional interesse público.

Ressalta-se, neste ponto, que o termo "excepcional interesse público", previsto na norma constitucional, gera debate sobre seu alcance, em consequência de não ter seu conceito jurídico precisamente delimitado, fato que torna difícil a sua significação, desfechando em situações que podem não refletir, ao final, vantagem à efetividade do sistema constitucional vigente. Integra essa problemática o fato de os entes locais disciplinarem as situações que supostamente atendem a necessidade de excepcional interesse público com previsões totalmente díspares, com controle de constitucionalidade ainda módico sobre as hipóteses que não se adequaram ao melhor interesse público.

Ademais, esse mecanismo de contratação por tempo determinado exige a presença de lei do ente público federado para sua

---

[64] MELLO, Celso Antônio Bandeira de. *Regime constitucional dos servidores da administração direta e indireta*. São Paulo: Revista dos Tribunais, 1991. p. 80.

[65] O Supremo Tribunal Federal, no julgamento da ADI nº 3.068, defendeu, desta vez, que "o inciso IX do art. 37 da Constituição do Brasil não separa, de um lado, atividades a serem desempenhadas em caráter eventual, temporário ou excepcional e, de outro, atividades de caráter regular e permanente. Não autoriza exclusivamente a contratação por tempo determinado de pessoal que desempenhe atividades em caráter eventual, temporário ou excepcional. Amplamente, autoriza contratações para atender a necessidade temporária de excepcional interesse público em uma e outra hipótese. Seja para o desempenho das primeiras, seja para o desempenho de atividades de caráter regular e permanente, desde que a contratação seja indispensável ao atendimento de necessidade temporária de excepcional interesse público".

[66] "(...) 2. Prevalência da regra da obrigatoriedade do concurso público (art. 37, inciso II, CF). As regras que restringem o cumprimento desse dispositivo estão previstas na Constituição Federal e devem ser interpretadas restritivamente. (...)" (RE 658026, Relator(a): Min. Dias Toffoli, Tribunal Pleno, julgado em 09.04.2014).

efetiva validade,[67] tratando-se de norma de eficácia limitada, na visão de José Afonso da Silva.[68] Vale ressaltar que o STF[69] decidiu que referida lei deve destinar, de forma precisa e não genérica, as situações que se enquadram no conceito jurídico de necessidade temporária suscitado pelo constituinte originário, isso porque, se o conteúdo da lei for generalizado, acabará por transformar esse mecanismo como regra para o ente público.

A título de exemplo de lei local que resultou do comando constitucional, o município de Goiânia/GO editou a Lei nº 8.546/2007[70] contendo as hipóteses de contratação por prazo determinado, do artigo 37, inciso IX, da CF. Aludida norma veicula em seu texto, como hipótese de necessidade temporária de excepcional interesse público, a previsão de contratação de *professores substitutos e professores visitantes*,[71] texto igualmente presente em leis de outros entes, podendo-se citar o mesmo arquétipo nas leis do município de Trindade/GO[72] e do estado de Goiás.[73]

Não se desconsidera, pois, a necessidade das contratações temporárias em situações específicas, como licenças-maternidade, licenças-saúde e afastamento dos servidores efetivos para aprimoramento profissional, vez que, nessas hipóteses e segundo Florivaldo Dutra de Araújo,[74] se atenderia a finalidade do preceito constitucional, sendo o interesse público plenamente justificado durante o interregno da substituição do profissional ausente.

---

67 Pedro Carlos Bitencourt ainda cita que é "imprescindível, para realização da contratação temporária, a existência de previsão na lei do ente da federação respectivo, sob pena de nulidade de pleno direito, nos termos do art. 37, §2º, e punição da autoridade responsável" (MARCONDES, *op. cit.*, p. 71).

68 Sobre eficácia limitada da norma constitucional: "Através das quais o legislador constituinte traça esquemas gerais de estruturação e atribuições de órgãos, entidades ou institutos, para que o legislador ordinário os estruture em definitivo, mediante lei" (SILVA, José Afonso. *Aplicabilidade das normas constitucionais*. 3. ed. São Paulo: Malheiros, 1998. p. 126).

69 A título exemplificativo, seguem a ADI nº 2125-7 e a ADO-MC nº 890.

70 Artigo 2º da Lei Municipal nº 8.546/2007.

71 Art. 2º Considera-se necessidade temporária de excepcional interesse público, aquela que, se não atendida, compromete a prestação contínua e eficiente dos serviços próprios da Administração Pública, nos seguintes casos: (...) III - contratação de professores substituto e professor visitante.

72 Art. 2º, inciso III, da Lei Municipal nº 1997, de 11 de maio de 2020. Disponível em: https://acessoainformacao.trindade.go.gov.br/legislacao/leis. Acesso em: 08 jul. 2020.

73 Art. 2º, inciso III, da Lei Estadual nº 13.664, de 27 de julho de 2000. Disponível em: https://legisla.casacivil.go.gov.br/pesquisa_legislacao/82034/lei-13664. Acesso em: 08 jul. 2020.

74 ARAÚJO, *op. cit.*, p. 120.

Convém citar, nesse interregno, o entendimento do STF[75] no sentido de permitir a contratação de professores temporários para as atividades permanentes de magistério, obtemperando-se, contudo, para não se ofertar de modo contínuo, que a necessidade da medida seja transitória e, ainda, que esteja presente o excepcional interesse público que a justifique.

Ciente dessas premissas, chama atenção a situação de alguns entes locais. No exemplo do município de Goiânia/GO, entre 2009 a 2019, o ente realizou a quantidade de 24 (vinte e quatro)[76] processos seletivos para seleção temporária de profissionais da educação. Em paralelo, nesse mesmo período, somente realizou 2 (dois) concursos públicos para preenchimento dos cargos efetivos de profissionais do magistério municipal. Soma-se a esse dado, em levantamento preliminar realizado através do *site* específico do ente, a identificação da convocação de 15.194[77] (quinze mil cento e noventa e quatro) professores temporários, enquanto, para as vagas efetivas, providas por concurso público, chamou-se o contingente de 4.039 (quatro

---

[75] AÇÃO DIRETA DE INCONSTITUCIONALIDADE. ART. 2º, INC. VII, DA LEI 6.915/1997 DO ESTADO DO MARANHÃO. CONTRATAÇÃO DE PROFESSORES POR TEMPO DETERMINADO. INTERPRETAÇÃO E EFEITO DAS EXPRESSÕES "NECESSIDADE TEMPORÁRIA" E "EXCEPCIONAL INTERESSE PÚBLICO". POSSIBILIDADE DE CONTRATAÇÃO TEMPORÁRIA PARA SUPRIR ATIVIDADES PÚBLICAS DE NATUREZA PERMANENTE. TRANSITORIEDADE CARACTERIZADA. PARCIAL PROVIMENTO DA AÇÃO. 1. A natureza permanente de algumas atividades públicas - como as desenvolvidas nas áreas da saúde, educação e segurança pública – não afasta, de plano, a autorização constitucional para contratar servidores destinados a suprir demanda eventual ou passageira. Necessidade circunstancial agregada ao excepcional interesse público na prestação do serviço para o qual a contratação se afigura premente autoriza a contratação nos moldes do art. 37, inc. IX, da Constituição da República. 2. A contratação destinada a atividade essencial e permanente do Estado não conduz, por si, ao reconhecimento da alegada inconstitucionalidade. Necessidade de exame sobre a transitoriedade da contratação e a excepcionalidade do interesse público que a justifica. 3. Ação direta de inconstitucionalidade julgada parcialmente procedente para dar interpretação conforme à Constituição (ADI nº 3.247, Min. Carmem Lúcia. Dje. 18.08.2014).

[76] Disponível em: https://www.goiania.go.gov.br/sistemas/sicon/html/principal.htm. Acesso em: 08 jul. 2020.

[77] Edital nº 02/2009 (805 aprovados); Edital nº 01/2010 (25 vagas); Edital nº 02/2010 (sem acesso); Edital nº 01/2011 (380 aprovados); Edital nº 02/2011 (51 vagas); Edital nº 03/2011 (1.630 convocados); Edital nº 09/2012 (39 convocados); Edital nº 10/2012 (81 convocados); Edital nº 23/2012 (351 vagas); Edital nº 24/2012 (44 convocados); Edital nº 03/2014 (1.469 convocados); Edital nº 01/2013 (329 convocados); Edital nº 04/2014 (1.404 convocados); Edital nº 02/2015 (1.650 convocados); Edital nº 01/2017 (3.245 convocados); Edital nº 02/2017 (39 convocados); Edital nº 01/2018 (835 convocados); Edital nº 01/2019 (1.371 convocados); e Edital nº 02/2019 (1.446 convocados). Disponível em: https://www.goiania.go.gov.br/sistemas/sicon/html/principal.htm. Acesso em: 7 a 10 jul. 2020.

mil e trinta e nove) candidatos, no mesmo intervalo temporal. Essa constatação caracteriza maior chamamento de temporários para exercício das funções de magistério do que de cargos efetivos, na proporção de 376%, o que pode corresponder a uma predileção do uso da ferramenta da contratação por prazo determinado frente ao concurso público.

Veja que a situação narrada não é incomum, porquanto Quibão Neto[78] cita em seu estudo que o Tribunal de Contas da União (TCU) detectou altos índices de contratação temporária na rede de educação de onze estados da federação, de forma que o percentual de professores temporários perfilhava entre 40% a 67% do total de docentes atuantes no ano de 2012, ou seja, existe uma escolha administrativa de determinados gestores públicos que prioriza esse meio de contratação de professores.

Robustecendo o exposto, o próprio Parecer do Conselho Nacional de Educação (CNE/CEB) nº 9/2009[79] identifica que, em 2009, um em cada cinco professores em atividade era contratado por tempo determinado.

É nesse sentido que Florivaldo Dutra de Araújo adverte, levando em conta o passado brasileiro oriundo do paternalismo, que o uso dessa ferramenta constitucional de contratação de profissionais temporários pode fulminar em abusos[80] por parte da Administração Pública devido às admissões precárias ocorrerem, com frequência, ao arrepio dos limites constitucionais.

Obtempera-se que, para além do descuido com a previsão constitucional e legal de que as contratações aconteçam (tal como em situações em que deveria ocorrer o concurso público), a manutenção de contingente de professores em nível significativo – tal como acima visto, em percentuais maiores que os efetivos – dotados com vínculos

---

[78] QUIBÃO NETO, José; PINTO, José Marcelino de Rezende. O perfil dos docentes não concursados da rede estadual de ensino de São Paulo. *Revista de Financiamento da Educação – Fineduca*, v. 6, 2016, p. 2.

[79] Parecer CNE/CEB nº 09/2009, *op. cit.*, p. 21.

[80] Dita o autor que "(...) a contratação temporária, que sempre foi uma vertente ensejadora de abusos por parte da Administração Pública brasileira. Em tempos passados, sob outras denominações, como extranumerários e interinos, foram feitas inúmeras admissões precárias, mas ao arrepio dos limites constitucionais e legais, utilizadas em casos em que não se justificava a contratação. Pior ainda é que essas irregularidades estenderam-se por muitos anos, gerando situações de fatos irreversíveis" (ARAÚJO, *op. cit.*, p. 119).

precários perante a Administração Pública pode afetar diretamente a qualidade do ensino e, portanto, a eficiência do serviço público.

Analisando a rede de ensino estadual de São Paulo, o estudo realizado por Almeida e Basílio[81] enumera consequências práticas que decorrem da escolha administrativa pelos tipos de contratação de pessoal realizada pela Administração Pública, havendo, em razão do vínculo do professor com o ente, maior ou menor estabilidade no emprego e no local de trabalho, maior ou menor possibilidade de participar da decisão sobre a escola e dela participar, maior ou menor possibilidade de decisão sobre a escola em que trabalhará, maior ou menor acesso a posições de trabalho que correspondam à formação específica do professor e, por último, maior ou menor acesso à rede de proteção social do serviço público.

Referido liame repercute diretamente no trabalho desempenhado pelo profissional. Para se direcionarem as consequências práticas acima delineadas, o professor há de ser pensado como ferramenta crucial na educação, ainda mais tendo em foco a qualidade do ensino a ser prestado e a eficiência do serviço público. O mesmo estudo antes citado[82] demonstra a existência de correlação entre as condições de trabalho dos professores e a maneira como eles se relacionam com a escola e, consequentemente, os reflexos que essa relação gera sobre os resultados escolares. Veja:

> A discussão sobre as relações entre as condições de trabalho e de remuneração dos professores e os resultados escolares dos alunos é um aspecto central do problema mais geral da desigualdade de resultados escolares e suas consequências para a desigualdade social. Uma das dificuldades que essa discussão enfrenta é a mobilização de metodologias que permitam documentar, para os grandes números, aquilo que pesquisas apoiadas em observações e entrevistas com professores têm indicado há várias décadas, isto é, o fato de que as condições de trabalho e de remuneração dos professores afetam a maneira como eles pensam sobre si próprios em termos profissionais e como se relacionam com a escola em que trabalham com seus alunos. Nosso estudo procurou oferecer uma contribuição para essa discussão por meio da análise das relações entre contratos de trabalho e resultados escolares. Os resultados apresentados mostram que o bom desempenho dos estudantes está fortemente associado às condições de trabalho dos professores e diretores.

---

[81] ALMEIDA; BASÍLIO, *op. cit.*, p. 4.

[82] *Idem*, p. 12.

Corrobora essa posição a dissertação de Basílio[83] em análise da rede de educação paulista, donde se vislumbrou que uma parcela dos professores temporários é composta por profissionais que são encarregados de assumirem disciplinas para as quais não se formaram, ou seja, não há especificidade da função pública, conjecturando a situação de verdadeiros "tapa-buracos", sendo ainda levados a assumirem aulas em diferentes escolas e, para terem um salário razoável, se submetem à jornada recheada de horas extras, o que impacta diretamente na qualidade do seu trabalho.

Nessa senda, em paralelo a essa constatação, cumpre analisar a produtividade do professor enquanto a teoria do capital humano. Motta e Buíssa,[84] abordando Theodore Schultz, mencionam que o capital humano é composto de conhecimento e habilidades, produtos de investimentos deliberados em pessoas, com o objetivo de aumentar a capacidade humana de realizar um trabalho produtivo. As atividades essenciais que propiciam o aumento dessas capacidades seriam a educação formal, o treinamento no trabalho, os programas de estudo de adultos e serviços de saúde, correspondendo, logo, a investimentos nas pessoas para aumentar o nível de instrução, criando o capital humano.

Tão relevante referido investimento que, ainda segundo Motta e Buíssa,[85] agora sobrelevando o estudo feito por James Heckman, a qualidade no desenvolvimento da primeira infância influencia fortemente os resultados econômicos, sociais e na saúde dos indivíduos e de toda a sociedade, posicionando que cada dólar gasto na educação infantil rende sete vezes mais ao longo do tempo, com destaque para crianças que provêm de meios desfavoráveis.

Pois bem, ciente disso e das constatações dos professores temporários assumirem outras disciplinas nas quais não se formaram, não se adequaria à proposição de ter uma capacidade de educação formal específica para aquela disciplina, tampouco ao temporário é ofertado treinamento para exercício do seu trabalho – logo que seu

---

83 BASÍLIO, J. R. *Contratos de trabalho de professores e a construção da condição docente na escola pública paulista (1974-2009)*. Dissertação (Mestrado em Educação) – Faculdade de Educação, Universidade Estadual de Campinas, Campinas, 2010.

84 MOTTA, Fabrício; BUÍSSA, Leonardo; BARBOSA, Maísa. O financiamento da educação no Brasil como instrumento de aprofundamento da desigualdade social. *A&C – Revista de Direito Administrativo & Constitucional*, n. 73, jul./set. 2018, p. 99.

85 *Idem*, p. 101.

contrato expirará de forma iminente. Os programas de estudo, tal como de aperfeiçoamento, não são oportunizados aos temporários, justamente pela temporalidade do seu contrato; e, por último e já visto, os serviços da rede de proteção e assistência podem não contemplar os temporários na mesma medida dos efetivos. Esses fatores, em seu conjunto, não condizem com a teoria do capital humano para realização de um trabalho mais produtivo aos professores temporários, em fortes razões derivadas da natureza do vínculo que os liga à Administração.

Portanto, visualiza-se por este tópico que, em que pese a permissão constitucional de contratação por prazo determinado, seguindo as premissas antes apontadas, a política pública de escolha e gestão dos meios de contratação de profissionais da educação pode ter como corolário afetar a qualidade da educação prestada aos educandos, repercutindo, logo, na eficiência almejada pela Constituição de 1988.

4 Da necessidade de planejamento das decisões – aplicação do consequencialismo

Neste tópico, há de se indagar: por que as decisões sobre as contratações de pessoal na área do magistério se direcionam para reprodução reiterada das contratações por prazo determinado, quando é consabida a regra do concurso público?

Poder-se-ia argumentar que a motivação se pautaria por critérios financeiros, tendo em vista que o profissional efetivo demanda, em longo período e por causa do plano de carreira (com os benefícios que nele guarnecem), maiores dispêndios do que os temporários, que somente impactariam nas despesas de pessoal pelo prazo de validade da contratação (em média, não superior a dois anos). Essa tentativa de priorizar o equilíbrio orçamentário e soluções reiteradamente observadas na gestão brasileira de efeitos práticos imediatos em detrimento da adoção de estratégia segura e responsável de longo prazo encerra por *não* gerar um gasto público de qualidade, não bastando para concretização dos valores hoje vigentes,[86] como o fornecimento

[86] "O Estado de Direito pressupõe, à contrapartida do sacrifício suportado pelo contribuinte, ações administrativas transparentes e gastos públicos voltados a concretização da liberdade, justiça, solidariedade, redução das desigualdades, promoção do bem de todos e

de uma educação de qualidade, para além de poder caracterizar a preterição[87] de vagas efetivas.

Poder-se-ia indagar que a convocação de temporários, por não exigir a meritocrática ferramenta do concurso público, mas, ao revés, exigir a seleção de forma mais simplificada, facilitaria o direcionamento das vagas, o que auxiliaria no processo de coalizão democrática entre o Executivo e o Legislativo. Contudo, segundo Almeida e Bevilacqua,[88] "ações obscuras, calcadas em interesses eminentemente temporais, eleitorais, partidários, devem ser combatidos com ênfase, para que (...) não fique o cidadão sujeito a anacrônicos arbítrios", afora não seja difícil perceber que essa opção não valoriza os princípios da isonomia e da impessoalidade e tampouco almeja alcançar uma gestão eficiente e estratégica.

Nesse ponto, de gestão estratégica e eficiente, convém trazer à tona o posicionamento do STF, no Recurso Extraordinário nº 658.026, com repercussão geral reconhecida, o qual declarou a inconstitucionalidade de lei municipal que priorizava a contratação por tempo determinado em desfavor do concurso público, o fazendo sob as bases da cultura da gestão estratégica. Veja a ementa:

> Recurso extraordinário. Repercussão geral reconhecida. Ação direta de inconstitucionalidade de lei municipal em face de trecho da Constituição do Estado de Minas Gerais que repete texto da Constituição Federal. Recurso processado pela Corte Suprema, que dele conheceu. Contratação temporária por tempo determinado para atendimento a necessidade temporária de excepcional interesse público. Previsão em lei municipal de atividades ordinárias e regulares. Definição dos conteúdos jurídicos do art. 37, incisos II e IX, da Constituição Federal. Descumprimento dos requisitos constitucionais. Recurso provido. Declarada a inconstitucionalidade da norma municipal. Modulação dos

---

desenvolvimento nacional" (ALMEIDA, Carlos Otávio Ferreira de; BEVILACQUA, Lucas. O planejamento financeiro responsável: Boa Governança e desenvolvimento nos 30 anos da Constituição Federal. *In*: BUÍSSA, Leonardo; REIMANN, Simon; MARTINS, Rafael (Orgs.). *Direito e finanças públicas nos 30 anos da Constituição*: experiências e desafios nos campos do direito tributário e Financeiro. Florianópolis: Tirant Blanch, 2018. p. 38.

[87] "(...) o Estado do Maranhão realizou processo seletivo e contratou professores em caráter temporário para o exercício das mesmas atribuições do cargo para o qual promoverá o referido concurso público. Logo, a postura do Estado implicou preterição de candidato habilitado" (ARE nº 661.070-AgR, Segunda Turma. Rel. Min. Ayres Britto. Julg. 29.11.2011. DJe, 19 dez. 2011).

[88] ALMEIDA; BEVILACQUA, *idem*, p. 51.

efeitos. 1. O assunto corresponde ao Tema nº 612 da Gestão por Temas da Repercussão Geral do portal do STF na internet e trata, "à luz dos incisos II e IX do art. 37 da Constituição Federal, [d]a constitucionalidade de lei municipal que dispõe sobre as hipóteses de contratação temporária de servidores públicos". 2. Prevalência da regra da obrigatoriedade do concurso público (art. 37, inciso II, CF). As regras que restringem o cumprimento desse dispositivo estão previstas na Constituição Federal e devem ser interpretadas restritivamente. 3. O conteúdo jurídico do art. 37, inciso IX, da Constituição Federal pode ser resumido, ratificando-se, dessa forma, o entendimento da Corte Suprema de que, para que se considere válida a contratação temporária, é preciso que: a) os casos excepcionais estejam previstos em lei; b) o prazo de contratação seja predeterminado; c) a necessidade seja temporária; d) o interesse público seja excepcional; e) a necessidade de contratação seja indispensável, sendo vedada a contratação para os serviços ordinários permanentes do Estado, e que devam estar sob o espectro das contingências normais da Administração. 4. É inconstitucional a lei municipal em comento, eis que a norma não respeitou a Constituição Federal. A imposição constitucional da obrigatoriedade do concurso público é peremptória e tem como objetivo resguardar o cumprimento de princípios constitucionais, dentre eles, os da impessoalidade, da igualdade e da eficiência. Deve-se, como em outras hipóteses de reconhecimento da existência do vício da inconstitucionalidade, proceder à correção da norma, a fim de atender ao que dispõe a Constituição Federal. 5. *Há que se garantir a instituição do que os franceses denominam de la culture de gestion, a cultura de gestão (terminologia atualmente ampliada para 'cultura de gestão estratégica') que consiste na interiorização de um vetor do progresso, com uma apreensão clara do que é normal, ordinário, e na concepção de que os atos de administração devem ter a pretensão de ampliar as potencialidades administrativas, visando à eficácia e à transformação positiva.* 6. Dá-se provimento ao recurso extraordinário para o fim de julgar procedente a ação e declarar a inconstitucionalidade do art. 192, inciso III, da Lei nº 509/1999 do Município de Bertópolis/MG, aplicando-se à espécie o efeito ex nunc, a fim de garantir o cumprimento do princípio da segurança jurídica e o atendimento do excepcional interesse social. (RE 658026, Relator(a): DIAS TOFFOLI, Tribunal Pleno, julgado em 09/04/2014, ACÓRDÃO ELETRÔNICO REPERCUSSÃO GERAL - MÉRITO DJe-214 DIVULG 30-10-2014 PUBLIC 31-10-2014)

Veja que esse julgado de 2014, quanto à contratação por prazo determinado, foi um prelúdio da necessidade de imposição de gestão estratégica para contratação de pessoal, indicando que as decisões devem "ampliar as potencialidades administrativas, visando à eficácia e à transformação positiva", ou seja, deve haver um sopesamento das consequências das decisões em direção à ampliação da eficácia da função pública, e não somente efetuar o suprimento das vagas pelos temporários, preenchendo buracos, porque existe amparo legal para tanto.

Ao se falar em planejamento da ação governamental, é preciso que este não apenas atenda os comandos da Lei de Responsabilidade Fiscal, mas que tenha correlação com os princípios constitucionais, notadamente o da moralidade, o qual, segundo Almeida e Bevilacqua,[89] encerra por refutar o arbítrio e a subjetividade. Nesse sentido, a ação planejada:

> Não prescinda dos princípios constitucionais que informam todas as atividades da Administração. Como bem alerta Humberto Ávila, o fato de o art. 37, da CF incluir a *moralidade* como um dos princípios fundamentais da Administração, significa *mero ponto de partida*, já que a construção da moralidade dá-se por vários dispositivos constitucionais que fixam valores fundamentais (dignidade, trabalho, justiça, igualdade, liberdade, propriedade e segurança); determinam ação objetiva e impessoal da Administração (legalidade, impessoalidade, princípios do Estado de Direito); criam mecanismos de defesa do cidadão (universalização da jurisdição, controle de atividade administrativa por mandado de segurança ou ação coletiva); criam requisitos para ingresso na função pública (concurso público, vedação de acumulação de cargos, etc); e fixam mecanismos de controle da atividade da Administração (tribunais de contas). Minimamente, pode-se concluir que a moralidade exige "condutas sérias, leais, motivadas e esclarecedoras", refutando a subjetividade, o arbítrio e o desrespeito à boa-fé objetiva e à transparência.

Com efeito, a ausência de um planejamento responsável, apto a ampliar as potencialidades administrativas e o agir eficiente, gera dois efeitos nefastos da atuação administrativa: o não atingimento dos objetivos constitucionais (no caso, o direito à educação de qualidade) e o gasto de má qualidade (sendo a medida menos eficiente). Assim, sem planejamento, "chegar a algum objetivo torna-se tanto menos possível, quanto mais provável se torna o desperdício de recursos".[90]

Dessa necessidade de aperfeiçoar o planejamento da ação governamental, para que os recursos necessários ao êxito na consecução dos objetivos do Estado sejam despendidos em conformidade,

---

[89] ALMEIDA; BEVILACQUA, *op. cit.*, p. 30.

[90] *Idem*, p. 31.

somados, ainda, ao aperfeiçoamento do controle das decisões administrativas em consonância com a gestão estratégica, o ordenamento brasileiro inovou quando introduziu na LINDB (Decreto-Lei nº 4.657, de 4 de setembro de 1942) o consequencialismo jurídico, o fazendo pela nova redação do artigo 20,[91] alterado pela Lei nº 13.655/2018.

Referida previsão, segundo Francisco Alves,[92] há de ser interpretada no sentido de que, em havendo duas soluções possíveis do sistema jurídico, deve ser adotada a decisão que gerar as melhores consequências práticas, sendo necessário perquirir não só as consequências imediatas (tal como o suprimento imediato da vaga), mas também as consequências sistêmicas (evitando-se decisões que possam fragilizar todo o ensino público). Logo, existe uma clara junção das consequências da decisão com o agir planejado, porquanto nesta se incrementa a necessidade de sopesar as consequências práticas e o resultado do planejamento.

Ainda segundo Alves,[93] "faz-se necessário avaliar não apenas as consequências para as partes envolvidas no caso, como também para a comunidade, na condição de destinatária da norma ideal, como padrão de conduta da sociedade e modelo para decisão de casos futuros", de modo que é impreterível avaliar a decisão para o público-alvo daquela atividade administrativa a ser decidida, tal como os educandos no presente trabalho, e ainda servir como modelo para as próximas decisões administrativas de futuras gestões públicas.

Desse modo, com a introdução dessa nova norma no ordenamento atual, a autoridade responsável tem o dever de motivar a opção escolhida pelo concurso ou pelo processo seletivo simplificado, sendo salutar, nessa etapa, que as consequências práticas sejam avaliadas para decisão por um ou por outro sentido, de

---

91 Art. 20. Nas esferas administrativa, controladora e judicial, não se decidirá com base em valores jurídicos abstratos sem que sejam consideradas as consequências práticas da decisão. (Incluído pela Lei nº 13.655, de 2018) (Regulamento).

Parágrafo único. A motivação demonstrará a necessidade e a adequação da medida imposta ou da invalidação de ato, contrato, ajuste, processo ou norma administrativa, inclusive em face das possíveis alternativas.

92 ALVES, Francisco Sérgio Maia. O novo paradigma da decisão a partir do art. 20 da LINDB: análise do dispositivo segundo as teorias de Richard Posner e Neil Maccormick. *Rev. Direito Adm.*, Rio de Janeiro, v. 278, 2019. p. 40.

93 *Idem.*

modo que, mesmo sendo mais onerosa, mas que de fato privilegie uma educação de qualidade, não deve ser adotada a decisão mais módica, pois que a qualidade da educação é direito fundamental e há de ser buscada pelo poder público, prestando um serviço público mais eficiente e primoroso para os cidadãos.

5 Considerações finais

Mesmo sendo nossa Constituição "dirigente", tal como afirma Streck,[94] com estabelecimentos de objetivos e metas a serem preenchidos pelos governos, a discricionariedade das políticas de governo é ampla, contudo, não absoluta, de modo que fica limitada a um agir conforme a Constituição. Assim sendo, a política não pode ser conduzida simplesmente por juízos de oportunidade, vez que está limitada a padrões e parâmetros jurídicos constitucionais, que devem ser perseguidos pelos gestores.

Assim posto, após desenhados os contornos das modalidades de contratação de pessoal pela máquina pública, do breve histórico do concurso público, da sua evolução para a área educacional e da hipótese constitucional de contratação por prazo determinado, pondera-se que as decisões administrativas que vertem para contratações de profissionais do magistério devem ser planejadas sob o enfoque da cultura de gestão, e, nesta linha, sopesar as consequências práticas dessas deliberações para o ensino.

Com efeito, uma vez havendo pretensão administrativa que indique a contratação por prazo determinado e, como consequência da utilização dessa modalidade, a prestação do serviço educacional sofra prejuízo, a médio e a longo prazo, atentando-se contra a qualidade da educação fornecida pelo ente público, referida decisão não deve ser tomada e, uma vez praticada, deve ser controlada, porquanto a necessidade de assegurar a efetividade do direito à educação não somente no seu aspecto quantitativo, mas, principalmente, no qualitativo.

---

[94] STRECK, Luiz Lenio. *Verdade e consenso*: Constituição, hermenêutica, teorias discursivas da possibilidade à necessidade de respostas corretas em direito. 3. ed. Rio de Janeiro: Lumen Juris, 2009.

Referências

ABREU, D. C. *Carreira e perfil do profissional da educação na rede municipal de ensino de Curitiba*: história e impacto da política brasileira de valorização do magistério. Dissertação (Mestrado em Educação) – Universidade Federal do Paraná, Curitiba, 2008.

ALVES, Francisco Sérgio Maia. O novo paradigma da decisão a partir do art. 20 da LINDB: análise do dispositivo segundo as teorias de Richard Posner e Neil Maccormick. *Rev. Direito Adm.*, Rio de Janeiro, v. 278, 2019.

ALMEIDA, Ana Maria Fonseca; BASÍLIO, Juliana Regina. Contratos de trabalho de professores e resultados escolares. *Revista Brasileira de Educação*, v. 23, 2018.

ALMEIDA, Carlos Otávio Ferreira de; BEVILACQUA, Lucas. O planejamento financeiro responsável: boa governança e desenvolvimento nos 30 anos da Constituição Federal. *In*: BUÍSSA, Leonardo; REIMANN, Simon; MARTINS, Rafael (Orgs.). *Direito e finanças públicas nos 30 anos da Constituição*: experiências e desafios nos campos do direito tributário e Financeiro. Florianópolis: Tirant Blanch, 2018.

ARAÚJO, Florivaldo Dutra de. Regime constitucional da contratação temporária de servidores públicos. *In*: FORTINI, Cristiana (Coord.). *Servidor público*: estudos em homenagem ao Professor Pedro Paulo de Almeida Dutra. 2. ed. rev. e atual. Belo Horizonte: Fórum, 2014.

BASÍLIO, J. R. *Contratos de trabalho de professores e a construção da condição docente na escola pública paulista (1974-2009)*. Dissertação (Mestrado em Educação) – Faculdade de Educação, Universidade Estadual de Campinas, Campinas, 2010.

BRASIL. *Constituição da República dos Estados Unidos do Brasil, de 24 de fevereiro de 1891*. Disponível em: http://www.planalto.gov.br/ccivil_03/constituicao/constituicao91.htm. Acesso em: 17 dez. 2021.

BRASIL. *Constituição da República dos Estados Unidos do Brasil, de 16 de julho de 1934*. Disponível em: http://www.planalto.gov.br/ccivil_03/constituicao/constituicao34.htm. Acesso em: 17 dez. 2021.

BRASIL. *Constituição da República Federativa do Brasil, de 24 de janeiro de 1967*. Disponível em: http://www.planalto.gov.br/ccivil_03/constituicao/Constituicao67.htm. Acesso em: 17 dez. 2021.

BRASIL. *Constituição da República Federativa do Brasil de 1988*. Disponível em: https://www.planalto.gov.br/ccivil_03/constituicao/constituicao.htm. Acesso em: 31 mar. 2023.

BRASIL. *Lei nº 5.692, de 11 de agosto de 1971*. Disponível em: https://www2.camara.leg.br/legin/fed/lei/1970-1979/lei-5692-11-agosto-1971-357752-publicacaooriginal-1-pl.html. Acesso em: 22 dez. 2021.

BRASIL. *Lei nº 9.394, de 20 de dezembro de 1996*. Estabelece as diretrizes e bases da educação nacional. Disponível em: https://www.planalto.gov.br/ccivil_03/leis/l9394.htm. Acesso em: 31 mar. 2023.

BUCCI, Maria Paula Dallari. Notas para uma metodologia jurídica de análise de políticas públicas. *In*: FORTINI, Cristiana; ESTEVES, Júlio; DIAS, Maria Tereza (Org.). *Políticas públicas*: possibilidade e limites. Belo Horizonte: Fórum, 2008.

BUCCI, Maria Paula Dallari; VILARINO, Marisa Alves. *A ordenação federativa da Educação brasileira e seu impacto sobre a formação e o controle das políticas públicas educacionais*. São Paulo: Saraiva, 2013. p. 117-150.

COSTA, Jorge Heleno. O processo seletivo simplificado sob a ótica do princípio constitucional do concurso público. Disponível em: http://www.publicadireito.com.br/artigos/?cod=a869ccbcbd956880. Acesso em: 01 jan. 2022.

CNE. *Parecer CNE/CEB nº 9/2009*. Disponível em: http://portal.mec.gov.br/dmdocuments/pceb009_09.pdf. Acesso em: 12 dez. 2021.

DUBET, François; DURU-BELLAT, Marie; VERÈTOUT, Antoine. As desigualdades escolares antes e depois da escola: organização escolar e influência dos diplomas. *Sociologias*, v. 14, n. 29, 2012.

GOIÂNIA-GO (Cidade). *Lei nº 8.456, de 23 de julho de 2007*. Dispõe sobre a contratação por tempo determinado para atender a necessidade temporária de excepcional interesse público e dá outras providências.

MAGALHÃES, Gustavo Alexandre. *Contratação temporária por excepcional interesse público*: aspectos polêmicos. São Paulo: LTr, 2005.

MARCONDES, Pedro Carlos Bitencourt. *Servidor público*. Belo Horizonte: Fórum, 2016.

MELLO, Celso Antonio Bandeira de. *Curso de Direito Administrativo*. 24. ed. São Paulo: Malheiros, 2007.

MOREIRA. Princípios constitucionais da legalidade e da eficiência nos concursos públicos. *In*: MOTTA (Coord.). *Concurso público e Constituição*. 1. ed. 2. tir. Belo Horizonte: Fórum, 2005.

MOTTA, Fabrício; BUISSA, Leonardo; BARBOSA, Maísa. O financiamento da educação no Brasil como instrumento de aprofundamento da desigualdade social. *A&C – Revista de Direito Administrativo & Constitucional*, n. 73, jul./set. 2018.

PAZ, Fabio Mariano da; LEITE, Yoshies Ussami Ferrari. *A valorização do Magistério nas novas diretrizes nacionais para os planos de carreira e remuneração dos profissionais da educação básica*: avanços e limites. XI Congresso Nacional de Educação. 2013. Disponível em: https://educere.bruc.com.br/CD2013/pdf/7204_4413.pdf.

QUIBÃO NETO, José; PINTO, José Marcelino de Rezende. O perfil dos docentes não concursados da rede estadual de ensino de São Paulo. *Revista de Financiamento da Educação – Fineduca*, v. 6, 2016.

QUEIRÓS, Vanessa. *A Lei nº 5692/71 e o ensino de 1º grau*: concepções e representações. XI Congresso Nacional de Educação. 2013. Disponível em: https://educere.bruc.com.br/arquivo/pdf2013/8356_5796.pdf.

SILVA, José Afonso. *Aplicabilidade das normas constitucionais*. 3. ed. São Paulo: Malheiros, 1998.

SILVEIRA, Raquel Dias da. *Profissionalização da função pública*. 1. ed. Belo Horizonte: Fórum, 2009.

STRECK, Luiz Lenio. *Verdade e consenso*: Constituição, hermenêutica, teorias discursivas da possibilidade à necessidade de respostas corretas em direito. 3. ed. Rio de Janeiro: Lumen Juris, 2009.

Informação bibliográfica deste texto, conforme a NBR 6023:2018 da Associação Brasileira de Normas Técnicas (ABNT):

SCHUSTER, Guilherme Sanini. Contratações de professores temporários: a necessidade de observar as consequências da decisão. *In*: MOTTA, Fabrício; BUÍSSA, Leonardo; BEVILACQUA, Lucas (coord.). *Federalismo fiscal e políticas públicas*. Belo Horizonte: Fórum, 2023. p. 241-273. ISBN 978-65-5518-529-4.

O NOVO REGIME DE PAGAMENTO DE PRECATÓRIOS E A VIABILIZAÇÃO DE PROGRAMA DE TRANSFERÊNCIA DE RENDA: DEFICIÊNCIA NO PLANEJAMENTO COMO REGRA NA FORMULAÇÃO DE POLÍTICAS PÚBLICAS NO BRASIL

PAULO ANDRÉ TEIXEIRA HURBANO

1 Introdução

Recentemente, foram publicadas as Emendas Constitucionais nº 113, de 8 de dezembro de 2021, e nº 114, de 16 de dezembro de 2021, que alteraram a Constituição Federal e o Ato das Disposições Constitucionais Transitórias a fim de estabelecer o novo regime de pagamentos de precatórios, modificando-se normas relativas ao Novo Regime Fiscal.

Dentre as várias alterações promovidas pelas citadas emendas constitucionais na sistemática de pagamento de precatórios, para efeitos do presente estudo, destaca-se o artigo 1º da Emenda Constitucional nº 114, de 16 de dezembro de 2021, que incluiu o parágrafo único no artigo 6º da Constituição Federal, assim como o seu artigo 2º, que incluiu o artigo 107-A no Ato das Disposições Constitucionais Transitórias.

Trata-se de duas alterações intimamente relacionadas, já que o artigo 107-A do Ato das Disposições Constitucionais Transitórias foi previsto para fins de viabilizar, em termos financeiros e orçamentários, a constitucionalização do programa de transferência de renda.

Isso porque, em 2016, foi publicada a Emenda Constitucional nº 95, de 15 de dezembro de 2016, que instituiu para a União limite para a realização de despesas primárias, que equivaleria ao valor do limite referente ao exercício financeiro imediatamente anterior, corrigido pela variação do Índice Nacional de Preços ao

Consumidor Amplo (IPCA), publicado pela Fundação Instituto Brasileiro de Geografia e Estatística, ou de outro índice que viesse a substituí-lo, apurado no exercício anterior a que se referisse a lei orçamentária anual, nos termos do artigo 107, §1º, do Ato das Disposições Constitucionais Transitórias. Tal limite foi denominado popularmente de "teto de gastos".

Contudo, o mencionado limite de gastos estabelecido pela Emenda Constitucional nº 95, de 15 de dezembro de 2016, era um dos óbices jurídicos para os intentos do governo federal de instituição e expansão de implementação da universalização da renda básica, que foi operacionalizada através do Programa Auxílio Brasil, instituído inicialmente pela Medida Provisória nº 1.061, de 9 de agosto de 2021, depois convertida na Lei nº 14.284, de 29 de dezembro de 2021.

Assim, como uma forma de se conseguir espaço orçamentário para os objetivos do programa, a Emenda Constitucional nº 114, de 16 de dezembro de 2021, incluiu o artigo 107-A no Ato das Disposições Constitucionais Transitórias, em que se estabeleceu um limite de alocação orçamentária para o pagamento de precatórios pela União. Tal limite equivale ao valor da despesa paga no exercício de 2016 com pagamentos em virtude de sentença judiciária de que trata o art. 100 da Constituição Federal. Assim, a diferença entre os precatórios expedidos no exercício (de acordo com os parâmetros constitucionalmente previstos) e aquele valor-limite (a ser atualizado) configurou o espaço fiscal necessário para fazer frente à operacionalização dos programas permanentes de transferência de renda, que passou a ter previsão constitucional no parágrafo único do artigo 6º da Constituição Federal.

Sendo o Brasil um dos países mais desiguais do mundo, um efeito negativo que já era esperado com a restrição orçamentária importante causada pelo estabelecimento do "teto de gastos" era a redução do financiamento público sobre a população mais pobre, que tem menos recursos para requerer, ainda que por meio do Poder Judiciário, o acesso a serviços públicos (VIEIRA; BENEVIDES, 2016, p. 15).

Somando-se à restrição orçamentária causada pelo "teto de gatos", a pesquisa *Desigualdade de impactos trabalhistas na pandemia*, conduzida pela Fundação Getúlio Vargas Social, demonstra o que parece ser intuitivo: a pandemia de COVID-19 trouxe como uma de suas consequências nefastas o aumento da desigualdade entre a base e a totalidade da distribuição, impactando ainda mais negativamente a metade mais pobre da população.[1]

Diante dessa realidade, a formulação de políticas públicas que expandam programas de transferência de renda, assim como a sua constitucionalização – que tende a conferir-lhe mais segurança jurídica –, pode representar instrumentos eficazes de combate à pobreza, principalmente no período pós-pandemia.

Entretanto, apesar do bem intencionado programa, os custos políticos, jurídicos e orçamentários para a sua viabilização parecem revelar uma faceta não rara na formulação e condução de políticas públicas no Brasil: a falta de planejamento e o caráter imediatista de fins eleitoreiros em sua concepção.

O texto se constrói a partir do método crítico dialético, tendo por fonte principal aquelas de natureza jurisprudencial e bibliográfica.

2 *Status* constitucional das políticas públicas relacionadas à transferência de renda

Através da Emenda Constitucional nº 114, de 16 de dezembro de 2021, incluiu-se o parágrafo único no artigo 6º da Constituição Federal. Seu texto foi previsto da seguinte forma:

> Art. 6º São direitos sociais a educação, a saúde, a alimentação, o trabalho, a moradia, o transporte, o lazer, a segurança, a previdência social, a proteção à maternidade e à infância, a assistência aos desamparados, na forma desta Constituição.
> Parágrafo único. *Todo brasileiro em situação de vulnerabilidade social terá direito a uma renda básica familiar, garantida pelo poder público em programa permanente de transferência de renda, cujas normas e requisitos de acesso serão determinados em lei, observada a legislação fiscal e orçamentária.* (Grifos nossos)

É possível observar, pela tópica da inclusão do texto normativo, a intenção legislativa de especificar uma forma mais

[1] Disponível em: https://agenciabrasil.ebc.com.br/direitos-humanos/noticia/2021-09/fgv-mais-pobres-sofrem-maior-impacto-na-pandemia. Acesso em: 30 dez. 2021.

concreta de se assistir os desamparados, um dos direitos sociais enunciados pela cabeça do artigo. Nesse sentido, através de emenda constitucional, o constituinte (derivado) obriga o administrador público – independentemente de sua plataforma ideológica – a manter um programa permanente de transferência de renda através da concretização do direito a uma renda básica familiar a todo brasileiro em situação de vulnerabilidade social.

Segundo Klaus Frey (2000, p. 245-246), diferentemente dos países de democracia mais consolidada, o Brasil é muito vulnerável a mudanças repentinas e radicais de lideranças e plataformas ideológicas. Na arena política, as decisões populares são feitas muito mais por influência a figuras carismáticas do que propriamente por influência de suas concepções ideológicas. Dessa forma, por isso, em parte, seria possível explicar alterações de lideranças de espectro ideológico diametralmente oposto – acarretando como consequência mudanças radicais do modo de se entenderem políticas públicas.

Essas mudanças radicais causam descontinuidade político-administrativa na transição de um governo para o outro e até mesmo no decorrer do próprio mandato político. Essa "inconstância dos arranjos institucionais, dos processos políticos e dos posicionamentos e atitudes ideológicos" (FREY, 2000, p. 245-246) é um obstáculo à eficácia das políticas públicas formuladas em determinado governo, uma vez que as políticas públicas ganham características de ocasionalidade, sendo descontinuadas a cada transferência de poder.

Com a previsão constitucional específica, conferindo-se *status* constitucional e enunciando-se expressamente aspectos de permanência a programa de transferência de renda por meio da previsão do direito constitucional à renda básica familiar a vulneráveis sociais, há um rompimento com essa tradição de instabilidade de políticas públicas, passando de um "programa de governo" para tornar-se "programa de Estado".

É bem verdade que, mesmo tal previsão sendo feita na Constituição, pode ser suprimida, em teoria, nos termos do art. 60, §2º, da Constituição Federal, cujo conteúdo normativo está previsto da seguinte forma: "A proposta será discutida e votada em cada Casa do Congresso Nacional, em dois turnos, considerando-se aprovada se obtiver, em ambos, três quintos dos votos dos respectivos membros". Todavia, além de eventual tentativa de mudança dessa previsão demandar um processo burocrático mais exigente, tal intento esbarraria na construção doutrinária já aceita pela jurisprudência brasileira da "vedação ao retrocesso social".

Isso porque os direitos sociais não possuem somente uma dimensão positiva, mas também uma dimensão negativa. Dessa forma, os direitos sociais obrigam o Estado (tanto o administrador como o legislador) a sempre avançar em sua concretização. Reformas deliberadas para suprimir programas que concretizam direitos sociais seriam proibidas constitucionalmente (CONTO, 2008, p. 84-85).

Nesse contexto, segundo esse entendimento, a assistência aos desamparados, direito social previsto constitucionalmente (art. 6º, *caput*, CF), no momento em que tem sua concretização intensificada pela previsão constitucional de seu parágrafo único, não poderia ser retrocedida por reformulações eventualmente planejadas por futuros governos.

Portanto, sob o aspecto exclusivo dessa previsão constitucional do caráter de permanência dos programas transferência de renda, o constituinte (derivado) possibilita que a mencionada política pública complete seu ciclo natural com segurança jurídica, sendo possível, inclusive, o seu monitoramento e avaliação adequados, fornecendo um núcleo básico de ferramentas que as partes interessadas possam "usar para verificar e melhorar a qualidade, eficiência e efetividade das intervenções nas várias etapas de execução ou, em outras palavras, focar em resultados" (JANUZZI, 2016, p. 121).

3 O Novo Regime Fiscal e a necessidade de emenda constitucional para criação de espaços orçamentários

Por meio da Emenda Constitucional nº 95, de 15 de dezembro de 2016, instituiu-se o Novo Regime Fiscal no âmbito dos orçamentos fiscal e da seguridade social da União, que passou a vigorar vinte exercícios financeiros, ou seja, até o ano de 2036.

Conforme a Exposição de Motivos nº 00083 da PEC nº 241/16 (proposta que resultou na edição da EC nº 95/2016), é possível extrair em sua fundamentação a ideia de que era necessário combater a raiz do problema fiscal brasileiro, ou seja, impedir o crescimento das despesas públicas primárias, que supostamente seriam responsáveis pelo crescimento da dívida pública federal.

Algumas críticas (VIEIRA; BENEVIDES, 2016, p. 15) direcionadas ao Novo Regime Fiscal esteiam-se na vinculação do crescimento das despesas primárias a índices inflacionários, o que resulta no congelamento de tais despesas como base no seu valor nominal apurado no ano de 2016, quando, na verdade, o mais adequado – segundo esses críticos – seria a vinculação do crescimento dessas despesas ao crescimento econômico em termos de produto interno bruto (PIB), o que garantiria um aumento real aos investimentos à medida que o país fosse crescendo economicamente. Em contraposição a tal crítica, da Exposição de Motivos nº 00083 da PEC nº 241/16 extraio trecho em que se discorre sobre esse tema:

> (...) Para corrigir o já referido problema de possuirmos uma estrutura de gastos procíclica, o Novo Regime Fiscal evita que o limite seja estabelecido como percentual da receita ou do Produto Interno Bruto. Essas duas métricas permitiriam uma expansão mais acelerada do gasto durante os momentos positivos do ciclo econômico, ao mesmo tempo em que exigiriam ajustes drásticos nos momentos de recessão. Nosso objetivo é garantir uma trajetória suave do gasto público, não influenciada pelas oscilações do ciclo econômico. Tendo em vista que a receita continuará a oscilar de forma correlacionada ao nível de atividade, o Novo Regime Fiscal será anticíclico: uma trajetória real constante para os gastos, associada a uma receita variando com o ciclo, resultarão em maiores poupanças nos momentos de expansão e menores superávits em momentos de recessão. Essa é a essência de um regime fiscal anticíclico.

A despeito dessa discussão, o fato é que o Novo Regime Fiscal demonstra a adoção por parte do Estado brasileiro de uma política fiscal de contenção de gastos através de medidas de austeridade, e tais medidas de austeridade acabam prejudicando a continuidade do enfrentamento dos níveis de desigualdade social.

Até a edição da Emenda Constitucional nº 95, de 15 de dezembro de 2016, o Brasil vinha "experimentando uma redução sensível da pobreza monetária e da desigualdade de renda, com sensível melhoria do acesso aos serviços de saúde, educação e assistência por parte da população mais vulnerável" (DE PAIVA; MESQUITA; JACCOURD; PASSOS, 2016, p. 26).

Ainda no campo da assistência social, a consolidação do Benefício de Prestação Continuada (BPC), a criação e a expansão do Programa Bolsa Família (PBF) e a construção do Sistema Único de Assistência Social (SUAS) representavam um tripé de cobertura social, reforçando a concretização do princípio da dignidade da pessoa humana, um dos fundamentos da República Federativa do Brasil, nos termos do art. 1º da Constituição Federal.

No período de discussões da Proposta de Emenda à Constituição nº 241/2016, já se debatia sobre o risco que o Novo Regime Fiscal (NRF) oferecia ao financiamento das políticas de assistência social. Na Nota Técnica nº 27 do Instituto de Pesquisa Econômica Aplicada, é possível observar as seguintes considerações (DE PAIVA; MESQUITA; JACCOURD; PASSOS, 2016, p. 26-27):

> O Novo Regime Fiscal (NRF) atua, portanto, na contramão da continuidade do enfrentamento dos níveis de desigualdade social. Além do risco de descontinuidade de serviços, o esforço fiscal proposto na PEC 241 /16 constrangerá as proteções assistenciais no campo da garantia de renda operada pelo BPC e pelo PBF. Conforme demonstram as projeções apresentadas na terceira seção, caso o NRF entre em vigor, a restrição no financiamento será crescente, ano a ano, impondo, por conseguinte, o encolhimento da cobertura e a redução da efetividade da política de assistência social. Isto significa, de um lado, desproteger segmentos sociais antes protegidos e, por outro, dificultar novos acessos ao PBF e ao BPC. Estudos do Ipea não apontam erros de inclusão expressivos nos dois programas de modo a justificar uma expressiva redução da cobertura das famílias atualmente atendidas.
> A limitação para inclusão de novas famílias, por sua vez, teria graves consequências *em caso de agravamento da crise econômica, cujos efeitos negativos – como já se vê no aumento da taxa de desemprego e queda da renda das famílias – exigiria resposta do Estado na forma de garantia de uma renda mínima que assegure ao menos a sobrevivência das famílias deslocadas para situação de pobreza.* (Grifos nossos)

E as previsões feitas no estudo expresso na mencionada nota técnica, como é verificável no trecho acima grifado, parecem ter sido acertadas. Como efeito da pandemia de COVID-19, sobreveio forte crise econômica, que impactou principalmente os mais pobres, desempregados ou que tinham ocupação informal.

Após o encerramento do Auxílio Emergencial, exigiu-se, de fato, uma resposta do Estado na forma da expansão de programas de renda mínima que assegurassem a sobrevivência das famílias diante do desemprego, recessão econômica e inflação.

Ocorre que, com a limitação imposta pelo "teto de gatos", seria impossível, do ponto de vista jurídico-orçamentário, a expansão dos programas de transferência de renda. Somando-se a isso, a inclusão desse direito a nível constitucional reforçou a obrigatoriedade da realização desses gastos pelo Poder Executivo, exercendo uma forte pressão em relação aos gastos discricionários (tendo em vista que, para aumento daqueles, necessariamente haveria a obrigação de redução destes).

Portanto, diante desse cenário de exigência de expansão de programas assistenciais e limitação jurídica à expansão das despesas primárias, recorreu-se à necessidade de mudanças do Novo Regime Fiscal para fins de criar espaço orçamentário para o financiamento do Programa Auxílio Brasil.

Nessa perspectiva, um questionamento muito pertinente deve ser levantado: se, antes da edição da EC nº 95/2016, já era previsto por estudiosos o "teto de gatos" da forma que fora formulado, sem espaço de exceção para expansão de políticas assistenciais em caso de crises econômicas, por que à época não se optou, desde a origem, por inserir no texto normativo da emenda uma espécie de "válvula de escape" para essas hipóteses?

Essa pergunta se torna ainda mais relevante diante do histórico brasileiro de sucessivas crises econômicas, desvalorização da moeda, inflação etc. Ou seja, estatisticamente, é muito mais razoável formular políticas econômicas e fiscais partindo do pressuposto de que o Brasil passará por crises econômicas (com essas consequências já previsíveis) do que o contrário.

Nesse sentido, ganha relevo a necessidade de implementar uma boa avaliação na etapa de formulação de políticas públicas. "Avaliar impactos é calcular e antecipar racionalmente possíveis repercussões e consequências de uma decisão, em esforço de verificação *ex ante* da sua viabilidade e consistência" (PINTO, 2020, p. 212). Assim, há cobranças constitucionais de responsabilidade e coerência *ex ante* do gestor nas etapas de formulação e implementação de políticas públicas – o que deve antecipar as possíveis consequências de uma política pública.

No caso em estudo, não obstante a incidência da obrigação de avaliação *ex ante* de decisões sobre políticas públicas (no caso, fiscal, que impactaria o financiamento de diversas outras políticas públicas), diante da exigência de reformulação do Novo Regime Fiscal, após 5 (cinco) anos, em face da primeira crise econômica à vista, revela-se um padrão brasileiro na formulação das políticas públicas – muitas vezes estabelecidas sem o devido planejamento e avaliação prévia adequada, influenciadas pelo imediatismo das circunstâncias políticas conjunturais.

Sempre houve verdadeiro espaço negligenciado no projeto de empoderamento dos direitos fundamentais no orçamento público (VALLE, 2010). Segundo Vanice do Valle (2018, p. 319):

> O tema do Direito Financeiro e da execução orçamentária segue na sua dimensão prática, avesso à transparência; e na dimensão teórica, pouco explorado, especialmente no âmbito do Direito. O resultado é a frequente oposição, às pretensões dirigidas ao Estado no campo da efetivação dos direitos sociais com base exclusivamente em argumentos em abstrato atinentes às limitações financeiras. A contrarreação das instituições de controle é a desqualificação do argumento – como se a proclamação jurídica da existência de um dever de agir pudesse por si só empreender à correção das problemáticas do mundo da vida – dentre elas, a indiscutível limitação material de recursos de toda ordem.

Essa negação da realidade, tanto em relação aos legisladores como em relação ao próprio Poder Judiciário, de que a realização de direitos fundamentais demanda recursos financeiros, pode ter relação com a formulação de uma política fiscal tão importante sem se tomar conta da necessidade de atenção especial ao financiamento de políticas assistenciais. Isso porque parece fazer parte do imaginário dos gestores nacionais que as promessas de realização de direitos sociais são desvinculadas dos instrumentos financeiros necessários para sua concretização.

Todavia, em um país como o Brasil, em que grassam a vulnerabilidade e a desigualdade sociais, além de ser, por outro lado, em termos relativos, um país pobre (índice de desenvolvimento humano e renda *per capita* nos permitem ter essa conclusão com uma boa dose de precisão), pelo contrário, o planejamento eficiente deveria ser a regra – já que seria a única forma de se impactar o máximo de pessoas diante da realidade de poucos recursos disponíveis.

4 Limitação dos valores para pagamento de precatórios. Uma nova "pedalada fiscal"?

Para se criar um espaço orçamentário necessário diante das rígidas restrições impostas pela Emenda Constitucional nº 95, de 15 de dezembro de 2016, que instituiu o Novo Regime Fiscal, dentre cujas regras está a que se denominou de "teto de gastos", previram-se duas saídas financeiras nas Emendas Constitucionais nº 113, de 8 de dezembro de 2021, e nº 114, de 16 de dezembro de 2021.

Atualmente, após as mudanças promovidas por essas emendas constitucionais, o Ato das Disposições Constitucionais Transitórias, em seu artigo 107, §1º, inciso II, e em seu art. 107-A, *caput*, apresenta a seguinte redação:

> Art. 107, § 1º Cada um dos limites a que se refere o caput deste artigo equivalerá:
> (...)
> II - para os exercícios posteriores, ao valor do limite referente ao exercício imediatamente anterior, corrigido pela variação do Índice Nacional de Preços ao Consumidor Amplo (IPCA), publicado pela Fundação Instituto Brasileiro de Geografia e Estatística, ou de outro índice que vier a substituí-lo, *apurado no exercício anterior a que se refere a lei orçamentária.*
> Art. 107-A. Até o fim de 2026, fica estabelecido, para cada exercício financeiro, limite para alocação na proposta orçamentária das despesas com pagamentos em virtude de sentença judiciária de que trata o art. 100 da Constituição Federal, equivalente ao valor da despesa paga no exercício de 2016, incluídos os restos a pagar pagos, corrigido na forma do § 1º do art. 107 deste Ato das Disposições Constitucionais Transitórias, *devendo o espaço fiscal decorrente da diferença entre o valor dos precatórios expedidos e o respectivo limite ser destinado ao programa previsto no parágrafo único do art. 6º* e à seguridade social, nos termos do art. 194, ambos da Constituição Federal, a ser calculado da seguinte forma: (Grifos nossos)

Ou seja, duas mudanças orçamentárias promovidas no final de 2021 para driblar o "teto de gastos" podem ser resumidas da seguinte forma: (a) estabelecimento de limite anual para pagamento de precatórios (utilizando-se a diferença do somatório dos valores referentes às expedições de precatório nesse mesmo ano que ultrapassar esse limite) e (b) modificação do período de apuração dos índices inflacionários, que são os únicos indexadores que permitem o crescimento nominal dos gastos com despesas primárias.

Em relação à mudança do período de apuração da inflação, em vez de se considerar a inflação acumulada de julho a junho (redação anteriormente prevista), o período a ser apurado da variação do IPCA (Índice de Preços ao Consumidor Amplo) passou a ser de janeiro a dezembro. Para 2022, a estimativa é que a nova regra crie uma folga de aproximadamente R$62 bilhões no "teto de gastos".

Juntamente com o estabelecimento do limite de pagamento de precatórios, tais alterações aprovadas pelo Congresso abrem espaço de mais de R$100 bilhões no orçamento de 2022, parte do qual será utilizado para financiar o Auxílio Brasil – programa de transferência de renda –, direito agora constitucionalizado no art. 6º, parágrafo único, da Constituição Federal.[2]

Apesar de, orçamentariamente, tais alterações permitirem a criação de meios jurídicos para fazer frente ao aumento de despesas para o financiamento do mencionado programa, sabe-se que elas não passam de manobras contábeis, pois não representam aumento efetivo de receitas para lhes fazer frente. Isso porque, para todos os efeitos, o Estado só está postergando o pagamento (que deveria ser feito na forma do artigo 100, *caput* e seu §5º) dos credores da União, cujo título provém de sentença judicial transitada em julgado, após o atingimento do limite anual para pagamento de precatórios.

Na Exposição de Motivos nº 00083 da PEC nº 241/16, o fundamento maior para criação do Novo Regime Fiscal foi combater "a gravíssima situação fiscal e o risco não desprezível de perda de controle sobre a dívida pública". Para isso, duas frentes essenciais são consideradas pelos economistas mais ortodoxos (que influenciaram a edição da EC nº 95/2016): (a) controle da dívida pública e (b) obtenção do melhor resultado primário possível.

Porém, conforme se observa pela forma como se deu a criação de espaço orçamentário para a viabilização do Programa Auxílio Brasil, nenhuma dessas frentes foi respeitada, já que a mera postergação do pagamento de débitos provenientes de condenação judicial só incrementa mais a dívida pública, não configurando recursos provenientes de um melhor resultado primário. Assim, é

---

2 Disponível em: https://www.poder360.com.br/economia/promulgada-emenda-constitucional-com-novas-regras-de-pagamento-de-precatorios/. Acesso em 1º jan. 2022.

possível denominar tal empreendimento jurídico de uma "pedalada fiscal institucionalizada"?

Os precatórios há muito tempo servem de "bode expiatório" para fazer frente a crises fiscais. Tal tema tem sido utilizado pelos governantes brasileiros como instrumento de manobra em detrimento dos credores públicos há mais de 30 anos (TORRE, 2021). O ciclo vicioso de não pagamento, postergação e coerção, que obriga o credor a oferecer descontos abusivos para o ente público como alongamento de prazo de pagamento e aplicação de juros de mora, apenas aumenta a dívida pública e fere direitos básicos dos credores.

Sucede-se que as despesas de precatórios acabam sendo um inconveniente para o gestor público. Trata-se de despesas que devem entrar no orçamento no ano da expedição (a depender do mês), mas que carecem de uma previsibilidade, já que dependem do encerramento definitivo dos processos judiciais. Não fazendo parte, em regra, da programação política dos governos, o pagamento de tais dívidas, que, geralmente, remontam a equívocos de muitas gestões passadas, que acabaram sendo judicializados, "repentinamente" deve ser incluso no orçamento, diminuindo a margem para aplicação de recursos nas despesas discricionárias, que são usadas para implementar os programas de governos, um dos instrumentos de popularidade dos gestores (ACCIOLI FILHO, 2021).

Como exemplo, em julho de 2021, o ministro da Economia, Paulo Guedes, declarou: "Estamos mapeando um meteoro que pode atingir a Terra. Temos que disparar um míssil para impedir que o meteoro atinja a Terra". Tratava-se de um comentário relativo a uma possível dívida decorrente de sentença transitada em julgado a ser incluída no orçamento do exercício de 2022.[3]

Recorrendo-se a esses artifícios para aumentar os gastos públicos, mesmo que para financiar políticas públicas necessárias, inevitavelmente se transmite mensagem negativa a investidores. Quando o Estado brasileiro amplia suas despesas primárias com espaço fiscal gerado por postergação de dívidas, a sinalização é entendida pelos mercados como dificuldade de pagamento dessas

---

[3] Disponível em: https://g1.globo.com/economia/blog/ana-flor/post/2021/07/30/conta-de-r-89-bilhoes-em-precatorios-para-2022-e-meteoro-citado-por-paulo-guedes.ghtml. Acesso em: 1º jan. 2022.

dívidas, provocando uma queda nos índices de credibilidade do país. Com menos credibilidade fiscal, o capital do investidor tende a fugir do país (ou o investidor deixa de investir "dinheiro novo"), influenciado na valorização da moeda, geração de empregos etc. Além disso, o custo do dinheiro para o país se financiar por meio do endividamento fica ainda mais caro – o que se expressa por meio do aumento da taxa de juros de suas dívidas, gerando um ciclo vicioso de aumento de dívida.

É de se reconhecer que a expansão de políticas públicas assistenciais em período de crise é necessária; contudo, o planejamento deficiente quanto à forma de financiá-las implica em "*trades-off*" de custosas consequências às contas públicas – gerando reflexões se os meios justificam os fins.

5 Os modelos políticos como ferramenta para o entendimento das políticas públicas. A teoria da opção pública

Segundo Thomas R. Dye (2010, p. 100), modelos conceituais são ferramentas muito importantes para se estudarem políticas públicas. Os modelos ajudam a (i) simplificar e esclarecer os entendimentos sobre políticas públicas; (ii) identificar os aspectos importantes das questões político-sociais; (iii) focalizar, nos estudos das políticas públicas, em suas características principais; (iv) canalizar mais eficientemente os esforços de pesquisa a compreender melhor as políticas públicas, gerindo o que é importante; (v) propor explicações para as políticas públicas e prever suas consequências.

Segundo o autor, a ciência política desenvolveu diversos modelos para facilitar a compreensão da vida política, tendo esses modelos também utilidade para o estudo de políticas públicas. Dentre os especificados por ele, podemos citar: modelo institucional, modelo de processo, modelo de grupo, modelo de elite, modelo racional, modelo incremental, modelo da teoria dos jogos, modelo da opção pública e modelo sistêmico.

Tais modelos não são excludentes entre si. Cada modelo foca-se em uma perspectiva da vida política, ajudando a entender aspectos das políticas públicas.

Observando o contexto político em que as Emendas Constitucionais nº 113, de 8 de dezembro de 2021, e nº 114, de 16 de dezembro de 2021, foram editadas, é interessante notar como a conjuntura atual (ou até de períodos passados) pode ser explicada de forma bastante precisa pelo modelo de explicação da "opção pública" abordada pelo pesquisador. Evidentemente que tal modelo não explica todo o fenômeno social, político e jurídico que acarretou na edição da "Emenda dos Precatórios"; contudo, é uma diretriz de forma a identificar e esclarecer suas características principais.

Assim, "a opção pública é o estudo econômico da tomada de decisão fora do âmbito do mercado, especialmente a aplicação de análises econômicas à formulação de políticas públicas".

Anteriormente, a ciência econômica estudava o comportamento dos indivíduos na arena privada, ou seja, sobretudo nos mercados. Havia um recorte nas análises principalmente de pressupostos: enquanto se partia da premissa de que, na arena privada, os indivíduos buscavam maximizar seus interesses, na arena pública os gestores públicos buscavam atingir o bem-estar social. Assim, foram desenvolvidas duas versões de motivações humanas: *homo economicus* e o *homo politicus*.

A teoria da opção pública vai de encontro a essa ideia tradicional, na medida em que advoga a tese de que os indivíduos sempre buscam maximizar seus autointeresses. Ou seja, independentemente de atuarem na arena pública ou na arena privada, buscam satisfazer seus interesses pessoais. Dessa forma, eleitores, contribuintes, candidatos, legisladores, burocratas, grupos de interesse, partidos, burocracias e governos, por exemplo, também "procuram tornar máximos seus benefícios pessoais tanto no reino da política quanto no ambiente do mercado".

Duas conclusões que são feitas no âmbito da teoria da opção pública merecem destaque, uma vez que podem ser comuns ao contexto político brasileiro atual: a de que políticos tendem a formular políticas públicas para vencer eleições, e não o contrário; e de que a tendência, ao longo do tempo, é de que os políticos e partidos, em suas opiniões (pelo menos do ponto de vista prático, e não no discurso) convirjam para o centro.

Thomas R. Dye (2010, p. 122) desenvolve essas afirmações de forma muito precisa – o que torna a citação direta de tal texto pertinente ao presente estudo:

> A teoria da opção pública ajuda a explicar por que partidos políticos e os candidatos em geral não conseguem apresentar propostas claras sobre políticas nas campanhas eleitorais. Os partidos e os candidatos não estão interessados em promover princípios, mas em ganhar eleições. Eles articulam seus posicionamentos quanto às políticas com o fim de ganhar eleições; não vencem eleições para formular políticas. Assim, todo partido e todo candidato tentam posicionar-se quanto às políticas para atrair o maior número possível de eleitores. Dada uma distribuição unimodal de opinião sobre qualquer política, os partidos e os candidatos convergem para o centro com o objetivo de maximizar votos.

Além disso, os políticos não têm todas as informações necessárias para ter ciência exata das preferências dos cidadãos, ou melhor, dos eleitores. Dessa forma, a tendência, como já mencionado, é que busquem expandir o seu poder na sociedade, exagerando em concessão de benefícios através de programas que demandam gastos governamentais – subestimando quase sempre os custos dos direitos. "Várias 'ilusões fiscais' – impostos ocultos, deduções em folha e financiamento do *déficit* – contribuem adicionalmente para que os cidadãos subestimem os custos do governo. Todas 'essas falhas políticas' contribuem para a oferta excessiva de bens e serviços públicos por parte do governo e para a tributação desmedida dos cidadãos" (DYE, 2010, p. 123).

No contexto brasileiro, é possível notar que a teoria da escolha pública explica boa parte dos motivos que levaram à elaboração das Emendas Constitucionais nº 113, de 8 de dezembro de 2021, e nº 114, de 16 de dezembro de 2021.

Consta do Diário da Câmara dos Deputados, de 02 de fevereiro de 2011, em sua página nº 121, a seguinte declaração do então deputado Jair Bolsonaro:[4]

> (...) Devemos discutir aqui a questão do Bolsa Família. Devemos colocar um fim, uma transição para o Bolsa Família, porque, cada vez mais,

[4] Disponível em: http://imagem.camara.gov.br/Imagem/d/pdf/DCD02FEV2011.pdf#page=57. Acesso em: 02 jan. 2022.

> pobres coitados, ignorantes, ao receberem bolsa família, tornam-se eleitores de cabresto do PT. Logicamente, levando-se em conta isso, não interessa ao PT fazer com que o povo tenha cultura, emprego, trabalho, porque vai perder esse curral eleitoral. Enquanto existir o Bolsa Família da forma como está aí, não teremos como renovar o Executivo. O PT jamais sairá de lá e acabará finalmente conseguindo o que queriam em 1964, a ditadura do proletariado.

Atualmente, é notório que houve uma mudança diametral de opinião do agora presidente da República quanto aos programas de transferência de renda, tendo em vista o seu apoio não só à manutenção do programa Bolsa Família, mas como à sua reformulação e expansão através do "13º" e, posteriormente, aumento de seu valor através do Auxílio Brasil. Mas é bom rememorar que as mudanças de opiniões assim tão radicais não são exclusividade do atual presidente; afinal, o ex-presidente Lula também costumava lançar críticas ao presidente Fernando Henrique Cardoso pelos programas de transferências mantidos em sua gestão,[5] mudando posteriormente suas opiniões aos programas assistenciais dessa espécie.

Nesse sentido, à luz do modelo da teoria da escolha pública, é possível propor explicações para as políticas públicas assistenciais encarnadas em programas como Auxílio Brasil em ano de eleições presidenciais em detrimento da expansão de gastos através de "ilusões fiscais", como bem pontuado por Thomas R. Dye (2010, p. 122).

A realidade, portanto, demonstra que os discursos, que antes eram radicais, foram sendo, pelo menos na prática, caminhando em direção ao centro com objetivo de maximização de votos, enquadrando-se quase *ipsis litteris* às análises do autor.

Mesmo com o sacrifício da credibilidade fiscal do país através de postergação do pagamento de dívidas líquidas e certas, já expressas em títulos judiciais resguardados pelo trânsito em julgado, opta-se por medidas que – embora necessárias – são viabilizadas, buscando-se, a qualquer custo, o aumento da popularidade, relegando-se a técnica necessária para se formularem boas políticas públicas que impactem permanentemente a realidade social.

---

5 Disponível em: http://imagem.camara.gov.br/Imagem/d/pdf/DCD02FEV2011.pdf#page=57. Acesso em: 02 jan. 2022.

6 Considerações finais

Embora não se pretenda, por meio do presente trabalho, chegar a conclusões definitivas, de forma propositiva, reafirma-se a necessidade de implementar uma boa avaliação na etapa de formulação de políticas públicas, avaliando-se impactos e antecipando-se racionalmente de suas possíveis repercussões e consequências (PINTO, 2020, p. 212).

Evidentemente, a elaboração de uma boa política fiscal não foge da necessidade de se analisar o histórico do país em que está sendo implementada. Além disso, a política fiscal não pode ser formulada ao arrepio da Constituição Federal, que exige a concretização dos direitos fundamentais, dentre os quais certamente estão muitos direitos sociais – inclusive a assistência aos desamparados.

O art. 107 da Ato das Disposições Constitucionais Transitórias, que representa o regramento constitucional do Novo Regime Fiscal, em seu §6º, estabelece uma série de hipóteses excepcionais que deveriam ser incluídas na base de cálculo e nos limites estabelecidos no artigo relacionado ao "teto de gastos".

Tendo em vista o histórico de crises econômicas pelas quais a nossa República já passou (e continua passando), assim como a obrigação constitucional de assistência aos desamparados, é possível afirmar que foi um equívoco, desde a origem da formulação dessa política fiscal austera, não ter se criado também uma hipótese excepcional para crises econômicas, uma forma de se expandirem gastos para o exclusivo fim de se resguardarem os mais pobres, que são os mais afetados em circunstâncias tais, mormente quando várias outras situações foram incluídas no art. 107, §6º, do Ato das Disposições Constitucionais Transitórias.

A falta de avaliação e planejamento acaba sendo a raiz de "remendos" futuros, açodados, de forma a se tentar remediar conjunturas, embora previsíveis, não levadas em conta na origem. A cultura das emendas constitucionais é uma porta para os políticos se perpetuarem no poder através de medidas com fins eleitoreiros, sem a preocupação com as consequências danosas à economia, provocando um ciclo vicioso difícil de se romper.

Referências

ACCIOLI FILHO. A crise e o eterno sacrifício dos precatórios: tem fim? *Revista Consultor Jurídico*, 2021. Disponível em: https://www.conjur.com.br/2021-set-26/publico-pragmatico-crise-eterno-sacrificio-precatorios-fim. Acesso em: 1º jan. 2022.

BERCOVICI, Gilberto. Planejamento e políticas públicas: por uma nova compreensão do papel do Estado. *In*: BUCCI, Maria Paula Dallari (Org.). *Políticas públicas*: reflexões sobre o conceito jurídico. São Paulo: Saraiva, 2006. p. 143-161.

BEVILACQUA, Lucas; REIS, Lázaro. Tributação sobre o consumo, incentivos fiscais de ICMS e externalidades positivas e negativas *In*: PINHEIRO, Armando Castelar; PORTO, Antônio José Maristrello; SAMPAIO, Patrícia Regina Pinheiro (Coords.). *Temas em direito e economia*. Rio de Janeiro: Lumen Juris, 2021.

BUISSA, Leonardo. *Tributação sobre o consumo, indução econômica e seletividade*. Rio de Janeiro: Lumen Juris, 2019. p. 188-204.

BRASIL. *Exposição de Motivos Interinstitucional nº 00083/2016/MF/MPDG*. Brasília, 15 de junho de 2016. Disponível em: http://www.planalto.gov.br/ccivil_03/projetos/expmotiv/emi/2016/83.htm. Acesso em: 31 dez. 2016.

CONTO, Mario de. *O princípio da proibição do retrocesso social*: uma análise a partir dos pressupostos da hermenêutica filosófica. Porto Alegre: Livraria do Advogado, 2008.

DYE, Thomas R. Mapeamento dos modelos de análise de políticas públicas. *In*: HEIDEMANN, F. G.; SALM, J. F. *Tradução de políticas públicas e desenvolvimento*. Brasília: Editora UnB, 2010. p. 99-129.

FREY, Klaus. Políticas Públicas: um debate conceitual e reflexões referentes à prática da análise de políticas públicas no Brasil. *Planejamento e Políticas Públicas*, Brasília, n. 21, p. 211-259, 2000.

JANNUZZI, Paulo. Eficiência econômica, eficácia procedural ou efetividade social: três valores em disputa na avaliação de políticas e programas sociais. *Desenvolvimento em Debate*, v. 4, n. 1, 2016.

PAIVA, Andréa Barreto de; MESQUITA, Ana Cleusa Serra; JACCOURD, Luciana; PASSOS, Luana. *O Novo Regime Fiscal e suas implicações para a política de assistência social no Brasil*. IPEA: Nota técnica n. 27. Brasília, set. 2016.

PINTO, Élida Graziane. (Ir)responsabilidade na gestão de receitas: um estudo sobre o frágil dever de avaliação do impacto fiscal e das correspondentes medidas compensatórias e contrapartidas. *In*: FIRMO FILHO, Alípio Reis; WARPECHOWSKI, Ana Cristina Moraes; RAMOS FILHO, Carlos Alberto de Moraes (Coords.). *Responsabilidade na Gestão Fiscal – estudos em homenagem aos 20 anos da Lei Complementar n. 101/2000*. Belo Horizonte: Editora Fórum, 2020. p. 209-231.

SCAFF, Fernando Facury. *Orçamento Republicano e Liberdade Igual*. Belo Horizonte: Fórum, 2018. p. 293-323.

TORRE, Riccardo Giuliano Figueira. A PEC dos precatórios e a nova tentativa de calote aos credores e à arbitragem. *Revista Consultor Jurídico*, 2021. Disponível em: https://www.conjur.com.br/2021-ago-27/torre-pec-precatorios-tentativa-calote. Acesso em: 1º jan. 2022.

VALLE, Vanice Regina Lírio do. Réquiem para a ação administrativa planejada: a rutura entre as dimensões executiva e orçamentária. *In*: BUÍSSA; REIMANN; MARTINS (Orgs.).

Direito e finanças públicas nos 30 anos da Constituição: experiências e desafios nos campos do Direito Tributário e Financeiro. 1. ed. v. 1. Florianópolis: Tirant Blanch (Empório do Direito), 2018. p. 319-340.

VALLE, Vanice Regina Lírio do Valle. Função administrativa e orçamento: o espaço negligenciado de efetividade dos direitos fundamentais. *Revista Carioca de Direito – RCD*, v. 1, p. 109-122, 2010.

VIEIRA, Fabíola Sulpino; BENEVIDES, Rodrigo Pucci de Sá e. *Os impactos do Novo Regime Fiscal para o financiamento do Sistema Único de Saúde e para a efetivação do direito à saúde no Brasil*. IPEA: Nota técnica n. 28. Brasília, set. 2016.

Informação bibliográfica deste texto, conforme a NBR 6023:2018 da Associação Brasileira de Normas Técnicas (ABNT):

HURBANO, Paulo André Teixeira. O novo regime de pagamento de precatórios e a viabilização de programa de transferência de renda: deficiência no planejamento como regra na formulação de políticas públicas no Brasil. *In*: MOTTA, Fabrício; BUÍSSA, Leonardo; BEVILACQUA, Lucas (coord.). *Federalismo fiscal e políticas públicas*. Belo Horizonte: Fórum, 2023. p. 275-293. ISBN 978-65-5518-529-4..

PROTAGONISMO JUDICIAL, JUDICIALIZAÇÃO E ATIVISMO JUDICIAL NO DIREITO BRASILEIRO CONTEMPORÂNEO

LUCAS BEVILACQUA
VICTOR HUGO RODRIGUES DA SILVA

1 Introdução

O protagonismo judicial, bem como a judicialização e o ativismo judicial, é, desde antes mesmo da promulgação da Constituição Federal de 1988, bastante polêmico e controverso na sistemática brasileira. Isso porque, além da problemática envolvida em tais fenômenos, os próprios conceitos que os permeiam não são consenso entre os estudiosos do tema, gerando calorosos debates e discussões. Embora existam doutrinas que entendam serem os três elementos essencialmente sinonímicos, há doutrinadores que julgam ser a questão da judicialização mais singela do que o ativismo, visto que implicaria em um aumento substancial da intervenção do Poder Judiciário sobre determinadas políticas públicas (RAMOS, 2013, p. 483).

Já a questão do ativismo seria mais gravosa, ao configurar ultrapassagem dos limites estabelecidos pela Constituição nos poderes conferidos ao Judiciário, extrapolando este sua linha de influência em detrimento de escolhas do próprio Poder Legislativo, que é quem, em gênese, possui poder discricionário para fixar os limites das demanda política.

Por outro lado, Barroso (2009, p. 11) observa que a configuração da judicialização se materializa na assunção de competências pelo Poder Judiciário em questões de grande repercussão política ou social. Haveria um arrebatamento por parte dos órgãos judiciais sobre responsabilidades de instâncias tradicionalmente políticas, ou seja, sobre o Congresso Nacional e o Poder Executivo.

Tal fato acarreta considerável mudança de argumentação e participação social em decisões da Administração Pública, visto que os tribunais e magistrados passam a assumir papel que constitucionalmente foi concedido ao povo. Mediante a soberania popular exercida pelo voto, os cidadãos é quem devem escolher seus governantes e, em consequência, suas respectivas agendas políticas.

O ativismo judicial e a judicialização não surgem das mesmas causas imediatas, vez que, enquanto o segundo é fato na órbita jurídica brasileira decorrente do modelo constitucional prescrito no qual o Poder Judiciário julga em razão da atribuição de tal responsabilidade, o ativismo se configura na ação específica de interpretar o legalmente determinado, de modo além do que a Constituição previu (BARROSO, 2009, p. 14).

Já o protagonismo judicial se demonstra mais amplo, subjetivo e genérico. Abarca qualquer atitude proativa do Judiciário, mesmo nos casos em que a atuação deste se demonstre plenamente legítima, nos moldes constitucionais ou se trate de questão manifestamente ativista. Assim, o protagonismo judicial é gênero no qual o ativismo e a judicialização são espécies e surge:

> (...) a partir das insuficiências do projeto estatal moderno em cumprir aquilo a que se propôs, tornando necessária a concepção de um novo modelo de Estado que, tendo na Constituição seu parâmetro normativo, tornasse propícia a transformação da realidade social a partir da efetivação dos direitos e princípios fundamentais, tornando necessária a concepção de um novo modelo de Estado que, tendo na Constituição seu parâmetro normativo, tornasse propícia a transformação da realidade social a partir da efetivação dos direitos e princípios fundamentais (SILVA FILHO; MEDEIROS, 2022, p. 123).

Se, por um lado, o protagonismo judicial, a judicialização e o ativismo se mostram crescentes em nosso ordenamento, por outro devemos nos atentar às causas, consequências e razões para tal fenômeno acontecer. De fato, a Carta Cidadã trouxe uma série de garantias individuais e coletivas que exigem não apenas do legislador, mas de todo o Poder Público, ações para se fazer cumprir o previsto em seu bojo.

2 Os impactos da exacerbada proatividade judicial nas contas públicas

Conforme leciona Lenza (2018, p. 117), a Carta Magna busca uma nova visão do que se entende como Constituição, prevendo mecanismos que possibilitem a plena e efetiva concretização de suas normas. Para tanto, o Poder Judiciário possui papel importante na implementação dos ditames constitucionais, sobretudo dos direitos sociais de caráter fundamental, a exemplo da saúde e educação. Contudo, a postura demasiadamente proativa do Judiciário para com as políticas públicas tem trazido consideráveis impactos, econômicos e sociais, que merecem estudos mais aprofundados antes de se tirarem conclusões maniqueístas do tópico.

Existem impactos diretos e indiretos aos cofres públicos em razão do teor das decisões exaradas por magistrados em todo o território nacional nas mais diversas áreas da administração e finanças públicas. É possível enumerar diversos pontos que demonstram o quão o ativismo tem atrapalhado não apenas na gestão, mas em todo o planejamento da Administração Pública brasileira.

De forma mais incisiva, nos últimos 15 anos observa-se um constante e crescente número de demandas judiciais pleiteando direitos e políticas públicas, sobretudo na esfera individual, na qual o ativismo nos presentes moldes acarreta uma verdadeira usurpação de competências (RAMOS, 2013, p. 484).

A questão da proatividade judicial exacerbada no Brasil possui três grandes causas: a redemocratização brasileira, o abrangente texto legal definido pelo legislador constitucional e o sistema brasileiro de controle de constitucionalidade (BARROS, 2019, p. 12).

A primeira, forjada após a promulgação da Constituição Federal de 1988, garantiu ao Poder Judiciário maior liberdade no trato da CF e demais atos normativos infraconstitucionais. Ainda, a instauração do ambiente mais democrático possibilitou que as pessoas pudessem exercer seus direitos de forma mais plena, possibilitando à população que fosse buscar, perante tribunais e magistrados em todo o país, suas demandas (BARROS, 2009, p. 12).

Da mesma forma, o texto constitucional inovou ao estampar em seu bojo matérias que antes eram exclusivas de atos normativos infraconstitucionais. Assim, as prerrogativas lá dispostas criaram um quadro de possíveis pretensões jurídicas nunca antes observadas no ordenamento constitucional brasileiro. Por consequência, as demandas para o cumprimento dos ditames constitucionais aumentaram consideravelmente (BARROS, 2009, p. 13).

Por fim, encontra-se o sistema brasileiro de controle de constitucionalidade. O mesmo prescreve possibilidade tanto de controle incidental e difuso quanto de controle por ação direta. Isto posto, praticamente qualquer demanda que cumpra com os requisitos legais pode chegar ao Supremo Tribunal Federal (BARROS, 2009, p. 13).

Assim, combinando-se maior possibilidade formal de judicialização de demandas, combinada à ampliação do poder decisório concedido ao Judiciário, possibilitou-se que juízes, tribunais e ministros obtivessem amplo espaço para atuar ante lesão, risco de lesão, omissão ou ineficiência da Administração Pública. Na busca da concretização das prerrogativas e com base em princípios fundamentais previstos na CF, buscou-se efetividade de direitos e de garantias fundamentais diversas, por vezes diretamente relacionadas ao mau funcionamento dos Poderes da República e demais instituições (SILVA FILHO; MEDEIROS, 2022, p. 126).

Contudo, a postura demasiadamente protagonista do Judiciário no trato das políticas públicas pode vir a ocasionar uma série de injustiças generalizadas. Embora a jurisprudência tenda a buscar uniformização das decisões judiciais, beira o impossível planificar as deliberações jurisdicionais de todos os órgãos judiciais do país.

A usurpação do poder deliberativo da Administração Pública na escolha de onde e como alocar recursos financeiros, humanos e materiais corrobora na promoção de decisões que beneficiem exclusivamente grupos individuais em detrimento de critérios gerais e visões conjuntas, agravando o estorvo que a Administração Pública enfrenta na minimização das diversas desigualdades em todo o país.

Da mesma forma, a exigência de alocamento de recursos em razão de decisórios judiciais pode prejudicar e enfraquecer as políticas públicas de caráter preventivo e protetivo. Isso porque, via de regra, os gastos das condenações tendem a visar a um fim prestacional, retirando montantes da promoção de políticas que resguardem os cidadãos antes mesmo do problema surgir, a exemplo das políticas preventivas de saúde.

Há também um considerável desequilíbrio na balança dos gastos públicos, visto que algumas áreas comumente estão mais sujeitas aos pleitos judiciais do que outras, o que tenderia a retirar dotações orçamentárias de outras searas em razão da realocação desplanejada dos recursos disponíveis.

A proatividade exacerbada do Poder Judiciário também pode ferir a discricionariedade administrativa. Isso porque as decisões da Administração e a própria efetivação de políticas públicas, em tese, fazem parte do devido processo legislativo e administrativo que engloba diversas etapas até a sua consolidação. Em virtude do princípio da legalidade, previsto no artigo 37 da Constituição Federal, é dever da Administração Pública obedecer ao exposto em lei para validade do ato. A supressão da instância legislativa e administrativa pelo Judiciário se demonstraria, dessa forma, inconstitucional.

Conforme Kim (2018, p. 488), a separação dos poderes prescrita pela Constituição e a suposta carência técnica do Judiciário para modificar políticas públicas legitimadas pelo sistema representativo-democrático ferem a Lei Maior. Entretanto, a própria Constituição prevê ser dever dos órgãos jurisdicionais o controle de legalidade dos atos e procedimentos administrativos dos Poderes Executivo e Legislativo.

O grande problema que se afronta é justamente fixar quais seriam os horizontes de tal exercício, na busca do equilíbrio de influência judicial nos moldes da separação constitucional dos Poderes. Para tanto, observamos dois aspectos que podem limitar muito a fronteira entre o ativismo e a displicência: a prévia provocação e o respeito à decisão de mérito exarada pela Administração.

O magistrado não pode, de ofício e sem prévia provocação intentada por agente legitimado de propositura, se opor a ato normativo deliberado, sancionado e promulgado pelo Poder competente. No mesmo sentido, há vedação de que o Poder Judiciário substitua o administrador ou legislador nas decisões administrativas discricionárias, em que a lei prevê ter a Administração liberdade decisória, conferindo-lhe possibilidade de escolha.

Por outro lado, ao analisarmos as oportunidades em que a Suprema Corte Federal reconheceu a possibilidade de controle judicial das políticas públicas em razão da omissão administrativa, ilegalidade ou aplicação inadequada de recursos, Leonel (2012, p. 14) analisa que a atuação só é possível nas seguintes hipóteses:

> (a) a existência de norma constitucional ou infraconstitucional assegurando, com eficácia imediata, a fruição de determinado

direito social; (b) a ocorrência de efetiva omissão por parte do poder público; (c) a necessidade de adoção de providências que estabeleçam a conformidade entre a situação concreta e a proteção do mínimo existencial, que se revela na proteção da dignidade da pessoa humana; (d) o balizamento pela observância do princípio da razoabilidade relativamente ao emprego dos recursos orçamentários.

Observa-se que as normas de eficácia plena e aplicabilidade imediata, capazes de produzir seus efeitos no momento em que a lei entra em vigor, independem de norma integrativa posterior, haja vista que são autoaplicáveis (LENZA, 2018, p. 227). Direitos sociais, como à saúde e à educação, são de aplicabilidade e eficácia imediata. Dessa forma, havendo displicência da Administração ao efetivar políticas públicas, gerais ou individuais, factível se torna a atuação judiciária, por exemplo, nas obrigações de fazer para entrega medicamentosa específica ou garantia de acesso de crianças à educação fundamental.

A omissão por parte do poder público para a concretização de políticas públicas é mais comumente observada em determinadas áreas, a exemplo da segurança pública, especialmente nas condições de encarceramento. Devido à gravidade do tópico, o STF, mediante RE nº 592.581/RS, reconheceu repercussão geral e possibilidade de controle judicial no âmbito da função administrativa em razão do estado falimentar das políticas públicas de administração penitenciária em todo o país.

No mesmo sentido, na Arguição de Descumprimento de Preceito Fundamental (ADPF) nº 347, foi reconhecido estado de coisas inconstitucional do sistema prisional brasileiro, prescrevendo elaboração de um plano nacional, estadual e distrital para tentativa de superação das violações de direitos fundamentais das pessoas presas, em razão da grave situação de superlotação, insalubridade e insegurança dos presídios de todo o país.

Observa-se que, nos citados casos, houve incisivo descumprimento de ordem constitucional na persecução de políticas de seguranças efetivas pelos diversos entes da federação, de modo que *decisum* judicial se mostrou imprescindível para tentativa de solução do respectivo quadro.

Por outro lado, "a necessidade de adoção de providências que estabeleçam a conformidade entre a situação concreta e a proteção do mínimo existencial, que se revela na proteção da dignidade da pessoa humana", também é ponto de acaloradas discussões na contemporaneidade. O mínimo existencial, direito a condições mínimas de existência humana digna, não pode ser objeto de intervenção do Estado, reclamando deste prestações de ordem positiva (TORRES, 1989, p. 29).

Em contraposição aos direitos de primeira geração, de caráter essencialmente libertário, os direitos de segunda geração exigem uma ação do Estado para sua concretização, como a alimentação e o acesso à saúde básica. Partindo-se da premissa da CF, o princípio constitucional da igualdade assegura a proteção contra a pobreza absoluta.

Por fim, a observância do princípio da razoabilidade para alocação de adequados recursos orçamentários nas mais diversas áreas ainda carece de devida atenção pela Administração Pública. Nesse sentido, a atuação do Poder Judiciário no tocante à observância de legalidade se mostra basilar.

3 Direitos sociais e finanças públicas

A Constituição Federal prescreve limites e exigências à atuação estatal. Dessa forma, a norma constitucional possui um poder híbrido: por um lado, assegurar a existência de diversas liberdades individuais e civis, ou seja, assegura os direitos de primeira geração, que, via de regra, possuem caráter omissivo de atuação pública. Contudo, os direitos de segunda geração, boa parte advindos de lutas sociais e de classe entre os séculos XIX e XX, consolidados nos direitos sociais à educação, saúde, segurança e habitação, por exemplo, exigem ação comissiva do ente estatal.

Assim, é possível dizer que os direitos sociais são uma conquista após longa e contínua luta entre classes, atores sociais e reivindicações de prerrogativas, muitas vezes pelas camadas sociais menos favorecidas ou excluídas de preocupação socioeconômica pelo poder dirigente e que buscavam maior igualdade material em meio a contextos largamente desarmoniosos.

O custeio do Estado ocorre, na maioria das vezes, mediante a tributação. O que muda essencialmente na história das civilizações e, por consequência, de toda a humanidade é a forma com que esses recursos são empregados nas sociedades, às vezes favorecendo fatores e pessoas em específico e, noutras, na busca do bem comum e dos preceitos da chamada justiça social.

Na Idade Antiga, um texto datado de 2350 a.C. que descreve uma forma de cobrança abusiva, opressora e benéfica ao rei e funcionários corruptos da antiga Suméria é tido como um dos escritos mais antigos a respeito do tributo. Na Grécia do mesmo período, aproximadamente no século VII a.C., com o tributo instituído pelo Estado e administrado por este mediante trabalho escravo e valores arcados pelo povo, construiu-se uma das maiores civilizações da antiguidade e iniciou-se a construção da tributação nos moldes que vemos hoje (FERREIRA, 2015).

Enquanto majoritariamente na Idade Antiga o povo vencido deveria entregar praticamente tudo que tinha ao vencedor, na Idade Média, com o feudalismo e as guerras, o pagamento de tributo ganhou um caráter libertário e, em tese, opcional, vez que, nos Estados patrimoniais, o tributo substitui o serviço militar obrigatório e as prestações em tempos de guerra (BEVILACQUA; BUÍSSA, 2018, p. 134). Nesse contexto, o servo, preso à terra do senhor feudal, em troca de proteção pagava vultuosos impostos em troca de uma suposta liberdade e segurança externa.

Na Idade Moderna, paralelamente à ascensão do absolutismo, surge a figura do monarca com poder incondicional sobre todas as decisões do Estado, podendo citá-los como sendo uma só figura. Nesse contexto, nobreza e clero eram entidades no topo da pirâmide social, o que não agradou a uma classe com crescente poder de influência no período, a burguesia, cada vez mais enriquecida pelo comércio, sobretudo o marítimo.

Contudo, assim como os mais pobres, os burgueses eram sujeitos ao pagamento de pesados impostos, que, na maioria das vezes, eram revertidos unicamente em proveito da vida confortável do ápice da pirâmide social do período. A Idade Moderna é marcada por muitas mudanças filosóficas e ideológicas, como a Revolução Francesa de 1789, pautada nos ideais de liberdade, igualdade e fraternidade e que marca o início da Idade Contemporânea.

Nos séculos que se seguiram, observou-se uma crescente acepção dos ideários de absenteísmo econômico por parte dos

Estados, mesmo com a tímida existência de monopólios públicos institucionais, consagrando o que se conhece como liberalismo. Aqui estamos diante da submissão ao império da lei, divisão independente dos Poderes, garantia de liberdades individuais e da tributação mínima (JOSÉ AFONSO, 1990).

Entretanto, mudanças de paradigmas filosóficos do final do século XIX e durante praticamente todo o século XX, em razão das diversas guerras, bem como agravamento da miséria e do desemprego, e em consequência ampliação das desigualdades sociais e graves crises econômicas, surge a mudança de perspectiva para um Estado cada vez mais participativo, controlador e despersonalizado, preocupado com questões de ordem econômica, mas também sociais e promotor de políticas públicas.

Ao final de todo esse contexto, é forjada a Constituição Federal Brasileira de 1988, pautada no princípio da dignidade da pessoa humana e nos direitos fundamentais sociais no Estado Social e Fiscal de Direitos. Aqui, os anseios sociais e econômicos também chegam às classes menos favorecidas e corroboram na promoção de políticas públicas de caráter distributivo.

Com o surgimento do Estado Fiscal Social, sendo este financiado essencialmente pela verba advinda dos entes privados e escolhido como gestor de boa parte da sistemática socioeconômica, coube ao Estado fiscal a regulação do prescrito em sua Lei Maior.

No caso brasileiro, no qual a Constituição tem se mostrado essencialmente garantidora de direitos e muito pautada na promoção da igualdade, formalmente é fundamento da República Federativa do Brasil a dignidade da pessoa humana, conforme previsão do art. 1º, III, da CF, e seu objetivo, a construção de uma sociedade justa e que reduza as desigualdades sociais conforme o art. 3º, IV, da Carta Cidadã (BRASIL, 1988). Assim, cabe à Administração Pública buscar meios para a concretização de tal previsão.

Nessa conjuntura, a evolução do direito fundamental social é vista como uma vultuosa conquista social e um marco civilizatório na história constitucional brasileira e que veda a perda e o retrocesso de tais prerrogativas, sendo essencial a tributação justa e eficiente como forma de materialização das políticas públicas na educação, saúde e segurança pública, por exemplo (BUÍSSA; BEVILACQUA, 2018, p. 131).

Em que pese a execução material de direitos sociais e suas respectivas políticas públicas basilares, como educação e saúde, o texto constitucional trouxe a previsão de progressividade de tais direitos na busca de progressividade e evolução institucional que concretizam um esforço distributivo-federalista no custeio de suas ações e serviços públicos (PINTO, 2017, p. 45).

Nos moldes do art. 198 da Constituição Federal, os serviços que integram a saúde pública nacional possuem diversidade de custeio de financiamento por diversas frentes, bem como diversidade de responsabilização de fiscalização e controle. Assim, no que tange à saúde, cabe à União, aos estados, aos municípios e ao Distrito Federal, além de outras fontes, como os recursos advindos da seguridade social, o seu financiamento.

O mencionado artigo constitucional também prescreve o dever de progressividade de custeio, o que consagra o corolário de vedação ao retrocesso de tal direito social. O mesmo ocorre quanto ao direito à educação, fixado no artigo 212 da Carta Magna, ao prever que cabe à União aplicar ao desenvolvimento, manutenção e refinamento do ensino nunca menos de dezoito por cento de sua receita de impostos. No que tange aos estados, DF e municípios, esse percentual deve ser sempre igual ou superior a vinte e cinco por cento.

Isso ocorre porque o legislador constitucional deu adequada atenção e apreço a determinados direitos sociais fundamentais, visto que são de caráter essencial e estruturante no desenvolvimento socioeconômico do país, conforme tendência mundial de atenção e cuidado no tocante aos direitos fundamentais. O Índice de Desenvolvimento Humano (IDH), métrica sistemática usada, inclusive, pelo Programa das Nações Unidas para o Desenvolvimento (PNUD), utiliza, além da observância ao nível de renda das gentes, o acesso à saúde e a escolaridade dos povos para classificar o *ranking* de desenvolvimento de uma nação com base em seus índices (PNUD).

Da mesma forma, por ter caráter contínuo de promoção e desenvolvimento, a promoção das políticas públicas de viés prestacional necessita de eficácia e investimento progressivo, devendo, desde sua gênese, garantir o núcleo de subsistência essencial e, com o passar do tempo, promover-se cada vez mais. Isso deve ocorrer mesmo com a controversa coexistência dos institutos do "mínimo existencial" e da acepção da "reserva do possível" no ordenamento pátrio (PINTO, 2017, p. 45). No mesmo diapasão, prescreve Canotilho (1994, p. 483):

> Nesse sentido, o mínimo de garantia estatal em saúde – contra o qual não pode haver medidas tendentes ao retrocesso – toma como ponto de partida, no Brasil pós-EC nº 29, de 13 de setembro de 2000, as vinculações orçamentárias estabelecidas no art. 198, não cabendo a qualquer dos entes da federação atentar contra esse estágio normativo de proteção. Em igual medida, o mínimo de garantia estatal em educação contemporaneamente toma como ponto de partida o arranjo constitucional desenhado no art. 212 e pelas Emendas Constitucionais nº 14, de 12 de setembro de 1996, nº 53, de 19 de dezembro de 2006, e nº 59, de 11 de novembro de 2009, de forma a configurar um contínuo processo de aquisição evolutiva.

Diante do exposto, é dever de toda a Administração Pública, bem com de seus respectivos órgãos e entidades constituintes, zelar e promover os direitos e garantias sociais fundamentais e, no presente texto, em especial atenção ao Poder Judiciário, que possibilita aos pleiteantes levarem diretamente aos órgãos jurisdicionais suas demandas sociais para o alcance das respectivas políticas públicas estampadas na Constituição Federal.

4 Juízos singulares e colegiados *versus* Administração Pública e direitos sociais

Embora a Constituição Federal tenha completado mais de 30 anos de vigência, persiste um constante déficit de materialização e financiamento de políticas públicas que garantam os direitos sociais e fundamentais nela presente. Nesse sentido, mediante o RE nº 581.352 AgR/AM, o ministro Celso de Mello fixou entendimento de que se mostra necessário intervenção do Poder Judiciário nos casos de "omissão do Poder Público [que] representava um inaceitável insulto a direitos básicos assegurados pela própria Constituição da República, mas cujo exercício estava sendo inviabilizado por contumaz (e irresponsável) inércia do aparelho estatal" (STF, 2013).

A ineficácia da atuação da Administração Pública reverbera em uma maior necessidade de atuação dos órgãos de fiscalização, execução e controle que possam fazê-lo. Nesse quesito, a atuação do Judiciário não se posta apenas possível, mas também legítima a minimizar a abstenção de outros órgãos, poderes e entes da Administração Pública. Isso porque, caso não houvesse falhas no planejamento e execução das políticas públicas por estes, a atuação jurisdicional não seria necessária.

Conforme explica Grazianne (2017, p. 21), caso as ações judiciais revelassem as insuficiências de cobertura da ação governamental de forma eventual e isolada, a atuação do Poder Judiciário seria sanada espontaneamente pela forma regular legal. Contudo, não é o que vem ocorrendo pela ação governamental, sendo essencial a atuação de juízos singulares e colegiados para a concretização de políticas públicas de direitos sociais.

Salutar se mostra entender as razões e o que tem sido feito em relação à possível melhora do quadro, de forma que o protagonismo judiciário, bem como o fenômeno da judicialização e do próprio ativismo, seja cada vez menos visto como uma necessidade em nossa dinâmica social, principalmente em virtude de o Poder Judiciário ser uma importante ferramenta para a garantia de financiamento minimamente apto a cumprir com a previsão constitucional de progressividade dos direitos fundamentais.

A escolha de investimento dos recursos públicos, sejam eles financeiros, materiais ou humanos, deve-se à necessidade de fato exigida pelo próprio sistema democrático e de controle da República, o que ocorre mediante previsão orçamentária previamente definida em suas respectivas legislações, a exemplo das leis orçamentárias anuais (LOAs), leis de diretrizes orçamentárias (LDOs) e planos plurianuais (PPAs) dos diversos entes da federação. Contudo, qual seria então os limites de atuação dos membros do Judiciário para controlar e delimitar os orçamentos sem que isso fira a ordem constitucional?

Na acepção atual do constitucionalismo brasileiro, houve a consolidação do chamado neoconstitucionalismo, e a Constituição vigora como normativa máxima e vinculante a todo o ordenamento nacional e introdutora de princípios democraticamente admitidos, representadores da efetiva possibilidade de materialização dos direitos constitucionalmente balizados, em contraposição ao prescrito pelo mero positivismo (SILVA FILHO; MEDEIROS, 2022, p. 124).

Nessa nova acepção, que mostrou necessária a emersão de um novo modo hermenêutico de interpretação jurídica, muito mais pautado na intersubjetividade do caso concreto e na realidade social na qual a normativa esteja inserida. Dessa feita, buscam-se a promoção e a garantia de direitos e princípios fundamentais e, em virtude de tal nova estruturação constitucional, os órgãos jurisdicionais ganham maior centralidade. O magistrado passa a deixar de ser um mero aplicador da norma legal, mais um intérprete legal pautado nesse novo arranjo social, corroborando no chamado Estado Constitucional de Direito (POZZOLO, 2018, p. 301).

Em virtude de caber aos juízes, tribunais e ministros a aplicação da norma constitucional e demais legislação infraconstitucional, os riscos de lesão à legitimidade democrática em razão dos membros do Judiciário não serem eleitos são minimizados, por conta de serem, mesmo que indiretamente, defensores da vontade do legislador constitucional, além das normativas que passaram por todo o crivo das casas legislativas.

O Poder Judiciário, diante de omissões e ineficiências dos demais Poderes no cumprimento dos ditames constitucionais e sob respaldo da lei, passa a ser recorrentemente acionado, iniciando-se uma ampla judicialização de demandas em busca da efetivação de direitos e garantias fundamentais ligados ao mau funcionamento de outras instituições.

O acesso à jurisdição está prescrito no teor do artigo 5º, inciso XXXV, da Constituição Federal. Assim sendo, a lei não excluirá de apreciação do Judiciário lesão ou ameaça de lesão a direito (BRASIL, 1988, p. 29), e ao Supremo Tribunal Federal cabe a devida interpretação do texto constitucional.

5 A importância das decisões judiciais na sistemática brasileira

Como demonstrado, há um persistente déficit de custos para diversas políticas públicas garantidoras de direitos sociais fundamentais, mesmo antes da promulgação da Constituição de 1988, e a própria sistemática jurídica pátria prevê a constitucionalidade do controle judicial do ciclo orçamentário. Ainda, há dever de estabilidade e progressividade de custeio às ações governamentais para que se assegure a eficácia dos direitos sociais, em expressa vedação ao retrocesso.

Há muito tem o STF se pronunciado sobre temas de extrema relevância social em ações de repercussão geral. Como exemplos notórios, cita-se a determinação dos limites legítimos de atuação das comissões parlamentares de inquérito e consequente quebra de sigilos e decretação de prisão (BARROSO, 2012, p. 12) e a fixação de entendimento recente sobre racismo e injúria racial, temas de enorme importância para a defesa dos Direitos Fundamentais da Pessoa Humana.

Em contraposição à figura do protagonismo judicial e, por consequência, ao fenômeno da judicialização e ao ativismo, a autocontenção judicial, consolidada na abstenção de interferência do Poder Judiciário sobre os outros Poderes da República, consolida-se nas seguintes situações:

> Por essa linha, juízes e tribunais (i) evitam aplicar diretamente a Constituição a situações que não estejam no seu âmbito de incidência expressa, aguardando o pronunciamento do legislador ordinário; (ii) utilizam critérios rígidos e conservadores para a declaração de inconstitucionalidade de leis e atos normativos; e (iii) abstêm-se de interferir na definição das políticas públicas. Até o advento da Constituição de 1988, essa era a inequívoca linha de atuação do Judiciário no Brasil. A principal diferença metodológica entre as duas posições está em que, em princípio, o ativismo judicial procura extrair o máximo das potencialidades do texto constitucional, sem contudo invadir o campo da criação livre do Direito. A autocontenção, por sua vez, restringe o espaço de incidência da Constituição em favor das instâncias tipicamente políticas (BARROSO, 2009, p. 14).

A disputa entre o protagonismo judicial e a autocontenção se encontra presente em boa parte das nações que possuem Suprema Corte e tribunais que realizam o controle de constitucionalidade de normativas e atos da Administração Pública, extremamente ligado ao grau de prestígio e maturidade de cada Poder perante a população.

Em análise específica da política pública de educação brasileira, salutar entender que, nos moldes constitucionais atuais, para se assegurar que a mesma não tenha teor meramente literário, deve haver fixação de limites de atuação positiva do Estado, isso para se cumprir com os ditames previstos no bojo do artigo 212 da CF, que prescreve além da necessidade de ação conjunta para sua manutenção. Essencial também se mostra o desenvolvimento progressivo em tal política pública, bem como a devida análise do que está sendo produzido legalmente.

A disponibilidade de forma pública, universal e gratuita da educação é prevista desde a gênese do texto constitucional. Considerando o grave impasse enfrentado pelo país para superação de problemas no quesito, o art. 60 do Ato das Disposições Constitucionais Transitórias (ADCT) fixou previsão de que, até 1998, deveria ser aplicado não menos do que cinquenta por cento dos recursos citados no artigo 212 para combater o ainda alto grau de analfabetismo no período, bem como possibilitar o acesso universal ao ensino fundamental.

Na Emenda Constitucional nº 14/1996, houve mudança no supracitado artigo do ADCT, com determinação para que estados e Distrito Federal instituíssem o Fundo de Manutenção e Desenvolvimento do Ensino Fundamental (FUNDEF), o qual possui previsão de recursos dos três níveis da Administração Pública, corroborando na acepção de atuação conjunta dos diversos entes da federação.

Contudo, as políticas exaradas ainda se mostraram insuficientes em diversos quesitos, principalmente no tocante à valorização e remuneração de profissionais na educação pública. Nesse sentido, em 2011 o STF julgou o mérito da ADI nº 4.167/DF, ajuizada pelos chefes do Executivo de Mato Grosso do Sul, Paraná, Santa Catarina, Rio Grande do Sul e Ceará em confronto à Lei nº 11.738/2008, na qual se questionava uma série de direitos do magistério.

Em julgamento histórico e fundamental às políticas públicas de educação em todo o país, o STF decidiu manter o piso salarial como o somatório total da remuneração dos profissionais, e não somente o referido ao vencimento básico. Ainda, estabeleceu-se que o cálculo das obrigações relativas ao piso salarial ocorreria a partir de 1º de janeiro de 2009, o que há muito já havia sendo pleiteado. O teor da decisão foi visto como mecanismo de incentivo ao sistema educacional e valorização profissional do magistério (PINTO, 2017, p. 64).

A política pública de saúde no arranjo constitucional brasileiro foi tratada em uma sistemática protetiva integrada denominada de "seguridade social", conforme se observa no art. 194 da Carta Cidadã, da mesma forma, o financiamento da saúde – e, quando citamos este, é impossível não listar, por consequência, o custeio do SUS, que, mesmo após trinta anos do texto constitucional, ainda hoje se encontra sob vulnerabilidades, sobretudo no quesito de seu financiamento, por vezes em razão de sua inserção no orçamento da seguridade social ou em relação à obtenção de recursos e à vinculação de percentuais mínimos de seus gastos.

No tocante ao financiamento da política pública de saúde, em suma, a judicialização da saúde está bastante vinculada à instabilidade de financiamento do Sistema Único de Saúde brasileiro. Élida explica que a inércia dos órgãos administrativos e legislativos, que vem causando grave lesão e ameaça de lesão a direitos fundamentais em contraposição à acepção de que é temerosa a ingerência do Judiciário, que tem redefinido as próprias prioridades alocativas da política pública de saúde, é o expoente mais notável à espécie (PINTO, 2017, p. 133).

A Emenda Constitucional nº 29 prescreveu a possibilidade de que a União promovesse retenção ou restrição de recursos aos estados, DF e municípios no caso de descumprimento ao percentual mínimo de aplicação de serviços de saúde. Mais uma vez, o Judiciário foi chamado para resolução da demanda, sendo analisada perante o STF a Ação Cautelar nº 1.915, proposta pelo estado do Rio de Janeiro. Na mesma, questionou-se se seria possível a União inscrever como inadimplente no Cadastro Único de Exigências para Transferências Voluntárias (CAUC) outros entes da federação em razão de descumprimento do percentual mínimo de aplicação de recursos públicos em saúde daquele previsto no texto constitucional.

Segundo o entendimento da jurisdição, a restrição de cadastro do estado do Rio de Janeiro para fins de celebração de convênios e recebimento de transferências voluntárias não pode se dar como forma de punição à pessoa jurídica, que perderia coletiva e difusamente com a impossibilidade de receber novos recursos, sendo que a punição deveria recair sobre o próprio gestor público infringidor da norma, e não ao ente da federação, causando um agravamento ainda maior à população, que careceria dos percentuais mínimos fixados.

Por fim, importante tecer considerações acerca da política pública de segurança e sua atual conjuntura na sistemática brasileira. A Arguição de Descumprimento de Preceito Fundamental nº 347, julgada inicialmente pelo Supremo Tribunal Federal em 2015, pedia em sede de liminar para que fosse reconhecida a figura do "estado de coisas inconstitucional" do sistema penitenciário brasileiro, bem como a adoção de providências em relação às lesões a preceitos fundamentais de pessoas presas em todo o território nacional.

A argumentação pautou-se nas ações e omissões dos poderes públicos da União, dos estados e do Distrito Federal no tocante ao sistema carcerário nacional e utilizou-se de dados da Comissão Parlamentar de Inquérito da Câmara dos Deputados, do Conselho Nacional de Justiça (CNJ) e da Clínica de Direitos Fundamentais da Faculdade de Direito da Universidade do Estado do Rio de Janeiro.

No mérito, foi julgada como cabível a arguição de descumprimento de preceito fundamental, considerando-se a situação degradante das penitenciárias, bem como uma sistemática pautada pela superlotação, condições desumanas de custódia, violação massiva de direitos fundamentais e falhas estruturais, conforme voto da Suprema Corte. No caso, foi reconhecido estado de coisas inconstitucional, e o decisório foi baliza para o início de uma tentativa mais sólida da situação preocupante e crônica que se arrasta no país há décadas anteriores ao próprio texto constitucional.

Nas aludidas decisões, o Supremo Tribunal Federal foi provocado a se manifestar e o fez nos limites dos pedidos formulados, e a necessidade de decisório foi tamanha que o pleito chegou até a instância máxima de nossa jurisdição. Alude Barroso (2009, p. 13) que o tribunal possuía discricionariedade não das ações, mas de deixar de se pronunciar acerca do mérito a partir do momento em que seus requisitos de cabimento tenham sido preenchidos, tendo o STF se limitado a cumprir com seu dever constitucionalmente delimitado.

Assim, denota-se que não somente o STF, mas todo o aparato judiciário brasileiro, possui como dever zelar pela lei, devendo realizar nos moldes previstos na legislação, colaborando para a construção e efetivação dos direitos fundamentais e conforme procedimentos democraticamente eleitos para tal. Assim, a coexistência dos Poderes da República deve atuar em favor da segurança jurídica, isonomia e atuação especializada dos poderes.

Referências

ARAÚJO, Guilherme Soares de. Protagonismo judicial no Estado Democrático de Direito. *VirtuaJus*, Belo Horizonte, v. 4, n. 7, p. 82-101, 2º sem. 2019 – ISSN 1678-3425.

BARROSO, Luís Roberto. Judicialização, ativismo judicial e legitimidade democrática. *Suffragium – Revista do Tribunal Regional Eleitoral do Ceará*, Fortaleza, v. 5, n. 8, p. 1-177, jan/dez. 2009.

BUÍSSA, Leonardo; BEVILACQUA, Lucas. Evolução da tributação e o custeio de políticas públicas de saúde no Brasil. *Interesse Público – IP*, Belo Horizonte, ano 20, n. 112, p. 131-149, nov./dez. 2018.

CANOTILHO, José Joaquim Gomes. *Constituição dirigente e vinculação do legislador*: contributo para a compreensão das normas constitucionais programáticas. Coimbra Ed., 1994.

FERREIRA, Rodrigo. *Tributos*: origem e evolução. Disponível em: https://rfersantos.jusbrasil.com.br/artigos/222353175/tributos-origem-e-evolucao. Acesso em: 15 jul. 2022.

KIM, Richard Pae. Políticas públicas e o Poder Judiciário na tutela dos direitos fundamentais de crianças e adolescentes. *In*: CONTI, José Maurício (Org.). *Poder Judiciário*: políticas públicas. v. 2. São Paulo: Almedina, 2018. p. 485-514.

LENZA, Pedro. *Direito constitucional esquematizado*. 15. ed. revista atualizada e ampliada. Editora Saraiva, 2011. p. 199.

LENZA, Pedro. *Direito constitucional esquematizado*. 22. ed. São Paulo: Saraiva Educação, 2018. (Coleção Esquematizado).

LEONEL, Ricardo de Barros. Supremo Tribunal Federal, políticas públicas e processo coletivo. *Cadernos de Direito*, v. 12, jan./jun. 2012, p. 7-22, 2012. Acesso em: 06 jul. 2022.

PINTO, Élida Graziane. *Financiamento dos direitos à saúde e educação*: uma perspectiva constitucional. Belo Horizonte: Fórum, p. 17-144.

PNUD. *Desenvolvimento Humano e IDH*. Disponível em: https://www.undp.org/pt/brazil/idh. Acesso em: 17 jul. 2022.

POZZOLO, Susanna. *Neoconstitucionalismo y positivismo jurídico*. Lima: Palestra, 2018. p. 301.

SILVA FILHO, Edson Vieira da; MEDEIROS, Juliana Helena Almeida. O protagonismo do Poder Judiciário no Estado Democrático de Direito: a diferença entre escolha e decisão judicial. *Revista Eletrônica de Direito e Sociedade*, Canoas, v. 10, n. 1, 2022.

STF. Órgão Julgador: Segunda Turma. Julg. 29.10.2013. DJe-230, 21 nov. 2013.

TORRES, Ricardo Lobo. O mínimo existencial e os direitos fundamentais. *Revista de Direito Administrativo*, n. 177, jul/set. 1989, p. 29-49.

Informação bibliográfica deste texto, conforme a NBR 6023:2018 da Associação Brasileira de Normas Técnicas (ABNT):

BEVILACQUA, Lucas; SILVA, Victor Hugo Rodrigues da. Protagonismo judicial, judicialização e ativismo judicial no direito brasileiro contemporâneo. *In*: MOTTA, Fabrício; BUÍSSA, Leonardo; BEVILACQUA, Lucas (coord.). *Federalismo fiscal e políticas públicas*. Belo Horizonte: Fórum, 2023. p. 295-312. ISBN 978-65-5518-529-4.

O DIREITO FINANCEIRO E A ORDENAÇÃO CONSTITUCIONAL DA CULTURA

REYNALDO SOARES DA FONSECA
RAFAEL CAMPOS SOARES DA FONSECA

1 Introdução

Os juristas brasileiros receberam a notícia de que o Congresso Nacional rejeitou vetos, em 5 de julho de 2022, apostos pelo presidente da República em relação às futuras Lei Ordinária nº 14.399/2022, vulgarmente conhecida como Lei Aldir Blanc 2, e Lei Complementar nº 195/2022, popularmente denominada Lei Paulo Gustavo. Cuida-se de divergência federativa a propósito do financiamento à cultura no Brasil. Na condição de direito fundamental, trata-se de temática extremamente oportuna ao tratamento criterioso e rigoroso da dogmática jurídica.

Na verdade, a cultura traduz-se em amálgama social cuja dinâmica produz as condições para o desenvolvimento do sistema jurídico e do projeto constitucional da comunidade política brasileira. Ademais, tornou-se objeto de juridificação nos mais diversos planos jurídicos concebíveis à luz do pluralismo jurídico da hodierna modernidade. Na verdade, o direito à cultura tornou-se pauta jurídico-política, desde a Declaração Universal dos Direitos do Homem até os textos das constituições promulgadas a partir do segundo pós-guerra. No mesmo período, mas em contexto próprio, também a arte, na qualidade de construto humano, manteve intenso relacionamento com o campo jurídico, fato, por si só, inexorável, haja vista, por um lado, a construção retórica do direito ou mesmo o aspecto artístico do raciocínio prudencial e, de outro, o cerceamento das artes, com violência ou não, no bojo das liberdades civis públicas, quando a criação artística não condiz com os interesses da classe política dominante, subjugando ou eliminando o artista.

Em razão do conteúdo jurídico singular da cultura, é possível identificar sua afirmação histórica com novos significados em todas as dimensões (ou gerações) dos direitos humanos ou fundamentais. Além disso, angariou para si qualificação própria no ideário jurídico no momento do contraponto aos direitos civis e políticos feito pelas normas econômicas, sociais e culturais. Nesse sentido, existe uma problemática quanto à identificação precisa do regime jurídico aplicável aos direitos culturais.

Para além da afirmação básica da onerosidade dos direitos por demandarem um maquinário estatal para sua promoção e antes mesmo das civilizações clássicas greco-romanas, o financiamento das políticas culturais é temática crucial no desenvolvimento da sociedade civil, não só por intermédio das indagações acerca do gastos públicos (como e quanto), mas também pelo quem decide sobre esse tema e arca com os encargos decorrentes dessa decisão individual ou coletiva.

Tecidas essas considerações iniciais, este artigo versa sobre o financiamento dos direitos e políticas culturais com esteio na Constituição da República Federativa do Brasil de 1988, sem descurar da perspectiva histórica, e avalia, em juízo de constitucionalidade, a quantidade e a qualidade das receitas e das despesas públicas direcionadas para a promoção da finalidade cultural.

Em termos mais específicos, será tratado o paradigma da liberdade do legislador orçamentário em contexto democrático, com evidentes escolhas trágicas de alocação de recursos públicos, em contraposição à necessidade de continuidade das políticas culturais na condição de projeto de Estado.

Assume-se como premissa de raciocínio que a concepção dos direitos subjetivos como assunto de finanças públicas demanda uma visão daqueles como instrumentos criados politicamente e financiados de forma coletiva com o propósito de promover o bem-estar do povo como coletividade destinatária das promessas civilizacionais do Estado.

Nessa linha, trabalha-se com a hipótese de subfinanciamento dos direitos culturais e gradual depreciação do patrimônio cultural comum ante os indicadores extraídos da economia da cultura. Adicionam-se a isso a discricionariedade da despesa pública e as escolhas coletivas de austeridade fiscal, traduzível em escassez no orçamento cultural. Considera-se, por conseguinte, travar um debate fulcral no constitucionalismo brasileiro três décadas após a redemocratização do país. Por isso, adota-se como itinerário argumentativo a seguinte ordem narrativa.

De início, intenta-se perquirir os percursos da ideia de cultura no contexto geopolítico ocidental com vistas a desaguar na releitura da experiência brasiliana. Identificados os elementos da noção de cultura, parte-se desse ideário para precisar o conteúdo e o regime dos direitos culturais nas ordens constitucional e internacional hodiernas. A questão do financiamento das políticas culturais virá em seguida, estabelecendo a constituição como ordem-moldura na qual se opera a liberdade de conformação do ordenamento jurídico exercida pelo legislador na atividade financeira do Estado. Nesse contexto geral, serão apresentadas inflexões oriundas da prefixação constituinte na temática financeiro-cultural com base nos princípios e regras do orçamento público, notadamente a vinculação de receitas de impostos e a progressividade dos direitos culturais.

2 Percursos da ideia de cultura

O conceito de cultura é transfugido por consistir em significante com diversos, por vezes contraditórios, significados decantados historicamente em senso comum e conhecimento. Na verdade, a formulação dessa ideia não foi passível de ser expressa em um único símbolo nas diferentes civilizações existentes, como, por exemplo, para os gregos antigos *máthema* e *paideia* em oposição ao natural ou o *cultura-ae* substantivado pelos romanos ao se referirem ao cultivo.[1]

Sobrejacente à natureza, a palavra cultura tem a potencialidade de ser tanto descritiva quanto apreciativa, movendo-se entre os extremos do naturalismo determinado e o idealismo inalcançável, por isso viabilizando-se simultaneamente como crítica ideal e força social. Trata-se de algo decorrente da natureza, que, por sua vez, altera esta, mas também é condicionado por uma regulação concebida pelo intelecto racional.[2]

---

1 MOLINARO, Carlos Alberto; DANTAS, Fernando Antonio de Carvalho. Arts. 215 e 216. *In*: CANOTILHO, J. J. Gomes *et al.* (Coord.). *Comentários à Constituição do Brasil*. São Paulo: Saraiva/Almedina, 2013. p. 1978.

2 EAGLETON, Terry. *A Ideia de Cultura*. Trad. Sofia Rodrigues. Lisboa: Temas e Debates, 2003. p. 13 e ss.

Do *Kultur* germânico infere-se a cultura na condição crucial de aperfeiçoamento do espírito de um povo. Daí que se pode conceber o aparato cultural como instrumento de alteração revolucionária de uma sociedade ao identificar e romper as estruturas de dominação entre governantes e representados.[3]

Sob outra perspectiva, a submissão da atividade cultural a esses mercados globais torna a resultante das belas-artes mais um bem de consumo. Em antítese ao *slogan* de Victor Cousin, *"l'art pour l'art"*,[4] segundo o qual a arte deveria ser julgada pelos seus próprios critérios e preferencialmente destacada da própria vida em termos finalísticos, desaparece o critério estético e de qualidade na transitoriedade e mercantilização da obra artística.[5]

Portanto, nesta parcela da investigação, remanesce imperativo construir historicamente uma aproximação ao conceito de cultura antes de considerar sua dimensão jurídica. Por conseguinte, compete fazê-lo em dois planos: o civilizatório ocidental e o brasileiro.

A cultura revela-se signo altamente conflitivo e dotado de múltiplas significâncias na pragmática das relações humanas. Isso porque o projeto cultural como civilização universal ou narrativa grandiosa do autodesenvolvimento humano não se comprovou nos fatos. De todo modo, a palavra ganha novas significações a partir de dinâmica dialética entre fato e valor. Nessa linha, pode apresentar-se como crítica imanente e utópica ao estado da arte societal, forma de vida de grupos sociais ou na qualidade de aprendizagem e artes. Revela-se, porém, mais abrangente a primeira condição, de maneira a não reduzir a dimensão cultural à estética ou a um tipo específico de sociedade.

Um *topos* de raciocínio consiste na apropriação do iluminismo à cultura ocidental por intermédio da tríada dos valores da igualdade, liberdade e fraternidade. Com o advento da Revolução de 1789, a fraternidade é recolocada como elemento conectivo entre a liberdade e a igualdade, distinguindo-se destes por sua peculiar fundação relacional em favor de um projeto moderno de sociedade.

---

3 OLIVEIRA, Regis Fernandes. *Direito e Arte*. São Paulo: Malheiros, 2017. p. 133.

4 NIETZSCHE, Friedrich. *Crepúsculo dos Ídolos*: ou como se filosofa com o martelo. Trad. Renato Zwick. Porto Alegre: L&PM, 2009. p. 95.

5 BAUMAN, Zygmunt. *A Cultura na Modernidade Líquida*. Trad. Carlos Alberto Medeiros. São Paulo: Zahar, 2013, cap. 6.

Pouco tempo depois do referido movimento, a categoria fraternal do tripé republicano recai em desuso, ao contrário das expressões do binômio entre liberdade e igualdade, passíveis de expressão como princípios constitucionais e diretrizes de movimentos políticos, progressivamente antagônico a partir de sistemas de produção e governo, ou mesmo visões de sociedade, tal como a Guerra Fria exemplificou.[6]

Na verdade, já se trata de elemento aparentemente paradoxal a recepção e operabilidade de uma categoria originariamente religiosa por racionalistas iluministas, cujos principais obstáculos para a construção de uma nova ordem jurídica burguesa eram justamente a aristocracia nobiliárquica (*Ancien Régime*) e a Igreja Católica.[7] Contudo, tornou-se necessário o recurso à universalidade na forma de igualdade e liberdade, de maneira a unir o Terceiro Estado, notadamente o descontentamento da burguesia dotada de riqueza e as revoltas das camadas populares urbanas e rurais, sendo que coube à primeira a liderança do desmonte da ordem feudal.

Em contraposição à Revolução Inglesa, na qual a nobreza possuía privilégios nababescos desde a Magna Carta e interesses em comum com a burguesia, particularmente a partir da expansão marítima e colonial, o que permitiu a transição de ordens com viés conservador, o quadro francês demandou certa radicalidade democrática, traduzível na igualdade de direitos entre todos os homens livres, com indisfarçável apelo fraternal.

No entanto, após consolidada a nova ordem jurídica e com esteio nos fundamentos filosóficos da burguesia revolucionária, os princípios da igualdade e da liberdade foram funcionalizados em prol da propriedade – por sua vez, pedra angular do sistema como direito imprescritível e natural –, propriedade essa que possuía como caracteres a exclusividade, ao dividir a sociedade em classes

---

6 BAGGIO, Antonio Maria. The Forgotten Principle: Fraternity in Its Public Dimension. *Claritas – Journal of Dialogue and Culture*, West Lafayette, EUA, v. 2, n. 2, p. 35-58, 2013, p. 36.

7 "Uma lei de 14 de maio de 1790 veio a regular a venda dos bens da Igreja (...) Dessas medidas resultou a destruição da base económica do poder da Igreja (cujos bens – cerca de 10% das terras do país – foram integralmente expropriados para além da perda do dízimo) e a liquidação do Clero como ordem (ou classe), até porque muitos dos seus membros foram mortos, alguns emigraram e outros ainda abdicaram" (NUNES, António José Avelãs. *A Revolução Francesa*: as origens do capitalismo: a nova ordem jurídica burguesa. Belo Horizonte: Fórum, 2017. p. 121).

(proprietários e não proprietários), e a separação entre os meios de produção e os trabalhadores não proprietários.

Nesse sentido, a cultura relaciona-se à civilização, em que esta significa não só um estado de desenvolvimento em si mesmo, mas também um estado de permanente evolução interna entre fato e valor em *perpetuum mobile*. Assim, a burguesia emprega na cultura artística a capacidade de diferenciação e domesticação do restante do Terceiro Estado, uma vez que aquela tem sua eficácia na definição, segregação e manifestação de pertencimento dos estamentos, sendo a alta arte referente à produção chancelada pelas elites culturais. Logo, o elemento civilizatório da cultura revira o conceito em sentido social conservador, desde um estimulante revolucionário até um tranquilizante estabilizador das expectativas sociais.

> Segundo o conceito original, a "cultura" seria um agente da mudança do *status quo*, e não de sua preservação; ou, mais precisamente, um instrumento de navegação para orientar a evolução social rumo a uma condição humana universal. O propósito inicial do conceito de "cultura" não era servir como registro de descrições, inventários e codificações da situação corrente, mas apontar um objetivo e uma direção para futuros esforços. O nome "cultura" foi atribuído a uma missão proselitista, planejada e empreendida sob a forma de tentativas de educar as massas e refinar seus costumes, e assim melhorar a sociedade e aproximar "o povo", ou seja, os que estão na "base da sociedade", daqueles que estão no topo. A "cultura" era associada a um "feixe de luz" capaz de "ultrapassar os telhados" das residências rurais e urbanas para atingir os recessos sombrios do preconceito e da superstição que, como tantos vampiros (acreditava-se), não sobreviveriam quando expostos à luz do dia.[8]

Em suma, buscava-se com a cultura e a educação burguesa transformar a patuleia em corpo cívico no âmbito de uma nova ordem das classes. Contudo, com esteio nos idealistas alemães e catapultada pelo imperialismo europeu, a ideia de cultura passa a agregar o significado de modo de vida com características específicas, inclusive dos "selvagens", contraditório, portanto, ao universalismo iluminista. Logo, tem-se o "primitivo" como crítica

[8] BAUMAN, Zygmunt. *A Cultura na Modernidade Líquida*. Trad. Carlos Alberto Medeiros. São Paulo: Zahar, 2013.

à modernidade ocidental, pois a dimensão cultural pluraliza-se no tempo e no espaço em diversos arranjos econômicos, sociais e jurídicos. Nessa nova movimentação, as identidades começam a se multiplicar a partir do pluralismo, levando, ao fim e ao cabo, à hibridização a um modo de relativismo cultural. Por fim, em uma visão mais restritiva e atual na pós-modernidade, a ideia de cultura intensifica-se e restringe-se ao coincidir com a atividade intelectual em geral relacionada ao domínio das artes.

Em uma economia de mercado e sua cultura global, "[i]mporta ainda relembrar que nenhuma cultura humana é mais heterogénea do que o capitalismo", assim "[s]e a primeira variante importante na palavra 'cultura' é a crítica anticapitalista, e a segunda uma redução, a par de uma pluralização, da noção a uma forma de vida integral, a terceira é a sua redução gradual ao domínio das artes".[9]

Por outro lado, na espacialidade brasileira, a ideia de cultura deita suas raízes no processo de mundialização da civilização europeia a partir do século XVI. No particular, o projeto imperialista português integrava o Estado simbolizado na monarquia e a classe mercantil lisboeta, exportando às colônias referenciais peculiares de fé e conhecimento científico. Isso importa por terem sido os portugueses o único povo dominante no processo formativo do Brasil; assim, a matriz cultural permaneceu intocada em processo permanente de retroalimentação, cujos valores foram incorporados ao capital simbólico brasileiro.

Durante os três séculos coloniais, o espaço de elite cultural foi ocupado por Estado e Igreja, ante os óbices criados à existência de uma classe mercantil própria. Por isso e em decorrência do processo de modernização dependente, a noção de cultura brasileira consistia na mimetização dos padrões de comportamento metropolitano. Assim, a diferença entre elite e povo pensada no iluminismo esteve presente também na sociedade brasileira.

O resultado disso ainda se faz notar no "paradoxo brasileiro" formulado por Eduardo Giannetti, no qual a autoimagem dos brasileiros individualmente é bastante virtuosa, ao passo que, coletivamente,

---

9 EAGLETON, Terry. *A Ideia de Cultura*. Trad. Sofia Rodrigues. Lisboa: Temas e Debates, 2003. p. 28-29.

na qualidade de povo, a visão é eminentemente negativa, reforçando a incapacidade de lidar e resolver os problemas nacionais, exemplificativamente: "É como a má distribuição de renda, a impunidade e a deterioração do ensino básico hoje em dia: unanimidades nacionais (...) Mas a realidade – singelo detalhe – segue seu curso em contrafluxo de tudo isso".[10]

Conclui-se, portanto, que a ideia de cultura restrita à geografia brasileira e aos trinta anos de vigência da atual ordem constitucional pode ser interpretada como projeto civilizacional, modos específicos de vida e resultante do domínio das artes. Por evidente, isso influencia o conteúdo do direito à cultura e da cultura e, por consequência, a conformação e desenho das políticas públicas na área cultural.

A despeito do expediente de busca pelo consenso sobre um conceito de cultura (e todas suas implicações práticas) ser uma aporia por excelência, a intelecção de seu desenvolvimento na historicidade imanente às civilizações ocidentais e, mais especificamente, ao Brasil colônia e soberano é inexorável, tendo em vista a função política dessa ideia.

> Nesta recusa do compromisso, a cultura surge como uma noção politicamente neutra. Todavia, é precisamente neste compromisso formal com a multiplicidade que ela é mais ostensivamente partidária. Para a cultura, é indiferente o fim que as faculdades humanas devem prosseguir e, desta forma, parece genuinamente desinteressada ao nível do conteúdo. Limita-se a insistir na necessidade de desenvolvimento harmonioso de tais faculdades, cada uma judiciosamente contrabalançando as outras, insinuando, assim, uma política ao nível da forma. Pedem-nos assim que acreditemos que a unidade é, por natureza, preferível ao conflito, a simetria à unilateralidade. Também nos é pedido que acreditemos, ainda mais implausivelmente, que esta não é, em si, uma posição política. Pela mesma ordem de ideias, e uma vez que estes poderes serão concretizados apenas para os seus próprios fins, a cultura dificilmente poderá ser acusada de instrumentalidade política. Na realidade, porém, há uma política implícita precisamente nesta não instrumentalidade – seja a política patrícia dos que têm a oportunidade e a liberdade de afastar desdenhosamente a utilidade, ou seja a política utópica dos que desejam uma sociedade para além do valor de mercado.

---

10 FONSECA, Eduardo Giannetti da. *Vícios Privados, Benefícios Públicos? A ética na riqueza das nações*. São Paulo: Companhia das Letras, 1993. p. 14.

> Não é, de facto, exactamente a cultura, mas uma selecção específica de valores culturais que aqui está em causa. Ser civilizado ou cultivado é ter sido abençoado com sentimentos refinados, paixões bem temperadas, maneiras agradáveis e um espírito aberto. É comportar-se com razoabilidade e moderação, com uma sensibilidade inata aos interesses alheios, praticar a autodisciplina e estar preparado para sacrificar os seus próprios interesses egoístas em prol do bem comum. Por melhores que sejam estas determinações, certamente não são politicamente inocentes.[11]

Por outro lado, é importante notar que a constatação do engajamento político da formação da ideia de cultura não acarreta em uma irreversibilidade ou um determinismo histórico acerca do desenvolvimento cultural da nação brasileira. Portanto, com base nessa conflitualidade disposta em perspectiva histórica, torna-se conveniente partir desse ideário para precisar o conteúdo e o regime dos direitos culturais nas ordens constitucional e internacional. Afinal, versa-se sobre um conceito em disputa pelos diversos estratos sociais.

3 Conteúdo e regime dos direitos culturais

A teoria da Constituição pode ser interpretável como uma ciência da cultura, utilizando, por exemplo, a arte como elemento central traduzível em fator de integração e estabilidade da comunidade política. Assim, a constituição pluralista é um conceito de cultura cujas funções são tanto conformar uma crítica ao Estado constitucional em termos democráticos quanto representar uma fonte de legitimação do poder, tudo em prol do desenvolvimento de uma sociedade aberta.[12]

Contudo, embora haja uma relação umbilical entre o texto literário e o jurídico, ao jurista não compete exercer a liberdade do poeta. Segundo Peter Häberle, o artista pode se comportar de forma anárquica, pois quase tudo lhe é permitido, até as fronteiras da ordem, com sua vivência relativamente solitária. Comparativamente,

---

[11] EAGLETON, Terry. *A Ideia de Cultura*. Trad. Sofia Rodrigues. Lisboa: Temas e Debates, 2003. p. 30-31.

[12] HÄBERLE, Peter. *Teoría de la Constitución como ciência de la cultura*. Trad. Emilio Mikunda. Madri: Tecnos, 2000.

o jurista é um mediador entre cidadãos, imbuído de preocupações com o homem comum e respectiva dignidade, de forma que faz a democracia como modo de organização da coletividade, e o direito, como estrutura de convivência.[13]

De todo modo, a vida cultural abrange não só as artes (belas ou não) e a literatura, mas todos os modos de vida, com seus significados, valores e manifestações. Nesse exato contexto, mostra-se pertinente perquirir juridicamente os direitos culturais, na qualidade de condições de possibilidade da liberdade da criação artística, da igualdade dos meios de produção e distribuição da arte e da fraternidade como elo humanista de tolerância no âmbito do multiculturalismo. Na forma de direitos humanos autônomos, são universais, indivisíveis e interdependentes.

Decerto, os direitos culturais em acepção eminentemente democrática são definíveis pelas políticas públicas e normas que as definem e regulam, sendo características intrínsecas à cidadania, de titularidade de todos, indivíduos e grupos sociais como sujeitos culturais. Movem-se entre os polos de identidade e reconhecimento, representando garantias da dignidade humana e do desenvolvimento das potencialidades do homem.[14]

Por conseguinte, é impraticável, ou pelo menos improdutivo, um esforço de categorização dos direitos culturais, de forma larga o suficiente para abranger artes, memória coletiva e fluxo de saberes, fazeres e viveres. Com esteio em diversos instrumentos jurídicos do direito internacional dos direitos humanos, Bernardo Novais Machado enumera, ao menos, quatro categorias consistentes no direito à diversidade e identidade cultural, à participação na vida cultural, autoral e ao intercâmbio cultural, sendo que o componente participativo é entendido pelos corolários de criação, livre acesso, difusão e voz nas decisões de política cultural.[15]

---

[13] HÄBERLE, Peter; BOFILL, Hèctor López. *Poesía y Derecho Constitucional*: una conversación. Lima: Centro de Estudios Constitucionales del Tribunal Constitucional del Perú, 2015.

[14] OLIVEIRA, Danilo Júnior de. *Direitos Culturais e Políticas Públicas*: os marcos normativos do sistema nacional de cultura. 162 f. Tese (Doutorado em Direito) – Universidade de São Paulo, Faculdade de Direito, 2014, p. 44-46.

[15] MACHADO, Bernardo Novais. Os Direitos Culturais na Constituição Brasileira: uma análise conceitual e política. *In*: CALABRE, Lia. *Políticas Culturais*: teoria e práxis. São Paulo: Itaú Cultural; Rio de Janeiro: Fundação Casa de Rui Barbosa, 2011. p. 106.

Em relação ao processo de confecção e promulgação da Constituição da República de 1988, os dois anos de funcionamento da Assembleia Nacional Constituinte de 1987/1988 representaram experimento sociopolítico ímpar na historicidade brasileira, caracterizado pela abertura às instâncias sociais, a publicidade mediante o acompanhamento midiático e social, à luz da riqueza de argumentos, matizes ideológicas e movimentos sociais civicamente engajados em seara constituinte.[16]

De fato, tratou-se de expressão de uma crise de hegemonia localizada historicamente na redemocratização, pois o bloco de apoio político da ditadura militar desagregou-se a ponto de não controlar a transição para a democracia, conquanto não houve alternativa viável dirigente da transição democrática. Por conseguinte, a Constituinte foi um processo descentralizado e policêntrico, no qual as diversas forças políticas buscaram a posição hegemônica sem êxito. Assim, "o processo constituinte fez com que todas as forças políticas passassem a recorrer ao direito para conquistar e preservar espaços na luta por direitos e por fundos públicos".[17]

Conclui-se, portanto, que foram justamente as contradições do Texto Constitucional que permitiram ao pacto fundamental sua legitimidade e vitalidade, porquanto diferentes grupos e movimentos buscam a fundamentação de suas ações e objetivos em conformidade com a ordem constitucional. Na vida cultural e sua constitucionalização, não seria diferente, porque os direitos humanos de natureza cultural positivados no plano internacional são considerados na feitura de textos constitucionais, tornando-se direitos fundamentais culturais.

No Estado constitucional, a preponderância do texto constitucional perante o restante do ordenamento jurídico, o que se pode chamar de supremacia da Constituição (*paramount law*), reconfigura a vinculação do poder público à juridicidade autodeterminada pela soberania popular. Com efeito, compreende-se que as normas constitucionais possuem aplicabilidade imediata e força cogente. Esse

---

16 PINTO, Marcos Barbosa. *Constituição e Democracia*. Rio de Janeiro: Renovar, 2009. p. 79-85.

17 NOBRE, Marcos. Indeterminação e estabilidade. *Novos Estudos*, São Paulo, n. 82, p. 97-106, nov. 2008, p. 101.

quadro, por si só, altera a natureza do Estado de Direito ao colocá-lo como "Estado de Direitos", em que os direitos fundamentais ocupam posição central no sistema jurídico.[18]

Nesses termos, nota-se a fundamentalidade das normas de direitos fundamentais no ordenamento jurídico nas perspectivas formal e substancial. Pelo lado formal, tem-se que "a *fundamentalidade formal* das normas de direitos fundamentais decorre da sua posição no ápice da estrutura escalonada do ordenamento jurídico, como direitos que vinculam diretamente o legislador, o Poder Executivo e o Judiciário".[19] Sob a ótica substancial, a fundamentalidade se explica a partir da atuação dos direitos fundamentais como instrumentos para tomadas de decisão sobre a estrutura normativa básica do Estado e da sociedade.[20]

Portanto, esse conjunto de transformações no modelo de organização política estatal se identifica com um processo de "constitucionalização do direito", cuja resultante seria uma ordem jurídica completamente "impregnada" pelas normas constitucionais. Demais, nota-se uma Constituição extremamente invasora, intrometida e condicionante da legislação, jurisprudência, doutrina, ação dos atores políticos e relações sociais. Vale ressaltar, ainda, que a constitucionalização é processo gradativo no tempo e no espaço, porquanto não existe uma resposta binária para o estado da constitucionalização de uma ordem jurídica.[21]

Em síntese, "[a] idéia de constitucionalização do Direito [...] está associada a um efeito expansivo das normas constitucionais, cujo conteúdo material e axiológico se irradia, com força normativa, por todo o sistema jurídico".[22]

---

[18] BONAVIDES, Paulo. *Curso de Direito Constitucional.* 20 ed. São Paulo: Malheiros, 2007. p. 584-592.

[19] ALEXY, Robert. *Teoria dos Direitos Fundamentais.* Trad. Virgílio Afonso da Silva. São Paulo: Malheiros, 2008. p. 520, grifos no original.

[20] ALEXY, Robert. *Teoria dos Direitos Fundamentais.* Trad. Virgílio Afonso da Silva. São Paulo: Malheiros, 2008. p. 522.

[21] GUASTINI, Riccardo. La constitucionalización del ordenamiento jurídico: El caso italiano. Trad. José Maria Lujambio. *In*: CARBONELL, Miguel (Org.). *Neoconstitucionalismo(s).* 3. ed. Madrid: Editorial Trotta, 2009. p. 75-98.

[22] BARROSO, Luís Roberto. Neoconstitucionalismo e a constitucionalização do direito (O triunfo tardio do direito constitucional no Brasil). *In*: SOUZA NETO, Cláudio Pereira de; SARMENTO, Daniel. *A constitucionalização do direito*: fundamentos teóricos e aplicações específicas. Rio de Janeiro: Lumen Juris, 2007. p. 217.

Nesse sentido, o processo de constitucionalização do direito envolve dois movimentos fenomênicos distintos. Por um lado, questões antes delegadas ao Poder legiferante passam a ser tratadas pelo Poder Constituinte, o que retira uma série de decisões do alcance das maiorias legislativas momentâneas. De outro, há uma "filtragem constitucional"[23] oportunizada pela conformação do ordenamento jurídico à normatividade constitucional, o que gera uma releitura do direito posto.[24] Busca-se, afinal, a realização empírica dos comandos normativos da CR/88.

No campo objetivo desta investigação, a ideia de cultura como objeto tutelado em nível constitucional possui caráter estrutural e estruturante da Constituição da República, pois, em todos os títulos do marco normativo, há a preocupação da comunidade política e do Estado com os direitos culturais. Na verdade, o substantivo cultura e o adjetivo cultural são encontrados no Texto Constitucional de maneira estrita e larga, a depender da ocasião e do fundamento do Constituinte, ou seja, tanto como atividades intelectuais e artísticas, nos termos do art. 216, I, da CRFB/88, quanto modos de vida dos grupos formadores da sociedade brasileira, em consonância ao inciso subsequente do artigo em questão.[25]

> A Constituição Brasileira de 1988 refere-se à cultura nos arts. 5º, IX, XXVII, XXVIII e LXXIII, e 220, §§2º e 3º, como manifestação de direito individual e de liberdade e direitos autorais; nos arts. 23, 24 e 30, como regras de distribuição de competência e como objeto de proteção pela ação popular; nos arts. 215 e 216, como objeto do Direito e patrimônio brasileiro; no art. 219, como incentivo ao mercado interno, de modo a viabilizar o desenvolvimento cultural; no art. 221, como princípio a serem atendidos na produção e programação das emissoras de rádio e televisão; no art. 227, como um direito da criança e do adolescente; e no art. 231, quando reconhece aos índios sua organização social, costumes, língua, crenças e tradições e quando fala em terras tradicionalmente

---

[23] Cf. SCHIER, Paulo Ricardo. *Filtragem Constitucional*: construindo uma nova dogmática jurídica. Porto Alegre: Sérgio Antônio Fabris, 1999.

[24] SARMENTO, Daniel. Ubiqüidade constitucional: os dois lados da moeda. *In*: SARMENTO, Daniel; SOUZA NETO, Cláudio Pereira de (Coords.). *A constitucionalização do direito*: fundamentos teóricos e aplicações específicas. Rio de Janeiro: Lumen Juris, 2007. p. 116-122.

[25] OLIVEIRA, Danilo Júnior de. *Direitos Culturais e Políticas Públicas*: os marcos normativos do sistema nacional de cultura. 162 f. Tese (Doutorado em Direito) – Universidade de São Paulo, Faculdade de Direito, 2014, p. 59.

> ocupadas por eles necessárias à reprodução física e cultural, segundo seus usos, costumes e tradições.[26]

Sendo assim, a normatividade cultural nacional ostenta como princípios culturais os vetores do pluralismo, participação popular, atuação estatal como infraestrutura, respeito à memória coletiva e universalidade do usufruto indiscriminado dos direitos pelos sujeitos culturais.

De maneira sistematizada, José Afonso da Silva sustenta a seguinte arquitetura constitucional aos direito culturais: a liberdade de expressão da atividade intelectual, artística e científica; o direito de criação cultural; o direito de acesso às fontes de cultura nacional; direito de difusão das manifestações culturais; direito de proteção às manifestações das culturas populares; e formação do patrimônio cultural brasileiro.[27]

Nesse contexto, há uma dupla dimensão dos direitos culturais consistente em direito objetivo traduzível em um emaranhado de normas cujo conteúdo é a obrigação do Estado em garantir o exercício dos direitos subjetivos pela sociedade em geral, conquanto também se traduz em direito subjetivo posto como a faculdade subjetiva de ação baseada no direito à cultura.

Por decorrência da natureza jurídica de direitos fundamentais, reclama-se tutela objetiva e subjetiva. Na dogmática hodierna dos direitos fundamentais, a dimensão subjetiva tem seu conteúdo normativo referente ao direito de seu titular resistir à intervenção estatal em sua esfera individual, ao passo que, no âmbito objetivo, versa-se sobre normas de competência negativa ao Estado, critério de interpretação e configuração do direito infraconstitucional, limitação aos direitos fundamentais em caso de conflitos e, no dever estatal, de tutela dos direitos fundamentais.[28]

Justamente na última acepção da dimensão objetiva entram em discussão as garantias institucionais em sentido schmittiano e

---

[26] SILVA, José Afonso da. *Ordenação Constitucional da Cultura*. São Paulo: Malheiros, 2001. p. 42.

[27] SILVA, José Afonso da. *Ordenação Constitucional da Cultura*. São Paulo: Malheiros, 2001. p. 51-52.

[28] DIMOULIS, Dimitri; MARTINS, Leonardo. *Teoria Geral dos Direitos Fundamentais*. 5 ed. São Paulo: Atlas, 2014. p. 116-120.

respectivo custeio, porquanto a efetividade dos direitos fundamentais perpassa necessariamente pela atividade financeira do Estado com aptidão a gerir o aparato estatal correspondente ao dever fundamental de titularidade pública. Nessa linha, os direitos culturais dependem diretamente da previsibilidade e execução de determinada dotação orçamentária para a realização das políticas públicas promotoras da cultura.

A fruição (ou eficácia) dos direitos fundamentais econômicos, sociais e culturais representa um problema próprio na reflexão jurídica, a começar pelo dever de prestação positiva por parte do Estado como *conditio sine qua non* de existência fática do direito subjetivo. A propósito, Alessandra Gotti constrói o regime jurídico peculiar dos direitos sociais baseando-se nos seguintes pilares: o princípio da observância do núcleo essencial dos direitos sociais; o critério hermenêutico *in dubio pro justitia socialis*, segundo o qual, em caso de dúvida interpretativa, deve prevalecer a mais favorável à igualdade social; e os princípios da utilização do máximo dos recursos disponíveis, da implementação progressiva e da proibição do retrocesso social normativo ou de resultados.[29] Decerto, o último eixo possui implicações diretas na formulação e execução do orçamento público.

Em um Estado Democrático e Republicano de Direito, o exercício da cultura e seu conteúdo depende, em última instância, do povo na ambiência de uma sociedade livre e igual. Contudo, a produção cultural deve ser garantida pelo poder público com esteio no pluralismo e diversidade cultural. Por isso, passa-se ao estudo do direito financeiro da arte.

4 Financiamento das políticas culturais no Brasil

De saída, para se indagar sobre as políticas culturais e seus financiamentos, deve-se previamente ter em mente a relação entre Estado e cultura em determinado contexto no tempo-espaço, tal como se faz em interpretação a uma obra de arte, de maneira a aferir

---

[29] GOTTI, Alessandra. *Direitos Sociais*: fundamentos, regime jurídico, implementação e aferição de resultados. São Paulo: Saraiva, 2012. p. 72 e ss.

a institucionalização e capilaridade da vida cultural e a função do ente estatal na esfera pública no que diz respeito à concretização dos direitos culturais, tirante da análise qualquer movimento clientelista e conservador observável e corriqueiro em períodos totalitários na República brasileira.

Caso se adote uma premissa de Estado mínimo, que, na cultura, corresponde a um incentivador, sem papel de destruição ou controle em ilegítima intervenção, tem-se que "[p]olítica pública está, aqui, no sentido de que o Estado, não só se abstenha de controlar qualquer manifestação cultural (atribuição negativa), como também de incentivar, em todos os sentidos, a realização de atos que signifiquem cultura".[30]

Por outro lado, a concepção de um "Estado de cultura", no qual o comportamento estatal seja prestacional, planejado e sistemático às mais diversas manifestações culturais, exige outras garantias financeiras e estruturais. Assim, é abstencionista no que tange às liberdades, porém altivo na persecução de possibilidades equânimes de criação e difusão de criações artísticas. "O Estado é parte componente importante da vida cultural, por ativá-la e contribuir, com as políticas culturais, para mantê-la, assegurando uma série de direitos culturais".[31]

É evidente que o Estado possui competências e deveres positivados na Constituição da República; portanto, a relação entre poder público e cultura já foi, em alguma medida, predefinida em momento constituinte. No entanto, essa dicotomia de concepções de atuação estatal na vida cultural é relevante para se aferir a ação governamental ordinária e própria da vida democrática, encontrando-se relevantes alterações nas configurações das políticas culturais a cada mandato presidencial e gestão na pasta do Ministério da Cultura.[32]

A esse respeito, entra em cena a problemática das receitas e gastos públicos com cultura, enfocando-se neste estudo a dinâmica

---

[30] OLIVEIRA, Regis Fernandes. Direito Financeiro e Arte. *Cadernos Jurídicos*, São Paulo, a. 17, n. 45, p. 127-155, out./dez. 2016, p. 140.

[31] VARELLA, Guilherme. *Plano Nacional de Cultura*: direitos e políticas culturais no Brasil. Rio de Janeiro: Azougue, 2014. p. 177.

[32] SALLES, Maria Beatriz Corrêa. *A Lei da Cultura e a Cultura da Lei*. 112 f. Dissertação (Mestrado em Direito) – Universidade de São Paulo, Faculdade de Direito, São Paulo, 2014, p. 55 e ss.

das despesas, a despeito da relevância das perquirições sobre as receitas patrimoniais, *v.g.* venda de obras integradas ao patrimônio público e ingressos decorrentes da exploração de museus, teatros e casas culturais,[33] e derivadas, como, por exemplo, a tributação do comércio internacional de peças artísticas ou taxas de poder de polícia incidentes sobre a vida cultural.

> Ou seja, é através do Orçamento que serão estabelecidas as prioridades nos gastos públicos e que será possível determinar o quanto de recursos será alocado para a implementação dos direitos sociais. A partir da quantificação dos recursos financeiros para a implementação dos direitos é que se poderá constatar o nível de prioridade que a efetivação daquele direito possui uma dada sociedade, em certo período. De nada adianta falarmos de direitos se não olharmos quanto de recursos financeiros o Estado estabeleceu para a realização daqueles direitos. A singela proclamação de direitos custosos serve de muito pouco, caso não sejam atribuídos os recursos necessários para sua implementação.[34]

Sendo assim, os gastos públicos eleitos na priorização podem ser diretos e indiretos, a depender da posição da Administração Pública, pois, no primeiro, destina-se o produto da arrecadação tributária às previsões orçamentárias aprovadas pelo legislador, ao passo que, no último, operam-se renúncias fiscais, excepcionando-se a imposição tributária e reduzindo a arrecadação para atender outros objetivos econômicos e sociais.[35] Neste caso, grande parte do poder de decisão sobre a política cultural encontra-se com os particulares, em regime de mecenato, limitando-se o Estado a induzir comportamentos econômicos pelo desenho dos incentivos.

Os gastos públicos levam a dois debates em relação aos direitos sociais, mas também aos culturais: quem arca com as despesas realizadas e quem estabelece as prioridades na realização

---

33 Cf. OLIVEIRA, Regis Fernandes. *Direito e Arte*. São Paulo: Malheiros, 2017. p. 128-131.

34 SCAFF, Fernando Facury. A Efetivação dos Direitos Sociais no Brasil: garantias constitucionais de financiamento e judicialização. *In*: SCAFF, Fernando Facury; ROMBOLI, Roberto; MIGUEL, Revenga (Coord.). *A eficácia dos direitos sociais*. São Paulo: Quartier Latin, 2010. p. 26.

35 SOUZA, Mateus Maia de; ALEM, Nichollas de Miranda. Direito à Cultura e Políticas Públicas no Brasil: uma análise dos gastos diretos e indiretos com o setor audiovisual durante a Nova República. *Revista de Estudos Empíricos em Direito*, v. 3, n. 2, p. 93-112, jul. 2016, p. 96.

desses gastos. O custo do direito à cultura é absorvido pela sociedade; assim, o tema do modelo de Estado na cultura resume-se na máxima segundo a qual: "Se a sociedade demanda a presença maior do Estado, deve arcar com maior cobrança de tributos – e se esta cobrança for efetuada de modo mais equânime, muito melhor".[36]

Por outro lado, as prioridades alocativas em um ambiente democrático são prerrogativas do Poder Legislativo devidamente constituído por eleições livres. Nesse diapasão, trata-se de um paradigma jurídico do legislador orçamentário no direito constitucional financeiro, em seção próxima mais bem tratado.

No entanto, a discricionariedade do legislador ordinário não é ilimitada, conforme se verifica a partir das imunidades tributárias que visam estimular a liberdade de expressão e a criação artística. A exoneração constitucional cultural abrange livros, jornais, periódicos e o papel destinado à sua impressão, porque o objeto de tutela são veículos de pensamento, educação ou cultura, afastando-se a capacidade do Estado em inibir a produção material e intelectual desses bens culturais.[37] Ademais, por ser imunidade objetiva, é irrelevante a qualificação subjetiva das pessoas que operam com esses bens, assim como foge ao controle jurisdicional juízo de qualidade do conteúdo, à luz da ausência de parâmetros constitucionais para tanto.[38]

Mesmo racional foi adotado pela EC nº 75/2013 ao introduzir a alínea "e" ao inciso VI do art. 150 do Texto Constitucional, configurando a denominada imunidade musical, que restringiu as competências tributárias das pessoas políticas ao exonerar de tributos as produções, fonogramas e videogramas musicais no Brasil e/ou interpretados ou de autoria de brasileiros, bem como os suportes materiais ou arquivos digitais que os contenham, exceto na etapa de replicação industrial de mídias ópticas de leitura a laser. No escólio de Paulo de Barros

---

[36] SCAFF, Fernando Facury. A Efetivação dos Direitos Sociais no Brasil: garantias constitucionais de financiamento e judicialização. *In*: SCAFF, Fernando Facury; ROMBOLI, Roberto; MIGUEL, Revenga (Coord.). *A Eficácia dos Direitos Sociais*. São Paulo: Quartier Latin, 2010. p. 26.

[37] BRASIL. Supremo Tribunal Federal. *Recurso Extraordinário 174.476*, Rel. Min. Maurício Corrêa, Red. p/ Ac. Min. Marco Aurélio, j. 16.09.1996, Publ. em DJ 12.12.1997.

[38] BRASIL. Supremo Tribunal Federal. *Recurso Extraordinário 221.239*, Rel. Min. Ellen Gracie, j. 25.05.2004, Publ. em DJ 06.08.2004.

Carvalho, "[p]ercebe-se aqui, com clareza, a influência dos valores de proteção do patrimônio cultural brasileiro e do incentivo à produção artística, estampado no art. 215 da Lei Maior".[39]

Nesse aspecto, ferem-se os limites implícitos e explícitos à liberdade de conformação por parte do Poder legiferante no tocante à atividade financeira do Estado, ao traçar espaço de competência negativa às escolhas públicas acerca do financiamento das políticas públicas de matriz cultural.

5 A liberdade do legislador orçamentário e seus limites

Uma teoria da constituição financeira que reconheça a substancialidade do direito financeiro como instrumento promotor de direitos fundamentais relaciona-se diretamente com a organização da estrutura de poder e respectivo regime jurídico; contudo, com o setor político-federativo da ordem constitucional não se confunde. Assim, as decisões financeiras da atuação do Estado têm suas raízes na realidade e na política. Nesses termos, o espaço de liberdade do legislador na constituição financeira é ditado pela legalidade orçamentária, à luz do princípio da separação dos poderes. De fato, "[a]s decisões políticas de direito financeiro legitimam-se pela concretização de escolhas públicas coerentes com preferências democráticas, mas também por realizar o dirigismo constitucional decorrente da efetivação de princípio fundamental".[40]

> É por meio da política que a justiça das escolhas públicas integra-se às normas de finanças públicas pela eficiência e alocação de prioridades, segundo as necessidades coletivas (...) Entre as competências da Constituição Financeira, portanto, estão, primordialmente, as seguintes: (i) competências para exigir tributos e outros meios de financiamento do Estado; (ii) competências para atingir objetivos, fins e valores constitucionais; (iii) competências para efetivar direitos e liberdades fundamentais; e (iv) competências para promover o dirigismo constitucional do Estado Social, mediante redução de desigualdades,

---

39 CARVALHO, Paulo de Barros. *Curso de Direito Tributário.* 26 ed. São Paulo: Saraiva, 2014.

40 TORRES, Heleno Taveira. *Teoria da Constituição Financeira.* São Paulo: Revista dos Tribunais, 2014. p. 136.

> eliminação de pobreza, promoção do desenvolvimento, medidas de inclusão de minorias ou de cidadania, que visam a concretizar direitos sociais, culturais ou assistenciais. Em todas as modalidades, excetuados os limites constitucionais expressos, persiste o espaço da decisão política. O Poder Financeiro do Estado é poder constituído, e para efetivas as atribuições constitucionais de competência, na sua totalidade, é que se deve identificar a observância dos princípios, fins e valores constitucionais a serem atingidos pelo Estado na concretização da Constituição. Ora, somente mediante a política, a guiar seu rumo, o Estado Democrático de Direito cumprirá esta missão, segundo as preferências declaradas válidas legitimamente nas urnas.[41]

Exatamente nesse espaço, tem-se a figura do legislador orçamentário e sua plêiade de liberdades, cuja função para a democracia sobeja em muito uma questão de organização e método orçamentário, pois permite aos representantes eleitos dispor, durante seu mandato, de recursos financeiros para implementar o programa de governo em conformidade com a Constituição. Logo, as receitas públicas arrecadadas estarão à disposição dos governantes para que eles definam, por intermédio da lei orçamentária, quais são as prioridades na realização dos gastos públicos. Isso porque a busca por recursos públicos deve ocorrer na disputa legislativa travada na elaboração do orçamento público, de modo a impedir que verbas sejam perenizadas ou capturadas para além da periodicidade orçamentária.[42]

No campo desta investigação, o percurso do orçamento cultural era crescente até a recessão econômica brasileira iniciada em 2015, com predomínio de gastos indiretos decorrentes principalmente da Lei Rouanet, acompanhando o movimento expansivo da própria economia da cultura.[43]

De toda maneira, o financiamento dos direitos culturais não caminhou em separado de algum grau de institucionalização

---

[41] TORRES, Heleno Taveira. *Teoria da Constituição Financeira*. São Paulo: Revista dos Tribunais, 2014. p. 137.

[42] SCAFF, Fernando Facury. Liberdade do Legislador Orçamentário e Não-Afetação – captura *versus* garantia dos direitos sociais. *In*: GOMES, Marcus Lívio; ABRAHAM, Marcus; TORRES, Heleno Taveira (Coord.). *Direito Financeiro na Jurisprudência do Supremo Tribunal Federal*: homenagem ao Ministro Marco Aurélio. Curitiba: Juruá, 2016. p. 150.

[43] Cf. SOUZA, Mateus Maia de; ALEM, Nichollas de Miranda. Direito à Cultura e Políticas Públicas no Brasil: uma análise dos gastos diretos e indiretos com o setor audiovisual durante a Nova República. *Revista de Estudos Empíricos em Direito*, v. 3, n. 2, p. 93-112, jul. 2016.

das políticas públicas culturais, na medida em que houve novo chamamento à presença do Estado nos mercados próximos à cultura e às artes. Assim, são emblemáticas as Emendas Constitucionais nº 42/2003, 48/2005 e 71/2012, que geraram alterações importantes, notadamente a estruturação, institucionalização e implementação do Sistema Nacional de Cultura, o planejamento setorial a partir do Plano Nacional de Cultura, o Vale-Cultura, bem como os processos de aprovação de emendas constitucionais e reformas da Lei Rouanet e de direitos autorais.[44]

Porém, a própria escassez de recursos ocasionada pela queda na arrecadação tributária em conjunto aos condicionamentos financeiros do novo Regime Fiscal instituído pela Emenda Constitucional nº 95 indica uma inflexão nas políticas culturais levadas a efeito no Brasil. De certa maneira, é possível inferir que há e haverá um atraso na ampliação dos direitos culturais e nos investimentos públicos no domínio da cultura no horizonte financeiro atual.[45]

Com base nessa leitura macroestrutural, torna-se cabível ao jurista que se ocupa do orçamento público reflexionar sobre os limites à liberdade do legislador orçamentário. A despeito das tendências sempre expansivas dos gastos públicos ditadas pela Lei de Wagner, o sistema orçamentário verte-se em vasos comunicantes, nos quais "qualquer movimentação em uma rubrica de receita ou de despesa acarretará necessariamente um rearranjo no sistema orçamentário".[46]

Além das imunidades tributárias já passadas em revista, importam ao presente estudo, por pressupor situação conjectural de austeridade fiscal, os limites relacionados à vinculação de receitas de impostos e a progressividade dos direitos culturais.

Com previsão no art. 167, IV, da Constituição da República de 1988, o princípio da não afetação (ou não consignação, ou não

---

44 SALLES, Maria Beatriz Corrêa. *A Lei da Cultura e a Cultura da Lei*. 112 f. Dissertação (Mestrado em Direito) – Universidade de São Paulo, Faculdade de Direito, São Paulo, 2014, p. 65.

45 SCAFF, Fernando Facury. *Crônicas de Direito Financeiro*: tributação, guerra fiscal e políticas públicas. São Paulo: Conjur, 2016. p. 137-138.

46 SCAFF, Fernando Facury. *Orçamento Republicano e Liberdade Igual*: direito financeiro, república e direitos fundamentais. Tese (Titularidade em Direito Financeiro), Faculdade de Direito, Universidade de São Paulo, São Paulo, 2017. p. 389.

vinculação) de receitas advindas de impostos possui como conteúdo a vedação genérica de vinculação a órgão, fundo ou despesa, com a finalidade de resguardar justamente a liberdade do legislador orçamentário, de modo que haja recursos públicos suficientes para que o corpo governante eleito decida sobre as despesas públicas a serem realizadas no curso do mandato.

No entanto, o mesmo Poder Constituinte excepcionou essa norma-regra em decorrência da necessidade de garantir financeiramente a persecução de fins, valores e objetivos constitucionais. É o caso das transferências constitucionais aos entes federativos, que resguarda o pacto federativo ou as despesas obrigatórias com saúde e ensino.

No âmbito da cultura, desde a Emenda Constitucional nº 42/2003, que introduziu o §6º no art. 216 da parte dogmática do Texto Constitucional, reconheceu-se em momento constitucional a necessidade desse resguardo aos direitos culturais, no âmbito dos estados e do Distrito Federal. Isso porque é facultado a esses entes federativos vincular suas "receitas tributárias líquidas" a fundo estadual de fomento à cultura até cinco décimos por cento para o financiamento de programas e projetos culturais, desde que não aplicados os recursos em serviço da dívida, despesas com pessoal e encargos sociais e qualquer outra despesa corrente não vinculada diretamente aos investimentos ou ações apoiados no planejamento da Administração Pública. Em relação ao último, compreendido o zelo do Constituinte, a ressalva é prescindível, porque, na sistemática de fundos de natureza contábil, há um elo indissolúvel, por força legal, entre a receita vinculada e o fim almejado na instituição daqueles. Assim, as receitas destinadas aos fundos estaduais de fomento à cultura deverão ser revertidas em despesas correntes ou de capital com o setor da cultura.[47]

Trata-se de forma facultativa de garantia constitucional ao financiamento de área estratégica no desenvolvimento nacional, originária na ciência, tecnologia e inovação, nos termos do art. 218, §5º, da Constituição, *in verbis*: "[é] facultado aos Estados e ao Distrito Federal vincular parcela de sua receita orçamentária a

[47] CARVALHO, André Castro. *Vinculação de Receitas Públicas*. São Paulo: Quartier Latin, 2010. p. 251.

entidades públicas de fomento ao ensino e à pesquisa científica e tecnológica". Do mesmo modo, complementa em termos financeiros o mandamento constitucional de autonomia dos entes federados e organização de sistemas de cultura em leis próprias, em consonância ao art. 216-A, §1º, VIII, e §4º do Texto Constitucional. Nessa dinâmica, o sistema de financiamento à cultura ganha estatura de componente da estrutura do Sistema Nacional de Cultura, conforme o inciso VI do §2º do dispositivo em tela.

No entanto, receosos do maior engessamento no bojo do manejo do orçamento público, os governos estaduais não se animaram a utilizar essa faculdade constitucional. A exceção resta no Distrito Federal, em que há o Fundo de Apoio à Cultura do DF, criado em 1991, que, a partir de sua Lei Complementar nº 782/2008, vinculou 0,3% da receita corrente líquida do ente federado funcionalizado ao Programa de Apoio à Cultura distrital.

Ademais, é importante rememorar que a regra constitucional supracitada veda a vinculação de receitas decorrentes dos impostos, pois, por sua própria natureza e função no Estado fiscal, essa espécie tributária serve ao custeio dos serviços públicos gerais e relacionados às funções de Estado; logo, não deveria haver vinculação de sua arrecadação a previsões orçamentárias alheias e prévias à liberdade de conformação do legislador no orçamento.

Ante essa razão, foi possível a criação do Fundo Nacional de Cultura (FNC) no âmbito do Programa Nacional de Apoio à Cultura (Pronac) pela Lei Federal nº 8.313/1991, em conjunto aos Fundos de Investimento Cultural e Artístico (Ficart) e incentivos fiscais a projetos culturais como mecanismos financeiros de implementação do Pronac. De acordo com o art. 34 da Medida Provisória nº 2.228-1, a Contribuição para o Desenvolvimento da Indústria Cinematográfica Nacional (Condecine), tributo considerado contribuição de intervenção no domínio econômico, possui o produto de sua arrecadação direcionado ao FNC e alocado em categoria de programação específica denominada Fundo Setorial do Audiovisual. Por conseguinte, cumprida a reserva legal imposta pelo art. 71 da Lei nº 4.320/64.

Por outro lado, a progressividade financeira dos direitos culturais também é mandamento expresso em nível constitucional, uma vez que o SNC tem como princípio "a ampliação progressiva dos recursos contidos nos orçamentos públicos para a cultura", à luz do art. 216-A, §1º, XII, da Constituição. De todo modo, no panorama constitucional globalmente considerado, os princípios da progressividade, a vedação ao retrocesso social e do mínimo existencial podem ser extraídos das limitações implícitas ao legislador orçamentário.[48]

Divisando-se as obrigações estatais em duas modalidades, as de comportamento e as de resultado, verifica-se que o dever de progressividade insere-se na segunda categoria, pois prescreve a forma pela qual se dará a implementação do pleno exercício dos direitos econômicos, sociais e culturais, utilizando o máximo de recursos disponíveis para esse fim, bem como impossibilita ao legislador adotar medidas fáticas ou normativas de caráter intencionalmente regressivos. Assim, esse princípio implica em um duplo comando: "a) a obrigação de adotar medidas com vistas à implementação gradual dos direitos sociais; b) a obrigação de não retroceder com relação ao nível da fruição dos direitos já conquistados".[49]

Embora o retrocesso normativo seja visualizável na hipótese de algum grau de objetividade interpretativa, a regressividade nos resultados alcançados pelas políticas culturais não detém a mesma operabilidade, o que é amplificado pela coexistência democrática e permanente entre os diversos sistemas de cultura dos entes federativos. Portanto, a despeito de existir uma limitação clara ao legislador, observam-se problemas de planejamento orçamentário do setor de cultura.

> Na área da Cultura, observa-se um fenômeno comum em matéria de planejamento, para o qual é importante chamar a atenção, uma vez que mostra as dificuldades práticas intrínsecas à atividade planejadora, ligadas à associação entre as normas de planejamento e seu aspecto temporal.
> (...)
> E os exemplos se multiplicam. Qualquer análise minuciosa evidenciará muitos outros. Isso deixa evidente e demonstra o que se tem procurado insistir como aspecto que precisa ser corrigido no sistema

---

[48] SCAFF, Fernando Facury. *Orçamento Republicano e Liberdade Igual*: direito financeiro, república e direitos fundamentais. Tese (Titularidade em Direito Financeiro), Faculdade de Direito, Universidade de São Paulo, São Paulo, 2017, p. 389-426.

[49] GOTTI, Alessandra. *Direitos Sociais*: fundamentos, regime jurídico, implementação e aferição de resultados. São Paulo: Saraiva, 2012. p. 108.

de planejamento governamental brasileiro, que é a estruturação organizada do ordenamento jurídico, de modo que sejam perfeitamente compatíveis as regras aplicáveis, com linguagem única e coerência, observadas a compatibilidade e hierarquia das normas e a adequação dos instrumentos que as veiculam, verificadas ainda as competências dos órgãos que as emitem, de modo a tornar o planejamento um conjunto de normas que forme um sistema coeso e bem estruturado, sem o qual não é possível conferir segurança jurídica e respeitabilidade.[50]

Conclui-se serem a vinculação de receitas e a progressividade dos direitos culturais limitações explícitas à liberdade de conformação ao legislador orçamentário, independentemente das deliberações e coalizões majoritárias conjunturais no processo deliberativo do orçamento público. No entanto, em escopos e graus distintos, observa-se que há dificuldades empíricas à obtenção plena do objetivo dos limites, usualmente bens jurídicos constitucionalmente relevantes.

6 Considerações finais

A presente investigação orbitou sobre a ideia de cultura no mundo europeu ocidental e suas implicações no processo formativo do Brasil. Assim, perquiriu-se a noção de cultura construída após sucessivas ressignificações levadas a efeito na modernidade, perpassando fundamentalmente em três concepções: projeto civilizacional com maior ou menor grau de universalidade; modos de vida, saberes e fazeres em representação a uma estrutura societal específica; e aprendizagens e artes, belas ou não.

Limitado ao contexto espacial e temporal de vigência da Constituição da República de 1988, intentou-se precisar o conteúdo e o regime jurídico dos direitos culturais, estes definíveis por suas políticas públicas e as normas que as definem e regulam. Nesse sentido, explicitou-se a proteção aos bens jurídicos relativos à liberdade de expressão, à criação cultural, acesso às fontes de cultura nacional, difusão das manifestações culturais e culturas populares, além da formação do patrimônio cultural brasiliano.

---

[50] CONTI, José Maurício. *O Planejamento Orçamentário da Administração Pública no Brasil*. 556 f. Tese (Titularidade em Direito Financeiro) – Faculdade de Direito, Universidade de São Paulo, São Paulo, 2017, p. 422-429.

Do dever de tutela objetiva estatal retirou-se a relevância do financiamento das políticas culturais como assunto de Estado. Por isso, começou-se pela indagação do relacionamento entre a estatalidade, a sociedade e o mercado, culminando em tratar do modelo de Estado cultural adotado pelos constituintes na Assembleia Nacional Constituinte de 1987/1988. Centrou-se a argumentação nos gastos públicos diretos e indiretos com a cultura, de maneira a depreender a importância cívica da liberdade do legislador orçamentário na atividade financeira do Estado Democrático de Direito. Condicionou-se, a propósito, o exame do espaço de conformação do orçamento cultural por parte do Poder Legislativo aos estandartes normativos da legalidade e da discricionariedade.

Posteriormente, adotando como suporte um conceito substancial de direito financeiro, foi concretizada a temática das escolhas públicas na ambiência democrática, de modo a concluir que a busca por recursos públicos deve ocorrer na disputa legislativa travada na periodicidade do orçamento público, considerado este último operante em uma sistema de vasos comunicantes nos quais as despesas públicas realizadas encontrem lastro nas receitas arrecadadas.

Ante o quadro fático-normativo hodierno, justificou-se a importância de reflexões sobre os limites explícitos e implícitos às liberdades do legislador orçamentário. Nesse campo, estressou-se a funcionalidade aos direitos fundamentais das limitações impostas pela vinculação de receitas oriundas de impostos e da progressividade dos direitos culturais.

Versou-se neste estudo acerca do paradigma da liberdade do legislador orçamentário e respectivas limitações em contexto de financiamento dos direitos e políticas culturais com base na Constituição da República de 1988. Conclui-se, a esse respeito, da imperatividade de sua conformação, porém levando em consideração as dificuldades empíricas à efetivação plena dos objetivos jurídicos dos limites enfocados sob as mais diversas variantes emanadas de uma economia globalizada de mercado.

Referências

ALEXY, Robert. *Teoria dos Direitos Fundamentais*. Trad. Virgílio Afonso da Silva. São Paulo: Malheiros, 2008.

BAGGIO, Antonio Maria. The Forgotten Principle: Fraternity in Its Public Dimension. *Claritas – Journal of Dialogue and Culture*, West Lafayette, EUA, v. 2, n. 2, p. 35-58, 2013.

BARROSO, Luís Roberto. Neoconstitucionalismo e a constitucionalização do direito (O triunfo tardio do direito constitucional no Brasil). *In*: SOUZA NETO, Cláudio Pereira de; SARMENTO, Daniel. *A Constitucionalização do Direito*: Fundamentos Teóricos e Aplicações Específicas. Rio de Janeiro: Lumen Juris, 2007.

BAUMAN, Zygmunt. *A Cultura na Modernidade Líquida*. Trad. Carlos Alberto Medeiros. São Paulo: Zahar, 2013.

BONAVIDES, Paulo. *Curso de Direito Constitucional*. 20 ed. São Paulo: Malheiros, 2007.

BRASIL. Supremo Tribunal Federal. *Recurso Extraordinário 174.476*, Rel. Min. Maurício Corrêa, Red. p/ Ac. Min. Marco Aurélio, j. 16.09.1996, Publ. em DJ 12.12.1997.

BRASIL. Supremo Tribunal Federal. *Recurso Extraordinário 221.239*, Rel. Min. Ellen Gracie, j. 25.05.2004, Publ. em DJ 06.08.2004.

CARVALHO, André Castro. *Vinculação de Receitas Públicas*. São Paulo: Quartier Latin, 2010.

CARVALHO, Paulo de Barros. *Curso de Direito Tributário*. 26. ed. São Paulo: Saraiva, 2014.

CONTI, José Maurício. *O Planejamento Orçamentário da Administração Pública no Brasil*. 556 f. Tese (Titularidade em Direito Financeiro) – Faculdade de Direito, Universidade de São Paulo, São Paulo, 2017.

DIMOULIS, Dimitri; MARTINS, Leonardo. *Teoria Geral dos Direitos Fundamentais*. 5. ed. São Paulo: Atlas, 2014.

EAGLETON, Terry. *A Ideia de Cultura*. Trad. Sofia Rodrigues. Lisboa: Temas e Debates, 2003.

FONSECA, Eduardo Giannetti da. *Vícios Privados, Benefícios Públicos? A ética na riqueza das nações*. São Paulo: Companhia das Letras, 1993.

FREUD, Sigmund. *O Mal-estar na Cultura*. Trad. Renato Zwick. Porto Alegre: L&PM, 2010.

FUNDAÇÃO GETÚLIO VARGAS. A Cultura na Economia Brasileira. *FGV Projetos*, Rio de Janeiro, n. 23, 2015.

FURTADO, Celso. *Cultura e Desenvolvimento em Época de Crise*. 2. ed. Rio de Janeiro: Paz e Guerra, 1984.

GOTTI, Alessandra. *Direitos Sociais*: fundamentos, regime jurídico, implementação e aferição de resultados. São Paulo: Saraiva, 2012.

GUASTINI, Riccardo. La constitucionalización del ordenamiento jurídico: El caso italiano. Trad. José Maria Lujambio. *In*: CARBONELL, Miguel (Org.). *Neoconstitucionalismo(s)*. 3. ed. Madrid: Editorial Trotta, 2009.

HÄBERLE, Peter. *Teoría de la Constitución como ciência de la cultura*. Trad. Emilio Mikunda. Madri: Tecnos, 2000.

HÄBERLE, Peter; BOFILL, Hèctor López. *Poesía y Derecho Constitucional*: una conversación. Lima: Centro de Estudios Constitucionales del Tribunal Constitucional del Perú, 2015.

HAN, Byung-Chul. *Sociedade do Cansaço*. Trad. Enio Paulo Giachini. Petrópolis: Vozes, 2015.

HEGEL, Georg Wilhelm Friedrich. *Fenomenologia do Espírito*. v. 1. Petrópolis: Vozes, 1992.

LE RIDER, Jacques. *Em Torno de o Mal-estar na Cultura, de Freud*. São Paulo: Escuta, 2002.

LEVINAS, Emmanuel. *Totalidade e Infinito*. Trad. José Pinto Ribeiro. Lisboa: 70, 1980.

LIPOVETSKY, Gilles. *A Cultura-mundo*: respostas a uma sociedade desorientada. Trad. Mária Lúcia Machado. São Paulo: Companhia das Letras, 2011.

LUBICH, Chiara, 2008. *Mensagem ao I Congresso Nacional sobre o tema "Direito e Fraternidade"*. (Mariápolis Ginetta 25-27 jan). Disponível em: http://groups.google.com/group/comunhao-e-direito/files?hl=pt-BR. Acesso em: 8 dez. 2008.

MACHADO, Bernardo Novais. Os Direitos Culturais na Constituição Brasileira: uma análise conceitual e política. *In*: CALABRE, Lia. *Políticas Culturais*: teoria e práxis. São Paulo: Itaú Cultural; Rio de Janeiro: Fundação Casa de Rui Barbosa, 2011.

MOLINARO, Carlos Alberto; DANTAS, Fernando Antonio de Carvalho. *Arts. 215 e 216*. *In*: CANOTILHO, J. J. Gomes *et al.* (Coord.). *Comentários à Constituição do Brasil*. São Paulo: Saraiva/Almedina, 2013.

NOBRE, Marcos. Indeterminação e estabilidade. *Novos Estudos*, São Paulo, n. 82, p. 97-106, nov. 2008.

NIETZSCHE, Friedrich. *Crepúsculo dos Ídolos*: ou como se filosofa com o martelo. Trad. Renato Zwick. Porto Alegre: L&PM, 2009.

NUNES, António José Avelãs. *A Revolução Francesa*: as origens do capitalismo: a nova ordem jurídica burguesa. Belo Horizonte: Fórum, 2017.

OLIVEIRA, Danilo Júnior de. *Direitos Culturais e Políticas Públicas*: os marcos normativos do sistema nacional de cultura. 162 f. Tese (Doutorado em Direito) – Universidade de São Paulo, Faculdade de Direito, 2014.

OLIVEIRA, Regis Fernandes. *Direito e Arte*. São Paulo: Malheiros, 2017.

OLIVEIRA, Regis Fernandes. Direito Financeiro e Arte. *Cadernos Jurídicos*, São Paulo, a. 17, n. 45, p. 127-155, out./dez. 2016.

PINTO, Marcos Barbosa. *Constituição e Democracia*. Rio de Janeiro: Renovar, 2009.

SALLES, Maria Beatriz Corrêa. *A Lei da Cultura e a Cultura da Lei*. 112 f. Dissertação (Mestrado em Direito) – Universidade de São Paulo, Faculdade de Direito, São Paulo, 2014.

SARMENTO, Daniel. Ubiqüidade constitucional: os dois lados da moeda. *In*: SARMENTO, Daniel; SOUZA NETO, Cláudio Pereira de (Coords.). *A constitucionalização do direito*: fundamentos teóricos e aplicações específicas. Rio de Janeiro: Lumen Juris, 2007.

SCAFF, Fernando Facury. A Efetivação dos Direitos Sociais no Brasil: garantias constitucionais de financiamento e judicialização. *In*: SCAFF, Fernando Facury; ROMBOLI, Roberto; MIGUEL, Revenga (Coord.). *A Eficácia dos Direitos Sociais*. São Paulo: Quartier Latin, 2010.

SCAFF, Fernando Facury. *Crônicas de Direito Financeiro*: tributação, guerra fiscal e políticas públicas. São Paulo: Conjur, 2016

SCAFF, Fernando Facury. *Orçamento Republicano e Liberdade Igual*: direito financeiro, república e direitos fundamentais. Tese (Titularidade em Direito Financeiro), Faculdade de Direito, Universidade de São Paulo, São Paulo, 2017.

SCAFF, Fernando Facury. Liberdade do Legislador Orçamentário e Não-Afetação – captura *versus* garantia dos direitos sociais. *In*: GOMES, Marcus Lívio; ABRAHAM,

Marcus; TORRES, Heleno Taveira (Coord.). *Direito Financeiro na Jurisprudência do Supremo Tribunal Federal*: homenagem ao Ministro Marco Aurélio. Curitiba: Juruá, 2016.

SCHIER, Paulo Ricardo. *Filtragem Constitucional*: construindo uma nova dogmática jurídica. Porto Alegre, Sérgio Antônio Fabris, 1999.

SILVA, José Afonso da. *Ordenação Constitucional da Cultura*. São Paulo: Malheiros, 2001.

SOUZA, Mateus Maia de; ALEM, Nichollas de Miranda. Direito à Cultura e Políticas Públicas no Brasil: uma análise dos gastos diretos e indiretos com o setor audiovisual durante a Nova República. *Revista de Estudos Empíricos em Direito*, v. 3, n. 2, p. 93-112, jul. 2016.

TORRES, Heleno Taveira. *Teoria da Constituição Financeira*. São Paulo: Revista dos Tribunais, 2014.

VARELLA, Guilherme. *Plano Nacional de Cultura*: direitos e políticas culturais no Brasil. Rio de Janeiro: Azougue, 2014.

VILLA, François. Mal-estar na Civilização e Desastre Totalitário. *Ágora: Estudos em Teoria da Psicanalítica*, v. 15, dez. 2010, p. 493-512.

Informação bibliográfica deste texto, conforme a NBR 6023:2018 da Associação Brasileira de Normas Técnicas (ABNT):

FONSECA, Reynaldo Soares da; FONSECA, Rafael Campos Soares da. O direito financeiro e a ordenação constitucional da cultura. *In*: MOTTA, Fabrício; BUÍSSA, Leonardo; BEVILACQUA, Lucas (coord.). *Federalismo fiscal e políticas públicas*. Belo Horizonte: Fórum, 2023. p. 313-341. ISBN 978-65-5518-529-4.

O CERRADO E O DIREITO DE ACESSO À ÁGUA. A MACROLITIGÂNCIA AMBIENTAL E O ACORDO DE PARIS. O FINANCIAMENTO CLIMÁTICO NO BRASIL

LEONARDO BUÍSSA DE FREITAS
MÁRCIA OLIVEIRA ALVES DA MOTA

1 Cerrado brasileiro – características e ameaças

O cerrado é a savana mais rica do mundo em biodiversidade e o segundo maior bioma do Brasil, precedido apenas pela Floresta Amazônica, cujas formações vegetais compreendem campos, savanas, veredas e florestas, e sua origem remonta há cerca de 80 milhões de anos.[1]

Localizando-se majoritariamente no Planalto Central brasileiro, marcado por áreas de maior altitude, o cerrado tem papel fundamental na distribuição dos recursos hídricos, comportando-se como um guarda-chuva, alimentando as grandes bacias hidrográficas brasileiras e sul-americanas, atribuindo-se-lhe a alcunha de "berço" ou "pai" das águas brasileiras.[2]

Em função do solo pobre em nutrientes e da restrição hídrica durante a seca, as raízes da vegetação típica do cerrado lançam-se em grandes profundidades, de modo que cerca 75% (setenta e cinco por cento) da sua biomassa se encontram abaixo da superfície. De certa forma, é como se as árvores do cerrado crescessem de cabeça para baixo, razão pela qual também é conhecido como "floresta invertida".[3]

---

[1] FERNANDES, Geraldo Wilson *et al*. Cerrado: um bioma rico e ameaçado. *In*: PEIXOTO, Ariane Luna; LUZ, José Roberto Pujol; BRITO, Marcia Aparecida de. *Conhecendo a Biodiversidade*. Brasília: MCTIC, CNPq, PPBio, 2016.

[2] LIMA; Jorge Enoch Furquim Werneck *et al*. *The Relevance of the Cerrado's Water Resources to the Brazilian Development*. Disponível em: https://iwra.org/member/congress/resource/PAP00-5872.pdf. Acesso em: 20 jun. 2022.

[3] LAHSEN, Myanna; BUSTAMANTE, Mercedes Maria da Cunha; DALLA-NORA, Elói Lennon. Undervaluing and Overexploiting the Brazilian Cerrado at Our Peril. *Environment*:

Em razão dos seus sistemas radiculares se apresentarem longos e desenvolvidos, a vegetação do cerrado é hábil em canalizar a chuva e outras águas superficiais de volta aos reservatórios profundos do solo.[4]

A contribuição do cerrado na formação de águas superficiais é significativa em oito das doze regiões hidrográficas brasileiras e se dá nos seguintes percentuais: Paraná (50%), Tocantins-Araguaia (60%), São Francisco (94%), Parnaíba (105%) e Paraguai (135%). Isso demonstra que os recursos hídricos desse bioma vão além do limite das suas dimensões geográficas.[5]

Nesse sentido, o bioma contribui para a recarga e a manutenção do volume, da vazão e da qualidade da água de várias bacias hidrográficas e de aquíferos, como o Guarani, de modo que a estabilidade e o funcionamento dos ecossistemas em todas essas regiões e até de outros países dependem fortemente da integridade da sua vegetação nativa. Também, o cerrado recicla água para a maior parte do Brasil e também para alguns países vizinhos, serviço ecossistêmico vital ao fornecimento de água doce, do qual a região amazônica também depende.[6]

Aliás, a vegetação nativa mantém a qualidade da água e o seu fluxo, reduzindo o custo do tratamento de água em cerca de 100 vezes, fato que levou muitos países e cidades a investirem na conservação da vegetação nativa e na adoção de práticas agrícolas de baixo impacto por meio de programas de práticas agrícolas que diminuem os impactos sobre os recursos hídricos para reduzirem os custos elevados de tratamento da água, a exemplo de Nova Iorque (EUA) e Munique (Alemanha).[7]

Science and Policy for Sustainable Development, v. 58, 2016. Disponível em: https://www.tandfonline.com/doi/full/10.1080/00139157.2016.1229537. Acesso em: 24 jul. 2022.

4 LAHSEN, Myanna; BUSTAMANTE, Mercedes Maria da Cunha; DALLA-NORA, Elói Lennon. Undervaluing and Overexploiting the Brazilian Cerrado at Our Peril. *Environment*: Science and Policy for Sustainable Development, v. 58, 2016. Disponível em: https://www.tandfonline.com/doi/full/10.1080/00139157.2016.1229537. Acesso em: 24 jul. 2022.

5 LIMA, Jorge Enoch Furquim Werneck *et al*. *The Relevance of the Cerrado's Water Resources to the Brazilian Development*. Disponível em: https://iwra.org/member/congress/resource/PAP00-5872.pdf. Acesso em: 20 jun. 2022.

6 LAHSEN, Myanna; BUSTAMANTE, Mercedes Maria da Cunha; DALLA-NORA, Elói Lennon. Undervaluing and Overexploiting the Brazilian Cerrado at Our Peril. *Environment*: Science and Policy for Sustainable Development, v. 58, 2016. Disponível em: https://www.tandfonline.com/doi/full/10.1080/00139157.2016.1229537. Acesso em: 24 jul. 2022.

7 METZGER, Jean Paul *et al*. Por que o Brasil precisa de suas Reservas Legais. *Perspectives in Ecology and Conservation*, v. 17, p. 104-116, 2019. ISSN 2530-0644. Disponível em: https://doi.org/10.1016/j.pecon.2019.09.001. Acesso em: 11 jun. 2022.

O conjunto dos elementos supracitados aponta para a inexorável conclusão de que o cerrado é um bioma fundamental para a garantia do direito de acesso à água potável e a manutenção da segurança hídrica nacional.

Por outro quadrante, a ocupação e a intensificação do agronegócio proporcionaram o aumento da importância econômica do cerrado, implicando, porém, em grandes perdas de vegetação nativa.

De um lado, a agropecuária tem promovido a pujança dos estados que abrigam o cerrado; por outro, as monoculturas que têm se instalado no bioma, por apresentarem raízes rasas, não realizam os mesmos serviços ecossistêmicos atinentes à canalização e abastecimento dos reservatórios subterrâneos.[8]

A Embrapa Cerrados pontua que a pesquisa tecnológica e o aprimoramento dos padrões de produtividade agrária são fatores essenciais para reduzir a pressão antrópica sob a vegetação remanescente do bioma.[9]

Não obstante a correlação entre a proteção do cerrado enquanto bioma fundamental para a segurança hídrica nacional,[10] o Relatório Anual do Desmatamento no Brasil, divulgado pelo MapBiomas, aponta que, apenas no exercício de 2021, 30,2% (trinta vírgula dois por cento) dessa vegetação foi desmatada, correspondendo a 500 mil hectares.[11]

Outro estudo conjunto formulado pela Universidade Federal de Minas Gerais, Instituto Centro de Vida (ICV), Instituto de Manejo e Certificação Florestal e Agrícola (IMAFLORA), com apoio do WWF-Brasil (*World Wide Fund For Nature*), concluiu pela

---

[8] LAHSEN, Myanna; BUSTAMANTE, Mercedes Maria da Cunha; DALLA-NORA, Elói Lennon. Undervaluing and Overexploiting the Brazilian Cerrado at Our Peril. *Environment*: Science and Policy for Sustainable Development, v. 58, 2016. Disponível em: https://www.tandfonline.com/doi/full/10.1080/00139157.2016.1229537. Acesso em: 24 jul. 2022.

[9] AGUIAR, Ludmilla Moura de Souza; CAMARGO, Amabílio José Ayres de. *Cerrado*: ecologia e caracterização. Planaltina, DF: Embrapa Cerrados; Brasília: Embrapa Informação Tecnológica, 2004.

[10] FELLET, João. Como as raízes do Cerrado levam água a torneiras de todas as regiões do Brasil. *BBC News*, 2017. Disponível em: https://www.bbc.com/portuguese/brasil-39391161. Acesso em: 01 jun. 2021.

[11] MAPBIOMAS. *Relatório Anual de Desmatamento 2021*. São Paulo, 2022. Disponível em: https://s3.amazonaws.com/alerta.mapbiomas.org/rad2021/RAD2021_Completo_FINAL_Rev1.pdf. Acesso em: 25 jul. 2022.

ilegalidade do desmatamento na Amazônia e no cerrado (na região do Matopiba) na ordem de 94% (noventa e quatro por cento), além de constatar dificuldade no acesso aos dados, comprometendo a necessária transparência.[12]

Publicação da Revista *Scientific Reports*,[13] cujo título é *Focos de fogo persistentes em todos os biomas prejudicam o Acordo de Paris no Brasil*, projeta cenário para 2030, concluindo que, para reduzir as emissões de gases de efeito estufa, será necessário controlar o desmatamento provocado pela expansão da fronteira agrícola nos biomas Amazônia e cerrado, apontando que apenas a soma de esforços do governo, dos empresários e da sociedade alcançará tal desiderato.

Segundo essa publicação, quanto aos focos de incêndio projetados para setembro de 2030, o cerrado experimentaria um aumento significativo, com mais de 900.000 focos, seguido pela Amazônia, com 143.000 focos. Quanto ao cerrado, as maiores incidências se localizavam na região do Matopiba, formada pelos estados do Maranhão, Tocantins, Piauí e Bahia, e onde se concentram os 20% restantes do cerrado preservado.

As emissões de carbono observadas no cerrado, em 2016, foram superiores às emissões totais do setor industrial brasileiro no mesmo período. Entre diversas outras conclusões, o estudo aponta para a necessidade da mudança no uso da terra enquanto desafio do Brasil para reduzir suas emissões e cumprir os compromissos do Acordo de Paris.

Cientistas da *Brown University*, *Vermont University* e *Woods Hole Research Center* empreenderam pesquisa financiada pela NASA e publicada no *Journal Global Change Biology*[14] *alertando que as atenções da ciência e da* política têm se voltado para a Amazônia, ao passo que grande parte do desmatamento tem ocorrido no bioma vizinho – o cerrado.

---

[12] VALDIONES, Ana Paula *et al*. *Desmatamento ilegal na Amazônia e no Matopiba*: falta transparência e acesso à informação. 2021. Disponível em: https://www.icv.org.br/website/wp-content/uploads/2021/05/icv-relatorio-f.pdf. Acesso em: 23 jul. 2022.

[13] SILVA JUNIOR, Carlos Antonio da *et al*. Persistent fire foci in all biomes undermine the Paris Agreement in Brazil. *Scientific Reports*, 2020. Disponível em: https://doi.org/10.1038/s41598-020-72571-w. Acesso em: 18 jun. 2022.

[14] SPERA, Stephanie A. *et al*. Land-use change affects water recycling in Brazil's last agricultural frontier. *Global Change Biology*, 2016. Disponível em: https://onlinelibrary.wiley.com/doi/10.1111/gcb.13298. Acesso em: 29 jul. 2022.

Por não ter um histórico de pecuária em larga escala, a expansão das terras agrícolas na região do Matopiba avança sobre a vegetação nativa, em vez do uso de pastagens previamente desmatadas, somada ao fato de que o cerrado tem regulamentações ambientais menos rigorosas que regem áreas florestais em propriedades privadas. Num efeito interligado, o desmatamento em grande escala do cerrado pode reduzir a quantidade de água da chuva que atinge a Amazônia, de modo que a preservação da vegetação nativa remanescente é essencial para a estabilidade do clima nessa região. Ainda, dos 18 rios da região de estudo, 14 deles mostraram tendências decrescentes na vazão.

A pesquisa ainda conclui pela retroalimentação entre as mudanças na cobertura da terra e o clima, o que pode reduzir a precipitação, aumentando a sua variabilidade e, em última análise, ameaçar a própria produção agrícola no cerrado e na Amazônia.

Em outro estudo publicado também no magazine *Nature*,[15] foram abordados os pontos de inflexão da biosfera em uma variedade de ecossistemas e escalas, e de como as forças da natureza se encontram interligadas, concluindo pela necessidade de resposta adequada às ameaças e que "(...) errar do lado do perigo não é uma opção responsável".

Na audiência pública da Arguição de Descumprimento de Preceito Fundamental nº 708 do Supremo Tribunal Federal, merece realce a fala do economista e ex-presidente do Banco Central Armínio Fraga, o qual considerou que o mero refreamento do desmatamento ilegal dos biomas brasileiros é uma meta tímida, do ponto de vista econômico e estratégico, encontrando-se em grave risco o agronegócio brasileiro, além do setor energético, em razão dos efeitos já sentidos das mudanças climáticas, pugnando pela efetiva implementação do reflorestamento e da recomposição vegetação nativa.

No mesmo sentido, manifestou-se na audiência pública Ricardo Abramovay, professor do Departamento de Economia da Universidade de São Paulo, pautando-se no *Green New Deal*.

---

[15] LENTON, Timothy Michael *et al.* Climate tipping points – too risky to bet against. *Nature*, 2019. Disponível em: https://www.nature.com/articles/d41586-019-03595-0. Acesso em: 18 jun. 2022.

Segundo o mesmo professor, o Brasil é um dos poucos países do mundo cujas emissões de gases de efeito estufa ainda se derivariam majoritariamente do desmatamento, o que o colocaria na condição de pária na arena econômica mundial.

2 Os múltiplos usos dos recursos hídricos e o direito fundamental à água

Essencial à dessedentação humana e animal, o organismo humano não consegue sobreviver sem esse mineral. Ainda, a água deve se apresentar em condições de consumo, haja vista que 80% de todas as moléstias e mais de um terço dos óbitos dos países em desenvolvimento são causados pelo consumo de água contaminada.[16]

A água também cumpre papel fundamental para a agricultura, de modo que, segundo o Sistema Nacional de Informações sobre Recursos Hídricos (SNIRH), a irrigação foi a responsável pelo consumo de 49,8% (quarenta e nove vírgula oito por cento) de toda a água consumida no Brasil, em 2019, o que, somado ao consumo animal no importe de 8,4% (oito vírgula quatro por cento), totaliza 58,2% (cinquenta e oito vírgula dois por cento) dedicados à agropecuária.[17]

Além do uso pela agricultura, a matriz elétrica brasileira se vale desse recurso natural, de modo que a energia hidráulica foi responsável por 65,2% (sessenta e cinco vírgula dois por cento) da oferta, quanto ao ano de 2020, segundo dados da Empresa de Pesquisa Energética vinculada ao Ministério de Minas e Energia.[18]

Como 80% da eletricidade do Brasil vem de usinas hidrelétricas em rios que têm suas nascentes no cerrado, a conservação

---

[16] MORAES, Danielle Serra de Lima; JORDÃO, Berenice Quinzani. Degradação de recursos hídricos e seus efeitos sobre a saúde humana. *Revista Saúde Pública*, São Paulo, 2002. Disponível em: https://www.scielosp.org/article/ssm/content/raw/?resource_ssm_path=/media/assets/rsp/v36n3/10502.pdf. Acesso em: 17 jun. 2022.

[17] ANA. Usos da água. *Gov.br*, 2022. Disponível em: https://www.gov.br/ana/pt-br/assuntos/gestao-das-aguas/usos-da-agua. Acesso em: 17 jul. 2022.

[18] EPE. Matriz Energética e Elétrica. *Empresa de Pesquisa Energética*. Disponível em: https://www.epe.gov.br/pt/abcdenergia/matriz-energetica-e-eletrica. Acesso em: 11 maio 2022.

do bioma também é fundamental para a segurança energética do país.

Relatório da ONU de 2018 reporta que 3,6 bilhões de pessoas (quase metade da população mundial) vivem em áreas que apresentam uma potencial escassez de água por pelo menos um mês por ano, e essa população poderá aumentar para algo entre 4,8 bilhões e 5,7 bilhões até 2050.[19]

Para além da ótica antropocêntrica, a água também é fundamental à sobrevivência animal e à manutenção dos ecossistemas, de modo que é preciso que o direito avance para salvaguardar, além do homem, os demais seres que demandam proteção.

3 O direito à água e o mínimo existencial

Sem pretender esgotar os múltiplos usos da água e a sua vital importância para a vida humana, animal e dos ecossistemas, resta evidente que o pressuposto da vida é a água, sem a qual não há que se cogitar do direito à primeira.

É conhecida a frase de Tales de Mileto de que a base do universo é a água. De Tales de Mileto às viagens espaciais por seus diversos propósitos,[20] o homem busca pela água. Paradoxalmente, a humanidade parece se descurar dos recursos hídricos que já se encontram sob sua guarda.

Ao longo dos séculos, o direito ocidental tem se ocupado do reconhecimento dos direitos ditos de primeira geração, dentre os quais se encontra consagrado o direito à vida, porém, sem considerar os seus pressupostos.

Pressuposto do direito à vida e do direito à saúde, o direito à água aparenta ter passado desapercebido pela civilização e, em tempos mais recentes, tem sido objeto de reconhecimento

---

[19] CONNOR, Richard *et al*. The United Nations world water development report 2018: nature-based solutions for water; executive summary. *UNESCO*, 2018. Disponível em: https://unesdoc.unesco.org/ark:/48223/pf0000261594. Acesso em: 15 jul. 2022.

[20] HAWKING, Stephen. *A fronteira final*. Versão editada de uma palestra na George Washington University a propósito do aniversário de 50 anos da NASA. Disponível em: https://www.scielo.br/j/nec/a/ccWDDhHP46qX5mQCBwpPdQd/?lang=pt&format=pdf. Acesso em: 24 jul. 2022.

internacional, de modo a, gradativamente, se positivar nos ordenamentos jurídicos dos países, dentre os quais, mencionam-se as recentes Constituições do Equador e da Bolívia.

Na Conferência da ONU sobre a Água, realizada em Mar del Plata, em março de 1977, reconheceu-se que "(...) todos os povos têm direito a ter acesso à água potável em quantidade e qualidade igual às suas necessidades básicas" (tradução nossa).[21]

Nessa ordem de ideias, o direito à água é necessariamente antecedente de qualquer outro direito, à luz da ciência, vale dizer, pressuposto fático, ainda que o seu reconhecimento pelo direito tenha ocorrido tardiamente.

O magistério de Zulmar Fachin e Deise Marcelino da Silva:[22]

> O acesso à água potável é um direito fundamental. Nessa condição, ele necessita receber expressa proteção jurídica. Tal proteção deve estar primeiramente na Constituição Federal, porquanto esta é o *locus* específico para abranger tais direitos. Registre-se que a Constituição brasileira, promulgada em 05 de outubro de 1988, não inseriu o direito de acesso à água potável expressamente no catálogo específico dos direitos e garantias fundamentais (Arts. 5º a 17); contudo, esta omissão não impede que o mencionado direito seja compreendido como fundamental.

O Supremo Tribunal Federal já se manifestou sobre a água e o mínimo existencial, sob a ótica da dignidade humana, no julgamento da Arguição de Descumprimento de Preceito Fundamental nº 890, na relatoria do ministro Dias Toffoli, ao decidir pela incidência do regime de precatórios à Companhia de Saneamento Ambiental do Distrito Federal (CAESB).[23]

Estabelecidos os contornos da matéria, denotando-se as razões da importância do cerrado para a manutenção da segurança hídrica nacional, além dos aspectos econômicos, éticos e

---

[21] ONU. *El derecho humano al agua y al saneamiento. Hitos.* Mar del Plata, 1977. Disponível em: https://www.un.org/spanish/waterforlifedecade/pdf/human_right_to_water_and_sanitation_milestones_spa.pdf. Acesso em: 24 jul. 2022.

[22] FACHIN, Zulmar; SILVA, Deise Marcelino da. *Acesso à água potável*: direito fundamental de sexta dimensão. 3 ed. Londrina: Toth, 2017. p. 79.

[23] STF. *ADPF 890. Arguição de descumprimento de preceito fundamental.* DF – Distrito Federal, 2021. Disponível em: https://jurisprudencia.stf.jus.br/pages/search/sjur460745/false. Acesso em: 15 jul. 2022.

jurídicos em torno da matéria, é de se tratar acerca da sua preservação, de responsabilidade de todos os entes federados que abrigam tal bioma, com destaque para a União, à luz do artigo 225 da Constituição Federal.

4 A proteção do cerrado e o federalismo cooperativo

O artigo 225 da Constituição Federal estabelece o direito ao meio ambiente ecologicamente equilibrado, essencial à sadia qualidade de vida, impondo-se ao poder público e à coletividade o dever de defendê-lo e preservá-lo para as presentes e futuras gerações.

Situa-se no mesmo dispositivo o dever de proteção à fauna e à flora, vedando-se as práticas que coloquem em risco sua função ecológica, além da preservação e restauração dos processos ecológicos essenciais, consoante incisos I e VII do §1º do artigo em destaque.

Quanto à distribuição das competências entre os entes federativos no que tange à proteção do meio ambiente, o artigo 23 da Constituição Federal prevê que é competência comum da União, dos estados, do Distrito Federal e dos municípios e, portanto, solidária entre os entes expressão do federalismo de cooperação.

Paulo Affonso Leme Machado pontua: "A 'competência comum' é aglutinadora e inclusiva, somando os intervenientes".[24]

O parágrafo único do artigo 23 da Constituição Federal atribui à lei complementar o papel de fixar as normas para tal cooperação entre as unidades federadas para o equilíbrio do desenvolvimento e do bem-estar em âmbito nacional.

Nesse diapasão, foi editada a Lei Complementar nº 140, de 08 de dezembro de 2011, cumprindo à União e aos estados a promoção da integração de programas e ações de órgãos e entidades da Administração Pública, consoante artigo 7º, inciso IV c/c o artigo 8º, inciso IV, do referido diploma legal.

---

[24] MACHADO, Paulo Affonso Leme. *Direito ambiental brasileiro.* 27 ed. São Paulo: Malheiros, 2020. p. 196.

Comentando acerca da competência comum e do federalismo cooperativo, têm-se Ingo Sarlet e Tiago Fensterseifer:[25]

> O exercício das competências constitucionais (legislativas e executivas) em matéria ambiental, respeitados os espaços político-jurídicos de cada ente federativo, deve rumar para a realização do objetivo constitucional expresso no art. 225 da CF/88, inclusive sob a caracterização de um dever de cooperação entre os entes federados no cumprimento dos seus deveres de proteção ambiental.

A competência ambiental comum é temperada pelo princípio da subsidiariedade, cujo núcleo tem em conta a descentralização do poder entre os entes federados.

No direito comunitário europeu, o princípio da subsidiariedade é pilar do ordenamento jurídico da integração daquele continente, vertido no Tratado de Maastricht, cujo sentido assim se resume: as decisões devem ser tomadas ao nível mais próximo possível dos cidadãos e que a comunidade só intervirá quando os objetivos pretendidos não puderem ser suficientemente realizados pelos estados-membros.[26]

Contudo, há que se ter em conta que o princípio da subsidiariedade, ao privilegiar a descentralização da política pública, o faz para reforçar a proteção ambiental, e não para enfraquecê-la.

Nesse sentido, são também de Sarlet e Fensterseifer as considerações acerca do princípio da subsidiariedade: "(...) o manuseio do princípio da subsidiariedade, na perspectiva ecológica, deve obedecer, cumpre frisar, à premissa de uma maior proteção ambiental".[27]

Outro princípio implicado na definição da competência administrativa comum brasileira é a predominância do interesse, enquanto vetor de definição da titularidade do poder-dever administrativo.

---

[25] SARLET, Ingo Wolfgang; FENSTERSEIFER, Tiago. *Princípios do direito ambiental*. 2. ed. São Paulo: Saraiva, 2017. p. 51.

[26] TRATADO da União Europeia. *Jornal Oficial das Comunidades Europeias*, 1992. Disponível em: https://eur-lex.europa.eu/legal-content/PT/TXT/PDF/?uri=CELEX:11992M/TXT&from=PT. Acesso em: 30 jun. 2022.

[27] SARLET, Ingo Wolfgang; FENSTERSEIFER, Tiago. *Direito constitucional ecológico*: constituição, direitos fundamentais e proteção da natureza. 7. ed. São Paulo: Thomson Reuters Brasil, 2021. p. 298.

Os mesmos *doutrinadores* tratam da competência em matéria ambiental, sob o enfoque da predominância do interesse:[28]

> A incidência do *princípio da predominância do interesse* no nosso sistema constitucional também reforça tal entendimento, já que, com base na doutrina de José Afonso da Silva, "o princípio geral que norteia a repartição de competência entre as entidades componentes do Estado federal é o da *predominância do interesse*, segundo o qual à União caberão aquelas matérias e questões de *predominante interesse geral, nacional*, ao passo que aos Estados tocarão as matérias e assuntos de *predominante interesse regional*, e aos Municípios concernem os assuntos de *interesse local*.

Tendo em conta de que, à luz da ciência, o cerrado é bioma fundamental para a segurança hídrica nacional, tal consideração conduz à compreensão da prevalência do interesse nacional na sua proteção, de modo que a preservação dessa vegetação nativa importa, no mínimo, a todo o país, em atenção ao direito fundamental à água.

Sob a perspectiva do presente estudo, ganha destaque a competência da União na defesa do cerrado, sem prejuízo, evidentemente, da responsabilidade dos demais entes federados que abrigam tal bioma.

5 A macrolitigância ambiental no Supremo Tribunal Federal e o financiamento da política pública climática. O Acordo de Paris enquanto tratado de direitos humanos

Expostos os percursos da compreensão do tema, calha agora apreciar a macrolitigância ambiental no âmbito do Supremo Tribunal Federal e as ilações em prol do cerrado, perpassando pelo necessário financiamento da política pública climática.

Nesse diapasão, é objeto de nossa análise a Arguição de Descumprimento de Preceito Fundamental nº 708, com ênfase na decisão daquela corte sobre o Acordo de Paris, o qual passa a ser considerado como tratado de direitos humanos.

---

[28] SARLET, Ingo Wolfgang; FENSTERSEIFER, Tiago. ***Princípios do direito ambiental***. 2. ed. São Paulo: Saraiva, 2017. p. 50.

Preambularmente, traz-se à colação o arcabouço normativo regente do Fundo Nacional sobre Mudança do Clima (FNMC), instituído pela Lei nº 12.114/09 e regulamentado pelo Decreto nº 9.578/18, com as alterações promovidas pelo Decreto nº 10.143/19, amplamente conhecido como Fundo Clima.

A Lei nº 12.114/09 traz os objetivos do Fundo Clima, conforme seu artigo 2º: "(...) assegurar recursos para apoio a projetos ou estudos e financiamento de empreendimentos que visem à mitigação da mudança do clima e à adaptação à mudança do clima e aos seus efeitos".

Os recursos previstos no artigo 3º da Lei nº 12.114/09 terão as destinações previstas em seu artigo 5º, §4º, dentre as quais citam-se assegurar recursos para projetos de redução de emissões de carbono pelo desmatamento e degradação florestal, a implantação de sistemas agroflorestais que contribuam para redução de desmatamento e absorção de carbono por sumidouros e para geração de renda, e a recuperação de áreas degradadas e restauração florestal, priorizando áreas de Reserva Legal e Áreas de Preservação Permanente (art. 5º, §4º, incs. V, XII e XIII, respectivamente).

O Fundo Clima prevê dois tipos de apoio financeiro (reembolsável e não reembolsável) e será administrado por um comitê gestor vinculado ao Ministério do Meio Ambiente. Na hipótese do apoio ser do primeiro tipo, o agente financeiro será o Banco Nacional de Desenvolvimento Econômico e Social (BNDES).

Superadas essas considerações, é de se trazer a lume a ADPF nº 708.

Partidos políticos ajuizaram ação direta de inconstitucionalidade por omissão, a qual fora recebida como arguição de descumprimento de preceito fundamental, tendo por relator o ministro Luís Roberto Barroso.

A arguição pugnou pelo reconhecimento da omissão inconstitucional da União em razão da ausência de adoção de providências de cunho administrativo atinentes ao Fundo Clima.

Argumentou-se a inconstitucional omissão da União na liberação de valores para os quais são destinados, haja vista que, em 2019, havia autorização orçamentária para aplicação de R$8.050.000,00 (oito milhões e cinquenta mil reais) para despesas não reembolsáveis. Ao final do exercício, teriam sido empenhados meros R$718.094,00 (setecentos e dezoito mil noventa e quatro reais). Os demais recursos do

Fundo teriam permanecido sem aplicação durante todo o ano de 2019, razão pela qual caracterizada estaria a omissão noticiada nos autos.

No que respeita aos valores reembolsáveis, os recursos disponíveis alçavam a monta de mais de 500 milhões de reais (R$543.969.037,00), tendo sido empenhados apenas R$348.709.939,00 (trezentos e quarenta e oito milhões setecentos e nove mil novecentos e trinta e nove reais). No entanto, tais recursos não teriam aportado ao BNDES, e não haveria justificativa para o seu contingenciamento.

Ao fim, defendeu-se a ofensa ao federalismo cooperativo, considerando que à União compete auxiliar, com financiamento, por meio do Fundo Clima, outros entes da federação, requerendo que fosse determinada a adoção de medidas administrativas para o funcionamento regular do Fundo Clima, com todos os recursos autorizados pela lei orçamentária, entre outros pedidos.

5.1 O julgamento proferido pelo Supremo Tribunal Federal

Após a realização de audiência pública, com a oitiva de autoridades governamentais, cientistas, economistas, juristas e atuantes de áreas de interesse no julgamento, o Supremo Tribunal Federal julgou procedente a arguição, tornando-se um marco na macrolitigância ambiental nacional e internacional, ao reconhecer o Acordo de Paris como um tratado de direitos humanos, em sessão de julgamento virtual realizada em 1º de julho de 2022.

O voto do ministro Luís Carlos Barroso considerou estar-se em um grave retrocesso em matéria ambiental, invocando, entre outras razões, as taxas anuais de desmatamento (no caso, da Amazônia Legal), as quais voltaram a subir paulatinamente a partir de 2013, e, em 2019, o desmatamento aumentou de modo considerável, retornando-se aos índices de 2006/2007.

Ademais, compreendeu-se que o Brasil está em desacordo com os compromissos assumidos internacionalmente quanto à mitigação das mudanças climáticas, o que colocaria em risco alguns direitos fundamentais, dentre eles, o direito à vida.

A corte compreendeu pela existência de colapso nas políticas públicas de combate às mudanças climáticas, violando-se o princípio da vedação do retrocesso, caracterizado pela inação ou supressão de políticas públicas relevantes sem a substituição por outros instrumentos adequados.

A alocação de recursos ao Fundo Clima é um poder-dever, não se encontrando no campo de discricionariedade do gestor, porque as obrigações legais de destinação específica de recursos de fundos são sufragadas não apenas pelo Executivo, mas igualmente pelo Legislativo.

Ainda quanto à alocação de recursos, ponderou-se que a destinação dos recursos desembolsáveis voltou-se para o meio ambiente urbano, em vez de se privilegiarem o combate ao desmatamento e a alteração do uso do solo no meio rural.

Considerando que a alocação de recursos do Fundo Clima está atrelada à tutela do meio ambiente, firmou-se o entendimento de que os recursos são infensos ao contingenciamento, mesmo raciocínio já empreendido nos autos da ADPF nº 347, que tratava dos recursos do Fundo Penitenciário Nacional (FUNPEN), invocando-se o teor do §2º do artigo 9º da Lei de Responsabilidade Fiscal, o qual prevê que não serão objeto de limitação as despesas que constituam obrigações constitucionais e legais do ente.

Ao final, o ministro foi acompanhado pela maioria do Pleno, com exceção do ministro Nunes Marques, tendo o ministro Edson Fachin acompanhado o relator, porém, registrando em seu voto que a União também deveria publicar relatório estatístico trimestral sobre o percentual de gastos do Fundo Clima nos segmentos legais contemplados, além da formulação do Inventário Nacional de Emissões e Remoções de Gases de Efeito Estufa.[29]

5.2 Acordo de Paris – tratado de direitos humanos

O Supremo Tribunal Federal reconheceu ser o Acordo de Paris um tratado sobre direitos humanos, em reforço ao sistema normativo brasileiro de proteção ao meio ambiente.

---

[29] STF. STF proíbe contingenciamento dos recursos do Fundo Clima. *Portal.STF*, 2022. Disponível em: https://portal.stf.jus.br/noticias/verNoticiaDetalhe.asp?idConteudo=489997&ori=1. Acesso em: 20 jul. 2022.

Como sabido, o §2º do artigo 5º da Constituição Federal preceitua que: "Os direitos e garantias expressos nesta Constituição não excluem outros decorrentes do regime e dos princípios por ela adotados, ou dos tratados internacionais em que a República Federativa do Brasil seja parte".

O dispositivo citado assenta que o rol de direitos e garantias fundamentais não se encontra exaurido no Texto Constitucional. Para o reconhecimento da natureza de um direito fundamental, há que deitar análise da sua natureza. Nas palavras de Gilmar Ferreira Mendes e Paulo Gustavo Gonet Branco:

> O parágrafo em questão dá ensejo a que se afirme que se adotou um sistema aberto de direitos fundamentais no Brasil, não se podendo considerar taxativa a enumeração dos direitos fundamentais no Título II da Constituição. (...) A sua fundamentalidade decorre da sua referência a posições jurídicas ligadas ao valor da dignidade humana.[30]

Nesse passo, o Acordo de Paris toca diretamente à dignidade humana. Aliás, mais do que a dignidade humana, o Acordo de Paris trata das condições necessárias para a garantia do direito à vida, baseando-se nas diretrizes científicas especializadas em mudança do clima.

Quanto à natureza do Acordo de Paris, o voto do ministro relator assentou:

> (...) a Constituição reconhece o caráter supralegal dos tratados internacionais sobre direitos humanos de que o Brasil faz parte, nos termos do seu art. 5º, § 2º. E não há dúvida de que a matéria ambiental se enquadra na hipótese. Como bem lembrado pela representante do PNUMA no Brasil, durante a audiência pública: "Não existem direitos humanos em um planeta morto ou doente" (p. 171). Tratados sobre direito ambiental constituem espécie do gênero tratados de direitos humanos e desfrutam, por essa razão, de status supranacional. Assim, não há uma opção juridicamente válida no sentido de simplesmente omitir-se no combate às mudanças climáticas.

Por ser um tratado de direitos humanos, tal instrumento passa a se encontrar acima de todo o sistema legal brasileiro, situando-se

---

30 MENDES, Gilmar Ferreira; BRANCO, Paulo Gustavo Gonet. *Curso de direito constitucional*. 12. ed. São Paulo: Saraiva, 2017. p. 169.

abaixo apenas da Constituição Federal, no desenho da pirâmide kelseniana.

O Supremo Tribunal Federal já confirmou, em algumas oportunidades, o caráter supralegal dos tratados de direitos humanos de que o Brasil seja signatário, a exemplo do *Habeas Corpus* nº 88.240, de relatoria da ministra Ellen Gracie:

> 3. Há o caráter especial do Pacto Internacional dos Direitos Civis Políticos (art. 11) e da Convenção Americana sobre Direitos Humanos - Pacto de San José da Costa Rica (art. 7°, 7), ratificados, sem reserva, pelo Brasil, no ano de 1992. A esses diplomas internacionais sobre direitos humanos é reservado o lugar específico no ordenamento jurídico, estando abaixo da Constituição, porém acima da legislação interna. O status normativo supralegal dos tratados internacionais de direitos humanos subscritos pelo Brasil, torna inaplicável a legislação infraconstitucional com ele conflitante, seja ela anterior ou posterior ao ato de ratificação.

Tendo em conta tais conclusões, o conjunto normativo legal e infralegal brasileiro passa a se sujeitar ao controle de "convencionalidade", tendo por paradigma o Acordo de Paris, conforme Sarlet e Fensterseifer:[31]

> O entendimento adotado pelo STF, por ocasião da decisão que referimos no tópico anterior, no sentido de reconhecer o *status* supralegal dos tratados internacionais sobre direitos humanos, implica a possibilidade de controle de "convencionalidade" da legislação infraconstitucional. Conforme assinala Valério de Oliveira Mazzuoli, o controle de convencionalidade das leis "nada mais é que o processo de compatibilização vertical (sobretudo material) das normas domésticas com os comandos encontrados nas convenções internacionais de direitos humanos.

Ao declarar o Acordo de Paris um tratado de direitos humanos, a decisão do Supremo Tribunal Federal ecoa em todos os tribunais internacionais, ganhando destaque mundial. Porém, a nosso ver, o grande ganho é o reforço da proteção interna do sistema normativo ambiental, submetendo-se ao controle jurisdicional todo ato legislativo ou administrativo que se lhe contraponha, em benefício dos bens por ele perseguidos.

---

[31] SARLET, Ingo Wolfgang; FENSTERSEIFER, Tiago. *Curso de direito ambiental*. 3. ed. Rio de Janeiro: Forense, 2022. p. 191.

6 Algumas reflexões sobre o Fundo Clima e o cerrado

O Fundo Clima, tal como concebido pelo legislador, deveria ser um importante instrumento da execução da política pública climática brasileira, inclusive com forte poder de captação de recursos internacionais, para a preservação dos biomas brasileiros mais ameaçados, além de perseguir outros objetivos contemplados pela Lei de Regência.

Da análise dos Planos Anuais de Aplicação de Recursos elaborados pelo Comitê Gestor do Fundo Clima, constata-se que o cerrado resta ignorado quando da eleição de áreas, regiões e temas prioritários para financiamento, malgrado a sua importância estratégica na garantia do direito de acesso à água e na economia brasileira.

A alocação de recursos reembolsáveis mostra a franca disparidade entre a destinação de recursos do Fundo Clima, que deveria guardar proporcionalidade entre os diversos objetivos contemplados no diploma legal, com primazia ao combate ao desmatamento, pelas razões amplamente expostas neste trabalho.

No entanto, o gráfico abaixo denota a destinação de recursos reembolsáveis do Fundo Clima, a cargo do BNDES, no segundo semestre do exercício de 2019 (ano a que se refere a ADPF nº 708):

Gráfico 1 – Finalidade da carteira ativa

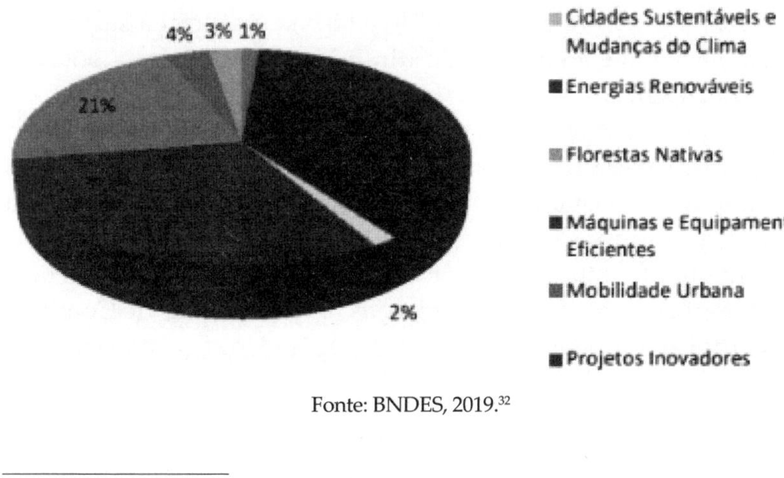

Fonte: BNDES, 2019.[32]

[32] BNDES. Relatório Financeiro – FNMC. *BNDES*, 2019. Disponível em: https://www.bndes.gov.br/wps/wcm/connect/site/f2fc41a3-2594-41d9-bc94-33252606c5b0/Relato%CC%81rio+fina

A destinação de recursos reembolsáveis do Fundo Clima ao combate ao desmatamento e à recomposição da vegetação nativa é ínfima, alcançando apenas 2% da carteira ativa.

Em contraponto a tal gráfico, têm-se dados do Ministério da Ciência, Tecnologia e Inovações atestando o crescimento da emissão de gases de efeito estufa advindos do uso e mudança do uso da terra e florestas, que foi bastante superior ao setor de energia,[33] o que demonstra incoerência no financiamento do Fundo Clima.

Longe de se limitar a atual gestão governamental, a destinação de recursos do Fundo Clima apresenta a mesma tendência do gráfico representado, pelo menos desde 2017 (marco em que relatórios da mesma natureza são disponibilizados pelo BNDES), com algumas exceções: quarto trimestre de 2017, 28%; segundo semestre de 2020 e primeiro semestre de 2021, 1%.

Ora, se os relatórios governamentais indicam que o mau uso da terra (aí incluindo o desmatamento) é a principal causa da emissão de gases de efeito estufa no Brasil, parece evidente que a condução da política pública climática deveria privilegiar a destinação dos recursos do Fundo Clima a projetos que pudessem antagonizar o desmatamento e incentivar a recomposição da mata nativa.

7 Considerações finais

Resta evidente que o cerrado é bioma essencial à segurança hídrica nacional e à garantia do direito de acesso à água potável, segundo a ciência.

É incontestável que o Brasil tem se descurado de bem proteger esse bioma, o que poderá implicar a violação de preceitos fundamentais constantes da Constituição Federal, ameaçando a presente e as futuras gerações.

Enquanto estudos apresentados na 15ª Sessão da Conferência das Partes (COP15), da Convenção das Nações Unidas de Combate à Desertificação da Organização das Nações Unidas, realizada em

---

nceiro+do+FNMC_2%C2%BA+sem+2019_internet.pdf?MOD=AJPERES&CVID=nWyiZJV. Acesso em: 20 jun. 2022.

33 MCTI. Emissões de GEE por Setor. *Gov.br*, 2021. Disponível em: https://www.gov.br/mcti/pt-br/acompanhe-o-mcti/sirene/emissoes/emissoes-de-gee-por-setor-1. Acesso em: 27 jul. 2022.

maio do presente exercício, asseveram ser necessário recuperar um bilhão de hectares de terras, em ordem a preservar a vida e a saúde de 3,2 bilhões de pessoas,[34] o Brasil parece assistir inerte ao aumento alarmante do desmatamento do cerrado, ameaçando a segurança hídrica de sua população e a regulação do clima, além dos demais efeitos danosos daí advindos.

Quando se considera a importância do cerrado para a segurança hídrica nacional, sobreleva a competência de todos os entes federados que abrigam tal bioma, na conjugação de esforços para a sua proteção, e aqui, com destaque para a União, tendo em vista a garantia do direito à água e a segurança hídrica de todo o país.

O volume de desmatamento do cerrado vai de encontro às metas constantes do Acordo de Paris (agora, um tratado de direitos humanos) e às contribuições nacionalmente determinadas.

Além do liame entre a proteção do cerrado e a guarda de diversos direitos fundamentais, há ainda que se ter em conta a nova feição da economia mundial, cujo ritmo será cada vez mais ditado pelo *Green New Deal*, e o Brasil deverá se adequar aos seus ditames, recordando-se o teor do artigo 174 da CF, sendo o desmatamento ilegal objeto de discussões sobre possíveis embargos aos produtos nacionais.

Porém, a ausência (ainda) de punição no âmbito internacional quanto ao cumprimento das metas do Acordo de Paris não implica liberalidade dos governos ou povos no que respeita a perseguir seus objetivos. Deveras, a relação estabelecida entre o homem e a natureza é de outra ordem e pode implicar em outra espécie de reprimenda. Nas palavras da ministra Cármen Lúcia em voto de sua relatoria na ADPF nº 760 (ainda em revisão): "A natureza obriga. O homem dispõe; a terra se impõe".[35]

O reconhecimento do Acordo de Paris enquanto tratado de direitos humanos importa em passo importante para o reforço do sistema normativo brasileiro. Ainda, a decisão proferida na ADPF nº 708 aborda um dos temas centrais da execução de toda e qualquer política pública – o seu respectivo financiamento.

---

[34] ONU. ONU ressalta urgência global para salvar 1 bilhão de hectares de terras. *ONU News*, 2022. Disponível em: https://news.un.org/pt/story/2022/05/1788472. Acesso em: 21 jul. 2022.

[35] STF. *Arguição de descumprimento de preceito fundamental 760*. Distrito Federal. Disponível em: https://www.stf.jus.br/arquivo/cms/noticiaNoticiaStf/anexo/VOTOADPF760.pdf. Acesso em: 22 jul. 2022.

Além da coalização dos entes federados em prol do cerrado, a participação da sociedade civil no conhecimento e auxílio efetivo na formulação da política pública climática é de fundamental importância para o recrudescimento da proteção ambiental.

Aliás, o mundo tem assistido a iniciativas populares as mais diversas em defesa da natureza, e aqui se destaca, dentre tantos, o alemão Felix Finkbeiner, uma criança de então apenas 9 (nove) anos nos idos de 2007, idealizador de um projeto cujo lema é *Stop Talking Start Planting (Plant for the Planet)* e que hoje contabiliza bilhões de árvores plantadas em 193 países, cujo exemplo encoraja governos e povos.

A encíclica papal *Laudato Sí*,[36] dedicada ao cuidado da Casa Comum, aborda o direito à água, o diálogo interdisciplinar, a reflexão sobre a autodestruição humana e a proposta de um novo começo, em celebração da vida.

Finalmente, a conclusão deste trabalho rememora os versos de Caetano Veloso, de que o homem é "(...) dono do sim e do não diante da visão da infinita beleza".[37]

Na iniciativa de tantas outras crianças e adolescentes, enquanto ainda é o titular da palavra, o homem é interpelado a rumar seus pés em direção à tomada de decisões assertivas em prol da vida, do respeito a todas as criaturas e a todas as forças da natureza.

Referências

AGUIAR, Ludmilla Moura de Souza; CAMARGO, Amabílio José Ayres de. *Cerrado*: ecologia e caracterização. Planaltina, DF: Embrapa Cerrados; Brasília: Embrapa Informação Tecnológica, 2004.

ANA. Usos da água. *Gov.br*, 2022. Disponível em: https://www.gov.br/ana/pt-br/assuntos/gestao-das-aguas/usos-da-agua. Acesso em: 17 jul. 2022.

BNDES. Relatório Financeiro – FNMC. *BNDES*, 2019. Disponível em: https://www.bndes.gov.br/wps/wcm/connect/site/f2fc41a3-2594-41d9-bc94-33252606c5b0/Relato%CC%81rio+financeiro+do+FNMC_2%C2%BA+sem+2019_internet.pdf?MOD=AJPERES&CVID=nWyiZJV. Acesso em: 20 jun. 2022.

---

[36] VATICANO. *Carta encíclica Laudato Si' do Santo Padre Francisco sobre o cuidado da casa comum.* Disponível em: https://www.vatican.va/content/francesco/pt/encyclicals/documents/papa-francesco_20150524_enciclica-laudato-si.html. Acesso em: 18 jul. 2022.

[37] VELOSO, Caetano. *Luz do Sol.* Caetanear. Universal Music International Ltda., 1985. Faixa 5. Disco de vinil.

CONNOR, Richard *et al.* The United Nations world water development report 2018: nature-based solutions for water; executive summary. *UNESCO*, 2018. Disponível em: https://unesdoc.unesco.org/ark:/48223/pf0000261594. Acesso em: 15 jul. 2022.

EPE. Matriz Energética e Elétrica. *Empresa de Pesquisa Energética.* Disponível em: https://www.epe.gov.br/pt/abcdenergia/matriz-energetica-e-eletrica. Acesso em: 11 maio 2022.

FACHIN, Zulmar; SILVA, Deise Marcelino da. *Acesso à água potável*: direito fundamental de sexta dimensão. 3 ed. Londrina: Toth, 2017. p. 79.

FELLET, João. Como as raízes do Cerrado levam água a torneiras de todas as regiões do Brasil. *BBC News*, 2017. Disponível em: https://www.bbc.com/portuguese/brasil-39391161. Acesso em: 01 jun. 2021.

FERNANDES, Geraldo Wilson *et al.* Cerrado: um bioma rico e ameaçado. *In*: PEIXOTO, Ariane Luna; LUZ, José Roberto Pujol; BRITO, Marcia Aparecida de. *Conhecendo a Biodiversidade.* Brasília: MCTIC, CNPq, PPBio, 2016.

HAWKING, Stephen. *A fronteira final.* Versão editada de uma palestra na George Washington University a propósito do aniversário de 50 anos da NASA. Disponível em: https://www.scielo.br/j/nec/a/ccWDDhHP46qX5mQCBwpPdQd/?lang=pt&format=pdf. Acesso em: 24 jul. 2022.

LAHSEN, Myanna; BUSTAMANTE, Mercedes Maria da Cunha; DALLA-NORA, Elói Lennon. Undervaluing and Overexploiting the Brazilian Cerrado at Our Peril. *Environment*: Science and Policy for Sustainable Development, v. 58, 2016. Disponível em: https://www.tandfonline.com/doi/full/10.1080/00139157.2016.1229537. Acesso em: 24 jul. 2022.

LENTON, Timothy Michael *et al.* Climate tipping points – too risky to bet against. *Nature*, 2019. Disponível em: https://www.nature.com/articles/d41586-019-03595-0. Acesso em: 18 jun. 2022.

LIMA; Jorge Enoch Furquim Werneck *et al. The Relevance of the Cerrado's Water Resources to the Brazilian Development.* Disponível em: https://iwra.org/member/congress/resource/PAP00-5872.pdf. Acesso em: 20 jun. 2022.

MACHADO, Paulo Affonso Leme. *Direito ambiental brasileiro.* 27 ed. São Paulo: Malheiros, 2020. p. 196.

MAPBIOMAS. *Relatório Anual de Desmatamento 2021.* São Paulo, 2022. Disponível em: https://s3.amazonaws.com/alerta.mapbiomas.org/rad2021/RAD2021_Completo_FINAL_Rev1.pdf. Acesso em: 25 jul. 2022.

MCTI. Emissões de GEE por Setor. *Gov.br*, 2021. Disponível em: https://www.gov.br/mcti/pt-br/acompanhe-o-mcti/sirene/emissoes/emissoes-de-gee-por-setor-1. Acesso em: 27 jul. 2022.

MENDES, Gilmar Ferreira; BRANCO, Paulo Gustavo Gonet. *Curso de direito constitucional.* 12. ed. São Paulo: Saraiva, 2017. p. 169.

METZGER, Jean Paul *et al.* Por que o Brasil precisa de suas Reservas Legais. *Perspectives in Ecology and Conservation*, v. 17, p. 104-116, 2019. ISSN 2530-0644. Disponível em: https://doi.org/10.1016/j.pecon.2019.09.001. Acesso em: 11 jun. 2022.

MORAES, Danielle Serra de Lima; JORDÃO, Berenice Quinzani. Degradação de recursos hídricos e seus efeitos sobre a saúde humana. *Revista Saúde Pública*, São Paulo, 2002. Disponível em: https://www.scielosp.org/article/ssm/content/raw/?resource_ssm_path=/media/assets/rsp/v36n3/10502.pdf. Acesso em: 17 jun. 2022.

ONU. *El derecho humano al agua y al saneamiento. Hitos.* Mar del Plata, 1977. Disponível em: https://www.un.org/spanish/waterforlifedecade/pdf/human_right_to_water_and_sanitation_milestones_spa.pdf. Acesso em: 24 jul. 2022.

ONU. ONU ressalta urgência global para salvar 1 bilhão de hectares de terras. *ONU News*, 2022. Disponível em: https://news.un.org/pt/story/2022/05/1788472. Acesso em: 21 jul. 2022.

SARLET, Ingo Wolfgang; FENSTERSEIFER, Tiago. *Direito constitucional ecológico*: constituição, direitos fundamentais e proteção da natureza. 7. ed. São Paulo: Thomson Reuters Brasil, 2021. p. 298.

SARLET, Ingo Wolfgang; FENSTERSEIFER, Tiago. *Princípios do direito ambiental.* 2. ed. São Paulo: Saraiva, 2017. p. 51.

SILVA JUNIOR, Carlos Antonio da *et al.* Persistent fire foci in all biomes undermine the Paris Agreement in Brazil. *Scientific Reports*, 2020. Disponível em: https://doi.org/10.1038/s41598-020-72571-w. Acesso em: 18 jun. 2022.

SPERA, Stephanie A. *et al.* Land-use change affects water recycling in Brazil's last agricultural frontier. *Global Change Biology*, 2016. Disponível em: https://onlinelibrary.wiley.com/doi/10.1111/gcb.13298. Acesso em: 29 jul. 2022.

STF. *ADPF 890. Arguição de descumprimento de preceito fundamental.* DF – Distrito Federal, 2021. Disponível em: https://jurisprudencia.stf.jus.br/pages/search/sjur460745/false. Acesso em: 15 jul. 2022.

STF. *Arguição de descumprimento de preceito fundamental 760.* Distrito Federal. Disponível em: https://www.stf.jus.br/arquivo/cms/noticiaNoticiaStf/anexo/VOTOADPF760.pdf. Acesso em: 22 jul. 2022.

STF. STF proíbe contingenciamento dos recursos do Fundo Clima. *Portal. STF*, 2022. Disponível em: https://portal.stf.jus.br/noticias/verNoticiaDetalhe.asp?idConteudo=489997&ori=1. Acesso em: 20 jul. 2022.

TRATADO da União Europeia. *Jornal Oficial das Comunidades Europeias*, 1992. Disponível em: https://eur-lex.europa.eu/legal-content/PT/TXT/PDF/?uri=CELEX:11992M/TXT&from=PT. Acesso em: 30 jun. 2022.

VALDIONES, Ana Paula *et al. Desmatamento ilegal na Amazônia e no Matopiba*: falta transparência e acesso à informação. 2021. Disponível em: https://www.icv.org.br/website/wp-content/uploads/2021/05/icv-relatorio-f.pdf. Acesso em: 23 jul. 2022.

VATICANO. *Carta encíclica Laudato Si' do Santo Padre Francisco sobre o cuidado da casa comum.* Disponível em: https://www.vatican.va/content/francesco/pt/encyclicals/documents/papa-francesco_20150524_enciclica-laudato-si.html. Acesso em: 18 jul. 2022.

VELOSO, Caetano. *Luz do Sol.* Caetanear. Universal Music International Ltda., 1985. Faixa 5. Disco de vinil.

Informação bibliográfica deste texto, conforme a NBR 6023:2018 da Associação Brasileira de Normas Técnicas (ABNT):

FREITAS, Leonardo Buíssa de; MOTA, Márcia Oliveira Alves da. O cerrado e o direito de acesso à água. A macrolitigância ambiental e o Acordo de Paris. O financiamento climático no Brasil. *In*: MOTTA, Fabrício; BUÍSSA, Leonardo; BEVILACQUA, Lucas (coord.). *Federalismo fiscal e políticas públicas*. Belo Horizonte: Fórum, 2023. p. 343-364. ISBN 978-65-5518-529-4.

FINANCIAMENTO DO SISTEMA PÚBLICO DE SAÚDE NO CONSTITUCIONALISMO DEMOCRÁTICO BRASILEIRO

JÚLIA TOMÁS

Introdução

A saúde é garantia fundamental, que consubstancia direito subjetivo a conferir ao cidadão a prerrogativa de exigir prestações de saúde em face do poder público (artigos 5º, §1º, 6º e 196, CF). Isso é o que se chama de dimensão subjetiva e positiva do direito à saúde (BARROSO, 2001, p. 186).

Ainda, esse direito possui faceta negativa, que impõe dever de abstenção ao poder público em favor da liberdade do indivíduo. São exemplos dessa dimensão: a desoneração de prestadores de serviços de saúde e a imunidade tributária conferida às entidades de assistência social sem fins lucrativos (BUÍSSA; BEVILACQUA, 2018, p. 141).

Seu aspecto objetivo, por sua vez, diz com a obrigação estatal de implementar políticas que estruturem um sistema público capaz de garantir a cobertura integral e acesso universal aos serviços de saúde (OLIVEIRA, 2022, p. 199).

Nesse sentido, a Constituição Federal estruturou o direito à saúde, dando o tom de sua conformação no ordenamento jurídico brasileiro. Previu, assim, que sua garantia é competência comum dos entes federativos, o que se dá por meio de políticas econômicas e sociais que reduzam o risco de doenças, mas que também se ocupem da dimensão curativa da saúde (artigos 24, inciso II, e 196, CF).

Além disso, foi instituído o Sistema Único de Saúde (SUS) com o intuito de concretizar um sistema público que ofereça prestações integrais, cujo acesso deve ser universal e igualitário (artigos 196 e 198, CF).

Fato é que a colocação em prática do direito à saúde nos moldes previstos pela Constituição Federal demanda a alocação de recursos públicos em volume adequado e de maneira eficiente, exigência que ainda não se materializou.

Diante dessa realidade, este trabalho se propõe a trazer uma visão crítica sobre o financiamento do direito à saúde a partir da Constituição Federal de 1988 (CF/88), retomando as disposições constitucionais pertinentes, em especial o artigo 198 da CF e as Emendas Constitucionais (EC) nº 86/15 e 95/16, confrontando-as com dados que demonstram a necessidade não só de aumento da quantidade de recursos investidos em ações e serviços públicos de saúde (ASPS), mas de sua alocação eficiente.

Em conclusão, destaca-se que a concretização desse direito guarda estreita relação com a estruturação do pacto federativo brasileiro, além de perpassar necessariamente pelo desenho tributário em que se insere a arrecadação dos cofres públicos, que financiam as políticas públicas de saúde.

1 Federalismo fiscal e competência comum em saúde

Dizer que a garantia do direito à saúde se insere na competência comum significa que todos os entes federativos têm capacidade administrativa para dar efetividade a esse direito. Dessa forma, União, estados, Distrito Federal e municípios são convocados a agir de maneira conjunta e coordenada na sua efetivação.

Na prática, isso se revela tarefa desafiadora, às vezes marcada pela sobreposição de esforços, às vezes pela tentativa de se esquivar do custeio de determinada prestação, o que prejudica a racionalização e consequente eficiência e efetividade na concreção do direito à saúde.

Vale relembrar que não se fala aqui em hierarquia entre os entes, mas em atribuição de funções, em nome da organicidade das políticas públicas de saúde, segundo a regra de distribuição de competências, conforme a predominância de interesses (nacional, regional ou local) (DE MORAES, 2000).

Em linhas gerais, aos municípios cabe fornecer o primeiro nível de atenção à saúde, momento em que a população busca acesso a especialidades como clínica geral, pediatria, obstetrícia etc. Aos estados, por sua vez, incumbe coordenar sua rede de laboratórios e hemocentros, definir os hospitais de referência e gerenciar os locais de atendimentos complexos da região. Por fim, à União compete coordenar os sistemas de saúde de alta complexidade e de laboratórios públicos, além de planejar e fiscalizar o SUS em todo o país (BRASIL, 2016).

Em arremate, ressalta-se que é livre a prestação de serviços de saúde pela iniciativa privada, isto é, "o constituinte não só facultou o agente econômico a prestar serviços médico-hospitalares, mas, também, fomentou parcerias na participação de forma complementar do Sistema Único de Saúde" (BUÍSSA; BEVILACQUA, 2018, p. 141).

Todavia, se ocupa, nesta oportunidade, de discorrer sobre o sistema público de saúde, custeado e organizado pelo poder público, principalmente por intermédio do SUS, que admite participação apenas complementar da iniciativa privada (artigo 199, §1º, CF).

Nesse cenário, existe, hoje, o que se chama de tendência à municipalização do financiamento da saúde, que consiste na oneração dos cofres municipais em decorrência da regressividade do custeio federal da saúde, sem a necessária reestruturação do desenho arrecadatório dos entes federados para reequilibrar a receita que custearia essas despesas adicionais das municipalidades. Essa situação revela um "descompasso federativo"[1] no atual sistema de financiamento da saúde pública.

Sobre essa realidade, Élida Graziane Pinto (2015a, p. 1-2) argumenta que:

> [o]s patamares historicamente progressivos de gasto mínimo em saúde dos municípios durante o período de quinze anos em comento [desde a edição da EC 29/00 até a edição da EC 85/15], em maior ou menor grau, decorreram da regressividade proporcional do gasto federal em saúde e da clara tendência de manutenção dos gastos estaduais em torno do seu piso constitucional no setor; isso quando não houve, por vezes, déficit de aplicação do mínimo em saúde, sobretudo antes da LC 141/2012, por parte de alguns Estados.

Portanto, o crescimento de despesas municipais com saúde não se trata de opção deliberada do gestor local, nem mesmo de uma

[1] Essa expressão foi usada por Élida Graziane Pinto (2015b) ao discorrer sobre o aumento dos gastos dos municípios como resultado da diminuição de investimentos federais na saúde.

política interfederativa coordenada, mas de uma resposta reativa dos municípios às demandas por prestações de saúde, que não são contempladas por investimentos estaduais e federais.

Paralelamente a esse cenário, tem-se, ainda, a seguinte situação: o gasto da União com ASPS não se vincula à arrecadação de impostos federais, mas ao valor que foi aplicado no ano anterior corrigido monetariamente (*vide* EC nº 95/16, mais bem detalhada adiante). Ou seja, mesmo que receba mais a título de arrecadação tributária, a União não está obrigada a investir mais em saúde.

E, apesar da hipótese de que o piso de gastos com saúde seria um patamar mínimo que não inviabiliza a aplicação de mais recursos nessa área (SANTOS, 2020a), o que se tem, em realidade, é que os entes federados o encaram como uma meta de gastos a ser alcançada, sem que se apliquem recursos além daqueles equivalentes ao piso (PINTO, 2015a).

Assim sendo, a previsão constitucional de um percentual mínimo de recursos públicos que deve ser direcionado à saúde caminha rumo ao alcance da estabilidade do financiamento desse direito. Todavia, essa previsão não dispensa o diálogo, planejamento e coordenação entre os entes federativos na implementação de políticas públicas na área, especialmente tendo em vista que o sistema público de saúde é regionalizado, hierarquizado e descentralizado (artigo 198, CF).

Logo, o impacto recíproco que as políticas públicas de saúde adotadas por cada um dos entes federativos exercem sobre as outras é fator que deve ser levado em conta na estruturação do financiamento da saúde.

2 Financiamento da saúde pública na Constituição Federal de 1988

Como já antecipado, o financiamento do sistema público de saúde foi tema presente na Constituição Federal desde seu nascedouro. A redação original do parágrafo único do artigo 198 previu que "o sistema único de saúde será financiado, nos termos do art. 195, com recursos do orçamento da seguridade social, da União, dos Estados, do Distrito Federal e dos Municípios, além de outras fontes" (BRASIL, 2008). Concomitantemente, o artigo 55 do Ato das Disposições Constitucionais Transitórias (ADCT) assegurava a destinação de 30% do orçamento da seguridade social (artigo 165, §5º, inciso III, CF) às políticas públicas de saúde.

Atualmente, a saúde compõe, juntamente com a previdência e assistência social, o sistema de seguridade social brasileiro (artigo 194, CF). Esse sistema deverá ser financiado "por toda a sociedade, de forma direta e indireta, nos termos da lei" (BRASIL, 2008), com a alocação de recursos dos orçamentos da União, dos estados, do Distrito Federal e dos municípios, sem prejuízo de outras fontes (artigo 195, CF).

Logo, é possível, em tese, a criação de tributos diversos dos já existentes para o custeio desse sistema, como ocorreu, por exemplo, com a contribuição provisória sobre movimentação ou transmissão de valores e créditos de natureza financeira (CPMF), cuja arrecadação se destinava a financiar ações e serviços de saúde.[2]

A proposta de orçamento deverá ser elaborada de maneira integrada pelos órgãos que cuidam de três áreas – saúde, assistência e previdência social –, em consonância com as metas e prioridades previstas na Lei de Diretrizes Orçamentárias (LDO). Todavia, é assegurada a gestão independente de seus recursos a cada área da seguridade social. Além disso, as receitas dos estados, Distrito Federal e municípios não integrarão o orçamento da União, mas deverão constar em seus próprios orçamentos (artigo 195, §§1º e 2º, CF).

Mais recentemente, demonstrando a preocupação com o isolamento dos recursos destinados a cada ramo da seguridade social, o constituinte estabeleceu, no inciso VI do artigo 194 da CF,

---

[2] ADCT, Constituição Federal de 1988.
Art. 74. A União poderá instituir contribuição provisória sobre movimentação ou transmissão de valores e de créditos e direitos de natureza financeira.
§ 1º A alíquota da contribuição de que trata este artigo não excederá a vinte e cinco centésimos por cento, facultado ao Poder Executivo reduzi-la ou restabelecê-la, total ou parcialmente, nas condições e limites fixados em lei.
§ 2º A contribuição de que trata este artigo não se aplica o disposto nos arts. 153, § 5º, e 154, I, da Constituição.
§ 3º O produto da arrecadação da contribuição de que trata este artigo será destinado integralmente ao Fundo Nacional de Saúde, para financiamento das ações e serviços de saúde.
§ 4º A contribuição de que trata este artigo terá sua exigibilidade subordinada ao disposto no art. 195, § 6º, da Constituição, e não poderá ser cobrada por prazo superior a dois anos.

que as receitas e despesas da saúde, previdência e assistência social deverão ser identificadas em rubricas contábeis específicas para cada uma das áreas, o que contribui para evitar a confusão de recursos entre os três setores (KERTZMAN, 2021).

Tal previsão, ao segregar os recursos da previdência, assistência e saúde, evita distorções, como a que ocorreu após a promulgação da Constituição Federal de 1988, quando o montante investido pela União no SUS foi reduzido em razão do déficit previdenciário (BUÍSSA; BEVILACQUA, 2018).

3 Emenda Constitucional nº 29, de 2000

Mais adiante, em 2000, com o intuito de conferir bases mais sólidas ao financiamento da saúde, foi promulgada a Emenda Constitucional (EC) nº 29, que estabeleceu pisos de gastos públicos com ASPS. A emenda não previu percentual mínimo, atribuindo à lei complementar o dever de estabelecê-los. Além disso, a EC nº 29/00 buscou "explicitar a competência de todos os entes para a promoção dos serviços de saúde, garantindo maior nível de investimentos" (BUÍSSA; BEVILACQUA, 2018).

A partir da promulgação dessa emenda, o artigo 198 da Constituição Federal passou a dispor sobre a base de cálculo para a aplicação mínima de recursos públicos em ações e serviços públicos de saúde, nos seguintes termos:

> § 2º A União, os Estados, o Distrito Federal e os Municípios aplicarão, anualmente, em ações e serviços públicos de saúde recursos mínimos derivados da aplicação de percentuais calculados sobre:
> I – no caso da União, na forma definida nos termos da lei complementar prevista no § 3º;
> II – no caso dos Estados e do Distrito Federal, o produto da arrecadação dos impostos a que se refere o art. 155 e dos recursos de que tratam os arts. 157 e 159, inciso I, alínea *a*, e inciso II, deduzidas as parcelas que forem transferidas aos respectivos Municípios;
> III – no caso dos Municípios e do Distrito Federal, o produto da arrecadação dos impostos a que se refere o art. 156 e dos recursos de que tratam os arts. 158 e 159, inciso I, alínea *b* e § 3º.
> § 3º Lei complementar, que será reavaliada pelo menos a cada cinco anos, estabelecerá:
> I – os percentuais de que trata o § 2º; (BRASIL, 2008).

Adicionalmente, o artigo 77 do ADCT estabeleceu que seria obrigatória a aplicação do montante empenhado em ASPS no ano anterior (2000), acrescido de 5% (cinco por cento). Nos anos seguintes, de 2001 a 2004, o constituinte determinou que fosse investido o valor que havia sido aplicado no ano imediatamente anterior, corrigido pela variação nominal do produto interno bruto (PIB).

> Art. 77. Até o exercício financeiro de 2004, os recursos mínimos aplicados nas ações e serviços públicos de saúde serão equivalentes:
> I - no caso da União:
> a) no ano 2000, o montante empenhado em ações e serviços públicos de saúde no exercício financeiro de 1999 acrescido de, no mínimo, cinco por cento;
> b) do ano 2001 ao ano 2004, o valor apurado no ano anterior, corrigido pela variação nominal do Produto Interno Bruto - PIB; (BRASIL, 2008).

Essa previsão redundou em crescimento nominal de investimentos em saúde, especialmente no caso dos estados e municípios, em razão de eles terem partido de índices mais baixos de gastos com ASPS (IPEA, 2018).

Apesar disso, houve regressividade do investimento federal em ASPS pelo período de 15 (quinze) anos – desde a promulgação da EC nº 29/00 até a promulgação da EC nº 85/15 (PINTO, 2015a).

Isto é, apesar de a União ter aumentado nominalmente os gastos em saúde, "desde a EC 29/2000, a participação da União no custeio do Sistema Único de Saúde tem caído proporcionalmente tanto em face [...] [do que] os demais entes federados aportam, bem como em relação ao quanto ela própria arrecada" (PINTO, 2015a, p. 1-2).

Nesse sentido:

> Tal regressividade (que é relativa, já em que em termos nominais houve expansão formal do gasto federal em saúde) pode ser estatisticamente aferida à luz de qualquer dos seguintes quesitos de análise:
>
> - participação relativa da União no volume total de recursos vertidos pelo Poder Público ao SUS (caiu de 59,8% em 2000 para 44,7% em 2011, segundo estudo do IPEA);
> - peso proporcional do gasto da União em saúde em face da sua própria receita global caiu de 8% para 6,9%;
> - peso proporcional do gasto da União em saúde em face do total de recursos aplicados no Orçamento da Seguridade Social (OSS), o que corresponde ao critério de proporcionalidade estabelecido no artigo

55 do ADCT (conforme noticia a Associação Nacional do Ministério Público de Defesa da Saúde – AMPASA) (PINTO, 2015a, p. 1-2).

Percebe-se, portanto, que, apesar de não ter bastado para garantir o financiamento suficiente e adequado à saúde pública, a fixação dos pisos foi capaz de direcionar mais recursos públicos para essa área, ou seja, deu um passo adiante na efetivação desse direito, que exige organização e custeio adequados para sua concreção.

Enfim, em 2012, foi editada a Lei Complementar (LC) nº 141, que regulamentou essas disposições constitucionais, dando cumprimento ao disposto no artigo 198 da CF. Entre outras disposições, ela estabeleceu os percentuais a serem aplicados aos entes federativos para cálculo de seus pisos de gastos com saúde (art. 1º, LC nº 141/12)[3] Ademais disso, buscou equilibrar a distribuição federativa de gastos com ASPS por meio da definição das rubricas que seriam consideradas investimento em saúde.

4 Emenda Constitucional nº 86, de 2015

Já em 2015, foi promulgada a EC nº 86, que, alterando a redação do artigo 198, dispôs que o piso de investimentos em ASPS para a União seria calculado sobre sua receita corrente líquida (RCL)[4]

---

[3] A título informativo, são os seguintes:
Lei Complementar nº 141, de 2012.
Art. 5º A União aplicará, anualmente, em ações e serviços públicos de saúde, o montante correspondente ao valor empenhado no exercício financeiro anterior, apurado nos termos desta Lei Complementar, acrescido de, no mínimo, o percentual correspondente à variação nominal do Produto Interno Bruto (PIB) ocorrida no ano anterior ao da lei orçamentária anual.
Art. 6º Os Estados e o Distrito Federal aplicarão, anualmente, em ações e serviços públicos de saúde, no mínimo, 12% (doze por cento) da arrecadação dos impostos a que se refere o art. 155 e dos recursos de que tratam o art. 157, a alínea "a" do inciso I e o inciso II do caput do art. 159, todos da Constituição Federal, deduzidas as parcelas que forem transferidas aos respectivos Municípios
Art. 7º Os Municípios e o Distrito Federal aplicarão anualmente em ações e serviços públicos de saúde, no mínimo, 15% (quinze por cento) da arrecadação dos impostos a que se refere o art. 156 e dos recursos de que tratam o art. 158 e a alínea "b" do inciso I do caput e o § 3º do art. 159, todos da Constituição Federal.
Art. 8º O Distrito Federal aplicará, anualmente, em ações e serviços públicos de saúde, no mínimo, 12% (doze por cento) do produto da arrecadação direta dos impostos que não possam ser segregados em base estadual e em base municipal.

[4] Constituição Federal de 1988.
Art. 100.

do exercício financeiro a partir dos seguintes índices progressivos: 13,2% da RCL, em 2016; 13,7%, em 2017; 14,2%, em 2018; 14,7%, em 2019; e 15,0%, em 2020.

Em 2016, a ADI nº 5.595, proposta pelo procurador-geral da República (PGR), argumentou a inconstitucionalidade dos artigos 2º e 3º da EC nº 86/15. Suas disposições foram suspensas por medida cautelar e acabaram valendo somente para 2016.

O artigo 2º estabeleceu os pisos progressivos para investimentos federais em saúde, e o artigo 3º retirou o caráter de fonte adicional dos recursos arrecadados a título de participação no resultado ou compensação financeira pela exploração de petróleo ou gás natural.

Isto é, o artigo 3º da emenda estabeleceu que os recursos federais provenientes da exploração de petróleo e gás natural deveriam ser contabilizados no cumprimento do piso de investimentos em saúde (artigo 20, §1º, CF).

Antes da EC, o montante arrecadado a esse título era considerado fonte adicional de financiamento da saúde, portanto, não contabilizado para cumprimento do percentual mínimo de gastos com ASPS.

O autor da ação (PGR) alegou que essas duas disposições implicariam em redução dos valores aportados pela União no financiamento da saúde.

Para além dessas disposições, a EC, apelidada de "emenda do orçamento impositivo", instituiu as emendas parlamentares

---

§ 18. Entende-se como receita corrente líquida, para os fins de que trata o § 17, o somatório das receitas tributárias, patrimoniais, industriais, agropecuárias, de contribuições e de serviços, de transferências correntes e outras receitas correntes, incluindo as oriundas do § 1º do art. 20 da Constituição Federal, verificado no período compreendido pelo segundo mês imediatamente anterior ao de referência e os 11 (onze) meses precedentes, excluídas as duplicidades, e deduzidas:
I - na União, as parcelas entregues aos Estados, ao Distrito Federal e aos Municípios por determinação constitucional;
II - nos Estados, as parcelas entregues aos Municípios por determinação constitucional;
III - na União, nos Estados, no Distrito Federal e nos Municípios, a contribuição dos servidores para custeio de seu sistema de previdência e assistência social e as receitas provenientes da compensação financeira referida no § 9º do art. 201 da Constituição Federal.

individuais de execução obrigatória,[5] que mitigaram o caráter até então meramente autorizativo do orçamento.[6]

Essas emendas, aprovadas até o montante equivalente a 1,2% da RCL da União no exercício anterior, serão de execução obrigatória até o valor equivalente a 1,2% da RCL efetivamente auferida. Metade desse valor deve ser destinado ao financiamento da saúde (artigo 166, §§9º e 11, CF).

A executoriedade obrigatória dessa parcela do orçamento, além de aumentar a transparência, facilita a fiscalização da aplicação desses valores, pois elimina ou, ao menos, reduz a possibilidade de negociações sobre a liberação das verbas públicas e sua destinação, que, obrigatoriamente, serão investidas em ASPS.

Em relação aos pisos progressivos para gastos federais com saúde, com base em estimativa realizada pelo CONASS (Conselho Nacional de Secretários de Saúde), o autor da ação afirmou que eles acarretariam perda de cerca de R$20 bilhões no custeio da saúde, durante a vigência da EC nº 86/15.

Ressalta-se que o artigo 2º da EC nº 86/15 foi expressamente revogado pelo artigo 3º da EC nº 95, de 2016,[7] conhecida como "teto dos gastos", que instituiu o novo Regime Fiscal.

Essa revogação levou a Advocacia-Geral da União (AGU) a se manifestar pela perda parcial do objeto da ação, oportunidade em que esclareceu que, caso houvesse interesse no julgamento da

---

[5] Emendas parlamentares são proposições por meio das quais os deputados e senadores opinam na alocação de recursos públicos. Essas emendas podem acrescentar, suprimir ou modificar rubricas do projeto de lei orçamentária enviado pelo chefe do Poder Executivo. As propostas podem ser de quatro tipos: emenda individual, de bancada, de comissão e da relatoria. Segundo o Senado Federal, as emendas individuais são de autoria de cada senador ou deputado, já as coletivas podem ser propostas por bancadas, pelas comissões técnicas das Casas Legislativas, e das Mesas Diretoras do Parlamento (SENADO NOTÍCIAS, 2022).

[6] Segundo o STF, o orçamento tinha caráter meramente autorizativo (ADI nº 2.680, relator ministro Gilmar Mendes, DJ nº 149 do dia 16.06.2020). Ao longo dos anos, a natureza autorizativa do orçamento foi mitigada com a instituição de despesas obrigatórias, a exemplo das emendas individuais e parlamentares de bancada. Mais recentemente, o §10 do art. 165 da CF impôs ao governo federal "o dever de executar as programações orçamentárias, adotando meios e medidas necessários, com o propósito de garantir a efetiva entrega de bens e serviços à sociedade" (BRASIL, 2008), excepcionando esse dever em alguns casos previstos constitucionalmente. Percebe-se, portanto, a tendência de transformar – ao menos em parte – a natureza jurídica do orçamento público, antes autorizativa, agora impositiva.

[7] Emenda Constitucional nº 95, de 15 de dezembro de 2016.
Art. 3º Fica revogado o art. 2º da Emenda Constitucional nº 86, de 17 de março de 2015.

ADI nº 5.595, este se limitaria à discussão acerca da aplicação de recursos mínimos em saúde, pela União, no exercício de 2016, uma vez que a EC nº 95/16 fixou o percentual de 15% da RCL auferida no exercício anterior para aplicação mínima em ASPS (BRASIL, 2008).

A AGU aduziu ainda que, em 2016, a União aplicou em ASPS o valor equivalente a 14,96% da RCL auferida naquele exercício financeiro, ou seja, aplicou coeficiente maior do que os 13,2% previstos pelo art. 2º da EC nº 86/2015, que estava em vigor naquele momento.

Subsidiariamente, sustentou que, caso o STF julgasse ser devida a diferença do valor efetivamente aplicado (14,96% da RCL da União) e o percentual de 15% da RCL atualmente exigido, o valor correspondente a essa diferença já teria sido investido em saúde, no exercício de 2017. Isto é, o 0,04% da RCL correspondente à diferença entre o percentual aplicado (14,96% da RCL) e o atualmente exigido (15%) da União totalizaria cerca de R$250 milhões de reais e, em 2017, a União investiu R$114,7 bilhões, sanando, através de uma espécie de compensação, a dívida equivalente a essa diferença de percentuais.

E, aqui, é importante destacar duas considerações antes de seguir com a análise feita pelo STF sobre a (in)constitucionalidade dessas disposições.

Primeiramente, é controverso o cumprimento, pela União, do piso em saúde no exercício de 2016. Em segundo lugar, a revogação do artigo 2º da EC nº 86/15 pela EC 95/16 não torna sem razão de ser o debate acerca do piso federal de investimentos em saúde.

Isso porque a base de cálculo do piso federal de investimentos em ASPS será, a partir de 2017, o montante aplicado no exercício anterior (2016), corrigido monetariamente. Por conseguinte, caso se entenda devida a aplicação de um maior volume de recursos em ASPS, em 2016, o valor a ser aplicado nos exercícios seguintes aumentará (PINTO, 2020).

Assim:

> O [...] que o STF precisa julgar diz respeito ao déficit de aplicação no piso federal em saúde de 2016 (dada a suspensão cautelar dos arts. 2º e 3º da EC 86/2015), que obrigaria a União ao dever de compensação em 2017 (ainda não cumprido plenamente) e que, por sua vez, ampliaria necessariamente a base de cálculo de 2018 a 2036, para o piso federal em

saúde, o qual passou a ser meramente corrigido pela inflação, segundo a previsão do art. 110 do ADCT.

Quanto ao primeiro ponto mencionado anteriormente, ou seja, a controvérsia acerca do cumprimento ou não do piso de investimentos federais em saúde, no exercício de 2016, com base no Relatório Resumido de Execução Orçamentária (RREO) referente ao 6º bimestre de 2016, a autora noticia que:

> [...] para cumprir o piso federal em saúde de 15% da receita corrente líquida no exercício financeiro de 2016, a União deveria ter aplicado, no mínimo, R$108,371 bilhões, ao invés de R$ 106,236 bilhões, de modo que *seu patamar de aplicação em ASPS ficou aquém do exigido constitucionalmente.* Isso sem falar aqui do dever de compensação dos restos a pagar que tenham sido computados em anos anteriores no piso federal em saúde e que, em 2016, foram cancelados (PINTO, 2020).

Ou seja, a União não aplicou o mínimo devido em saúde em 2016, mesmo após o advento da EC nº 95/16, que revogou expressamente o art. 2º da EC nº 86/15 e estabeleceu o percentual de 15% da RCL para gastos a esse título.

Outro ponto relevante é o fato de que a LC nº 141/12[8] estabelece o dever de compensação imediata, isto é, no exercício financeiro subsequente, caso não seja cumprido o piso de investimentos em saúde. Ou seja, permanece o interesse em declarar o descumprimento do piso federal de investimentos em saúde para que eventual diferença seja compensada.

Esses fatores demonstram, portanto, que, mesmo após a revogação do artigo 2º da EC 85/16, subsiste o interesse na declaração de sua inconstitucionalidade. Na prática:

> [...] o exame de mérito da ADI 5.595 incide não só sobre o piso federal em saúde de 2016, como também repercute para a medida compensatória que deveria ter ocorrido em 2017 e para a correspondente ampliação da

---

[8] Lei Complementar nº 141, de 2012.
Art. 25. Eventual diferença que implique o não atendimento, em determinado exercício, dos recursos mínimos previstos nesta Lei Complementar deverá, observado o disposto no inciso II do parágrafo único do art. 160 da Constituição Federal, ser acrescida ao montante mínimo do exercício subsequente ao da apuração da diferença, sem prejuízo do montante mínimo do exercício de referência e das sanções cabíveis.

> base de cálculo do gasto federal em saúde dado pelo art. 110 do ADCT, a ser corrigido pela inflação de 2018 até 2036.
> [...]
> Trata-se do dever de compensação do déficit no piso em saúde, na forma do art. 25 da LC 141/2012, o que, por óbvio, seria incorporado adicionalmente à base de cálculo de 2017, para a incidência do piso congelado em saúde a partir de 2018 e até 2036, que a Emenda 95/2016 inseriu no ADCT, na forma do seu art. 110, inciso II.

Já com relação ao artigo 3º, que retirou o caráter de fonte adicional dos recursos advindos da exploração de petróleo e gás natural, inserindo-os no cômputo do valor mínimo aplicado em saúde, defende-se também sua inconstitucionalidade, haja vista se tratar de medida que reduz o montante de verbas públicas destinadas às ASPS, impondo retrocesso à efetivação desse direito e violando o princípio da vedação da proteção insuficiente por meio da manipulação da atividade financeira do Estado.

Assim, a declaração de inconstitucionalidade do artigo 3º garantirá a alocação de mais recursos na saúde pública, alcançando, inclusive, os valores disponíveis no Fundo Social do Pré-Sal. Ressalta-se, enfim, que "que a arrecadação das receitas patrimoniais oriundas da exploração de recursos naturais (notadamente os royalties de petróleo) já realizada no primeiro bimestre de 2020 ultrapassa a casa dos R$ 14,6 bilhões" (PINTO, 2020).

A ADI nº 5.595 foi incluída no calendário de julgamento, conforme consta do DJe nº 131/2022 e, atualmente, conta com quatro votos pela declaração de inconstitucionalidade dos artigos 2º e 3º da EC nº 86/15 (ministros Ricardo Lewandowski, Edson Fachin, Marco Aurélio e Cármen Lúcia), confirmando a liminar anteriormente concedida, e três votos pela sua improcedência (ministros Gilmar Mendes, Luiz Fux e Alexandre de Morais).

Entretanto, do voto proferido pelo ministro relator Ricardo Lewandowski quando do deferimento da medida cautelar, que suspendeu os artigos 2º e 3º da EC nº 86/15, extraem-se algumas conclusões importantes para o debate sobre o dever de financiamento adequado da saúde pública.

Em síntese, o ministro entendeu que, das disposições sobre direito à saúde na Constituição Federal, se extrai o dever de seu financiamento estável e progressivo, considerando sua dimensão objetiva ou institucional.

Nesse sentido, as garantias de organização relativas ao direito à saúde impõem o reconhecimento de "imperativos de tutela", pois:

> [...] o direito de acesso universal e igualitário às ações e serviços de promoção, proteção e recuperação da saúde a que se refere o art. 196 é realizado por meio de políticas sociais e econômicas que foram definidas estruturalmente no art. 198, na forma do Sistema Único de Saúde e do seu financiamento adequado. (Decisão sobre a medida cautelar proferida na ADI nº 5.595 pelo Ministro Relator Ricardo Lewandowski, 2017, p. 9).

Esses "imperativos de tutela que amparam os direitos fundamentais" subordinam, assim, o orçamento público e, consequentemente, o financiamento das políticas públicas de saúde, que deve se assentar em "bases juridicamente estáveis" e "fiscalmente progressivas (em consonância com os princípios da proporcionalidade e reserva do possível)" (decisão sobre a medida cautelar proferida na ADI nº 5.595 pelo ministro relator Ricardo Lewandowski, 2017, p. 10).

Aqui, percebe-se um diálogo interno da corte, notadamente com o entendimento proferido no julgamento da ADPF nº 45, oportunidade em que asseverou que o poder público não pode inviabilizar o estabelecimento e a preservação do direito à saúde por meio da manipulação da atividade financeira do Estado.

A conclusão, portanto, é de que o direito fundamental à saúde pressupõe "garantias fundamentais de organização sistêmica (SUS) e de financiamento suficiente e progressivo, conforme a disponibilidade das receitas da seguridade social e o piso de custeio no setor" (decisão sobre a medida cautelar proferida na ADI nº 5.595 pelo ministro relator Ricardo Lewandowski, 2017, p. 11).

Ademais disso, entende-se que "a rota normativa verificada é de progressividade em prol do direito à saúde e da sua garantia de custeio suficiente em face dos ditames constitucionais de atendimento universal, igualitário e integral no âmbito do SUS" (decisão sobre a medida cautelar proferida na ADI nº 5.595 pelo ministro relator Ricardo Lewandowski, p. 14).

Assim, a restrição da cobertura oferecida pelo sistema público de saúde brasileiro por meio da diminuição do montante de recursos públicos ali alocados importa em malferir o direito à saúde, já que essa medida vai de encontro ao objetivo constitucional de redução de risco de doenças e outros agravos, além da garantia de acesso universal e igualitário às ações e serviços para a promoção, proteção e recuperação da saúde (decisão sobre a medida cautelar proferida na ADI nº 5.595 pelo ministro relator Ricardo Lewandowski, 2017, p. 16).

Sintetiza, portanto, que:

> [...] a proteção constitucional do direito à saúde e, por conseguinte, do direito à vida, exige que sejam assegurados concomitantemente a higidez do SUS e o seu financiamento adequado, seja pelo viés das fontes próprias e solidárias de receitas da seguridade social, seja pelo viés do dever de gasto mínimo no setor. Este é o estágio já conquistado de realização do direito à saúde, cujo retrocesso viola seu núcleo essencial. (Decisão sobre a medida cautelar proferida na ADI nº 5.595 pelo Ministro Relator Ricardo Lewandowski, 2017, p. 22, grifos nossos).

Nesse sentido, conclui que as disposições da EC nº 86, de 2016, ferem o dever de progressividade de concreção dos direitos sociais e que, caso "houvesse real intenção de progressividade na promulgação da EC 86/2015, [...] não haveria os subpisos" estabelecidos pela emenda, que, em realidade, reduzem o montante de recursos públicos direcionados à saúde.

Ressalta, ainda, que não há perda do objeto da ação em decorrência do possível descumprimento, pela União, do piso constitucional de investimento em saúde, no exercício de 2016.

5 Emenda Constitucional nº 95, de 2016

A Emenda Constitucional nº 95/16, que instituiu um novo Regime Fiscal, ficou conhecida como "teto de gastos". O propósito era conter gastos com políticas públicas sob a justificativa de que isso reduziria a dívida, o que, em tese, geraria crescimento econômico para o país.

Em linhas gerais, os gastos públicos primários[9] ficam limitados pelo período equivalente a 20 exercícios financeiros. Isto é,

---

[9] Segundo o glossário da Secretaria de Estado da Economia do Governo de Goiás, a expressão gastos ou despesas primárias refere-se às despesas não financeiras, que "corresponde ao conjunto de gastos que possibilita a oferta de serviços públicos à sociedade, deduzida às despesas financeiras. São exemplos: os gastos com pessoal, custeio e investimento. Pode ser de natureza obrigatória ou discricionária" (GOIÁS, 2019).

estabelece-se um valor máximo que se permite alocar nessas despesas durante a vigência da EC. Esse limite, por sua vez, será acrescido anualmente somente do valor equivalente à sua correção monetária, de acordo com a inflação do ano anterior, utilizando-se, para tanto, o Índice de Preços ao Consumidor Amplo (IPCA).

O art. 110 do ADCT estabelece que:

> [...] na vigência do Novo Regime Fiscal, as aplicações mínimas em ações e serviços públicos de saúde e em manutenção e desenvolvimento do ensino equivalerão:
> I - no exercício de 2017, às aplicações mínimas calculadas nos termos do inciso I do § 2º do art. 198 e do caput do art. 212, da Constituição Federal; e
> II - nos exercícios posteriores, aos valores calculados para as aplicações mínimas do exercício imediatamente anterior, corrigidos na forma estabelecida pelo inciso II do § 1º do art. 107 deste Ato das Disposições Constitucionais Transitórias (BRASIL, 2008).

Note que o inciso I do artigo 110 do ADCT faz referência ao inciso I do §2º do art. 198 da CF, ou seja, esse teto de gastos com ASPS se aplica somente à União, sem prejuízo, contudo, de que regra da mesma natureza ou similar seja instituída pelos governos locais (SANTOS, 2020).

Pois bem, as projeções indicavam, ainda em 2016, que esse regime de austeridade fiscal conduziria ao agravamento da regressividade no custeio federal da saúde pública, uma vez que ele não apenas dificulta o aumento de investimentos em saúde, mas também não permitiria a manutenção das prestações de ASPS nos mesmos patamares em que oferecidas à população, anteriormente à promulgação da emenda (VIEIRA; BENEVIDES, 2016a).

Isso ocorreria porque a correção do limite de investimento em saúde com base apenas na inflação não seria capaz de fazer frente à demanda, que tende a crescer em decorrência do aumento quantitativo e do envelhecimento da população.

Nesse sentido, projeta-se que a parcela da população com mais de 65 anos de idade equivalerá a 15% do total, em 2034, em oposição aos 10,5%, relativos a 2018. A própria Secretaria do Tesouro Nacional (STN) prevê que as ações para atender às demandas decorrentes do envelhecimento populacional exigirão, entre 2020 e 2027, um aporte adicional de cerca de R$50,7 bilhões (CNS, 2020).

Há que se considerar, ainda, além das despesas contempladas pelas políticas públicas de saúde – ou seja, com previsão orçamentária para seu custeio –, a adição de gastos não contemplados no planejamento financeiro estatal. É o caso, por exemplo, do cumprimento de decisões judiciais, especialmente as de natureza urgente.

Em pesquisa anteriormente empreendida, constatou-se que em cerca de 64% das ações judiciais propostas contra o estado de Goiás pleiteando prestações de saúde, a substância ou serviço requerido não estava inserido nas listas do SUS, ou seja, não estava contemplado pelas políticas públicas de saúde (SANTOS, 2021).

Ademais disso, igualmente congelados estão os investimentos em previdência, assistência social, estruturação e manutenção da máquina pública e seus serviços. Assim, para que houvesse um aumento no que se investe atualmente em saúde, recursos dos outros setores, igualmente submetidos ao teto, teriam que ser direcionados a essa área, o que, no fim das contas, causaria uma "disputa fratricida entre diversas áreas de políticas públicas", situação que tende "a prejudicar todas elas" (PINTO; XIMENES, 2018, p. 995).

As previsões parecem se confirmar. O Conselho Nacional de Saúde (CNS) noticia uma redução de R$20,19 bilhões no investimento federal em saúde, em 2019, quando comparado com 2017, ano que serve como base para o cálculo do piso de gastos em saúde, enquanto viger o Regime Fiscal instituído pela EC nº 95/16 (CNS, 2020).

Além disso, o CNS informa que o valor da renda *per capita* da saúde, isto é, o valor aplicado em favor de cada cidadão, pelo poder público, no período de um ano, dividido pela quantidade total de cidadãos, em 2020, totalizou R$555,00, em oposição aos R$595,00 que eram aplicados em 2014.

Em face desses elementos, conclui-se que a Constituição Federal de 1988, apesar de se ocupar do direito à saúde de forma dirigente, ou seja, contemplando diversos elementos atinentes à sua concretização, na prática, ainda não verifica progressividade nem estabilidade no financiamento da saúde pública brasileira, o que impede o alcance da integralidade e universalidade que se pretende conferir ao direito à saúde.

É nesse sentido que se constata que, apesar dos avanços, os marcos regulatórios mencionados anteriormente não foram capazes de enfrentar a regressividade dos gastos federais com saúde, situação observada desde a promulgação da Constituição Federal de 1988 (PINTO, 2015a).

Conclusão

É competência comum da União, estados, Distrito Federal e municípios cuidar da saúde (art. 24, inciso II, CF), que será implementada por meio de políticas sociais e econômicas que busquem a redução do risco de doenças e cuidem também de sua dimensão curativa. O sistema público de saúde, por sua vez, é regido pela integralidade, no que tange às prestações oferecidas, e universalidade de acesso. Bem assim, as ASPS serão oferecidas por uma rede regionalizada, hierarquizada e descentralizada.

Todos esses elementos conduzem à necessidade de diálogo interfederativo no planejamento e implementação de políticas públicas de saúde. Nesse sentido, o aumento ou redução de aporte de recursos nesse setor, por parte de um ente federado, repercute no financiamento de ações de saúde dos demais. É o que ocorre no caso da municipalização do custeio desse direito, que tem como expoente determinante a regressividade do investimento federal na área.

No constitucionalismo brasileiro, o financiamento da saúde foi tema abordado desde a promulgação da Constituição Federal de 1988, notadamente em seu artigo 198, bem como no art. 55 do ADCT, que garante a destinação de 30% dos recursos da seguridade social para a área.

Todavia, logo após a promulgação da Constituição, a confusão dos recursos da seguridade social – assistência, previdência e saúde – culminou na redução do montante investido pela União no SUS, em decorrência do déficit previdenciário.

Atualmente, o constituinte estabeleceu que devem ser separadas as rubricas contábeis de cada área da seguridade social, o que confere mais estabilidade e segurança ao financiamento da saúde porque reduz a possibilidade de contingenciamento de recursos destinados ao setor, em decorrência de déficits na previdência ou assistência social.

Com a promulgação da EC nº 29/00, a CF estabeleceu pisos mínimos de investimentos em saúde pelos entes federados, atribuindo à lei complementar a tarefa de definir os percentuais respectivos.

Todavia, mesmo sem a edição da referida LC, o art. 77 do ADCT previu que, em 2000, a União deveria aplicar em ASPS o valor equivalente ao montante empenhado no ano anterior, acrescido de 5%. Bem assim, de 2001 a 2004, estipulou a obrigatoriedade de investimento equivalente ao valor aplicado no ano imediatamente anterior corrigido pela variação nominal do PIB.

A partir desse período até a promulgação da EC nº 85/16, apesar de haver crescimento nominal de investimento federal em saúde, constata-se uma regressividade relativa dos gastos da União com ASPS, tanto em comparação com o que ente nacional aportava anteriormente na área quanto com o que estados, DF e municípios aplicavam em saúde.

Esse cenário conduz a duas constatações: primeiro, a fixação do piso para investimentos em saúde é medida necessária, pois viabiliza o direcionamento de um volume maior de recursos públicos para esse setor, retirando do âmbito de negociação e discricionariedade política a destinação desses valores; em segundo lugar, isoladamente, não é suficiente para garantir financiamento adequado à saúde, que exige alocação progressiva, eficiente e planejada de recursos nas ASPS.

Já em 2015, a EC nº 86/15, quanto ao direito à saúde, trouxe três disposições que foram analisadas anteriormente: (1) estabeleceu pisos progressivos para aplicação em saúde para a União; (2) instituiu as emendas parlamentares impositivas, aprovadas até 1,2% da RCL, que devem destinar metade de seus recursos a ASPS; (3) retirou o caráter de fonte adicional dos recursos recebidos pela exploração de petróleo e gás natural, inserindo-os no cômputo do piso de gastos com saúde.

Os pisos progressivos foram revogados pela EC nº 95/16 e acabaram valendo somente para o exercício de 2016. Todavia, a importância do debate sobre esse dispositivo permanece por duas razões: a um, pois a União não cumpriu o patamar mínimo de investimentos em saúde previsto para 2016; a dois, porque a fixação da base de cálculo do piso federal da saúde, em 2016, terá efeitos prospectivos até 2036.

Isso porque ela será considerada para a fixação do piso em saúde para 2017, que, por sua vez, será tido como patamar para a fixação da base de cálculo do ano seguinte, e assim sucessivamente, até 2036, último ano de vigência do novo Regime Fiscal, adicionando-se apenas a correção monetária em cada exercício.

Portanto, declarar que há valores ainda devidos e não aplicados em saúde no ano de 2016 implicará no aumento da base de cálculo do piso federal de gastos em ASPS para os anos subsequentes.

Quanto às emendas impositivas, nota-se que caminharam no sentido de contribuir para a estabilidade do financiamento da saúde ao retirar esses valores do âmbito de negociação parlamentar no que tange à destinação dessa parcela das verbas públicas.

Já quanto ao item (3), sua declaração de inconstitucionalidade implicará no aumento de volume de recursos públicos a serem aplicados em saúde, já que aqueles recebidos pela exploração de petróleo e gás natural não poderão ser computados para cumprimento do piso, mas manterão seu caráter de fonte adicional de financiamento.

No que tange à EC nº 95/16, que instituiu o novo Regime Fiscal, conhecido como "teto de gastos", ela limitou os investimentos em saúde, a partir de 2017 até 2036, ao montante investido, no exercício anterior, corrigido monetariamente. Essa emenda tende a agravar a regressividade de investimentos federais em ASPS.

Isso se dá porque a demanda por serviços públicos de saúde tende a crescer em decorrência do aumento e envelhecimento da população. Ou seja, o valor aplicado em 2017 (corrigido monetariamente) para atender às demandas daquele ano não será suficiente para atender a demanda dos anos seguintes, que tende a aumentar, o que exigiria um aporte maior de recursos na saúde.

Ademais disso, o teto se aplica aos demais ramos da seguridade social. Portanto, para que se aumente o valor investido na saúde, recursos destinados a outras áreas (previdência e assistência, por exemplo) seriam redirecionados para esse fim, o que causaria uma disputa por verbas para o custeio de políticas públicas, o que tende a prejudicar a efetivação de todas elas.

Referências

ARRETCHE, Marta; MARQUES, Eduardo; HOCHMAN, Gilberto (Orgs.). *Políticas públicas no Brasil*. Rio de Janeiro: Editora Fiocruz, 2007. 398 pp.

BARROSO, Luís Roberto. *Interpretação e aplicação da Constituição*. São Paulo: Saraiva, 2001.

BRASIL. Conselho Nacional de Saúde (CNS). *Saúde perdeu R$ 20 bilhões em 2019 por causa da EC 95/16*. Disponível em: https://conselho.saude.gov.br/ultimas-noticias-cns/1044-saude-perdeu-r-20-bilhoes-em-2019-por-causa-da-ec-95-2016. Acesso em: 16 jul. 2022.

BRASIL. Conselho Nacional de Secretários de Saúde (CONASS). *Para entender a gestão do SUS*. Brasília: CONASS, 2003. Disponível em: https://bvsms.saude.gov.br/bvs/publicacoes/para_entender_gestao.pdf. Acesso em: 8 jul. 2022.

BRASIL. *Constituição da República Federativa do Brasil, de 8 de outubro de 1988*. Brasília: Senado Federal, 2008.

BRASIL. *Emenda Constitucional nº 86, de 17 de março de 2015*. Brasília, 18 mar. 2015.

BRASIL. *Emenda Constitucional nº 95, de 15 de dezembro de 2016*. Brasília, 15 set. 2016.

BRASIL. Instituto de Pesquisa Econômica Aplicada (IPEA). *Nota Técnica nº 28 de setembro de 2016*. Os Impactos do Novo Regime Fiscal para o financiamento do Sistema Único de Saúde e para a efetivação do direito à saúde no Brasil. Brasília, set. 2016. Disponível em: http://www.ipea.gov.br/portal/images/stories/PDFs/nota_tecnica/160920_nt_28_disoc.pdf. Acesso em: 15 jul. 2022.

BRASIL. *Lei Complementar nº 141, de 13 de janeiro de 2012*. Brasília, 16 jan. 2012.

BRASIL. Ministério da Saúde. *Cartilha Entendendo o SUS de 21 de junho de 2016*. Brasília, 21 jun. 2016. Disponível em: https://bvsms.saude.gov.br/bvs/publicacoes/entendendo_o_sus.pdf. Acesso em: 15 jul. 2022.

BRASIL. Supremo Tribunal Federal (STF). *Ação Direta de Inconstitucionalidade (ADI) nº 2.680*, Relator Ministro Celso de Mello, DJ nº 149, 16/6/2020.

BRASIL. Supremo Tribunal Federal (STF). *Ação Direta de Inconstitucionalidade (ADI) nº 5.595*, Relator Ministro Ricardo Lewandowski, DJ nº 97, 23/4/2020.

BRASIL. Supremo Tribunal Federal (STF). *ADI 2680*, Relator Ministro Gilmar Mendes, DJ nº 149, 16/06/2020.

BRASIL. Supremo Tribunal Federal (STF). *Arguição de Descumprimento de Preceito Fundamental (ADPF) nº 45*. Relator Ministro Celso de Mello, DJ nº 84, 4/5/2004.

BUÍSSA, Leonardo de Freitas; BEVILACQUA, Lucas. Evolução da tributação e o custeio de políticas públicas de saúde no Brasil. *Interesse Público – IP*, v. 20, n. 11, p. 145, 2018.

DE MORAES, Alexandre. Competências administrativas e legislativas para vigilância sanitária de alimentos. *Revista da Procuradoria-Geral do Estado de São Paulo*, jun. 2000, n. 53, p. 233-247. Disponível em: https://www.al.sp.gov.br/alesp/biblioteca-digital/obra/?id=20151. Acesso em: 15 jul. 2022.

ELOGIOS acadêmicos e orações de paraninfo. Edição da "Revista de Língua Portuguesa", 1924, p. 381. *In*: RIBEIRO, Luiz Rezende de Andrade. *Dicionário de Conceitos e Pensamentos de Rui Barbosa*. Edart. São Paulo: Livraria Editora Ltda. 1967. p. 224.

GOIÁS. *Glossário Técnico*. 1º de julho de 2019. Disponível em: https://www.economia.go.gov.br/acesso-a-informacao/250-planejamento/or%C3%A7amento/5410-gloss%C3%A1rio-t%C3%A9cnico.html. Acesso em: 10 jul. 2022.

INSTITUTO BRASILEIRO DE PESQUISA APLICADA (IPEA). *Consolidação do gasto com ações e serviços públicos de saúde*: trajetória e percalços no período de 2003 a 2017. Texto de Discussão 2439. Brasília: Ipea, 2018.

KERTZMAN, Ivan. *Curso prático de Direito Previdenciário*. 19. ed. rev., ampl. e atual. Salvador: Editora JusPodivm, 2021.

MENDES, Gilmar Ferreira; GONET BRANCO, Paulo Gustavo. *Curso de direito constitucional*. 10. ed. São Paulo: Saraiva, 2015.

OLIVEIRA, Luciano Moreira de. Conteúdo normativo do direito à saúde: definição do núcleo essencial segundo a abordagem das capacidades. *Revista de Informação Legislativa – RIL*, Brasília, DF, v. 59, n. 234, p. 197-215, abr./jun. 2022. Disponível em: https://www12.senado.leg.br/ril/edicoes/59/234/ril_v59_n234_p197. Acesso em: 12 jul. 2022.

PINTO, Élida Graziane. Descompasso federativo no financiamento da saúde pública brasileira. *Revista Consultor Jurídico (CONJUR)*, 4 abr. 2015a. Disponível em: https://www.conjur.com.br/2015-abr-04/elida-pinto-descompasso-federativo-financiamento-saude. Acesso em: 15 jul. 2022.

PINTO, Élida Graziane. *Financiamento dos Direitos à Saúde e à Educação*: uma perspectiva constitucional. Belo Horizonte: Fórum, 2015.

PINTO, Élida Graziane. Procedência da ADI 5.595 é fundamental para o custeio adequado do SUS. *Revista Consultor Jurídico (CONJUR)*, 13 abr. 2020. Disponível em: https://www.conjur.com.br/2020-abr-13/elida-graziane-procedencia-adi-fundamental-custeio-sus. Acesso em: 7 jul. 2022.

PINTO, Élida Graziane; XIMENES, Salomão Barros. Financiamento dos direitos sociais na Constituição de 1988: do "pacto assimétrico" ao "estado de sítio fiscal". *Educação & Sociedade*, Campinas, v. 39, n. 145, p. 980-1003, dez. 2018. Disponível em: https://www.scielo.br/pdf/es/v39n145/1678-4626-es-39-145-980.pdf. Acesso em: 11 jul. 2022.

SANTOS, João Ricardo Carvalho Lima. *Novo Regime Fiscal*: Contexto e Resultados Recentes. 2020a. Trabalho de Conclusão de Curso (Especialização em Avaliação de Políticas Públicas) – Escola Superior do Tribunal de Contas da União, Instituto Serzedello Corrêa, Brasília DF.

SANTOS, Júlia Maria Tomás dos. *O direito à saúde no pós-positivismo*: uma interlocução entre as premissas teóricas e sua práxis. São Paulo: Editora Dialética, 2021.

SENADO NOTÍCIAS. *Emendas ao orçamento*. Disponível em: https://www12.senado.leg.br/noticias/glossario-legislativo/emendas-ao-orcamento. Acesso em: 7 jul. 2022.

VIEIRA, Fabiola Sulpino; BENEVIDES, Rodrigo Pucci de Sá e. O Direito à Saúde no Brasil em Tempos de Crise Econômica, Ajuste Fiscal e Reforma Implícita do Estado. *Revista de Estudos e Pesquisas sobre as Américas*, v. 10, n. 3, p. 1-28, 2016a.

VIEIRA, Fabiola Sulpino; BENEVIDES, Rodrigo Pucci de Sá e. *Os impactos do novo regime fiscal para o financiamento do sistema único de saúde e para a efetivação do direito à saúde no Brasil*. Nota Técnica n. 28. Brasília: Ipea, 2016b. Disponível em: http://repositorio.ipea.gov.br/handle/11058/7270. Acesso em: 10 jul. 2019.

Informação bibliográfica deste texto, conforme a NBR 6023:2018 da Associação Brasileira de Normas Técnicas (ABNT):

TOMÁS, Júlia. Financiamento do sistema público de saúde no constitucionalismo democrático brasileiro. *In*: MOTTA, Fabrício; BUÍSSA, Leonardo; BEVILACQUA, Lucas (coord.). *Federalismo fiscal e políticas públicas*. Belo Horizonte: Fórum, 2023. p. 365-386. ISBN 978-65-5518-529-4.

EVOLUÇÃO DA TRIBUTAÇÃO E O CUSTEIO DE POLÍTICAS PÚBLICAS DE SAÚDE NO BRASIL

LEONARDO BUÍSSA
LUCAS BEVILACQUA

1 Considerações iniciais

O presente ensaio procura relatar, de forma contextualizada e crítica, a evolução da tributação como instrumento precípuo de financiamento das políticas públicas, notadamente daquelas relacionadas ao direito fundamental social à saúde, plasmado explicitamente na Carta Democrática de 1988.

Com efeito, no chamado Estado fiscal, o tributo passa a ser a principal forma de receita pública, financiando o Estado com a riqueza derivada do particular, tendo o condão, ademais, de atuar na conjuntura socioeconômica, colimando promover a igualdade social, seja na acepção liberal, seja na ideologia social.

Nesse contexto, pode-se nitidamente perceber que, nas finanças neutras, inerentes ao liberalismo, o tributo tinha uma função quase exclusivamente fiscal, caracterizando-se como um meio de obtenção de receitas visando à consecução das despesas públicas. A atividade financeira do Estado era, portanto, mínima, não almejando influenciar diretamente na realidade social e econômica.

A mudança nesse paradigma ocorreu não somente motivada pelo surgimento de novas concepções ideológicas e filosóficas, mas também pela situação de desigualdades sociais, guerras, miséria e doenças, que ensejaram uma atuação estatal contundente e proativa nas searas econômica e social.

Disso surge o Estado fiscal como implementador de políticas públicas, realizador de programas e metas, e não apenas um produtor de diplomas legais de salvaguarda. A liberdade ganha um viés positivo a garantir direitos, sobretudo sociais, pelo que a atividade financeira do Estado, como instrumento financiador de políticas públicas, aumenta exponencialmente.

Nesse cenário, a receita tributária, principal forma de receita pública no Estado fiscal social, abandona a neutralidade clássica, passando a ter um contorno funcional, intervencionista, objetivando alcançar determinados desideratos, considerados prioritários pelo Estado.

Surge, então, o financiamento das políticas públicas ligadas à saúde como uma opção jurídica e política do Estado social, almejando promover o bem-estar da população, prevenindo doenças e restaurando a saúde. A Constituição de 1988, que apresenta a República Federativa do Brasil como alicerçada na dignidade da pessoa humana e que tem como objetivos a erradicação da pobreza e da marginalização e a redução das desigualdades sociais, apresenta um conjunto de normas e princípios que tutelam o direito fundamental social da saúde.

A evolução relatada neste trabalho sinaliza o direito fundamental social em foco como um marco civilizatório cuja proibição de retrocesso é patente, sendo imprescindível, para tanto, a eficiente e justa tributação como instrumento eficaz de promoção de políticas públicas na área.

2 Evolução da tributação e direitos fundamentais no Estado fiscal liberal

Preambularmente, urge tecer algumas considerações sobre a passagem do Estado patrimonial para o Estado fiscal ou financeiro, o que influenciou sobremodo a concepção do Estado na seara econômico-financeira. Pois bem, nessa evolução o financiamento do Estado passa a ser realizado prioritariamente por tributos, ou seja, não é o Estado que gera a sua riqueza, mas é o particular a fonte (originária) de riquezas, cabendo-lhe transferir uma parcela (por derivação) ao Estado.[1]

Nesse contexto, o papel da tributação passa a ser determinante à atuação do Estado, seja na acepção liberal, seja na ideologia social. O tributo se afirma, portanto, como principal forma de

[1] SCHOUERI, Luís Eduardo. *Direito Tributário*. São Paulo: Saraiva, 2011. p. 21.

receita pública, tendo, por conseguinte, irretorquível influência na conjuntura socioeconômica, não importando qual o modelo adotado, com maior ou menor intervencionismo.

De pronto, releva analisar o liame entre liberdade e tributo. O tributo seria a antítese da liberdade ou a paga para o exercício da liberdade? Ora, se o Estado fiscal tem como fundamento a liberdade e se sustenta, como salientado, no tributo, parece haver uma firme ligação entre ambos. Lapidar é a lição de Ricardo Lobo Torres, para quem liberdade e tributo caminham juntos no decurso da evolução do Estado financeiro, pelo que se pode cogitar de uma liberdade fiscal. Sentencia, pois, que "o tributo nasce no espaço aberto pela autolimitação da liberdade, constitui o preço da liberdade, pois é o instrumento que distancia o homem do Estado (...)".[2] Com efeito, essa concepção hodierna se contrapõe à existente na antiguidade, em que o tributo era um sinal de submissão, não de liberdade. Nesse tema, Schoueri vê, na antiguidade, a incompatibilidade entre a liberdade e a tributação, lembrando que o cidadão livre não estava sujeito a tributos, sendo que estes eram cobrados apenas dos que não eram livres e dos estrangeiros, pelo que o catedrático da USP sintetiza o "tributo como preço da falta de liberdade",[3] num claro contraponto à festejada lição apresentada no parágrafo acima.

Efetuando, pois, uma breve incursão histórica nas formas de Estado que precederam ao Estado fiscal, cabe lembrar que, na Idade Média, a tributação não está mais ligada à falta de liberdade, como ocorria na antiguidade, uma vez que os servos, diversamente dos escravos, se apresentam, ao menos formalmente, como homens livres. A tributação não se revelava como uma imposição, e sim como uma opção.[4] Ricardo Lobo Torres observa então que a liberdade no patrimonialismo se caracteriza como estamental ou corporativa, presente entre a realeza, o senhorio e a Igreja. Cuidava-se, pois, de

---

2 TORRES, Ricardo Lobo. *Tratado de Direito Constitucional, Financeiro e Tributário*: valores e princípios constitucionais tributários. v. II. Rio de Janeiro: Renovar, 2005. p. 59.

3 SCHOUERI, Luís Eduardo. Tributação e Liberdade. *In*: PIRES, Adilson Rodrigues; TÔRRES, Heleno Taveira (Org.). *Princípios de Direito Financeiro e Tributário*: estudos em homenagem ao Professor Ricardo Lobo Torres. Rio de Janeiro/São Paulo/Recife: Renovar, 2006. p. 438.

4 SCHOUERI, Luís Eduardo. *Direito Tributário*. São Paulo: Saraiva, 2011. p. 19.

uma liberdade privada, inconfundível com as liberdades públicas do liberalismo,[5] presentes desde o limiar do Estado fiscal.

Impende observar, ademais, que, nos Estados patrimoniais estamentais, o tributo surge como preço da liberdade somente ao substituir o serviço militar obrigatório e as prestações de guerra. Nesse sentido, pondera Ricardo Lobo Torres que "aqueles que se liberam da obrigação do serviço militar pagam imposto; quem continua com o dever de ajudar na guerra, como a nobreza, fica livre do tributo".[6]

No Estado patrimonial, o rei, a Igreja e o senhorio auferem suas receitas em decorrência do direito de propriedade.[7] Presente aqui uma fiscalidade periférica da Igreja e do senhorio.[8] Nesse contexto, sustenta Schoueri que o Estado se valia dos seus próprios meios, obtendo o que necessitava para a sua subsistência, gerando, como agente econômico, a riqueza que consumia,[9] o que destoa do Estado fiscal, entendido como aquele que vive precipuamente da renda derivada da economia dos cidadãos.[10] Assim, no Estado patrimonial, a obrigação tributária assume caráter quase privado, aproximando-se de remuneração patrimonial.[11] Resumindo as principais características do período em foco, assinala Schoueri que o que se vê no período feudal é "a liberdade com caráter estamentário; a obrigação tributária confunde-se com direitos patrimoniais e não se pode relacionar o tributo com a liberdade, senão no sentido de substituto para serviços militares".[12]

---

[5] TORRES, Ricardo Lobo. *Tratado de Direito Constitucional, Financeiro e Tributário*: valores e princípios constitucionais tributários. v. II. Rio de Janeiro: Renovar, 2005. p. 60.

[6] *Idem*, p. 98.

[7] SCHOUERI, Luís Eduardo. Tributação e Liberdade. *In*: PIRES, Adilson Rodrigues; TÔRRES, Heleno Taveira (Org.). *Princípios de Direito Financeiro e Tributário*: estudos em homenagem ao Professor Ricardo Lobo Torres. Rio de Janeiro/São Paulo/Recife: Renovar, 2006. p. 443.

[8] BARROSO, Luís Roberto. *Curso de Direito Constitucional Contemporâneo*: os conceitos fundamentais e a construção do novo modelo. 5. ed. São Paulo: Saraiva, 2015. p. 89.

[9] SCHOUERI, Luís Eduardo. *Direito Tributário*. São Paulo: Saraiva, 2011. p. 20.

[10] TORRES, Ricardo Lobo Torres. *Tratado de Direito Constitucional, Financeiro e Tributário*: valores e princípios constitucionais tributários. v. II. Rio de Janeiro: Renovar, 2005. p. 70.

[11] SCHOUERI, Luís Eduardo. Tributação e Liberdade. *In*: PIRES, Adilson Rodrigues; TÔRRES, Heleno Taveira (Org.). *Princípios de Direito Financeiro e Tributário*: estudos em homenagem ao Professor Ricardo Lobo Torres. Rio de Janeiro/São Paulo/Recife: Renovar, 2006. p. 442.

[12] *Idem*, p. 447.

Cumpre observar, ademais, que, entre o patrimonial e o fiscal, aparece o Estado absolutista, centrado numa expressão de poder incondicional do monarca, livre de qualquer tipo de limitação religiosa, política, econômica ou legal.[13] Ao relatar a passagem do absolutismo para o liberalismo, Eros Grau sentencia que, na monarquia absoluta, o governo detinha o monopólio da tributação e da violência física, caracterizando-se um monopólio pessoal de um único indivíduo, o que destoa do período liberal, em que surgem os monopólios públicos, num sentido institucional, transferindo o poder da pessoa do rei para uma classe, a burguesia, que, no liberalismo, assume o controle do Estado.[14]

Após o advento do Estado de polícia, surge o Estado financeiro ou fiscal, com suas feições a influenciar maior ou menor participação do Estado no domínio econômico, inclusive com o uso da tributação na implementação e desenvolvimento de políticas públicas. Neste ponto, Barroso, ao historiar a passagem do Estado absolutista para o Estado fiscal, sustenta que "o tributo passa a ser receita estritamente pública, derivada do trabalho e do patrimônio dos contribuintes, retirando o caráter privatístico das relações fiscais, antes representadas por ingressos originários do patrimônio do príncipe".[15]

Nesse contexto, é importante analisar os contornos precípuos do Estado liberal e do Estado social, correlacionando-os com as respectivas ordens econômica, social e tributária.

Com efeito, José Afonso da Silva elenca as seguintes características básicas do Estado liberal de direito: i) submissão ao império da lei, considerada como ato emanado formalmente do Poder Legislativo, composto por representantes do povo-cidadão; b) divisão dos poderes, harmônicos e independentes; c) enunciado e garantia de direitos individuais.[16] Por esses contornos, observa-se a construção de um conjunto de garantias de liberdades que colima tornar servos em cidadãos, atribuindo-se ao Estado a função

---

[13] BOMFIM, Diego. *Tributação e livre concorrência*. São Paulo: Saraiva, 2011. p. 78.

[14] GRAU, Eros Roberto. *A ordem econômica na Constituição de 1988*. 15. ed. São Paulo: Malheiros, 2012. p. 16-17.

[15] BARROSO, Luís Roberto Barroso. *Curso de Direito Constitucional Contemporâneo*: os conceitos fundamentais e a construção do novo modelo. 5. ed. São Paulo: Saraiva, 2015. p. 89.

[16] SILVA, José Afonso da. *Curso de Direito Constitucional Positivo*. 6. ed. 2. tir. São Paulo: Editora Revista dos Tribunais, 1990. p. 100.

precípua de produção do direito e segurança,[17] em manifesta função de bloqueio,[18] protegendo-se a liberdade do cidadão contra o que a tolhe, aí incluindo a atuação governamental.

Com amparo no liberalismo econômico,[19] o modelo em foco se pautava no absenteísmo econômico, no individualismo e na valorização da liberdade.[20] O pensamento liberal do final do século XVIII, sintetizado no lema *laissez faire, laissez passer, le monde va de lui-même*, tendo como expoentes Adam Smith e John Locke, preconizava o não intervencionismo estatal, em manifesto antagonismo com o que vinha sendo praticado pelo período do absolutismo. Acreditava-se que o mercado poderia se regular por si próprio, seguindo a lei da oferta e da procura; as leis de mercado funcionariam como a "mão invisível" a que alude Adam Smith. Enfim, reconhece-se o mercado como agente regulador da economia.[21]

Conforme lição de Fábio Konder Comparato, no modelo liberal clássico havia uma radical separação entre as esferas do Estado e da sociedade civil, sendo que as atividades econômicas se desenvolviam no interior desta última, com um caráter essencialmente privado, individualista. Conclui então que, para esse modelo, "se cada agente econômico perseguisse coerentemente o seu próprio interesse pessoal, desse conjunto de atividades privadas surgiria, naturalmente, a harmonia coletiva, sem que houvesse necessidade da imposição, pelos poderes estatais, de finalidade pública".[22]

Por conseguinte, vale assinalar que tal concepção de Estado, ao conduzir ao não intervencionismo governamental, termina por consagrar a adoção das chamadas finanças neutras, em que a regra seria o equilíbrio orçamentário, no qual as despesas teriam

---

[17] GRAU, Eros Roberto Grau. *A ordem econômica na Constituição de 1988*. 15. ed. São Paulo: Malheiros, 2012. p. 19.

[18] FERRAZ JÚNIOR, Tércio Sampaio. Guerra Fiscal, Fomento e Incentivo na Constituição Federal. *In*: SCHOUERI, Luís Eduardo; ZILVETI, Fernando Aurélio (Coord.). *Direito Tributário*: Estudos em Homenagem a Brandão Machado. São Paulo: Dialética, 1998. p. 276.

[19] SMITH, Adam. *Investigação sobre a natureza e as causas da riqueza das nações*. Trad. Maria do Carmo C. Jardim; Eduardo Lúcio N. Cary. 3. ed. São Paulo: Abril, 1984. p. 98-99.

[20] BOMFIM, Diego. *Tributação e livre concorrência*. São Paulo: Saraiva, 2011. p. 79.

[21] BASTOS, Celso Ribeiro. Existe efetivamente uma Constituição Econômica? *Revista de Direito Constitucional e Internacional*, São Paulo, v. 10, n. 39, abr./jun. 2002, p. 90.

[22] COMPARATO, Fábio Konder. Ordem Econômica na Constituição Brasileira de 1988. *Revista de Direito Público*, São Paulo, v. 23, n. 93, jan./mar. 1990, p. 264.

que ser as menores possíveis, o empréstimo deveria constituir recurso extraordinário, e a instituição de tributos teria a finalidade puramente fiscal, ou seja, a de arrecadar para o Tesouro, abstendo-se de reger ou alterar a estrutura econômica ou política da sociedade.[23]

Insta notar que, nas finanças neutras, inerentes ao liberalismo, o imposto tinha uma função exclusivamente fiscal, cujo fim devia ser apenas o da obtenção de receitas pelo Estado, receitas que, por sua vez, deviam ser mínimas, limitando-se às imprescindíveis ao custeio da realização das tarefas básicas do Estado.[24] Assim, observa-se que a atividade financeira do Estado como um todo e, em particular, a tributação tendem a ser mínimas, pouco influenciando na conjuntura econômica e social.

A mudança desse paradigma ocorreu não somente em decorrência da alteração de concepções filosóficas, mas também motivada pela realidade fática que se impôs no início do século passado. Desigualdades sociais, guerras, miséria, desemprego, enfim, crises na seara econômica e social determinaram a necessidade de uma nova postura do Estado, mais ativa do que passiva, implementadora de políticas públicas, abandonando-se o absenteísmo para praticar o intervencionismo, nas suas mais variadas colorações.

3 Tributação e direitos fundamentais sociais no Estado fiscal social

O Estado social, com a atuação estatal na seara econômica e social, surge como uma resposta aos anseios sociais e econômicos, especialmente das camadas menos favorecidas da sociedade.

Enquanto no Estado liberal predomina a função de produção do direito, por meio de edição de leis, objetivando proteger a liberdade individual, no Estado social a função primordial passou a ser

---

[23] BALEEIRO, Aliomar. *Uma Introdução à Ciência das Finanças*. 14. ed. 6. tir. Rio de Janeiro: Forense, 1994. p. 23.

[24] NABAIS, José Casalta. *Contratos Fiscais (Reflexões acerca da sua admissibilidade)*. Coimbra: Boletim da Faculdade de Direito da Universidade de Coimbra/Coimbra Editora, 1994. p. 150.

a produção de políticas públicas ou programas de ação,[25] tutelando a liberdade social. Cabe notar que a concepção de liberdade ganha, na passagem do Estado liberal para o Estado social, um novo feitio.

Com efeito, no Estado liberal a liberdade apresentava um sentido meramente negativo de isenção de limitações estatais à atividade individual, passando, no Estado social, a ter um sentido positivo, consubstanciado na prestação, pelo Estado, de condições ou meios indispensáveis ao exercício das liberdades individuais.[26] Constata, pois, Ricardo Lobo Torres que prevalece no Estado social a ideia de *liberdade para* (*freedom to*), uma liberdade com viés positivo, a garantir direitos, inclusive sociais, e não mais uma *liberdade de* (*freedom from*), ou seja, proteção contra as constrições do Estado.[27] Na mesma vertente, sustenta Schoueri que, no liberalismo, a liberdade ganha conotação máxima de ideia de liberdade de (das amarras do Estado, da intervenção do Estado), enquanto, no século XX, a liberdade surge com outra variável, a liberdade para: o exercício da liberdade tem um fim.[28] Sintetiza o catedrático da USP que, "no pensamento liberal, a liberdade era pressuposta, antecedendo o Direito; no texto constitucional de índole social, a liberdade é conferida para uma finalidade".[29]

Nesse caminhar, observa-se que a sociedade, e não mais o indivíduo, passa a ser o centro da liberdade. Com isso, o tributo como "preço da liberdade" surge "como preço que a sociedade paga para que o Estado, reduzindo desigualdades, promova a liberdade das camadas mais desfavorecidas".[30] Firme a concepção de que o cidadão abre mão de uma parcela da liberdade para que o Estado possa exercer o poder de tributar e de que "o tributo é o preço pago pela liberdade, eis que o indivíduo se distancia do Estado na medida em

---

[25] COMPARATO, Fábio Konder. Ordem Econômica na Constituição Brasileira de 1988. *Revista de Direito Público*, São Paulo, v. 23, n. 93, jan./mar. 1990, p. 264.

[26] TEIXEIRA, J. H. Meirelles. *Curso de Direito Constitucional*. Rio de Janeiro: Forense Universitária, 1991. p. 706-707.

[27] TORRES, Ricardo Lobo. *Tratado de Direito Constitucional, Financeiro e Tributário*: valores e princípios constitucionais tributários. v. II. Rio de Janeiro: Renovar, 2005. p. 80-81.

[28] SCHOUERI, Luís Eduardo. Tributação e Liberdade. *In*: PIRES, Adilson Rodrigues; TÔRRES, Heleno Taveira (Org.). *Princípios de Direito Financeiro e Tributário*: estudos em homenagem ao Professor Ricardo Lobo Torres. Rio de Janeiro/São Paulo/Recife: Renovar, 2006. p. 454.

[29] *Idem*, p. 456.

[30] SCHOUERI, Luís Eduardo. *Direito Tributário*. São Paulo: Saraiva, 2011. p. 25.

que a prestação fiscal substitui os deveres pessoais e alivia as proibições jurídicas".[31] Ricardo Lobo Torres percebe ainda que, no Estado social de direito, a justificativa do tributo se apoia em argumentos de justiça, máxime no da capacidade contributiva sacada diretamente da vida econômica.[32]

O que se extrai de tais ponderações é a nova feição do Estado social, em que a liberdade é da sociedade, e não do indivíduo, havendo nítida relação entre a tributação, a busca da justiça e a intervenção na vida econômica e social, especialmente nas políticas públicas que garantam direitos fundamentais sociais, como a saúde.

Importa vislumbrar, ademais, que a visão plácida e otimista, inerente ao espírito liberal, influenciou o ideal das constituições, enquanto as leis maiores no Estado social são constituições do programa, assinalando, explícita ou implicitamente, objetivos ou metas tendentes a materializar aspirações como o bem-estar social, o desenvolvimento econômico, a justiça social, a dignidade da pessoa humana, o atendimento às necessidades fundamentais e assim por diante.[33]

Disso decorre que o Estado social deve ser visto como um implementador de políticas públicas, um realizador de programas e metas, muito mais produtor de atos materiais do que de diplomas legais de salvaguarda. Tércio Sampaio Ferraz Júnior sinaliza nessa vertente ao lecionar que os objetivos exigidos do Estado social pressupõem um Estado ativo, que desempenha funções distributivas.[34]

Na esteira da lição acima, visualiza-se igualmente que as finanças públicas no Estado social guardam estreito liame com as políticas públicas adotadas. As finanças, aí incluída a receita tributária, ganham nova concepção, abandonando a neutralidade clássica, absoluta, sem exceção, para uma forma funcional, intervencionista, colimando atingir determinados desideratos eleitos como prioritários pelo Estado.

---

[31] TORRES, Ricardo Lobo. *Tratado de Direito Constitucional, Financeiro e Tributário*: valores e princípios constitucionais tributários. v. II. Rio de Janeiro: Renovar, 2005. p. 97.

[32] *Idem*, p. 99.

[33] NUSDEO, Fábio. *Curso de Economia*: introdução ao direito econômico. 3. ed. São Paulo: Editora Revista dos Tribunais, 2001. p. 202.

[34] FERRAZ JÚNIOR, Tércio Sampaio. Congelamento de Preços – Tabelamentos Oficiais. *Revista de Direito Público*, jul./set. 1989, p. 80.

Por derradeiro, objetivando completar o quadro da evolução dos modelos dentro do Estado fiscal, sem a mínima pretensão de esgotar tão amplo tema, vale lembrar que, após a queda do muro de Berlim, surge o chamado Estado da sociedade de risco, ou Estado pós-positivista, ou Estado democrático de direito,[35] ou também denominado Estado democrático e social de direito, ou Estado subsidiário, ou Estado de segurança.[36] Sintetizando a relação entre tributação e liberdade na concepção de Estado do século XXI, Schoueri assevera que, nele, a liberdade assume nova feição, consistente "na síntese da exacerbação do individualismo, própria do liberalismo e do Estado, característica do Estado social, sinalizando, portanto, que o Estado é afastado e a sociedade reivindica para si espaço que fora ocupado por aquele".[37]

Nota-se, então, que o novo modelo preconiza uma maior participação da sociedade civil para se desincumbir das obrigações que o Estado, nada obstante o seu agigantamento, não logrou realizar. Tal não significa o retorno à forma liberal de separação estanque entre sociedade e Estado, mas não há dúvida de que aquela assume um papel determinante na escolha e execução de políticas públicas.

Nesse mesmo diapasão, pondera Raquel Machado que atualmente não se pode mais falar simplesmente em Estado do bem-estar social porque "a sociedade ganha campo de atuação próprio ao lado do Governo".[38] Vê-se, portanto, que, nessa forma, o conceito de público não se restringe à estatal, podendo ser exercido por instituições da sociedade, o que determina menor atividade financeira do Estado, inclusive no que tange à receita tributária, cujo aumento termina por não se justificar, apesar do crescimento da dimensão dos direitos a serem tutelados.

Com isso, surge um modelo de Estado que pretende buscar um ponto intermédio entre a indiferença e a excessiva ingerência

---

[35] TORRES, Ricardo Lobo. *Tratado de Direito Constitucional, Financeiro e Tributário*: valores e princípios constitucionais tributários. v. II. Rio de Janeiro: Renovar, 2005. p. 70.

[36] SCHOUERI, Luís Eduardo. *Direito Tributário*. São Paulo: Saraiva, 2011. p. 26.

[37] SCHOUERI, Luís Eduardo. Tributação e Liberdade. *In*: PIRES, Adilson Rodrigues; TÔRRES, Heleno Taveira (Org.). *Princípios de Direito Financeiro e Tributário*: estudos em homenagem ao Professor Ricardo Lobo Torres. Rio de Janeiro/São Paulo/Recife: Renovar, 2006. p. 464.

[38] MACHADO, Raquel Cavalcanti Ramos. A mudança do paradigma orçamentário: do controle do Estado para a implementação de políticas públicas. A função da receita pública no Estado Democrático e Social de Direito. *In*: CONTI, José Maurício; SCAFF, Fernando Facury (Coord.). *Orçamentos Públicos e Direito Financeiro*. São Paulo: Editora Revista dos Tribunais, 2011. p. 1.049.

do Estado na sociedade, mormente na seara econômica.[39] Nessa nova acepção de Estado fiscal, a diminuição da atividade financeira é manifesta, uma vez que a desestatização e a desregulamentação da economia aparecem como verdadeiros dogmas.[40]

4 Tributação e direito social à saúde na Constituição de 1988

A Constituição de 1988 foi pródiga na concessão de direitos sociais, o que lhe rendeu ser conhecida como "Constituição Cidadã", dado o extenso rol de direitos sociais com vistas à garantia da dignidade da pessoa humana.[41]

Nesse cenário, muito embora o direito à saúde já contasse com um arcabouço legislativo de tutela e promoção, foi a Constituição de 1988 que lhe conferiu o *status* constitucional de "dever do Estado e direito de todos" (art. 196).[42]

O direito social à saúde usualmente prescreve um *facere* pelo poder público. Luís Roberto Barroso leciona que o art. 196 veio a estabelecer uma norma definidora de direito subjetivo, o que enseja a exigibilidade de prestações positivas perante o poder público.[43]

No entanto, o direito à saúde apresenta, também, uma faceta negativa a determinar uma abstenção do poder público no exercício de seu poder de tributar com vistas a garantir o direito à saúde pelo cidadão brasileiro, seja através da desoneração de prestadores de serviços de saúde, seja na redução do ônus tributário do próprio contribuinte que incorre em despesas decorrentes de problemas de saúde.

---

[39] CARVALHO FILHO, José dos Santos. Estado Mínimo x Estado Máximo: o dilema. *Revista Eletrônica sobre a Reforma do Estado (RERE)*, Salvador: Instituto Brasileiro de Direito Público, n. 12, dez./jan./fev. 2008. p. 4. Disponível em: http://www.direitodoestado.com.br/rere.asp. Acesso em: 13 jan. 2015.

[40] BARROSO, Luís Roberto Barroso. *Curso de Direito Constitucional Contemporâneo*: os conceitos fundamentais e a construção do novo modelo. 5. ed. São Paulo: Saraiva, 2015. p. 91.

[41] SARLET, Ingo Wolfgang. *Dignidade da pessoa humana e direitos fundamentais na Constituição Federal de 1988*. 4. ed. Porto Alegre: Livraria do Advogado, 2006.

[42] SARLET, Ingo Wolfgang; FLESCHINER, Mariana. *In*: MENDES, Gilmar F.; CANOTILHO, J. J. Gomes; STRECK, Lênio. *Comentários à Constituição Federal*. 2. ed. São Paulo: Saraiva/ Almedina, 2018. p. 2.003.

[43] BARROSO, Luís Roberto. *Interpretação e aplicação da Constituição*. São Paulo: Saraiva, 2001. p. 186.

Concreção disso é o previsto no art. 150, VI, alínea "c", da Constituição de 1988 ao estabelecer imunidade tributária das entidades de assistência social sem fins lucrativos,[44] a exemplo de unidades de saúde confessionais e/ou comunitários nas quais se destacam as Santas Casas de Misericórdia.

Outro exemplo que pode ser indicado de abstenção do poder de tributar, à luz da evolução antes descrita da tributação no Estado fiscal ao Estado social, é a norma que autoriza dedução integral das despesas incorridas no tratamento de saúde pelo contribuinte na apuração do Imposto de Renda de Pessoa Física (IRPF).[45]

Com fundamento no princípio da capacidade econômica, a União conforma a base de cálculo do IRPF às despesas incorridas pelo contribuinte no tratamento de saúde, inclusive mensalidades de plano de saúde privado, na medida em que as despesas incorridas junto às instituições privadas seriam incorridas pelo poder público.

A Constituição de 1988, ao prever saúde como "(...) direito de todos e dever do Estado", não prescreveu que seu atendimento se realizaria exclusivamente na rede pública, quanto ao menos, exclusivamente, aos necessitados.

O constituinte não só facultou o agente econômico a prestar serviços médico-hospitalares, mas, também, fomentou parcerias na participação de forma complementar do Sistema Único de Saúde.[46]

Outro discrímen que a Constituição de 1988 não realizou ao garantir o direito à saúde com recursos do erário é quanto à natureza do tratamento médico – se de urgência ou eletivo –, o que consubstancia fundamento para dedução para fins de IRPF de despesas incorridas no custeio de tratamento de reprodução humana assistida conforme entendimento da Receita Federal do Brasil (RFB).[47]

---

[44] HABER NETO, Michel. *Tributação e Financiamento da Saúde Pública*. São Paulo: Quartier Latin, 2013. p. 52.

[45] Art. 80. Na declaração de rendimentos poderão ser deduzidos os pagamentos efetuados, no ano-calendário, a médicos, dentistas, psicólogos, fisioterapeutas, fonoaudiólogos, terapeutas ocupacionais e hospitais, bem como as despesas com exames laboratoriais, serviços radiológicos, aparelhos ortopédicos e próteses ortopédicas e dentárias.

[46] Art. 199, §1º. As instituições privadas poderão participar de forma complementar do sistema único de saúde, segundo diretrizes deste, mediante contrato de direito público ou convênio, tendo preferência as entidades filantrópicas e as sem fins lucrativos.

[47] BRASIL. Secretaria da Receita Federal. Solução de Consulta COSIT n. 203, de 5 de agosto de 2015.

Ademais, de acordo com a Organização Mundial de Saúde (OMS), saúde é o "bem-estar físico, mental e social do cidadão", o que indubitavelmente contempla sua funcionalidade reprodutiva, que deve, assim, ser propiciada pelo poder público.

Ainda em sede da tributação federal, pode-se citar a isenção de contribuição previdenciária e Imposto de Renda Retido na Fonte (IRRF), prevista na Lei nº 7.713, de 20 de dezembro de 1988,[48] aos portadores de moléstias graves e neoplasias malignas.[49]

Discussão enfrentada já há alguns anos perante o Poder Judiciário é se tal isenção alcança os contribuintes que permanecem no exercício de suas atribuições laborais na medida em que a lei isentiva, ao promover exoneração, refere-se a proventos, que sabidamente são rendimentos exclusivos da aposentadoria.

O Tribunal Regional Federal da Primeira Região (TRF1)[50] firmou entendimento de que o fato gerador da isenção tributária não é a aposentadoria, mas a moléstia grave, o que se afigura consentâneo com a capacidade econômica e a garantia do direito à saúde, na medida em que o que justifica a desoneração é o poder público auxiliar mediante renúncia fiscal nas despesas incorridas pelo contribuinte, seja ele servidor ou aposentado.

Por último, a Procuradoria-Geral da República (PGR) ajuizou, em setembro de 2018, ação direta de inconstitucionalidade (ADI) perante o Supremo Tribunal Federal (STF)[51] com vistas a ver fixada "interpretação conforme a Constituição" do dispositivo da legislação tributária federal, assegurando-se, assim, isenção de IRRF, inclusive para aqueles contribuintes que, mesmo portadores de moléstias graves, permaneçam

---

[48] Art. 6º: Ficam isentos do imposto de renda os seguintes rendimentos percebidos por pessoas físicas: (...) XIV – os proventos de aposentadoria ou reforma motivada por acidente em serviço e os percebidos pelos portadores de moléstia profissional, tuberculose ativa, alienação mental, esclerose múltipla, neoplasia maligna, cegueira, hanseníase, paralisia irreversível e incapacitante, cardiopatia grave, doença de Parkinson, espondiloartrose anquilosante, nefropatia grave, hepatopatia grave, estados avançados da doença de Paget (osteíte deformante), contaminação por radiação, síndrome da imunodeficiência adquirida, com base em conclusão da medicina especializada, mesmo que a doença tenha sido contraída depois da aposentadoria ou reforma; (Redação dada pela Lei nº 11.052, de 2004).

[49] BARBOSA, Antonieta. *Câncer, direito e cidadania*. São Paulo: ARX, 2003. p. 91.

[50] BRASIL. Tribunal Regional Federal 1ª Região, EIAC 009540-86.2009.4.01.33/BA, TRF1, 4ª Secção, rel. Des. Fed. Luciano Tolentino Amaral, e-DJF1, de 08.02.2013.

[51] BRASIL. Supremo Tribunal Federal. Ação Direta de Inconstitucionalidade (ADI) n. 6.025, rel. Min. Alexandre de Morais.

no exercício de suas atribuições funcionais. A interpretação pretendida afigura-se em conformidade ao princípio da dignidade da pessoa humana, do valor do trabalho, da capacidade contributiva e do direito à saúde, não representando, jamais, interpretação extensiva a colocar o Poder Judiciário na posição de legislador positivo.

5 O Sistema Único de Saúde (SUS) e o custeio do direito à saúde no federalismo fiscal brasileiro

Os serviços públicos e as ações de saúde foram considerados pela Constituição de 1988 como de alta relevância,[52] sendo concebido, em seguida, o SUS através da Lei nº 8.080, de 19 de setembro de 1990, com o propósito de promover a gestão e regulação do serviço público de saúde, assegurando-se, assim, o direito à saúde "orientado pelos princípios do acesso universal, da integralidade e da igualdade de assistência".[53]

Com vistas a promover repartição eficiente e adequada de recursos entre os entes federativos para regulamentar o prescrito no art. 198 da Constituição,[54] foi editada a Lei nº 8.142, de 28 de dezembro de 1990.[55] Desde então, os entes federados têm representação efetiva no Conselho Nacional de Saúde através do Conselho Nacional de Secretários de Saúde (CONASS) e do Conselho Nacional de Secretários Municipais de Saúde (CONASEMS).[56]

---

[52] ARAUJO, Luís Alberto David; NUNES JR., Vidal Serrano. *Curso de Direito Constitucional*. 11. ed. São Paulo: Saraiva, 2007. p. 484.

[53] ORDACGY, André da Silva. O direito humano fundamental à saúde pública. *In*: FIGUEIREDO, Guilherme J. Purvin; SEGUIN, Elida. *Direitos sociais*: estudos à luz da Constituição de 1988. São Paulo: IBAP, 2010. p. 38.

[54] SCAFF, Fernando Facury e Luma. Comentários art. 198. *In*: MENDES, Gilmar F.; CANOTILHO, J. J. Gomes; STRECK, Lênio. *Comentários à Constituição Federal*. 2. ed. São Paulo: Saraiva/Almedina, 2018. p. 2.009.

[55] Art. 3º Os recursos referidos no inciso IV do art. 2º desta lei serão repassados de forma regular e automática para os Municípios, Estados e Distrito Federal, de acordo com os critérios previstos no art. 35 da Lei nº 8.080, de 19 de setembro de 1990. Art. 4º Para receberem os recursos, de que trata o art. 3º desta lei, os Municípios, os Estados e o Distrito Federal deverão contar com: V – contrapartida de recursos para a saúde no respectivo orçamento; Art. 5º É o Ministério da Saúde, mediante portaria do Ministro de Estado, autorizado a estabelecer condições para aplicação desta lei.

[56] Art. 1º (...) §3º O Conselho Nacional de Secretários de Saúde (CONASS) e o Conselho Nacional de Secretários Municipais de Saúde (CONASEM) terão representação no Conselho Nacional de Saúde. Art. 2º Os recursos do Fundo Nacional de Saúde (FNS) serão

A Constituição de 1988 previu que o SUS será custeado mediante recursos do orçamento da seguridade social, da União, dos estados, do Distrito Federal e dos municípios, sem prejuízo de outras fontes alternativas de custeio.[57]

Já nos primeiros anos da edição da Constituição de 1988, houve uma explosão do déficit da previdência, o que implicou uma exponencial redução dos investimentos no SUS pelo governo federal, sobrecarregando-se, assim, estados e municípios.

O cenário de instabilidade nas finanças públicas estaduais e municipais se revelava, desde aqueles tempos, ainda mais precário quando lembramos os nefastos tempos de inflação que implicavam total descontrole da atividade financeira do Estado.

Já em um ambiente de controle da inflação e estabilidade financeira e fiscal propiciado pelo Plano Real, o governo federal conseguiu aprovar a Emenda Constitucional de Revisão nº 01 (ECR nº 1/1994), em que criou o Fundo Social de Emergência (FSE), cuja principal fonte de receita era a desvinculação de parte dos recursos advindos da arrecadação federal, que teriam como destino original os entes federados.

O governo federal indicou como justificativa a pretensa necessidade de controlar temporariamente parte dos recursos tributários de todos os entes, aplicando-a diretamente no custeio das ações de educação e seguridade social, em que se inserem, como sabido, ações de garantia à saúde. Com o sucesso do Plano Real, houve um fortalecimento do governo federal na função de combatente do desequilíbrio fiscal em todas as esferas da federação, o que "afetou diretamente o jogo federativo originalmente delineado pela Constituição no campo das políticas sociais, especialmente no campo da saúde".

Com a eleição do presidente Fernando Henrique, houve um novo fortalecimento do governo federal, que se constata pelo amplo processo de renegociação das dívidas dos estados junto à União,

alocados como: IV – cobertura das ações e serviços de saúde a serem implementados pelos Municípios, Estados e Distrito Federal. Parágrafo único. Os recursos referidos no inciso IV deste artigo destinar-se-ão a investimentos na rede de serviços, à cobertura assistencial ambulatorial e hospitalar e às demais ações de saúde.

[57] Art. 198. (...) §1º. O Sistema Único de Saúde será financiado, nos termos do art. 195, com recursos do orçamento da seguridade social, da União, dos Estados, do Distrito Federal e dos Municípios, além de outras fontes.

assim como pelas aprovações da renovação do FSE, denominado agora Fundo de Estabilização Fiscal (FEF), e da já mencionada Lei Kandir, que exonerou de ICMS os produtos e serviços destinados à exportação, o que implicou perda de receitas para os estados.

Dada a grave crise financeira mundial e a necessidade de busca de recursos em organismos internacionais de crédito, o governo federal se empenhou na aprovação de instrumento que conferisse controle às finanças públicas. Nesse cenário mundial, até mesmo como exigência das instituições creditícias, foi editada a Lei de Responsabilidade Fiscal (LC nº 101/2000).

Nesse mesmo ano, foi editada a Emenda Constitucional nº 29, que trouxe diversas alterações no SUS, baseadas em duas claras intenções: explicitar a competência de todos os entes para a promoção dos serviços de saúde, garantindo maior nível de investimentos nessa área e, por outro lado, diminuir progressivamente as desigualdades regionais.

Com esse desiderato, a EC nº 29/00 estabeleceu patamares mínimos de investimentos em ações e serviços públicos para os três entes da federação, calculados de acordo com o produto de sua arrecadação tributária e das transferências constitucionais (art. 198, §2º).[58]

Aos estados e ao Distrito Federal, foi determinada a aplicação de, no mínimo, 12% (doze por cento) do produto da arrecadação, deduzidas as parcelas transferidas aos respectivos municípios; já os municípios devem aplicar 15% (quinze por cento), no mínimo, da arrecadação.

A EC nº 29/00 determinou ainda que lei complementar regulamentasse "os critérios de rateio dos recursos da União vinculados à saúde destinados aos Estados, ao Distrito Federal e aos Municípios, e dos Estados destinados a seus respectivos Municípios, objetivando a redução das disparidades regionais" (art. 198, §3º, II).

Inicialmente, a aplicação de tais recursos pelos entes subnacionais foi regulada através da Resolução do Conselho Nacional de Saúde (CNS) nº 322/2003, que, desde o princípio, implicou em

---

[58] Art. 198. As ações e serviços públicos de saúde integram uma rede regionalizada e hierarquizada e constituem um sistema único, organizado de acordo com as seguintes diretrizes: (...) §2º A União, os Estados, o Distrito Federal e os Municípios aplicarão, anualmente, em ações e serviços públicos de saúde recursos mínimos derivados da aplicação de percentuais calculados sobre:

contencioso federativo, com destaque para a definição de ações de saúde, que alcançou, inclusive, o Supremo Tribunal Federal (STF).

Naquela ocasião, o STF entendeu que o normativo impugnado foi editado com fundamento no poder de regular infraconstitucional, portanto, com fundamento de validade nessas, logo, impassíveis de controle concentrado de constitucionalidade perante aquela corte constitucional nos termos de sua jurisprudência,[59] restando a decisão assim ementada:

> EMENTA: Ação Direta de Inconstitucionalidade ajuizada contra a Resolução do Conselho Nacional de Saúde nº 322, de 8 de maio de 2003, que estabelece as diretrizes a serem observadas para a aplicação da Emenda Constitucional no 29, de 13 de setembro de 2000. 2. Inadmissibilidade. Resolução expedida com fundamento em regras de competência previstas em um complexo normativo infraconstitucional (Leis nº 8.080/1990 e 8.142/1990). 3. Precedentes. 4. Vencida a tese no sentido do conhecimento da ação, em razão de a Resolução nº 322/2003, do Conselho Nacional de Saúde, objetivar atender à disciplina determinada pelo art. 198 da Constituição Federal, com a redação conferida pela Emenda Constitucional nº 29/2000. 5. Ação direta não conhecida.[60]

Posteriormente, praticamente uma década depois, foi editada a Lei Complementar nº 141, de 13 de janeiro de 2012, que reiterou o compromisso entre União, Distrito Federal (DF), estados e municípios no financiamento da saúde, superando alguns dos conflitos decorrentes da imprecisão na definição de aplicação de ações de saúde.[61]

---

[59] BRASIL. Supremo Tribunal Federal. STF. Plenário. ADI nº 2.489-AgR/MA. Rel.: Min. CARLOS VELLOSO. Julgado em 10.9.2003. DJ, 10 out. 2003, p. 21.

[60] BRASIL, Supremo Tribunal Federal. Ação Direta de Inconstitucionalidade (ADI) nº 2.999, Relator(a): Min. GILMAR MENDES, Tribunal Pleno, julgado em 13.03.2008, DJe-089 DIVULG 14-05-2009 PUBLIC 15-05-2009 EMENT VOL-02360-01 PP-00085.

[61] Art. 2º Para fins de apuração da aplicação dos recursos mínimos estabelecidos nesta Lei Complementar, considerar-se-ão como despesas com ações e serviços públicos de saúde aquelas voltadas para a promoção, proteção e recuperação da saúde que atendam, simultaneamente, aos princípios estatuídos no art. 7º da Lei nº 8.080, de 19 de setembro de 1990, e às seguintes diretrizes: I – sejam destinadas às ações e serviços públicos de saúde de acesso universal, igualitário e gratuito; II – estejam em conformidade com objetivos e metas explicitados nos Planos de Saúde de cada ente da Federação; e III – sejam de responsabilidade específica do setor da saúde, não se aplicando a despesas relacionadas a outras políticas públicas que atuam sobre determinantes sociais e econômicos, ainda que incidentes sobre as condições de saúde da população.
Parágrafo único. Além de atender aos critérios estabelecidos no caput, as despesas com ações e serviços públicos de saúde realizadas pela União, pelos Estados, pelo Distrito Federal e pelos Municípios deverão ser financiadas com recursos movimentados por meio dos respectivos

Muito embora as pertinentes críticas pelos entes subnacionais quanto à vulneração do princípio da autonomia federativa pela LC nº 141, não há dúvidas de que o normativo trouxe critérios razoáveis para rateio de recursos no federalismo fiscal brasileiro.

A dimensão territorial e as graves disparidades regionais no Brasil contribuem para o (des)equilíbrio na repartição e aplicação dos recursos destinados às ações e serviço público de saúde.

Com vistas a mitigar tais desequilíbrios, a LC nº 141 previu como critérios: (i) a necessidade de saúde da população; (ii) as dimensões epidemiológicas, demográfica, socioeconômica, espacial e de capacidade de oferta de ações e serviços de saúde; e (iii) os demais elencados no art. 35 da Lei nº 8.080/1990.

6 Considerações finais

Da evolução da tributação como instrumento do financiamento de políticas públicas, observa-se que o tributo abandona a sua concepção absolutamente neutra, fiscal, não interventiva do liberalismo clássico, para assumir uma posição funcional, extrafiscal e diretiva. Passa, portanto, a atuar tanto na seara econômica quanto no terreno das políticas sociais, no afã de promover, a um só tempo, o desenvolvimento com diminuição de desigualdades, conforme preconiza a Constituição Cidadã de 1988.

Especificamente quanto ao direito fundamental social à saúde, visualiza-se a sua tutela pela Constituição Federal, promovida consequentemente por políticas públicas inseridas no âmbito do Sistema Único de Saúde, com a produção de um conjunto normativo que garanta o imprescindível financiamento de suas atividades institucionais.

Nesse contexto, constata-se que o direito à saúde tem sido prestigiado através de diversos instrumentos da tributação, tais como isenções, imunidades, benefícios fiscais, enfim, renúncias ao

fundos de saúde. Art. 3º Observadas as disposições do art. 200 da Constituição Federal, do art. 6º da Lei nº 8.080, de 19 de setembro de 1990, e do art. 2º desta Lei Complementar, para efeito da apuração da aplicação dos recursos mínimos aqui estabelecidos, serão consideradas despesas com ações e serviços públicos de saúde as referentes a: I – vigilância em saúde, incluindo a epidemiológica e a sanitária; II – atenção integral e universal à saúde em todos os níveis de complexidade, incluindo assistência terapêutica e recuperação de deficiências nutricionais.

poder de tributar, o que, no entanto, não é medida bastante para garantir acesso integral e universal à saúde.

Por fim, no que pertine ao federalismo fiscal brasileiro, conclui-se que a vinculação de receitas ao serviço de saúde pública constitui medida importante na gestão dos serviços públicos de saúde. Todavia, tais transferências intergovernamentais vinculadas têm se mostrado insuficientes à consecução de políticas públicas exitosas no campo da saúde, dados os recursos se esvaírem quando da liberação dos recursos aos órgãos executores do SUS.

Vê-se que a concepção hodierna da tributação como instrumento de financiamento de políticas públicas, especialmente de saúde, tem o condão de conferir maior efetividade às opções políticas consagradas no texto constitucional, ainda que a realidade esteja a demonstrar serem insuficientes as medidas fiscais até agora implementadas para tal desiderato.

Referências

ARAUJO, Luís Alberto David; NUNES JR., Vidal Serrano. *Curso de Direito Constitucional*. 11. ed. São Paulo: Saraiva, 2007.

BALEEIRO, Aliomar. *Uma Introdução à Ciência das Finanças*. 14. ed. 6. tir. Rio de Janeiro: Forense, 1994.

BARBOSA, Antonieta. *Câncer, direito e cidadania*. São Paulo: ARX, 2003.

BARROSO, Luís Roberto. *Curso de Direito Constitucional Contemporâneo*: os conceitos fundamentais e a construção do novo modelo. 5. ed. São Paulo: Saraiva, 2015.

BARROSO, Luís Roberto. *Interpretação e aplicação da Constituição*. São Paulo: Saraiva, 2001.

BASTOS, Celso Ribeiro. Existe efetivamente uma Constituição Econômica? *Revista de Direito Constitucional e Internacional*, São Paulo, v. 10, n. 39, abr./jun. 2002.

BOMFIM, Diego. *Tributação e livre concorrência*. São Paulo: Saraiva, 2011.

CARVALHO FILHO, José dos Santos. Estado Mínimo x Estado Máximo: o dilema. *Revista Eletrônica sobre a Reforma do Estado (RERE)*, Salvador: Instituto Brasileiro de Direito Público, n. 12, dez./jan./fev. 2008. Disponível em: http://www.direitodoestado. com.br/rere.asp.

COMPARATO, Fábio Konder. Ordem Econômica na Constituição Brasileira de 1988. *Revista de Direito Público*, São Paulo, v. 23, n. 93, jan./mar. 1990.

FERRAZ JÚNIOR, Tércio Sampaio. Guerra Fiscal, Fomento e Incentivo na Constituição Federal. *In*: SCHOUERI, Luís Eduardo; ZILVETI, Fernando Aurélio (Coord.). *Direito Tributário*: Estudos em Homenagem a Brandão Machado. São Paulo: Dialética, 1998.

GRAU, Eros Roberto. *A ordem econômica na Constituição de 1988*. 15. ed. São Paulo: Malheiros, 2012.

HABER NETO, Michel. *Tributação e Financiamento da Saúde Pública*. São Paulo: Quartier Latin, 2013.

MACHADO, Raquel Cavalcanti Ramos. A Mudança do Paradigma Orçamentário: do controle do Estado para a implementação de políticas públicas. A função da receita pública no Estado Democrático e Social de Direito. *In*: CONTI, José Maurício; SCAFF, Fernando Facury (Coord.). *Orçamentos Públicos e Direito Financeiro*. São Paulo: Editora Revista dos Tribunais, 2011.

NABAIS, José Casalta. *Contratos Fiscais (Reflexões acerca da sua admissibilidade)*. Coimbra: Boletim da Faculdade de Direito da Universidade de Coimbra/Coimbra Editora, 1994.

NUSDEO, Fábio. *Curso de Economia*: introdução ao direito econômico. 3. ed. São Paulo: Editora Revista dos Tribunais, 2001.

ORDACGY, André da Silva. O direito humano fundamental à saúde pública. *In*: FIGUEIREDO, Guilherme J. Purvin; SEGUIN, Elida. *Direitos sociais*: estudos à luz da Constituição de 1988. São Paulo: IBAP, 2010.

SARLET, Ingo Wolfgang. *Dignidade da pessoa humana e direitos fundamentais na Constituição Federal de 1988*. 4. ed. Porto Alegre: Livraria do Advogado, 2006.

SARLET, Ingo Wolfgang; FLESCHINER, Mariana. *In*: MENDES, Gilmar F.; CANOTILHO, J. J. Gomes; STRECK, Lênio. *Comentários à Constituição Federal*. 2. ed. São Paulo: Saraiva/ Almedina, 2018.

SCHOUERI, Luís Eduardo. *Direito Tributário*. São Paulo: Saraiva, 2011.

SCHOUERI, Luís Eduardo. Tributação e Liberdade. *In*: PIRES, Adilson Rodrigues; TÔRRES, Heleno Taveira (Org.). *Princípios de Direito Financeiro e Tributário*: estudos em homenagem ao Professor Ricardo Lobo Torres. Rio de Janeiro/São Paulo/Recife: Renovar, 2006.

SILVA, José Afonso da. *Curso de Direito Constitucional Positivo*. 6. ed. 2. tir. São Paulo: Editora Revista dos Tribunais, 1990.

SCAFF, Fernando Facury e Luma. Comentários art. 198. *In*: MENDES, Gilmar F.; CANOTILHO, J. J. Gomes; STRECK, Lênio. *Comentários à Constituição Federal*. 2. ed. São Paulo: Saraiva/Almedina, 2018.

SMITH, Adam. *Investigação sobre a natureza e as causas da riqueza das nações*. Trad. Maria do Carmo C. Jardim; Eduardo Lúcio N. Cary. 3. ed. São Paulo: Abril, 1984.

TEIXEIRA, J. H. Meirelles. *Curso de Direito Constitucional*. Rio de Janeiro: Forense Universitária, 1991.

TORRES, Ricardo Lobo. *Tratado de Direito Constitucional, Financeiro e Tributário*: valores e princípios constitucionais tributários. v. II. Rio de Janeiro: Renovar, 2005.

Informação bibliográfica deste texto, conforme a NBR 6023:2018 da Associação Brasileira de Normas Técnicas (ABNT):

BUÍSSA, Leonardo; BEVILACQUA, Lucas. Evolução da tributação e o custeio de políticas públicas de saúde no Brasil. *In*: MOTTA, Fabrício; BUÍSSA, Leonardo; BEVILACQUA, Lucas (coord.). *Federalismo fiscal e políticas públicas*. Belo Horizonte: Fórum, 2023. p. 387-406. ISBN 978-65-5518-529-4.

POLÍTICAS PÚBLICAS E REGIMES ESPECIAIS DE FISCALIZAÇÃO TRIBUTÁRIA: O DISCURSO DO SUPREMO TRIBUNAL FEDERAL À LUZ DA INTEGRIDADE DO DIREITO

GUILHERME BRUM

1 Introdução

Maioria e unanimidade. Pluralidade e identidade. Conflito e consenso. Esses antagonismos ilustram a complexidade inerente aos regimes democráticos, impondo arranjos institucionais que visem promover equilíbrio no plano das relações de poder. Tais arranjos não podem, por óbvio, pretender eliminar o conflito, mas sua atuação deve ter em perspectiva a necessidade de prover, na melhor medida possível, coerência e identidade de princípios (mesmo que necessariamente provisórias e disputáveis) à sociedade. Desse modo, "o governo da maioria deve ser prosaicamente compreendido como uma simples *convenção empírica*, cujo caráter continua estando submetido a imposições superiores de justificação". Apoia-se, portanto, no que Rosanvallon chama de "legitimidade imperfeita", a qual necessita ser fortalecida por outros modos de legitimação democrática.[1]

Nesse contexto, o papel dos tribunais constitucionais é de importância marcante. Participam da construção da legitimidade do poder por meio da fixação de sentido aos princípios fundantes enunciados, em potência, no texto da Constituição da República, cuja guarda no Brasil é função precípua do Supremo Tribunal Federal. Deveras, ao determinar o conteúdo jurídico de princípios

---

[1] ROSANVALLON, Pierre. *La legitimidad democrática*. Imparcialidad, reflexividad y proximidad. Trad. Heber Cardoso. Barcelona: Paidós, 2010. No mesmo sentido: ROSANVALLON, Pierre. The Metamorphoses of Democratic Legitimacy: Impartiality, Reflexivity, Proximity. *Constellations*, v. 18, n. 2, 2011.

como igualdade e liberdade, o Supremo fornece uma proposta de identidade ao social. Não erradica – nem poderia – o conflito, mas estabiliza um significado para esses princípios em permanente disputa, conferindo unidade, na expressão de Lefort,[2] simbólica para a sociedade. Pensado esse exercício de jurisdição constitucional quando em jogo a ação do Estado, o STF fornece conteúdos jurídicos a suas funções (do Estado) e, nessa medida, fixa-lhe um princípio identitário.

Várias são as propostas teóricas que pretendem oferecer parâmetros racionais para que os tribunais constitucionais possam exercer sua jurisdição, vital para a democracia. O presente estudo adere àquela elaborada por Ronald Dworkin ao longo de sua fecunda trajetória filosófica, qual seja, a ideia de "direito como integridade". É a partir dela que será feita uma análise da jurisprudência do Supremo Tribunal Federal acerca da (in)constitucionalidade dos chamados "regimes especiais de fiscalização tributária", em confronto com a linha de precedentes que pretendem fixar balizas para o controle judicial de políticas públicas. Enfim, a pergunta é se o *princípio de Estado* mobilizado para fundamentar uma cadeia decisória é o mesmo que embasa a outra e, portanto, se a atuação do STF pode ser considerada democraticamente legítima no trilhar desses caminhos, considerada a integridade do direito como elemento pavimentador.

2 Notas sobre a ideia de integridade (inclusiva) do direito: proposta para legitimação democrática da jurisdição constitucional

O direito como integridade, concebido como uma opção a duas teorias sobre o conceito e a função do jurídico (que não deixam de ser também teorias políticas sobre a legitimação do poder),[3] é

---

[2] LEFORT, Claude. *Pensando o político*: ensaios sobre democracia, revolução e liberdade. Trad. Eliana M. Souza. Rio de Janeiro: Paz e Terra, 1991; LEFORT, Claude. *A invenção democrática*: os limites da dominação totalitária. Trad. Isabel Loureiro; Maria Leonor Loureiro. Belo Horizonte: Autêntica Editora, 2011.

[3] São o "convencionalismo" e o "pragmatismo". O convencionalismo, como o entende Dworkin, sustenta que a prática jurídica é apenas uma questão de respeitar e aplicar convenções sobre quais instituições deveriam ter o poder de elaborar leis. No entanto, por evidente, o direito por

entendido como um princípio autônomo, que deve ser levado em consideração pelo intérprete quando aprecie qualquer controvérsia judicial (com especial ênfase, contudo, aos *hard cases* de jurisdição constitucional). Ao lado desse princípio, há outros três a lhe ombrear: equidade, justiça e devido processo legal adjetivo. Para Dworkin,[4] a equidade é uma questão de encontrar os procedimentos políticos que distribuem o poder de maneira adequada, isto é, os métodos para eleição dos representantes do povo (como o eleitoral-majoritário); a justiça, uma preocupação com o conteúdo moral das decisões tomadas pelas instituições políticas, tenham ou não sido escolhidas com equidade; e o devido processo legal adjetivo, um procedimento correto para julgamento dos cidadãos que supostamente hajam descumprido as leis estabelecidas pelas instituições representativas.

A integridade, então, é uma virtude fundamental, situando-se no mesmo patamar dessas três outras, e consiste na exigência de que o Estado – ou mesmo a comunidade considerada como um agente moral – aja segundo um conjunto único e coerente de princípios, mesmo quando seus cidadãos estejam divididos quanto à exata natureza dos princípios de justiça e equidade. Dworkin a separa em dois outros princípios: o da integridade na legislação, que pede aos

---

convenção nunca é completo. As leis do país sempre terão um espectro de relações sociais que não alcançarão, pelo menos não pelo seu significado *prima facie*. Assim, os convencionalistas entendem que, nos casos não abrangidos pelas convenções, os juízes devem decidir da melhor maneira possível, mas as partes não terão direito algum de obter ganho de causa em virtude de decisões coletivas do passado. Isso demonstra que a discricionariedade atribuída pelo convencionalismo ao juiz é forte, de modo que ele deve decidir os casos não abrangidos por convenções precedentes encontrando outro tipo de justificativa além da garantia do direito e de qualquer exigência de consistência com as decisões tomadas no passado, que poderiam eventualmente pautar sua ação futura. *Vide*: DWORKIN, Ronald. *O império do direito*. Trad. Jefferson Luiz Camargo. São Paulo: Martins Fontes, 2007. p. 141-183. Já o pragmatismo, também na visão dworkiniana, aposta – da mesma forma – em uma ampla discricionariedade judicial, mas em outro sentido. Adota uma concepção cética do direito, negando que as decisões políticas do passado, por si sós, ofereçam qualquer justificativa para o uso do poder coercitivo do Estado. O pragmatista, portanto, encontra a justificativa para a coerção estatal em alguma virtude política – justiça, eficiência etc. – que a decisão judicial estaria a promover. Todavia, é certo que os juízes divergirão sistematicamente sobre qual dessas virtudes é a melhor. Divergirão também sobre o que entendem, exemplificativamente, por justiça ou por equidade. Para o pragmatismo, isso não é um problema. Muito antes pelo contrário, essa teoria estimula os magistrados a assim decidirem, libertando-os de um passado aprisionador, na suposição de que essa prática tornaria a comunidade melhor. *Vide*: DWORKIN, Ronald. *O império do direito*. Trad. Jefferson Luiz Camargo. São Paulo: Martins Fontes, 2007. p. 185-212.

4 DWORKIN, Ronald. *O império do direito*. Trad. Jefferson Luiz Camargo. São Paulo: Martins Fontes, 2007. p. 200-203.

que criam o direito que o mantenham coerente quanto aos princípios, e o da integridade no julgamento, que pede aos responsáveis por decidir sobre os sentidos da lei que a vejam e a façam cumprir com essa mesma coerência.

Desse modo, se as pessoas aceitam que são governadas não apenas por regras explícitas oriundas de decisões políticas do passado, mas também – e principalmente – por outras regras que decorrem dos princípios que essas decisões pressupõem, o conjunto de normas públicas pode expandir-se e contrair-se organicamente, sem a necessidade de um detalhamento da legislação ou da jurisprudência em cada um dos possíveis pontos de conflito. Caso contrário, se entendêssemos a legislação apenas como uma questão de soluções negociadas para problemas específicos, sem um compromisso subjacente com alguma concepção pública de justiça, seríamos forçados a estabelecer uma distinção entre dois tipos de problemas jurídicos: os que se resolveriam pela aplicação de alguma decisão política do passado e os que não seriam resolvidos por padrão institucional algum, ficando a solução dependente do exercício arbitrário do poder. A integridade, diversamente, sustenta que, mesmo nos casos de conflitos de interesses não regidos por uma regra de direito clara, ainda assim é possível fazermos exigências e aceitarmos reivindicações alheias com base nos princípios.[5]

O direito como integridade aposta, portanto, na natureza interpretativa desse saber. Aposta em que os juízes, os legisladores e mesmo os cidadãos devam tentar enxergar a solução de problemas

[5] DWORKIN, Ronald. *O império do direito.* Trad. Jefferson Luiz Camargo. São Paulo: Martins Fontes, 2007. p. 229-230. A teoria do direito como integridade rejeita a ideia de discricionariedade judicial, pelo menos aquela preconizada pelo convencionalismo e pelo pragmatismo. O seguinte trecho do texto de Dworkin é ilustrativo dessa afirmação: "O direito é um conceito interpretativo. Os juízes devem decidir o que é o direito interpretando o modo usual como os outros juízes decidiram o que é o direito. Teorias gerais do direito são, para nós, interpretações gerais da nossa própria prática judicial. Rejeitamos o convencionalismo, que considera a melhor interpretação a de que os juízes descobrem e aplicam convenções legais especiais, e o pragmatismo, que a encontra na história dos juízes vistos como arquitetos de um futuro melhor, livres da exigência inibidora de que, em princípio, devem agir coerentemente uns com os outros. Ressalto a terceira concepção, do direito como integridade, que compreende a doutrina e a jurisdição. Faz com que o conteúdo do direito não dependa de convenções especiais ou de cruzadas independentes, mas de interpretações mais refinadas e concretas da mesma prática jurídica que começou a interpretar" (DWORKIN, Ronald. *O império do direito.* Trad. Jefferson Luiz Camargo. São Paulo: Martins Fontes, 2007. p. 488-489).

jurídicos segundo o que compreendem ser a sua melhor luz. Haverá, por evidente, divergências entre as pessoas ao se debruçarem sobre essa tarefa, principalmente nos chamados casos difíceis, em que não se encontram soluções *prima facie*, mas a atitude hermenêutica de buscar a integridade é certamente uma forma de cercar o intérprete de parâmetros interpretativos que permitam respeitar a autonomia do direito (de modo que ele não se confunda com o mero juízo discricionário de seu enunciador), tais como a história e os precedentes. O material jurídico com que vai trabalhar deve ser observado como um todo – tanto quanto possível – coerente, descartando-se as interpretações que não se ajustam ao objetivo de tornar a comunidade de princípios mais justa, mais inclusiva. É uma verdadeira construção, a mais complexa e rica possível.[6]

Há, pois, uma espécie de duplo movimento pelo decisor na teoria do direito como integridade: a ideia de adequação (*fit*) e a ideia de justificação (*justification*). A interpretação exigiria, assim, um complicado balanceamento entre essas duas ideias – a primeira, de cunho formal, e a segunda, de caráter substantivo. Cumpriria ao juiz indagar, em um primeiro momento, como a interpretação por ele produzida guarda pertinência com a história institucional da prática jurídica em questão; em um segundo

---

[6] Como alerta Calsamiglia: "[...] *El principio de igualdad formal supone el tratamiento igual de lo que es igual y desigual de lo que es desigual. Este constituye el concepto de igualdad. Sin embargo, este concepto común a todas las concepciones de la igualdad no sirve para dirigir la conducta humana, pues existen diversas concepciones que determinan lo que es igual y lo que es desigual. Por ejemplo, en nuestras sociedades se utiliza el criterio del mérito, el del resultado y el de las necesidades, entre otros. Cada uno de esos criterios especifica el concepto formal de igualdad y produce resultados distintos en su aplicación. El enfoque del derecho como integridad no seria escéptico respecto a estas aparentes contradicciones y trataría de indagar cuáles son las razones que convierten un criterio como el del mérito en adecuado para solucionar determinados problemas, mientras que, en cambio, para otros esta sociedad utiliza el criterio de las necesidades. El derecho como integridad trata de reconstruir la historia. Allí donde encuentra con criterios contradictorios trata de encontrar una explicación y trata, por tanto, de exigir que las distinciones entre criterios no se produzcan al azar, sino que respondan a razones públicas y justificadas*" (CALSAMIGLIA, Albert. El concepto de integridad en Dworkin. *Doxa – Cuadernos de Filosofía del Derecho*, Alicante, n. 12, p. 155-176, 1992). Na mesma linha é a leitura de Thomas Nagel: "*Según Dworkin, la interpretación jurídica debería tratar de descubrir la interpretación del derecho que hiciera su puesta en práctica justificable a la luz de la mejor justificación que se le puede dar del sistema total del derecho y del precedente al que pertence, lo cual incluye la mejor justificación de la función del juez en dicho sistema. Esta tarea no es solamente autorreferencial, sino también normativa: el mejor sentido del derecho es el sentido que, relativo a las limitaciones de adaptación a lo ya dado, hace el sistema sea el mejor posible, el mejor, tanto en adaptación como en sustancia, equilibrado de forma que sea en sí mismo objeto de interpretación evaluativa*" (NAGEL, Thomas. *Otras mentes*: ensayos críticos 1969-1994. Trad. Sandra Girón. Barcelona: Gedisa, 2000. p. 246).

ato, precisaria dar a interpretação que pudesse fazer da mesma prática a melhor possível.

Por isso, Dworkin compara a construção ou a interpretação do direito com a elaboração de um "romance em cadeia", em que os juízes são igualmente atores e críticos. A cada decisão, são introduzidos acréscimos na tradição interpretada, que assim vai sendo densificada e melhorada à medida que é sistematicamente reinterpretada. Cada um, portanto, "deve escrever seu capítulo de modo a criar da melhor maneira possível o romance em elaboração, e a complexidade dessa tarefa reproduz a complexidade de decidir um caso difícil de direito como integridade".[7] Os romancistas-juízes têm de levar a sério seu labor de continuidade, devendo criar em conjunto, até onde for possível, um só romance unificado e da melhor qualidade possível. Ou seja, devem tentar criar o romance como se fosse obra de um único autor, e não como produto de muitas mãos diferentes, promovendo a coerência principiológica da comunidade a que pertencem.

Essa empreitada exige que o intérprete faça uma avaliação geral da sua parte no romance ou uma série de avaliações gerais à medida que o reescreve, formando uma teoria que lhe permita trabalhar com os elementos da trama. "Se for um bom crítico, seu modo de lidar com essas questões será complicado e multifacetado, pois o valor de um bom romance não pode ser apreendido a partir de uma única perspectiva. Vai tentar encontrar níveis e correntes de sentido, em vez de um único e exaustivo tema".[8] A interpretação adotada deve fluir ao longo de todo o texto, com um poder explicativo geral. Será, pois, malsucedida se deixar sem explicação algum importante aspecto estrutural do texto. Na linha dessas reflexões, Dworkin faz uma interessante indagação: "Será a integridade apenas coerência (decidir casos semelhantes da mesma maneira) sob um nome mais grandioso?". A resposta, como não poderia ser diferente, é: "Depende do que entendemos por coerência ou casos semelhantes". Se coerência for apenas a repetição, pelo Poder Judiciário, de suas próprias decisões da forma

---

[7] DWORKIN, Ronald. *O império do direito.* Trad. Jefferson Luiz Camargo. São Paulo: Martins Fontes, 2007. p. 275-279.

[8] DWORKIN, Ronald. *O império do direito.* Trad. Jefferson Luiz Camargo. São Paulo: Martins Fontes, 2007. p. 277.

mais fiel possível, então não equivale à integridade. A integridade exige, sim, que as normas da comunidade sejam criadas e vistas de modo a expressar um sistema único e coerente de justiça, mas, precisamente por isso, uma instituição que aceite esse ideal às vezes se afastará da sua estreita linha de decisões passadas, em busca da fidelidade aos princípios concebidos como fundamentais a esse sistema como um todo.[9]

É nessa ambiência que Ronald Dworkin faz menção aos tribunais como "fóruns do princípio". Os tribunais e, em especial, as cortes constitucionais tomam decisões políticas importantes, mas o critério de validação de sua ação deve ser o respeito aos princípios da Constituição, e não à vontade da maioria. São, portanto, "decisões sobre que direitos as pessoas têm sob nosso sistema constitucional, não decisões sobre como se promove melhor o bem-estar geral". O Poder Judiciário deve agir elaborando e aplicando uma "teoria substantiva da representação, extraída do princípio básico de que o governo deve tratar as pessoas como iguais".[10] Há, no pensamento dworkiniano, uma espécie de cooriginalidade entre princípio e integridade; ambos, umbilicalmente ligados, integram o trabalho de reflexividade desempenhado pelas cortes constitucionais. Daí a pertinente advertência de Streck: "Nenhum princípio atua por si só como criador de normas, senão que unicamente possui força constitutiva ou valor construtivo em união com o conjunto do ordenamento reconhecido". Disso decorre a reconstrução institucional: "A institucionalização de um princípio demanda a constituição de uma tradição".[11]

A integridade, portanto, ao exigir que a decisão judicial seja a expressão de um sistema único e coerente de justiça, pressupõe

---

9 Aqui, parece ficar bem claro o que Dworkin chama de "um teste de duas dimensões", que serve para verificar o atendimento dos dois pressupostos da interpretação (adequação e justificação): a interpretação a ser dada pelo juiz deve ajustar-se à prática, mas também demonstrar a sua finalidade ou valor. "Assim, uma interpretação de qualquer ramo do Direito, como o dos acidentes, deve demonstrar seu valor, em termos políticos, demonstrando o melhor princípio ou política a que serve" (DWORKIN, Ronald. *Uma questão de princípio*. Trad. Luís Carlos Borges. São Paulo: Martins Fontes, 2005. p. 239 e 263-264).

10 DWORKIN, Ronald. *Uma questão de princípio*. Trad. Luís Carlos Borges. São Paulo: Martins Fontes, 2005. p. 101.

11 STRECK, Lenio Luiz. *Verdade e consenso*: constituição, hermenêutica e teorias discursivas. 5. ed. São Paulo: Saraiva, 2014. p. 632-634.

e manifesta a existência de uma "comunidade de princípios", imagem construída por Dworkin para designar a sociedade na qual os respectivos membros admitem que seus direitos e deveres não se esgotam nas decisões particulares tomadas por suas instituições políticas, mas dependem, em termos mais gerais, do sistema de princípios que essas decisões pressupõem e endossam. O autor não nega, em momento algum, o desacordo, a disputa, o conflito. Apenas realça que, ao aceitarmos a integridade como um ideal político distinto, é possível postularmos por uma identidade para a comunidade mesmo nos casos de desacordos morais.[12]

A ideia, não obstante, é complexa e suscita múltiplas interpretações sobre seu conteúdo e sua função para a legitimidade dos atos do Poder Judiciário, principalmente daqueles produzidos por juízes constitucionais. Uma das melhores interpretações sobre a integridade possivelmente seja a de Gerald Postema, que a considera uma "justiça nas roupas de trabalho da política" (*"justice in political workclothes"*).[13] Enfatiza, nesse modo de ver o direito como integridade, a dimensão de facticidade própria aos olhares fenomenológicos (que não enxergam ali "pura transcendência") e realça a inevitabilidade do conflito político na sociedade. A sua abordagem parte de um texto de Jeremy Waldron no qual defende, entre outras questões, que o conceito dworkiniano só poderia funcionar no interior do que chama de "circunstâncias da integridade" (expressão mimetizada das "circunstâncias da justiça", de Rawls).

As circunstâncias da integridade são formadas pelos traços de uma "sociedade real" que a distinguiriam, por um lado, de uma utopia na qual a integridade fosse redundante e, por outro, de um pesadelo em que a integridade se tornasse impraticável.[14]

---

12 DWORKIN, Ronald. *O império do direito*. Trad. Jefferson Luiz Camargo. São Paulo: Martins Fontes, 2007. p. 255.

13 POSTEMA, Gerald J. Integrity: Justice in Workclothes. *In*: BURLEY, Justine (Org.). *Dworkin and his critics*: with replies by Dworkin. Oxford: Blackwell Publishing, 2004. p. 291-318.

14 WALDRON, Jeremy. Las circunstancias de la integridad. *In*: WALDRON, Jeremy. *Derecho y desacuerdos*. Trad. José Luis Martí y Águeda Quiroga. Madrid: Marcial Pons, 2005. p. 223-247. Não haveria espaço, nesta tese, para enfrentar as críticas de Waldron ao direito como integridade. São críticas que não necessariamente invalidam a ideia, mas que colocam em xeque algumas conclusões de Dworkin, como, por exemplo, a de que a integridade colapsaria por vezes com a justiça. Waldron defende que estão em planos distintos (um procedimental e outro material) e não poderiam, portanto, colidir. A ideia de "integridade

Quanto à utopia, Dworkin mesmo, na abertura do capítulo sexto de *Law's empire*, argumenta que "a integridade não seria necessária como uma virtude política em um Estado utópico. A coerência estaria garantida porque as autoridades fariam sempre o que é perfeitamente justo e imparcial".[15] Relativamente ao outro extremo, um mundo de pesadelo ou distópico, Dworkin não é tão explícito. Postema é quem desenvolve o ponto ao argumentar que a distopia poderia tomar três formas: (1) uma fragmentação absoluta da sociedade, na qual não houvesse o mínimo de unidade para prover um campo geral comum de disputa em torno da justiça; (2) um cenário em que regras, decisões e princípios não fossem apenas desordenados, mas irremediavelmente caóticos; (3) ou, mesmo que esses padrões guardassem certa coerência, a distopia reinaria se o ambiente social fosse profundamente corrupto e injusto, não apenas em um ou outro caso, mas de modo pervasivo.[16] Dificilmente, em qualquer desses cenários, ainda seria possível falar em regime democrático. O conflito teria se exasperado ao ponto de desfigurá-lo. Convém lembrar que a democracia se estabelece no equilíbrio entre desacordo e unidade.

Postema, portanto, faz derivar – entre esses dois extremos – as circunstâncias da integridade, as quais formam um cenário com as seguintes características: (1) sociedade com algum grau, por mínimo que seja, de unidade entre as pessoas; (2) crença entre os cidadãos de que é possível pretender que as instituições que os governam sejam justas; (3) existência, não obstante, de desacordos (muitas vezes profundos) sobre o conteúdo da justiça (acerca do que ela requereria

---

inclusiva", adiante explicitada, permite enfrentar essa postulação. Entretanto, como referido, não será possível abordar as críticas waldronianas dados os limites do objeto da presente pesquisa.

15 DWORKIN, Ronald. *O império do direito*. Trad. Jefferson Luiz Camargo. São Paulo: Martins Fontes, 2007. p. 213-214. Nessa passagem, aliás, é possível perceber como a ideia de justiça e de integridade tem um considerável grau de sobreposição. Isso não significa, contudo, que não possam entrar em conflito. Ambas são em Dworkin "conceitos interpretativos", de modo que é, sim, cabível pensar a integridade, "na política comum" (não utópica), exigindo "que apoiemos uma legislação que consideraríamos inadequada em uma sociedade perfeitamente justa e imparcial, e que reconheçamos direitos que, segundo acreditamos, seus membros não teriam" (*ibidem*, p. 214). A integridade estaria aí funcionando – na expressão de Postema – como uma "justiça em roupas de trabalho".

16 POSTEMA, Gerald J. Integrity: Justice in Workclothes. *In*: BURLEY, Justine (Org.). *Dworkin and his critics*: with replies by Dworkin. Oxford: Blackwell Publishing, 2004. p. 299-300.

dos cidadãos e das instituições); (4) a injustiça, apesar disso, não é tão extrema, pelo menos para a maior parte das pessoas, a ponto de não se encontrarem razões para a preservação da sociedade; (5) as instituições não são consideradas pelos cidadãos irremediavelmente caóticas, em que pese a multiplicidade de convicções sobre a justiça gerar efeitos no respectivo arranjo. De acordo com o autor, "esse é o solo no qual a integridade finca suas raízes", o que atesta ser ela não apenas histórica, mas essencialmente política. Nos seus exatos termos: "*Integrity has an intelligible role and moral force where justice is both feasible and in dispute. When justice is no longer worth seeking, or is unfeasible, or when the claims of justice are clear to all members of the community, then integrity no longer has a mission*".[17]

Dworkin aceita, a propósito, em elevada medida essas postulações.[18] Isso porque também entende que a integridade

---

[17] POSTEMA, Gerald J. Integrity: Justice in Workclothes. *In*: BURLEY, Justine (Org.). *Dworkin and his critics*: with replies by Dworkin. Oxford: Blackwell Publishing, 2004. p. 300.

[18] É ele próprio quem o diz: "*I believe Gerald Postema's thorough and provocative exploration of the ideal of integrity very valuable indeed, and I am grateful to him for seeking further grounds for defending the distinctness and importance of that ideal. I agree with almost all of what he says. I agree that integrity is a distinct political virtue, even though it is rooted in the other main political virtues of justice, fairness, and due process; that integrity would be redundant among people whose concrete conceptions of these virtues are and have been identical, but it is needed as a distinct virtue by people who disagree about political morality but aspire nevertheless to work together toward a common vision of justice, fairness, and process in the right relation; and that though what I called 'inclusive' integrity requires lawyers and citizens to recognize some 'mistakes' as nevertheless part of the community's law, it also requires doctrines for isolating those mistakes – for institutionally, in Postema's apt phrase, 'regretting' them*". O desacordo de Dworkin acerca do ponto do texto de Postema adotado aqui vai, basicamente, em duas direções: as "circunstâncias da integridade" direcionam o olhar do intérprete apenas para a disputa por justiça dentro de comunidades (e não entre comunidades de nações distintas), e o conceito de justiça em sentido estrito (que a integridade, para Postema, representaria) na verdade pode colidir com o ideal de integridade (e ganhar a disputa), de maneira que, em vez de falar em *justice in the narrow sense*, seria preferível adotar a ideia de "integridade inclusiva", que Dworkin desenvolve no último capítulo de *Law's empire*. Eis os seus literais termos: "*He says that this is true only in what Jeremy Waldron has called the 'circumstances of integrity'; and I take it, in view of that qualification, that Postema has in mind only justice within a political community. He does not mean that justice between the peoples of different nations requires integrity. But even if we think only of domestic justice, the claim seems troubling. In Law's Empire I described the choice a legislature might face if it found that it was politically and financially feasible to enact a scheme of strict liability rather than negligence for certain defective products, but not for all those products to which its rationale for that change would equally apply. It makes sense, I think, to suppose that justice might be improved by that change – half a loaf, I said, is sometimes better than none – even though the choice would impair the law's integrity. There is a much stronger case, which I tried to make, for judges preferring inclusive integrity to justice in the narrow sense. But Postema emphasizes that he is discussing integrity as a political virtue, not distinctly in its legal role*" (DWORKIN, Ronald. Replies to critics. *In*: BURLEY, Justine (Org.). *Dworkin and his critics*: with replies by Dworkin. Oxford: Blackwell Publishing, 2004. p. 386-387). Essas

do direito não deve ser idealizada, isto é, depurada do ambiente conflituoso da democracia e dos constrangimentos derivados dos arranjos institucionais que pretendem dar equilíbrio (ainda que instável) ao regime democrático. A justiça que persegue é a justiça "possível". Por isso que, ao perguntar-se sobre se a integridade pode ser "impura", ele responde afirmativamente. E, para chegar a essa conclusão, parte do pressuposto de que o direito não pode ser separado de sua interpretação, o que fica bem evidente – é preciso acrescentar – nos casos constitucionais envolvendo expressões de princípio muito vagas, as quais reivindicam uma "leitura moral".[19]

críticas parciais não têm, obviamente, o condão de invalidar a interpretação de Postema sobre a integridade do direito, muito menos de atingir a hipótese deste trabalho. Não faz diferença se a integridade é a "justiça em roupas de trabalho", que pode colidir com uma ideia de justiça "mais pura", "mais abstrata", ou se ela é algo efetivamente distinto (embora um tanto sobreposta a alguma ideia de justiça) e poderia entrar em conflito mesmo com uma justiça "mais mundana", em sentido estrito. Essa discussão assume, aliás, um grau de abstração tão elevado (porque ambos os conceitos, integridade e justiça, são profundamente interpretativos) que seria necessário um argumento longo e sofisticado (e talvez uma pesquisa com esse objeto específico) para defender qualquer uma das posições. Entretanto, dificilmente haveria grandes diferenças práticas na adoção de uma ou outra visão. O importante é aceitar que a integridade concretiza uma ideia de identidade para a sociedade, no plano dos princípios de justiça (dos princípios constitucionais, dos direitos fundamentais), em um ambiente de conflito/disputa/desacordo sobre o sentido destes. E isso parece estar inegavelmente de acordo tanto com a posição de Postema quanto com a de Dworkin. Ademais, a discussão perde, de fato, toda sua significância para este estudo na medida em que será adotada, logo na sequência do texto, a ideia de "integridade inclusiva" ou "impura" que defende Dworkin.

19 A "leitura moral" da Constituição não é uma autorização para o exercício da discricionariedade forte dos juízes. Ela os encoraja a fazerem juízos de moralidade política, entendida esta, porém, como uma moral institucionalizada pela integridade e pelo respeito à história e ao texto constitucional: "Os dispositivos da Constituição norte-americana que protegem os indivíduos e as minorias da ação do Estado encontram-se sobretudo na chamada Declaração de Direitos – as primeiras emendas apostas ao documento – e nas emendas acrescentadas depois da Guerra Civil. [...] Muitos desses dispositivos estão vazados numa linguagem moral excessivamente abstrata. A Primeira Emenda se refere ao 'direito' de liberdade de expressão, por exemplo; a Quinta Emenda, ao processo 'devido' aos cidadãos; e a Décima Quarta, a uma proteção 'igual'. Segundo a leitura moral, esses dispositivos devem ser compreendidos da maneira mais naturalmente sugerida por sua linguagem: referem-se a princípios morais abstratos e, por referência, incorporam-se como limites aos poderes do Estado. [...] Mas mesmo nesta breve discussão já mencionamos duas restrições importantes que limitam agudamente a liberdade de ação que a leitura moral confere aos juízes enquanto indivíduos. Em primeiro lugar, de acordo com essa leitura, a interpretação constitucional tem de partir do que os autores disseram; [...]. Por isso, sem dúvida alguma, a história é um fator pertinente. Mas só num sentido particular. Consultamos a história para saber o que eles pretendiam *dizer*, e não quais *outras* intenções eles tinham, o que é uma questão muito diferente. Não tempos necessidade de saber, por exemplo, o que eles previam ou queriam que acontecesse em decorrência de terem dito o que disseram; nesse sentido, o objetivo deles não faz parte do nosso estudo. [...] Somos governados pelo que nossos legisladores disseram – pelos princípios que declararam – e

É no momento da decisão de um caso constitucional que todas as limitações decorrentes das circunstâncias da integridade deverão ser tomadas na devida conta. Não é possível, pois, descobrir o que é propriamente "jurídico" sem considerar a dimensão de *adjudication*.[20] E isso vincula fortemente o conteúdo do direito não apenas ao debate sobre os limites do poder das autoridades judiciárias (notadamente, dos juízes constitucionais), mas à questão de sua legitimidade.

A integridade tem de ser, nas palavras de Dworkin, necessariamente "impura" ou "inclusiva". Ela deverá contemplar, para a fixação do conteúdo do direito (dos princípios constitucionais), todas as limitações institucionais próprias à prática legal como um todo. Nessa expressão ("limitações institucionais"), a supremacia legislativa está incluída e, com isso, deve ficar preservado, no desempenho da jurisdição, o espaço cabível à legitimidade eleitoral-majoritária na democracia. Nas exatas palavras de Dworkin:

> [...] Mas a supremacia legislativa constitui uma outra limitação institucional, e isso geralmente abrange todos os tribunais. Se um juiz

não por quaisquer informações acerca de como eles mesmos teriam interpretado esses princípios ou os teriam aplicado em casos concretos. Em segundo lugar, mas na mesma ordem de importância, a interpretação constitucional sob a leitura moral é disciplinada pela exigência de *integridade* constitucional [...]. Os juízes não podem dizer que a Constituição expressa suas próprias convicções. Não podem pensar que os dispositivos morais abstratos expressam um juízo moral particular qualquer, por mais que esse juízo lhes pareça correto, a menos que tal juízo seja coerente, em princípio, com o desenho estrutural da Constituição como um todo e também com a linha de interpretação constitucional predominantemente seguida por outros juízes no passado. Têm de considerar que fazem um trabalho de equipe [...], que elaboram juntos uma moralidade constitucional coerente; [...]. O juiz também não pode, sem fugir à plausibilidade, pensar que a estrutura constitucional deixa a seus cuidados mais do que certos direitos políticos básicos e estruturais. O juiz pode até ter ser de opinião de que uma sociedade verdadeiramente comprometida com a igualdade de consideração forneceria recursos especiais aos deficientes, ou garantiria a todos um acesso seguro a parques recreativos, ou ainda proporcionaria tratamentos médicos heroicos e experimentais, por mais caros ou incertos que fossem, para qualquer pessoa cuja vida tivesse a mínima possibilidade de ser salva. Mas o juiz violaria a integridade constitucional se tratasse essas determinações como elementos do direito constitucional. Os juízes devem submeter-se à opinião geral e estabelecida acerca do caráter do poder que a Constituição lhes confere. A leitura moral lhes pede que encontrem a melhor concepção dos princípios morais constitucionais [...] que se encaixe no conjunto da história norte-americana. Não lhes pede que sigam os ditames de sua própria consciência ou as tradições de sua própria classe ou partido, caso esses ditames ou tradições não se encaixem nesse conjunto histórico [...]". (DWORKIN, Ronald. *O direito da liberdade.* A leitura moral da Constituição norte-americana. Trad. Marcelo Brandão Cipolla. São Paulo: Martins Fontes, 2006. p. 10 e 14-46).

[20] *"Our concept of law ties law to adjudication: law is a matter of rights tenable in court"* (DWORKIN, Ronald. *Law's empire.* Cambridge: Harvard University Press, 1986. p. 400-401).

> está convencido de que uma lei admite apenas uma interpretação, então, excetuando-se o impedimento constitucional, ele deve colocar em prática essa interpretação como sendo o direito, mesmo que considere tal lei incoerente, em princípio, com o direito entendido em seu sentido mais amplo. Ele pode pensar que o legislativo deveria corrigir a incoerência com uma legislação posterior, não apenas ou necessariamente com base em um sentido de justiça, mas porque o legislativo é também um guardião da integridade. Mas isso não afetará o que, para ele, é o direito.
> Se Hércules [o juiz mítico idealizado pelo autor] houvesse decidido ignorar a supremacia legislativa e o precedente estrito sempre que a ignorância dessas doutrinas lhe permitisse aperfeiçoar a integridade do direito, considerada, por si só, matéria relevante, *então ele teria violado totalmente a integridade. Pois qualquer interpretação geral bem-sucedida de nossa prática legal deve reconhecer essas limitações institucionais.*[21]

Essas limitações, no fundo, decorrem de princípios substantivos – relacionados ao desenho da democracia – que impõem a consideração pelos juízes (constitucionais, inclusive) da "vontade do parlamento" (por mais que seja possível disputar o sentido dessa expressão) materializada nos enunciados de lei. O consagrado princípio da presunção de constitucionalidade dos atos normativos[22] representa essa circunstância na nossa tradição jurídica, impondo um elevado ônus argumentativo (pelo menos em tese) para sua invalidação em face da Constituição da República. Para que o Supremo Tribunal Federal possa legitimar-se, portanto, não pode desconsiderar a "impureza" da integridade constitucional. E é nesse contexto que Dworkin argumenta que o direito como integridade "não apenas permite como também promove formas de conflito ou tensão substantivos dentro da melhor interpretação geral do Direito". A supremacia legislativa – que obriga os juízes a aplicarem as leis, salvo em caso de inconstitucionalidade – "é uma questão de equidade porque protege o poder da maioria de fazer o direito que quer". A equidade política, assim concebida, impõe que as cortes constitucionais, ao decidirem, definam "seus próprios

---

21 DWORKIN, Ronald. *O império do Direito*. Trad. Jefferson Luiz Camargo. São Paulo: Martins Fontes, 2007. p. 479, grifei.

22 *Vide*, por exemplo: BARROSO, Luís Roberto. *Interpretação e aplicação da Constituição*: fundamentos de uma dogmática constitucional transformadora. 6. ed. São Paulo: Saraiva, 2006. p. 371.

poderes contra o de outras instituições e autoridades", fazendo um balanço das legitimidades em disputa.[23]

Diversamente, pois, de uma *integridade pura* (pela qual fosse possível buscar a coerência ou a justiça independentemente desses constrangimentos institucionais ou mesmo das "circunstâncias da integridade"), a *integridade inclusiva* exige que o juiz (especialmente o constitucional) considere todas as virtudes democráticas (equidade política, justiça substantiva e devido processo legal adjetivo) coeridas em sua decisão, a fim que as reflita, tanto quanto possível, em uma proporção que considere adequada. A ressalva "tanto quanto possível" reconhece que "a devida atenção a uma dessas virtudes, numa demonstração geral do direito, implicará às vezes um acordo quanto ao nível de integridade que pode ser alcançado em outra".[24] Daí que a jurisdição constitucional, para legitimar-se democraticamente, precisa levar em conta o regime concorrencial e complementar de legitimidades do poder na democracia, medida que é de fato exigida pela integridade inclusiva.

O risco democrático de uma "interpretação purificada" (utópica) da integridade no plano da decisão judicial, ou seja, fora das discussões filosóficas que embasam propostas de rearranjos constitucionais de legitimidade, é expressamente alertado pelo autor. Em seu peculiar estilo, Dworkin adverte que "os tribunais são as capitais do império do Direito, e os juízes são seus príncipes, mas não seus videntes e profetas". Com isso, ele está querendo dizer que compete aos filósofos – e não aos julgadores, por maiores que sejam seus poderes – a tarefa de pensar as ambições do direito quanto a si mesmo, ou seja, uma forma mais pura para além daquele que possuímos. O que garante a separação entre direito e poder é, portanto, a integridade inclusiva. Ela faz com que a definição do jurídico "não dependa de convenções especiais ou de cruzadas independentes", mas de "interpretações mais refinadas e concretas da própria prática". O autor é enfático nisso: "Essas interpretações mais concretas são indubitavelmente jurídicas

---

23 DWORKIN, Ronald. *O império do Direito*. Trad. Jefferson Luiz Camargo. São Paulo: Martins Fontes, 2007. p. 483.

24 DWORKIN, Ronald. *O império do Direito*. Trad. Jefferson Luiz Camargo. São Paulo: Martins Fontes, 2007. p. 483-484.

porque dominadas pelo princípio da integridade inclusiva na prestação jurisdicional".[25]

A manutenção da jurisdição apartada da legislação representa uma complexa consequência da predominância desse princípio (da integridade inclusiva). O direito como integridade, visto a partir dessa perspectiva, implica distintas e importantes restrições ao trabalho de um tribunal constitucional, mas é claro que ele não se impõe por si. É preciso o ato de julgar. O julgamento, não obstante, não poderá deixar de combinar – ainda que de modos diferentes por cada juiz – as convicções formadas acerca do devido processo legal e, notadamente, a respeito da equidade política (dimensão eleitoral-majoritária da democracia) e da justiça substantiva. Isso tornará sempre presente, no exercício da jurisdição constitucional, o debate sobre a legitimidade democrática do poder. Daí a conclusão de Dworkin: "O julgamento interpretativo deve observar e considerar essas dimensões; se não o fizer, é incompetente ou de má-fé, simples política disfarçada".[26] A desconsideração das restrições da integridade inclusiva equivale a imbricar direito e poder, colapsando aquele neste, medida antidemocrática porque invariavelmente resulta em arbítrio, em discricionariedade forte (o direito se torna apenas aquilo que o julgador diz que ele é).[27]

---

[25] DWORKIN, Ronald. *O império do Direito*. Trad. Jefferson Luiz Camargo. São Paulo: Martins Fontes, 2007. p. 490.

[26] Em outra passagem, o autor coloca essas questões da seguinte maneira, relacionando-as expressamente com a ideia de legitimidade: "Defendo as exigências da justificativa identificando e estudando a integridade como uma qualidade claramente perceptível da política comum, diversa das virtudes da justiça e da equidade e, às vezes, entrando em conflito com elas. Devemos aceitar a integridade como uma virtude da política comum, pois devemos tentar conceber nossa comunidade política como uma associação de princípios; devemos almejar isso porque, entre outras razões, essa concepção de comunidade oferece uma base atraente para exigências de legitimação política em uma comunidade de pessoas livres e independentes que divergem sobre moral política e sabedoria" (DWORKIN, Ronald. *O império do Direito*. Trad. Jefferson Luiz Camargo. São Paulo: Martins Fontes, 2007. p. 490).

[27] Frase comumente vinculada ao realismo jurídico norte-americano (*vide*, por todos: STRECK, Lenio Luiz. *Verdade e consenso*: constituição, hermenêutica e teorias discursivas. 5. ed. São Paulo: Saraiva, 2014. p. 302-309), mas originalmente atribuída a um *chief justice* chamado Charles Evans Hughes, ainda quando governador de Nova Iorque (1907 a 1910): *"As governor, Hughes demonstrated remarkable independence, which often brought him into conflict with his party's leadership. On some matters, he had a nearly judicial governing style – he actually held evidentiary hearings to determine whether officials should be removed – but he was also effective appealing on policy matters directly to the people. In his first year in office, he secured passage of a law creating a pioneering Public Service Commission; it was during his campaign for this law that he made the famous pronouncement, "We live under a Constitution, but the*

Nesse cenário, a integridade (inclusiva), pelo papel fundamental que cumpre de identificação do jurídico, não poderia mesmo ser algo equivalente a uma simples coerência, mormente se considerado o plano da jurisdição constitucional. Dworkin, como ressaltado, é enfático nesse sentido, argumentando que o direito como integridade está longe de significar apenas a repetição mais fiel possível de decisões passadas. A exigência é maior. Cuida-se de conceber a prática jurídica como um sistema único de justiça, capaz de dar identidade e sentido (mesmo que disputáveis) ao social. E exatamente por ser assim, um tribunal constitucional que vise à integridade deverá afastar-se da sua estreita linha de decisões passadas sempre que detectar que ela não mais se harmoniza com os princípios mais fundamentais à totalidade do ordenamento jurídico. Postema refere que a integridade dworkiniana é uma "coerência em sentido fraco". Como deve se coadunar não apenas com a cadeia estrita de precedentes, mas com os princípios políticos que representam restrições institucionais (os quais deixam o ideal "impuro"), bem como com aqueles mais fundamentais da Constituição, a integridade deve fazer um balanço entre *fidelity and regret*.[28]

Não poderia ser apenas uma reprodução cega, "monista", de um receituário de decisões passadas (uma coerência, portanto, em sentido forte). Ao tomarmos em consideração esses aspectos todos, ela, de fato, é uma "justiça em roupas de trabalho", tentando dar conta da dimensão conflitiva do plano do político para, a partir daí, construir uma história que possa conferir alguma identidade ao social. Ou seja, uma história que resulte do exercício reflexivo desempenhado pela jurisdição constitucional. A justiça está em cena, mas em uma forma oblíqua por meio da qual os juízes (constitucionais notadamente) têm de lidar com o drama da decisão em um contexto de desacordos (*circumstances of integrity*), muitas vezes profundos, acerca do conteúdo dos princípios candidatos a incidir na controvérsia sob sua jurisdição.[29]

Constitution is what the judges say it is" (FRIEDMAN, Richard D. Charles Evans Hughes. *In*: NEWMAN, R. K. *Yale Biographical Dictionary of American Law*. New Haven: Yale University Press, 2009. p. 278-279).

[28] POSTEMA, Gerald J. Integrity: Justice in Workclothes. *In*: BURLEY, Justine (Org.). *Dworkin and his critics*: with replies by Dworkin. Oxford: Blackwell Publishing, 2004. p. 301-305.

[29] Como diz Postema: "*The key claim is that integrity comes into play as a significant moral value, as a moral imperative, when there is a point to seeking justice but there is serious*

3 Políticas públicas e regimes especiais de fiscalização tributária: a jurisprudência do Supremo Tribunal Federal e a integridade (inclusiva) do direito

A partir dos desenvolvimentos teóricos feitos até aqui, é possível dizer que o Supremo Tribunal Federal vem desrespeitando a integridade inclusiva do direito por pressupor um princípio jurídico de Estado para dar conta da temática do controle judicial de políticas públicas, e outro, bem diferente, para impedir que o Poder Executivo das diversas unidades federativas adote os chamados regimes especiais de fiscalização tributária.[30] Os precedentes sobre políticas públicas foram analisados em trabalhos

---

disagreement about what justice requires – when there is reason to forge or at least work to approximate a common conception of justice and to work for institutions and arrangements in our community that conform to it". E é interessante notar o evidente conteúdo político (conflitivo) de justiça defendido pelo autor. Há um diálogo plenamente possível entre essa concepção de justiça e a ideia lefortiana de "direitos fundamentais como política". Eis um excerto ilustrativo do texto de Postema: "*Thus far we have viewed justice statically, as if it were already in place, fully mature, in a more or less ideal 'well-ordered society'. However, as much as that perspective dominates our reflections about justice, it is not the practical reality we face as we move into the political arena, where we are as likely to struggle over what justice requires as over the best way to meet its demands. Thus we must also look at justice in its dynamic dimension, in the process of formation. I have argued that justice is public in the sense that it is a public good in the familiar economist's sense of that term, and so is enjoyed publicly, and in the sense that it provides a scheme of public justification, and so is deliberated about publicly. From these two premises we can draw the conclusion that justice is by its very nature political, and in that further sense public. By this I mean that it is essential to justice that it be achieved only through the group efforts of members of political society working out its basic terms*" (POSTEMA, Gerald J. Integrity: Justice in Workclothes. *In*: BURLEY, Justine (Org.). *Dworkin and his critics*: with replies by Dworkin. Oxford: Blackwell Publishing, 2004. p. 301-305).

[30] Trata-se de regime com medidas mais rigorosas de fiscalização destinado a incidir sobre aqueles devedores ditos contumazes no inadimplemento de suas obrigações fiscais. No caso do estado do Rio Grande do Sul, por exemplo, o regime especial de fiscalização (REF) está disciplinado pela Lei Estadual nº 13.711/2011 (Disponível em: www.al.rs.gov.br. Acesso em: 03 jun. 2018). Conforme seu artigo 2º, §1º, é considerado "devedor contumaz o contribuinte que: I - deixar de recolher o ICMS declarado em Guia de Informação e Apuração do ICMS – GIA –, em oito meses de apuração do imposto nos últimos doze meses anteriores ao corrente; II - tiver créditos tributários inscritos como Dívida Ativa em valor superior a 38.500 UPFs-RS, decorrente de imposto não declarado em GIA, em oito meses de apuração do imposto nos últimos doze meses anteriores ao corrente; ou III - tiver créditos tributários inscritos como Dívida Ativa em valor que ultrapasse: a) 30% (trinta por cento) do seu patrimônio conhecido; ou b) 25% (vinte e cinco por cento) do faturamento anual declarado em GIA ou em Guia Informativa – GI–".

anteriores realizados conjuntamente com Bolzan de Morais.[31] E ali foi constatado que o entendimento prevalecente no STF pode ser sintetizado por meio da seguinte ementa de julgamento:[32]

> E M E N T A: AMPLIAÇÃO E MELHORIA NO ATENDIMENTO DE GESTANTES EM MATERNIDADES ESTADUAIS – DEVER ESTATAL DE ASSISTÊNCIA MATERNO-INFANTIL RESULTANTE DE NORMA CONSTITUCIONAL – OBRIGAÇÃO JURÍDICO- -CONSTITUCIONAL QUE SE IMPÕE AO PODER PÚBLICO, INCLUSIVE AOS ESTADOS-MEMBROS – CONFIGURAÇÃO, NO CASO, DE TÍPICA HIPÓTESE DE OMISSÃO INCONSTITUCIONAL IMPUTÁVEL AO ESTADO-MEMBRO – DESRESPEITO À CONSTITUIÇÃO PROVOCADO POR INÉRCIA ESTATAL (RTJ 183/818-819) – COMPORTAMENTO QUE TRANSGRIDE A AUTORIDADE DA LEI FUNDAMENTAL DA REPÚBLICA (RTJ 185/794-796) – A QUESTÃO DA RESERVA DO POSSÍVEL: RECONHECIMENTO DE SUA INAPLICABILIDADE, SEMPRE QUE A INVOCAÇÃO DESSA CLÁUSULA PUDER COMPROMETER O NÚCLEO BÁSICO QUE QUALIFICA O MÍNIMO EXISTENCIAL (RTJ 200/191-197) – O PAPEL DO PODER JUDICIÁRIO NA IMPLEMENTAÇÃO DE POLÍTICAS PÚBLICAS INSTITUÍDAS PELA CONSTITUIÇÃO E NÃO EFETIVADAS PELO PODER PÚBLICO – A FÓRMULA DA RESERVA DO POSSÍVEL NA PERSPECTIVA DA TEORIA DOS CUSTOS DOS DIREITOS: IMPOSSIBILIDADE DE SUA INVOCAÇÃO PARA LEGITIMAR O INJUSTO INADIMPLEMENTO DE DEVERES ESTATAIS DE PRESTAÇÃO CONSTITUCIONALMENTE IMPOSTOS AO ESTADO – A TEORIA DA "RESTRIÇÃO DAS RESTRIÇÕES" (OU DA "LIMITAÇÃO DAS LIMITAÇÕES") – CARÁTER COGENTE E VINCULANTE DAS NORMAS CONSTITUCIONAIS, INCLUSIVE DAQUELAS DE CONTEÚDO PROGRAMÁTICO, QUE VEICULAM DIRETRIZES DE POLÍTICAS PÚBLICAS, ESPECIALMENTE NA ÁREA DA SAÚDE (CF, ARTS. 196, 197 E 227) – A QUESTÃO DAS "ESCOLHAS TRÁGICAS" – A COLMATAÇÃO DE OMISSÕES INCONSTITUCIONAIS COMO NECESSIDADE INSTITUCIONAL FUNDADA EM COMPORTAMENTO AFIRMATIVO DOS JUÍZES E TRIBUNAIS E DE QUE RESULTA UMA POSITIVA CRIAÇÃO JURISPRUDENCIAL DO DIREITO – CONTROLE JURISDICIONAL DE LEGITIMIDADE DA OMISSÃO DO ESTADO: ATIVIDADE DE FISCALIZAÇÃO JUDICIAL QUE SE JUSTIFICA PELA NECESSIDADE DE OBSERVÂNCIA DE CERTOS

---

[31] MORAIS, José Luis Bolzan de; BRUM, Guilherme Valle. *Políticas públicas e jurisdição constitucional*: entre direitos, deveres e desejos. Porto Alegre: Livraria do Advogado, 2015; e MORAIS, José Luis Bolzan de; BRUM, Guilherme Valle. Estado Social, legitimidade democrática e o controle de políticas públicas pelo Supremo Tribunal Federal. *A&C – Revista de Direito Administrativo & Constitucional*, Belo Horizonte, v. 16, p. 107-136, 2016.

[32] Disponível em: http://www.stf.jus.br. Acesso em: 31 ago. 2014.

PARÂMETROS CONSTITUCIONAIS (PROIBIÇÃO DE RETROCESSO SOCIAL, PROTEÇÃO AO MÍNIMO EXISTENCIAL, VEDAÇÃO DA PROTEÇÃO INSUFICIENTE E PROIBIÇÃO DE EXCESSO) – DOUTRINA – PRECEDENTES DO SUPREMO TRIBUNAL FEDERAL EM TEMA DE IMPLEMENTAÇÃO DE POLÍTICAS PÚBLICAS DELINEADAS NA CONSTITUIÇÃO DA REPÚBLICA (RTJ 174/687 – RTJ 175/1212-1213 – RTJ 199/1219-1220) – POSSIBILIDADE JURÍDICO-PROCESSUAL DE UTILIZAÇÃO DAS "ASTREINTES" (CPC, ART. 461, § 5º) COMO MEIO COERCITIVO INDIRETO – EXISTÊNCIA, NO CASO EM EXAME, DE RELEVANTE INTERESSE SOCIAL – AÇÃO CIVIL PÚBLICA: INSTRUMENTO PROCESSUAL ADEQUADO À PROTEÇÃO JURISDICIONAL DE DIREITOS REVESTIDOS DE METAINDIVIDUALIDADE – LEGITIMAÇÃO ATIVA DO MINISTÉRIO PÚBLICO (CF, ART. 129, III) – A FUNÇÃO INSTITUCIONAL DO MINISTÉRIO PÚBLICO COMO "DEFENSOR DO POVO" (CF, ART. 129, II) – DOUTRINA – PRECEDENTES – RECURSO DE AGRAVO IMPROVIDO. (RE 581352 AgR, Relator(a): Min. CELSO DE MELLO, Segunda Turma, julgado em 29/10/2013, ACÓRDÃO ELETRÔNICO DJe-230 DIVULG 21-11-2013 PUBLIC 22-11-2013)

A política tratada no específico caso era o atendimento a gestantes em maternidades públicas. O Poder Judiciário, detectando insuficiências na prestação desse serviço, determinou ao Poder Executivo a sua ampliação e melhoria. Foi referido ser possível ao tribunal sindicar "a omissão inconstitucional imputável ao estado-membro" pelo "desrespeito à Constituição provocado por inércia estatal". Menções foram feitas no sentido de que a reserva do possível é inaplicável "sempre que a invocação dessa cláusula puder comprometer o núcleo básico que qualifica o mínimo existencial", de modo que esse exame seria "papel do Poder Judiciário na implementação de políticas públicas instituídas pela Constituição e não efetivadas pelo poder público". Além disso, foram feitas fortes exortações aos magistrados para casos futuros, como esta: "A colmatação de omissões inconstitucionais como necessidade institucional fundada em comportamento afirmativo dos juízes e tribunais e de que resulta uma positiva criação jurisprudencial do direito". Houve também definições sobre a "atividade de fiscalização judicial" de políticas públicas, que se justificaria "pela necessidade de observância de certos parâmetros constitucionais (proibição de retrocesso social, proteção ao mínimo existencial, vedação da proteção insuficiente e proibição de excesso)".

Esse é um padrão decisório verificado com muita frequência na jurisprudência do Supremo Tribunal Federal. Ora com uma retórica exagerada, ora com um discurso mais comedido, o núcleo das razões de decidir, quando em jogo o controle de políticas públicas, é o mesmo da ementa acima. Em uma pesquisa realizada no *site* do STF, na base de dados que engloba apenas julgamentos colegiados, utilizando a expressão "políticas públicas", foram totalizadas 116 (cento e dezesseis) ocorrências. Muitas delas, é bem verdade, não tratam de casos de judicialização da política, tendo o termo sido empregado em asserções marginais.[33] Porém, dessa totalidade, 41 (quarenta e uma)[34] representam o entendimento hoje bem consolidado na corte. A primeira ocorrência representativa desse entendimento foi encontrada, considerada apenas a base de pesquisa em órgãos colegiados, no ano de 2005, quando do julgamento do Recurso Extraordinário (RE) nº 410.715, da relatoria do ministro Celso de Mello.[35]

O discurso que permeia toda essa cadeia de precedentes já foi utilizado para determinar a órgãos do Poder Executivo do Estado brasileiro, em diferentes níveis federativos, que, entre outras atividades:[36] ampliem o acesso a creches escolares e outros

---

[33] Estou utilizando a pesquisa feita para os trabalhos anteriores destacados na nota de rodapé acima. O levantamento foi concluído em 31 de agosto de 2014.

[34] São estes os casos: RE nº 410.715, RE nº 436.996, STA nº 223, AI nº 664.053, RE nº 595.595, RE nº 594.018, RE nº 464.143, RE nº 603.575, RE nº 367.432, AI nº 734.487, RE nº 607.381, RE nº 559.646, ARE nº 639.337, AI nº 750.768, ARE nº 635.679, AI nº 708.667, AI nº 593.676, RE nº 417.408, RE nº 665.764, RE nº 634.643, AI nº 809.018, RE nº 642.536, RE nº 563.144, RE nº 700.227, AI nº 835.956, AI nº 829.984, AI nº 810.410, RE nº 628.159, RE nº 763.667, RE nº 795.749, RE nº 440.028, RE nº 581.352, ARE nº 740.800, AI nº 598.212, RE nº 722.778, RE nº 658.171, AI nº 739.151, RE nº 595.129, ARE nº 761.127, RE nº 723.578 e RE nº 768.825. Disponíveis em: http://www.stf.jus.br. Acesso em: 31 ago. 2014.

[35] Contudo, muito embora esses dados de fato indiquem que o primeiro precedente no qual foi utilizada a expressão "políticas públicas" (e que efetivamente tratou do tema do controle judicial) remonte a 2005, não é fácil encontrar um marco seguro que dê conta do momento no qual o Supremo Tribunal Federal passou a adotar a atual postura na matéria. Consideradas as razões de decidir dos precedentes, há fortes indícios de que essa tradição teve seu nascedouro em uma decisão monocrática do ministro Celso de Mello proferida em 2004, nos autos da Arguição de Descumprimento Fundamental (ADPF) nº 45. Foi a primeira ocorrência em que verificadas, de modo claro, as diretrizes sobre o controle judicial de políticas públicas que acabaram incorporadas por todos os precedentes que lhe seguiram, muitos deles fazendo referência expressa à ADPF. Disponível em: http://www.stf.jus.br. Acesso em: 31 ago. 2014.

[36] A pesquisa desprezou, de forma propositada, os precedentes que entendem possível determinar o fornecimento pelos entes estatais de medicamentos a pessoas específicas. Nessas demandas, é preciso um trabalho de seleção mais refinado para concluir se o caso

estabelecimentos de educação infantil (RE nº 410.715, RE nº 436.996, ARE nº 639.337 e RE nº 595.595); forneçam transporte a alunos da rede pública de ensino (RE nº 603.575); construam salas de aula (ARE nº 635.679); regularizem moradias populares (AI nº 708.667); realizem obras para tratamento de esgoto (AI nº 593.676) e para despoluição de um rio (RE nº 417.408); paguem diferenças referentes aos serviços efetivamente prestados aos beneficiários do SUS por entidade médica privada, mesmo que extrapolado o teto orçamentário previsto (RE nº 665.764); construam abrigos para moradores de rua (RE nº 634.643); reformem instituição de ensino (AI nº 809.018); cumpram adequada e continuamente serviços de saúde em âmbito municipal, promovendo a reforma, a manutenção geral e a pintura de estabelecimento médico, a aquisição de condicionadores de ar, a reativação de salas de cirurgia e de parto, a reforma na rede elétrica, a aquisição de extintores de incêndio e mangueiras e a contratação efetiva de farmacêutico ou bioquímico (RE nº 642.536); promovam a demolição de construções em desacordo com o projeto urbanístico (RE nº 563.144); realizem obras de saneamento (RE nº 700.227); ampliem a atuação da Defensoria Pública (AI nº 835.956, RE nº 763667, RE nº 795.749, AI nº 598.212 e AI nº 739.151); destaquem policiais para garantia da segurança em estabelecimento de custódia de menores infratores (AI nº 810.410); incrementem estruturas em maternidades estaduais (RE nº 581.352); aumentem leitos em unidade de terapia intensiva (ARE nº 740.800); recuperem barragem (RE nº 658.171); assegurem o direito à educação, em local com infraestrutura básica, a menores

---

é mesmo de discussão sobre política pública de saúde. Em muitas situações, a controvérsia se instaura de maneira pontual, incidindo sobre determinada prestação de uma política já bem regulamentada em nível infraconstitucional. Nas decisões desses casos, são comumente realizados silogismos deste tipo: o Estado obrigou-se a fornecer, por meio do SUS, determinado fármaco (premissa maior), o particular pediu administrativamente, mas não o obteve (premissa menor), e então o Poder Judiciário determina que a Administração Pública cumpra uma obrigação que ela própria se impôs. É algo diferente das situações em que, por exemplo, ações civis públicas são ajuizadas com a pretensão de fazer incluir, no âmbito do SUS, para fornecimento gratuito a todos os potenciais beneficiários, uma nova droga, de caráter experimental, mas que seja defendida por parte da comunidade médica como eficaz para o tratamento de uma doença cuja medicação não esteja prevista para dispensação pelo poder público. Aí, sim, seria possível falar em judicialização de uma política pública de saúde, a demandar uma interpretação muito mais complexa do fenômeno.

residentes em assentamentos (RE nº 595.129); construam nova escola e contratem vigia (ARE nº 761.127).[37]

Há, subjacentemente a esses julgados, a defesa pelo Supremo Tribunal Federal de um princípio identitário de Estado, como pode ser percebido pela forte evocação dos direitos sociais como direitos *jurídicos*, passíveis, pois, de *adjudication* (e não apenas *políticos*, para utilizar a terminologia dworkiniana). Isso fica claro também pelo reconhecimento dos princípios da vedação de retrocesso e da proibição de proteção insuficiente, bem assim pela argumentação sobre os limites do chamado "mínimo existencial", entre outras assertivas. O artigo 3º da Constituição de 1988 comanda essa linha de interpretação, na medida em que positiva, enquanto objetivos fundamentais da República Federativa do Brasil, "erradicar a pobreza e a marginalização e reduzir as desigualdades sociais e regionais". O princípio jurídico de Estado que, a partir dessas diretrizes, o STF alberga é, portanto, de marcado conteúdo prestacional, promovedor de igualdade social (*welfare*).[38] É possível dizer, então, ser essa a *identidade jurídica estatal* extraível dos precedentes que versam sobre controle judicial de políticas públicas. E o Supremo vem, de fato, sendo muito coerente em suas decisões na matéria.

Nessa ambiência, uma vez aceita a ideia de integridade (inclusiva) do direito, esse – chamado aqui – *princípio jurídico de atuação do Estado* deveria servir para embasar também as demais linhas jurisprudenciais do Supremo Tribunal Federal cujo objeto sejam as ações desse mesmo Estado. Ocorre, todavia, que, se considerada a fundamentação dos precedentes que entenderam inconstitucional a adoção pelos estados-membros da Federação de regimes especiais de fiscalização tributária, não parece ser o

---

[37] É interessante notar que há ainda situações nas quais sequer conseguimos aferir, com precisão, o tipo de política pública com que o Supremo Tribunal Federal está lidando, porquanto esse "dado" não é detalhado na fundamentação, que acaba resumida à enunciação das "diretrizes" que a jurisprudência da corte enuncia como autorizativas do controle judicial de políticas públicas. Isso ocorreu nos casos dos Recursos Extraordinários nº 628.159, 723.578 e 768.825. O que é possível inferir desses precedentes é apenas que cuidavam de ações no âmbito de políticas de segurança pública.

[38] A literatura sobre os limites e possibilidades do Estado social é imensa. Tendo em vista que a temática não é objeto desta tese, limito-me a indicar o texto clássico de Jose Luis Bolzan de Morais: MORAIS, Jose Luis Bolzan de. *As crises do Estado e da Constituição e a transformação espaço-temporal dos direitos humanos*. 2. ed. Porto Alegre: Livraria do Advogado, 2011. Edição Kindle.

mesmo princípio que fornece identidade ao ente estatal (e, alfim, à sociedade).

Para invalidar os atos normativos que criaram esses regimes especiais tributários, a jurisprudência do Supremo Tribunal Federal apela para a chamada "teoria da sanção política", cuja base está nos princípios da livre iniciativa e na liberdade de exercício de trabalho. No âmbito jurisprudencial, essa teoria é constantemente exemplificada pelos conhecidos Verbetes nº 70, 323 e 457 da súmula de julgados do STF.[39] São enunciados sumulares antigos, editados a partir de outro modelo de Estado e de um mundo prático bem distinto. Os precedentes que lhes deram origem tinham fundamento de validade na Constituição de 1946, mais especificamente no seu artigo 141, §4º, que à época positivava o princípio da inafastabilidade da jurisdição ("§ 4º - A lei não poderá excluir da apreciação do Poder Judiciário qualquer lesão de direito individual"). A *ratio* dos verbetes reside, então, no fato de que a adoção pela fazenda pública das condutas neles descritas seria uma forma oblíqua de cobrança de tributos, obstativa, inclusive, do acesso à jurisdição.

Há poucos precedentes analisando o mérito do tema no âmbito da jurisdição constitucional. Isso fundamentalmente porque a discussão enfrenta muitos obstáculos de ordem processual para chegar ao STF, uma vez que se trata de leis editadas em âmbito local.[40] No entanto, o tribunal já tem um encontro marcado, em sede

---

[39] Com o seguinte conteúdo: "70 - É inadmissível a interdição de estabelecimento como meio coercitivo para cobrança de tributo; 323 - É inadmissível a apreensão de mercadorias como meio coercitivo para pagamento de tributos; 547 - Não é lícito à autoridade proibir que o contribuinte em débito adquira estampilhas, despache mercadorias nas alfândegas e exerça suas atividades profissionais". Disponível em: http://www.stf.jus.br. Acesso em: 03 jun. 2018.

[40] O Verbete Sumular nº 280 do STF veda, via de regra, o conhecimento desse tipo de lide: "Por ofensa a direito local não cabe recurso extraordinário". Eis um exemplo recente de aplicação desse enunciado de súmula à controvérsia sobre a constitucionalidade de regime especial de fiscalização tributária: "EMENTA Agravo regimental no recurso extraordinário com agravo. Regime Especial de Fiscalização. Legislação local. Fatos e provas. Súmulas 280 e 279/STF. 1. No caso concreto, aferir a existência de ofensa aos princípios constitucionais relativos à liberdade econômica importaria na análise da causa à luz da legislação infraconstitucional local (Lei Estadual nº 13.711/11 e Decreto 48.494/11), bem como no reexame das provas e nos fatos dos autos, os quais não são cabíveis em sede de apelo extremo. Incidência das Súmulas nº 280 e 279 da Corte. 2. Agravo regimental não provido. Não se aplica ao caso dos autos a majoração dos honorários prevista no art. 85, § 11, do novo Código de Processo Civil, uma vez que não houve o arbitramento de honorários sucumbenciais pela Corte de origem. (ARE 1010461 AgR, Relator(a): Min. DIAS TOFFOLI, Segunda Turma, julgado em 07/04/2017, PROCESSO ELETRÔNICO DJe-

de controle concentrado de constitucionalidade, com as questões de fundo da controvérsia, porquanto a legislação sobre o regime especial de fiscalização sul-rio-grandense é objeto da ação direta (ADI) autuada sob o número 4854, mas ainda não julgada.

Seja como for, embora em pequena quantidade, os julgados de mérito são emblemáticos. Um precedente que pode ser tido como determinante do entendimento do Supremo Tribunal Federal no sentido de considerar esse tipo de medida de sanção política foi o Recurso Extraordinário (RE) nº 115.452, oriundo do Estado de São Paulo, posição reafirmada no julgamento de embargos de divergência (ERE) posteriores. Ele teve por base o artigo 153, §23, da Constituição de 1967, que positivava o princípio da liberdade de trabalho ("§ 23. É livre o exercício de qualquer trabalho, ofício ou profissão, observadas as condições de capacidade que a lei estabelecer"). O julgado foi posteriormente reafirmado no RE nº 216.983, também do estado de São Paulo, já sob a égide da Constituição de 1988, mas fundado no mesmo princípio constitucional. Eis as ementas desses três casos (RE e ERE nº 115.452 e RE nº 216.983), as quais apontam o princípio constitucional que serviu de base normativa às decisões:[41]

> EMENTA: - A imposição, ao arbítrio da autoridade fiscal, de restrições de caráter punitivo decorrentes do regime especial do ICM, devido à inadimplência do contribuinte, é contrária à garantia assegurada pelo

---

088 DIVULG 27-04-2017 PUBLIC 28-04-2017)". Disponível em: www.stf.jus.br. Acesso em: 04 jun. 2018.

[41] Disponível em: http://www.stf.jus.br. Acesso em: 03 jun. 2018. Há outros julgados que – no mesmo sentido – seguiram-se àqueles: RE nº 195.927, AI nº 529.106, AI nº 639.040 e RE nº 567.871. Existe, contudo, um precedente (RE nº 474.241), isolado, em sentido contrário, oriundo de órgão fracionário da corte (Primeira Turma) em julgamento em que estiveram ausentes dois de seus integrantes. Esta a sua ementa: "EMENTA: 1. Recurso extraordinário: descabimento: acórdão recorrido que se limitou a aplicar legislação que regulamenta o recolhimento do ICMS sob o regime de substituição tributária (RICMS), de natureza infraconstitucional: a alegada violação aos dispositivos constitucionais invocados seria, se ocorresse, reflexa ou indireta: incidência, *mutatis mutandis*, da Súmula 636. 2. ICMS: regime especial de fiscalização: ausência de ofensa ao princípio da isonomia (CF, art. 5º, II) e à garantia constitucional da liberdade de trabalho (CF, art. 5º, XIII): não incidência, no caso, das Súmulas 70, 323 e 547, que versam sobre a proibição de restrições à atividade econômica como meio coercitivo de pagamento de tributos. (RE 474241 AgR, Relator(a): Min. SEPÚLVEDA PERTENCE, Primeira Turma, julgado em 15/08/2006, DJ 08-09-2006 PP-00041 EMENT VOL-02246-04 PP-00728 RDDT n. 134, 2006, p. 166-170). Decisão: A Turma negou provimento ao agravo regimental no recurso extraordinário. Unânime. Não participaram, justificadamente, deste julgamento os Ministros Marco Aurélio e Carlos Britto. 1ª. Turma, 15.08.2006". Disponível em: http://www.stf.jus.br. Acesso em: 04 jun. 2018.

> art. 153, § 23, da Constituição. Precedentes do Supremo Tribunal: RREE nº 106.759, nº 100.918 e nº 76.455. Recurso extraordinário provido. (RE 115452, Relator(a): Min. OCTÁVIO GALLOTTI, Primeira Turma, julgado em 22/03/1988, DJ 22-04-1988 PP-09089 EMENT VOL-01498-03 PP-00637 RTJ VOL-00125-01 PP-00395)
>
> EMENTA: - CONSTITUCIONAL. TRIBUTÁRIO. ICM: REGIME ESPECIAL. RESTRIÇÕES DE CARÁTER PUNITIVO. LIBERDADE DE TRABALHO. CF/67, ART.153, § 23; CF/88, ART. 5º, XIII. I. - O "regime especial do "ICM", autorizado em lei estadual, porque impõe restrições e limitações à atividade comercial do contribuinte, viola a garantia constitucional da liberdade de trabalho (CF/67, ART.153, § 23; CF/88, ART. 5º, XIII), constituindo forma oblíqua de cobrança do tributo, assim execução política, que a jurisprudência do Supremo Tribunal sempre repeliu (Súmulas nºs 70, 323 e 547). II. - No caso, os acórdãos indicados como divergentes cuidaram do tema sob o ponto de vista legal, enquanto que o acórdão embargado decidiu a questão tendo em vista a Constituição. Inocorrência, por isso, de divergência capaz de autorizar os embargos. III. - Embargos não conhecidos. (RE 115452 ED-EDv, Relator(a): Min. CARLOS VELLOSO, Tribunal Pleno, julgado em 04/10/1990, DJ 16-11-1990 PP-13059 EMENT VOL-01602-01 PP-00112 REPUBLICAÇÃO: DJ 05-12-1990 PP-14519 RTJ VOL-00138-03 PP-00847)
>
> EMENTA: CONSTITUCIONAL. TRIBUTÁRIO. ICMS: REGIME ESPECIAL. RESTRIÇÕES DE CARÁTER PUNITIVO. LIBERDADE DE TRABALHO. CF/67, art. 153, § 23; CF/88, art. 5º, XIII. I. - Regime especial de ICM, autorizado em lei estadual: restrições e limitações, nele constantes, à atividade comercial do contribuinte, ofensivas à garantia constitucional da liberdade de trabalho (CF/67, art. 153, § 23; CF/88, art. 5º, XIII), constituindo forma oblíqua de cobrança do tributo, assim execução política, que a jurisprudência do Supremo Tribunal Federal sempre repeliu (Súmulas nºs 70, 323 e 547). II. - Precedente do STF: ERE 115.452-SP, Velloso, Plenário, 04.10.90, DJ de 16.11.90. III. - RE não admitido. Agravo não provido. (RE 216983 AgR, Relator(a): Min. CARLOS VELLOSO, Segunda Turma, julgado em 06/10/1998, DJ 13-11-1998 PP-00012 EMENT VOL-01931-05 PP-01073)

Na fundamentação do acórdão dos Embargos de Divergência nº 115.452 (reproduzida no julgamento posterior, Recurso Extraordinário nº 216.983), consta expressamente que "o regime especial do ICM, mesmo autorizado por lei, porque impõe restrições e limitações à atividade comercial do contribuinte, viola a garantia da liberdade de trabalho, que estava inscrita no art. 153, § 23, da Constituição de 1967 e que a Constituição de 1988 reafirma no art. 5º, XIII". Nessa interpretação dos princípios que regulamentam a atuação do Estado, não poderia haver um tratamento específico dispensado a devedores que reiteradamente descumprem suas obrigações tributárias. A diferenciação de regime relativamente àqueles contribuintes adimplentes estaria vedada só por si, porque a discriminação seria afrontosa ao princípio da livre iniciativa no mercado (ou da liberdade de desempenho de atividade comercial). E é precisamente aí que a violação à integridade do direito aparece.

Não haveria problema algum em o Supremo Tribunal Federal exercer o controle da abusividade das medidas em face, por exemplo, de alguma derivação dos princípios da razoabilidade ou da proporcionalidade. Também não existiria óbice à revisão judicial no tocante a eventual concessão de extremada discricionariedade aos agentes fiscais[42] ou mesmo à chamada "reserva de lei", isto é, ao exame acerca da aceitabilidade constitucional de o regime especial ser regulamentado por ato normativo infralegal.[43] O que se

---

[42] No caso da legislação impugnada do estado de São Paulo, as medidas estavam previstas nos artigos 53 e 61 da Lei Estadual nº 440/1974 e no artigo 490 do Decreto nº 17.727/1981, nestes termos: "Artigo 53 - Nas saídas de mercadorias promovidas por contribuintes submetidos a regime especial de fiscalização, o recolhimento do imposto poderá ser exigido antes da entrega ou remessa da mercadoria.
Parágrafo único - O disposto neste artigo aplica-se também aos contribuintes que só efetuem operações durante períodos determinados, em caráter eventual e transitório. [...]
Artigo 61 - Em casos especiais e com o objetivo de facilitar ou de compelir à observância da legislação tributária as autoridades que o regulamento designar poderão determinar, a requerimento do interessado ou 'ex officio', a adoção de regime especial para o cumprimento das obrigações fiscais pelo contribuinte". Disponível em https://www.al.sp.gov.br/repositorio/legislacao/lei/1974/lei-440-24.09.1974.html. Acesso em: 03 jun. 2018.
"Artigo 490 - Quando um contribuinte reiteradamente deixar de cumprir suas obrigações fiscais, o chefe da repartição a que estiver subordinado poderá impor-lhe um regime especial para o cumprimento dessas obrigações (Lei 440/74, art. 61).
§ 1º - O regime especial previsto neste artigo constará nas normas que, a critério da autoridade, forem necessárias para compelir o contribuinte à observância da legislação.
§ 2º - O contribuinte observará as normas determinadas, pelo período que for fixado no despacho que as instituir, podendo elas ser alteradas, agravadas ou abrandadas, a critério da autoridade". Disponível em https://www.al.sp.gov.br/repositorio/legislacao/decreto/1981/decreto-17727-25.09.1981.html. Acesso em: 03 jun. 2018.
Como é possível perceber, há nessa legislação (especialmente no decreto) uma excessiva margem de discricionariedade conferida às autoridades fiscais para a eleição das medidas entendidas pertinentes. O argumento foi utilizado no julgamento do RE nº 115.452 para a invalidação desse regime em específico. Se o Supremo Tribunal Federal houvesse ficado restrito a ele, a presente discussão acerca da possibilidade em si da adoção de regimes especiais de fiscalização tributária (sejam quais forem as características que venham a ter) sequer teria sido inaugurada. Por via de consequência, não seria o caso de sugerir (como feito aqui) violação à integridade do direito pelo cotejo entre duas cadeias jurisprudenciais cujo objeto é controlar a ação do Estado (políticas públicas e regimes especiais tributários).

[43] Esse ponto chegou a ser colocado no julgamento do RE nº 115.452. Contudo, na apreciação dos embargos de declaração opostos pelo estado de São Paulo, foi afastada a hipótese de inconstitucionalidade por malferimento ao princípio da reserva legal, tendo sido marcado

revela problemático (e por isso interessa para ilustrar a hipótese do presente artigo) é a conclusão de que qualquer arranjo fiscalizatório do cumprimento de obrigações tributárias que faça diferenciação entre contribuintes adimplentes e devedores contumazes está proibido de antemão por um princípio identitário de Estado que plenipotencializaria o valor da liberdade de iniciativa econômica.

Portanto, em uma análise que se restringisse a essa cadeia de precedentes, seria possível concluir que o Supremo trata a livre iniciativa de uma maneira relacional, no seguinte sentido: a liberdade de se lançar ao mercado pressupõe regime isonômico de tributação entre contribuintes adimplentes e inadimplentes. Restringir de algum modo, pela via da fiscalização tributária, o livre exercício da atividade econômica apenas em função de uma situação de inadimplência contumaz afronta o respectivo princípio constitucional. É interessante notar, contudo, que nem mesmo o texto expresso da Constituição trata esse princípio com tal grau de intangibilidade, na medida em que o próprio *caput* do artigo 170 dispõe que a livre iniciativa deve ser exercida "conforme os ditames da justiça social". Além disso, o próprio Supremo Tribunal Federal, em situações muito próximas à da espécie, já externou o entendimento de que o dever fundamental de pagar tributos[44] e a correlata qualidade de adimplente/inadimplente dos contribuintes podem ser levados em consideração como fator de discrime na construção de regimes jurídico-tributários e até mesmo para autorizar o exercício de determinada atividade econômica. Dois casos são representativos.

No primeiro deles (RE nº 550.769),[45] o STF considerou constitucional dispositivo de lei federal que vincula a concessão de

o principal fundamento do entendimento do STF, como é possível ver da fundamentação apresentada no julgamento desse recurso: "Observo, afinal, que o próprio fundamento do acórdão embargado está a evidenciar a desvalia da distinção postulada pelo Embargante, pois, sendo ele de ordem constitucional (art. 153, § 23), desce de ponto indagar se, em lei ou em decreto estaduais, se baseia o ato violador da garantia do livre exercício do trabalho, ofício ou profissão".

[44] Para uma discussão aprofundada sobre esse dever, é possível indicar o texto já clássico de Casalta Nabais: NABAIS, José Casalta. *O dever fundamental de pagar impostos*: contributo para a compreensão constitucional do Estado Fiscal contemporâneo. Coimbra: Almedina, 2009.

[45] A ementa respectiva tem o seguinte conteúdo: "EMENTA: CONSTITUCIONAL. TRIBUTÁRIO. SANÇÃO POLÍTICA. NÃO-PAGAMENTO DE TRIBUTO. INDÚSTRIA DO CIGARRO. REGISTRO ESPECIAL DE FUNCIONAMENTO. CASSAÇÃO. DECRETO-

registro especial para a fabricação e comercialização de cigarros à regularidade da situação fiscal da empresa. Assim foi posta a questão nas razões do voto que prevaleceu, proferido pelo ministro relator Joaquim Barbosa: "Temos, de um lado, o direito fundamental à livre atividade econômica lícita e o direito fundamental de acesso à Jurisdição. De outro, estão o direito à livre-concorrência e o dever fundamental de pagar tributos". A partir daí, foram analisadas as condições que deveriam estar atendidas para que o registro empresarial pudesse ser cassado por motivo de inadimplência tributária: "relevância do valor dos créditos tributários em aberto" e "manutenção proporcional e razoável do devido processo legal de controle do ato de aplicação da penalidade e de validade dos créditos tributários". Isto é, não foi simplesmente equiparada ao instituto da sanção política – e, portanto, violadora do livre exercício de atividade econômica – a diferenciação, por si, entre contribuintes adimplentes/inadimplentes atuantes no mesmo segmento comercial.

O segundo caso que exemplifica a possibilidade de adotar o inadimplemento como medida para desequiparação de regime tributário guarda relação com o benefício fiscal denominado Simples Nacional (RE nº 627.543).[46] O Supremo Tribunal Federal,

---

LEI 1.593/1977, ART. 2º, II. 1. Recurso extraordinário interposto de acórdão prolatado pelo Tribunal Regional Federal da 2ª Região, que reputou constitucional a exigência de rigorosa regularidade fiscal para manutenção do registro especial para fabricação e comercialização de cigarros (DL 1.593/1977, art. 2º, II). 2. Alegada contrariedade à proibição de sanções políticas em matéria tributária, entendidas como qualquer restrição ao direito fundamental de exercício de atividade econômica ou profissional lícita. Violação do art. 170 da Constituição, bem como dos princípios da proporcionalidade e da razoabilidade. 3. A orientação firmada pelo Supremo Tribunal Federal rechaça a aplicação de sanção política em matéria tributária. Contudo, para se caracterizar como sanção política, a norma extraída da interpretação do art. 2º, II, do Decreto-lei 1.593/1977 deve atentar contra os seguintes parâmetros: (1) relevância do valor dos créditos tributários em aberto, cujo não pagamento implica a restrição ao funcionamento da empresa; (2) manutenção proporcional e razoável do devido processo legal de controle do ato de aplicação da penalidade; e (3) manutenção proporcional e razoável do devido processo legal de controle da validade dos créditos tributários cujo não-pagamento implica a cassação do registro especial. 4. Circunstâncias que não foram demonstradas no caso em exame. 5. Recurso extraordinário conhecido, mas ao qual se nega provimento. (RE 550769, Relator(a): Min. JOAQUIM BARBOSA, Tribunal Pleno, julgado em 22/05/2013, ACÓRDÃO ELETRÔNICO DJe-066 DIVULG 02-04-2014 PUBLIC 03-04-2014)". Disponível em: www.stf.jus.br. Acesso em: 04 jun. 2018.

46 Eis a ementa das razões decisórias: "EMENTA Recurso extraordinário. Repercussão geral reconhecida. Microempresa e empresa de pequeno porte. Tratamento diferenciado. Simples Nacional. Adesão. Débitos fiscais pendentes. Lei Complementar nº 123/06. Constitucionalidade. Recurso não provido. 1. O Simples Nacional surgiu da premente necessidade de se fazer com que o sistema tributário nacional concretizasse as diretrizes

na oportunidade, entendeu ser constitucional a exigência de regularidade fiscal para recolhimento de tributos na sistemática desse regime especial que favorece micro e pequenas empresas. O voto vencedor do ministro Dias Toffoli consignou, nas suas razões, que "admitir o ingresso no programa daquele que não possui regularidade fiscal [...] é incutir no contribuinte que se sacrificou para honrar seus compromissos a sensação de que o dever de pagar seus tributos é débil e inconveniente". E isso exatamente porque adimplentes e inadimplentes estariam recebendo, nessa situação, "o mesmo tratamento jurídico". Daí a sua conclusão de que exigir regularidade fiscal, no caso analisado, constituiria tratamento "razoável àqueles que se encontram em situações desiguais relativamente às suas obrigações perante as fazendas públicas dos referidos entes políticos", de modo que tal medida não implicaria "ofensa aos princípios da livre iniciativa e da livre concorrência, uma vez que a exigência de requisitos mínimos para fins de participação no Simples Nacional não se confunde com limitação à atividade comercial do contribuinte".

Outrossim, dirigindo a atenção à jurisprudência do Supremo Tribunal Federal em direito penal, é possível encontrar um

constitucionais do favorecimento às microempresas e às empresas de pequeno porte. A Lei Complementar nº 123, de 14 de dezembro de 2006, em consonância com as diretrizes traçadas pelos arts. 146, III, d, e parágrafo único; 170, IX; e 179 da Constituição Federal, visa à simplificação e à redução das obrigações dessas empresas, conferindo a elas um tratamento jurídico diferenciado, o qual guarda, ainda, perfeita consonância com os princípios da capacidade contributiva e da isonomia. 2. Ausência de afronta ao princípio da isonomia tributária. O regime foi criado para diferenciar, em iguais condições, os empreendedores com menor capacidade contributiva e menor poder econômico, sendo desarrazoado que, nesse universo de contribuintes, se favoreçam aqueles em débito com os fiscos pertinentes, os quais participariam do mercado com uma vantagem competitiva em relação àqueles que cumprem pontualmente com suas obrigações. 3. A condicionante do inciso V do art. 17 da LC 123/06 não se caracteriza, a priori, como fator de desequilíbrio concorrencial, pois se constitui em exigência imposta a todas as pequenas e as microempresas (MPE), bem como a todos os microempreendedores individuais (MEI), devendo ser contextualizada, por representar também, forma indireta de se reprovar a infração das leis fiscais e de se garantir a neutralidade, com enfoque na livre concorrência. 4. A presente hipótese não se confunde com aquelas fixadas nas Súmulas 70, 323 e 547 do STF, porquanto a espécie não se caracteriza como meio ilícito de coação a pagamento de tributo, nem como restrição desproporcional e desarrazoada ao exercício da atividade econômica. Não se trata, na espécie, de forma de cobrança indireta de tributo, mas de requisito para fins de fruição a regime tributário diferenciado e facultativo. 5. Recurso extraordinário não provido. (RE 627543, Relator(a): Min. DIAS TOFFOLI, Tribunal Pleno, julgado em 30/10/2013, ACÓRDÃO ELETRÔNICO REPERCUSSÃO GERAL - MÉRITO DJe-212 DIVULG 28-10-2014 PUBLIC 29-10-2014)". Disponível em: www.stf.jus.br. Acesso em: 04 jun. 2018.

precedente recente, firmado em 18 de dezembro de 2019, e muito significativo por guardar marcantes pontos de contato com o debate sobre a constitucionalidade de regimes especiais de fiscalização tributária. Refiro-me ao Recurso Ordinário em *Habeas Corpus* (RHC) nº 163.334, no qual fixada a seguinte tese: "O contribuinte que deixa de recolher, de forma contumaz e com dolo de apropriação, o ICMS cobrado do adquirente da mercadoria ou serviço incide no tipo penal do art. 2º, II, da Lei nº 8.137/1990".[47]

Há uma primeira constatação que aqui me parece autoevidente: se o Supremo passou a considerar o inadimplemento contumaz do ICMS conduta de gravidade suficiente para caracterizar crime e, portanto, merecer reprimenda penal, é necessário, no mínimo, repensar sobre as justificativas utilizadas pela cadeia de julgados que firmara a inaceitabilidade constitucional de regimes especiais de fiscalização – medidas de natureza civil – aplicados para a mesma conduta.

---

[47] O julgado está assim resumido: "Ementa: Direito penal. Recurso em Habeas Corpus. Não recolhimento do valor de ICMS cobrado do adquirente da mercadoria ou serviço. Tipicidade. 1. O contribuinte que deixa de recolher o valor do ICMS cobrado do adquirente da mercadoria ou serviço apropria-se de valor de tributo, realizando o tipo penal do art. 2º, II, da Lei nº 8.137/1990. 2. Em primeiro lugar, uma interpretação semântica e sistemática da regra penal indica a adequação típica da conduta, pois a lei não faz diferenciação entre as espécies de sujeitos passivos tributários, exigindo apenas a cobrança do valor do tributo seguida da falta de seu recolhimento aos cofres públicos. 3. Em segundo lugar, uma interpretação histórica, a partir dos trabalhos legislativos, demonstra a intenção do Congresso Nacional de tipificar a conduta. De igual modo, do ponto de vista do direito comparado, constata-se não se tratar de excentricidade brasileira, pois se encontram tipos penais assemelhados em países como Itália, Portugal e EUA. 4. Em terceiro lugar, uma interpretação teleológica voltada à proteção da ordem tributária e uma interpretação atenta às consequências da decisão conduzem ao reconhecimento da tipicidade da conduta. Por um lado, a apropriação indébita do ICMS, o tributo mais sonegado do País, gera graves danos ao erário e à livre concorrência. Por outro lado, é virtualmente impossível que alguém seja preso por esse delito. 5. Impõe-se, porém, uma interpretação restritiva do tipo, de modo que somente se considera criminosa a inadimplência sistemática, contumaz, verdadeiro modus operandi do empresário, seja para enriquecimento ilícito, para lesar a concorrência ou para financiar as próprias atividades. 6. A caracterização do crime depende da demonstração do dolo de apropriação, a ser apurado a partir de circunstâncias objetivas factuais, tais como o inadimplemento prolongado sem tentativa de regularização dos débitos, a venda de produtos abaixo do preço de custo, a criação de obstáculos à fiscalização, a utilização de "laranjas" no quadro societário, a falta de tentativa de regularização dos débitos, o encerramento irregular das suas atividades, a existência de débitos inscritos em dívida ativa em valor superior ao capital social integralizado etc. 7. Recurso desprovido. 8. Fixação da seguinte tese: O contribuinte que deixa de recolher, de forma contumaz e com dolo de apropriação, o ICMS cobrado do adquirente da mercadoria ou serviço incide no tipo penal do art. 2º, II, da Lei nº 8.137/1990. (RHC 163334, Relator(a): ROBERTO BARROSO, Tribunal Pleno, julgado em 18/12/2019, PROCESSO ELETRÔNICO DJe-271 DIVULG 12-11-2020 PUBLIC 13-11-2020)". Disponível em: www.stf.jus.br. Acesso em: 29 set. 2022.

Com efeito, uma das "três premissas" sobre as quais o ministro relator Roberto Barroso formulou o voto que conduzira o acórdão foi exatamente a de que, embora "a incidência do Direito Penal na esfera tributária deva ser a exceção, e não a regra", não podem os crimes tributários ser considerados "crimes de pouca importância. Pelo contrário, [...] são relevantes e privam o Estado brasileiro dos recursos necessários para acudir as muitas demandas relevantes da sociedade brasileira". E essas "muitas demandas relevantes da sociedade brasileira" são implementadas, como não poderia ser diferente, por políticas públicas. Na mesma linha, a seguinte passagem da motivação decisória:

> 49. O ICMS é o tributo mais sonegado no País. De acordo com o Instituto Brasileiro de Planejamento Tributário (IBPT), de um total de R$ 304,42 bilhões inadimplidos em 2017, R$ 91,5 bilhões consistem em omissão de recolhimento de ICMS. Esse valor exorbitante retira dos Estados, cujas finanças já estão fragilizadas, a capacidade de se desincumbir adequadamente de seus encargos nas áreas de saúde, educação, segurança etc. Cada real sonegado é um real a menos para a contratação de professores e policiais, a compra de remédios e a criação de leitos hospitalares.

Vale destacar ainda outro argumento de princípio utilizado no julgamento desse recurso em *habeas corpus*, também evocado como fundamento para assentar a constitucionalidade da exigência de regularidade fiscal para a fabricação de cigarros (RE nº 550.769, acima referido), mas desenvolvido de forma mais analítica no RHC nº 163.334: a defesa de um ambiente concorrencial sadio, princípio previsto no inciso IV do artigo 170 da Constituição do Brasil.

Disse, na oportunidade, o STF que o inadimplemento reiterado do ICMS não prejudica apenas o erário, mas também a livre concorrência. "Empresas que deixam sistematicamente de recolher o ICMS colocam-se, ilicitamente, em uma situação de enorme vantagem competitiva em relação a seus competidores". Prosseguiu asseverando que esses agentes econômicos seriam "verdadeiros *free riders*, que se beneficiam duplamente: ao se apropriar do valor do ICMS e ao usufruir dos serviços públicos bancados pelos demais contribuintes". A prática acarretaria, então, "um efeito cascata, em que aqueles que deixam de recolher o imposto acabam por pressionar os concorrentes a seguir o mesmo caminho, e assim sucessivamente". E, a partir de dados fornecidos pela Secretaria da Fazenda do Rio Grande do Sul, a corte constitucional afirmou ainda que "40% dos impostos não recolhidos naquele Estado são devidos por devedores contumazes".

Se considerada a legitimação da jurisdição constitucional pelo respeito ao direito como integridade, é preciso admitir que a defesa da concorrência em igualdade de condições, na ótica encampada pelo Supremo, igualmente compõe aquele – aqui chamado – princípio identitário de Estado. Portanto, se a conduta que atenta contra o estabelecimento de um ambiente econômico-concorrencial sadio acarreta repreensão penal, a quebra da concorrência isonômica ensejada pela ação de empresas inadimplentes contumazes precisaria, sim, ser levada na devida conta quando da análise da constitucionalidade dos regimes especiais de fiscalização tributária.

Diante desse quadro, não parece nada equivocado afirmar que o Supremo Tribunal Federal vem violando a integridade do direito. Se o princípio jurídico de Estado extraível de suas decisões acerca do alcance das prestações em políticas públicas é, no seu modo de interpretar a Constituição, o mais adequado, então é preciso que a jurisprudência sobre regimes especiais de fiscalização tributária mude. O grau de coerência que o tribunal vem apresentando na matéria da revisão de políticas estatais indica que, de fato, esse é o modelo de *welfare state* que entende decorrer da interpretação dos princípios constitucionais. Os casos do registro especial para comercialização de cigarros, da exigência de regularidade tributária para ingresso no Simples Nacional e da criminalização da inadimplência fiscal intencional e reiterada, ao marcarem o dever fundamental de pagar impostos como uma das justificativas para a adoção de tratamentos (razoáveis) diferenciados entre devedores contumazes e contribuintes adimplentes, estão muito mais próximos do princípio identitário de Estado que o STF parece extrair com firmeza da Constituição. Isso porque – ninguém negaria – a arrecadação de tributos é o meio principal de que podem se valer todos os entes federados para cumprir com seus deveres de desenvolvimento de políticas públicas essenciais à população.

Em outras palavras, não está em conformidade com o modelo jurídico de Estado encampado pela jurisprudência do Supremo Tribunal Federal a autorização para que um contribuinte deixe, deliberadamente, de recolher seus tributos por oito dos últimos doze meses de apuração[48] sem ficar submetido a qualquer tratamento distinto por parte do mesmo Estado, porque isso seria uma exigência do princípio da livre iniciativa econômica do agente privado. É realmente difícil pensar que um discrime desse tipo (não havendo – é claro – abusividade nas medidas aplicadas) não seria constitucionalmente adequado para o cumprimento das funções implicadas pelo modelo de Estado social decorrente dos precedentes do próprio STF.[49] Assim, revisar, pelo caminho da integridade do direito, a cadeia de precedentes que declaram inconstitucionais regimes especiais de fiscalização tributária tornou-se medida necessária para a (re)conquista de sua legitimidade democrática.

4 Conclusão

Para rumar a uma conclusão, é possível postular que o direito como integridade é uma virtude jurídica apta a simbolicamente prover, no âmbito do trabalho exercido pelas cortes constitucionais,

---

[48] É o que prevê, por exemplo, o regime especial de fiscalização tributária vigente no estado do Rio Grande do Sul, conforme artigo 2º, §1º, da Lei Estadual nº 13.711/2011. Disponível em: www.al.rs.gov.br. Acesso em: 03 jun. 2018).

[49] Uma análise semelhante foi feita por Lenio Streck, tendo como objeto a discrepância do tratamento dado pelo STF aos crimes contra a ordem tributária comparativamente ao conferido aos delitos de furto: "Além dessa relevante questão hermenêutica – isto é, de que "é possível falar em racionalidades' e na possibilidade de alcançar 'respostas conteudística' –, é preciso acrescentar outro componente, muito caro para o direito nesta quadra da história: *há uma (profunda) responsabilidade política nas decisões.* Nesse sentido, parece que uma decisão de um tribunal (em especial, do Supremo Tribunal Federal) sobre sonegação de tributos, considerando incompatível com a Constituição o processamento criminal sem o esgotamento da(s) instância(s) administrativa(s) em um país com o nível de evasão de tributos como o Brasil, mereceria uma análise para além dos fundamentos liberais clássicos do direito penal. Ou seja, não se trata de buscar uma resposta convencionalista, a partir de um grau zero de significação. Uma decisão adequada à Constituição, a toda evidência, exigiria, além da reconstrução principiológica do direito aplicável, um profundo exame da teoria do bem jurídico (entendido o bem jurídico como um direito a ser protegido ou um dever de legislar do Estado) a partir da matriz constitucional do Estado Democrático de Direito, insculpido na Constituição, que determina, entre outras coisas, *que o Brasil é uma república com o compromisso de estabelecer um Estado social* (papel do Estado), em que está ínsito um dever fundamental de pagar impostos (e não um direito fundamental de se subtrair à ação estatal), e que, portanto, para início de discussão, é absolutamente incompatível com a Constituição estabelecer tratamentos desiguais entre delitos que firam bens jurídicos interindividuais (veja-se como o mesmo direito penal é implacável para com o furto e outros crimes dessa espécie) e delitos que firam bens jurídicos supraindividuais, como, em especial, a sonegação de tributos" (STRECK, Lenio Luiz. *Verdade e consenso*: constituição, hermenêutica e teorias discursivas. 5. ed. São Paulo: Saraiva, 2014. p. 373, grifos do autor).

uma unidade de princípio que nunca está plenamente dada nas democracias modernas. A integridade, pois, é algo sempre a ser buscado (jamais *se completa*, mantendo o caráter aberto da democracia), funcionando como uma importante via para que as sociedades democráticas possam, no plano da jurisdição constitucional, beneficiar-se reflexivamente da diferença gerada entre sua divisão originária e a unidade simbólica que, propiciada pelo respectivo poder político-jurídico, confere-lhes uma necessária, embora sempre disputável, identidade.[50]

Nesse cenário, a integridade do direito torna-se uma espécie de "justiça em roupas de trabalho" (Postema), tentando dar conta da dimensão conflitiva da sociedade para, a partir daí, construir uma história que possa conferir alguma identidade ao social. E precisamente por conta dessa complexidade que caracteriza o fenômeno, ou seja, porque a integridade não pode ser concebida simplesmente como uma reprodução cega, "monista", de um receituário de decisões passadas, torna-se possível avaliar como ilegítima a jurisprudência do Supremo Tribunal Federal acerca da (in)constitucionalidade dos regimes especiais de fiscalização tributária, por sua incompatibilidade com o princípio identitário de Estado extraível de seus próprios julgados, mormente aqueles que têm por objeto a implementação de políticas públicas.

Informação bibliográfica deste texto, conforme a NBR 6023:2018 da Associação Brasileira de Normas Técnicas (ABNT):

BRUM, Guilherme. Políticas públicas e regimes especiais de fiscalização tributária: o discurso do Supremo Tribunal Federal à luz da integridade do direito. *In*: MOTTA, Fabrício; BUÍSSA, Leonardo; BEVILACQUA, Lucas (coord.). *Federalismo fiscal e políticas públicas*. Belo Horizonte: Fórum, 2023. p. 407-440. ISBN 978-65-5518-529-4.

[50] FLYNN, Bernard. *Lefort y lo político*. Trad. Gabriel Merlino. Buenos Aires: Prometeo Libros, 2008. p. 25-63. Como refere Warren Breckman, "a impossibilidade de a sociedade estar completamente presente para si mesma cria um 'efeito' de exterioridade" (BRECKMAN, Warren. Lefort and the Symbolic Dimension. *Constellations*, v. 19, n. 1, 2012, p. 30-36, tradução minha).

TRANSFORMAÇÕES DO FEDERALISMO BRASILEIRO: DESCENTRALIZAÇÃO, CENTRALIZAÇÃO E DESCOORDENAÇÃO

JOSÉ ARTHUR CASTILLO DE MACEDO

1 Introdução

O federalismo alhures e no Brasil reclama a construção de um arranjo institucional, segundo o qual há, pelo menos, duas esferas de poder: o poder nacional (federal) e poderes regionais (Estados, província, *Länder*, entre outros nomes).[1] Seu desenho costuma ser traçado nas constituições federais e estaduais, as quais asseguram autonomia a cada ente, com competências exclusivas (*self-rule*), e, nas constituições do pós-guerra, confere competências compartilhadas, o que é conhecido na literatura internacional como *shared-rule*.[2] Em caso de conflito a respeito da interpretação dessas competências, as constituições das federações costumam atribuir o poder de arbitrar esses conflitos a instâncias jurídicas, sejam elas supremas cortes ou tribunais constitucionais.

Esse rol de características não é taxativo, outras poderiam ser incluídas, como a não existência do direito de secessão.[3] Eventualmente, poder-se-ia alegar que se trata de uma discussão nominalista ou, quem sabe, trata-se de uma busca pela "essência" da federação e do federalismo. Todavia, não é o que se verifica.

Em obra recente, Patricia Popelier demonstra que as definições mais ou menos inclusivas impactam na compreensão do

---

1 A literatura sobre o tema é vastíssima. *Cf.*: ANDERSON, G. *Federalismo*: uma introdução. Tradução de Ewandro Magalhães Jr. e Fátima Guerreiro. Rio de Janeiro: FGV, 2009; ELAZAR, Daniel J. *Exploring Federalism*. Tuscalosa: Alabama, 1987.

2 Conferir nota anterior.

3 Conforme se extrai dos arts. 1º e 18 da Constituição Federal brasileira, bem como da previsão de intervenção federal caso haja ameaça à integridade nacional (art. 34, I) ou para repelir a invasão de uma unidade da federação sobre outra (art. 34, II). Na literatura, podem-se encontrar outras características na obra de ALMEIDA, Fernanda Dias Menezes de Almeida. *Competências na Constituição de 1988*. 4. ed. São Paulo: Atlas, 2007.

federalismo não só conceitualmente, mas metodologicamente também.[4] Por isso, essas definições e os termos utilizados devem ser levados a sério.

Atento a essa advertência, o presente texto dispensará atenção a outro ponto. Toma-se como um dado que o Brasil é uma federação por razões históricas, políticas e normativas, por exemplo, a previsão expressa nos arts. 1º e 18 da Constituição Federal nesse sentido. Toma-se também como ponto de partida que tal desenho institucional é fruto de complexas interações que são politicamente constitutivas da federação,[5] mas que podem se dar em relações em que predomina a dimensão econômica, ou social, ou cultural.[6] A estrutura federativa influencia as relações econômicas e impacta na dinâmica capitalista do país, seja promovendo melhores políticas fiscais e tributárias, seja para fomentar melhores políticas públicas que efetivem direitos sociais e reduzam desigualdades regionais e sociais. Da mesma forma, do ponto de vista cultural, o desenho institucional da federação pode permitir maiores autonomia e liberdade para que cada pessoa e região possam expressar seus costumes e tradições. Nesse aspecto, particularmente, o federalismo contribui para expressar a diversidade sociocultural, o que pode contribuir para fomentar a democracia e o autogoverno coletivo em diversas esferas.

Ciente dessa complexidade, no presente texto, analisarei algumas transformações pelas quais o federalismo brasileiro passou desde 1988, de um processo de descentralização à centralização institucional na União, à descoordenação federativa durante o governo do presidente Jair Bolsonaro. O argumento central é a apresentação dos mecanismos institucionais que promoveram modificações na descentralização realizada na constituinte e nos primeiros anos da Constituição. Ao longo dos quase 35 anos de

---

[4] POPELIER, Patricia. *Dynamic Federalism*: A new Theory for Cohesion and Regional Autonomy. New York: Routledge, 2021. p. 9-45.

[5] BERCOVICI, Gilberto. *Dilemas do Estado Federal Brasileiro*. Porto Alegre: Livraria do Advogado, 2004.

[6] Por exemplo, economistas e juristas ligados à área fiscal analisam o federalismo sob esse viés, sem que isso exclua as dimensões sociais, políticas ou culturais do fenômeno. Para ficar com um exemplo que explicita isso, quando o Supremo Tribunal Federal julgou o caso da vaquejada (ADI nº 4.783/CE), o voto do ministro Gilmar Mendes, além de tratar da prática cultural, trouxe o argumento dos empregos ligados a ela.

vigência da Constituição de 1988, ocorreram modificações relevantes que centralizaram a federação brasileira.

A reconstrução das peças das engrenagens políticas e da sala de máquinas da Constituição nos permite verificar que a combinação e a interação das diferentes instituições e atores resultam em uma dinâmica complexa, que gera tensões nem sempre produtivas. Conforme se verá, parcela desses mecanismos foi ou enfraquecida (descoordenada) durante a pandemia, ou modificada – as relações Executivo e Legislativo no plano federal. Tais transformações estão em curso; por isso, o presente texto deve ser compreendido como uma sequência de retratos de caráter fotográfico num processo que não se encerrou.

A ênfase institucional não ignora a história e as disputas políticas que ocorreram ao longo do tempo. Pelo contrário, ela busca compreendê-las a partir da sua expressão institucional, o que não implica, de modo algum, a exclusão de outros olhares que contribuam para sofisticar a compreensão da realidade.

O texto está dividido em quatro partes. Nelas, apresentar-se-ão: i) a divisão de competências federativas na Constituição de 1988; ii) a relação do federalismo e de políticas públicas do governo central e a importância do sistema de políticas públicas; iii) a relevância do sistema de governo (presidencialismo de coalizão); e iv) o papel do STF como árbitro dos conflitos federativos, ora centralizando, ora descentralizando o poder.

Esclarecido o recorte, do ponto de vista metodológico, tal análise será baseada em revisão de literatura de estudos de direito constitucional e da ciência política brasileira. Essa relação interdisciplinar terá como ponto de partida o complexo arranjo institucional brasileiro.

Conforme se verá ao longo do texto, houve um caminho de continuidade institucional e de sucesso no Brasil ao longo dos governos do PSDB e do PT. Não obstante as críticas que podem ser feitas a esses governos, houve um período de estabilidade institucional com claras e consistentes melhorias na maior parte dos indicadores sociais. Portanto, trata-se de fenômeno que deve ser reconhecido. Assim como deve ser reconhecida a mudança de padrão de interação das instituições, sobretudo a partir da ascendência do deputado Eduardo Cunha à presidência da Câmara dos Deputados em fevereiro de 2015.[7] Ao longo do texto, será verificado esse processo de inicial descentralização, de centralização decisória e a descoordenação das políticas públicas durante o governo do presidente Jair Bolsonaro, a partir dos mecanismos acima mencionados.

2 A divisão de competências federativas na Constituição de 1988

A federação brasileira se constitui num sistema de três níveis.[8] Uma das inovações da Constituição foi a incorporação do nível local, isto é, dos municípios como membros da federação, a qual resultou da campanha promovida por municipalistas e por governadores dos estados a favor da descentralização, que foi associada à ideia de democratização,[9] além de refletir longa tradição de autonomia municipal.[10]

Os três níveis de governo têm poderes legislativos próprios, com competências distintas.[11] Os níveis federal e estadual têm seus poderes judiciais. Os estados são representados no Senado para manter a tradição de assegurar a representação dos interesses dos diversos estados no Poder Executivo federal com a nomeação para cargos de representantes dos estados que fazem parte da coalizão federal de apoio executivo.[12]

---

[7] LIMONGI, Fernando; FIGUEIREDO, Argelina. A crise atual e o debate institucional *Novos estudos*: Cebrap, São Paulo, v. 36.03, p. 79-97, nov. 2017.

[8] Vide artigo 1º e 18 da Constituição brasileira: "Art. 1º A República Federativa do Brasil, formada pela união indissolúvel dos Estados e Municípios e do Distrito Federal, constitui-se em Estado Democrático de Direito e tem como fundamentos: (...). Art. 18. A organização político-administrativa da República Federativa do Brasil compreende a União, os Estados, o Distrito Federal e os Municípios, todos autônomos, nos termos desta Constituição". O Distrito Federal não se constitui em outro nível.

[9] ABRUCIO, F. L. *Os barões da federação*: os governadores e a re-democratização brasileira. São Paulo: Hucitec, 1998.

[10] LEAL, Victor Nunes. *Coronelismo, enxada e voto*: o município e o regime representativo no Brasil. 7. ed. São Paulo: Companhia das Letras, 2012.

[11] Por exemplo, conferir os artigos 20 a 22 para algumas das competências do governo nacional (União); artigos 25 a 28 dos estados; e artigos 29 a 31 dos municípios. Em matéria tributária, as competências estão distribuídas nos artigos 153, 155 e 156 (respectivamente para cada ente federativo: União, estados e municípios).

[12] Ao contrário da Alemanha, o Senado Federal possui no Brasil muitas competências coincidentes com a Câmara dos Deputados que não dizem respeito à matéria federativa.

Contudo, há estudos que demonstram que o apoio à coalizão se dá de acordo com critérios de filiação partidária e de disciplina partidária. Tais critérios produzem como efeito um alinhamento dos senadores (e dos deputados) às estratégias nacionais dos partidos, o que muitas vezes contradiz a ideia de que os parlamentares só representam seus interesses locais/regionais, isto é, paroquiais em detrimento dos interesses nacionais.[13]

Embora a Constituição de 1988 tenha reduzido o número de casos em que o governo federal pode intervir nos estados-membros e em que os governos estaduais podem intervir nos municípios, o instituto da intervenção ainda existe, ainda que sujeito à aprovação do Poder Legislativo, e foi utilizado no Rio de Janeiro e em Roraima, ambos os casos em 2018, durante a presidência de Michel Temer.

Por outro lado, a Constituição Federal brasileira de 1988 estabelece que todos os estados-membros da federação têm poderes e responsabilidades iguais, tanto do ponto de vista da representação paritária no Senado Federal quanto do ponto de vista da distribuição de competências.

Nesse sentido, o Brasil adotou um modelo de federalismo simétrico em uma federação assimétrica. Dois fatores reforçam ainda mais esse modelo simétrico: o primeiro é que as regras relativas a competências, recursos e políticas públicas das entidades subnacionais são apresentadas em capítulos detalhados da Constituição, deixando pouco espaço de manobra para iniciativas específicas; o segundo é que o Supremo Tribunal Federal está decidindo sistematicamente que as constituições e leis estaduais devem refletir dispositivos da Constituição Federal, conforme se verá adiante.

Conforme se verá abaixo, estudos recentes demonstram que muitas políticas públicas são decididas na esfera federal, impondo limites às capacidades dos entes locais e regionais sobre suas

---

Nesses casos, o Senado funciona como uma casa revisora da câmara baixa (Câmara dos Deputados), e não como casa para representar a federação. A atribuição de competências idênticas dissolve grande parte da função de representação dos estados no Senado, principalmente porque ela é combinada com a atuação nacional dos partidos políticos.

13 GUICHENEY, Hellen; JUNQUEIRA, Murilo de Oliveira; ARAÚJO, Victor. O debate sobre o federalismo e suas implicações para a governabilidade no Brasil (1988-2015). *BIB*, São Paulo, n. 83, 1/2017, p. 69-92.

próprias políticas. Além disso, poucas competências constitucionais exclusivas são atribuídas aos estados-membros e aos municípios pela Constituição brasileira (nos artigos 25 a 31).

Além disso, do ponto de vista financeiro, poucas competências constitucionais exclusivas são atribuídas aos estados e municípios, centralizando tanto o poder decisório em âmbito federal; por isso, estados e municípios ficam com poucos recursos financeiros para executar as políticas federais, o que tem ocasionado déficits recorrentes dos entes subnacionais.

Embora os estados tenham suas próprias constituições, todas aprovadas em 1989, e embora as regras constitucionais federais estipulem que essas constituições devem "respeitar os princípios" da Constituição Federal, a maioria das constituições estaduais é mera repetição de mandamentos federais.[14]

As tentativas de criar regras não explicitamente especificadas pela Constituição Federal, mas não proibidas, foram declaradas inconstitucionais pela Suprema Corte. Isso se deve menos ao fato de que a Constituição de 1988 é extremamente detalhada e mais à interpretação do Supremo Tribunal Federal de que as constituições e as leis estaduais devem reproduzir padrões federais.[15]

Por outro lado, embora as constituições brasileiras tenham sempre detalhado as responsabilidades dos três níveis de governo, a Carta de 1988 é, sem dúvida, a mais detalhada. A União tem a mais ampla e importante gama de competências exclusivas (legislativas ou administrativas). Não obstante os poderes residuais dos estados, o alto nível de detalhe da Constituição de 1988 deixa pouco espaço para o exercício da jurisdição residual.

Em relação às competências partilhadas, a Constituição as divide em competências legislativas concorrentes e competências administrativas comuns. A Carta de 1988 fez uma opção clara para atribuir responsabilidade comum aos três níveis da maioria dos serviços públicos, especialmente serviços públicos nas áreas sociais.

---

[14] COUTO, C. G.; BELLON, G. L. A. Imitação ou coerção? Constituições estaduais e centralização federativa no Brasil. *Revista de Administração Pública*, v. 52, n. 2, p. 321-344, 2018. Disponível em: https://bibliotecadigital.fgv.br/ojs/index.php/rap/article/view/74665.

[15] Sobre o tema, *cf.*: ARAÚJO, M. L. C. de. *Jurisdição Constitucional e Federação*: o princípio da simetria na jurisprudência do STF. Rio de Janeiro: Campus, 2009.

Isso cria um debate sobre qual nível é responsável por qual política ou serviço público. Essas controvérsias muitas vezes se traduzem em inações ou em atribuição de culpa a outra esfera, o que negligencia o fato de os constituintes terem optado por uma divisão institucional do trabalho e de articulação, porquanto o federalismo brasileiro teria um caráter mais cooperativo do que o dualista ou competitivo.

Isso dificulta a realização dos objetivos do federalismo cooperativo por duas razões: a primeira são as diferentes capacidades dos governos locais e regionais para implementar políticas públicas, dadas as enormes desigualdades econômicas, técnicas e administrativas existentes; a segunda é a falta de mecanismos constitucionais ou institucionais (formais ou informais) que fomentem a cooperação, tornando o sistema altamente competitivo, especialmente no campo tributário, na tentativa de atrair maiores investimentos por meio da concessão de isenções de imposto sobre circulação de mercadoria e serviços (ICMS) para grandes empresas em detrimento de arrecadação própria.[16]

Entretanto, ressalta-se o fato de que o funcionamento da economia mundial contemporânea produz uma concorrência selvagem e predatória entre os estados nacionais por investimentos privados (nacionais e estrangeiros), a qual afeta hoje, mais do que nunca, a concretização de tais direitos.[17] No caso brasileiro, particularmente, ainda que haja a destinação constitucional obrigatória de recursos para educação e saúde, tais recursos têm sido restringidos muitas vezes de forma direta ou oblíqua, em clara violação à Constituição.

A competição excessiva entre os entes federados num país desigual como o Brasil pode ensejar mais problemas do que

---

[16] Diferentemente de outros países, no Brasil não existe o imposto sobre o valor agregado (IVA). Tal imposto inclui parte de três impostos distintos no Brasil, que são cobrados por níveis diversos de governo. O imposto sobre produtos industrializados (IPI) é de competência da União; o imposto de circulação de mercadorias (ICMS) é de competência dos estados; e o imposto sobre serviços (ISS) é de competência dos municípios. Essa é uma das razões pelas quais é tão difícil fazer uma reforma tributária que venha a simplificar o sistema tributário brasileiro, pois nenhum ente da federação quer abdicar de sua competência tributária. Além disso, o ICMS é o imposto que mais gera arrecadação aos estados.

[17] Ver também: DERZI, M. A. M.; BATISTA JÚNIOR, O. A.; MOREIRA, A. M. *Estado Federal e Guerra Fiscal no Brasil*. Belo Horizonte: Arraes, 2015 (Vol. 3 – Coleção Federalismo e Tributação).

soluções no médio ou no longo prazo. Por exemplo, os estados podem concorrer entre si de modo a ter um resultado pior do que se cooperassem. Outro problema fundamental é que, no século XXI, a concorrência não se dá exclusivamente entre entes regionais (estados) da mesma federação. Pode haver a competição entre entes locais de uma federação ou de vários entre si, com estados e até com a própria União.[18] A instalação da sede de uma empresa, como ocorreu com a Amazon, pode se tornar um grande leilão às avessas. Isto é, o poder público concorre com outros entes para ver quem dá mais benesses a um grande grupo privado. Dado o enorme poderio de algumas empresas globais, tal fato é incontornável, e não se pode pensar mais o federalismo ignorando isso.

Também é pouco crível que um órgão regulador central, em nível nacional, pudesse coordenar os investimentos e outras formas de alocação de recursos para atrair tais empresas. Por diversos motivos, que não poderão ser expostos aqui, destacamos: os principais são os problemas de racionalidade limitada, de captura ou de privatização de tal órgão.[19]

Conforme se verá no próximo item, as políticas públicas foram fundamentais para contribuir para o processo de centralização do Estado brasileiro e foram objeto de descoordenação e de questionamento durante a pandemia – ao longo do governo de Jair Bolsonaro.

3 Federalismo e políticas públicas

Para compreender a dinâmica e as práticas do federalismo brasileiro, cientistas políticos buscaram estudá-las de diversas formas. Uma delas foi a partir da relação Executivo-Legislativo, isto é, como ocorrem a produção legislativa e a criação de coalizões no âmbito estadual ou municipal.[20] Houve também pesquisas que

---

[18] PIKETTY, Thomas. *O Capital no século XXI*. Trad. Monica Baumgarten de Bolle. Rio de Janeiro: Intrínseca, 2014.

[19] PRZEWORSKI, Adam. *Estado e Economia no Capitalismo*. Trad.: Argelina Cheibub Figueiredo e Pedro Paulo Zahluth Bastos. Rio de Janeiro: Relume-Dumará, 1995; e SOARES, José Fernandes. *Teorias Económicas de Regulação*: grupos de interesse, procura de renda e aprisionamento. Lisboa: Instituto Piaget, 2007.

[20] RICCI, P. O conteúdo da produção legislativa brasileira: leis nacionais ou políticas paroquiais? *Dados*, Rio de Janeiro, v. 46, n. 4, p. 699-734, 2003; TOMIO, F. R. L.; RICCI,

analisaram o processo de criação de municípios após a aprovação da Constituição,[21] além do debate sobre a natureza do regime – se ele era mais ou menos descentralizado.[22]

Nesse sentido, Fernando Abrucio chegou a afirmar que o federalismo pós-1988 era um federalismo estadualista, que reforçou os poderes dos governadores, ao ponto de eles se tornarem verdadeiros "Barões da Federação".[23] Esse argumento foi muito reproduzido no âmbito jurídico e na esfera pública em geral. Inclusive, ele reforçava o diagnóstico pessimista em relação à democracia e ao presidencialismo brasileiro, uma vez que o federalismo funcionaria como uma força centrífuga que contribuía para enfraquecer a coalizão governante na esfera federal.[24]

Entretanto, conforme será visto abaixo, ele pode ter sido correto por um período, mas foram feitas mudanças institucionais que promoveram a modificação desse *status quo* institucional. Infelizmente, tais mudanças, algumas com quase vinte anos, parecem ser ignoradas pela parte da teoria constitucional que

---

P. O governo estadual na experiência política brasileira: os desempenhos legislativos das assembleias estaduais. *Revista de Sociologia e Política*, v. 20, p. 193-217, 2012; TOMIO, Fabrício Ricardo de Lima; RICCI, P. O poder da caneta: a Medida Provisória no processo legislativo estadual. *Opinião Pública* (UNICAMP. Impresso), v. 18, p. 255-277, 2012; TOMIO, F. R. L.; RICCI, P. Seis décadas de processo legislativo estadual: processo decisório e relações executivo/legislativo nos estados (1951-2010). *Cadernos da Escola do Legislativo*, v. 13, p. 57-108, 2012.

21 TOMIO, F. R. L. Autonomia municipal e criação de governos locais: a peculiaridade institucional brasileira. *Revista da Faculdade de Direito da UFPR*, Curitiba, v. 42, p. 103-120, 2006; TOMIO, F. R. L. Federalismo, municípios e decisões legislativas: a criação de municípios no Rio Grande do Sul. *Revista de Sociologia e Política* (UFPR. Impresso), Curitiba-PR, v. 24, p. 123-148, 2005; TOMIO, F. R. L. A criação de municípios após a Constituição de 1988. *Revista Brasileira de Ciências Sociais* (Impresso), São Paulo, v. 17, n. 48, p. 61-90, 2002.

22 Entre outros: ABRUCIO, F. L. *Os Barões da Federação:* os governadores e a re-democratização Brasileira. São Paulo: Hucitec, 1998.

23 ABRUCIO, F. L. *Os Barões da Federação*: os governadores e a re-democratização Brasileira. São Paulo: Hucitec, 1998.

24 STEPAN, Alfred. Para uma nova análise comparativa do federalismo e da democracia: federações que restringem ou ampliam o poder do Demos. *Dados*, Rio de Janeiro, v. 42, n. 2, p. 197-251, 1999; MAINWARING, S. Presidentialism, multipartism, and democracy: the difficult combination. *Comparative Political Studies*, Thousand Oaks, v. 26, n. 2, p. 198-228, jul. 1993; MAINWARING, S. *Sistemas partidários em novas democracias*: o caso do Brasil. Porto Alegre: Mercado Aberto, 2001; SHUGART, M.; CAREY, J. *Presidents and Assemblies*: Constitutional Design and Electoral Dynamics. Cambridge: Cambridge, 1992. Uma exposição sintética desse diagnóstico pode ser encontrada em: GUICHENEY, Hellen; JUNQUEIRA, Murilo de Oliveira; ARAÚJO, Victor. O debate sobre o federalismo e suas implicações para a governabilidade no Brasil (1988-2015). *BIB*, São Paulo, n. 83, 1/2017, p. 69-92.

pesquisa sobre federalismo, o que prejudica a compreensão do funcionamento da dinâmica federativa brasileira na atualidade.[25]

Outra temática importante a ser enfrentada para compreender a transformação da Federação brasileira é entender o processo de decisão de políticas públicas (em suas diversas fases). Trata-se de um meio pelo qual é possível verificar como os entes subnacionais se relacionam com a União.

Diante dessa pluralidade de temática e de métodos de análise, vou apresentar primeiro a argumentação desenvolvida por Marta Arretche que demonstra a centralização operada na federação brasileira. Depois, serão expostas as linhas gerais sobre os sistemas de políticas públicas pós-1988.

Na linha do que expus acima, Arretche afirma que componente fundamental da centralização do Estado brasileiro foram as mudanças constitucionais e infraconstitucionais que operaram na seara das finanças públicas e na regulamentação de políticas públicas que geraram uma força gravitacional rumo a Brasília.

O primeiro movimento no sentido de ampliar a ingerência da União sobre os Estados se deu no final dos anos 1990, após a estabilização da moeda, quando foi deflagrada a primeira crise fiscal dos estados.[26] Com os objetivos, de um lado, de consolidar estruturas que reforçassem as medidas tomadas pelo governo central para estabilizar a moeda, e, de outro, de sanar as finanças públicas estaduais e municipais de modo a limitar o uso indiscriminado dos gastos públicos, a União promoveu uma agenda de reformas que foi aprovada pelo Congresso Nacional (através dos mecanismos do presidencialismo de coalizão) e imposta aos estados. Houve também a ampliação sensível da carga tributária já a partir do governo Fernando Henrique Cardoso, a qual se deu sobre o contribuinte e em detrimento da capacidade arrecadatória dos outros entes federados, especialmente dos estados e dos municípios.

---

[25] *Cf.*: GUICHENEY, Hellen; JUNQUEIRA, Murilo de Oliveira; ARAÚJO, Victor. O debate sobre o federalismo e suas implicações para a governabilidade no Brasil (1988-2015). *BIB*, São Paulo, n. 83, 1/2017, p. 69-92. O texto relaciona o federalismo com a questão da governabilidade e analisa o debate que ocorreu sobretudo ao longo dos anos 1990 a respeito da natureza do sistema ser mais descentralizado ou menos centralizado.

[26] A primeira, pois, nos últimos anos, alguns estados ingressaram no regime de recuperação fiscal.

Assim, o conjunto de medidas apresentadas nesse período pode ser resumido da seguinte forma:

i) no campo tributário, a criação de novos tributos (contribuições – CPMF, CSLL) imunes à redistribuição[27] e o estabelecimento de alíquotas mais altas para impostos não sujeitos à redistribuição;

ii) o aumento da competitividade das exportações reduziu o poder dos estados;

iii) redução da autonomia em matéria financeira, com destaque ao endividamento público e às limitações feitas pela Lei de Responsabilidade Fiscal (LRF), LC nº 101/2001), por exemplo, em matéria de despesas com pessoal;[28]

iv) redução do poder dos Estados em razão da provisão e do gerenciamento de serviços públicos que foram gradualmente transferidos para os governos locais.

Cabe destacar, em relação ao último item, que a União se utilizou da regulamentação de políticas públicas como uma forma de se relacionar diretamente com os municípios em detrimento da mediação ou da participação regional via estados. Essa técnica foi usada especialmente com políticas sociais (saúde, educação e assistência social), o que aumentou a capilaridade das políticas e a eficiência na sua execução.

Marta Arretche chama atenção para um ponto sensível, porém central, que permitiu identificar esse segundo momento de centralização da União: a distinção entre a elaboração e a regulação da política pública no momento da sua execução.[29] Muitos dos principais programas dos governos do Partido dos Trabalhadores lançaram mão dessa técnica, transferindo aos municípios a execução de políticas cuja elaboração e regulamentação se davam em Brasília. São exemplos do emprego dessas técnicas: o Bolsa Família e medidas

---

27 O valor arrecadado com as contribuições não compõe o Fundo de Partição dos Estados (FPE) e o Fundo de Participação dos Municípios (FPM); por isso, elas são "imunes à redistribuição". Sobre a repartição de receitas, em sede constitucional, conferir artigos 157 a 162.

28 Com a reforma da previdência instituída pela Emenda Constitucional nº 103, de 12 de novembro de 2019, foi renovado esse padrão de disciplinamento nacional dos entes subnacionais com a imposição de regras sobre a gestão previdenciária.

29 ARRETCHE, M. *Democracia, federalismo e centralização no Brasil*. Rio de Janeiro: FGV; Fiocruz, 2012.

em matéria de saúde e em matéria habitacional, como o programa Minha Casa, Minha Vida. A despeito do possível ganho de eficiência realizado por essas formas de regulação, é possível questionar se uma federação de proporções continentais não poderia ter formas de adaptação às peculiaridades regionais para programas nacionais.

Essa centralização, combinada com as mudanças no plano fiscal, limitou a capacidade de ação e de inovação de políticas públicas tanto por parte dos estados como dos municípios, porém produziu melhorias em indicadores sociais.

Há, também, outro fator relevante. Provavelmente, o arranjo institucional que mais explicita o federalismo cooperativo no Brasil é o Sistema Único de Saúde (SUS). Em verdade, ele expressa a forma mais elaborada de sistemas de políticas públicas, os quais articulam dois ou os três níveis da federação para a execução de políticas públicas. O SUS não é o único, pois há, também, o Sistema Único de Assistência Social (SUAS), os sistemas de educação e, mais recentemente, o Sistema Único de Segurança Pública (SUSP), sendo que cada um conta com regulação específica. Destaco que, para o fortalecimento da proteção do direito à saúde e do direito à educação, foi fundamental a aprovação das emendas constitucionais que criaram fundos e valores mínimos para gastos com direitos à educação (ECs nº 14, 53 e 108) e para a saúde (EC nº 29). Porém, elas também contribuíram para o fortalecimento da União, em matéria financeira, em face dos demais entes federativos.

Por que o SUS representa, em termos de políticas públicas, o arranjo mais claro do federalismo cooperativo? Com previsão constitucional no artigo 198, o SUS é um sistema que presta ações e serviços de saúde em uma rede que articula União, estados e municípios de forma descentralizada, cujas responsabilidades são desenhadas de modo que se respeitem a descentralização, o atendimento integral e a participação da comunidade – conforme os incisos do art. 198. É evidente que ele não surgiu do zero em 1988, porquanto ele resulta da mobilização, por anos, de sanitaristas e da comunidade das áreas de saúde para que fosse criado, regulado pela Lei nº 8.080/1990 e fortalecido, com recursos, como é o caso da EC nº 29. A despeito de todas as possíveis falhas e de pontos que demandam correções, o sistema permitiu que o Brasil se tornasse referência em vacinação e em combate à AIDS, para ficar com dois exemplos.

Durante os anos de 2020 a 2022, o SUS ganhou um olhar mais atento e generoso da população, que estava mais acostumada a ressaltar seus defeitos. Isso se deu porque a maior parte da população, inclusive quem não utilizava os serviços do sistema, teve contato com ele seja para tomar alguma das doses da vacina contra a COVID-19, seja para acompanhar o tratamento de algum parente ou para se tratar da famigerada COVID-19.

São notórias e foram amplamente publicizadas à época as tentativas do presidente Jair Bolsonaro de descoordenar o sistema de diversas formas.[30] Todavia, o sistema está tão consolidado que o chefe do Poder Executivo federal não conseguiu destruir ou desarticular totalmente a realização dos seus serviços, sem embargo o êxito que teve ao promover desinformação em relação à vacinação e ao descoordenar ou desmobilizar parcela dos recursos e agentes federais que exerciam funções relevantes no SUS. Isso pode ser notado, sobretudo, em relação a algumas aldeias indígenas em Roraima de etnia Yanomami.

Não será possível descrever aqui, mas estudos recentes mostram que outras áreas de políticas públicas que não eram tão institucionalizadas e articuladas com outros níveis da federação sofreram grande desmonte durante os longuíssimos quatros anos de mandato do presidente Jair Bolsonaro.[31]

Fica clara, portanto, a importância do sistema de governo presidencialista e das relações do presidente com a coalizão no Congresso Nacional para articular ou desmobilizar políticas públicas e fortalecer o federalismo.

4 Presidencialismo de coalizão

Embora o tema do presidencialismo possa parecer descolado do tema federativo, a engenharia constitucional brasileira precisa

---

[30] ABRUCIO, Fernando Luiz; GRIN, Eduardo José; FRANZESE, Cibele; SEGATTO, Catarina Ianni; COUTO, Cláudio Gonçalves. Combate à COVID-19 sobre o federalismo bolsonarista: um caso de descoordenação governamental. *RAP: Revista de Administração Pública*, v. 54, n. 4, p. 663-677, jul./ago. 2020. Disponível em: https://www.scielo.br/pdf/rap/v54n4/1982-3134-rap-54-04-663.pdf.

[31] Conferir os diversos capítulos nesta coletânea: AVRITZER, Leonardo; KERCHE, Fábio; MARONA, Marjorie (Orgs.). *Governo Bolsonaro*: retrocesso democrático e degradação política. Belo Horizonte: Autêntica, 2021.

ser analisada no todo, sob o ponto de vista macro, para que se possa compreender por que, apesar de adotar o modelo federativo, as características de decisão de políticas públicas e de uso dos recursos públicos não são descentralizadas pelos estados-membros.

O sistema presidencialista foi a escolha preferida dos constituintes do Brasil, com a exceção de 14 meses entre 1961 e 1963. Muitas tentativas foram feitas em favor do sistema parlamentar, na constituinte e em 1993, quando os eleitores foram chamados a decidir em um plebiscito sobre a mudança do sistema, mas a opção pelo presidencialismo sempre foi vitoriosa.

Exceto durante os períodos autoritários, a separação entre os poderes da República era princípio estruturante das constituições brasileiras. No entanto, como na maioria dos sistemas presidencialistas, o Executivo tem sido o principal promotor da atividade legislativa.[32]

O presidencialismo brasileiro é um presidencialismo de coalizão fundamentalmente porque a estrutura institucional (regras constitucionais e infraconstitucionais, sobretudo as eleitorais) demanda do presidente a formação de uma coalizão de partidos para poder governar. Essa base de apoio – "base aliada" – é fundamental para que haja aprovação dos projetos legislativos responsáveis pela implementação do programa vencedor das eleições presidenciais.

Esse termo se popularizou depois da publicação de um texto de Sérgio Abranches, antes da promulgação da Constituição de 1988,[33] no qual ele afirmava que, se não fosse modificado o arranjo institucional da Constituição de 1946, o sistema político padeceria de repetidas crises em razão da ingovernabilidade ou poderia até entrar em colapso.

Ao longo dos anos 1990 e 2000, cientistas políticos estudaram o relacionamento entre o Congresso e o Poder Executivo e afirmaram que o presidencialismo de coalizão era governável,[34] ainda que

---

[32] Ver CLÈVE, C. M. *Atividade Legislativa do Poder Executivo*. 3. ed. São Paulo: Revista dos Tribunais, 2011.

[33] ABRANCHES, Sérgio. Presidencialismo de Coalizão: o dilema institucional brasileiro. *Dados: Revista de Ciências Sociais*, Rio de Janeiro, n. 31, p. 5-34, 1988. Em 2018, Abranches publicou um livro atualizando a sua análise. ABRANCHES, Sérgio. *Presidencialismo de coalizão*: raízes e evolução do modelo político brasileiro. São Paulo: Companhia das Letras, 2018.

[34] Ver: FIGUEIREDO, Argelina C.; LIMONGI, Fernando. *Executivo e Legislativo na nova ordem constitucional*. Rio de Janeiro: FGV/Fapesp, 2001; LIMONGI, Fernando. A democracia no Brasil: Presidencialismo, coalizão partidária e processo decisório. *Novos Estudos*. Cebrap. São Paulo, n. 76, p. 17-41, nov. 2006; SANTOS, F. *O Poder Legislativo no Presidencialismo*

com dificuldades, ainda que se descobrissem depois diversos escândalos de corrupção "auxiliando" o funcionamento da coalizão. Aparentemente, esse diagnóstico pareceu parcialmente correto até fevereiro de 2015, quando se iniciou a presidência do deputado Eduardo Cunha à frente da Câmara dos Deputados[35] e que culminou, mais tarde, com o *impeachment* da presidente Dilma Rousseff.

Não será possível discutir detalhes sobre os resultados de mais de duas décadas de pesquisas a respeito da relação do Executivo com o Legislativo; entretanto, é possível apresentar a "caixa de ferramentas" cujos instrumentos permitiram a sustentabilidade da coalizão e/ou aumento do poder presidencial (do chefe do Poder Executivo e dos presidentes das casas do Congresso Nacional).[36]

Os instrumentos *formais* que asseguram o presidencialismo de coalizão operam em dois níveis: constitucional e infraconstitucional.[37]

Em nível constitucional, o presidente detém as seguintes prerrogativas, que são fundamentais para o presidencialismo de

---

de Coalizão. Belo Horizonte: UFMG, Rio de Janeiro: Iuperj, 2003, etc. Sobre o conceito de governabilidade utilizado: AVRITZER, L. *Impasses da democracia no Brasil.* 2. ed. Rio de Janeiro: Civilização Brasileira, 2016. p. 29 e ss.

35 Para uma descrição dos problemas para a manutenção da coalizão pós-mensalão, ver: AVRITZER, L. *Impasses da democracia no Brasil.* 2. ed. Rio de Janeiro: Civilização Brasileira, 2016. p. 29 e ss. Para o papel central de Eduardo Cunha para o agravamento da crise, *cf.*: LIMONGI, Fernando; FIGUEIREDO, Argelina. A crise atual e o debate institucional. *Novos Estudos,* Cebrap, São Paulo, v. 36.03, p. 79-97, nov. 2017.

36 Há divergência na literatura especializada sobre qual é o peso de cada uma das ferramentas, como se dá a relação com os partidos no Congresso e o uso dos cargos e do orçamento para manter a coalizão. Por exemplo: MUELLER, B.; PEREIRA, C. Comportamento estratégico em presidencialismo de coalizão: as relações entre Executivo e Legislativo na elaboração do orçamento brasileiro. *Dados: Revista de Ciências Sociais,* Rio de Janeiro, v. 45, n. 2, p. 265-301, 2002; PEREIRA, C.; POWER, T. J.; RENNÓ, L. Presidentes, poder de agenda e as consequências imprevistas da reforma das medidas provisórias. *In*: NICOLAU, J.; POWER, T. (Orgs.). *Instituições representativas no Brasil*: balanço e reforma. Belo Horizonte: UFMG, 2007. Sobre o termo "caixa de ferramentas"/"*toolbox*", ver: RAILE, E. D.; PEREIRA, C.; POWER, T. The Executive Toolbox: Building Legislative Support in a Multiparty Presidential Regime. *Political Research Quarterly,* XX, p. 1-12, 2010.

37 Instrumentos formais porque existem instrumentos informais, por exemplo, o pagamento de mesadas (mensalão), cuja medição e análise são mais complexas para pesquisadores. Porém, é evidente, conforme veio a público nos últimos anos, que esses mecanismos existem e, em muitos casos, são o principal "incentivo" para atuação parlamentar no Brasil. A óbvia reprovabilidade moral e jurídica de tais práticas é indiscutível. Quanto à análise das instituições informais, indica-se: HELMK, G.; LEVITSKY, S. *Informal Institutions and Democracy*: Lessons from Latin America. Baltimore: John Hopkins, 2006.

coalizão: i) iniciativa privativa do Executivo para a legislação em matéria administrativa, fiscal e tributária (art. 61, §1º, II, da CF); ii) medidas provisórias (art. 62); iii) solicitação de regime de urgência para os projetos de lei de sua iniciativa (art. 64, §1º); iv) poder de nomeação de ministros (art. 84, I, CF) e outras autoridades para instâncias inferiores. O manejo da alocação orçamentária é considerado por vários autores como outro poder (competência constitucional) assegurado ao Executivo, o qual permite fortalecer a adesão e a manutenção da coalizão.[38]

Em nível infraconstitucional, os principais meios que asseguraram a coalizão foram: i) os poderes dos presidentes das casas do Congresso; ii) os poderes das mesas; iii) os poderes e a atuação do Colégio de Líderes.

A afirmação de que o presidencialismo de coalizão era governável sustenta-se no resultado produzido pela interação dessas engrenagens, porque ampliaram a dominância da pauta presidencial em relação ao conjunto da agenda legislativa e, também, no fato de que a maior parte dos projetos apresentados pelo presidente era aprovada. Assim, os presidentes da República conseguiram ver a maior parte de suas pautas aprovadas no Congresso Nacional, especialmente entre 1994 e 2015.

Quando as negociações no Congresso não produziam o comprometimento da bancada para aprovar alguma medida, o presidente lançava mão de seus instrumentos para consertar e conservar a coalizão, com liberações de dotações orçamentárias ou nomeação de correligionários ou indicados dos partidos a ministérios, empresas e fundações públicas.

Caso esses instrumentos ainda não funcionassem, o presidente poderia solicitar o regime de urgência para o trâmite de uma proposta de sua autoria. Se fosse necessário e possível, poderia também editar uma medida provisória, a qual produziria efeitos imediatos e forçaria o Congresso a incluir na pauta o debate da temática.

Se tais mecanismos não funcionassem, individual ou conjuntamente, poderiam atuar os presidentes das casas congressuais de modo a realizar a agenda presidencial, fosse através de atos da

---

[38] PALERMO, V. Como se governa o Brasil? O Debate sobre Instituições Política e Gestão de Governo. *Dados*, Rio de Janeiro, v. 43, n. 3, 2000.

Mesa da Casa ou através de atos da presidência da Casa, ou, por fim, acelerando o processo legislativo ao recorrer ao voto de liderança e ao Colégio de Líderes.

Esses achados empíricos se contrapuseram ao diagnóstico original proposto por Abranches. A tese sobre o caráter dispersivo e ampliador da ingovernabilidade do federalismo brasileiro, combinada com o sistema multipartidário, que era recorrente nas literaturas brasileira e internacional, também foi contestada.[39]

Além disso, até a eleição da legislatura de 2015-2018, havia um centro político que dava sustentação às políticas do Executivo. Assim, não houve confirmação do que se afirmava desde o regime de 1946, pois o Congresso não foi, necessariamente, o centro conservador que era questionado por um presidente progressista.[40]

Não obstante, desde 2015 e, posteriormente, com o impedimento de Dilma Rousseff, as engrenagens parecem não ter instrumentos adequados para lubrificar ou consertar a relação entre Executivo e Legislativo, produzindo recorrentes fricções, que têm desgastado as engrenagens do governo.[41]

Um dos mecanismos responsáveis pela taxa de sucesso na aprovação dos projetos de lei no Congresso Nacional, o trancamento da pauta que se realizava pela não apreciação em 45 dias das medidas provisórias foi enfraquecido a partir da interpretação feita, inicialmente, pelo então presidente da Câmara, Michel Temer. Segundo a interpretação dada, as medidas provisórias só poderiam obstar a deliberação (trancar a pauta) de proposições legislativas de leis ordinárias, já que as medidas provisórias possuem a mesma hierarquia que elas. Tal interpretação claramente enfraquece a dominância e o poder de agenda do Executivo em

---

39 PALERMO, V. Como se governa o Brasil? O Debate sobre Instituições Política e Gestão de Governo. *Dados*, Rio de Janeiro, v. 43, n. 3, 2000.

40 Para ver esse argumento desenvolvido um ano após o Golpe de 1964, ver: FURTADO, Celso. Os obstáculos políticos ao crescimento brasileiro. *In*: R. F. D'AGUIAR (Org.). *Celso Furtado*: essencial. São Paulo: Penguin Classics Companhia das Letras, 2013; e mais recentemente, já sob a égide da Constituição de 1988, UNGER, Roberto Mangabeira. *A alternativa transformadora*: como democratizar o Brasil. Rio de Janeiro: Guanabara Koogan, 1990. p. 320 e ss.

41 Sobre os acontecimentos posteriores ao *impeachment*, *cf.*: AVRITZER, L. *Impasses da democracia no Brasil*. 2. ed. Rio de Janeiro: Civilização Brasileira, 2016.

face do Congresso Nacional e foi considerada constitucional pelo Supremo Tribunal Federal.[42]

Outro mecanismo relevante e que pode ser muito significativo tanto para as relações entre o Executivo e o Legislativo como para o federalismo e as políticas públicas nos próximos anos foi a ampliação da participação do Congresso Nacional na formulação e na execução do orçamento público.

Conforme visto acima, a centralização da capacidade decisória em matéria financeira foi fundamental para gerar estabilidade econômica, sanear as finanças do Estado e assegurar que não houvesse dispersão no processo decisório, de modo a assegurar eficiência na alocação de recurso e racionalidade na implementação das políticas públicas federais e, por simetria, nos estados e municípios.

Porém, a partir da Emenda Constitucional nº 86, de 2015, o Congresso Nacional tem ampliado, sucessivamente, a sua participação na gestão do orçamento federal. A EC nº 86/2015 criou a hipótese de emendas orçamentárias individuais impositivas (de execução obrigatória) e equânimes.

Em 2019, foram aprovadas as ECs nº 100 e 102, as quais instituíram o dever de executar as programações orçamentárias e implementaram a impositividade das emendas de bancada em matérias orçamentárias. Ainda em 2019, foi gestada nova forma de gerir emendas do relator com a criação do indicador RP9, implementada no orçamento de 2020, que fortaleceu o poder do relator do orçamento e complexificou – e complicou – as relações entre os Poderes Legislativo e Executivo. Em 13 de dezembro de 2019, foi aprovada a EC nº 105, que criou a transferência especial – que ganhou o apelido de *emenda Pix*.

Em maio do ano seguinte, foi aprovada a EC nº 106, que ficou conhecida como *orçamento de guerra*. Com essa emenda, foram flexibilizadas muitas das regras do novo regime fiscal instituído pela EC nº 95, também conhecido como *teto de gastos*, o qual, na prática, não foi aplicado durante o governo Bolsonaro.

Essas mudanças aumentaram a participação do Congresso Nacional na gestão do orçamento público da União, bem como

---

[42] BRASIL. Supremo Tribunal Federal. MS nº 27.931, Relator(a): CELSO DE MELLO, Tribunal Pleno, julgado em 29.06.2017, ACÓRDÃO ELETRÔNICO DJe-172 DIVULG 07-07-2020 PUBLIC 08-07-2020.

enfraqueceram os instrumentos que o presidente da República possuía como forma de gerir e de mobilizar a coalizão para efetivamente implementar e executar as políticas propostas em seu plano de governo.

O argumento de que a maior participação do Congresso na gestão do orçamento pode atender melhor – de forma mais específica e ágil – as demandas locais, de modo a alocar melhor os recursos sempre escassos, desafia a comprovação empírica. Há que se ter claro que a maior participação do Congresso se dá por meio de mecanismo de centralização decisória na figura do relator do orçamento, o qual é indicado, em regra, pelo presidente da Câmara. Tal prática reforça, possivelmente, de forma excessiva, os poderes políticos do presidente da Câmara, pois amplia sua influência política e financeira na gestão do dia a dia da política, podendo colaborar ou atravancar o governo federal.

Contra essas práticas, pesam fatos e dados históricos, que podem gerar preocupação para o futuro próximo. Primeiro, o histórico de escândalos e de práticas de malversação de recursos públicos contradiz esse argumento de viés descentralizador e que pode reforçar a representação política e a gestão democrática do orçamento.

Segundo e mais importante é que a prática de políticas públicas coordenadas seja pela regulação federal, e a execução descentralizada pelos entes subnacionais seja pelos sistemas de políticas públicas, os quais geraram resultados reconhecidos nacional e internacionalmente e, sobretudo durante a pandemia, salvaram muitas vidas, a despeito e contra a inação promovida pelo presidente da República, Jair Bolsonaro.

Para completar o quadro das transformações do federalismo, é fundamental traçar, ainda que em poucas linhas, algumas das tendências que se extraem das decisões proferidas do outro lado da Praça dos Três Poderes pelo Supremo Tribunal Federal. É o que se fará no próximo item.

5 O STF como agente de centralização

Enquanto tribunal superior responsável por arbitrar conflitos entre os entes federados, o Supremo Tribunal Federal é concebido pela literatura da ciência política e do direito constitucional como o "guardião da federação".[43] Não só isso. Diversas decisões antes e durante a vigência da Constituição de 1988 reforçam essa compreensão acerca do papel da corte no Brasil. Apesar de comum nos Estados Unidos, são poucos os estudos no direito brasileiro que afirmam a importância da corte como instância de construção e de modificação, não apenas de proteção da federação.[44]

Não obstante, estudos recentes têm demonstrado que essa compreensão pode ser, na verdade, um autoengano que os ministros da corte sustentam acerca das decisões que tomam a respeito da federação brasileira. Dois estudos levados a cabo por pesquisadores da Universidade Federal do Paraná e da Universidade de Brasília a partir da análise de todas as ações julgadas desde 1988 em sede de controle concentrado de constitucionalidade reforçam o diagnóstico de que o STF é o guardião da União, como é chamado o governo central no Brasil, não da federação.[45]

Com metodologias distintas, eles reforçam a ideia de que, ao decidir questões federativas envolvendo disputas entre entes federados ou de um mesmo ente contra legislações estaduais antigas, o Supremo tem decidido em favor da redução da autonomia dos entes federados, de modo a interpretar de forma bastante alargada as competências da União.[46]

---

[43] O que pode ser visto na tradicional obra de Fernanda Dias Menezes de Almeida e, na ciência política, na obra de George Anderson. *Cf.*: ALMEIDA, Fernanda Dias Menezes de Almeida. *Competências na Constituição de 1988*. 4. ed. São Paulo: Atlas, 2007; e ANDERSON, G. *Federalismo*: uma introdução. Tradução de Ewandro Magalhães Jr. e Fátima Guerreiro. Rio de Janeiro: FGV, 2009.

[44] Exceção na literatura é a obra de: ARAÚJO, M. L. C. de. *Jurisdição constitucional e federação*: o princípio da simetria na jurisprudência do STF. Rio de Janeiro: Campus, 2009.

[45] TOMIO, F.; ROBL FILHO, I. N. *Empirical Legal Research*: Teoria e Metodologia para a Abordagem do Processo Decisório de Controle de Constitucionalidade no STF. *In*: SIQUEIRA, G. S.; VESTENA, C. A. (Orgs.). v. 2. *Direito e experiências jurídicas*: debates práticos. Belo Horizonte: Arraes, 2013; TOMIO, F. R. L.; ROBL FILHO, I. N.; KANAYAMA, R. L. Controle de constitucionalidade abstrato e concentrado no Brasil, Espanha, Itália, México e Portugal. *Cuestiones Constitucionales: Revista Mexicana de Derecho Constitucional*, v. 1, p. 301-325, 2017; COSTA, A. A.; BENVINDO, J. Z. A quem interessa o controle concentrado de constitucionalidade? O descompasso entre teoria e prática na defesa dos direitos fundamentais. Brasília: UNB, 2014.

[46] TOMIO, F.; ROBL FILHO, I. N. Empirical Legal Research: teoria e metodologia para a abordagem do processo decisório de controle de constitucionalidade no STF. *In*: SIQUEIRA, G. S.; VESTENA, C. A. (Orgs.). *Direito e experiências jurídicas*: debates práticos. vol. 2. Belo Horizonte: Arraes, 2013.

Há três pontos que merecem destaque. O primeiro deles é a forma como o STF interpreta – e, portanto, concebe/constitui – a federação, o papel a ser desempenhado por seus entes e qual é o espaço constitucionalmente aceitável para a pluralidade de experiências e arranjos institucionais no Brasil. Trata-se de problemática que demanda melhor reflexão jurídica e política, pois muitos casos a respeito de legislações estaduais e municipais são compreendidos como situações de mera aplicação mecânica de regras quando, na verdade, tais regras demandam uma leitura e releitura complexas do texto e do contexto, tanto quanto ao se deparar com a análise de uma regra que institui um direito fundamental.

O segundo ponto é a castração da inovação institucional no federalismo brasileiro através da produção de decisões que o reduzem e da reprodução delas em livros que (re)formam a compreensão de juristas, estudantes de direito e criadores de políticas públicas acerca das possibilidades de mudança no nosso arranjo institucional. O produto disso é o verdadeiro fetiche institucional em relação à estrutura da casa de máquinas da Constituição.

Outro mecanismo que tem produzido centralização é o "princípio" da simetria. Em relação ao "princípio" da simetria,[47] é possível afirmar que: i) não se trata de mecanismo do controle difuso propriamente dito, mas de parâmetro de controle de constitucionalidade, que é utilizado indistintamente no controle difuso ou concentrado; ii) o STF interpreta de forma estendida e limitante regras constitucionais que já cerceiam o âmbito de conformação de criação institucional em nível estadual, distrital ou local;[48] iii) a maior parte dos casos se refere a pequenas variações institucionais, sobretudo praticadas pelos estados.

Com o julgamento da ADI nº 4.060/SC, parecia que o Supremo Tribunal Federal modificaria seu padrão decisório a respeito da centralização da federação, especialmente da declaração de

---

[47] Rara pesquisa no direito brasileiro a respeito do tema pode ser encontrada em: ARAÚJO, M. L. C. *Jurisdição constitucional e federação*: o princípio da simetria na jurisprudência do STF. Rio de Janeiro: Campus, 2009.

[48] Importante ressaltar aqui a continuidade entre a Constituição de 1988 e algumas das regras do regime autoritário anterior, algo que tem passado despercebido pela maioria dos autores que analisam o tema. Exceção a essa "amnésia": BERCOVICI, Gilberto. *Desigualdades Regionais, Estado e Constituição*. São Paulo: Max Limonad, 2003.

inconstitucionalidade de leis estaduais que poderiam, em tese, violar as competências da União. Nesse caso, tratava-se de lei do estado de Santa Catarina que estabelecia número máximo de alunos nas salas de aula da rede estadual. O julgamento do Plenário da Corte foi unânime para declarar improcedente o pedido – portanto, constitucional a lei estadual. O voto do rel. min. Luiz Fux reconheceu a jurisprudência centralizadora e os excessos praticados em nome do "princípio" da simetria.

Antes da pandemia, era possível afirmar o seguinte quadro: em regra, o STF declarava inconstitucionais as leis estaduais por violação a competências da União, conforme os estudos mencionados acima; por outro lado, assegurava aos municípios autonomia maior para criar regras mais protetivas do que as normas federais quando houvesse a regulação do meio ambiente e da proteção à saúde.[49] Contudo, nesse cenário, os estados quedavam-se com suas autonomias comprimidas em face da expansão da União e do exercício de algumas competências municipais.

Durante a pandemia, esse cenário se modificou. Porém, para fins deste trabalho, basta assinalar que o STF permitiu maior protagonismo dos estados e dos municípios em face das omissões do governo federal no combate à COVID-19. Nesse sentido, são relevantes as decisões na ADI nº 6.341 e na ADPF nº 672, as quais reconheceram a ampliação da autonomia dos entes subnacionais, especialmente no exercício das competências comuns e concorrentes para enfrentar a COVID-19.

Não obstante, há indícios de que, passados os momentos mais graves da pandemia e com o fim do estado de emergência por ela instaurado, a corte volte ao seu padrão decisório em favor das prerrogativas da União, concedendo a ela ainda mais protagonismo do que o decorreria do texto constitucional.

6 Considerações finais

O presente texto apresentou algumas das transformações pelas quais passou a federação brasileira pós-1988. De um regime

---

[49] Conferir, por exemplo, o RE nº 194.704/MG, que assegurou a competência do município para legislar sobre controladores de poluição no transporte público municipal.

descentralizado à centralização promovida sobretudo durante os anos 1990, há hoje mecanismos orçamentários que podem contribuir para descentralizá-la ou para desarticular a prestação de políticas públicas. Ressalte-se que a descoordenação também ocorreu durante a pandemia de COVID-19, a qual só não foi maior graças aos sistemas de políticas públicas, especialmente o SUS.

Ao longo do texto, verificou-se como os diversos mecanismos institucionais se modificaram ao longo do tempo e contribuíram para o processo de centralização decisória. É importante ressaltar que muitas das mudanças apresentadas são questionadas no Supremo Tribunal Federal, o qual, em regra, decide a favor da União e do Poder Executivo federal em detrimento de estados e municípios.

Avaliações sobre a efetividade de tais práticas e das mudanças recentemente adotadas, sobretudo nas questões orçamentárias, demandam outros estudos, especialmente empíricos. Avaliações normativas sobre a conformidade com a Constituição, com seus objetivos fundamentais e com as aspirações republicanas e democráticas, não foram realizadas neste trabalho; todavia, serão levadas em contas em trabalhos futuros, já que as transformações do federalismo estão em curso e precisam ser analisadas e debatidas para que sejam realizados os objetivos fundamentais da República.

Referências

ABRANCHES, Sérgio. Presidencialismo de Coalizão: o dilema institucional brasileiro. *Dados: Revista de Ciências Sociais*, Rio de Janeiro, n. 31, p. 5-34, 1988.

ABRANCHES, Sérgio. *Presidencialismo de Coalizão*: raízes e evolução do modelo político brasileiro. São Paulo: Companhia das Letras, 2018.

ABRUCIO, F. L. *Os barões da federação*: os governadores e a re-democratização Brasileira. São Paulo: Hucitec, 1998.

ABRUCIO, Fernando Luiz; GRIN, Eduardo José; FRANZESE, Cibele; SEGATTO, Catarina Ianni; COUTO, Cláudio Gonçalves. Combate à COVID-19 sobre o federalismo bolsonarista: um caso de descoordenação governamental. *RAP: Revista de Administração Pública*, v. 54, n. 4, p. 663-677, jul./ago. 2020. Disponível em: https://www.scielo.br/pdf/rap/v54n4/1982-3134-rap-54-04-663.pdf.

ALMEIDA, Fernanda Dias Menezes de. *Competências na Constituição de 1988*. 4. ed. São Paulo: Atlas, 2007.

ANDERSON, G. *Federalismo*: uma introdução. Tradução de Ewandro Magalhães Jr. e Fátima Guerreiro. Rio de Janeiro: FGV, 2009.

ARANTES, R. Judiciário: entre a Justiça e a Política. *In*: AVELAR, Lúcia; CINTRA, Antônio Octávio (Orgs.). *Sistema Político Brasileiro*: uma introdução. 3. ed. Rio de Janeiro: Konrad Adenauer Stiftung; São Paulo: Unesp, 2015.

ARAÚJO, M. L. C. de. *Jurisdição constitucional e federação*: o princípio da simetria na jurisprudência do STF. Rio de Janeiro: Campus, 2009.

ARGUELHES, Diego Werneck; RIBEIRO, Leandro Molhano. Ministrocracia. *Novos Estudos*, CEBRAP, São Paulo, v. 37, n. 1, p. 13-32, jan./abr. 2018.

ARRETCHE, M. *Democracia, federalismo e centralização no Brasil*. Rio de Janeiro: FGV; Fiocruz, 2012.

AVRITZER, L. *Impasses da democracia no Brasil*. 2. ed. Rio de Janeiro: Civilização Brasileira, 2016.

AVRITZER, Leonardo; KERCHE, Fábio; MARONA, Marjorie (Orgs.). *Governo Bolsonaro*: retrocesso democrático e degradação política. Belo Horizonte: Autêntica, 2021.

BERCOVICI, Gilberto. *Desigualdades Regionais, Estado e Constituição*. São Paulo: Max Limonad, 2003.

BERCOVICI, Gilberto. *Dilemas do Estado Federal Brasileiro*. Porto Alegre: Livraria do Advogado, 2004.

BRASIL. Supremo Tribunal Federal. MS 27931, Relator(a): CELSO DE MELLO, Tribunal Pleno, julgado em 29.06.2017, ACÓRDÃO ELETRÔNICO DJe-172 DIVULG 07-07-2020 PUBLIC 08-07-2020.

CLÈVE, C. M. *Atividade Legislativa do Poder Executivo*. 3. ed. São Paulo: Revista dos Tribunais, 2011.

COSTA, A. A.; BENVINDO, J. Z. *A quem interessa o controle concentrado de constitucionalidade?* O descompasso entre teoria e prática na defesa dos direitos fundamentais. Brasília: UNB, 2014.

COUTO, C. G.; BELLON, G. L. A. Imitação ou coerção? Constituições estaduais e centralização federativa no Brasil. *Revista de Administração Pública*, v. 52, n. 2, p. 321-344, 2018. Disponível em: https://bibliotecadigital.fgv.br/ojs/index.php/rap/article/view/74665.

DERZI, M. A. M.; BATISTA JÚNIOR, O. A.; MOREIRA, A. M. *Estado Federal e Guerra Fiscal no Brasil*. Belo Horizonte: Arraes, 2015. (Vol. 3 – Coleção Federalismo e Tributação).

ELAZAR, Daniel J. *Exploring Federalism*. Tuscalosa: Alabama, 1987.

FIGUEIREDO, Argelina C.; LIMONGI, Fernando. *Executivo e Legislativo na nova ordem constitucional*. Rio de Janeiro: FGV/Fapesp, 2001.

FURTADO, Celso. Os obstáculos políticos ao crescimento brasileiro. *In*: D'AGUIAR, R. F. (Org.). *Celso Furtado*: essencial. São Paulo: Penguin Classics Companhia das Letras, 2013.

GUICHENEY, Hellen; JUNQUEIRA, Murilo de Oliveira; ARAÚJO, Victor. O debate sobre o federalismo e suas implicações para a governabilidade no Brasil (1988-2015). *BIB*, São Paulo, n. 83, 1/2017, p. 69-92.

HELMK, G.; LEVITSKY, S. *Informal Institutions and Democracy*: Lessons from Latin America. Baltimore: John Hopkins, 2006.

LEAL, Victor Nunes. *Coronelismo, enxada e voto*: o município e o regime representativo no Brasil. 7. ed. São Paulo: Companhia das Letras, 2012.

LIMONGI, Fernando. A democracia no Brasil: Presidencialismo, coalizão partidária e processo decisório. *Novos Estudos*, Cebrap, São Paulo, n. 76, p. 17-41, nov. 2006.

LIMONGI, Fernando; FIGUEIREDO, Argelina. A crise atual e o debate institucional *Novos Estudos*, Cebrap, São Paulo, v. 36.03, p. 79-97, nov. 2017.

LOPES FILHO, J. M. *Competências federativas*: na constituição e nos precedentes do STF. 2. ed. Salvador: JusPodivm, 2019.

MACEDO, José Arthur Castillo de. (Hiper)presidencialismo brasileiro: esse outro esquecido. *In*: CLÈVE, Clèmerson Merlin. *Direito Constitucional Brasileiro*: Organização do Estado e dos Poderes. São Paulo: Revista dos Tribunais, 2014. p. 496-518.

MACEDO, José Arthur Castillo de. *Encruzilhadas do Federalismo*: transfederalismo, cooperação, constitucionalismo e democracia. Tese (Doutorado em Direito). Programa de Pós-Graduação em Direito. Curitiba: Universidade Federal do Paraná, 2018.

MACEDO, José Arthur Castillo de; PASCHOAL, Thaís Amoroso. Tutela coletiva, cooperação e transfederalismo: compartilhando problemas e soluções. *In*: DIDIER JR., Fredie; CABRAL, Antonio do Passo. *Cooperação Jurídica Nacional*. Salvador: JusPodivm, 2021. p. 489-508.

MAINWARING, S. Presidentialism, multipartism, and democracy: the difficult combination. *Comparative Political Studies*, Thousand Oaks, v. 26, n. 2, p. 198-228, jul. 1993.

MAINWARING, S. *Sistemas partidários em novas democracias*: o caso do Brasil. Porto Alegre: Mercado Aberto, 2001.

MUELLER, B.; PEREIRA, C. Comportamento estratégico em presidencialismo de coalizão: as relações entre Executivo e Legislativo na elaboração do orçamento brasileiro. *Dados: Revista de Ciências Sociais*, Rio de Janeiro, vol. 45, n. 2, p. 265-301, 2002.

PALERMO, V. Como se governa o Brasil? O debate sobre instituições política e gestão de governo. *Dados*, Rio de Janeiro, v. 43, n. 3, 2000.

PEREIRA, C.; POWER, T. J.; RENNÓ, L. Presidentes, poder de agenda e as consequências imprevistas da reforma das medidas provisórias. *In*: NICOLAU, J.; POWER, T. (Orgs.). *Instituições representativas no Brasil*: balanço e reforma. Belo Horizonte: UFMG, 2007.

PIKETTY, Thomas. *O capital no século XXI*. Trad. Monica Baumgarten de Bolle. Rio de Janeiro: Intrínseca, 2014.

POPELIER, Patricia. *Dynamic Federalism*: A new Theory for Cohesion and Regional Autonomy. New York: Routledge, 2021.

PRZEWORSKI, Adam. *Estado e Economia no Capitalismo*. Trad. Argelina Cheibub Figueiredo e Pedro Paulo Zahluth Bastos. Rio de Janeiro: Relume-Dumará, 1995.

RAILE, E. D.; PEREIRA, C.; POWER, T. The Executive Toolbox: Building Legislative Support in a Multiparty Presidential Regime. *Political Research Quarterly*, XX, p. 1-12, 2010.

ROMANELLI, S. *Suprema (In)Dependência:* Mecanismos da Relação entre Governos e o Supremo Tribunal Federal. 238 p. Tese de Doutorado. Programa de Pós-Graduação em Direito, Universidade Federal do Paraná, Curitiba, 2016.

RICCI, P. O conteúdo da produção legislativa brasileira: leis nacionais ou políticas paroquiais? *Dados*, Rio de Janeiro, v. 46, n. 4, p. 699-734, 2003.

SANTOS, F. *O Poder Legislativo no Presidencialismo de Coalizão*. Belo Horizonte: UFMG; Rio de Janeiro: Iuperj, 2003.

SOARES, José Fernandes. *Teorias Económicas de Regulação*: grupos de interesse, procura de renda e aprisionamento. Lisboa: Instituto Piaget, 2007.

STEPAN, A. Para uma nova análise comparativa do federalismo e da democracia: federações que restringem ou ampliam o poder do Demos. *Dados*, Rio de Janeiro, v. 42, n. 2, p. 197-251, 1999.

SHUGART, Matthew; CAREY, John. *Presidents and Assemblies*: Constitutional Design and Electoral Dynamics. Cambridge: Cambridge, 1992.

TOMIO, F. R. L. A criação de municípios após a Constituição de 1988. *Revista Brasileira de Ciências Sociais* (Impresso), São Paulo, v. 17, n. 48, p. 61-90, 2002.

TOMIO, F. R. L. Federalismo, municípios e decisões legislativas: a criação de municípios no Rio Grande do Sul. *Revista de Sociologia e Política* (UFPR. Impresso), Curitiba-PR, v. 24, p. 123-148, 2005.

TOMIO, F. R. L. Autonomia municipal e criação de governos locais: a peculiaridade institucional brasileira. *Revista da Faculdade de Direito da UFPR*, Curitiba, v. 42, p. 103-120, 2006.

TOMIO, F. R. L.; RICCI, P. O governo estadual na experiência política brasileira: os desempenhos legislativos das assembleias estaduais. *Revista de Sociologia e Política*, v. 20, p. 193-217, 2012.

TOMIO, Fabrício Ricardo de Lima; RICCI, P. O poder da caneta: a Medida Provisória no processo legislativo estadual. *Opinião Pública* (UNICAMP. Impresso), v. 18, p. 255-277, 2012.

TOMIO, F. R. L.; RICCI, P. Seis décadas de processo legislativo estadual: processo decisório e relações executivo/legislativo nos estados (1951-2010). *Cadernos da Escola do Legislativo*, v. 13, p. 57-108, 2012.

TOMIO, F. R. L.; ORTOLAN, M.; CAMARGO, F. S. Análise comparativa dos modelos de repartição de competências legislativas nos estados federados. *Revista da Faculdade de Direito da UFPR*, v. 51, p. 73-100, 2011.

TOMIO, F.; ROBL FILHO, I. N. Empirical Legal Research: Teoria e Metodologia para a Abordagem do Processo Decisório de Controle de Constitucionalidade no STF. *In*: SIQUEIRA, G. S.; VESTENA, C. A. (Orgs.). *Direito e experiências jurídicas*: debates práticos. vol. 2. Belo Horizonte: Arraes, 2013.

TOMIO, F. R. L.; ROBL FILHO, I. N.; KANAYAMA, R. L. Controle de constitucionalidade abstrato e concentrado no Brasil, Espanha, Itália, México e Portugal. *Cuestiones Constitucionales: Revista Mexicana de Derecho Constitucional*, v. 1, p. 301-325, 2017.

UNGER, Roberto Mangabeira. *A alternativa transformadora*: como democratizar o Brasil. Rio de Janeiro: Guanabara Koogan, 1990.

Informação bibliográfica deste texto, conforme a NBR 6023:2018 da Associação Brasileira de Normas Técnicas (ABNT):

MACEDO, José Arthur Castillo de. Transformações do federalismo brasileiro: descentralização, centralização e descoordenação. *In*: MOTTA, Fabrício; BUÍSSA, Leonardo; BEVILACQUA, Lucas (coord.). *Federalismo fiscal e políticas públicas*. Belo Horizonte: Fórum, 2023. p. 441-466. ISBN 978-65-5518-529-4.

POLÍTICAS PÚBLICAS E PLANEJAMENTO ORÇAMENTÁRIO

CLEULER BARBOSA DAS NEVES
NATHÁLIA SUZANA COSTA SILVA TOZETTO

Introdução

O presente artigo se detém a realizar a análise de dois conceitos interligados: políticas públicas (PP) e planejamento governamental. Para tanto, iniciaremos situando política pública no contexto dos elementos do Estado para, em seguida, conceituá-la sob a ótica da ciência política e da abordagem *direito e políticas públicas* (DPP), pontuando convergências, diferenciações, de modo a aclarar as contribuições da abordagem DPP no tratamento de políticas públicas no campo jurídico.

Sem intenção de criar conceitos ou classificações, são tecidas considerações doutrinárias sobre o planejamento governamental, enquanto função estatal, indicando os instrumentos constantes na Constituição Federal para sua realização: os planos de políticas e o processo de planejamento orçamentário.

Dada a contribuição da abordagem DPP em considerar que política pública é aquela processualmente estruturada com estratégia predeterminada a atuar sobre problemas complexos, conformada por regras e processos jurídicos, pinçamos para estudo o processo de planejamento orçamentário identificado pela abordagem como essencial à concretização das políticas demandadas pela sociedade, obrigação fixada a todos os entes federativos no art. 165 da Constituição Federal, mas que ainda é um assunto pouco debatido.

1 Estado, governo, administração e política pública

Antes da difusão dos Estados nacionais modernos no século XVII, toda a sorte de problemas era resolvida mediante a cooperação orientada pelo compartilhamento coletivo de ordens imaginadas. As normais sociais que as sustentavam não se baseavam em instintos arraigados nem em relações pessoais, senão em mitos partilhados.[1] Com o surgimento do Estado moderno, passa-se à construção da concepção do Estado, de governo e sua organização, conceitos estes em permanente lapidação.

O Estado é um ente personalizado composto por território, povo e soberania,[2] sendo este o elemento que lhe confere o poder de decisão para fazer valer a sua vontade sobre o âmbito de sua jurisdição. Possui capacidade para criação da ordem jurídica, bem como para adquirir direitos e contrair obrigações. Por ser pessoa jurídica, constructo jurídico sem vontade orgânica própria, depende, para externar a sua vontade, de um governo. Este é a interação do complexo de poderes do Estado (executivo, legislativo e judiciário), com funções distintas, que lhe dão voz.

Dentre as suas funções mais importantes, acham-se a expressão política de comando, a iniciativa sobre as questões de interesse e a fixação dos objetivos e diretrizes a serem perseguidos. Goza de discricionariedade ampla quanto a quais caminhos pretende tomar, submetendo-se à limitação dos preceitos constitucionais e ao controle dos poderes entre si e a sociedade.[3]

Para a concretização das decisões tomadas pelo governo, tem-se a Administração Pública, aparelhamento do Estado necessário para executar o trabalho. Sua atividade deve ser técnica, neutra e vinculada à lei, com atuação organizada hierarquicamente em funções. Seu quadro funcional atua no âmbito de suas competências, tendo como instrumentos os atos administrativos, e deve obediência aos princípios de legalidade, impessoalidade, moralidade, publicidade e eficiência.[4]

---

[1] HARARI, Yuval N. *Sapiens*: uma breve história da humanidade. 19. ed. Porto Alegre: L&PM, 2017. *E-book*. p. 111.

[2] No contexto de sociedade globalizada, surgiram diversas críticas à identificação dos elementos do Estado; entretanto, os autores, assim como outros, como Daury Cesar Fabriz e Cláudio Fernandes Ferreira, entendem que povo, soberania e território são essenciais ao Estado, e a alienação destes resultaria na própria extinção do Estado, sendo o Estado Democrático de Direito demandante de tais elementos. Sobre o assunto: FABRIZ, Daury César; FERREIRA, Cláudio Fernandes. Teoria geral dos elementos constitutivos do Estado. *Revista da Faculdade de Direito da UFMG* [recurso eletrônico], Belo Horizonte, n. 39, p. 107-141, jan./jun. 2001. Disponível em: http://dspace/xmlui/bitstream/item/12555/1125.pdf?sequence=1. Acesso em: 28 abr. 2023.

[3] MEIRELLES, Hely Lopes. *Direito Administrativo Brasileiro*. 42. ed. São Paulo: Malheiros, 2016. p. 63-68.

[4] Art. 37, *caput*, da Constituição Federal.

Quando houver mais de uma solução viabilizada pelo ordenamento, pode utilizar-se da discricionariedade para a escolha da melhor solução na busca pelo interesse público, indicada a devida motivação.[5] Sua finalidade é lograr a satisfação das necessidades coletivas, ou seja, executar as políticas públicas escolhidas e predeterminadas pelo governo.[6]

Em que pese Estado, governo e Administração Pública serem conceitos discutidos desde o surgimento dos Estados modernos, o debate sobre o conceito de política pública veio muito mais tarde, na literatura da década de 1950, quando o atendimento de demandas sociais passa a ser resultado do processo político e da identificação do público com o estatal.

2 Conceitos de política pública

2.1 Conceito de PP sob a abordagem da ciência política: significação funcional e o ciclo

Após a Segunda Guerra Mundial, na Europa e América do Norte, a ciência das políticas buscava entender as relações entre governos e cidadãos e explicar o estupendo crescimento da atividade do setor público (*welfare state*), seus ambiciosos programas econômicos e sociais de intervenção na economia e na vida das pessoas.[7]

Uma das conceituações mais conhecidas surgidas à época é a de Thomas Dye, que define política pública como "tudo que os governos decidem fazer ou não fazer". Três são as características-chaves do conceito: i) intencionalidade da tomada da decisão; ii) legitimidade estatal; iii) existência de uma decisão de fazer ou não algo. Tal conceito foi útil, mas é limitado, porque ignora em sua essência o fato de que nem todas as ações governamentais são desenvolvidas como resultado de um

---

5 Art. 2º - A Administração Pública obedecerá, dentre outros, aos princípios da legalidade, finalidade, *motivação*, razoabilidade, proporcionalidade, moralidade, ampla defesa, contraditório, segurança jurídica, interesse público e eficiência.

6 MEIRELLES, *loc. cit.*

7 SCHMIDT, João Pedro Schmidt. Para estudar políticas públicas: aspectos conceituais, metodológicos e abordagens teóricas. *Revista do Direito*, Santa Cruz do Sul, v. 3, n. 56, set/dez. 2018. p. 121-122.

processo decisório planejado, podendo tratar-se de uma mera ação de governo individualizada e circunstancial, desconectada do contexto político e das necessidades sociais. Sua adoção, pela abrangência, poderia conduzir à interpretação de qualquer ação (ou omissão) governamental como uma decisão e, consequentemente, uma política pública.[8]

Jenkins propôs um aperfeiçoamento. Segundo ele, política pública não seria tudo o que os governos decidem fazer, mas:

> Um conjunto de decisões inter-relacionadas, tomadas por um ato ou grupo de atores políticos, e que dizem respeito à seleção de objetivos e dos meios necessários para alcançá-los, dentro de uma situação específica em que o alvo dessas decisões estaria, em princípio, ao alcance desses atores.[9]

Note-se que os conceitos de Dye e de Jenkins são excessivamente abstratos e simples. Ações governamentais isoladas não fazem uma política, pois esta requer um conjunto de ações. Nenhum problema político pode ser resolvido mediante uma única ação ou por algumas poucas fragmentadas. Para que se caracterize uma política, é necessário um conjunto de ações e iniciativas tendencialmente coerentes entre si, o que geralmente envolve várias áreas de competência.[10]

Schmidt propõe a síntese de uma definição política pública; segundo ele, trata-se de um "conjunto de decisões e ações adotadas por órgãos públicos e organizações da sociedade, intencionalmente coerentes entre si, que, sob a coordenação estatal, destinam-se a enfrentar um problema político".[11] Como exemplo, cita uma política de geração de emprego que envolve geralmente diversas medidas econômicas, como atração e fomento de empresas, estímulos fiscais, compras governamentais, investimentos públicos em setores que demandam mão de obra (habitacional, automobilístico, energético) e garantias de segurança jurídica aos investidores.

Por ser esse conjunto de ações destinado a enfrentar um problema político, uma conceituação estática não lhe é suficiente, razão pela qual Harold Lasswell (1956) desenvolveu um esquema conceitual

---

[8] HOWLETT, Michael; RAMESH, M.; PERL, Anthony. *Política Pública*: seus ciclos e subsistemas: uma abordagem integradora. Trad. Francisco G. Heidermann. Rio de Janeiro: Elsevier, 2013. p. 6.

[9] *Ibid.*, p. 8.

[10] SCHMIDT, *op. cit.*, p. 126.

[11] *Ibid.*, p. 127.

do ciclo de política pública, um modelo de resolução de problemas do processo político-administrativo, pensando a PP como um processo para fins analíticos, um conjunto de estágios inter-relacionados através dos quais os temas políticos e as deliberações flutuam de uma forma mais ou menos sequencial desde os insumos (problemas) até os produtos (políticas), num permanente processo de aprendizagem política incremental de tentativa e erro para a escolha de uma política pública, mediante o monitoramento de seus resultados e a promoção de ajustes em rodadas sequenciais visando à perseguição dos objetivos originais ou alterados. O ciclo político-administrativo vai além dos meros estágios de insumo e produto, estendendo-se às atividades de monitoramento e avaliação tão logo os produtos apareçam.[12]

A noção do processo político-administrativo de políticas públicas (ciclo de políticas públicas) foi aperfeiçoada ao longo do aparecimento de outras proposições. Com o tempo, passou-se a considerar não só a tomada de decisão no interior do governo, mas as influências externas existentes sobre o Estado. Na versão proposta por Gary Brewer, em 1974, houve o avanço da introdução da noção do processo de política pública como um ciclo em constante movimento, sem necessariamente constituir um ciclo de vida fixo, mas um ciclo recorrente, em formas sutilmente distintas, já que uma política sucede a outra com alterações pouco significativas.

A adoção do ciclo e a definição dos estágios de política pública como princípio operativo na lógica da resolução aplicada de problemas foram assim concatenadas:[13]

Cinco estágios do ciclo político e sua relação com a resolução aplicada de problemas

Resolução aplicada de problemas	→	**Estágios do ciclo político**
1. Reconhecimento do problema		1. Montagem da agenda
2. Propostas de solução		2. Formulação da política
3. Escolha da solução		3.Tomada de decisão política
4. Efetivação da solução		4. Implementação da política
5. Monitoramento dos resultados		5. Avaliação da política

Fonte: HOWLETT; RAMESH, 2013.

[12] HOWLETT; RAMESH; PERL, *op. cit.*, p. 12-13.
[13] HOWLETT; RAMESH; PERL, *op. cit.*, p. 14-15.

A conceituação de política pública mediante o uso de conceitos funcionais, como o de Thomas Dye e Jenkins, ou sob a ótica de um modelo aplicado de resolução de problemas, que é o esquema de políticas públicas, criado por Lasswell e aperfeiçoado por Brewer, facilita o estudo das políticas em uma análise operacional e focalizada, mas não garante a precisão instrumental necessária ao estudo no âmbito do direito, por sua esperada coercitividade.

Os conceitos desenvolvidos no âmbito da ciência política trazem o mundo ideal da detecção do problema, da proposta e escolha de soluções, da efetivação e do monitoramento da solução pelo governo, usando os estágios do ciclo político-administrativo da política pública (montagem da agenda, formulação da política, tomada de decisão política, implementação da política e, por fim, avaliação da política), a partir da presunção da adoção da conduta ideal por todos os atores envolvidos, mas não garantem por si sós que tais estágios sejam seguidos ou que haja algum grau de obrigatoriedade em sua adoção, especialmente pelos gestores, legisladores e burocratas intervenientes direta ou indiretamente no ciclo. Portanto, servem mais de modelos teóricos para a instrumentalização de estudos e diagnósticos do que como diretrizes obrigatórias na prática do trato de políticas.

2.2 Conceito de PP na abordagem *direito e políticas públicas*: a ação governamental processualmente estruturada

A importância do estudo de políticas públicas no âmbito do direito, sob uma perspectiva funcional, advém do fato de que é possível desdobrar políticas públicas (PPs) num emaranhado de normas jurídicas, processos e arranjos institucionais de natureza jurídica ou, ao reverso, como um elemento intrínseco, componente central de tais políticas. Os juristas (legisladores, juízes, burocratas...) estudam pouco políticas públicas e seus recursos metodológicos, mas são a todo tempo solicitados a opinar e decidir sobre problemas que surgem em suas diferentes etapas, exercendo grande influência sobre como são moldadas, ajustadas e implementadas – numa relação simultânea de proximidade prática e distância acadêmica da temática.[14]

O jurista Diogo Coutinho explica que, no desafio de observar e descrever as políticas públicas sob o ponto de vista jurídico, é importante analisar os papéis e as tarefas do direito e de seus operadores, quais sejam: i) apontar fins e situar as políticas a serem perseguidas no ordenamento jurídico (direito como objetivo); ii) criar condições de participação de todos os interessados na conformação, implementação ou avaliação da política (direito como vocalizador de demandas); iii) oferecer meios a serem empregados para perseguir os fins predefinidos (direito como ferramenta); iv) estruturar arranjos complexos que tornem eficazes essas políticas (direito como arranjo institucional).[15]

É preciso reconhecer a relevância do desenvolvimento de habilidades que permitam aos juristas conhecer as políticas públicas em suas peculiaridades, de forma sistemática, contribuindo para a formulação e a proposição de soluções e ajustes para a execução ou o aperfeiçoamento delas, mitigando disfunções e aumentando a efetividade dos direitos objetivados.[16]

Nesse contexto, Maria Dallari Bucci afirma a necessidade de desenvolvimento de um tratamento jurídico sistemático e estruturado, com o uso de modelos concretos para a análise de políticas públicas que possibilitem o aproveitamento coletivo dos produtos do conhecimento.[17]

Em sua obra *Elementos para teoria jurídica das políticas públicas*, a autora esboça o conceito jurídico a ser adotado: "Políticas públicas definem-se como programas de ação governamental, em cuja formação há um elemento processual estruturante [...] que resulta de um processo ou conjunto de processos juridicamente regulados [...]".[18]

---

[14] COUTINHO, Diogo. O direito nas políticas públicas. *In*: MARQUES, Eduardo; FARIA, Carlos Aurélio Pimenta de (Orgs.). *A política pública como campo multidisciplinar*. São Paulo: Ed. Unesp; Rio de Janeiro: Editora Fiocruz, 2013. p. 182-183.

[15] *Ibid.*, p. 199-200.

[16] *Ibid.*, p. 187.

[17] BUCCI, Maria Paula Dallari. Método e aplicações da abordagem Direito e Políticas Públicas. *Revista Estudos Institucionais*, v. 5, n. 3, 2019, p. 792.

[18] BUCCI, Maria Paula Dallari. *Fundamentos para uma teoria jurídica das políticas públicas*. 2. ed. São Paulo: Saraiva Educação, 2021. p. 76.

Da multiplicação de estudos relacionados ao tema originou-se a abordagem de direito e políticas públicas (DPP), da qual Bucci é uma das expoentes, e que tem o objetivo de guiar a análise jurídica da política pública como procedimento heurístico, como objeto e núcleo de sentido próprio. A abordagem DPP desenvolve-se com pretensões de conceder amplitude e abrangência mediante uma base metodológica clara, com esquemas de representação e sistematização conceituais aptos a serem empregados como forma de simplificação, aproximando a compreensão de determinadas políticas públicas, em sua escala real.[19]

A abordagem é voltada à tradução do instrumentalismo em proposições juridicamente bem formuladas e fundamentadas, aptas à análise de problemas e contribuição para as soluções, buscando possibilitar o aproveitamento do conhecimento jurídico acumulado e a compreensão de problemas públicos.[20]

Os estudos feitos no âmbito da abordagem DPP levaram também à construção de tipologias de análise de políticas públicas que viabilizam a instrumentalização de ferramentas que permitem a descrição dos programas de ação governamental. Criou-se inicialmente uma ferramenta chamada *quadro de referências de políticas públicas*, que se mostrou benéfica ao estudo de políticas estruturadas e institucionalizadas, mas lacunosa no trato de programas de ação não estruturados. Isso motivou o desenvolvimento da ferramenta *quadro de problemas de políticas públicas*, destinada à análise de situações-problemas de políticas públicas – ambas tendo como foco o estudo jurídico e a ação prospectiva.[21]

A abordagem DPP está em construção e contribui para a compreensão dos modos de produção dos arranjos institucionais, resultados e feixes de processos conduzidos pelo governo, propiciando o contínuo aprendizado institucional, replicações, emulações em problemas análogos e trabalho prospectivo a partir de tipos ideais, o que vai muito além da mera conceituação jurídica.[22]

---

[19] BUCCI, *op. cit.* (*Método...*), p. 802.

[20] BUCCI, *passim*, p. 816-797.

[21] RUIZ, Isabela; BUCCI, Maria Paula Dallari. Quadro de Problemas de Políticas Públicas: uma ferramenta para a análise jurídico-institucional. *Revista Estudos Institucionais*, v. 5, n. 3, set./dez. 2019, p. 1.142.

[22] BUCCI, *passim* (*Fundamentos*), p. 76 -161.

Nesse contexto, o conceito jurídico de políticas públicas passou a ser entendido como:

> A ação governamental coordenada e em escala ampla, atuando sobre problemas complexos, a serviço de uma estratégia determinada, tudo isso conformado por regras e processos jurídicos. Seu objetivo é examinar os pontos de contato entre os aspectos políticos e aspectos jurídicos que cercam a ação governamental e como se promovem transformações jurídico-institucionais, ora por meio de uma aproximação realista e analítica, ora idealista e prescritiva.[23]

A conceituação de PP deve ser vista com a complexidade que lhe é inerente. Suas questões perpassam o campo social, político e jurídico; sua estrutura é jurídica, mas seu conteúdo material, fins e objetivos estão fora do direito e dentro do campo político. No caso brasileiro, muitos desses fins jurídico-políticos estão insertos no texto constitucional, demonstrando que a boa gestão de políticas públicas está vinculada à busca da concreção dos direitos fundamentais.[24]

No contexto da conceituação jurídica, há a identificação da política pública como a *ação governamental*, e não qualquer ação governamental, mas aquela coordenada e em escala ampla, com objetivo próprio e caracterizada pela *processualidade*, visando ao cumprimento das decisões político-jurídicas previstas na Constituição de 1988, especialmente os direitos fundamentais, dentre eles o direito ao meio ambiente ecologicamente equilibrado.[25]

Não se verifica, até o presente momento, o desenvolvimento de ferramentas de análise de uma política pública globalmente considerada, como quando se trata de uma política pública ambiental municipal; há ferramentas apenas para a análise de programas.

---

[23] BUCCI, *op. cit.*, (*Método...*), p. 816.

[24] RECK, Janriê Rodrigues; BITENCOURT, Caroline Müller. Categorias de análise de políticas públicas e gestão complexa e sistêmica de políticas públicas. *A&C – R. de Dir. Adm. Const.*, Belo Horizonte, ano 16, n. 66, p. 131-151, out./dez. 2016. DOI: 10.21056/aec.v16i66.364. p. 133.

[25] SAMPAIO, José Adércio Leite; MASCARENHAS, Carolina Miranda do Prado Mascarenhas. O direito fundamental ao meio ambiente ecologicamente equilibrado necessita de um Estado ambiental? *Revista Brasileira de Direitos e Garantias Fundamentais*, Curitiba, v. 2, n. 2, p. 40-57, jul./dez. 2016. ISSN: 2526-0111. Disponível em: https://www.indexlaw.org/index.php/garantiasfundamentais/article/view/1626/2102. Acesso em: 7 fev. 2023.

Dentre os processos jurídicos envolvidos na implementação de políticas públicas, Maria Paula Dallari Bucci indica o processo de planejamento orçamentário como um dos mais críticos, ora por seu artificialismo na fase de elaboração, ora pelos padrões irracionais de execução, o que acaba por compor a base dos problemas jurídicos de PPs, sendo este um dos motivos da escolha desse processo como objeto de estudo.[26]

3 A relação entre políticas públicas e planejamento

O processo de formulação de políticas públicas é o resultado de uma complexa e dinâmica interação de fatores econômicos, políticos e ideológicos, com papel central do Estado. Seu fundamento é a necessidade de concretização de direitos por prestações estatais, sendo a principal das políticas o desenvolvimento nacional mediante a harmonização entre as diversas políticas públicas ofertadas.[27]

As políticas não bastam por si sós; devem ser antecedidas de planejamento – conjunto de ações a serem realizadas e a definição dos meios a serem utilizados para o alcance dos resultados pretendidos, partindo de um apropriado diagnóstico da realidade presente, da consideração dos recursos disponíveis e mediante a articulação das providências que permitam satisfazer de forma ordenada[28] as demandas e promover a passagem de uma realidade para a outra.

A construção do futuro baseia-se na coordenação do exercício de opções (definição de objetivos/ações/meios) com vistas a tomadas de decisões que maximizem em termos de eficiência, eficácia e efetividade o emprego dos recursos escassos, com base numa avaliação crítica do presente e do passado, especialmente quanto à distinção do que é positivo e deve ser preservado, do que é negativo e deve ser alterado.[29]

---

[26] BUCCI, *op. cit.* (*Fundamentos...*), p. 200.

[27] BERCOVICI, Gilberto. Planejamento e políticas públicas: por uma nova compreensão do papel do Estado. *In*: BUCCI, Maria Paula Dallari (Org.). *Políticas Públicas*: reflexões sobre o conceito jurídico. São Paulo: Saraiva, 2006. p. 143-144.

[28] OLIVEIRA JR., Antônio José Saraiva de. *Apostila do curso "Planejamento Governamental"*. Escola Superior do Tribunal de Contas da União: 2017.

[29] SANCHES, Osvaldo Maldonado. *Dicionário de Orçamento e Áreas Afins*. 2. ed. Brasília: Prisma/OMS, 2004. p. 258.

Para tanto, o planejamento coordena e racionaliza a atuação estatal, o que a diferencia de uma atuação casual; ele escolhe dentre as várias possibilidades, guiado pelos valores político-ideológicos[30] fixados no texto constitucional.[31]

A execução de políticas públicas pressupõe o conhecimento de que sua essência é complexa e depende do reconhecimento das causalidades generativas[32] que as cercam. A política pública enquanto sistema altera o seu ambiente, e essas alterações fazem com que os pressupostos do planejamento mudem. Tais alterações não são planificadas, o que faz surgir a necessidade de que a gestão seja consciente da complexidade e da necessidade de monitoramento das possibilidades e dos riscos para a tomada de decisão, desenvolvendo a flexibilidade necessária aos pequenos ajustes nos programas e na reestruturação da rede que compõe a política pública.[33]

As leis que preveem as PPs geralmente são prescritivas, não relacionadas a estágios do ciclo de políticas públicas; são determinações legais genéricas e com caráter principiológico que deixam à margem da discricionariedade do gestor público a detecção dos *problemas*, o que fazer e quando fazer. Poucas são as que determinam de imediato o implemento de determinada política pública ou o procedimento, até mesmo porque, em o fazendo, haveria o risco de engessamento da atuação do gestor. A discricionariedade nas escolhas é de essência do próprio exercício da gestão, o que não pode ser compreendido como autorização para escolhas arbitrárias. Deve haver a disponibilização de informações mínimas sobre a motivação da escolha, seguindo os princípios e normas sobre o tema.

Nesse contexto, há quem levante o questionamento de se o direito fundamental à boa Administração Pública, além de impor à Administração Pública o dever de planejar suas ações, também imporia a utilização de sistemas, métodos e técnicas de planejamento oriundas da ciência da administração, o que parece merecer uma

---

30 Nota da autora: no caso do Brasil, os objetivos fundamentais do Estado são construir uma sociedade livre, justa e solidária; garantir o desenvolvimento nacional; erradicar a pobreza; reduzir as desigualdades; e promover o bem de todos, conforme disposto no art. 3º da Constituição Federal.

31 BERCOVICI, *op. cit.*, p. 144.

32 Nota da autora: entendida esta como a causa que se retroalimenta.

33 RECK; BITENCOURT, *op. cit.*, p. 138-142.

resposta positiva, pois não se admite arbítrio no contexto do Estado Democrático de Direito.[34]

É por esse motivo que, em que pese a importância da análise da política pública ambiental, sob o viés sociológico, a dificuldade é gigantesca – saber quais problemas foram reconhecidos, quais soluções foram propostas e quais as escolhidas pela gestão.

Não se ignora que não raro governos abdicam do exercício de sua autonomia por debilidade técnica ou financeira, ou por dependência política, ou ainda por inexistência de condições políticas e institucionais para o cumprimento das atribuições comuns. Entretanto, qualquer afirmação nesse sentido seria mera especulação, já que é muito difícil se obterem informações para a análise da postura da gestão que não pelo contexto orçamentário.[35]

3.1 Instrumentos do planejamento governamental

O planejamento governamental pelo uso de planificações de estratégias tem seu auge nos anos de 1950, com um plano de ação estatal global (Plano Salte, que abordava políticas de saúde, alimentação, transportes e energia). Após o golpe militar de 1964 e o pacote de reformas deflagradas por meio do Plano de Ação Econômica do Governo (PAEG), sobrevém, no ordenamento em 1967, a primeira previsão normativa de planejamento governamental, trazida pelos arts. 6º e 7º do Decreto-Lei nº 200, de 1967, que trata do princípio fundamental da Administração Pública. Deve a ação estatal obedecer-lhe visando à promoção do desenvolvimento econômico-social do país e à segurança nacional.[36]

À medida que a legislação e a doutrina se desenvolvem e ordenam os fatos da realidade, surgem distintos modelos normativos, correspondentes a diversas estruturas sociais e históricas.[37] O Estado é reconhecido na Constituição Federal como agente

---

[34] SANTOS; OLIVEIRA; VICENTIN, *op. cit.*, p. 33.

[35] NEVES, Estela Maria Souza Costa. Política ambiental, municípios e cooperação intergovernamental no Brasil. *Revista Estudos Avançados*, v. 26, n. 74, p. 143.

[36] CARDOSO JR., *op. cit.*, p. 16-17.

[37] REALE, Miguel. *Fontes e modelos do direito*: para um novo paradigma hermenêutico. São Paulo: Saraiva, 1994. p. 40.

normativo e regulador da atividade econômica; é titular das funções de fiscalização, incentivo e *planejamento*, sendo determinante para o setor público e indicativo para o setor privado.

O planejamento governamental, em seu sentido amplo, consubstancia a materialização de estratégias escolhidas para a resolução do problema público detectado em determinada área de competência, sem haver necessariamente a fixação de um prazo para a sua completa resolução. Cite-se como exemplo a adoção de planos, como o Plano Nacional de Educação (PNE). O planejamento governamental deveria, portanto, corresponder a uma programação atemporal de resolução de problemas detectados pelos entes federativos, atualizados de tempos em tempos conforme as variáveis detectadas.

Em sentido estrito, o planejamento governamental é composto pelos planos de políticas públicas e pelos frutos do processo orçamentário (PPA, LOA, e LDO), sendo estas as obrigações a que todo gestor se encontra obrigado por disposição expressa do texto constitucional. Isso porque os constituintes de 1988 entenderam que os processos da Administração Pública brasileira são mais eficientes quando instrumentalizados pelo planejamento sistêmico, conforme o art. 174 da Constituição, centralizando um conjunto de diretrizes de planejamento em horizonte de curto/médio prazo e vinculando-se a restrições/imposições orçamentárias.

Segundo a doutrina, o principal mérito do sistema de planejamento adotado pela Constituição Federal é a tentativa de transformar a atividade de planejamento governamental num processo contínuo da ação estatal para assim reduzir e controlar – cotidianamente – os graus de discricionariedade intrínsecos a essa atividade. Já o principal problema é que, ao fazê-lo, resta reduzido o horizonte de ação possível do planejamento para o curto e médio prazo (salvo nos casos de planos estratégicos de PPs), com o risco de tornar essa atividade mais uma ação operacional cotidiana do Estado, como são todas as da gestão pública.[38]

---

[38] CARDOSO JR., José Celso; GIMENEZ, Denis Maracci. Crescimento econômico e planejamento no Brasil (2003-2010): evidências e possibilidades do ciclo recente. *In*: *A reinvenção do planejamento governamental no Brasil*: diálogos para o desenvolvimento. v. 4. Brasília: IPEA, 2011. p. 349. ISBN 978-85-7811-103-8.

Pontue-se, por fim, que a atividade de planejamento governamental não pode ser desempenhada atualmente como outrora, de forma centralizada, essencialmente normativa e sem conteúdo estratégico. No contexto democrático, o planejamento não deve ser executado de forma externa e coercitiva às demandas da sociedade, interesses, atores e arenas sociopolíticas da esfera federativa que se pretenda organizar.[39]

3.1.1 Planos de PPs

Como pontuado anteriormente, o planejamento governamental, em seu sentido mais abrangente, é composto pelos planos de políticas públicas, instrumentos que permitem a materialização e a identificação das estratégias entendidas como necessárias pelo ente federativo para a resolução do problema público detectado em determinada área de competência.

No texto constitucional, consta a determinação de elaboração de planos nacionais[40] em algumas áreas de políticas públicas – da reforma agrária, de educação, de cultura, da juventude, conforme os arts. 188, 214, 215, §3º, 227, §8º, II, respectivamente. A verdade é que o planejamento governamental mediante o uso de planos tem sido usado em situações pontuais pelos entes, especialmente quando a União Federal assume a função de ente federativo central na coordenação de políticas públicas que têm como objeto os direitos fundamentais com a eficácia garantida pela Constituição Federal de 1988, a exemplo dos direitos sociais referentes à saúde[41] e à educação.

---

[39] CARDOSO JR., *op. cit.* (*Elementos para ressignificar o debate...*), p. 46.

[40] Na área ambiental, não há normatividade na adoção de plano, mas já houve a elaboração de um, o Plano Amazônia Sustentável (PAS), lançado em maio de 2008. Segundo a doutrina: "[...] O PAS foi construído a partir de um 'Termo de Cooperação' firmado em 2003 entre o presidente da República e os governadores dos estados da região. Com um diagnóstico abrangente, a partir de consultas públicas com mais de 5 mil representantes, ele detalha as diretrizes estratégicas para o cumprimento de compromissos com o desenvolvimento sustentado da região. O Plano foi estruturado em cinco partes: i) diagnóstico; ii) objetivos; iii) diretrizes estratégicas para o desenvolvimento sustentável da Amazônia brasileira; iv) estratégias de implementação; e v) gestão do plano. Parte-se de um diagnóstico dos aspectos físicos, demográficos e sociais da região, de sua infraestrutura, de sua economia e especificidades setoriais, para se chegar ao diagnóstico sobre as áreas protegidas da Amazônia [...]". CARDOSO JR.; GIMENEZ, *op. cit.*, p. 403-404.

[41] Nota da autora: em que pese não constar expressamente no texto constitucional, a Lei nº

Sob um olhar político, pode-se afirmar que a trajetória do planejamento governamental na história do país evidencia o papel preponderante do governo central; é dividida em quatro períodos, dois de declínio e dois de auge, alternadamente: declínio de 1889 a 1930, auge em meados de 1930 a 1970 (nesse período, foram elaborados planos setoriais, a exemplo dos Planos Salte, JK e Trienal, e também os Planos Nacionais de Desenvolvimento), declínio de 1980 a 1990 (predomínio dos Planos de Estabilização Monetária, a exemplo do Plano Cruzado, Plano Collor e Real), retornando ao auge a partir da primeira metade dos anos 2000.[42]

Em decorrência do art. 165 da Constituição, que tornou obrigatório o planejamento plurianual, tendo como efeito, entre os anos de 2000 e 2010, a intensificação do planejamento com a execução dos Planos Plurianuais (PPA) nos três entes federados e com a criação de órgãos de planejamento, foram elaborados e implementados pelo governo federal dois Programas de Aceleração do Crescimento (em 2007 e em 2011) visando retomar o investimento público em infraestrutura urbana, social, logística e energética.

Também, em 2010, a Secretaria de Assuntos Estratégicos da Presidência da República formulou um plano de longo prazo para a geração de desenvolvimento econômico e social (não implementado), no qual foram estabelecidas metas para diversos setores, como infraestrutura, segurança pública, saúde, educação, agricultura, administração estatal, relações internacionais, transparência pública e sistema tributário.[43]

Apesar de se tratar de regra jurídica vigente desde 1967, é escassa a adoção de planos governamentais pelos entes federativos, especialmente estados e municípios. Segundo a doutrina, a sobrecarga de competência nos municípios é fator problemático no tocante ao planejamento e à execução de políticas públicas,

8.080/90 dispõe sobre a obrigação legal de elaboração do Plano Nacional da Saúde e sobre a compatibilização das necessidades da política de saúde com a disponibilidade de recursos em planos de saúde dos municípios, dos estados, do Distrito Federal e da União (art. 36).

[42] LIMA, Luciana Leite; LUI, Lizando; DIAS, Gianna Vargas Reis Salgado; PAPI, Luciana Pazini; DEMARCO, Diogo Joel. Planejamento governamental nos municípios brasileiros – em direção a uma agenda de pesquisa. *Cad. EBAPE.BR*, v. 18, n. 2, Rio de Janeiro, abr./jun. 2020. p. 324-325.

[43] LIMA; LUI; DIAS; PAPI; DEMARCO, *op. cit.*, p. 324-325.

em relação principalmente à ausência de estrutura e pessoal. As mudanças trazidas pela Constituição Federal quanto à adoção do modelo federalista levaram a um amplo processo de descentralização em direção aos entes subnacionais, principalmente no campo das PPs relacionadas à necessidade diretas da população (saúde, educação, assistência social e meio ambiente). No novo sistema de governança local, o largo flanco de competências materializou-se de forma desigual; as questões de ordem fiscal, legislativa e arrecadatória ficaram predominantemente alocadas no governo central (União).[44]

A descentralização acentuou a extrema desigualdade de condições políticas, técnicas e financeiras dos municípios brasileiros, tornando o processo altamente intrincado e dependente de esforços do governo central para promover canais de cooperação interfederativa e a capacitação dos governos locais a fim de cumprir as determinações constitucionais.[45]

Nesse contexto, identificamos como possível tatear a existência de uma política pública que possa caracterizar um plano a ser seguido, em análise do processo de planejamento orçamentário respectivo.

3.1.2 Planejamento orçamentário

O Estado, em sua atuação como agente normativo e regulador da atividade econômica, titular das funções de fiscalização, incentivo e planejamento, é determinante para o setor público e indicativo para o setor privado. Ele deve planejar sua atuação governamental buscando corrigir as imperfeições do mercado e proporcionar a melhoria do bem-estar por meio da satisfação das necessidades coletivas, a manutenção da estabilidade econômica, a promoção do crescimento econômico e a melhoria da distribuição de renda, utilizando-se de políticas de caráter regulatório, monetário e fiscal.[46]

A administração das receitas e despesas é a política fiscal do planejamento governamental; seus instrumentos estão previstos na Constituição, no *Título VI – Da tributação e do orçamento*, visto que

---

[44] LIMA; LUI; DIAS; PAPI; DEMARCO, *op. cit.*, p. 326.

[45] *Loc. cit.*

[46] BERNARDES, Fernanda Costa. *Apostila de Orçamento Público*: conceitos e fundamentos. Enap – Fundação Escola Nacional de Administração Pública. 2019.

são a tributação (captação de renda) e o orçamento (distribuição em programas de ação) faces da mesma moeda. Efetuará a análise do orçamento público sob o olhar das determinações legais e constitucionais.

Numa interpretação literal, o orçamento seria apenas a Lei Orçamentária Anual (LOA), com a previsão de receitas e despesas, indicação de ações, iniciativas, projetos e metas das ações governamentais a serem executados durante o ano. Na Constituição de 1988, quando se previu no título o termo "orçamento", o constituinte não se referiu apenas à LOA. Conforme o texto do art. 165, a lei anual não era suficiente para a gestão e a concreção de políticas públicas, devendo os entes federativos seguir um *processo de planejamento orçamentário.*

No Brasil, o processo orçamentário é peça de planejamento que se insere posteriormente ao exercício da competência tributária e da distribuição do produto arrecadado de determinados tributos, devendo ser adotado por cada um dos entes em respeito ao regime federativo cooperativo adotado na Constituição. Tal processo compreende não só a previsão das receitas e gastos anuais, mas também a elaboração do Plano Plurianual (PPA), documento no qual se devem definir seus objetivos estratégicos em um plano, a ser atualizado de quatro em quatro anos, com a especificação de diretrizes, objetivos e metas para as despesas de capital e os programas de duração continuada (investimento cuja execução ultrapasse um exercício financeiro).[47] Complementarmente, elabora-se a Lei de Diretrizes Orçamentárias (LDO), legislação elo entre PPA e LOA que deve conter os objetivos táticos e definir as diretrizes orçamentárias e de política fiscal a serem adotadas para médio prazo, bem como as metas e prioridades orientativas da elaboração do orçamento anual.

O dever de planejamento também está previsto na Lei de Responsabilidade Fiscal.[48] Esta determina que a responsabilidade

---

[47] Constituição Federal - Art. 167, §1º: "Nenhum investimento cuja execução ultrapasse um exercício financeiro poderá ser iniciado sem prévia inclusão no plano plurianual, ou sem lei que autorize a inclusão, sob pena de crime de responsabilidade".

[48] §1º do art. 1º da Lei Complementar nº 101/00.

na gestão fiscal pressupõe a ação planejada e transparente, a fim de prevenir riscos e corrigir desvios capazes de afetar o equilíbrio das contas públicas, o que corrobora a determinação da mesma lei (art. 16, I e II) de que as alterações orçamentárias que acarretem aumento de despesa devem ser acompanhadas da estimativa do impacto e da comprovação da compatibilidade com as peças orçamentárias finalísticas (PPA e LOA), visando, assim, dar efetividade ao processo de planejamento.

Para garantir a viabilidade financeira das políticas públicas planejadas, editaram-se diversos dispositivos de controle de despesas pautados pela ideia do equilíbrio fiscal. Tais restrições orçamentárias asseguram a sustentabilidade fiscal e destinam-se a manter a força normativa da Constituição, ao fornecer meios ao Estado de preservar a capacidade financeira necessária ao cumprimento de suas obrigações fundamentais, limitando a ação política e visando à qualidade do gasto público.

A Constituição Federal traz em seu art. 48, IX, o poder-dever de o Poder Legislativo julgar as contas prestadas pelo chefe do Poder Executivo e apreciar os relatórios sobre a execução dos planos de governo. Apreciar os relatórios sobre a execução dos planos de governo aponta para uma avaliação integrada da execução das leis orçamentárias (Lei do Plano Plurianual, Lei das Diretrizes Orçamentárias e Lei do Orçamento Anual), bem como do planejamento estatal subjacente ao conjunto do ordenamento jurídico. Segundo a doutrina, tal competência tem sido realizada de forma pouco produtiva, tornando-se um instrumento ineficaz.[49]

Pelo que dispõe a doutrina especializada sobre planejamento governamental, o processo orçamentário por si só não basta, necessário que sua execução se dê com um olhar mais amplo, dotando-a de forte conteúdo estratégico, capacidade de articulação e coordenação institucional, função prospectiva e propositiva, e de um componente participativo, a fim de que se possam formular as diretrizes estratégicas para os objetivos pretendidos.

---

[49] PONTES, João Batista; PEDERIVA, João Henrique. *Contas Prestadas pelo Presidente da República*: Apreciação do Congresso Nacional. Disponível em: https://www12.senado.leg.br/publicacoes/estudos-legislativos/tipos-de-estudos/textos-para-discussao/td-14-contas-prestadas-pelo-presidente-da-republica-apreciacao-do-congresso-nacional/view. Acesso em: 8 mar. 2022.

Conclusão

A elaboração de um conceito de políticas públicas sob o olhar jurídico, a abordagem DPP, permite a aproximação dos operadores do direito com um tema sobre o qual muito atuam e pouco têm contato teórico, concedendo um aclaramento no tratamento de regras e princípios que perpassam a temática, como é o caso do processo de planejamento orçamentário, que, segundo o texto constitucional, compreende a fase que vai desde a elaboração de um plano plurianual de políticas até o orçamento anual que elenca os programas de ação escolhidos pelo governo para realização em determinado ano.

O exercício de opções na elaboração do planejamento orçamentário é essencial na atuação do gestor por meio do qual coordena os meios que estão à disposição (insumos/burocracia/demanda) dele e direciona a tomada de decisão, podendo maximizar o emprego de recursos públicos escassos e, ao mesmo tempo, servir de instrumento de controle de políticas públicas.

Nesse contexto, o texto constitucional estipula as bases para um planejamento democrático de políticas públicas, transparente e submetido a controle de dispêndios, com coerência do gasto anual em médio e longo prazo, mas, conforme aponta a doutrina, a grande dificuldade de implemento é a falta de vontade política, de concertação administrativa[50] e de prestação de contas pelos agentes responsáveis, déficits que denotam a necessidade de reorganização da Administração Pública e de sua estrutura administrativa em torno do foco na implementação de PPs,[51] problema este que se espera ser minimamente tratado com o cumprimento das recentes reformas constitucionais que trouxeram a obrigatoriedade do monitoramento e avaliação de políticas públicas e a necessária observância dos resultados no processo de planejamento orçamentário (arts. 37 e 165, §§10 e 16).

---

[50] O autor refere-se à concertação administrativa interorgânica, que, segundo a doutrina, corresponde à necessidade que os diversos setores ou órgãos públicos de um ente atuem de forma concertada, a partir de consensos no exercício das suas funções, visando garantir o respeito ao interesse público e a efetividade da atuação estatal (BITENCOURT NETO, Eurico. *Concertação administrativa interorgânica*: direito administrativo e organização no século XXI. Lisboa: Almedina, 2017. p. 207).

[51] BERCOVICI, *op. cit.*, p. 153-155.

Referências

BERCOVICI, Gilberto. Planejamento e políticas públicas: por uma nova compreensão do papel do Estado. *In*: BUCCI, Maria Paula Dallari (Org.). *Políticas Públicas*: reflexões sobre o conceito jurídico. São Paulo: Saraiva, 2006. p. 143-144.

BERNARDES, Fernanda Costa. *Apostila de Orçamento Público*: conceitos e fundamentos. Enap – Fundação Escola Nacional de Administração Pública. 2019.

BITENCOURT NETO, Eurico. *Concertação administrativa interorgânica*: direito administrativo e organização no século XXI. Lisboa: Almedina, 2017. p. 207.

BUCCI, Maria Paula Dallari. Método e aplicações da abordagem Direito e Políticas Públicas. *Revista Estudos Institucionais*, v. 5, n. 3, 2019, p. 792.

BUCCI, Maria Paula Dallari. *Fundamentos para uma teoria jurídica das políticas públicas*. 2. ed. São Paulo: Saraiva Educação, 2021. p. 76.

CARDOSO JR., José Celso; GIMENEZ, Denis Maracci. Crescimento econômico e planejamento no Brasil (2003-2010): evidências e possibilidades do ciclo recente. *In*: *A reinvenção do planejamento governamental no Brasil*: diálogos para o desenvolvimento. v. 4. Brasília: IPEA, 2011. p. 349. ISBN 978-85-7811-103-8.

COUTINHO, Diogo. O direito nas políticas públicas. *In*: MARQUES, Eduardo; FARIA, Carlos Aurélio Pimenta de (Orgs.). *A política pública como campo multidisciplinar*. São Paulo: Ed. Unesp; Rio de Janeiro: Editora Fiocruz, 2013. p. 182-183.

FABRIZ, Daury César; FERREIRA, Cláudio Fernandes. Teoria geral dos elementos constitutivos do Estado. *Revista da Faculdade de Direito da UFMG* [recurso eletrônico], Belo Horizonte, n. 39, p. 107-141, jan./jun. 2001. Disponível em: http://dspace/xmlui/bitstream/item/12555/1125.pdf?sequence=1. Acesso em: 28 abr. 2023.

HARARI, Yuval N. *Sapiens*: uma breve história da humanidade. 19. ed. Porto Alegre: L&PM, 2017. *E-book*. p. 111.

HOWLETT, Michael; RAMESH, M.; PERL, Anthony. *Política Pública*: seus ciclos e subsistemas: uma abordagem integradora. Trad. Francisco G. Heidermann. Rio de Janeiro: Elsevier, 2013. p. 6.

LIMA, Luciana Leite; LUI, Lizando; DIAS, Gianna Vargas Reis Salgado; PAPI, Luciana Pazini; DEMARCO, Diogo Joel. Planejamento governamental nos municípios brasileiros – em direção a uma agenda de pesquisa. *Cad. EBAPE.BR*, v. 18, n. 2, Rio de Janeiro, abr./jun. 2020, p. 324-325.

MEIRELLES, Hely Lopes. *Direito Administrativo Brasileiro*. 42. ed. São Paulo: Malheiros, 2016. p. 63-68.

NEVES, Estela Maria Souza Costa. Política ambiental, municípios e cooperação intergovernamental no Brasil. *Revista Estudos Avançados*, v. 26, n. 74, p. 143.

OLIVEIRA JR., Antônio José Saraiva de. *Apostila do curso "Planejamento Governamental"*. Escola Superior do Tribunal de Contas da União: 2017.

PONTES, João Batista; PEDERIVA, João Henrique. *Contas Prestadas pelo Presidente da República*: Apreciação do Congresso Nacional. Disponível em: https://www12.senado.leg.br/publicacoes/estudos-legislativos/tipos-de-estudos/textos-para-discussao/td-14-contas-prestadas-pelo-presidente-da-republica-apreciacao-do-congresso-nacional/view. Acesso em: 8 mar. 2022.

REALE, Miguel. *Fontes e modelos do direito*: para um novo paradigma hermenêutico. São Paulo: Saraiva, 1994. p. 40.

RECK, Janriê Rodrigues; BITENCOURT, Caroline Müller. Categorias de análise de políticas públicas e gestão complexa e sistêmica de políticas públicas. *A&C – R. de Dir. Adm. Const.*, Belo Horizonte, ano 16, n. 66, p. 131-151, out./dez. 2016. DOI: 10.21056/aec.v16i66.364. p. 133.

RUIZ, Isabela; BUCCI, Maria Paula Dallari. Quadro de Problemas de Políticas Públicas: uma ferramenta para a análise jurídico-institucional. *Revista Estudos Institucionais*, v. 5, n. 3, set./dez. 2019. p. 1.142.

SAMPAIO, José Adércio Leite; MASCARENHAS, Carolina Miranda do Prado Mascarenhas. O direito fundamental ao meio ambiente ecologicamente equilibrado necessita de um Estado ambiental? *Revista Brasileira de Direitos e Garantias Fundamentais*, Curitiba, v. 2, n. 2, p. 40-57, jul./dez. 2016. ISSN: 2526-0111. Disponível em: https://www.indexlaw.org/index.php/garantiasfundamentais/article/view/1626/2102. Acesso em: 7 fev. 2023.

SANCHES, Osvaldo Maldonado. *Dicionário de Orçamento e Áreas Afins*. 2. ed. Brasília: Prisma/OMS, 2004. p. 258.

SCHMIDT, João Pedro Schmidt. Para estudar políticas públicas: aspectos conceituais, metodológicos e abordagens teóricas. *Revista do Direito*, Santa Cruz do Sul, v. 3, n. 56, set./dez. 2018, p. 121-122.

Informação bibliográfica deste texto, conforme a NBR 6023:2018 da Associação Brasileira de Normas Técnicas (ABNT):

NEVES, Cleuler Barbosa das; TOZETTO, Nathália Suzana Costa Silva. Políticas públicas e planejamento orçamentário. *In*: MOTTA, Fabrício; BUÍSSA, Leonardo; BEVILACQUA, Lucas (coord.). *Federalismo fiscal e políticas públicas*. Belo Horizonte: Fórum, 2023. p. 467-487. ISBN 978-65-5518-529-4.

PLANEJAMENTO À FRENTE DO ORÇAMENTO: UM RESGATE EM PROL DO DEVIDO PROCESSO DE ORDENAÇÃO LEGÍTIMA DE PRIORIDADES

ÉLIDA GRAZIANE PINTO

Em tempos de frágil concepção de quais rumos coletivos podemos seguir, é extremamente oportuno e enriquecedor resgatar os objetivos fundamentais que a Constituição de 1988 incumbiu à República Federativa do Brasil. Para pautar a construção do futuro comum, é preciso retomar, com clareza, qual é o papel do Estado e como se processam suas relações com a sociedade e com o mercado em meio a tanta desigualdade e a tantos impasses alocativos.

Em sendo essa uma tarefa intergeracional de todos nós, dos que nos antecederam e dos que nos sucederão, não podemos nos dar por prostrados diante das suas imensas complexidade e dificuldade. Debater e planejar são esforços imprescindíveis, até para superarmos nossa aparente incapacidade de contrastar a realidade presente e apresentarmos alternativas em busca de um porvir melhor.

O tamanho do Estado brasileiro foi fixado pela Emenda nº 95, de 15 de dezembro de 2016, em relação às despesas primárias da União. Porém, tal regime vintenário de ajuste fiscal excepcional chegou ao seu primeiro quarto de vigência, convivendo com tentativas de acomodação dos seus limites com a necessidade de manter o enfrentamento dos efeitos sociais, econômicos e sanitários da pandemia, após o término da vigência da Emenda nº 106, de 07 de maio de 2020, que instituiu o chamado Orçamento de Guerra.

Por ser excessivamente rígido e contracionista, o "Novo Regime Fiscal" da União tem se revelado, com o decurso do tempo, um teto em ruínas. Sua artificial sustentação tem sido empreendida por meio de remendos normativos, como as Emendas nº 109, 113, 114 e 123, as três primeiras, respectivamente, de 15 de março, 8 de dezembro e 16 de dezembro de 2021, e a última, de 14 de julho de 2022. A tais reformas constitucionais francamente insuficientes e ineptas soma-se o manejo abusivo de créditos extraordinários para atender a despesas previsíveis nos dois anos subsequentes ao Orçamento de Guerra, por força da frustração do dever de planejamento da resposta estatal à COVID-19. Fato é que as controversas restrições fiscais impostas ao tamanho do Estado brasileiro, a partir do teto de despesas primárias, condicionam e, por vezes, impedem a consecução planejada de políticas públicas.

Contrariamente à narrativa adotada para justificar a sua edição, a EC nº 95/2016 não conseguiu aprimorar a qualidade do gasto público, mesmo após explicitados diversos conflitos distributivos no ciclo orçamentário brasileiro. Ao invés de o limite global de despesas primárias racionalizar as escolhas alocativas, apenas acirrou o manejo balcanizado das emendas parlamentares impositivas e de relator, em hipótese renovada de captura do orçamento para atender aos interesses de curto prazo eleitoral do Executivo e dos parlamentares da sua base de apoio.

Após o primeiro quinquênio do teto vintenário, apenas houve ajuste fiscal sobre despesas primárias, sem correlata avaliação das opções de tributação e sem qualquer baliza para o considerável impacto na dívida pública das despesas financeiras. O saldo de iniquidades fiscais daí decorrente é notório, do que dão exemplo: (i) renúncias fiscais concedidas por prazo indeterminado e sem monitoramento das contrapartidas prometidas no ato de concessão; (ii) baixa capacidade de arrecadação da dívida ativa trilionária; (iii) sucessivos programas de reparcelamento de débitos tributários que – na prática – acabam por premiar a sonegação; e (iv) caráter opaco e ilimitado das despesas financeiras assumidas pelo Banco Central no âmbito das políticas cambial, creditícia e monetária.

Em face desse contexto, é preciso ampliar o foco analítico. O decurso dos dias, meses e anos exige reflexão e nos convida à indagação sobre aonde queremos chegar, a partir da realidade presente e da aprendizagem do quanto já vivido. Tematizar o planejamento governamental é, portanto, ousar aventar uma pluralidade de rotas de futuro para tentar superar determinados obstáculos pelos quais o Brasil e o mundo têm passado, notadamente desde a crise financeira de 2008 e o colapso pandêmico de 2020.

Todavia, na quadra atual em que vivemos, falar de planejamento governamental parece saudosismo de coisas ultrapassadas. Não é. Precisamos recuperá-lo, tirar-lhe a pecha de datado e atribuir a sua devida importância, até porque tematizar e buscar construir projetos alternativos de futuro são esforços que reclamam concepção coletiva do que seja prioridade na vida em sociedade.

Para resguardar a ordenação legítima de prioridades alocativas do Estado em torno do texto permanente da Constituição, urge resgatarmos a centralidade diretiva do planejamento para o orçamento.

Nesse contexto, cumpre indagarmos acerca do papel do Plano Plurianual (PPA) em tempos de "investimentos plurianuais" dentro dos orçamentos anuais (conforme a Emenda nº 102/2019, na forma do art. 165, §§14 e 15) e, sobretudo, diante da proposta da sua pura e simples revogação (PEC nº 188/2019). Tal esforço acerca do PPA, obviamente, traz consigo a reflexão sobre o aparente ocaso dos programas de duração continuada.

O PPA, na forma do art. 165, §1º, da Constituição, equaliza duas funções estruturais do Estado brasileiro: fomento ao mercado e prestação de serviços públicos. Em ambos os casos, é possível manejar despesas de capital e programas de duração continuada, cuja vigência plurianual reclama ordenação legítima de prioridades ao longo do tempo.

No entanto, da forma como o debate tem sido pautado[1] no Brasil, parece haver uma opção primordial pelo investimento que ampara o fomento ao mercado, ainda que isso custe a fragilização de custeio e a descontinuidade dos serviços públicos.

Reconhecemos que a retomada dos investimentos públicos e privados tem sido uma das maiores demandas contemporâneas na economia brasileira, razão pela qual o controle das despesas correntes obrigatórias se tornou tese uníssona para quem deseja

---

[1] A esse respeito, é interessante destacar, por sinal, o art. 116 que a PEC nº 188/2019 pretendeu inserir no Ato das Disposições Constitucionais Transitórias: "Art. 116. Nos planos nacionais, regionais e setoriais de ordenação do território e de desenvolvimento econômico e social, e nos planos setoriais de desenvolvimento previstos nesta Constituição, fica vedada a vinculação de quaisquer parcelas de receitas públicas, bem corno a obrigação de gastos referenciados a valores nominais, reais ou a percentuais de quaisquer agregados fiscais e ainda de percentuais de qualquer parcela da produção, do produto e da renda apurados pelas estatísticas de contas nacionais do Brasil, na consecução de quaisquer objetivos e metas estabelecidos nos referidos planos.
Parágrafo único. O disposto no caput deste artigo não se aplica a vinculações e obrigações estabelecidas pela Constituição". (NR)

ampliar as despesas de capital. Todavia, não é juridicamente possível a realização de novos investimentos enquanto não for resguardado, na forma do art. 45 da Lei de Responsabilidade Fiscal, suficiente custeio para as obras já em andamento e para a conservação do patrimônio público.

O estoque de obras paralisadas ou atrasadas é sinal enfático de alerta para o curto prazismo fiscal que deseja desconstruir o PPA para inaugurar placas de obras novas às vésperas do ciclo eleitoral. Igualmente temerária é a figura das "transferências especiais" prevista na Emenda nº 105/2019 para promover emendas parlamentares alegadamente mais céleres e flexíveis na destinação supostamente livre dos recursos federais a estados e municípios. A tais impasses se somam as emendas de relator marcadas pelo identificador de resultado primário 9 (RP9), que, por seu turno, expandiram o trato balcanizado dos recursos públicos na União mediante opaca indicação de interessados, donde a alcunha de "Orçamento Secreto".

Diante de tais dimensões, perdemos a chance de equacionar – em um horizonte temporal mais racional – o quanto pode ser destinado aos investimentos, de um lado, e o quanto devemos assegurar para o custeio de programas de duração continuada, de outro. Sem planejamento de médio prazo, impera o curto prazo dos mandatários políticos de ocasião, daí por que o debate tende a ser capturado por toda sorte de estratégias fisiológicas que invertem as prioridades legitimamente eleitas no nosso ciclo orçamentário.

É oportuno lembrar que a legitimidade é um princípio pouco debatido entre nós, muito embora conste solenemente do *caput* do art. 70 da Constituição. Sua razão de ser e estar ali, ao lado da legalidade e da economicidade, precisa ser trazida à tona em tempos de franca e severa rediscussão dos parâmetros de ordenação legítima das prioridades orçamentárias e financeiras em nossa sociedade.

No constitucionalismo brasileiro, a noção de legitimidade, direta ou indiretamente, pressupõe parâmetros formais, como, por exemplo, o procedimento legislativo para aprovação das peças orçamentárias, mas também reclama critérios substantivos, como a fixação de pisos de custeio para direitos fundamentais.

O que não podemos perder de vista é que há de haver balizas objetivas e prospectivas, bem como filtros processuais e intertemporais, que determinem a equidade da distribuição dos recursos estatais entre as mais diversas políticas públicas. Duas são as dimensões envolvidas: tempo e quantidade de recursos. Isso porque a tempestividade dos repasses para satisfazer cada escolha governamental (alegadamente feita em nome da sociedade) é tão ou mais importante que o volume pecuniário das dotações envolvidas.

Já que é praticamente impossível o Estado atender a todos os pleitos de todos os sujeitos concomitantemente, é preciso eleger socialmente o que deve ser resolvido em primeiro, segundo, terceiro, quarto lugar e assim por diante... também é preciso escolher quais problemas não cabe ao Estado tentar solucionar: esse, por sinal, é um complexo esforço de devolver a cada cidadão, à sociedade e ao mercado a clara compreensão dos limites da ação governamental.

A ordenação de prioridades no ciclo orçamentário é sempre a resolução socialmente pactuada de conflitos em uma gradação não só quantitativo-financeira, mas, sobretudo, temporal. Aliás, a própria palavra "prioridade" diz respeito à identificação do que deve ou não vir primeiro.

Não há outra forma de lidar com realidades complexas senão ordenando prioridades, o que, ao nosso sentir, necessariamente implica planejar. Dito de modo ainda mais direto: priorizar legitimamente é planejar em diálogo com a sociedade. Isso porque planejar é promover o diagnóstico amplo dos problemas, contrastá-los e eleger coletivamente os que são prioritários para, a partir dessa seleção inicial, conceber prognósticos factíveis para sua resolução ao longo do tempo.

Infelizmente, em nosso país, a fragilidade histórica do planejamento setorial, regional, nacional, econômico e orçamentário tem sido usada como pretexto recorrente para simplesmente deixarmos de nos ocupar desse esforço democrático de ordenação de prioridades no médio e longo prazo. Contra o planejamento sistêmico, é oferecido um orçamento supostamente plurianual, sujeito dinamicamente às contingências da sua ampla reconstrução anual e sem capacidade de vincular intertemporalmente recursos aos seus fins.

Para os que defendem flexibilidade orçamentária de curto prazo, o planejamento é interpretado como um estorvo a ser afastado, mas cabe questionar a quem, de fato, aproveita a revogação do Plano Plurianual que chegou a ser aventada na PEC nº 188/2019.

Randall Wray (2019), em entrevista ao jornal *Valor*,[2] questionava o cínico esvaziamento do planejamento estatal em face da permanente ação planificadora do próprio mercado:

> Toda economia é planejada. Sempre. Não existe uma economia que não seja planejada. A questão é quem faz o planejamento e quem se beneficia. A economia americana é planejada, mas infelizmente quem mais a planeja é Wall Street, para beneficiar Wall Street. O que precisamos fazer é tirar boa parte do planejamento das mãos de Wall Street e colocar nas mãos de representantes eleitos. Eles são supostamente os responsáveis pelo interesse público. O problema do Brasil é ainda maior, por causa de desigualdade. Tem alguém fazendo planejamento: quem está no topo da pirâmide. É preciso tirar o controle das mãos deles.

Não é possível, pois, aceitarmos que seja fragmentado ou minorado o papel do planejamento para as finanças públicas brasileiras, porque nossa Constituição trouxe um devido processo de escolhas fiscais, substantivamente lastreado nas prioridades eleitas pelo planejamento econômico, regional, nacional, setorial e orçamentário.

Quem opõe orçamento ao planejamento comete o mesmo erro de quem opõe discricionariedade à vinculação, na medida em que se esquece que todo ato discricionário é sempre parcialmente vinculado. Fora do PPA, não há equacionamento legítimo da disputa orçamentária entre fomento ao mercado e serviços públicos essenciais, porque a tendência é de deixarmos os programas de duração continuada expostos à desconstrução da sua prioridade intertemporal.

A inépcia, a imperícia e a imprudência alocativas, para não falar em enriquecimento ilícito de agentes públicos e privados às custas do erário, decorrem do fato de que não sabemos o que é prioridade legítima da ação governamental, tampouco temos clareza da ordenação das escolhas orçamentário-financeiras do Estado. Se não é possível resolver todos os problemas de uma vez só para atender a todos, deveria haver clareza sobre o que pode ser feito a cada vez, em favor de quem e dentro de qual equação de

---

[2] Disponível em: https://valor.globo.com/eu-e/noticia/2019/11/22/proponente-da-teoria-moderna-da-moeda-vem-ao-brasil-para-debate.ghtml.

custo-efetividade, mas, infelizmente, tal horizonte soa quimérico em nosso país.

Diante desse quadro de indagações antigas e ainda pendentes de resolução, alguns caminhos analíticos cobram de nós mudança de postura interpretativa, a começar do próprio faz de conta que encerra o planejamento estatal. Nenhuma promessa de aprimoramento da qualidade do gasto público será implementada, de fato, sem nos dedicarmos ao diagnóstico – sempre temporal e territorialmente circunstanciado – dos nossos problemas.

Obviamente, não há como pensar em soluções sem conhecermos em profundidade os problemas. Infelizmente, porém, a praxe da maioria dos nossos municípios reside na contratação de consultorias contábeis e jurídicas que oferecem modelos padronizados e genéricos de planejamento setorial e/ou orçamentário.

A existência de haver quem venda e quem compre planejamento genérico e padronizado para fins meramente protocolares na Administração Pública brasileira reclama ser reconhecida como uma das causas centrais desse mal-estar estrutural nas nossas políticas públicas.

As consultorias contábeis e jurídicas que vendem sistemas informatizados com modelos padronizados, por exemplo, de Plano Plurianual, Lei de Diretrizes Orçamentárias e Lei Orçamentária Anual (PPA-LDO-LOA) precisam ser questionadas do mesmo modo que médicos têm sido demandados em juízo por oferecerem cirurgias sem prévio diagnóstico exaustivo das condições clínicas de cada paciente e sem cumprirem o dever de informação especializada para fins de consentimento específico sobre as soluções contratuais propostas. Esse, por sinal, é o teor do Recurso Especial nº 1.540.580-DF, julgado pelo Superior Tribunal de Justiça, conforme os seguintes excertos destacados da sua ementa:

> RECURSO ESPECIAL. VIOLAÇÃO AO ART. 535 DO CPC/1973. NÃO OCORRÊNCIA. RESPONSABILIDADE CIVIL DO MÉDICO POR INADIMPLEMENTO DO DEVER DE INFORMAÇÃO. NECESSIDADE DE ESPECIALIZAÇÃO DA INFORMAÇÃO E DE CONSENTIMENTO ESPECÍFICO. OFENSA AO DIREITO À AUTODETERMINAÇÃO. VALORIZAÇÃO DO SUJEITO DE DIREITO. DANO EXTRAPATRIMONIAL CONFIGURADO. INADIMPLEMENTO CONTRATUAL. BOA-FÉ OBJETIVA. ÔNUS DA PROVA DO MÉDICO.

> [...] 2. É uma prestação de serviços especial a relação existente entre médico e paciente, cujo objeto engloba deveres anexos, de suma relevância, para além da intervenção técnica dirigida ao tratamento da enfermidade, entre os quais está o dever de informação.
> 3. O dever de informação é a obrigação que possui o médico de esclarecer o paciente sobre os riscos do tratamento, suas vantagens e desvantagens, as possíveis técnicas a serem empregadas, bem como a revelação quanto aos prognósticos e aos quadros clínico e cirúrgico, salvo quando tal informação possa afetá-lo psicologicamente, ocasião em que a comunicação será feita a seu representante legal.
> 4. O princípio da autonomia da vontade, ou autodeterminação, com base constitucional e previsão em diversos documentos internacionais, é fonte do dever de informação e do correlato direito ao consentimento livre e informado do paciente e preconiza a valorização do sujeito de direito por trás do paciente, enfatizando a sua capacidade de se autogovernar, de fazer opções e de agir segundo suas próprias deliberações.
> 5. Haverá efetivo cumprimento do dever de informação quando os esclarecimentos se relacionarem especificamente ao caso do paciente, não se mostrando suficiente a informação genérica. Da mesma forma, para validar a informação prestada, não pode o consentimento do paciente ser genérico (*blanket consent*), necessitando ser claramente individualizado.
> 6. O dever de informar é dever de conduta decorrente da boa-fé objetiva e sua simples inobservância caracteriza inadimplemento contratual, fonte de responsabilidade civil per se. A indenização, nesses casos, é devida pela privação sofrida pelo paciente em sua autodeterminação, por lhe ter sido retirada a oportunidade de ponderar os riscos e vantagens de determinado tratamento, que, ao final, lhe causou danos, que poderiam não ter sido causados, caso não fosse realizado o procedimento, por opção do paciente.
> 7. O ônus da prova quanto ao cumprimento do dever de informar e obter o consentimento informado do paciente é do médico ou do hospital, orientado pelo princípio da colaboração processual, em que cada parte deve contribuir com os elementos probatórios que mais facilmente lhe possam ser exigidos. [...]

Modelos genéricos e padronizados de PPA-LDO-LOA são como cirurgias realizadas em abstrato, porquanto sem suficiente informação prévia individualizada do paciente (aqui equiparado, no nosso caso, à coletividade afetada pela política pública proposta sem prévio diagnóstico circunstanciado). A sociedade não pode permitir que haja, em seu nome, tal horizonte de "consentimento em branco" (*blanket consent*), tal como indicara o precedente do STJ acima.

Tecnicamente, a responsabilidade estrutural da atividade de planejamento sequer pode ser terceirizada para consultorias, vez que só é cabível a execução indireta naquilo que implicar "serviços auxiliares, instrumentais ou acessórios". Esse é o teor do artigo 3º, inciso I e §1º, do Decreto nº 9.507, de 21 de setembro de 2018, que regulamentou a execução indireta (terceirização) no âmbito da Administração Pública federal:

> Art. 3º Não serão objeto de execução indireta na administração pública federal direta, autárquica e fundacional, os serviços:
> I - que envolvam a tomada de decisão ou posicionamento institucional nas áreas de planejamento, coordenação, supervisão e controle;
> [...]
> § 1º Os serviços auxiliares, instrumentais ou acessórios de que tratam os incisos do caput poderão ser executados de forma indireta, vedada a transferência de responsabilidade para a realização de atos administrativos ou a tomada de decisão para o contratado. [...]

Assim como o médico não pode promover tratamento genérico para seus pacientes, as consultorias contábeis e jurídicas não podem vender sistemas informatizados que contenham modelos padronizados de planejamento setorial e orçamentário, sob pena de nulidade absoluta dessa terceirização e de responsabilidade extracontratual de tais prestadores de serviço, nos moldes dos artigos 6º e 14 do Código de Defesa do Consumidor.

As consequências da frágil concepção terceirizada e pasteurizada do planejamento estatal vão desde o trato balcanizado das emendas parlamentares, passam pela abertura excessiva de créditos adicionais suplementares e especiais, para, enfim, chegarem até a própria ineficiência da gestão pública que realiza gastos fúteis diante de tantos vazios assistenciais em outras áreas prioritárias.

O aprimoramento democrático da concepção sobre qual é o papel do Estado brasileiro e sobre quais são suas prioridades na consecução de políticas públicas é um dos nossos maiores desafios. O público precisa ser feito em público, até porque diagnóstico de problemas e prognóstico de possíveis soluções na Administração Pública pressupõem inafastavelmente participação popular, tal como exigido pelo artigo 48, §1º, inciso I, da Lei de Responsabilidade Fiscal.

Diferentemente do que temos visto na agenda governamental que suscita a ideia de uma impraticável e temerária tríade de desvinculação/desindexação/desobrigação (DDD), cabe exigirmos a vinculação orçamentária do gestor ao planejamento que ele formula em diálogo com a respectiva casa legislativa, em consonância com o §10 do art. 165 da Constituição. Isso porque orçamento substantivamente impositivo é aquele aderente ao planejamento, salvo motivação fática que justifique o distanciamento do executado em relação ao planejado. Todavia, para efetivar tal linha interpretativa, é preciso retomar a imprescindibilidade do dever de diagnóstico específico que se impõe tanto ao gestor quanto a todas as consultorias que ele contrata a título de "serviços auxiliares, instrumentais ou acessórios".

É preciso diagnóstico circunstanciado e individualizado de cada ente político da federação em cada política pública para que a população possa – durante o processo legislativo que fomenta o debate das leis do planejamento setorial e orçamentário – exercer seu direito ao consentimento informado específico sobre o que ela reputa democrática e republicanamente ser prioridade da ação governamental.

Sem esse esforço estrutural, a informação genérica ("consentimento em branco", verdadeiro cheque em branco fiscal ou mesmo "assine aqui") continuará a ser permissiva de soluções ineptas ou abusivas em nossos instrumentos legais de planejamento protocolar, de onde se originam a má qualidade do gasto público posteriormente executado, a corrupção e a inércia preguiçosa do controle que quase sempre se orienta tardiamente para a punição dos delitos e improbidades consumados.

Fato é que nem os órgãos de controle, nem a sociedade em geral questionam suficientemente a adoção de modelos de planejamento absolutamente genéricos, seja na forma de diretrizes vastas ou de padrões uniformizados de Plano Plurianual, Lei de Diretrizes Orçamentárias e Lei Orçamentária Anual contratados na forma de sistemas informatizados que concomitantemente oferecem assessoria jurídica e contábil. Não é de se estranhar o volume da corrupção em nossa realidade tão pouco atenta ao percurso do dinheiro público. Ora, sociedade que não planeja e que não exige aderência ao planejado é uma sociedade que aceita qualquer resultado.

Distinta seria a realidade brasileira se os planos estatais, sobretudo as leis do ciclo orçamentário, contivessem indicadores da sua consecução atrelados a metas quantitativas de bens, serviços, obras e cidadãos atendidos, o que, por seu turno, implicaria estimativa de custo unitário e global. Uma vez assim formulado, deveríamos assumir tal planejamento como vinculante para o gestor, na medida em que sua execução parcial ou inexecução requer motivação consistente, porquanto consentânea com os fatos que intervieram em sua rota.

Não é demasiado alertar que a participação da sociedade é a palavra-chave do planejamento. Complexo, contudo, é rompermos o padrão de insulamentos burocráticos e modelos padronizados para que possamos devolver para a sociedade o quanto lhe cabe de compreensão do caráter limitado e contingente das escolhas democráticas feitas e executadas em seu nome, já que não é possível resolver tudo, de uma vez por todas, ao mesmo tempo e para todos.

Ora, o desafio é superar soluções aparentemente fáceis e que, por isso mesmo, geram perdas para o processo democrático ao infantilizar o gestor, simplificar a dinâmica do controle e substituir o cidadão como o principal agente de pressão por mudanças sociais em todas as instâncias competentes. Nossa indolência nos leva à cômoda e ingênua crença de que bastam mais leis e mais controles formais do seu cumprimento igualmente formal para que tudo se resolva. O cidadão que delega poder ao Estado para que ele aja em seu nome e "resolva" suas demandas precisa compreender que o alcance satisfatório dos resultados não é consequência imediata do cumprimento da lei, tampouco de decisões judiciais que busquem sua eficácia. A vigilância da cidadania atenta integra e induz ativamente o processo de maior transparência e efetividade da ação governamental.

Não podemos aceitar soluções lineares, reducionistas do papel do Estado e que se pretendam globais no trato do ciclo orçamentário, vez que, para problemas realmente complexos e estruturais, as respostas hão de considerar as circunstâncias contextuais em que hão de incidir. Precisamos, pois, mitigar um pouco o fetiche das soluções jurídicas criadas em âmbito nacional e controladas como se fosse uma questão de fiel obediência à receita uniforme e padrão. Melhor seria se os planejamentos intertemporais de cada ente da federação fossem bem formulados, diante de diagnósticos atentos às suas respectivas realidades e demandas sociais, para que, assim, pudessem ser lidos e, por conseguinte, avaliadas a conformidade e a efetividade da sua execução.

Nosso déficit consiste na falta de diagnóstico tópico dos problemas (notadamente quanto ao conjunto de obrigações legais e constitucionais de fazer não cumpridas, seja parcial ou integralmente), para cujo enfrentamento as respostas sejam refletidas e debatidas socialmente na forma das leis do ciclo orçamentário. Todavia, ausentamo-nos de compreender o que é necessário fazer e delegamos a resolução do impasse a controles formais e ao arranjo federativo que padroniza nacionalmente soluções a pretexto de reduzir a complexidade, como se tais caminhos nos conduzissem automaticamente ao campo do gasto de qualidade. Há muita ingenuidade e um tanto de inércia preguiçosa nessa nossa forma cultural de agir: soluções normativas universais, abstratas e apriorísticas, se aplicadas sem o devido cuidado da sua contextualização e reflexão sobre os cidadãos afetados, produzem resultados injustos e, paradoxalmente, inefetivos.

O estágio atual do debate sobre o controle da qualidade do gasto público no país envolve déficit de planejamento suficiente, que, por seu turno, implica execução desidiosa de regras padronizadas, cujo controle formal encerra esse ciclo pobre de reflexão sobre onde queremos chegar. Não há coerência ao longo do tempo entre o conteúdo dos sucessivos instrumentos de planejamento estatal e a sua ação prática, tampouco o controle é capaz de retroalimentar o planejamento, já que muito precariamente aquele orienta esse sobre como aprimorar seus déficits de compreensão e cobertura.

Assim superpostas as mazelas, vemos um perfil de gestor, que se revela como um contínuo gerador de respostas de curto fôlego, para problemas longevos, como que mitigando o incêndio daquele dia, de modo a não enfrentar suas causas, apenas remediando suas consequências opacamente. Desse modo e apenas para fins de paroxismo analítico, o cenário pode ser reduzido à grosseira simplificação, segundo a qual a gestão pública brasileira atende aos controles formais como se fora o bastante e oferta à sociedade um manejo de soluções fundadas na metodologia primária da tentativa e erro.

Sem incorporação de aprendizagem e sem continuidade dos serviços públicos, vivemos – a cada mudança de mandatário eleitoral – esforços caudalosos de começar o que já estava em curso, porque não sabemos fazer correções intermediárias e aprimorar planos que alcancem mais de um mandato eletivo. Somos corresponsáveis por esse cenário em que nos encontramos, tanto pelo muito que já avançamos, mas também pelo quanto ainda precisamos construir coletivamente em busca da responsabilidade estendida no ciclo das políticas públicas.

Sem garantia de financiamento adequado ao longo do tempo, todavia, não há como empreender qualquer esforço consistente de aprimoramento. A insegurança jurídica pela qual o financiamento dos direitos sociais tem passado no Brasil exemplifica de forma paradigmática e dura o caráter iníquo do teto de despesas primárias da União. Enquanto filas de famintos se acumulam em busca do correspondente auxílio governamental para sua subsistência alimentar, renúncias fiscais se perenizam, novos programas de reparcelamento de débitos tributários premiam a sonegação, e emendas parlamentares expandem o trato balcanizado dos recursos públicos. Não há ordenação legítima de prioridades, uma vez que prevalece o curto prazo eleitoral dos mandatários políticos de ocasião e os interesses dos grupos econômicos que os circundam. Disso, aliás, dá prova à Emenda nº 123/2022.

Inegavelmente, nesse contexto, a imposição linear de um teto fiscal que apenas veda a expansão real das despesas primárias tem se revelado inepta para o alegado fim de conferir maiores eficiência e racionalidade aos gastos públicos. Isso ocorre justamente porquanto a população brasileira não tem tido a oportunidade consistente de testar a conformidade dos custos e resultados executados em face do que fora planejado em termos de metas físicas e financeiras. Sem sabermos quais são as prioridades alocativas do Estado no ciclo orçamentário, quanto custa implementá-las e quem por elas paga na correlação de proporcionalidade entre receitas e despesas, continuamos a ser uma sociedade que reclama por melhores serviços públicos, mas não os alcança na realidade.

Se soubéssemos coletivamente avaliar programas, mensurando seus resultados em face dos seus custos e contrastando planejado em face do realizado, teríamos maiores transparência, eficiência e efetividade no trato dos recursos públicos. O caráter trágico de tal constatação reside no fato de que, a despeito de parecer simples no campo do discurso abstrato, complexo é operacionalizá-la no mundo da vida em sociedade.

É importante, contudo, assumir essa premissa, até para que não percamos de vista o esforço pedagógico de devolver ao gestor a responsabilidade inadiável de planejar e executar bem o enfrentamento dos problemas sociais sob sua alçada.

Enquanto não formos mais incisivos na denúncia do planejamento insuficiente e da falta de estruturas de coordenação e controle interno capazes de avaliar os resultados dos programas elaborados, continuaremos diante de gestores infantilizados pela obediência meramente formal e, por isso, tão suscetível a falseamentos e desvios de finalidade. O ciclo tende a se reproduzir de forma viciosa e falaciosa, enredando-nos, sobremaneira, em um baixo nível de efetividade das políticas públicas e do próprio papel constitucional do controle da Administração Pública.

Não sabemos o que fazer, porque não conhecemos consistentemente nossos problemas e, por conseguinte, não elegemos aqueles conflitos que serão enfrentados em qual sequência temporal nem somos capazes de precisar quais insumos/meios são considerados faticamente necessários para tentar resolvê-los. Nós não avaliamos adequadamente os gastos públicos em sua série histórica nem mesmo monitoramos os resultados e falhas das políticas públicas verificados anteriormente, de modo que quase sempre aceitamos como normal a trágica repetição dos erros ao longo dos anos e décadas.

Uma ignorância histórica de tal monta nos encerra em cenário de capturas cumulativas – sofregamente vívidas no curto prazo – que perpassam nosso capitalismo de compadrio, revelado nas múltiplas e conflituosas demandas por renúncias fiscais, créditos subsidiados, emendas parlamentares de toda sorte, contratos administrativos direcionados, subvenções, auxílios etc. É como se só fosse possível a gestão fisiológica e imediatista, porque não refletimos e corrigimos nossos erros, porque o controle não é pedagógico, tampouco retroalimenta o planejamento no ciclo da política pública. Simplesmente não nos ocupamos do básico esforço de diagnosticar seriamente todos os problemas e, a partir daí, não confrontamos reciprocamente suas pretensões de prioridade.

Assim, tudo parece caótico, tudo reclama qualquer solução, tudo pode ser alvo de consultorias ou promessas milagrosas de cura pelo mercado ou pelo terceiro setor, diante de um Estado inepto e capturado não só pela cadeia produtiva de fornecedores e variados tipos de intermediários, mas até mesmo por seus agentes públicos insulados burocraticamente.

Nossa desigualdade social se alastra com o quadro quase falimentar nas contas públicas e com a deterioração evidente dos serviços públicos. A despeito de tais fatos, a agenda prevalecente no país desde a Emenda nº 95/2016 parece ser a de redução do tamanho do Estado brasileiro apenas às funções de polícia e justiça, em resposta que retrocede ao século XIX e que só agrava nossa iniquidade fiscal.

Há de haver alternativas construídas coletivamente, sob pena de abdicarmos do pacto constitucional civilizatório que celebramos em 1988. Planejar é a principal forma de ordenar as prioridades alocativas do Estado para resgatar o desiderato de bem-estar social da nossa Constituição Cidadã. É o planejamento que deve reger o orçamento, porque somente aquele é capaz de impedir que o curto prazo dos mais fortes política e economicamente constranja a efetividade dos direitos fundamentais ao longo da execução orçamentária.

No Brasil, as escolhas centrais sobre (1) "quem paga a conta?", (2) "qual a razão de ser do Estado?" e (3) "qual nível de desigualdade é admitido?" não têm sido especificamente submetidas ao crivo dos cidadãos durante os ciclos eleitorais. Desse modo, deixa de ser claramente pautada qual é a ordenação de prioridades do Estado brasileiro, o que, por sinal, é o eixo que deveria definir a própria essência e a sobrevivência do pacto constitucional civilizatório de 1988.

Desigualdades não só existem, como são ampliadas no ciclo orçamentário governamental dos vários níveis da federação brasileira. É possível provocar aqui que há no Brasil um verdadeiro *orçamento de castas* que bem instrumentaliza o que Wolfgang Streeck chamara de "Direito das Insolvências" no âmbito das finanças públicas.

Há uma sistêmica ordenação de prioridades alocativas alheia ao processo democrático-deliberativo e, por vezes, em sentido inverso[3] ao ordenamento constitucional, que admite e justifica

[3] BERCOVICI, Gilberto; MASSONETTO, Fernando. A Constituição dirigente invertida: a blindagem da Constituição financeira e a agonia da Constituição econômica. *Boletim de Ciências Econômicas XLIX*, p. 2/23, Coimbra: Universidade de Coimbra, 2006.

a ausência de quaisquer limites para as dívidas consolidada e mobiliária da União (cuja impugnação de inconstitucionalidade por omissão na falta de regulamentação é premente), bem como escolhe não fixar quaisquer freios consistentes na Emenda nº 95/2016 para as renúncias fiscais. Tampouco se pode olvidar das desequilibradas interfaces entre política fiscal e políticas monetária, creditícia e cambial, decorrentes da relação intertemporalmente incestuosa e pouco transparente entre Banco Central e Tesouro Nacional.

Streeck,[4] mais uma vez, merece ser aqui invocado diante do frágil debate fiscal brasileiro, que indica severo risco de recessão democrática e revisionismo histórico contra nosso pacto constitucional:

> O objetivo principal dos credores dos Estados no conflito com os seus cidadãos consiste em garantir que, em caso de crise, é dada prioridade aos seus direitos sobre os direitos do povo do Estado – prioridade do serviço da dívida em relação à prestação de serviços de interesse geral. A melhor maneira de o conseguir consiste na criação de instrumentos – de preferência, consagrados na constituição –, como o "travão ao endividamento" [equivalente no Brasil ao teto global de despesas primárias da Emenda 95/2016], que restringem a soberania dos eleitores e dos futuros governos no que diz respeito às finanças públicas. A criação de instrumentos deste tipo pode ser forçada através de prêmios de risco de obrigações mais elevados, ou premiada, baixando estes prêmios de risco. Em princípio, está em causa um problema central do direito das insolvências, projetado para a política financeira estatal: que direitos têm prioridade em caso de falência?

É preciso sair em busca de equidade fiscal, resgatando a centralidade do processo de ordenação de prioridades alocativas nas relações entre Estado, sociedade e mercado. Há de haver evidenciação e processamento legítimo das escolhas trágicas, sobre quem ganha e perde, a que custo e diante de qual ordem temporal de priorização, sob pena de fragmentação social profunda.

Afinal, no suposto confronto entre a Constituição de 1988 e o orçamento regido pelo teto da Emenda nº 95/2016, é preciso lembrar que o orçamento e o próprio teto só são legítimos em face

---

[4] STREECK, Wolfgang. *Tempo Comprado*: a crise adiada do capitalismo democrático. Lisboa: Actual, 2013. p. 137.

daquela. Talvez, exatamente por isso, o maior desafio do orçamento de todos os entes políticos seja responder – de forma desnudada e dramática – qual é a razão de ser do Estado brasileiro e quais são as suas prioridades alocativas, a partir do planejamento setorial das políticas públicas.

Referências

BERCOVICI, Gilberto; MASSONETTO, Fernando. A Constituição dirigente invertida: a blindagem da Constituição financeira e a agonia da Constituição econômica. *Boletim de Ciências Econômicas XLIX*, p. 2/23, Coimbra: Universidade de Coimbra, 2006.

STREECK, Wolfgang. *Tempo Comprado*: a crise adiada do capitalismo democrático. Lisboa: Actual, 2013.

WRAY, L. Randal. Proponente da Teoria Moderna da Moeda vem ao Brasil para debate. *Valor Econômico*. São Paulo, edição de 22 de novembro de 2019. Disponível em: https://valor.globo.com/eu-e/noticia/2019/11/22/proponente-da-teoria-moderna-da-moeda-vem-ao-brasil-para-debate.ghtml.

Informação bibliográfica deste texto, conforme a NBR 6023:2018 da Associação Brasileira de Normas Técnicas (ABNT):

PINTO, Élida Graziane. Planejamento à frente do orçamento: um resgate em prol do devido processo de ordenação legítima de prioridades. *In*: MOTTA, Fabrício; BUÍSSA, Leonardo; BEVILACQUA, Lucas (coord.). *Federalismo fiscal e políticas públicas*. Belo Horizonte: Fórum, 2023. p. 489-505. ISBN 978-65-5518-529-4.

Cleuler Barbosa das Neves
Professor Permanente do Programa de Pós-Graduação em Direito e Políticas Públicas da Universidade Federal de Goiás (PPGDP/UFG). Doutor em Ciências Ambientais (UFG) e Procurador do Estado de Goiás (PGE/GO).

Élida Graziane Pinto
Professora da Fundação Getulio Vargas (FGV). Livre-docente em Direito Financeiro pela Universidade de São Paulo (USP). Procuradora do Ministério Público de Contas do Estado de São Paulo (MPjTCE-SP).

Fabrício Motta
Professor Permanente do Programa de Pós-Graduação em Direito e Políticas Públicas da Universidade Federal de Goiás. Conselheiro do Tribunal de Contas dos Municípios do Estado de Goiás (TCM-GO). Estágio Pós-Doutoral na *Università del Salento* (Itália). Doutor em Direito do Estado (USP) e Mestre em Direito Administrativo (UFMG). Membro nato do Instituto Brasileiro de Direito Administrativo (IBDA).

Guilherme Brum
Doutor e Mestre em Direito e Políticas Públicas (Unisinos/Uniceub). Procurador do Estado do Rio Grande do Sul (PGE-RS).

Guilherme Sanini Schuster
Mestrando no Programa de Pós-Graduação em Direito e Políticas Públicas da Universidade Federal de Goiás (UFG). Especialista em Direito Público pela UNIASSELVI. Procurador do Município de Goiânia/GO. Advogado.

Heloísa Helena Godinho
Conselheira Substituta do Tribunal de Contas do Estado de Goiás. Mestre em Administração Pública (IDP/UNB). Professora de Direito Financeiro, Administrativo e Tributário em cursos de pós-graduação lato senso. Editora Executiva da Revista Controle Externo (Ed. Fórum/TCEGO).

João Paulo Landin Macedo
Pós-Graduado em Estado de Direito e Combate à Corrupção (ESMAT/TO). Mestrando em Direito e Políticas Públicas (PPGDP-UFG/GO).

José Arthur de Macedo Castilho
Doutor e mestre em Direito Constitucional pela Universidade Federal do Paraná (PPGD/UFPR). Pesquisador do Centro de Estudos da Constituição (CCons/UFPR) e integrante do Centro de Estudos Constitucionais de Federalismo e Direito Estadual (Constante). Professor de Direito Constitucional (IFPR-Colombo) cedido como Assessor de Ministro (STF).

Leonardo Buíssa Freitas
Doutor em Direito Econômico, Financeiro e Tributário (USP). Professor da Escola Superior de Magistratura do Estado de Goiás (ESMEG). Membro do Instituto Brasileiro de Direito Tributário (IBDT). Juiz Federal do Tribunal Regional Federal da 1ª Região – Secção Judiciária de Goiás.

Lucas Bevilacqua
Doutorando em Direito Econômico, Financeiro e Tributário (USP) com formação complementar em Comércio Internacional junto à *Mission of Brazil to the World Trade Organization (WTO) in Geneva*. Membro do Instituto Brasileiro de Direito Tributário (IBDT). Procurador do Estado (GO) em Brasília.

Márcia Oliveira Alves da Mota
Procuradora do Estado de Goiás. Mestranda em Direito no Programa de Pós-Graduação em Direito e Políticas Públicas da Universidade Federal de Goiás (UFG).

Mateus Rocha de Lisbôa
Mestre em Direito e Políticas Públicas pela Universidade Federal de Goiás. Pós-Graduado em Direito Tributário pela Universidade de São Paulo. Advogado.

Muryel Hey
Mestranda em Direito e Políticas Públicas na Universidade Federal de Goiás (UFG). *E-mail*: muryyel@hotmail.com.

Nathália Suzana Costa Silva Tozetto
Mestranda em Direito e Políticas Públicas na Universidade Federal de Goiás (PPGDP/UFG). Procuradora do Município de Goiânia (PGM/Goiânia).

Onofre Alves Batista Júnior
Mestre em Ciências Jurídico-Políticas pela Universidade de Lisboa. Doutor em Direito pela UFMG. Pós-Doutoramento pela Faculdade de Direito da Universidade de Coimbra. Professor Associado III de Direito Público da Graduação e da Pós-Graduação da UFMG.

Paulo André Teixeira Hurbano
Mestrando do Programa de Pós-Graduação em Direito e Políticas Públicas (PPGDP), Nível Mestrado Profissional, da Universidade Federal de Goiás. Especialista em Direito Processual pela Pontifícia Universidade Católica de Minas Gerais (PUC Minas). Procurador do Estado de Goiás. *E-mail*: andrehurbano@gmail.com.

Paulo Martins
Mestrando em Direito e Políticas Públicas no Programa de Mestrado Profissional em Direito e Políticas Públicas (PPGDP/UFG). Controlador-Geral do Governo do Distrito Federal (CG/GDF).

Rafael Campos Soares da Fonseca
Assessor de Ministro do Supremo Tribunal Federal. Doutor em Direito Econômico, Financeiro e Tributário pela Faculdade de Direito Largo São Francisco da Universidade de São Paulo. Mestre em Direito, Estado e Constituição e Bacharel em Direito pela Universidade de Brasília (UnB). Professor Titular da graduação, do mestrado e do doutorado da Faculdade Autônoma de Direito (FADISP). Professor Adjunto da graduação e da pós-graduação do Instituto Brasileiro de Ensino, Desenvolvimento e Pesquisa (IDP). Bolsista de Produtividade e Pesquisa da Fundação Nacional de Desenvolvimento do Ensino Superior Particular (Funadesp).

Reinaldo Belli
Doutorando (USP) e Mestre (UFMG) em Direito. Professor de Direito Tributário e Financeiro. Advogado. *E-mail*: reinaldo@belli.adv.br.

Renata Guimarães Figuerêdo
Arquiteta e Urbanista, com especialização em Artes Visuais pela UFG e Mestranda no Programa de Pós-Graduação em Direito e Políticas Públicas da Universidade Federal de Goiás (PPGDP/UFG). Atualmente ocupa o cargo efetivo de Analista Legislativo na Comissão de Minas e Energia da Assembleia Legislativa do Estado de Goiás.

Reynaldo Soares da Fonseca
Pós-Doutorado em Democracia e Direitos Humanos – *Ius Gentium Conimbrigae* – Centro de Direitos Humanos (IGC) – Universidade de Coimbra – Portugal. Doutorado em Direito Constitucional pela FADISP-SP, com pesquisa realizada na Universidade de Siena, Itália. Mestrado em Direito Público (PUC-SP). Ministro do Superior Tribunal de Justiça, desde maio/2015, e Professor (Adjunto) da Universidade Federal do Maranhão, desde 1987, em colaboração técnica na Universidade de Brasília (UNB). Professor do Mestrado Profissional em Direito, Regulação e Políticas Públicas (UNB). Membro da Academia Maranhense de Letras. Membro da Academia Paulista de Letras Jurídicas.

Verônica Issi Simões Bastos
Procuradora do Estado de Goiás. Mestranda em Políticas Públicas pelo Programa de Pós-Graduação em Direito e Políticas Públicas na Universidade Federal de Goiás.

Victor Hugo Rodrigues da Silva
Bacharel em Direito (UFG). Especialista em Direito Civil e Processo Civil (PUC-GO). Mestrando em Direito e Políticas Públicas (UFG). Advogado.

Esta obra foi composta em fonte Palatino Linotype, corpo 10,5
e impressa em papel Offset 75g (miolo) e Supremo 250g (capa)
pela Gráfica Impress, em São Paulo/SP.